프랑스 축제들

프랑스 축제들
ⓒ이상빈 2025

초판 1쇄 펴냄 2025년 12월 1일

지은이 Author | 이상빈 Lee Sangbin
펴낸이 Publisher | 김종필 Kim Jongphil
펴낸곳 Publishing Company | ㈜아트레이크 ARTLAKE
인쇄 | 재영피앤비
글 Writer | 이상빈 Lee Sangbin
교정·교열 Proofreading | 이경식 Lee Kyungsik 윤혜신 Yoon Hyeshin 한보라 Han Bora
디자인 Designer | 전병준 Joen Byungjun

등록 제 2024-000075호 (2020년 8월 25일)
주소 서울특별시 마포구 월드컵북로 400, 5층 22호실 (상암동, 서울경제진흥원)
전화 (+82) 02 517 8116
홈페이지 www.artlake.co.kr
이메일 artlake73@naver.com

여기 실린 모든 글과 사진은 신저작권법에 따라 보호받는 저작물이므로 무단 전재와 복제를 금합니다. 이 책의 내용을 이용하려면 저작권자와 ㈜아트레이크의 동의를 받아야 합니다.
The contents of this publication shall not be duplicated, used or disclosed in whole or in part for any purpose without the express written consent of the publisher
저작권자와 연락이 닿지 않아 미처 확인하지 못한 도판의 경우 확인이 되는 대로 협의하겠습니다.

ISBN 979-11-94329-02-2 03920
책값은 뒤표지에 적혀 있습니다.
파본은 본사나 구입하신 서점에서 교환하여 드립니다.

프랑스 축제들

문화와 자연의 연금술

이상빈 지음

ARTLAKE

일러두기

1. 각 지역의 발음은 인터넷상의 발음사전에 나와 있는 기준을 따랐다.
2. 지명의 통일을 위해 명사 속에 -이 들어간 지명은 -를 빼는 대신 모두 붙여 표기했다. 반면 한국에서 관용적으로 붙여 쓰는 고유명사는 프랑스어의 띄어쓰기와 상관없이 국내에서 통상 표기하는 원칙을 따랐다.
   ex Auvers-sur-Oise : 오베르쉬르와즈, Alpes-Maritimes : 알프마리팀
   ex Mont Saint-Michel : 몽생미셸, Côte d'Azur : 코트다쥐르
3. 지명에 관사가 붙었을 경우 띄어쓰기 원칙을 준수했으나, 우리에게 잘 알려진 고유명사의 경우 한국에서 표기하는 관례를 따랐다.
   ex Le Croisic : 르 크루아직, La Ciotat : 라 시오타
   ex Le Havre : 르아브르, Le Mans : 르망, La Rochelle : 라로셸
4. 인명에 들어간 -에 대해서는 -를 빼지 않고 표기했다.
   ex Raimond-Roger Trencavel : 레몽-로제 트랑카벨
5. 축제 이름은 상황에 따라 원어 발음의 표기가 중요하다고 생각되는 축제는 원어 그대로 표기했고, 그렇지 않은 것은 우리말로 번역했다.
6. 책은 프랑스 본토의 13개 레지옹 région의 축제를 대상으로 했다. 해외에 소재한 프랑스 영토들인 DOM, TOM에서 벌어지는 축제에 대한 기술은 빠져있다.
7. 축제 리스트에는 이미 사라진 축제도 일부 들어있다. 책이 현재의 프랑스 축제에 대한 정보뿐 아니라 역사를 담아내고자 했기 때문이다.
8. 축제 제목 옆의 개최 연도와 개최 횟수는 최근까지 확인 가능했던 날짜와 횟수를 찾아 병기했다. 일부 개최 시기는 오류가 있을 수도 있다. 축제 날짜가 뒤늦게 변경된 경우도 있기 때문이다.
9. 프랑스 지방별 특징에 대한 이해는 3부작 중 제2권인 『프랑스 지방문화』(아트레이크출판사 刊)를 참조하기 바란다. 이 책에서도 프랑스 13개 레지옹에 대한 간략한 구분을 시도했지만, 아무래도 그 책 속의 설명이 훨씬 상세하다.
10. 저술하는 시점에 따라 동사의 시제가 문제적일 수 있다. 현재진행형인 축제에 대한 글쓰기이기에 시제는 책이 출간되는 시점을 기준으로 했다.

들어가며

프랑스만큼 문화가 일상을 지배하는 나라가 또 있을까. 축제는 그 어떤 나라, 지방, 마을의 문화적 역량을 결집한 총체이기에, 프랑스 같은 문화대국의 축제들을 들여다보는 일은 그 자체로 큰 의미를 지닌다. 프랑스의 축제는 공연, 미술, 샹송, 무용, 영화, 전통, 식도락, 스포츠, 역사, 도서, 문화유산 등 인간 삶의 거의 모든 형태를 포괄한다. 축제는 곧 삶이며, 삶은 곧 문화의 또 다른 이름이다. 책의 부제를 '자연과 문화의 연금술'로 붙인 이유가 여기에 있다.

『프랑스 축제들』은 필자가 오랜 시간 축적해온 '프랑스 문화 3부작'의 마지막 권으로, 38년에 걸친 관심과 연구의 집약체이다. 앞선 『나의 프랑스』, 『프랑스 지방문화』가 프랑스 사회 전반에 대한 개인적 성찰과 지역문화를 다루었다면, 이번 책은 그 모든 흐름이 정점에서 만나는 '축제'라는 현상을 탐구한다. 프랑스 축제는 단순한 지역 행사가 아니라 '삶을 함께 누리는 권리', 즉 '행복권'의 실천이자 사회 전체의 '공동선'을 구현하는 문화적 장치로 작동해왔다.

프랑스 각 지방의 축제 현장을 찾아가 보면 시민 누구나 배우이자 관객이며 자원봉사자다. 마을 전체가 하나의 무대가 되고, 사람들은 자신이 속한 공동체의 일원임을 온몸으로 체험한다. 프랑스 각 지방에서 성행하는 빛과 소리의 공연을 찾아가 보라. 마을 사람 중 연기자가 아닌 사람, 자원봉사자가 아닌 사람이 없을 정도로 모두가 동참하는 제의적祭儀的 성격을 보여준다. 중세를 재현하는 거리극, 음악과 미술이 어우러진 예술제 등도 단순한 구경거리가 아니라 '더불어 삶'의 힘이 얼마나 강력한지를 보여주는 사회적 의식儀式이자 예술이다. 기계가 인간의 자리를 대신하고, 자본이 문화의 방향을 결정하는 시대일수록 이러한 공동체적 열정은 더욱 값진 느낌이다. 축제가 현대인의 소외를 치유하고 삶의 감각을 되살리는 사회적 예술이기 때문이다. 축제는 단지 일탈의 공간이 아니다. 그것은 정체성과 기억, 그리고 공동체를 새롭게 확인하는 마당이다. 아직도 우리의 많은 축제가 관 주도로, 경제적 수익모델 차원에서 접근하고 있다면 프랑스 축제들은 행사가 왜 필요한지 뚜렷한 목적의식을 보여준다. 그러기에 한국 지방자치단체들의 문화정책 입안자와 축제 기획자는 이 책을 통해 프랑스의 다양한 사례를 참고하고, 직접 체험하며, 우리 사회의 문화적 상상력을 확장해 나가길 바란다.

이 작업은 단순한 정보의 나열이 아니다. 프랑스의 축제 문화를 통해 한국의 축제 현실을 비춰보고 우리가 무엇을 보완하고 어떻게 나아갈 수 있을지를 고민하는 과정이었다. 책은 '우리에게 축제가 왜 필요한가?'라는 근본적 질문에서 출발한다. 책은 그 차이를 보여주고, 나아가 우리 사회가 문화정책을 다시 설계할 수 있도록 돕고자 한다.

책은 이러한 관점에서 프랑스 전역의 축제를 가능한 한 포괄적으로 정리하고자 했다. 북부의 소박한 지역 축제에서부터 남부의 세계적 규모의 페스티벌까지, 사라진 축제와 새로이 탄생한 축제를 함께 담았다. 방대한 자료를 조사하는 과정은 쉽지 않았다. 축제가 해마다 변형되거나, 개최지가 바뀌거나, 아예 사라지는 경우도 많았다. 그러나 그러한 불확실성 자체가 축제의 본질이기도 하다. 축제는 현재진행형의 예술이자 시간의 흐름 속에서 끊임없이 새로 태어나는 생명체와도 같다.

책의 집필을 위해 뒤진 자료는 이루 헤아릴 수 없이 많다. 『France』 Le Routard 발간를 비롯한 프랑스 문화 관련 서적, Guide Michelin, Guide du Routard, Guide Bleu를 위

시한 여행서 시리즈, 『GEO』 등의 여행 관련 잡지, 각 축제의 홈페이지와 페이스북, 영어와 프랑스어 위키피디아, Label France 등 프랑스 문화부에서 제작한 안내서, 각 지방자치단체에서 제작한 브로셔 및 관광청 사이트, 신문과 잡지 등 미디어에 실린 축제 관련 정보 등 필자가 접할 수 있었던 모든 자료를 종합하고 분류했다. 책이 담아내고 있는 정보의 폭과 깊이는 프랑스 현지에서도 찾아보기 어려운 수준이라 감히 자부한다. 이 책을 내면서 나는 내가 꿈꾸어왔던 세계가 조금이나마 마무리되는 기분을 맛보기도 했다.

    이 책이 완성되기까지 많은 이들의 도움이 있었다. 마지막 순간까지 프랑스 문화 3부작의 발간을 위해 최선을 다한 아트레이크출판사 김종필 대표를 비롯한 관계자들, 정성을 다해 교정을 봐준 이경식 선생, 애제자들 혜신과 보라에게도 진심으로 감사드린다. 혼과 정성을 다한 세 사람의 교정쇄는 실로 감동적이었다. 그리고 다양한 방식으로 이 책의 출간을 지원한 가족들, 그 많은 후배와 제자들에 대한 고마움을 어떻게 잊을 수 있을지? 책의 8할은 그들에게 빚진 바 크다.

2025년 10월 19일
북촌에서 이상빈

목차

들어가며 _5

프롤로그
축제에 대한 정의 _15
축제의 특징 _17
프랑스 축제의 유형별 분석 _20

프랑스 지방의 이해
프랑스 행정구역 _27
프랑스의 데파르트망 _29

프랑스의 1년
축제와 전통 _38
월별 특징 _40

관 혹은 민간 주도의 주요 축제들
문화부 혹은 지방자치단체가 주관하는 연례 행사들 _53
기타 전국적인 문화행사들 _67

*지방 축제 이해를 돕는 용어들 _76

지방별 축제

가 _85   마 _286   자 _618
나 _104   바 _340   카 _625
다 _137   사 _419   타 _683
라 _175   아 _513   파 _702

테마로 보는 프랑스 축제

빛과 소리 _777
중세 축제 _822
먹거리 축제 _848

감사한 분들 _855
색인 _856

프롤로그

축제에 대한 정의
축제의 특징
프랑스 축제의 유형별 분석

대체 어떤 매력이 매년 8,500만 명 이상을 프랑스로 향하게 하면서 이 나라를 세계 제일의 관광대국으로 만드는 것일까? 이유야 다양하겠지만 정부와 민간의 의지, 잘 구축된 관광 인프라, 지역적 특성으로 무장한 천혜의 아름다운 환경이 해답일 것이다. 모든 프랑스 국민이 관광 마인드로 무장하고 있다고 해도 지나치지 않을 정도로 프랑스의 관광 인프라는 타의 추종을 불허한다. 파리의 경우 총인구 200만 명 중 관광 관련 업무 종사자 숫자만 10만 명에 달한다. 프랑스의 도로표지판은 더없이 잘 정비되어 있고, 관광객의 발길이 뜸한 읍면 단위의 마을조차 소규모의 관광안내소 Syndicat d'initiative 를 운영한다. 각 관광안내소는 볼거리, 숙박, 식도락, 체험관광, 스포츠 등에 관련된 정보를 팸플릿 형태로 완벽하고도 풍부히 보유하고 있다.

이러한 프랑스 관광문화의 힘을 집약하고 있는 행사가 축제다. 한 해 동안 개최되는 다채로운 문화행사 중 상당수가 6월부터 10월 사이에 집중되어 있기에 프랑스의 여름은 축제로 가득 찬다. 축제의 종류는 사진 축제에서 거리극 축제에 이르기까지, 음악제에서부터 영화제에 이르기까지 더없이 다양하다. 이 책은 프랑스 지리에 대한 개관부터 시작해 연중 일정을 살펴본 뒤 프랑스 축제들이 지방별로 어떻게 특화되어 있는지 살펴보고자 한다. 프랑스 축제들에 대한 분석을 통해 우리는 각 지방의 차별화 전략을 비롯해 삶의 질과 행복권 추구, 자발성이 서로 분리되지 않은 선진 문화 행정을 이해할 수 있을 것이다.

프랑스 축제의 늘어남에 대해서는 몇 가지 역사적 설명이 가능하다.

첫째, 1981년 지역민방 라디오radios locales privées 설립의 허가는 음악시장을 현저히 팽창시켰다. 이후 라디오는 노년층이 즐겨 듣는 프랑스 블뢰France bleue에서부터 젊은 층의 해방공간인 NRJ, 스카이록Skyrock 에 이르기까지 계층별로 훨씬 세분화되었다. 라디오 방송사의 급증은 음악에 대한 공급과 수요도 함께 늘어나게 했다. 뮤직비디오에 대한 열광, 음악 관련 상품CD, DVD, 블루레이 등 의 매상 급증이 그것을 증명한다. 음악 축제의 활성화는 다른 주제를 내세운 축제들이 생겨나는 데 크게 기여했다.

둘째, 이데올로기의 퇴조 문제를 들 수 있다. 어떤 의미에서 언어와 문자가 수행하던 역할에 염증을 느낀 프랑스인들은 자발적으로 음악의 기화성氣化性에 주목하기 시작했다. 환언하자면 음악을 비롯한 예술 장르의 비非억압적 성격, 그것의 무상성은 궁극적으로 문학이 오랫동안 수행한 역할을 문화예술이 대신할 수 있다는 사실을 보여주었다.

셋째, 1982년 지방분권에 관한 법률 제정은 축제의 양산에 결정적으로 기여했다. 모든 지방자치단체가 차별화된 축제를 모색하면서 재정 자립을 진지하게 고민하기 시작한 것이다.

이러한 흐름은 오늘날 축제가 왜 중요한 사회현상으로까지 취급되는지를 설명해준다. 그러기에 축제 현상에 대해서는 엄밀한 사회학적 접근이 뒤따라야 할 것이다. 프랑스인들은 관광이 시간 낭비가 아니라 재충전을 위한 수단이고, 소비 지향적이 아니라 생산 지향적이며, 과거 역사가 결코 오늘과 분리될 수 없다고 생각한다. 프랑스인들에게는 문화가 끊임없이 변화하는 현재진행형의 모습을 띠고 있으며, 축제 역시 유럽 통합과 더불어 계속해서 변화하는 정체성 문제를 담아내고 있는 수단이다.

1. 축제에 대한 정의

『브리태니커백과사전』에 등장하는 축제는 '개인 또는 공동체에 특별한 의미가 있거나 결속력을 주는 사건이나 시기를 기념하여 의식을 행하는 행위'이다. 불어로는 '페트fête', '페스티벌festival' 등 다양한 표현이 쓰이는데, 영어의 'feast'가 불어의 'fête'에 해당할 것이다. 'fête'가 송로버섯 축제, 밤 축제, 햇포도주 축제처럼 전통을 살려 오랫동안 유지되어온 민속제들을 포괄하는 개념이라면 'festival'은 조직위원회 구성과 더불어 하나 혹은 여러 주제를 내세운 새로운 형태의 축제로 인식된다. 전략과 방향성이 전제가 되는 것이다. 하지만 프랑스에서도 이 두 개념 사이의 구분은 그다지 엄격하지 않은 것처럼 보인다. 예를 들어 도서 축제를 지칭하는 'Fête du Livre'는 조직위원회가 구성되는 형태임에도 불구하고 'fête'란 표현을 구사하고 있다. 반면 '카니발carnaval'은 예수의 수난을 기리기 직전 폭음과 폭식을 즐기며 해방감을 즐기는 형태로 종교적인 의식과 관련을 맺고 있다. 푸아르foire, '장, 장터'라는 의미라는 단어 역시 축제에 가까운 행사를 의미하는데, '파리 장터Foire de Paris'가 이 단어를 붙인 가장 유명한 행사이다.

휴일과 밀접한 관련을 맺고 있는 축제의 시작은 대부분 종교적인 차원에서 비롯되었다. 그러기에 과거의 축제는 사회와 공동체, 종교를 유지하기 위해 구성원들에게 응집력을 부여하는 중요한 장치였다. 따라서 축제의 여러 양상에 대한 연구는 인간의 기원과 동일성, 운명을 이해하게 해준다. 위의 사전은 신성한 시간에 대한 개념, 계절적 변화, 출생, 결혼, 죽음 등 '통과의례'가 축제를 낳은 것으로 지적한다. '시간에 대한 개념'이 시간을 순환적인 것으로 보면서 혼돈에 대한 자연 질서의 승리를 기념한다면, '계절적 변화'는 자연의 여러 가지 양상들을 조정하는 신성한 힘이 존재한다는 믿음과 관련을 맺고 있다. 후자의 경우 먹고 마시고 춤추고 제문을 읊조리는 것으로 상징되는 축제를 탄생시켰다.

하지만 '세속적'인 축제들로 규정할 수 있는 이러한 축제들은 전통과 지역적 특성을 극대화하거나, 혹은 전통과 아무런 상관이 없는 자유로운 방식을 채택한다. 종교적이든 세속적이든, 전국적이든 지방적이든 상관없이 최근의 거의 모든 축제가 경제적 효과를 겨냥하여 만들어지고 있다 할지라도, 축제가 사회 공동체의 결속이라는 역할을 담당하고 있다는 데에는 이론의 여지가 없다. 또한 축제는 해당 지역의 고유한 특성을 대외에 알리며, 그를 통해 문화적 역량을 제고시키는 데 일조한다.

1947년 연극인 장 빌라르Jean Vilar의 주도로 아비뇽 연극제가 최초로 개최된 후 연차적으로 생겨난 프랑스의 여러 페스티벌은 오늘날 프랑스 문화의 우수성을 세계에 알리는 주요 통로 구실을 하고 있다.

2. 축제의 특징

파리, 지방 가릴 것 없이 프랑스에서 벌어지는 문화행사들을 고찰해볼 때 몇 가지 공통점이 발견된다.

우선 한 시기에 문화행사가 집중되는 경우가 없도록 세심하게 배려하고 있는 점이다. 방학과 종교적 성격의 축일이 각 문화행사의 시기 결정에 영향을 미칠 정도로, 11일의 공휴일과 100일 남짓의 휴일이 충분히 고려되고 있다. 그리고 한번 만들어진 행사는 특별한 이변이 없는 한 지속되며, 애초의 성격을 바꾸지 않는다는 특징을 보여준다. 다시 말해 예측이 가능하다는 점이다. 그것은 규모에 상관없이 행사가 즉흥적이고 무작위로 생기는 법이 거의 없으며, 충분한 의견 수렴을 거쳐 체계적으로 추진된다는 것을 뜻한다. 서로 연계해 편성하는 무수한 박물관의 기획전, 언론 및 방송매체의 특집, 다양한 음악 공연들은 왜 프랑스가 수준 높은 문화 대국인지를 잘 보여준다.

프랑스의 강점은 또한 1년 내내 쉴 새 없이 제공되는 풍성한 문화 프로그램들이다. 연중 3개월 정도만 날씨가 화창하고, 우리와 다르게 9월에 학기가 시작하며, 크리스마스를 포함한 연말연시, 겨울방학, 봄방학 등을 제외하고는 긴 겨울방학이 부재한다는 특징도 문화행사의 연중 안배에 영향을 미치고 있다.

프랑스의 축제들은 다채롭기 그지없다. 영화, 스포츠 행사, 사진, 종교음악, '빛과 소리son et lumière', 인형극, 파이프오르간, 합창, 클래식 음악, 대중음악 등 거의 전 영역이 축제의 대상이다. 프랑스를 특징짓는 '다양성'의 개념이 문화행사 속에도 그대로 반영되는 것이다. 한곳에서 헨델이나 바흐 이전 음악을 활성화한다면, 다른 곳에서는 디지털 음향, 레이저 쇼 및 연극적 요소로 무장한 '빛과 소리의 축제'를 개최한다.

또 프랑스의 페스티벌들은 지역적 특성을 극대화하고 있다. 예를 들어 대서양으로 향하는 관문인 북쪽의 도빌Deauville에서는 미국 영화제 개최를 통해 일반에게 개봉되기 이전의 미국 영화들을 먼저 선보인다. 또 남프랑스의 태양이 작열하는 코트다쥐르 Côte d'Azur 지방에서는 다양한 재즈 축제들을, 피레네 산맥을 사이에 두고 스페인에 인접한 비아리츠Biarritz에서는 스페인 영화제를 개최하는 식이다. 영국과 가까운 셰르부르와 디나르는 영국 영화제를 개최한다.

지역의 고유한 특징 역시 영화제 속에 충실히 반영되고 있다. 군항軍港으로 유명한 툴롱에서는 해양영화제를, 브르타뉴의 로리앙 근처에 소재한 그루아 섬에서는 섬 영화제를 연다. 다시 말해 행사에 걸맞는 최적의 장소를 고르면서 역사 속에서도 명분을 찾고 있는 것이다. 이런 방식으로 준비되는 프랑스의 행사들은 특별한 사유가 없는 한 거의 항구적인 행사로 자리 잡으며 지역민들의 전폭적인 지지를 받고 있다. 그리고 지역 간의 다양한 행사들 사이에 중복되는 행사가 거의 없다. 예를 들어 칸 영화제가 종합 영화제를 지향하고 있는 반면 낭트 영화제는 아시아, 아프리카, 남아메리카 영화들을, 제라르메 영화제는 공포 영화들을 집중적으로 소개하고 있다. 또 안시는 애니메이션을, 클레르몽페랑은 단편영화를 취급한다. 이런 차별화는 영화제를 개최하는 지역과 영화 장르 사이의 관계를 불가분의 것으로 만들어주며, 해당 장르에 관심이 있는 사람이 필연적으로 축제를 개최하는 장소를 찾도록 만든다. 게다가 영화제와 더불어 준비되는 아주 충실한 행사 도록圖錄은 하나의 축제가 일과성 행사에 그치는 것을 방지한다. 일례로 퐁피두 센터는 한국 영화제를 열 때 한국 영화 전반에 대한 소개를 겸한 약 300여 페이지에 달하는 책자를 출간했다. 문화에 대해 그야말로 체계적이고도 다원적인 행정이 이루어지는 것이다. 반면 인구는 영화제 개최에 그다지 큰 영향을 미치지 않는 것처럼 보인다. 2019년 기준으로 브줄Vesoul의 인구는 14,914명, 빌륍트Villerupt의 인구는 10,003명에 불과하며, 심지어 '산과 모험 영화제'를 개최하는 오트랑의 인구는 2013년 기준으로 1,616명에 지나지 않는다. 이러한 사례에 비추어볼 때 그 어떤 축제보다 저예산으로 치를 수 있는 축제가 영화제라 할 수 있다. 행사의 성공을 결정짓는 요소는 오직 전문성을 지닌 프로그램 및 인력의 확보일 것이다.

이미 언급한 바 있지만, 프랑스에서는 모든 문화가 현재진행형이다. 그들에게 있어 문화란 박제된 것이 아니라 과거와 현재를 연결하는 가교 자체이다. 아비뇽의 옛 교황청 건물은 오늘날 방송과 연극을 위한 무대로 활용되고 있으며, 오랑주의 고대 유적은 〈아이다〉, 〈카르미나 부라나〉 같은 대작들을 위한 무대로 훌륭히 쓰이고 있다. 이러한 문화유적의 다양한 활용은 과거를 오늘 속에 복원시키는 동시에 과거가 현재에 갖는 의미를 끊임없이 고찰하게 한다. 이 방식 역시 역사의 의미나 교훈을 상대적으로 축소해버리는 우리 쪽 분위기와 사뭇 다르다.

3. 프랑스 축제의 유형별 분석

3-1. 음악제

음악제의 대강을 살펴보려면 국제음악페스티벌프랑스협회 Fédération française des festivals internationaux de musique[1]가 취급하고 있는 행사들을 참고하는 것이 좋다. 이 협회가 관장하는 축제는 총 93개로서, 프랑스의 주요 클래식 음악제들을 대부분 망라하면서 프랑스를 포함한 유럽의 주요 음악제들을 주제별로 분류해놓고 있다. 이 기관이 관장하는 행사에 일부 다른 공연을 추가하면서 프랑스 음악제를 정리해보면 크게 고대 및 바로크 음악제, 클래식 음악제, 현대음악제, 재즈 축제, 월드뮤직 및 전통 음악제 등으로 분류된다.

- **고대 및 바로크 음악제** : 앙티브, 본 바로크 오페라, 에스카렝 및 오 파이용 고대음악, 낭트, 페리고르 베르, 리보빌레 고음악, 시미안, 베르사유
  바로크 예술로까지 장르가 확대된 행사는 타렌테즈 페스티벌
- **클래식 음악** : 앙티브, 오베르쉬르와즈, 낭트, 생테티엔 마스네, 프라드 파블로 카잘스
- **현대음악** : 오베르쉬르와즈, 낭트, 생테티엔 마스네, 프라드 파블로 카잘스, 파리 트랑스클라시크
- **장르별**
  성악 : 벨일앙메르, 누아르삭
  현악 : 보르도 4중주, 뤼베롱
  오페라 : 오랑주, 엑상프로방스 국제 오페라
- **악기별** : 라 로크당테롱 피아노, 보베 첼로, 베리 파이프오르간, 샤르트르 파이프오르간
- **재즈** : 마르시악, 앙티브쥐앙레팽, 렝스 '음악의 신책' 페스티벌
- **월드뮤직 및 전통음악** : 오베르쉬르와즈, 로리앙 켈트 음악, 생나제르
- **샹송** : 부르주, 라로셸

이외에도 신인들을 발굴해내는 행사인 몽모랑시 가을음악제, 파리 유럽 페스티벌 등이 유명하며, 툴루즈 페스티벌은 고대 및 바로크 음악, 현대음악, 무용을 동시에

---

1. http://www.francefestivals.com

편성한다.

고대음악 및 바로크 음악에 관련된 축제가 점점 늘어나고, 최근 월드뮤직에 할애된 축제가 급증하고 있는 사실을 주목할 만하다. 각 레지옹이 파리를 거치지 않고 세계와 직접 소통하기 시작했고, 이를 통해 수많은 지방음악인이 새롭게 의미를 획득하고 있기 때문이다. 브르타뉴 지방의 음악인들 중 알란 스티벨 Alan Stivell, 단 아르 브라즈 Dan Ar Braz, 디디에 스키방 Didier Squiban, 얀 티에르센 Yann Tiersen 등이 프랑스와 유럽이란 지역적 한계를 뛰어넘어 명성을 획득했는데, 이런 음악인들의 숫자는 점점 더 늘어나는 중이다. 코르시카 음악도 이 무브리니 I Muvrini, 아 필레타 A Filetta, 장-폴 폴레티 Jean-Paul Poletti, 바르바라 푸르투나 Barbara Furtuna 등이 다성음악 polyphonie 의 존재를 알리며 세계와 호흡하고 있다.

샹송 쪽의 두 행사는 극명히 대비된다. 1977년에 탄생한 '프랭탕 드 부르주'가 신인 등용문 역할을 담당하고 있다면, 1985년 탄생한 '프랑코폴리 드 라로셸'은 유명 가수들의 공연을 주로 유치하는 것으로 유명하다.

3-2. 영화제

영화제는 아주 흥미로운 분야이다. 한국의 영화제들의 수에 비해 프랑스의 영화제는 무려 150개를 상회하기 때문이다. 프랑스의 영화제를 장르별로 다시 세분해보면 다음과 같다.

- **종합영화제** : 라로셸, 보베, 사를라, 아비뇽, 카부르, 칸, 파리
- **장르별** :
   다큐멘터리 : 뤼사스, 마르세이유 국제 다큐멘터리, 파리
   단편 : 릴, 브레스트, 클레르몽페랑
   무성 : 아네르
   애니메이션 : 안시, 부르캉브레스 청소년 애니메이션
- **주제별** : 그르노블 전원, 되세브르 조류, 두아르느네 인종, 라 비올 농촌, 몽펠리에 지중해, 발랑시엔 모험, 아미엥 문화적 차이와 정체성, 오트랑 산과 모험, 오세르 음악과 영화, 그루아 섬 성, 제라르메 공포물, 크레테이유 여성, 툴롱 해양, 파리 게이 및 레즈비언, 파리 인권, 파리의 오르세 미술관 과학, 페삭 역사

- **대륙별** : 도빌 아시아, 낭트 아시아, 아프리카 및 라틴아메리카, 루앙 북유럽, 브줄 아시아, 빌뢰르반 라틴아메리카, 일드프랑스 지방의 에손 유럽
- **국가별** : 디나르 영국, 도빌 미국, 비아리츠 스페인, 빌립트 이탈리아, 셰르부르 아일랜드 및 영국, 옹플뢰르 러시아, 파리 스웨덴

위의 영화제들 외에도 영화인의 이름을 앞세운 '푸아티에 앙리 랑글루아 영화제', 정보통신의 발달과 더불어 새로 등장한 '인터넷 영화제'나 '핸드폰으로 찍은 동영상 영화제', '처녀작 영화제' 등도 존재한다. 위의 영화제들을 훑어보면 성격이 중복되는 일이 거의 없다. 주제와 소재에 따라 모든 형태의 영화제가 가능하기에 프랑스인들은 기존의 영화제들과 차별화되는 영화제들을 계속 만들어내고 있다. 주제 및 소재의 차별화는 영화제가 차고 넘치는 프랑스에서 행사의 성공을 위해서도 필수 불가결한 조건이다. 예를 들어 한 영화제가 프랑스에서 미개봉된 영화들을 먼저 소개하는 방식을 택하고 있다면, 또 다른 영화제는 흘러간 영화들을 체계적으로 분류한 후 다시 보여주는 방식을 택한다. 해당 국가 영화감독들을 대상으로 한 '회고전'은 한 감독의 작품 세계를 체계적으로 보여주기에 아주 유효한 방식이다. 특정 장르에 할애된 영화제들은 영화 미학에 대한 논의도 덩달아 심화시킨다. 특히 다큐멘터리는 문학 쪽의 자서전, 체험담과 더불어 오늘날 주목을 받고 있는 장르이기도 하다. '허구'와 '사실' 사이의 단선적인 구분을 완전히 해체시켜버리고 있는 이러한 예술들의 출현은 단순히 영화에 대한 질문을 훨씬 뛰어넘어 문화사 쪽의 담론, 폴 리쾨르Paul Ricœur의 담론을 위시한 철학 쪽의 논의와도 맞닿아있다. 오늘날 문화와 예술을 제대로 이해하기 위해서도 영화제가 절대적으로 요구된다는 이야기이다.

파리의 퐁피두 센터에서 열리는 다큐멘터리영화제는 다큐멘터리를 이론적으로 분석하는 학술총서와 떼놓을 수 없는 관계를 맺고 있다. 또 프랑스의 영화제들에서는 상상력이 돋보인다. 파리의 각 구를 돌면서 건물 외벽이나 공원에 설치한 스크린에 영화를 상영하는 방식을 택한 파리 달빛영화제, 드넓은 잔디밭에서 의자에 반쯤 누운 상태로 영화를 감상하는 빌레트 야외영화제 등은 아이디어 하나로 특화에 성공한 행사들이다.

3-3. 만화제

고르주 뒤 타른 코스Gorges du Tarn Causses, 그뤼상Gruissan, 낭트, 노셀Naucelle, 니오르, 디에프, 랑부이예, 로슈포르앙테르Rochefort-en-Terre, 록마리아케르Locmariaquer, 리모주, 리옹, 릴, 멘느시Mennecy, 몽트뢰이유, 바시약Bassillac, 베데Bédée, 벨포르, 불로뉴쉬르메르, 브레쉬르센Bray-sur-Seine, 브리온Brionne, 블루아, 비트리르프랑수아Vitry-le-François, 빌레르Billère, 상스Sens, 생레미드프로방스Saint-Rémy-de-Provence, 생말로 만화 및 영상 이미지, 생브리외Saint-Brieuc, 생투앙레비뉴Saint-Ouen-les-Vignes, 생트리브라드쉬르로트Sainte-Livrade-sur-Lot, 생트몽단Sainte-Mondane, 아비뇽Avignon, 앙굴렘, 앙비에를Ambierle, 에르키Erquy, 에브뢰Evreux, 역사 만화, 에오즈Éauze, 오를레앙 만화, 유머 및 캐리커처, 지조르Gisors, 콩데트Condette, 툴롱, 파리 13구소장용 만화, 퐁트누아라주트Fontenoy-la-Joûte ...

3-4. 연극제

종합연극제로는 단연 아비뇽 페스티벌이 꼽힌다. 관람객 숫자만도 매년 10여만 명에 이르고 공연 수입이 1,500만 유로에 달할 정도로 유럽의 주요 여름 예술축제 중 하나로 자리를 잡은 지 오래다. 연극적 요소를 차용하고 있는 서커스와 거리극은 새로운 예술의 대표적인 장르이다. 오리약과 샬롱쉬르손, 투르에서 열리는 거리극 축제는 대표적인 행사들이다.

프랑스 지방의 이해

프랑스 행정구역

프랑스의 데파르트망

프랑스 행정구역

1. 프랑스의 행정구역 개편은 비교적 최근에 이루어졌다. 2016년 1월 1일 이후 행정구역 개편에 따라 현재 13개의 본토 레지옹과 해외에 소재한 5개 레지옹으로 나뉜다.
2. 프랑스 지리를 구분하는 행정단위를 큰 단위부터 작은 단위까지 나열하면 다음과 같다.

   레지옹 région
   데파르트망 département
   아롱디스망 arrondissement, 단 이 개념은 파리, 마르세유, 리옹의 경우 각 구를 지칭한다
   캉통 canton
   코뮌 commune

   아롱디스망과 캉통은 선거를 위해 주로 사용되는 개념이며, 일상과 밀접하게 관련된 개념은 코뮌이다. 그러기에 프랑스 지역을 이해하려면 레지옹, 데파르트망, 코뮌을 이해하는 것으로 충분하다.

3. 강과 산이 경계를 만들어내는 레지옹은 우리의 도의 개념에 가까운 전통적 단위다.
4. 프랑스 대혁명 직후인 1790년 국토를 재편하려는 목적으로 데파르트망 단위를 도입했다.
5. 각 데파르트망의 행정 중심지 위치는 아침에 말을 타고 떠나 행정 업무를 본 후 날이 저물기 전까지 출발지로 돌아옴을 원칙으로 정했다.

6. 그러나 인위적인 행정 구분은 프랑스인들에게 그다지 가깝게 다가가지 못한다. 1982년 3월에 통과된 지방분권에 관한 법률은 나폴레옹이 폐기했던 레지옹 개념을 다시 도입했다.
7. 1950년대와 60년대 프랑스에서는 지방 축제의 활성화와 더불어 지방민으로서의 정체성과 긍지가 되살아났다. 1982년의 행정 개편은 이런 변한 분위기를 반영하고 있다.
8. 해외에 소재한 프랑스 영토는 DOM Département d'outre-mer, 해외 소재 데파르트망과 TOM Territoire d'outre-mer, 해외 소재 영토으로 나뉜다. DOM의 경우 데파르트망이라는 표현이 들어가 있음에도 불구하고 레지옹으로 분류되는데, 크기와 면적을 고려해 레지옹 위상을 부여한 곳들이다.

〈2016년 이전의 행정구역 : 22개의 레지옹(본토 기준)〉   〈2016년 이후의 행정구역 : 13개의 레지옹(본토 기준)〉

프랑스의 데파르트망

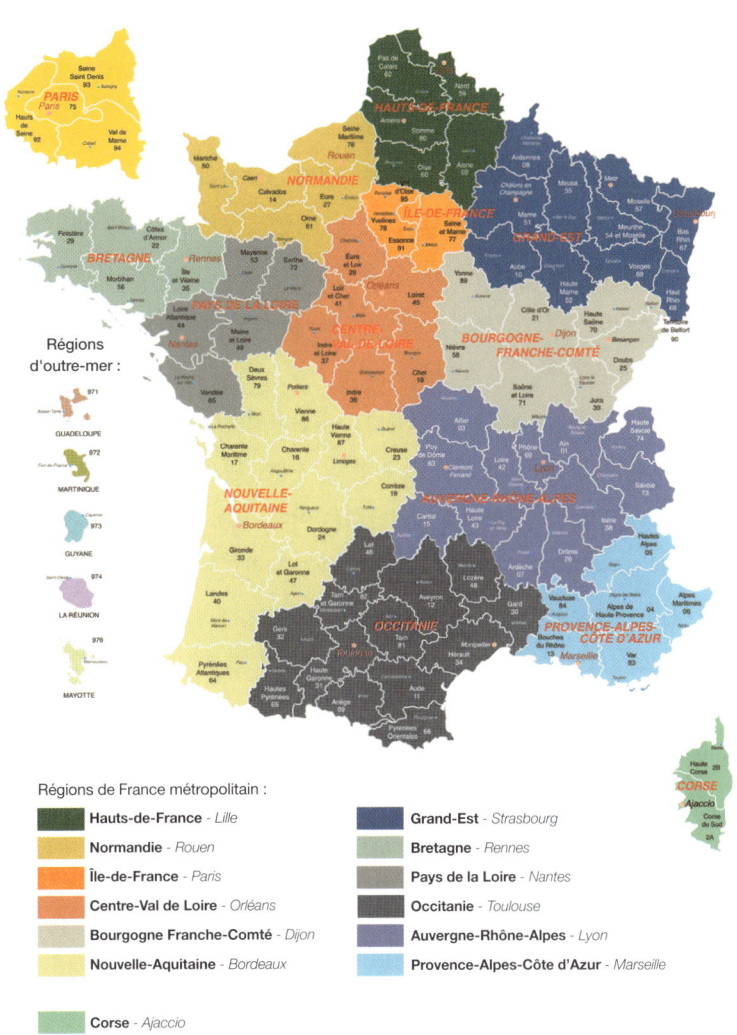

프랑스 지방의 이해

프랑스 데파르트망에 대한 이해

레지옹을 세분하는 프랑스의 데파르트망은 본토 및 해외 소재 데파르트망으로 나뉜다. 아래 표를 보면 알겠지만, 데파르트망의 고유번호는 일부 지역(파리, 수도권, 해외)을 제외한다면 A부터 Z 까지 알파벳 순서에 따라 매겼다.

1. 면적이 넓은 레지옹은 데파르트망 숫자가 많고, 면적이 협소한 레지옹은 데파르트망 숫자가 적다.
2. 데파르트망 이름을 외워두는 것은 여행에 상당히 도움이 된다. 보통 어느 마을의 위치를 표시할 때 데파르트망과 병기하는 경우가 많기 때문이다.
3. 데파르트망 고유번호는 프랑스 우편번호의 앞 두 자리에도 쓰인다. 예를 들어 75009라는 우편번호에서 75는 파리 데파르트망의 고유번호이며, 뒤의 두 자리 09는 파리의 제9구란 의미다.
4. 코르시카만이 데파르트망 고유번호에 알파벳이 들어가 있다. 1790년 프랑스 영토를 처음 데파르트망으로 분할할 때에는 단 하나의 데파르트망이었다가 나중에 2개로 나뉘었기에 생겨난 현상이다. 도청소재지가 아작시오Ajaccio인 코르스뒤쉬드Corse-du-Sud, 남코르시카의 고유번호는 2A, 도청소재지가 바스티아Bastia인 오트코르스Haute-Corse, 북코르시카의 고유번호는 2B다.
5. 해외지역의 데파르트망들에는 세 자리 숫자가 붙고 있다.

고유번호	데파르트망 이름	주도
01	엥(Ain)	부르캉브레스
02	엔(Aisne)	랑
03	알리에(Allier)	물랭
04	알프드오트프로방스(Alpes-de-Haute-Provence)	디뉴레뱅
05	오트잘프(Hautes-Alpes)	가프
06	알프마리팀(Alpes-Maritimes)	니스
07	아르데슈(Ardèche)	프리바
08	아르덴(Ardennes)	샤를르빌메지에르

09	아리에주(Ariège)	푸아
10	오브(Aube)	트루아
11	오드(Aude)	카르카손
12	아베롱(Aveyron)	로데스
13	부슈뒤론(Bouches-du-Rhône)	마르세유
14	칼바도스(Calvados)	캉
15	캉탈(Cantal)	오리약
16	샤랑트(Charente)	앙굴렘
17	샤랑트마리팀(Charente-Maritime)	라로셸
18	셰르(Cher)	부르주
19	코레즈(Corrèze)	튈
2A	코르스뒤쉬드(Corse-du-Sud)	아작시오
2B	오트코르스(Haute-Corse)	바스티아
21	코트도르(Côte-d'Or)	디종
22	코트다르모르(Côtes-d'Armor)	생브리외
23	크뢰즈(Creuse)	게레
24	도르도뉴(Dordogne)	페리괴
25	두(Doubs)	브장송
26	드롬(Drôme)	발랑스
27	외르(Eure)	에브뢰
28	외르에루아르(Eure-et-Loir)	샤르트르
29	피니스테르(Finistère)	캥페르
30	가르(Gard)	님
31	오트가론(Haute-Garonne)	툴루즈
32	제르스(Gers)	오슈
33	지롱드(Gironde)	보르도
34	에로(Hérault)	몽펠리에
35	일에빌렌(Ille-et-Vilaine)	렌
36	앵드르(Indre)	샤토루
37	앵드르에루아르(Indre-et-Loire)	투르
38	이제르(Isère)	그르노블
39	쥐라(Jura)	롱스르소니에
40	랑드(Landes)	몽드마르상
41	루아르에셰르(Loir-et-Cher)	블루아
42	루아르(Loire)	생테티엔

43	오트루아르(Haute-Loire)	르 퓌앙블레
44	루아르아틀랑티크(Loire-Atlantique)	낭트
45	루아레(Loiret)	오를레앙
46	로트(Lot)	카오르
47	로테가론(Lot-et-Garonne)	아쟁
48	로제르(Lozère)	망드
49	멘에루아르(Maine-et-Loire)	앙제
50	망슈(Manche)	생로
51	마른(Marne)	샬롱앙상파뉴
52	오트마른(Haute-Marne)	쇼몽
53	마이엔(Mayenne)	라발
54	뫼르트에모젤(Meurthe-et-Moselle)	낭시
55	뫼즈(Meuse)	바르르뒤크
56	모르비앙(Morbihan)	반
57	모젤(Moselle)	메스
58	니에브르(Nièvre)	느베르
59	노르(Nord)	릴
60	와즈(Oise)	보베
61	오른(Orne)	알랑송
62	파드칼레(Pas-de-Calais)	아라스
63	퓌드돔(Puy-de-Dôme)	클레르몽페랑
64	피레네자틀랑티크(Pyrénées-Atlantiques)	포
65	오트피레네(Hautes-Pyrénées)	타르브
66	피레네조리앙탈(Pyrénées-Orientales)	페르피냥
67	바랭(Bas-Rhin)	스트라스부르
68	오랭(Haut-Rhin)	콜마르
69D	론(Rhône)	리옹
69M	리옹광역시(Lyon)	리옹
70	오트손(Haute-Saône)	브줄
71	손에루아르(Saône-et-Loire)	마콩
72	사르트(Sarthe)	르망
73	사부아(Savoie)	샹베리
74	오트사부아(Haute-Savoie)	안시
75	파리(Paris)	파리
76	센마리팀(Seine-Maritime)	루앙

77	센에마른(Seine-et-Marne)	믈룅
78	이블린(Yvelines)	베르사유
79	되세브르(Deux-Sèvres)	니오르
80	솜(Somme)	아미앵
81	타른(Tarn)	알비
82	타른에가론(Tarn-et-Garonne)	몽토방
83	바르(Var)	툴롱
84	보클뤼즈(Vaucluse)	아비뇽
85	방데(Vendée)	라로슈쉬르용
86	비엔(Vienne)	푸아티에
87	오트비엔(Haute-Vienne)	리모주
88	보주(Vosges)	에피날
89	욘(Yonne)	오세르
90	테리투아르 드 벨포르(Territoire de Belfort)	벨포르
91	에손(Essonne)	에브리
92	오드센(Hauts-de-Seine)	낭테르
93	센생드니(Seine-Saint-Denis)	보비니
94	발드마른(Val-de-Marne)	크레테유
95	발두아즈(Val-d'Oise)	퐁투아즈
971	과들루프(Guadeloupe)	바스테르
972	마르티니크(Martinique)	포르드프랑스
973	기아나(Guyane)	카옌
974	라 레위니옹(La Réunion)	생드니
976	마요트(Mayotte)	마무주

프랑스의 1년

축제와 전통
월별 특징

매년 프랑스 전역에서 개최되는 세계적 페스티벌 숫자만 300여 개에 이를 정도로 프랑스는 문화 대국, 축제의 나라로 분류될 수 있다. 그런데 중앙정부나 지방자치단체 등이 일정한 목적을 가지고 만든 축제festival가 관객 동원이나 영향력 면에서 전통적인 축제fête보다 더 성공을 거둔 경우가 많다. 하지만 이러한 현상이 역사적 경험에 바탕을 두고 있다는 측면을 간과해서는 안 된다. 1950년대 이후 서서히 대두된 지방의 정체성 문제는 1982년 지방분권 법률이 통과되면서 본격화되는데, 이 해에 '레지옹région' 개념이 도입되면서 프랑스는 총 22개의 광역행정단위로 재편된다. 부르고뉴, 노르망디 등 산과 강에 의해 자연스럽게 형성되었던 지역 개념이 다시 의미를 지니게 된 것이다. 지방주의는 프랑스가 오랫동안 견지해온 파리 중심주의와 대비된다. 즉 루이 14세로 대표되는 절대 왕정 하에서 모든 권력을 중앙으로 모은다는 명분에 따라, 또 대혁명 이후에는 모든 국민의 복지와 안녕을 국가가 관리한다는 '자코뱅주의jacobinisme' 아래 프랑스는 파리에 정치 경제 문화를 집중시키며 지방을 소홀히 취급했지만, 종국에는 국토의 기형적 발전에 대한 반성이 문화 쪽의 지각 변동을 불러온 것이다. 오늘날 파리와 지방은 서로 경쟁하며 다양한 문화행사를 열고 있기에 이들을 효과적으로 즐기려면 프랑스인들의 1년 문화 스케줄을 파악하는 것이 우선이다.

축제와 전통

12월 25일
크리스마스

예수 그리스도의 탄생을 축하한다. 방울과 화환으로 전나무를 장식하며, 구유도 만든다. 전통적으로는 이날 칠면조와 '뷔슈 드 노엘 bûche de Noël'이라는 이름의 케이크를 먹는다. 산타클로스가 전나무 아래 선물을 가져다 놓는다

1월 6일
주현절
主顯節

'페브 fève'라 불리는 작은 자기 인형을 숨긴 갈레트를 먹는다. 페브를 찾아낸 사람은 이날 하루 동안 왕이나 왕비가 된다.

2월 2일
성촉절
聖燭節

크레프를 먹는 날이다. 손에 동전을 들고서 크레프를 프라이팬에서 던져올리면 행운이 찾아온다는 미신이 있다.

2월 14일
밸런타인데이

사랑하는 사람들을 위한 날. 사랑하는 사람에게 선물을 주는 풍습이 있다.

2월 중
마르디 그라
Mardi gras

'마르디 그라'는 카니발의 마지막 날이다. 이날 아이들, 때로는 어른들이 분장을 한다. 니스 같은 도시에서는 화려한 꽃마차들이 퍼레이드를 벌이는 거대한 카니발 행사를 연다.

4월 5일
부활절

서구에 종이 처음 등장한 것은 서기 400년경인데, 프랑스 가톨릭에서는 12세기부터 성목요일이 되면 그리스도의 수난에 대한 애도의 표시로 종을 치는 것을 금했다가 부활절 일요일에 그리스도의 부활을 경축하며 다시 울리도록 했다.

4월 1일
만우절

4월의 첫날에는 누군가의 등에 생선 모양의 종이를 몰래 붙이는 장난을 친다. 이날 신문, 라디오를 비롯한 거의 모든 매체가 상상을 초월하는 이야기들을 꾸며내며 하루를 즐긴다.

5월 1일
노동절

노조들이 시가행진을 벌이는 날이다. 이날 사람들은 사랑하는 사람에게 은방울꽃을 선물한다. 행운을 가져다준다는 의미다.

6월 21일
음악의 축제

프랑스인들은 여름의 첫날을 음악으로 경축한다. 전문 음악인 혹은 아마추어 음악인들이 프랑스 전역의 광장과 거리에서 음악을 연주하는 행사다.

7월 14일
대혁명 기념일

이날 낮에는 군사 퍼레이드가, 밤에는 무도회와 불꽃놀이가 열린다. 바스티유 감옥을 습격하면서 프랑스 대혁명이 시작되었음을 기념하는 날이다.

11월 1일
만성절
萬聖節

유명 혹은 무명의 모든 성인을 기리는 종교 축일이다. 이날 사람들은 먼저 떠난 이들의 무덤을 찾아가 헌화한다.

11월 11일
1918년 휴전 기념일

프랑스와 독일 사이에 휴전이 체결된 1918년을 기념하는 날이다. 이날 사람들은 제1차 세계대전 희생자들을 기리는 기념비들에 꽃을 바친다.

월별 특징

1월

새해 첫날이 낀 이 시기는 선물의 계절이다. 연말처럼 이 시기에는 다양한 종류의 예술 관련 서적들이 선물의 주종을 이룬다. 그런 까닭에 사진, 미술, 음악 관련 호화장정 저서들이 관심의 대상이 되며, 잘 만들어진 책일수록 예술품 취급을 받는다. 1월 말에는 파리의 페닉스 서커스 극장Cirque Phénix에서 '내일의 서커스Cirque de demain' 축제가 열린다. 전 세계 굴지의 서커스 학교에서 교육받은 동물조련사, 광대, 곡예사, 저글러들이 나이와 직업별로 자신만의 고전적 혹은 현대적인 기예를 선보인다. 가족끼리 즐기기에 아주 좋은 행사다. 또한 지방에서는 세계 최대의 만화 축제인 '앙굴렘 페스티벌Festival d'Angoulême'이 열리는 시기다. 그리고 1월 초반에서 2월 초까지는 '겨울 세일Soldes d'hiver'이 진행된다. 2024년에는 1월 10일부터 2월 6일까지 열렸다. 약 6주간 프랑스 전역에서 진행되는 최대 세일 행사로 온라인과 오프라인에서 동시에 진행되며, 할인율은 최대 80%까지. 끝이 다가올수록 할인율이 높아진다.

  1월 6일은 주현절Épiphanie. 예수님의 탄생별을 보고 찾아온 동방박사 세 사람이 아기 예수께 경배와 예물을 드린 날을 기념하는 날이다. 갈레트 데 루아Galette des Rois, 즉 '왕의 파이'를 먹는 날인데, 갈레트 속에는 작은 도자기 인형이 숨겨져 있다. 인형을 찾아내는 사람이 이날의 왕이나 왕비가 된다.

2월

2월은 카니발의 계절이다. 가장 중요한 카니발로는 니스 카니발Carnaval de Nice이 꼽힌다. 1873년 처음 개최된 이 행사는 왕을 주제로 내세우되 매년 조금씩 변화를 가하고 있는데, 그동안 20세기, 서커스, 스포츠, 영화, 음악, 유럽 등을 주제로 한 수많은 왕이 선정된 바 있다. 약 120만 명 정도가 참가하는 이 행사는 2025년에 '대양大洋들의 왕Roi des Océans'이라는 주제로 2월 15일부터 3월 2일까지 보름에 걸쳐 열렸다. '프로므나드 데 장글레Promenade des Anglais'에서 열리는 시가 퍼레이드를 위시하여 화려한 야회, 록 혹은 테크노 콘서트, 공연, 불꽃놀이가 카니발을 장식한다. 10만 개 이상의 꽃들이 관중들에게 던져지며, 1천 명 이상의 무용수와 뮤지션이 참가한다. 밤에는 '빛의 퍼레이드'를 위해 꽃마차들에 조명을 넣는다.

  2월 중순에서 3월 초 사이에는 카니발 풍경과 유사한 망통 레몬축제 Fête du Citron도 열린다. 145톤의 레몬을 사용해 3백 명 이상의 전문가가 축제를 꾸미는데, 2주 동안 망통 중심에 위치한 비오베스 Biovès 정원을 오렌지와 레몬으로 만든 조각, 모델, 그림으로 장식한다. 거리는 악사, 거인, 곡예사, 타악기 연주자, 레몬 마차의 시가행진 음악에 맞춰 춤추는 가면 쓴 군중들로 가득 찬다. 2025년에는 2월 15일부터 3월 2일까지 제91회 행사가 열렸다. 방문자 숫자는 20만 명. 셔틀버스가 시내 중심까지 안내한다.

  축일은 2월 2일. 성촉절 Chandeleur 이라 불리는 이날에는 크레프 crêpe 를 먹는다.

3월

카니발의 열기가 가라앉으면 '재의 수요일'부터 부활절 전까지 40일 동안 금식 기간이 시작된다. 이 시기에 파리에서는 국제도서전인 '살롱 뒤 리브르 드 파리 Salon du Livre de Paris'가 열린다. 1981년부터 시작된 행사로, 프랑스의 출판 현황을 한눈에 들여다볼 수 있는 기회가 되고 있다. 매년 출판 규모가 큰 하나의 국가를 초대하는데, 최근에는 중국과 러시아 등이 초대되었다. 사인회, 토론, 원탁회의, 라디오 및 TV 방송 녹음과 녹화가 주요 프로그램들이다.

4월

부활절 Pâques 이 들어있는 달이다. 학생들은 약 2주간의 부활절 방학 동안 여행을 다녀오는 경우가 많다. 부활절은 '지나가다'란 뜻을 지닌 유대 명절 '페사 Pessa'h'에 기원을 두고 있다. 구약에 등장하는 이스라엘 민족의 역사와 관련된 히브리인들의 축일 '페사'는 이스라엘 민족을 해방하라는 모세의 요구에 파라오가 굴복한 결정을 경축한다. 히브리인들이 양의 피를 문설주에 바르면 죽음의 천사가 저주를 내리지 않고 '지나가면서' 이집트인들의 장자長子만을 죽였던 내용이다. 보다 나중에 그리스도의 수난은 복음서에 따라 이 유대인 축일에 기려졌고, 그리스도의 피가 인류를 죄로부터 구해내기 위해 십자가 위에 뿌려졌다고 해석된다. 2세기부터 부활절은 최후의 만찬, 그리스도의 수난과 부활을 기리는 행사로 자리 잡기 시작했다. 요한복음에 등장하는 'Agnus Dei 신의 어린 양'는 희생자로서의 그리스도를 상징한다. 그런 이유로 기독교인들은 부활절에 순결함과 선의를 의미하는 양고기를 먹는다. 또 다른 전통은 시간이 흐르면서 추가되었다. 4세기에 사순절 기간 동안 교회에 의해 달걀의 소비가 금지되었고, 대신 삶의 상징인 달걀들을 색색으로 예쁘게 칠해 부활절 날 사람들에게 나눠주는 문화가 생겨났다. 봄이면 들에서 뛰놀던 토끼가 많은 독일에서는 아이들에게 토끼를 선물한다. 토끼는 독일에서 다산과 봄을 상징했다.

4월에 열리는 행사 중에서는 북부 해안에서 20년 이상 열린 베르크쉬르메르Berck-Sur-Mer의 연축제Rencontres internationales de cerfs-volants가 유명하다. 매년 50만 명이 찾는 해변에서는 거대한 판다부터 게에 이르기까지 온갖 색깔과 형태의 연을 즐길 수 있다. 베르크쉬르메르는 넓은 시야의 모래언덕을 보유하고 있다. 2024년에는 4월 20일부터 28일까지 열렸다.

또한 4월부터 11월 초까지는 '국제정원페스티벌Festival international des jardins'이 쇼몽쉬르루아르 성Château Chaumont-sur-Loire의 정원에서 1992년부터 열리고 있다. 매년 3백 개 이상의 출품작 중에서 20-30개 내외의 주제를 선정하는데, 참여하는 주요 국가들은 영국, 일본, 네덜란드, 독일, 이탈리아 등이다. 야간에는 조명을 넣어 '빛의 정원' 행사를 여는데, 2천 개 이상의 양초가 동원된다.

모두가 즐기는 행사는 4월 1일 만우절로, 프랑스어로 poisson d'avril '4월의 물고기'라는 의미이라 부른다.

5월

노동절인 5월 1일에는 노조 주도로 프랑스 전역에서 시가행진이 벌어진다. 이때의 특기할 만한 풍경은 행운을 가져다준다는 은방울꽃muguet을 사랑하는 사람에게 선물하는 전통. 5월 8일에는 1945년 승전을 기념하는 다양한 행사가 열린다.

칸 국제영화제가 이 시기를 빛내고 있는데, 베니스 영화제와 경쟁하기 위해 만든 영화제로 전 세계 3만 명의 영화인, 수십만 명의 관광객이 매년 찾는다. 2025년에 제78회 행사가 5월 13일부터 24일까지 열렸다. 해변에서는 칸 영화제에 출품된 고전들을 즐길 수 있는 야외 상영회도 열린다. 칸 관광안내소 Office de tourisme 에서 티켓 구입이 가능하다.

5월 중순에는 스당 중세축제 Festival médiéval de Sedan 가 열린다. 중세 분위기를 맛보기 위해 수천 명이 유럽 최대의 성채 중 하나인 이곳을 찾는다. 전통 연회, 시장, 경쟁 시합, 레슬링, 검 대결 등이 프로그램을 채우고 있다. 중세를 재현하는 또 다른 도시로는 프로뱅 Provins 이 유명하다.

또 5월은 프랑스의 주요 스포츠 행사들이 열리는 시기이기도 하다. 프랑스 축구 국내리그 결승전이 열리며, 4대 프로테니스 대회 중 하나이자 클레이코트에서 열리는 특징을 갖는 롤랑 가로스 프랑스오픈 테니스대회 Tournoi de Roland-Garros 가 개최된다. 2025년에는 5월 19일부터 6월 8일까지 열렸다.

6월

본격적으로 스포츠가 시작되는 달이다. 주요 행사로는 '르망 24시 Le Mans 24 Heures '라는 이름의 자동차 경주와 프랑스 오픈인 롤랑 가로스 테니스대회가 있다. 6월 중순에는 영화애호가들에게 즐거움을 선사하는 '영화의 축제 Fête du cinéma ' 행사가 열린다.

하지만 6월의 메인 이벤트는 무엇보다도 21일 하짓날 벌어지는 '음악의 축제 Fête de la musique '이다. 자발적인 형식의 대표적 문화행사이며, 이날만큼은 프랑스 전역의 광장과 거리, 바와 카페가 음악으로 뒤덮인다고 해도 결코 과장된 표현이 아니다. 모리스 플뢰레 Maurice Fleuret 의 제안에 따라 문화부 주도로 1982년 처음 개최된 이 행사는 2017년부터 디지털 음악으로까지 영역을 확대하고 있다. 대형가수의 무료 콘서트에서부터 록 음악, 힙합, 클래식, 합창, 아카펠라, 재즈, 레게음악, 전자음악에 이르기까지 모든 장르의 음악을 즐길 수 있다. 1985년 이후에는 해외로 수출되어, 현재

전 세계 100여 개국에서 동일한 행사가 열리고 있다.

6월에는 남프랑스 도시 님 Nimes 이 조명을 받는다. '팡트코트 페리아 Feria de Pentecôte'는 1952년에 처음 개최한 행사로, 목요일부터 다음 주 월요일까지 5일간 열린다. 거리 퍼레이드와 불꽃놀이, 아레나 고대로마극장에서 열리는 프랑스식 투우 경기가 유명하다. 세계 최고의 'toreros'가 난이도 높은 기술을 선보인다. 1백만 명이 찾는 대형 행사다. 축제 참가자들은 야외 콘서트와 밤새 열리는 댄스파티를 즐길 수 있다. 2025년에는 6월 5일부터 9일까지 열렸다.

6월에서 8월 사이에는 음악과 연극, 무용을 결합한 카르카손 페스티벌 Festival de Carcassonne 도 열린다. 극도로 잘 보존된 중세 성채의 대극장 Grand Théâtre 과 생나제르 사원 Basilique Saint-Nazaire 을 활용해 음악과 무용, 연극을 무대에 올린다.

6월부터 시작되는 세계적인 행사가 많지만, 그중에서도 6월부터 8월 초까지 열리는 '오랑주 오페라페스티벌 Chorégies d'Orange '이 백미다. 1860년부터 시작된 가장 오래된 페스티벌로서 아주 잘 보존된 로마제국시대 유적인 고대극장 Théâtre Antique 에서 오페라와 클래식 음악 연주회가 열린다. 길이 70m에 달하는 성벽은 놀라운 음향 효과를 낳는다. 수용 능력은 9천 명. 완벽하게 보존된 장소에서 매년 여름 개최되기에 세계의 유명 성악가들이 이 행사를 찾고 있으며, 장대한 무대 덕분에 주로 오페라, 오라토리오 등 대곡들이 무대에 많이 오른다. 바그너, 푸치니, 비제, 오르프 등의 작품들이 주요 레퍼토리이다. 2025년에는 6월 13일부터 7월 22일까지 열렸다.

또 이 시기에는 '여름 세일 Soldes d'Été ' 이벤트가 열린다. 2024년에는 6월 26일부터 7월 25일까지 열렸다. 겨울 세일과 마찬가지로 프랑스 전역에서 대형 세일이 진행되는데, 의류, 전자제품, 홈 데코 등 모든 품목이 온라인과 오프라인을 통해 팔려나간다.

7월

2002년 7-8월 사이에 센 강변 일부를 해변으로 꾸몄던 '파리 플라주 Paris Plages ' 행사가 대성공을 거둔 이후 계속해서 열리고 있다.

최대 축제는 7월 14일 행사이다. 영어로는 '바스티유 데이 Bastille Day '라 부르는 대혁명 기념일은 파리 시민과 농민들이 바스티유 성채와 감옥을 습격하면서 왕정을 끝낸 것을 기념하는 날이다. 파리의 경우 이날 낮에는 샹젤리제 거리에서 군사 퍼레이드와 무도회가, 밤에는 에펠탑 근처에서 불꽃놀이와 대형 공연이 개최되며, 전날인 7월 13일에는 전야제 형식으로 다양한 행사가 열린다. 이날 하루 동안 모든 프랑스인은 혁명이 가져다준 가치인 자유, 평등, 박애를 만끽한다.

하지만 이 기간은 파리가 지방에 자리를 양보한다는 표현이 옳다. 7월부터 8월에 이르는 기간 동안 각 지방의 특성을 극대화한 여름 축제들이 한꺼번에 열리기 때문이다. 프랑스 최대의 샹송 페스티벌이자 여름 한철 대서양에 면한 라로셸 La Rochelle 을 뜨겁게 달구는 '프랑코폴리 Francofolies', 숱한 재즈 음악제 등도 이때 열린다. 연극 쪽의 세계적 축제인 아비뇽 연극제 Festival d'Avignon 도 그에 해당하는 대표적 축제다. 프랑스에서 가장 유명한 축제 중 하나로, 연극, 무용, 음악, 영화를 망라한 프랑스 국내외의 주요 공연 40개 정도가 무대에 오른다. 대부분 세계 초연인 경우가 많다. 2025년 제79회 행사는 7월 5일부터 26일까지 열렸다.

또 여름을 빛내는 행사는 '빛과 소리의 축제 Son et Lumière'이며, 그중 대표적인 이벤트가 퓌뒤푸 Puy du Fou 의 '시네세니 cinéscénie'다. 창시자 필립 드 빌리에가 대단한 자부심을 표명하고 있을 정도로 '시네세니'는 정부나 지방자치단체의 보조금과 무관하게 운영되고 있다. 자원봉사자들은 자체 협회를 결성해 행사 전반에 관여하고 있고, 미래를 위해 독자적으로 공연 전문가들을 양성한다. 이 시기에 아미엥 대성당, 스트라스부르 대성당, 샤르트르 대성당 등 프랑스의 모든 주요 건물들은 야간에 화려한 빛과 조명으로 치장한다.

7월에는 역사와 전통을 자랑하는 프랑스 최대의 스포츠 행사 '투르 드 프랑스 Tour de France' 경기도 열린다. 알프스와 피레네 산악구간을 포함한 프랑스 전역을 답파하는 도로일주사이클대회다. 3주 동안 3,500km에 달하는 프랑스 전역의 거리를 질주하면서 인간 한계를 시험하는 세계 최고의 사이클 대회. 7월 셋째 주 혹은 넷째 주 일요일에 파리 샹젤리제 거리에 도착할 때 행사는 마무리된다.

8월

7월에 언급한 행사들이 연장되며, 휴가를 집중적으로 떠나는 달이기도 하다. 프랑스 기업의 절반이 연례 휴가를 보내며, 생산량의 40%를 줄인다. 이 시기를 빛내는 가장 중요한 행사는 1971년부터 시작된 로리앙 인터켈트페스티벌 Festival Interceltique de Lorient 이다. 켈트 문화를 공유한 모든 국가가 참가한다. 단골 초청국가와 지역들은 스코틀랜드, 웨일스, 아일랜드, 영국의 맨 섬과 콘월 섬, 스페인 북부의 자치주들인 갈리시아와 아스투리아스, 캐나다의 아카디아 그리고 프랑스의 브르타뉴 지방이다. 80만 명이 찾기에 현재 프랑스에서 규모가 가장 큰 축제이기도 하다. 2025년 제54회 행사는 8월 1일부터 10일까지 일주일간 열렸다.

8월 15일은 가톨릭 쪽의 주요 명절 중 하나인 성모승천절 Assomption de la Vierge Marie 나중에 루이 14세가 될 아이를 갖게 해달라는 루이 13세의 소원이 성취되자 명절로 지정되었던 이 기념일은 프랑스 대혁명 때 폐지되었다가 나폴레옹이 부활시켰다.

일부 축제들은 8월 말, 개학 직전에 열리며 여름을 떠나보내는 아쉬움을 달랜다. 주요 축제는 바로크 쪽의 성악으로 특화된 '신포니아 앙 페리고르 Sinfonia en Périgord'. 비슷한 시기에 바로크 음악을 즐길 수 있는 또 다른 공간은 베르사유 궁전이다.

9월

신학기가 시작되는 가을은 무엇보다도 문학의 계절이다. 문학상을 겨냥하여 9월부터 신간 소설이 집중적으로 쏟아지는데, 2024년에는 총 459권의 소설집이 일반인들에게 선보였다.

9월 중순에는 프랑스 동북부에서 뮐루즈 맥주 페스티벌 Mondial de la Bière Mulhouse, Mulhouse Beer Festival 이 열린다. 3일간 열리는데 맥주 마시기 경연대회, 맥주 제조 관련 전시회, 맥주와 치즈를 주제로 한 워크숍 등 다양한 이벤트들이 주요 프로그램이다. 축제 참가자들은 맥주 콩쿠르, 맥주 제조에 관한 전시회, 맥주와 치즈 제조 아틀리에 등을 즐길 수 있다.

9월을 빛내는 또 다른 축제들도 있다. 샹파뉴아르덴 Champagne-Ardennes 지방에 소재한 시인 랭보의 고향 샤를르빌메지에르Charleville-Mézières에서는 국제마리오네트극페스티벌Festival Mondial des Théâtres de marionnettes이 열린다. 2년에 한 번씩 개최되며, 10일 동안 전 세계에서 찾아온 250개 극단이 200개 내외의 공연을 무대에 올린다. 메인 페스티벌, 프린지 페스티벌, 스트리트 쇼, 장갑을 이용한 마리오네트, 유령 마리오네트 등 행사가 다채로우며, 이 분야에서 이루어진 최신의 기술 혁신을 즐길 수 있다. 관객 숫자는 15만 명. 2025년 행사의 개최 시기는 9월 19일부터 28일까지.

9월부터 12월까지 열리는 '파리 가을축제'도 언급할 수 있다. 음악, 연극, 무용, 조형예술, 문학 및 영화를 아우르는 종합 예술제인 '파리 가을축제'는 1972년 미셸 기Michel Guy가 당시 대통령 조르주 퐁피두의 지원을 받아 처음 시작했으며, 주로 현대예술 분야에 관심을 할애한다. 1990년 미셸 기가 사망한 후 알랭 크롬베크Alain Crombecque가 총감독을, 마리 콜랭Marie Collin과 조제핀 마르코비츠Joséphine Markovits가 예술감독을 맡았다. '프랑스에서 상연되지 않은 주요 작품 소개', '프랑스, 유럽 및 북미의 주요 단체들과의 협력하에 작품 공동제작', '실험적 작품 생산 및 신진인력 양성', '일본, 중국, 호주, 인도, 한국, 이집트, 남아프리카, 이란 등 비서구 문화 소개'라는 4개의 주요 목표를 가지고 있다.

9월을 빛내는 또 다른 행사는 '문화유산의 날Journées du Patrimoine' 행사이다. 9월 셋째 주말에 이틀 동안 열리며, 공공건물, 박물관, 도서관, 학교를 비롯해 개인 소유의 대저택이나 정원, 산업시설을 모두 일반인에게 무료 공개하면서 프랑스의 문화유산에 대한 애정을 고양하는 것을 목표로 삼고 있다. 1984년 프랑스 문화부가 처음으로 기획한 이 행사는 1991년부터 유럽 48개국이 참가하는 범유럽 축제로 확대되면서 '유럽문화유산의 날'로 개명되었다. 2015년에는 주제에 따라 유적 발굴지나 천문관측소, 항공 및 우주 연구소, 등대 및 신호소, 퀴리 박물관 같은 유명 과학자 연구소가 일반인에게 공개되었다. 42회를 맞이한 2025년에는 9월 13일과 14일 양일에 행사가 열렸다.

10월

9월에 이어 새 영화와 새 책들이 집중적으로 쏟아지는 계절이다. 최고 권위를 자랑하는 공쿠르 문학상을 비롯해 르노도, 메디치, 페미나 문학상 등이 일제히 11월 초에 수상자를 발표하지만, 문학작품에 대한 시상은 이때부터 시작된다. 이외에도 제도권에 대항하여 청소년들이 뽑는 '고교생 공쿠르 문학상'이 신선한 충격을 주면서 문학의 계절을 빛내고 있다.

또 2002년부터는 전위예술을 포함한 다양한 문화행사를 즐기게 하고 관광도시 파리에 활력을 불어넣기 위해 '백야 Nuit Blanche' 축제가 새로 생겨났다. 그 후 프랑스의 주요 도시들과 세계 전역에서 매년 10월 첫째 주 주말에 열린다. 2002년 10월 5일 밤에 통상 문호를 개방하지 않는 에펠탑, 파리 시청, 팔레 루아얄 등의 건물들과 수영장, 지하묘지 등을 파리 시민들에게 무료로 개방한 것이 백야 축제의 최초 모습이다. 이날 해프닝, 콘서트, 낭송회, 영화 상영, 퍼포먼스, 패션쇼 등 30여 개의 행사가 저녁 7시 반부터 다음날 아침 8시까지 계속되었는데, 10만여 명이 건물들을 방문하고 35만 명이 밤을 지새우며 대성황을 이루었다.

학기가 시작된 이 시기에는 파리가 역시 중심이 된다. 10월 초에는 몽마르트르 포도 수확제 Fête des vendanges de Montmartre 가 파리 북쪽 몽마르트르 언덕의 클로 몽마르트르 Clos Montmartre 포도밭에서 열린다. 1년에 한 번이기는 하지만, 몽마르트르 거리 전체가 이 수확 축제를 경축한다. 2024년에는 10월 9일부터 13일까지 열렸다.

10월 말부터 11월 초까지 파리에서 초콜릿 축제 Salon du Chocolat 도 열리는데. 이탈리아, 독일, 스위스, 벨기에, 러시아, 일본, 캐나다 등에서 건너온 초콜릿들이 400개 이상의 부스를 채운다. 아이들뿐만 아니라 초콜릿을 애호하는 모든 나이대 사람들이 찾고 있다. 포르트 드 베르사유 Porte de Versailles 전시장이 행사장이며, 2025년 개최 일시는 10월 29일부터 11월 2일까지.

최근에는 영어로 된 연극, 코미디, 뮤지컬, 마임을 70편 이상 파리에서 선보이는 국제연극제 파리 프린지 페스티벌 Festival Paris Fringe 도 10월에 열리고 있다. 이벤트와 아틀리에, 토론에 참가하기 위해 세계적인 아티스트와 극단들이 행사를 찾는다.

10월 중순에는 란벨렉 가을축제Festival d'automne de Lanvellec도 열린다. 보름에 걸쳐 브르타뉴 지방의 음악을 기리는 행사로, 1653년에 제작된 달람스Dallam's 오르간의 부드러운 소리는 청중들을 프랑스 전통음악 속으로 빠져들게 만든다. 전 세계의 많은 아티스트가 이 축제에 참가한다.

11월

제1차 세계대전 종전 기념일11월 11일을 맞이해 대통령이 파리의 개선문 아래서 무명용사 무덤에 헌화하는 모습으로 상징되는 11월은 전쟁의 희생자들을 기리는 시기다. 또한 11월은 사진의 달이기도 하다. 사진 영상과 기술, 패션 사진, 인물 사진, 예술 사진, 르포 사진을 망라한 사진 관련 행사들이 60여 개 이상의 공간에서 100여 개 정도 열린다. 사진의 달 행사는 국제 살롱전인 '파리 포토Paris Photo'와 함께 열리고 있다.

축일은 11월 1일 만성절Toussaint. 가톨릭의 축일인 이날에 신자들은 알려졌건 알려지지 않았건 상관없이 모든 성인을 기린다. 또 가족들은 묘지를 방문해 망자의 무덤을 꽃으로 장식한다.

11월에서 12월에 걸치는 시기에 시내 중심광장을 크리스마스 분위기로 꾸며 연말을 기리는 행사가 열리는데, 행사 이름은 '크리스마스 마켓marchés de Noël'이다. 뱅쇼vin chaud, 다양한 관련 제품들, 크리스마스 구유Crèche de Noël 풍경을 즐길 수 있다. 주로 독일과 가까운 프랑스 동부지역 도시들에서 열리는 크리스마스 마켓이 유명하다. 가장 유명한 도시들은 알자스 지방의 스트라스부르, 콜마르, 카이제르스베르그Kaysersberg.

릴Lille에서는 리우르 광장Place Rihour이 주 무대인데, 행사가 한 달 동안 열린다. 이 시기에 광장은 공예품 상인들의 부스로 채워진다. 크리스마스 장식품들은 물론이고 츄러스, 뱅쇼 등의 겨울 음식들을 만날 수 있다. 아이들을 위한 이벤트, 대관람차, 크리스마스 전통음식 등이 마련된다. 아이들을 데리고 온 사람들은 산타클로스와 사진도 찍을 수 있다.

12월

종교를 주제로 한 행사들이 많이 열린다. 도서들이 이 시기 선물의 주요 품목이고, 크리스마스이브 때 '레베이용 réveillon'이라는 전통음식과 함께 프랑스 전역에서 파티가 열린다. 이때는 프로방스 지방을 주목해야 한다. 특식으로 먹는 '13개 디저트 13 desserts', 프로방스어로 집행하는 자정미사, 성체행렬 등이 유명하다.

12월 초에 낭시에서는 생니콜라 축제 Fête de la Saint-Nicolas 가 열린다. 전설과 마법이 충만한 세계로 인도하는 행사로 기마 퍼레이드, 공예품 시장, 전시회와 연극 공연, 콘서트와 불꽃놀이가 주요 내용. 가장 최근에는 2024년 11월 22일부터 2025년 1월 5일까지 40일간 열렸다.

또한 12월 초에 파리에서는 최고 와인을 시음하는 '최우수와인 페스티벌 Festival des meilleurs vins' 행사가 루브르 박물관에서 열린다. 그랜드 테이스팅 Grand Tasting 을 위해 베탄 에 데소브 Bettane et Desseauve 가 선정한 포도주가 선을 보인다.

무엇보다도 이 시기의 백미는 12월 5일부터 8일까지 열리는 '리옹 빛의 축제 Fête des Lumières'. 이 도시는 매년 12월 8일 모든 집이 창문 바깥에 양초를 켜놓고 예수의 어머니인 성모마리아를 기리는 전통을 간직해왔다. 매년 4백만 명의 관광객이 행사를 찾는다. 2015년에는 파리 테러의 여파로 취소된 바 있다. '빛의 축제'는 빛을 바탕으로 한 이벤트들을 마련하는데, 피크 행사는 12월 8일에 열린다.

같은 시기에 각 가정은 크리스마스트리와 구유 crèche 를 집안에 설치한다. 칠면조 고기와 '뷔슈 드 노엘 bûche de Noël. bûche는 장작, Noël은 크리스마스라는 뜻'이라 불리는 케이크를 먹는 시기이기도 하다. 전나무로 만든 크리스마스트리 자락에 산타클로스가 선물을 놓고 가는 것으로 아이들은 알고 있다.

관 혹은 민간 주도의 주요 축제들

문화부 혹은 지방자치단체가 주관하는 연례 행사들
기타 전국적인 문화행사들

문화부 혹은 지방자치단체가 주관하는 연례 행사들

독서 축제 Fêtes de la lecture

1989년부터 문화부는 주말을 이용해 독서를 권장하는 행사를 매년 개최하고 있다. 1989년에 당시 문화부장관이던 자크 랑 Jack Lang 이 'La fureur de lire'란 제목으로 책 읽기를 권장하는 방대한 행사를 시작했는데, 매년 10월 중순의 어느 주말에 열기로 정했다. 행사 목적은 책 읽는 독자 수를 늘리고, 저자들을 부각시키며, 문학 시즌을 연장하는 데 있었다.

1994년에 자크 투봉 Jacques Toubon 문화부장관은 'Le Temps des livres'로 이름이 바뀐 행사의 기간을 15일간에 걸쳐 열기로 결정한다. 중고등학생과 대학생들이 행사를 즐길 수 있도록 하면서 동시에 전문가들이 심층적인 행사를 벌일 수 있도록 충분히 시간을 부여하기 위함이었다.

1998년에 카트린 트로트만 Catherine Trautmann 은 행사를 'Lire en Fête'라고 다시 이름 붙인다. 독서에서부터 컴퓨터 화면에 이르기까지, 신문에서부터 연극 대본, 낭송에 이르기까지 모든 형태의 독서를 권장하기 위해서였다. 행사 기간은 금, 토, 일을 포함한 3일로 조정된다.

  2008년에 'Lire en Fête' 행사 참가자가 저조하자 2009년에는 행사가 열리지 않았다. 문화부장관이던 프레데릭 미테랑 Frédéric Mitterrand 이 새로운 이름을 가진 새 행사를 다른 시기에 개최하기 위해 한 해 휴식하기로 결정한 것이다.

  2010년에 'Lire en Fête'는 'À vous de lire!'로 이름을 바꾸면서 5월 말에 목요일부터 일요일까지 4일간 열렸다.

  책 축제의 형식과 이름이 여러 차례 바뀌었을지라도 초창기 정신과 원칙은 대동소이하다. 책의 영토를 넓히고 가능한 한 많은 인구가 책 읽기의 즐거움을 누릴 수 있도록 작가, 출판업자, 서점, 사서, 배우, 내레이터 등 전문가들의 상상력에 의지하고자 하는 데 그 원칙이 있었다.

  'À vous de lire!'는 매년 책에 할애된 가장 중요한 행사 2개 중 하나를 이루고 있다. 다른 하나는 파리국제도서전 Salon du livre de Paris 이다. 국립출판조합 Syndicat national de l'édition 이 주관하여 3월에 개최되는 국제도서전이 출판에 대한 광범위한 파노라마를 제공하는 반면, 문화부 산하기관인 국립도서센터 Centre national du livre 가 책임을 맡은 'À vous de lire!'는 저자, 번역가, 출판업자, 서점, 사서, 협회와 관련기구 등 모든 책 관련 주체들이 힘을 합쳐 독서 진흥을 모색하는 기회가 되고 있다. 카페, 영화관, 극장, 광장 그리고 심지어 병원과 교도소에서도 대중을 상대로 한 수천 개의 독서 행사가 열린다.

  최근에는 '독서의 밤 Nuits de la lecture'이라는 행사도 개최하는 중이다. 행사는 책과 관련된 주체들인 도서관, 서점, 저자, 출판인, 학교, 지역협회 등과 연계하며 열리고 있는데, 도서관과 서점은 저녁과 밤에 보다 오랫동안 오픈하면서 심야에는 파자마 입고 독서하기, 저자와의 만남, 토론회, 연극 등 다양한 행사를 마련한다. 2025년에는 1월 23일부터 26일까지 4일에 걸쳐 열렸다.

음악의 축제 Fête de la musique

음악의 축제는 연중 낮이 가장 긴 6월 21일 전 세계에서 동시에 개최된다. 행사 대부분은 저녁과 밤에 열리며, 다음날 새벽까지 이어진다. 현재 100개 이상의 나라들이 이 행사를 열고 있다. 하짓날 열리던 기존의 여러 축제도 이 대중적인 행사에 동참한다. 비록 프랑스어 명칭이 영어권 및 독어권 국가들에서 사용되고 있지만, 'World Music Day', 'Make Music!' 같은 표현들도 동시에 사용되고 있다.

행사는 1976년 당시 France Musique 라디오방송을 위해 일하던 미국 음악인 조엘 코헨 Joel Cohen이 구상했다. 코헨은 1년에 두 차례, 하짓날과 동짓날 '음악 해방의 시간 Saturnales de la Musique' 행사를 열자고 방송에 제안하면서 음악 그룹들이 6월 21일 저녁에 연주하기를 원했다. 그의 꿈은 1976년 6월 21일 툴루즈 Toulouse에서 실현된다.

1981년 대통령선거가 끝난 후 이 계획은 모리스 플뢰레 Maurice Fleuret에 의해 채택되었고, 당시 문화부장관이던 자크 랑 Jack Lang을 통해 시행된다. 첫 행사는 1982년에 열리나, 1983년 하짓날부터 '음악의 축제'가 공식적으로 선언된다.

2011년에 이 축제는 완전히 국제화되었다. 30년 미만의 기간에 5대륙 110개 국가, 340개 이상의 도시가 행사를 열고 있다. 유럽에서는 1985년 이후 행사가 열리고 있다.

음악을 두 가지 방식으로 진흥하는 목표를 가지고 있다. 'Faites de la musique!'라는 슬로건 아래 행사는 아마추어 음악가들이 거리와 공공장소에서 무료로 음악을 연주하도록 독려한다. 전문 음악인 및 아마추어들이 여는 수많은 콘서트 덕분에 관중들은 클래식, 재즈, 록, 월드뮤직, 전통음악 등 온갖 종류의 음악을 접할 수 있다.

성공

매년 행사는 더욱 풍요로워지고 있다. 문화부에 따르면 프랑스에서만 전국에서 18,000개 이상의 행사가 열리며, 1천만 명 이상이 이 행사를 즐긴다. 프랑스 국내외의 행사 주최자들은 '개최도시 국제헌장 Charte internationale des villes organisatrices'에 가입한 후 무료와 자유 입장을 보장한다. 현재 전 세계 340개 이상의 도시가 헌장에 가입해있다. 전통적으로 문화공간을 드나드는 대상과는 달리, 음악의 축제는 도시 사람보다 농촌 사람을, 화이트칼라 계층보다는 농부들을 더 끌어들이고 있다. 무료 행사, 그리고 통상적인 유통 회로에서는 찾아볼 수 없는 다양한 형태의 음악을 접할 수 있기 때문으로 보인다. 다른 한편, 축제는 랩, 힙합, 테크노, 길거리 댄스, 지방음악 혹은 아프리카나 앤틸리스제도 음악 같은 장르에서 신인들을 찾아내는 기회를 제공했다.

또 행사의 성공은 대중적인 행사의 전국적 성공이 다른 장르에까지 확장되는 결과를 낳았다. 대표적인 사례는 1985년부터 개최되기 시작한 '영화의 축제 Fête du cinéma'다. 칸 영화제가 끝난 뒤 음악의 축제와 같은 시기인 6월 말에 열리는데, 보다 젊은 관객들에게 문호를 개방하는 행사다. 1983년부터 프랑스에서, 그리고 1991년부터 유럽 전역에서 열리고 있는 '문화유산의 날 Journées du Patrimoine'도 음악의 축제를 본떠 만들어진 행사로, 9월의 어느 주말에 통상 일반인 출입이 금지된 장소들을 대중들에게 개방한다.

영화의 축제 Fête du cinéma

@Freenews

영화의 축제는 1985년부터 매년 6월 프랑스에서 열리는 영화 진흥 행사다. 1992년까지 이 행사는 하루만 열리다가 1993년부터 2008년까지는 일요일부터 화요일까지 3일간 열렸다. 2009년부터 2011년까지는 토요일부터 금요일까지 7일간 열린 후 2012년부터 다시 짧아져, 일요일부터 수요일까지 4일간 열리는 중이다.

같은 성격의 또 다른 행사가 매년 국립프랑스영화협회FNCF : Fédération Nationale des Cinémas Français에 의해 2000년부터 열렸는데, 처음에는 매년 3월 '영화의 봄Printemps du cinéma'이라는 이름으로 열리다가 2004년부터 2009년까지는 9월에 '영화의 개학 시즌Rentrée du cinéma'이란 제목으로 열린 바 있다.

역사

영화의 축제는 프랑스 문화부, 국립프랑스영화협회FNCF, 그리고 영화인들 공동 주관하에 1985년 6월 14일 처음 시작되었다.

이 행사는 특히 젊은 관객들을 위해 프로그램을 편성한다. 〈슈렉Shrek〉, 〈아이스 에이지L'Âge de glace〉, 〈트랜스포머Transformers〉, 〈스파이더맨Spider-man〉 등이 그 대상이었다. 2011년 기준으로 행사에 참가한 370만 명의 입장객 중 15-19세 나이대가 3분의 1에 달했다.

2013년에 FNCF는 행사 일정을 간소화하면서 더 많은 관객을 끌어모으기 위해 영화의 축제 기간 동안 모든 티켓 가격을 3.5유로로 통일시켰다. '영화의 봄' 행사 때 이미 구사한 방식이기는 하지만, 4일간 이런 방식이 적용된 사례는 처음이었다. 행사 동안 350만 장의 티켓이 팔렸기에 행사는 성공적으로 평가되었다. 마찬가지로 4일간 행사를 진행했던 2012년에 비해 관객 숫자가 27.5% 늘어났다.

유럽 문화유산의 날 Journées européennes du patrimoine

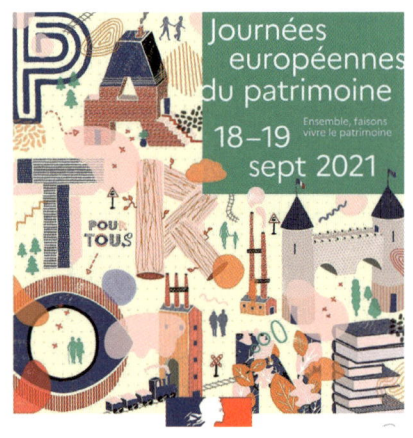

유럽 문화유산의 날은 매년 열리는 국가적인 행사로, 1984년 프랑스 문화부가 시작한 '역사유적 문호개방의 날 Journées Portes ouvertes dans les monuments historiques'을 모델로 삼아 발전시킨 것이다. 프랑스의 경우 9월 셋째 주 주말에 열리며, 일반인들에게 개방이 금지되거나 제한된 건물과 유적을 무료로 방문할 수 있다. 2024년 제41회 행사는 9월 20일부터 22일까지 열렸다. 대개는 가이드가 따라붙어 설명해준다. 대상이 되는 건물들에는 왕궁, 성, 박물관, 정부 부처, 수도원, 개인 저택, 기사관騎士館 등이 포함된다. 대통령 관저인 엘리제 궁을 비롯해 프랑스 전역의 17,000여 국립 유형문화재를 대부분 무료로 방문해볼 수 있다.

현재 유럽 50개국 이상이 이 행사를 열고 있다. 1991년 이후 유럽연합의 지원을 받아 유럽이사회 Conseil de l'Europe 가 유럽 문화유산의 날을 주관하고 있다. 8월 말부터 11월 초에 걸쳐 있는 이 행사들은 평소 잘 개방되지 않는 건물과 장소를 행사 참가자들이 맛보게 하고, 그들이 무료나 할인가격에 박물관들을 방문할 수 있도록 하기 위함이다.

역사

문화부장관이던 자크 랑 Jack Lang 의 주도로 1984년 9월 셋째 주 일요일에 개최한 '역사유적 문호개방의 날'이 성공을 거두자, 1985년 10월 3일 스페인 그라나다에 각국의 건축문화유산 담당 장관들이 모인 유럽이사회 자리에서 자크 랑은 이 행사를 유럽적인 차원으로 확대하자고 제안한다. 그의 제안에 동의해 네덜란드, 룩셈부르크, 몰타, 벨기에, 스코틀랜드, 스웨덴 등은 재빨리 행사를 열기 시작했다.

1992년에 다시 문화부장관이 된 자크 랑은 '역사유적 문호개방의 날'을 하루에서 이틀로 늘이면서 이름을 '국립 문화유산의 날 Journées nationales du patrimoine'로 변경했다.

1991년에 유럽이사회는 공식적으로 '유럽 문화유산의 날'을 제정하며, 1993년에는 프랑스의 루아-보두앵 재단 Fondation Roi-Baudoin 이 조정 사무국 역할을 담당한다. 같은 해에 24개국이 유럽 문화유산의 날에 동참했고, 1995년에 34개국이 참가하면서 1,300만 명의 유럽인들이 일반에게 공개된 26,000개의 유적지를 방문하게 되었다. 이러한 결정은 유럽 공동의 문화유산이 보여주는 통일성과 다양성을 동시에 맛보는 기회를 유럽인들에게 제공하는 데 있었다.

2000년에는 안도라, 모나코 공국, 아이슬란드, 바티칸, 마케도니아, 우크라이나 등 6개국이 새로 행사에 동참했다. 2년 후인 2002년에는 튀르키예가 유럽 국가들과 마찬가지로 동일한 행사를 만들어냈다. 2010년에 행사를 여는 국가는 50개국으로 늘어난다.

프랑스 사례 1984년 이후

매년 9월 셋째 주말에 열리는 이 행사는 유적, 교회, 극장, 성뿐만 아니라 개인 저택,

은행, 재판소, 관청, 시청, 상공회의소 등 요컨대 평소 일반에게 공개가 금지된 건물을 포함한 자신의 문화유산을 프랑스인들에게 발견하게 해주는 특별한 기회다.

일반적으로 알려진 것과는 달리 문화유산의 공개가 꼭 무료인 것은 아니다. 국가에 배속된 유적 및 '프랑스 박물관 Musée de France' 라벨을 지닌 건물들은 원칙적으로 무료이나, 민간 소유물 혹은 지방자치단체에 속하는 건물들은 소유주가 입장료를 매길 수 있다.

사람들이 가장 많이 방문하는 장소는 역시 수도 파리의 건물들인데, 엘리제 궁, 정부부처, 상원 및 하원 등 정부 소속 건물들이 많다. 과학 및 산업과 관련된 건물들도 사람들이 많은 호기심을 표하는 장소들이다. 지방 도시들 역시 산업, 건축, 역사와 관련된 자신의 문화유산을 적극적으로 소개하고 있다.

2000년에는 문화부장관인 카트린 타스카 Catherine Tasca 의 주도 아래 행사 이름이 유럽 문화유산의 날로 변경되었다. 2001년 9월 11일 미국에서 일어난 테러 때문에 애초 9월 15일토과 16일일로 예정되었던 행사는 취소되었다. 2005년 행사에서는 1,200만 명 이상의 사람들이 15,480개의 장소를 방문했고, 2만 개 이상의 행사를 즐겼는데, 이 해 처음으로 문호를 개방한 건물만 1,000개 이상이었다. 또한 3,129개 장소는 예외적으로 문을 열었다. 2024년에는 방문객이 18,000개 장소를 방문해 28,000개의 행사를 즐긴 바 있다.

백야 Nuit Blanche 축제

백야 축제는 파리에서 밤새 열리는 연간 예술행사로 박물관, 문화 관련기관, 공적 혹은 사적인 공간을 일반에게 무료로 공개하는 것을 원칙으로 하며, 그를 위해 이 공간들에 작품을 설치하거나 예술 관련 퍼포먼스를 여는 방식을 택한다. 현대 예술가들은 일반인들에게 개방이 금지된 장소에서 자신의 예술을 펼쳐 보일 수 있다. 이런 패턴은 오래전부터 북구 국가들에서 행해지던 방식이었다. 하지만 현재 모습은

@Sortir à Paris

2002년 프랑스 파리에서 먼저 열린 후 로마, 몬트리올, 토론토, 브뤼셀, 마드리드, 리마 혹은 리즈Leeds가 답습한 콘셉트를 기본으로 삼고 있다. 조명, 설치물, 서커스와 무용 퍼포먼스, 스트리트아트, 비디오 아트 등을 결합한 형태의 이벤트가 많다. 2025년 개최 일자는 6월 7-8일.

기원

이러한 종류의 행사들은 여러 가지 기원을 지니고 있다. 북구 국가들에서 '백야'는 5월 중순부터 7월 중순까지 밤새 황혼이 이어지는 시기를 지칭한다. 상트페테르부르크에서는 백야 축제가 여름 동안 열리면서 문화행사, 거리 카니발, 그리고 불꽃놀이로 유명한 '붉은 돛Voîles rouges' 행사로 이어진다.

리옹에서는 빛의 축제Fête des Lumières 때 야간행사가 1989년부터 추가되었다. 낭트에서는 장 블레즈Jean Blaise가 주관하던 '점등 축제Festival des Allumées'가 1990년부터

1995년까지 10월의 한 주를 정해 특별한 장소에서 다양한 행사를 벌였다. 1997년에 독일 베를린에서는 12개 기관이 협력하여 제1회 '박물관의 긴 밤Longue Nuit des musées' 행사를 개최했고, 2004년에는 벨기에 브뤼셀이 최초의 백야 행사를 개최했다.

유럽 박물관의 밤 Nuit européenne des musées

30년 전부터 지정된 '세계 박물관의 날Journée internationale des musées'인 5월 18일에서 가장 가까운 토요일에 열리는 행사로, 가족과 청소년을 포함한 새 관중들을 박물관으로 끌어들이기 위해 하룻저녁에 박물관을 동시다발적으로 개방하는 형태를 하고 있다. 대부분 무료다. 2005년부터 열리고 있다. 2024년에는 제20회 행사가 5월 18일에 열렸다.

역사

이 행사는 베를린에서 1997년에 처음 열렸다. 독일어 행사 제목은 'Lange Nacht der Museen'. 1999년에 프랑스 문화부의 주도로 이 행사는 프랑스의 모든 박물관이 봄철의 어느 일요일에 무료로 문호를 개방하기를 제안한다.

자연스럽게 '박물관의 봄Printemps des musées'으로 명명된 행사는 2001년부터 유럽이

@Nuit des Musées

사회문화협약에 서명한 39개국의 박물관들에서 열리기 시작했다.

'아주 가까이 있지만 때로는 너무나 멀게 느껴지는' 박물관으로 일반인들이 향하도록 하는 목적으로 구상된 이 행사는 2005년 프랑스에서 '박물관의 밤 Nuit des musées'으로 재탄생했다. 보다 젊은 관객들이 늦은 시간에 박물관을 찾을 수 있도록 하기 위함이었다.

축제의 정신 속에서 태동한 '유럽 박물관의 밤' 행사는 해질 무렵부터 시작해 새벽 1시경에 끝이 난다. 그 시간 동안 관객들은 박물관을 채운 문화유산의 풍요로움을 맛보게 된다.

파리 플라주 Paris Plages

@Paris tourist office

파리 플라주는 파리 시가 2002년부터 개최하고 있는 여름 행사다. 매년 7월에서 8월 중순 사이에 센 강과 파리 시청 우안의 3.5km 정도가 해변으로 변신하면서 방문객들을 맞이하고 있다. 2007년부터는 파리 동북쪽 빌레트 Villette 쪽 강가가 행사에 동참했다. 행사가 열리는 동안 자동차 통행로는 차단된다.

유사한 행사를 처음 연 유럽 도시는 생캉탱 Saint-Quentin으로, 1996년에 처음 행사를 연 바 있다. 6만 인구 중 일부가 겪는 사회적 어려움 때문에 이 도시의 시청은 청사 앞을 모래를 덮은 해변으로 꾸미기로 결심하며, 거기서 물놀이를 할 수 있게 만들었다. 그 후 행사는 매년 계속되고 있다. 그리고 2002년 파리 행사가 매스컴을 탄 후 프랑스 지방 및 브뤼셀, 예루살렘 등 외국의 여러 수도에서도 동일한 행사를 열고 있다.

목표

원래 이 행사는 당시 파리 시장이던 장 티베리Jean Tiberi가 1995년 여름 이후부터 매일요일마다 조르주-퐁피두 차로voie Georges-Pompidou를 보행객들을 위해 차단한 것이 시작이었다. 베르트랑 들라노에Bertrand Delanoë를 위시해 2001년 선거 이후 사회당과 녹색당이 다수를 차지하게 되자 매년 여름 이런 조치를 확대하기로 결정하며, 다양한 목표를 세우게 된다. 주요 목표는 바캉스를 떠나지 못한 파리 사람들에게 해변에서 체험할 수 있는 일들을 제공하는 데 있었다. 그리고 이 시기가 휴가로 인하여 연중 경제활동이 가장 적은 여름이기에 파리의 제일 붐비는 한 거리를 차단하는 것이 가능했다. 매년 행사는 더욱 풍요로워지고 있으며, 야자수, 비치발리볼 코트, 샤워장 설치 등 다양한 아이디어가 동원되고 있다.

비슷한 행사를 여는 도시 및 마을들은 다음과 같다.

- 브리브라가이야르드 Brive-la-Gaillarde
- 샤를르빌메지에르 Charleville-Mézières 의 '뒤칼 플라주 Plage Ducale'
- 루앙의 '루앙 쉬르 메르 Rouen sur mer'
- 생캉탱 Saint-Quentin

시인들의 봄 Printemps des Poètes

시인들의 봄은 1999년 3월 시작된 불어권 행사로, 프랑스 전역과 퀘벡에서 열린다. 국립시연구소Centre national de la poésie가 주관하는 이 행사를 최초로 제안한 인물은 자크 랑Jack Lang의 측근이던 엠마뉘엘 우그Emmanuel Hoog로, 그는 앙드레 벨테르André Velter와 함께 첫 3년간 이 행사 진행을 책임졌다. 2018년까지 장-피에르 시메옹Jean-Pierre Siméon이 예술감독을 맡았다가 현재는 소피 놀로Sophie Nauleau가 역할을 담당하고 있다.

1982년 창설된 '음악의 축제'를 본떠 가능한 한 많은 사람이 프랑스 전역에서 모

 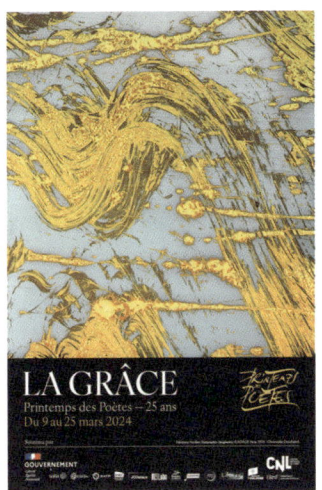

든 종류의 시를 다룬 수천 개 행사를 즐기도록 하는 것을 목적으로 삼았다.

매 행사는 특별한 주제를 선정하며, 그에 따라 영감을 발휘하도록 하고 있다. 예를 들어 2006년의 주제는 '도시', 2007년 주제는 '사랑', 2008년의 주제는 '타자 예찬', 2009년의 주제는 '웃음', 2010년 주제는 '여자의 색깔', 2011년의 주제는 '무한한 풍경', 2012년의 주제는 '어린 시절', 2013년의 주제는 '시의 목소리', 2014년의 주제는 '예술의 중심에서', 2015년의 주제는 '시의 반란', 2016년의 주제는 '위대한 20세기 : 아폴리네르에서 본느푸아까지', 2017년의 주제는 '아프리카', 2018년 주제는 '격정'이었다. 또 2019년의 주제는 '아름다움', 2020년의 주제는 '용기', 2021년의 주제는 '욕망', 2022년의 주제는 '덧없음', 2023년의 주제는 '경계들', 2024년의 주제는 '은혜'다. 25주년을 맞이한 2024년 행사는 3월 9일부터 25일까지 열렸다.

매년 12,000개 이상의 행사가 주로 프랑스와 퀘벡에서 열리고 있는데, 통상 봄이 오기 직전인 3월에 열린다. 2016년에 행사 전체가 시 분야 공쿠르상 prix Goncourt de la poésie 을 수상했다.

정원에서의 만남Rendez-vous aux jardins

2003년부터 정원을 주제로 매년 프랑스 문화부가 주관하며 열리는 행사다. 6월 첫 번째 주말에 열린다. 2020년 6월 5일부터 7일까지 열리면서 '지식의 전수La Transmission des savoirs'란 주제를 내세웠던 2020년 행사는 코로나19 때문에 취소되었고, 같은 주제로 2021년 6월 4일부터 6일까지 열렸다. 제21회 행사는 '정원의 오감Les Cinq sens au jardin'을 주제로 2024년 5월 31일 금요일부터 6월 2일 일요일까지 열렸다. 일반에게 오픈된 정원들의 숫자는 매년 늘어나고 있는데, 2003년 930개이던 그 숫자는 2008년에 거의 2,000개까지 늘

어났다. 2,000개 이상의 국립 혹은 민영 정원과 공원들을 대상으로 한 이 행사는 이러한 장소들이 독서, 연극, 콘퍼런스, 전시회, 만남, 시연, 콘서트들을 위한 공간으로 자리 잡게 하는 데 목적을 두고 있다. 정원이 사회의 일부분이기도 하기에, 방문객들은 나눔의 정원, 치유의 정원, 환경을 중시하는 정원 등 사회적 주제를 가미한 여러 형태의 정원을 방문해볼 기회를 가진다.

기타 전국적인 문화행사들

3월

어스 아워 Earth Hour

2007년에 시작된 '어스 아워' 행사는 세계자연기금 WWF, World Wildlife Fund 의 주도로 시작되었는데, 20시 30분부터 21시 30분까지 1시간 동안 암흑 속에서 견디는 형태를 취하고 있다. 환경 보호를 위한 투쟁에 상징적으로 동참하고 기후 온난화에 맞서기 위해서다. 전 세계 백여 개의 나라, 수천 개 도시가 행사에 참여하고 있으며 시드니의 하버 브리지 Harbour Bridge, 이집트의 피라미드, 파리의 에펠 탑, 뉴욕의 타임스 스퀘어 등도 이 시간에 자발적으로 소등한다.

영화의 봄 Printemps du cinéma

프랑스 전역에서 열리는 '영화의 봄' 행사는 영화관에 내걸린 모든 영화를 회당 4유로의 가격에 볼 수 있도록 하는 행사다.

4월

프랑스의 농장들 La France de ferme en ferme

4월 어느 주말에 약 650개 농장이 문호를 개방하는 행사. 생산자와 소비자 사이의 관계를 돈독히 하고, 환경을 중시하는 농업을 통해 생산된 고품질 제품을 소비자에게 더 잘 알리는 것이 목적이다. 농부라는 직업, 농업의 일상 등을 이해할 수 있는 기회다. 선인장 농장, 양봉, 목축 등 특이한 체험도 해볼 수 있다.

5월

자연축제 Fête de la nature

전국적으로 거행되는 이 이벤트는 전문가 그리고 협회, 학교, 문화센터 소속의 열정적인 자원봉사자들이 자연 속에서 마련한 수천 개의 무료 행사를 제공한다. 남녀노소 할 것 없이 누구나 참가해 자연의 풍요로움을 맛보고 봄의 기쁨을 누릴 수 있다. 프랑스 전역에서 150만 명 정도가 참가한다.

이웃 축제 Fête des voisins[혹은 '가구 축제 Immeubles en fête']

아페리티프, 저녁 식사, 파티, 축제를 이용해 이웃과 서로 만나는 기회를 갖는 행사로 참가자 각자가 먹을 것과 마실 것을

가지고 온다. 익명성과 고립을 떨쳐버리고 서로 소통하고 교감하는 분위기를 창출해내는 것이 목적이다. 400개 이상의 시청과 소셜하우징 단체가 주관하는 이 축제는 대성공을 거두었다. 참가자를 4백만 명으로 늘리는 목표를 세우고 있다. 유럽의 다른 나라들도 이 행사를 개최하고 있다.

대성당들의 밤 Nuit des cathédrales

'대성당들의 밤'은 콘서트와 콘퍼런스로 채워진 문화적인 동시에 영적인 프로그램을 비롯해 유럽 통합에 대해 숙고할 수 있는 기도 시간을 제공한다. 샤르트르Chartres, 메스Metz, 리에주Liège, 트레브Trèves, 룩셈부르크Luxembourg 외에도, 2019년에 아라스Arras, 바이외Bayeux, 벨포르Belfort, 브장송Besançon, 불로뉴쉬르메르Boulogne-sur-Mer, 캉브레Cambrai, 크레테이유Créteil, 디종Dijon, 랑그르Langres 등이 합류했다.

5-6월

지속성장주간 Semaine du développement durable

환경 및 지속성장부가 개최하는 이 행사는 국민들이 환경 문제에 더 많은 관심을 가지고 '녹색 성장'이 가능하도록 환경에 대해 책임 있는 자세를 가지도록 벌이는 이벤트다.

6월

프랑스에서 가장 아름다운 마을들에서 열리는 '낭만의 밤'
La Nuit Romantique dans Les Plus Beaux Villages de France

매년 여름, 하지를 뒤잇는 토요일 밤에 '프랑스에서 가장 아름다운 마을들 Les Plus Beaux Villages de France'에서 열리는 행사로 이탈리아, 왈로니, 스페인에서도 열리고 있다. 2018년에 33개 마을이 참가하면서 처음 열리기 시작했다. 커플, 가족, 친구들끼리 함께 즐기도록 행사를 여는 각 마을은 낭만을 내세운 빛과 음악, 공연으로 채워진다. 연극, 거리예술, 일루미네이션 등의 행사에 시식 행사를 곁들이기도 한다. 2023년 행사는 6월 24일, 2024년 행사는 6월 22일에 열렸다.

7-8월

일드프랑스 정원 개방 Jardins ouverts en Île-de-France

연극, 무용, 문학 등 학제간의 문화 및 예술 프로그램을 내세우며 일드프랑스 소재 200여 개 정원들이 문호를 개방하는 행사. 환경도 강조하기에 과수원에서 딴 과일들로 만든 요리를 시식하는 체험 행사도 열린다.

여름 오페라 Opéra d'été

매년 여름 파리 국립오페라단 Opéra de Paris 은 팔레 가르니에 Palais Garnier 와 오페라 바

@Opéra national de Paris

스티유 Opéra Bastille에서 찍은 오페라와 발레 영상들을 야외나 적절한 문화공간에서 상영하고 있다. 2013년에 10주년을 맞이한 행사 이름은 '여름 오페라'. 2013년에는 8개 공연을 선보였다.

8월

별들의 밤 Nuits des étoiles

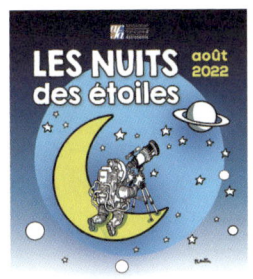

천문학 관련 학자들과 관계자들이 하늘과 천체를 더 잘 알 수 있게 해주는 행사다. 특별한 장소, 협회 사이트 혹은 집에서 행사에 참가하는데, 은하수를 잘 관찰할 수 있는 시기에 연다. 프랑스 전역에서 약 340개 내외의 무료 행사가 마련된다. 날짜는 하늘, 특히 별똥별 관찰에 가장 좋은 순간을 골라 정해진다.

9-10월

모두가 레스토랑에 Tous au restaurant

@Tous au restaurant

1주일 동안 프랑스 전역의 2천 개 레스토랑에서 열리는 행사로, 하나의 메뉴를 주문하면 다른 하나의 메뉴가 추가로 제공되는 이벤트다. 싼값에 파리와 지방에서 프랑스 요리를 맛볼 수 있는 기회로, 요식업자와 생산자들을 만나볼 수 있는 기회이기도 하다. 프랑스의 유명 셰프인 알랭 뒤카스Alain Ducasse의 주도로 시작된 행사다. Tous au restaurant 사이트에서 사전에 예약해야 한다.

10월

프랑스 식도락 축제 Goût de France, fête de la gastronomie

'Goût de France' 혹은 'Good France'로 불리는 이 대규모 식도락 행사는 대중 축제 분위기를 띠고 있다. 프랑스 전역에서 식도락 애호가와 요리 전문가들이 멋들어지게 완성한 요리, 특산물의 시식, 상징적인 음식, 특별한 먹거리를 놓고 만남의 장을 가지는데, 수천 개의 이벤트가 마련된다. 2020년 행사는 요리가 풍경과 밀접한 관계를 이루는 '상트르-발 드 루아르Centre-

Val de Loire' 음식을 부각시켰다. 또한 2020년에는 '프랑스 요리repas gastronomique des français의 유네스코 세계무형문화유산 등재 10주년을 기념하기도 했다.

애니메이션 축제 Fête du cinéma d'animation

프랑스 전역의 약 200개 문화공간이 애니메이션 영화 상영과 이벤트 기회를 마련하며 약 8만 명이 즐기는 행사다. 희귀 영화 혹은 미발표 영화 상영, 개봉 전 상영, 오마주, 회고전, 재능 많은 젊은 작가들의 발

견, 시네콘서트, 아틀리에 등 다채로운 내용이 프로그램을 채우고 있다. 프랑스 애니메이션협회 AFCA, Association Française du Cinéma d'Animation 가 도서관, 영화관, 협회, 학교 등과 파트너십을 맺은 후 진행한다. 2024년 제23회 행사는 10월 11일부터 31일까지 진행되었다.

과학 축제 Fête de la science

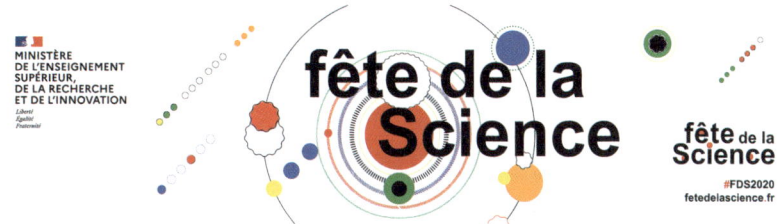

프랑스 고등교육 및 연구부는 문화 및 관광과 관련된 여러 장소에서 환경 문제를 알리고 그에 대한 지식을 제공하는 일련의 이벤트를 개최하고 있다. 아틀리에, 전시회, 실험실, 자연 명소와 산업현장 방문, 연구자와 청소년들의 만남, 과학 카페, 토론회와 콘퍼런스, 연극 등이 프로그램을 채우고 있다.

문학 카페 Cafés littéraires

매년 작가와 독자가 만나는 자리로 몽텔리마르 Montélimar 마을을 비롯한 여러 곳의

카페에서 열리고 있다. 소설가·시인·일러스트레이터 등 20여 명의 작가가 독자와 만나고, 독자들은 평소 궁금한 내용에 대해 질문을 던진다. 소설, 에세이, 추리소설, 청소년 작품, 희곡, 만화 등 현대문학의 모든 장르가 행사 대상이며, 낭송회, 사인회, 음악회, 원탁 토론, 창작 시범 등 다양한 행사가 펼쳐진다.

11월

다큐멘터리 영화의 달 Mois du film documentaire

영화관, 문화원, 미디어테크 같은 수백 군데의 문화공간에서 11월 내내 열리는 행사로, 관객들에게 다양한 영화를 알리고 현대세계에 대한 감독들의 시각을 공유하게 만들려는 의도에서 시작되었다. 희귀 영화나 미개봉 영화, 단편영화, 거장 감독들에 대한 오마주, 젊은 영화인들의 발견, 영화인과의 만남 및 대화 등이 행사의 주를 이룬다. 프랑스 전역의 2,300개 문화공간에서 1,600편 이상의 영화가 상영되고, 일부 상영 후에는 영화인과의 만남이 이어진다. '이마주 앙 비블리오테크 Images en bibliothèques'협회가 주관하고 있다.

11-12월

연대 連帶 축제 Festival des solidarités

'국제연대주간 Semaine de la solidarité internationale'으로 불리던 행사가 2017년, 20주년을 맞이하여 지역과 국제 연대의 연결을 강조하기 위해 '연대 축제'로 개명되었다. 연대 체제에 대한 위협, 기본권의 침해에 경종을 울리기 위해 프랑스 전역에서 저녁 행사와 이벤트를 진행한다. 연극, 콘서트, 전시회와 포럼, 공동식사, 영화 상영과 토론회, 세계 시민과의 만남 등 다양한 프로그램이 마련된다.

지방 축제
이해를 돕는 용어들

* 용어를 사용하는 지역은 명확하게 갈라지는 것이 아니다.
서로 겹치기도 한다.

그랑테스트

메스티 messti 알자스 지방 마을의 연례 축제

브르타뉴

그웨르즈 gwerziou
가사 속에 슬픈 내용이나 역사를 담고 있는 브르타뉴 지방의 노래

바가드 Bagad
브르타뉴어로 'bagad ar sonerion'의 약어로, '그룹', '연주단체' 정도로 해석할 수 있다. 스코틀랜드 백파이프인 비니우 브라즈 biniou braz, 봉바르드 bombarde 및 타악기로 구성된다. 최초의 그룹은 1932년 파리에서 에르베 르 멘 Hervé Le Menn 이 조직한 KAV Kenvreuriezh ar Viniaouerien 이며, 브르타뉴 지방에 만들어진 최초의 단체는 1943년 결성된 보다데그 아르 소네리온 Bodadeg ar Sonerion 이다.

봉바르드 bombarde
오보에 비슷한 이중 설관 舌管의 관악기. 고대음악과 브르타뉴 음악에 사용된다. 'bombarde'란 단어는 라틴어 'bombus'에서 파생되었는데, '윙윙거리는 소리 bourdonnement' 혹은 '둔탁한 소리 bruit sourd'를 지칭하는 단어이다.

비니우 biniou
브르타뉴 지방의 백파이프

칸 하 디스칸 Kan ha diskan
'화답송' 정도로 번역할 수 있는 이 음악의 형태는 같은 제목의 노래를 두 가수가 부르는 식이다. 한 가수의 마지막 구절을 다른 가수가 반복하여 부르며 시작하고, 이 가수의 끝 구절

을 앞선 가수가 다시 반복하는 식이다. '페스트노즈'에서 종종 들을 수 있는 노래다. 대표적인 음악인으로는 고아덱 Goadec 시스터즈, 얀—판슈 케메네르 Yann-Fanch Kemener 등이 있다.

페스트노즈 Fest-noz
'밤의 축제 fêtes de nuit'라는 뜻을 가진 브르타뉴어로, 복수로는 'festoù—noz'라 쓴다. 브르타뉴의 전통 축제로 주로 무도회가 열린다. 문화의 전파를 위해 브르타뉴 바깥쪽에서 많이 열렸다. 중세로부터 시작된 오랜 전통에도 불구하고 우리가 알고 있는 형태의 페스트노즈는 1950년대에 로이즈 로파르즈 Loeiz Roparz 가 고안해냈다. 일반적으로 향토 음식인 갈레트, 크레프, 시드르, 맥주 등이 덧붙여지기에, 춤과 식도락을 동시에 즐기는 방식이다. 최근 페스트노즈에 참가하는 일부 그룹들은 신시사이저 같은 악기를 동원하기도 한다. 금관 악기들도 점점 많이 동원되기에 일부 음악들은 동구 음악과 유사한 소리를 내기도 한다.

페스트데이즈 Fest-deiz
'낮의 축제 fête de jour'라는 뜻을 가진 브르타뉴어로, 복수로는 'festoù—deiz'라 쓴다. '페스트노즈'의 반대말로, 낮에 브르타뉴 전통춤을 추는 전통을 지칭한다. 페스트노즈에서 추는 춤들과 동일하지만, 보다 젊은 사람들이 참가하는 페스트노즈에 비해 춤의 길이가 짧고 동작이 더 많다.

바스크

반다 banda
프랑스 남서부에서 모습을 볼 수 있는 순회 팡파로로, 페리아가 열릴 때 시가행진 분위기를 돋우는 것을 목적으로 한다. 따라서 반다는 투우 경기가 열리는 아레나를 위시한 여러 지역에서 경기를 따라다닌다. 세레 Céret 를 위시한 카탈루냐 지역에서는 반다가 코블라 cobla 라는 이름을 가진 클래식 오케스트라다. 가스코뉴 Gascogne 지방에서는 파세오 paseo 때 오케스트라가 랑드 지방 경기에 출전하는 투우사를 찬양하는 노래를 연주한다. 이러한 행사는 유네스코 무형문화유산의 프랑스 목록에 등재되어 있다.

엔시에로 encierro
황소를 거리에 푸는 행위로 산 페르민 축제 Fêtes de San Fermín 에서 가장 잘 알려진 행사다. 전 세계 사람들의 흥미를 불러일으키는 행사이기도 하다. 기원은 기사들이 마소떼를 도심까지 몰고 가던 중세로 거슬러 올라간다.

토로 데 푸에고 toro de fuego
스페인어로 '불의 황소'를 의미하는 이 표현은 'toro embolado', 'embolada' 등으로도 표기한다. 스페인의 많은 대중적인 황소 축제에서 모습을 드러내는데, 코리다를 패러디한 '불타는 황소' 공연을 의미한다.

파세오 paseo
코리다 corrida 나 노빌라다 novillada 투우 경기가 열릴 때 알구아질 alguazils, 마타도르 matadors, 반데리예로 banderilleros, 피카도르 picadors, 아라스트레 arrastre 가 참여하는 시가행진.

펠로타 pelote
벽을 향해 공을 튀겨 상대방을 공격하는 스포츠로 스쿼시와 비슷하다. 프랑스와 스페인의 바스크 Basque 지방에서 유래한 경기이며 코트에서 손이나 라켓, 배트 등으로 공을 다루며 경기한다.

오드프랑스

가이양 Gayant
프랑스 북부지방에서 거인을 지칭하는 지방어

마스클루르 masquelour
됭케르크 카니발 참가자

옥시타니

보데가 bodega
스페인, 프랑스의 미디 Midi 지방의 작은 선술집. 페리아 기간에 임시로 설치하는 레스토랑과 주점으로, 페리아 행사 참가자들이 함께 춤추고 대화를 나누며 술을 마실 수 있다.

카지타 casita
작은 집

페굴라드 pégoulade
꽃마차들을 수반한 개막 시가행진. 아래 프로방스 지방의 '페굴라도'와 동일한 용어다.

페냐스 peñas
스페인어권 혹은 남프랑스에서 'peña'는 공동의 열정을 나누기 위해 단체를 만드는 친구 모임을 지칭한다. 종종 축제와 관련을 맺고 있다. 코리다를 보는 모임인 'peñas taurines', 축구나 럭비 서포터즈인 'peñas de supporteurs' 등이 유명하다.

카탈루냐

사르단 sardane
카탈루냐 무용

프로방스

가르디앙 gardian
카마르그 Camargue 지방에서 마소를 모는 사람

갈루베 galoubets
프로방스 지방의 세 구멍짜리 피리

노빌라다 novillada
'코리다 드 노빌로 corrida de novillos'로도 부른다. 아직 완전히 검증되지 않은 젊은 황소 노빌로 novillos 와 견습생 투우사들인 노빌레로 novilleros 사이의 투우 경기. 가격이 일반적인 투우 경기보다 저렴하다. 피카도르 picador 와 상관없이 경기가 열린다.

레코르타도레스 recortadores
이러한 방식의 투우는 주로 스페인 북부에서 성행한다. 카마르그 경기와는 달리 레코르타도르 recortador 는 가능한 한 황소 가까이 접근해야 한다. 맨뿔에 고리를 끼우기 위해서다.

르종 rejon
투우에서 마술馬術 및 황소에 맞선 '르조네아도르 rejoneador', 곧 카발리에의 말 조련 기술을 보여주기 위해 사용하는 도구로 끝이 뾰족한 꼬챙이다.

마나디에 manadier
카마르그 지역의 마소떼를 키우는 사람

마스 mas
프로방스 지방의 시골집이나 농가를 지칭하는 표현

반디도 bandido
'몰래 빠져나오기 l'échappée'를 의미하며, 황소들을 아레나에서 방목장으로 다시 데리고 가는 행사. 아브리바도의 반대 개념이다.

상통 santon

프로방스 지방에서 성탄절 때 구유에 놓는 장식용 채색 인형

아브리바도 abrivado
프로방스 투우 축제 때 황소들을 거리에 풀어놓고서 말을 탄 가르디앙들이 그 황소들을 방목장에서 아레나까지 에워싼 채 데리고 가는 작업을 말한다.

아트라푀르 attrapeur
프로방스어로는 아트라페르 attrapaïre 라 부른다. 말들 대열에 틈을 만들어 가르디앙들이 포위한 황소들을 풀어주려고 애쓰는 사람이다.

아피시오나도 aficionado
투우 경기 애호가

엔시에로 encierro
위의 '바스크' 참조

카마르그 경기 course camarguaise
15세기부터 아를 Arles 에서 성행하는 경기로 황소를 죽이지 않고 벌이는 투우 경기다. 갈고리를 든 젊은 '라즈퇴르 raseteurs'들은 황소 이마나 뿔에 달린 꽃장식을 떼기 위해 황소와 맞선다. 황소는 최대 15분 아레나에 머물 수 있다.

카페아 capea
연습 혹은 공연 형태의 코리다. 초보 투우사들이 피카도르 picador 없이 암소와 싸운다. 소를 죽이지는 않는다.

코리다 corrida
노빌라다 novilladas 와는 반대로 성년 황소와 싸우는 경기를 지칭한다.

탕부랭 tambourins
남프랑스의 민속춤

토레로 torero
코리다 corrida 에서 황소에 맞서고 황소를 죽여야 하는 스페인식의 투우사를 지칭한다.

파랑돌 farandole
프로방스 지방에서 옛날부터 전승되어 온 민속무곡과 그 춤

페굴라도 pégoulado
전통의상을 입고 벌이는 시가행진

페리아 feria

카스티야어로 'feria', 카탈루냐어로 'fira', 포르투갈어로 'ferya'로 불리는 페리아는 스페인, 프랑스의 옥시타니, 포르투갈과 남미에서 열리는 투우 축제를 가리킨다. 일련의 코리다 및 랑드 경기 course landaise, 카마르그 경기 course camarguaise 등의 투우 행사가 특징이다. 지역과 국가마다 황소를 거리에 풀어주는 행사가 벌어지는데, 대표적인 행사는 팜플로나 Pampelune에서 열리는 산 페르민 축제 Fêtes de San Fermín로, 축제 도중에 투우 페리아가 열린다. 페리아가 열릴 때면 보데가 bodegas와 바는 축제 음악으로 채워지며, 반다 bandas가 음악을 연주한다. 페리아 참가자들을 프랑스 남서부에서 지칭하는 표현은 'festayre'다. 페리아는 매년 열릴 수도 있고 1년에 여러 차례 봉헌 축제 때 열릴 수도 있는데, 후자의 경우는 스페인과 남미에서 성행된다. 농사 시즌에 따라 반복될 수도 있는데, 봄 페리아 feria de printemps, 여름 페리아 feria d'été, 쌀 페리아 feria du riz[프랑스의 아를 Arles], 추수 페리아 feria des vendanges[프랑스의 님 Nîmes] 경우가 그에 해당한다.

피카도르 picador
코리다에서 황소를 찔러대며 피곤하게 만드는 기수 騎手

81

지방별 축제

가나 Gannat [Auvergne-Rhône-Alpes]

세계문화제 Festival Cultures du monde _7월 26~30일(제49회, 2023)

세계의 각 지역 문화가 알리에 Allier 데파르트망 가나 마을에서 이국적인 풍경을 선사하는 축제. 열흘 낮과 밤 동안 콘서트, 연극, 무용 강좌, 요리와 식사, 카바레, 콘퍼런스 등으로 채운 프로그램이 진행된다. 전 세계 5개 대륙에서 4백 명의 아티스트가 가나를 찾는데, 주 행사는 가나의 푸아라이유 대광장 Grande place du Foirail 의 대형 가설무대에서 열린다. 또 이 축제는 유네스코 세계무형유산을 조명하는 기회이기도 하다. 축제의 목적은 전 세계 '전통의 보유자들 porteurs de traditions '에게 만남의 장을 마련해주고, 그를 통해 평화와 우애의 정신을 확보하는 데 둔다. 2022년에 초대된 국가들은 우루과이, 인도, 쿠바, 브라질, 이탈리아, 세네갈, 우즈베키스탄, 콜롬비아, 모로코, 폴란드, 덴마크 등이었다.

가바르니 Gavarnie [Occitanie]

가바르니 페스티벌 Festival de Gavarnie _7월 27일~8월 6일(제36회, 2023)

@tourisme-occitanie.com

옥시타니 레지옹 오트피레네Hautes-Pyrénées 데파르트망의 해발 1,450m에 자리한 가바르니 원곡Cirque de Gavarnie 자락, 쿠라드 고원Plaine de la Courade에서 1985년부터 열리고 있는 연극제다. 높이로 따지면 유럽에서 가장 높은 장소에서 열리는 페스티벌이다. 축제를 시작한 이는 프랑수아 족스François Joxe 로, 그는 자신이 이끌던 파리의 극단 '샹티에-테아트르Chantier-Théâtre'를 통해 예술과 자연을 조화시키고 장소에 최적화된 공연을 올리자고 제안했다. 2007년 이후에는 테아트르 페뷔스 협회Association Théâtre Fébus 가 축제를 주관하고 있다. 가바르니 원곡은 '옥시타니 레지옹의 명승지Grand site de la Région Occitanie'이자 유네스코 세계문화유산에 등재된 장소다. 남녀노소 구분 없이 예술을 좋아하거나 산을 좋아하는 모두가 즐길 수 있는 축제다. 주차장에서 행사장까지 도착하려면 30여 분을 걸어야 한다. 고전적인 동시에 현대적인 연극 작품을 여러 공연과 함께 무대에 올리는데, 2021년에는 루이스 캐롤Lewis Carroll의 작품 『이상한 나라의 앨리스』가, 2022년에는 『로미오와 줄리엣』이 대상이었다. 재정적인 어려움 때문에 2024년 행사는 열리지 못했다.

가이약 Gaillac [Occitanie]

가이약 와인 축제 Fête des vins à Gaillac _8월 4~6일(제44회, 2023)

@OCCITANIE tribune

역사유적으로 지정된 푸코 성 Château de Foucaud 의 정원에서 열리는 와인 축제로 18,000명 이상이 찾고 있다. 가이약에서 생산하는 일곱 종류의 와인과 가이약 포도밭의 일곱 포도나무 품종을 만날 수 있다. 라콘Lacaune 과 로크포르Roquefort 에서 소금에 절인 제품을 생산하는 사람들도 타른Tarn 지역 제품을 홍보하기 위해 참가한다. 정원의 수백 년 된 나무들 아래서의 아페리티프, 햇볕을 받으며 먹는 점심 식사, 음악을 들으며 즐기는 오후 시간, 축제의 저녁, 축제 분위기의 아페로-콘서트가 마련되어 있다. 밤의 푸코 성은 빛과 소리의 행사로 채워진다. 행사는 통상 불꽃놀이로 끝이 난다.

갱강 Guingamp [Bretagne]

생루 페스티벌 Festival de la Saint-Loup _8월 22~24일(2025)

브르타뉴 춤으로 특화된 생루 페스티벌은 1957년부터 브르타뉴 레지옹 코트다르모르Côtes-d'Armor 데파르트망 갱강에서 매년 8월 하순에 열린다. 브르타뉴 지방에서 가장 역사가 깊은 전통축제 중 하나다. '라 생루La Saint-Loup'는 브르타뉴 및 켈트 문화권에서 건너온 2,500명 이상의 아티스트, 무용수, 연주자를 매년 맞아들이고 있다.

생루 페스티벌 브르타뉴어로는 Gouel Sant-Loup ha dañs Breizh 은 19세기에 시작되었으며 1957년부터 브르타뉴 무용을 대상으로 하고 있다. 주말에는 브르타뉴 무용 콩쿠르에 참가하는 켈트 그룹들이 참가한다.

바가두와 파이프밴드들이 축제 분위기를 돋우는데, 스페인의 갈리시아와 아스투리아스 지방 그룹, 아일랜드의 가수와 무용수들도 참가한다. 축제가 끝날 때에는 갱강 춤 '데로베dérobée'를 춘 후 브르타뉴 지방가인 'Bro gozh ma zadoù'가 연주된다.

구랭 Gourin [Bretagne]

구랭 크레프 축제 Fête de la Crêpe Gourin _7월 27~28일(제32회, 2024)

모르비앙 Morbihan 데파르트망의 마을 구랭의 트롱졸리 공원 Parc de Tronjoly 에서 브르타뉴 전통음식인 크레프 crêpe 를 경축하는 행사. 가장 큰 크레프를 만드는 국제 콩쿠르를 구경할 수도 있고, '구랭 방식'으로 만든 크레프와 창자 요리를 맛볼 수도 있다. 축제에 필요한 구랭 크레프는 450kg의 질 좋은 밀과 200kg의 퐁티비 Pontivy 메밀가루를 섞어서 만들며, 1,600리터의 반죽과 28,000개의 크레프를 제조해낸다. 브르타뉴 무용 강습, 켈트와 아일랜드 음악 콘서트, 페스트노즈, 놀이와 이벤트, 옛날 방식의 무두질 등 다양한 행사가 열린다. 코로나19로 인해 2020, 2021년 행사는 열리지 못했다. 2022년의 자원봉사자 숫자는 360명이었다. 모든 사람 입맛에 맞는 크레프를 만드는데, 짠맛의 크레프를 좋아하는 이들에게는 계란, 햄, 치즈가 들어간 '크레프 콩플레트crêpe complète'가, 단맛의 크레프를 좋아하는 이들에게는 설탕, 딸기잼, 초콜릿, 짠 버터를 넣은 캐러멜로 제조한 크레프가 제공된다.

크레프 제조 강좌, 옛날 방식으로 버터 만들기, 트롱졸리 성에서의 전시회 등 흥미로운 행사도 곁들여진다.

그라디냥 Gradignan [Nouvelle-Aquitaine]

리르 앙 포슈 도서전 Salon du livre Lire en poche _10월 11~13일(제20회, 2024)

문고판을 대상으로 특화된 최초의 도서전인 'Lire en poche'는 매년 10월 둘째 주말에 그라디냥에서 열린다. 모든 연령층의 독자를 대상으로 3일간 행사가 열리는데 25,000명 정도의 방문객과 100여 명의 작가가 찾고 있다. 저자와의 만남, 콘퍼런스, 재즈 콘서트, 낭독회, 게임, 토론회, 문학 이야기를 나누는 아침 식사 등 다양한 프로그램이 축제를 채운다. 최근 이 축제를 찾은 작가들로는 마르크 레비Marc Lévy, 더글라스 케네디Douglas Kennedy, 타티아나 드 로즈네Tatiana de Rosnay, 할런 코벤Harlan Coben 등이 있다. 2024년의 주제는 '유배Exils'.

그라스 Grasse [Provence-Alpes-Côte-d'Azur]

장미 축제 Expo Rose _5월 8~11일(제53회, 2025)

https://www.frequence-sud.fr

그라스가 거대한 야외 무도회장으로 변하는 축제. 우아함과 관능으로 채워진 이 행사는 꽃의 언어와 몸의 언어가 뒤섞이며 색과 감동의 향연을 보여준다. 무용, 연극, 음악이 주요 프로그램이다. 2024년의 경우 전야제 날인 8일은 개막 콘서트, 9일부터 12일에는 빌라 프라고나르 Villa Fragonard 에서의 장미 전시회, 오노레 크레스프 거리 Cours Honoré Cresp 에서의 시장, 예술가들의 집 개방, 장미로 만든 향수 강좌, 팔레 데 콩그레 Palais des Congrès 에서의 전시회, 빌라 프라고나르 정원에서의 후각 체험, 사진전, 예술가들과의 만남, 무용과 음악 행사가 이어졌다. 장미 전시회에서는 65개 종류의 장미로 만든 65개의 대형 부케가 선보였다.

재스민 축제 Fête du Jasmin _8월 1~3일(2025)

1946년부터 열리고 있는 축제로, 그라스가 재스민을 재배하기 시작한 시기는 17세기부터이다. 알록달록한 꽃들을 던져대는 젊은 여성들이 탄 웅장한 꽃마차 행렬이 인파로 붐비는 그라스 거리들을 지나간다. 또 축제 분위기를 돋우기 위해 많은 민속

@Cent Heures a Grasse

공연단, 팡파르, 거리극 아티스트들이 그라스를 찾는다. 재스민 꽃들이 부서지기 쉽기에 전통적으로 열리던 꽃싸움은 오늘날 거대한 물싸움으로 모습을 바꾸었다. 이탈리아에서 아주 가까운 이 지역의 8월이 가끔 숨이 막힐 정도로 덥기 때문이다. 2021년에는 샤넬 Chanel 의 전설적인 향수 N°5가 100주년을 경축했다.

그랑빌 Granville [Normandie]

그랑빌 카니발 Carnaval de Granville _2월 28일~3월 4일(제151회, 2025)

@france3-regions.francetvinfo.fr

바다와 관련된 전통에서 비롯된 이 익살스러운 축제는 공식적으로 마르디 그라 Mardi gras, 사육제의 최종일인 참회 화요일, '재의 수요일' 전날 이전의 금요일 저녁에 콘서트와 더불어 시작된다. 토요일에는 그랑빌 시의 열쇠가 시장의 손에서 카니발의 왕에게 전달되며, '어린이들의 기마행렬 cavalcade des enfants '이 여왕과 '카니발 노인 Bonhomme Carnaval '을 소개한다. 일요일에는 '그랜드 기마행렬 grande cavalcade '이 열린 후 밤에 '빛의 기마행렬 cavalcade lumineuse ' 행사가 있다. 마르디 그라 때에는 '유쾌한 기마행렬 cavalcade humoristique '이 시가를 뒤덮는다. 또 이날에 카니발의 왕은 상징적으로 게프라트 광장 Place Guépratte 에서 재판을 받은 후 처형된다. 오후가 끝날 무렵에는 도시 최중심의 종빌 거리 Cours Jonville 에서 색종이 조각의 전투가 벌어지며, 그 후 바와 레스토랑에서 밤새 축제가 이어진다. 그랑빌 사람들은 모두 괴상한 옷차림을 하고서 지인들을 방문한다. '카니발 노인'을 광장이나 항구에서 불태우면서 축제는 끝이 난다. 약 12만 명이 행사를 찾는다.

카니발은 뉴펀들랜드 어장으로 진출한 어부들이 바다로 오랫동안 다시 떠나기 전에 자신들이 번 돈의 일부를 축제에 쏟아붓던 전통을 이어받고 있다. 유네스코 세계무형문화유산에 등재된 축제이기도 하다. 코로나19로 인해 2022년 행사는 취소되었다.

소르티 드 뱅 페스티벌 Festival Sorties de Bain _7월 4~7일(제22회, 2024)

@http://www.sortiesdebain.com

바닷가에서 열리는 프랑스의 주요 거리극 축제 중 하나로 노르망디에서 열리는 주요 문화행사다. 프랑스 10대 거리극 축제 안에 포함된다. 연극, 음악, 서커스, 무용, 마술, 마임, 팡파르, 뷔를레스크 등을 아우른 공연이 4일에 걸쳐 항구 주변에서 열린다. 2022년의 참가 극단 숫자는 45개, 공연 개수는 142개였다. 가족적이고도 대중적인 분위기의 축제로 참가비는 없다. 6만 명이 축제를 찾고 있다. 다른 주요 축제들처럼 'On'과 'Off' 행사가 열린다.

그랑캉메지 Grandcamp-Maisy [Normandie]

생자크 조개축제 La Coquille Saint-Jacques en fête _11월 25~26일(제16회, 2023)

@normandie-tourisme.fr

우리말로 가리비라고 부르는 생자크 조개 coquille Saint-Jacques 를 내세워 그랑캉메지 포구에서 이틀 동안 벌이는 축제. 칼바도스 Calvados 데파르트망의 그랑캉메지에서 2007년부터 열리고 있으며, 센 만 Baie de Seine 의 어업을 장려하는 역할도 떠맡고 있다. 어망 수선인들은 부두에서 시범을 보여주고, '토크 르벨 Toques Rebelles' 타이틀을 보유한 장인 요리사들이 요리 실력을 뽐내며, 뱃사람들은 가리비로 직접 요리한 '마틀로트 matelote'를 시식하게 해준다. 뱃사람들의 노래도 들을 수 있고, 트롤선에 올라가보는 것도 가능하다. 마지막에는 가리비, 생선, 갑각류 등의 판매가 이루어진다. 매년 16,000명 이상이 축제를 찾고 있다. 야외 시장은 아리스티드 브리앙 거리 Rue Aristide Briand 에 세워지며, 행사 시간은 08시부터 18시까지. 날씨가 좋을 때에는 불꽃놀이 이벤트도 열린다.

그루아 Groix [Bretagne]

국제 섬영화제 FIFIG : Festival international du film insulaire de Groix _8월 20~24일(제24회, 2025)

그루아 국제 섬영화제 FIFIG : Festival international du film insulaire de Groix 는 2001년부터 매년 8월 그루아 섬 île de Groix 에 소재한 포르레 Port-Lay 항구와 인근에서 열린다. 이 항구는 브르타뉴에서 가장 작은 항구 중 하나로, 행사를 위해 특별히 개조되었다. 영화 상영, 콘서트, 전시회 등은 항구의 옛 저장고에서, 가족영화 등 일부 영화들은 섬 소재 영화관에서 열린다. 프

@https://www.facebook.com/Filminsulaire/?locale=fr_FR

랑스 기자인 장-뤽 블랭Jean-Luc Blain이 만든 후 2001년부터 전 세계의 섬 주민들에게 발언대를 부여하고 있다. 매년 하나의 섬을 초대한 후 프로그램 일부를 그 섬에 할애한다.

한편 이 영화제는 세계의 섬들을 다룬 다큐멘터리들을 경쟁시키고 있다. 매년 집중 조명한 섬들 리스트는 다음과 같다.

@https://sosmediterranee.fr

2001년 : 마르키즈 제도(Îles Marquises)
2002년 : 테르뇌브(Terre-Neuve)와 생피에르에 미클롱(Saint-Pierre-et-Miquelon)
2003년 : 레위니옹(La Reunion)과 모리셔스섬(Île Maurice) 소재 프랑스 섬들
2004년 : 카리브해
2005년 : 카보베르데(Cap-Vert) 섬들
2006년 : '거대한 섬' 혹은 마다가스카르
2007년 : 쿠바의 섬
2008년 : 아이슬란드
2009년 : 스리랑카
2010년 : 페스티벌 10주년

2011년 : 누벨칼레도니(Nouvelle-Calédonie) 혹은 카나키(Kanaky)
2012년 : 북극 섬들 : 그린란드와 누나부트(Nunavut)
2013년 : 아일랜드
2014년 : 그리스 섬들
2015년 : 7,107개의 섬으로 구성된 필리핀. 그중 11개 섬은 국토의 90% 이상을 차지하고 있다. 2,000개 이상의 섬에서만 사람이 거주할 수 있는 반면, 2,400개의 섬들은 이름조차 지니고 있지 않다.
2016년 : '스칸디나비아 섬들의 교차(A la croisée des îles scandinaves)'. 축제는 스칸디나비아 영화들의 힘을 보여주는 동시에 이 지역이 어떻게 공동의 문화를 지향하면서도 차이를 만들어내는가를 조명했다.
2017년 : 리틀 앤틸리스제도(Petites Antilles). 12편의 다큐멘터리와 15편의 단편영화가 장르 구분 없이 경쟁 부문에서 자웅을 겨뤘다. 과들루프(Guadeloupe), 사이프러스(Chypre), 트리니다드(Trinidad) 섬들을 대상으로는 토론 자리가 마련되었다.
2018년 : 시칠리아와 섬들
2019년 : 칠레의 섬들
2020년 : 코로나19로 인해 2021년으로 연기
2021년 : 섬 여자들의 시선
2022년 : 코르시카
2023년 : 스코틀랜드의 섬들
2024년 : 포르투갈의 섬들

시상 부문

- 황금섬상(île d'or)(심사위원 대상)
- 뤼시앙 키미테테상(Prix Lucien Kimitété)(심사위원 2등상)
- 심사위원 애정상(Coup de cœur)
- 관객상
- 청년 심사위원상(Prix du jury jeune)(단편 경쟁 부문)

황금섬상을 수상한 다큐멘터리 리스트

2001년 : 〈사랑스러운 바츠 섬(Un cœur qui batz/A d'Yeu vat)〉, 파트리스 제라르(Patrice Gérard) 감독
2002년 : 〈팔라완 바위의 남자(L'Homme des rochers de Palawan)〉, 크리스토퍼 후크(Christopher Hooke) 감독
2003년 : 〈그들과 나(Eux et moi)〉, 스테판 브르통(Stéphane Breton) 감독
2004년 : 〈긴 추적(La Longue Trace)〉, 마이크 매깃슨(Mike Magidson) 감독
2005년 : 〈니콜라 부비에 호스피탈 스트리트 22번지(Nicolas Bouvier 22th Hospital Street)〉, 크리스토

프 쿤(Christoph Khun) 감독
2006년 : 〈유황(Soufre)〉, 플로리앙 제이예르(Florian Geyer) 감독
2007년 : 〈슈가 커튼(El Telón de Azucar)〉, 카밀라 구스만(Camila Guzman) 감독
2008년 : 〈약속된 천국(Promised Paradise)〉, 레오나르드 레텔 헴리히(Leonard Retel Helmrich) 감독
2011년 : 〈파이프(The Pipe)〉, 리스터드 오 돔네일(Risteard Ó Domhnaill) 감독
2012년 : 〈섬(L'île)〉, 오베리 에들러(Auberi Edler) 감독
2013년 : 〈벨파스트 서점(Le libraire de Belfast)〉, 알레산드라 셀레지아(Alessandra Celesia) 감독
2014년 : 〈재(Cendres)〉, 멜라니 파비(Mélanie Pavy), 이드리사 구이로(Idrissa Guiro) 감독
2015년 : 〈인간 삶에서의 파도(Les marées dans la vie des hommes)〉, 로익 주르댕(Loïc Jourdain) 감독
2016년 : 〈겨울의 람페두사(Lampedusa in Winter)〉, 자콥 브로스만(Jakob Brossmann) 감독
2017년 : 〈끝나지 않는 노래(Be'jam be, the never ending song)〉, 시프리엥 퐁송(Cyprien Ponson)과 카롤린 파리에티(Caroline Parietti) 감독
2018년 : 〈두방 주 카 르베(Douvan Jou Ka Levé)〉, 제시카 제네우스(Gessica Généus) 감독

그르노블 Grenoble [Auvergne-Rhône-Alpes]

저주받은 영화제 Le Maudit Festival _1월 28일~2월 2일(2025)

2009년부터 2019년까지 사용하던 옛 이름이 'Festival des Maudits Films'이었던 'Le Maudit Festival'은 B등급부터 Z등급까지의 영화들을 모아서 상영하는 페스티벌로, 매년 1월 말 그르노블에서 열린다. 영화문화센터 Centre Culturel Cinématographique 가 주최하다가 2020년부터 주최 측이 바뀌면서 축제 이름이 변경되었다. 사람들이 거의 보지 못했거나 알지 못하는 영화, 대안 영화들을 보여주는 데 주력하며 영사기를 통한 상영을 선호한다.

@avoir-alire.com

@https://www.facebook.com/LeMauditFestival/?locale=ko_KR

페스티벌은 2개의 주요 세션으로 나뉘는데, 그중 하나가 회고전이다. 그르노블 시립극장 Théâtre municipal de Grenoble 정면에 있는 시청사 안 쥘리에 베르토 Juliet Berto 관에서 상영회를 가진다. 회고전은 화요일에 하나 혹은 여럿의 감독과의 만남이 뒤따르는 두 차례 상영, 수요일에 '시네클럽', 목요일에 그르노블 시네마테크와의 협력하에 두 개의 프로그램, 금요일에 세 차례 상영 그중 하나는 밤 12시 상영, 토요일에 'Grindhouse'라는 이름의 2개 프로그램으로 구성된다.

경쟁 부문은 2013년 시작되었는데, 상영은 도심에 있는 영화관 'Le Club'에서 이루어진다. 2개 상이 수여되는데 선정작품 하나는 관객이, 다른 하나는 영화인들이 정한다.

여러 단편영화 상영도 있다. '저주받은 단편 Courts Maudits' 상 선정은 장르 불문하고 관객들에게 거의 상영되지 않은 영화를 소개하는 것을 목표로 하고 있다. 선정된 영화들은 여러 페스티벌에서 최소 5번 거부당한 사실을 입증해야 한다.

영화에 관한 저서를 남긴 하나 혹은 여러 명의 저자를 초대해 그르노블 서점에서 갖는 사인회가 부대행사로 열린다.

2024년 '저주받은 영화제'는 아시아 영화를 다루기로 결정했다. '동양으로의 여행 Voyage vers l'Orient'을 약속한 행사는 카자흐스탄에서 필리핀, 한국, 홍콩, 인도네시아에 이르기까지 페스티벌 역사상 가장 야심 찬 레퍼토리를 선보였다. 한국 작품으로는 1981년 고영남 감독의 〈깊은 밤 갑자기 Soudain dans la nuit〉가 상영되었다.

올로센 페스티벌 Festival Holocène _3월 7~8일(제7회, 2025)

겨울의 끝에 열리다가 개최 시기를 바꿔 열리고 있는 다목적 페스티벌로 그르노블의 알펙스포 Alpexpo 에서 진행된다. 2019년에는 베르코르 Vercors, 샤르트뢰즈 Chartreuse, 벨

르돈Belledonne 3개 무대가 마련되었다. 2017년에 처음 시작된 후 매년 열리고 있는데, 창설자는 페리스코프Périscope 협회의 실뱅 은구옌Sylvain Nguyen 이다. 예술감독은 토마 다다리오Thomas D'addario 가 맡고 있다. 팝, 일렉트로, 트랜스, 힙합, 랩, 메탈 등의 음악을 내세운다. 평균 300명의 인원이 축제에 동원되며, 지역 특산 음료와 음식을 제공하는 동시에 그르노블 지역의 인력을 채용하면서 지역 축제의 이미지를 강조한다. 겨울 끝자락에 두 차례의 축제를 개최한 후 2019년부터는 여름이 끝날 무렵에 개최되었다. 투모로우랜드 윈터Tomorrowland Winter 축제의 영향을 받지 않으려는 의도에서였다. 제3회 행사부터는 아티스트의 남녀 성비가 거의 같아지면서 축제가 여성화되는 경향을 보여주고 있다.

데투르 드 바벨Détours de Babel _3월 21일~4월 13일(제15회, 2025)

현대음악과 재즈 쪽에서 놓치지 말아야 할 2개 행사로 자리 잡은 '레 뤼지상 드 그르노블Les Rugissants de Grenoble' 과 '그르노블 재즈 페스티벌Grenoble Jazz Festival'이 프로그램을 놓고 여러 해 동안 계속 이견을 보이다가 마침

@https://media.grenoble-tourisme.com

내 합의를 보면서 노하우와 소명, 내용 측면에서 시너지 효과를 내는 이 멋진 축제를 만들어냈다. 문화 교환의 세계화와 예술적, 미학적 표현 형태의 다양성을 고려해 축제 프로그램을 짠다. 축제 시작에 맞춰 개관한 국제유목음악센터Centre international des Musiques nomades 레지던스의 창작물을 소개하는 마당이기도 하다. 극장과 문화공간에서뿐만 아니라 자연 명소 및 유적에서도 행사가 열린다.

그르노블 야외단편영화제 Festival du film court en plein air de Grenoble _6월 25~28일(제48회, 2025)

프랑스에서 열리는 단편영화제 중 역사가 가장 오래된 행사로, 1978년부터 매년 여름 그르노블에서 열리고 있다. 현재 각국에서 만들어지는 영화들과 축제의 유산 및 역사를 부각시키는 방식을 택하고 있다. 축제 기간에는 매일 저녁 폴 미스트랄 공원Parc Paul Mistral의 아노 드 비테스Anneau de Vitesse에서 야외 영화 상영이, 쥘리에 베르토 영화관Cinéma Juliet Berto에서 실내 상영이 이루어진다. 영화제는 무료이며, 모두에게 열려 있다.

유럽 청년연극제Rencontres du Jeune Théâtre Européen _6월 28일~7월 7일(제36회, 2024)

예술과 문화를 교환하고, 유럽 언어와 문화의 다양성을 익히는 축제다. 문화간 대화를 지향하기에 '유네스코 국제 청소년의 해Année internationale de la Jeunesse de l'Unesco'와 공조하며 개최되는 중이다. 애초부터 열린 태도를 견지하는 이 축제는 유럽연합을 넘어서서 중부유럽과 동유럽, 마그레브, 러시아, 중동, 아프리카 및 아메리카까지 문호를 열고 있다. 개막식 퍼레이드 후 10여 개 국가에서 온 15개 내외의 공연단체가 그르노블의 거리 및 극장에서 공연한다. 공연 인원은 250명 정도. 공연장소는 에스파스 600Espace 600, 프레몰 극장Théâtre Prémol, 극장 145Théâtre 145 등이다. 거리극, 코메디아 델라르테commedia dell'arte, 합창과 독창, 마임, 무용, 의상, 문학 등으로 특화된 각 공연단체는 자신들의 모국어로 공연한 후 폐막 공연 퍼레이드에도 참가한다.

르 밀레심 페스티벌Festival Le Millésime _10월 5~20일(제25회, 2019)

포도주 양조학과 음악을 결합한 축제. 와인 전문가, 소믈리에, 요식업자, 지하 와인 저장고 담당자가 개설한 거대 천막에서 주제별 시음 아틀리에가 열리며, 와인 생산업자 시장도 오픈한다. 모든 행사에는 전통음악, 샹송, 실내음악, 재즈 등 다양한 콘서트가 곁들여진다. 도서관, 공연장, 서점, 레스토랑 등 만남의 장소도 다채롭다. '와

인 빌리지village vigneron '도 빅토르 위고 광장Place Victor-Hugo 에 들어선다. 제25회를 맞이했던 2019년 행사의 주제는 '슈베르트와 사부아 와인Schubert et les vins de Savoie '이었다.

그르노블 국제서커스페스티벌Festival international du cirque à Grenoble _11월 21~24일(제22회, 2024)

2002년에 시작된 그르노블 국제서커스페스티벌은 모나코 다음으로 큰 서커스 축제다. 그르노블의 스포츠센터Palais des Sports 에 전 세계 최고 수준의 80명 아티스트가 찾는 국제 행사다. 공연에는 전통적인 형태와 현대적 형태가 뒤섞여 있으며, 조명과 대형 오케스트라가 공연의 마술을 보강한다. 시적 분위기와 재능을 동시에 맛볼 수 있는 이벤트다. 17,000명 내외가 축제를 찾고 있는데, 2021년부터 쥘리앙 쿠르베Julien Courbet 가 조직위원장을 맡고 있다. 행사는 정치적 문제로 2015년에 그르노블을 떠나 부아롱Voiron 으로 옮겼다가 2019년부터 다시 그르노블에서 열리고 있다.

그리냥 Grignan [Auvergne-Rhône-Alpes]

야간 축제Fêtes Nocturnes _6월 25일~8월 24일(제38회, 2025)

드롬Drôme 데파르트망의 그리냥 성Château de Grignan 은 축제 기간 동안 르네상스 시대를 재현한 왕궁으로 탈바꿈한다. 드롬 지방에서 여름에 놓치지 말아야 할 행사인 이 축제는 정원과 마을의 테라스에서 여러 공연들을 연다. 음악, 연극, 무용이 프로그램

@L'Impartial de la Drome

을 대부분 채우고 있다. 2024년에는 32,000명 이상이 이 행사를 찾았다.

편지 축제 Festival de la correspondance _7월 1∼5일(제29회, 2025)

세비녜 부인Mme de Sévigné 사망 300주년을 맞이한 1996년에 태동한 축제로, 서한문학을 대상으로 한다. 작가와의 만남, 낭송회, 전시회가 그리냥 성과 마을에서 열린다. 얼마 전부터 독자, 작가, 출판사, 배우들에게 점점 더 많은 관심을 받고 있는 편지라는 장르에 할애된 축제다. 2020년의 주제는 '혁명들Révolutions', 2023년의 주제는 '사랑과 증오의 편지들Lettres d'amour et de haine', 2025년의 주제는 '의미와 성스러움을 찾아서En quête de sens et de sacré'.

https://location.christinemiranda.com/

그리모 Grimaud [Provence-Alpes-Côte d'Azur]

풍차 축제 Fête du Moulin _6월 30일(2024)

6월이 끝나갈 무렵 생로슈 풍차 Moulin à vent Saint-Roch 를 중심으로 벌이는 축제. 생트로페 만 Golfe de Saint-Tropez 쪽으로 멋진 전망을 자랑하는 장소다. 일요일 9시 30분부터 13시까지 풍차의 역사를 가르쳐주고, 풍차나 수차가 어떻게 작동하는지를 보여주며, 옛날에 밀을 어떻게 탈곡했는지 알게 해주는 이벤트를 진행한다. 프로방스 지방의 에스칸디하도 Escandihado 와 탐부리네르 Tambourinaires 민속춤 공연, 미니 농장, 포니와 사륜마차를 타고 돌아보는 산책, 갓 구운 빵 시식하기 등의 행사가 축제 분위기를 돋운다. 때맞춰 생로슈 예배당 Chapelle Saint-Roch 도 일반에게 개방한다.

나르본 Narbonne [Occitanie]

바르크 앙 센 Barques en scène _8월 21~23일(제10회, 2025)

남프랑스 오드 Aude 지방 나르본에서 열리는 축제. 2008년에 시작되었는데, 처음에는 이 지역에서 태어난 작사·작곡가 겸 샹송 가수인 샤를 트레네를 기리는 '트레네 페스티벌 Festival Trenet'이란 이름을 하다가 2014년에 'Barques en scène'으로 개명되었다. 나르본 도심에서 열리는 무료 축제로 축제 참가자들이 보데가 bodega 에서 춤을 추고 대화를 나누며 술을 마시기, 거리예술, 산책 등이 프로그램을 채우고 있 다. 미라보 거리 Cours Mirabeau 에 설치된 대규모 무대에서는 콘서트가 열리는데 수만 명이 찾는다. 그동안 축제를 빛낸 뮤지션들은 파트릭 세바스티앙 Patrick Sébastien, 비아네 Vianney, 미셸 퓌갱 Michel Fugain, 오시 Hoshi, 짐스 Gims, 아미르 Amir 등.

낭시 Nancy [Grand-Est]

광장 도서축제 Livre sur la Place _9월 13~15일(제46회, 2023)

그 유명한 낭시의 스타니슬라스 광장 Place Stanislas 과 아주 가까운 카리에르 광장 Place de la Carrière 에서 개학 시기에 열리는 가장 큰 규모의 도서전시회로, 1979년부터 시작되었다. 공쿠르 아카데미 Académie Goncourt 가 후원하며, 수백 명의 출판 종사자, 작가와 일러스트레이터들, 수천 명의 독서 애호가들이 참가한다. 작가들 숫자만도 매년 6백 명에 달한다. 저자 사인회가 열리며, 그와 병행해서 다양한 전시회, 토론회, 문학

상 시상식, 콘퍼런스, 대담, 문화행사도 열린다. 낭시에서 열리는 행사 중에서는 스타니슬라스 광장에서 만나볼 수 있는 빛과 소리의 공연과 더불어 가장 중요한 이벤트다.

덧없는 정원 Jardin éphémère _11월 3일(제21회, 2024)

©le-lorrain.fr

한 달여 동안 낭시 중심의 스타니슬라스 광장은 거대한 정원으로 변모한다. 1만 종 이상의 식물이 600m² 면적의 잔디밭에 전시된 풍경을 감상할 수 있다. 광장을 감싼 나무들, 포장도로를 뒤덮은 꽃들, 나무로 만든 독창적인 창작물들, 벤치와 의자들이 선을 보인다. 낭시 시청사 발코니에서 바라보이는 풍경이 장관이니 놓치지 말 것. 행사는 매일 8시부터 22시까지 개방하며, 시청사 발코니는 일부 지정된 날짜 주로 일요일의 지정된 시간에 개방한다.

매년 새로운 주제를 채택, 여름 초에 공개한다. 여행, 역사, 문화유산, 자매도시, 과학 등 다양한 주제들이 채택된 바 있다. 2022년의 주제는 '불이 스치다 Le Feu effleure', 2023년 주제는 '대기의 효과 L'Effet de l'air', 2024년 주제는 '작업하는 인간, 산업 L'Homme à l'oeuvre, l'industrie'이었다.

낭시 재즈축제 Nancy Jazz Pulsations _10월 4~18일(제52회, 2025)

로렌Lorraine 지방 낭시에서 열리는 'NJP' 페스티벌은 모든 형태의 재즈뿐 아니라 재즈로부터 직간접적으로 영감을 받은 장르들인 레게, 블루스, 가스펠, 소울, 힙합, 드럼 앤 베이스, 하드코어 등 모든 종류의 흑인음악에 문호를 연 축제다. 콘서트, 전시회, 이벤트들을 프로그램에 편성한다. 이 축제는 로렌 지방을 대표하는 20개 축제 중 하나로 선정된 바 있다.

생니콜라 축제 Fête de Saint Nicolas _12월 6일(2024)

©tourisme-lorraine.fr

매년 유럽의 여러 나라가 12월에 산타클로스 축제를 열고 있지만, 프랑스에서는 뫼르트에모젤Meurthe-et-Moselle 데파르트망의 낭시에서 열리는 페스티벌은 산타클로스의 전설적이고도 마법으로 가득 찬 세계로 인도한다. 기마행렬, 장인들의 공예품을 파는 시장, 전시회, 연극, 콘서트가 프로그램을 채우고 있다. 토요일에는 각 극단이 제공하는 공연과 음악 행사가 열리며, 일요일에는 팡파르를 곁들인 꽃마차 퍼레이드가 벌어진다. 저녁 무렵에는 구베르느망 궁Palais du Gouvernement 을 배경으로 한 불꽃놀이 행사가 열린다. 축제 기간에 도시 곳곳에서 주전부리와 양념 빵들도 선을 보인다.

낭트 Nantes [Pays de la Loire]

라 폴 주르네 La Folle Journée _1월 29일~2월 2일(제31회, 2025)

루아르아틀랑티크Loire-Atlantique 데파르트망 소재 도시 낭트에서 5일간 열리는 클래식 축제로 시간이 흐를수록 성공을 거듭하고 있다. 국제적으로 이름난 많은 연주자

@Ville de Saint-Nazaire

가 역사의 일정 시기의 작곡가 작품이나 곡조를 들려주는 방식을 택하고 있지만, 프로그램에는 전통음악과 현대음악도 편성되어 있다. 행사마다 약 250개 정도의 콘서트가 열린다. 연주자들의 명성에 비해 티켓 가격이 싼 편이라 1993년부터 시작된 이 행사를 점점 더 많은 사람들이 찾고 있다. 낭트 및 페이 드 라 루아르 레지옹의 여러 도시인 라발Laval, 사블레쉬르사르트Sablé-sur-Sarthe, 라 플레슈La Flèche, 소뮈르Saumur, 생나제르Saint-Nazaire, 라 로슈쉬르용La Roche-sur-Yon, 이외 섬île d'Yeu, 샬랑Challans, 숄레Cholet, 퐁트네르콩트Fontenay-le-Comte, 퐁트브로Fontevraud에서 동시에 열린다. 매년 13만 명 이상이 찾고 있다. 베토벤 탄생 250주년을 맞이한 2020년에는 행사가 베토벤 위주로 꾸려졌다. 축제는 브라질의 리우데자네이루로 수출되기도 했다.

스페인 영화제 Festival du cinéma espagnol _3월 21~29일(제34회, 2025)

프랑스에서 열리는 주요 스페인 영화제. 영화를 통해 스페인 및 스페인어권 역사와 문화를 만나보는 기회다. 스페인어를 공부하는 교사와 학생들에 대한 교육도 중시하는 영화제다. 2주 동안 60편 이상의 미발표 영화들 픽션, 다큐멘터리, 장편 및 단편, 자막을 넣은 오리지널 버전의 영화 200편을 만날 수 있다. 상영관은 카토르자 극장 Cinéma Katorza. 이민, 젊은이들의 성 정체성, 개인적 혹은 집단적 사회 참여, 세대 사이의 대화, 환경, 경제 위기, 정체성 문제, 권력의 다양한 형태, 타자와의 만남 등 현재성을 지니는 다양한 주제들에 대해 질문해볼 수 있는 기회이기도 하다.

@https://ccfrancoespagnol-nantes.org/

낭트 카니발 Carnaval de Nantes _3월 30일, 4월 5일,12일(2025)

니스 카니발에 이어 프랑스에서 두 번째로 큰 규모의 카니발로, 프랑스 전역과 유럽에서 약 20만 명을 불러 모으고 있다. 기원이 600년 전인 15세기까지 거슬러 올라가는 낭트 카니발은 가장무도회, 가장행렬, 기마행렬, 마르디 그라 Mardi gras 의 시가행진 등 다양한 형태를 하고 있다. 카니발은 3개 날짜의 3개 행사로 나뉘는데, 가장 많은 사람이 기다리는 '낮의 시가행진 défilé diurne', 아이들에게 할애된 '어린이들의 무도회 bal des enfants', 마

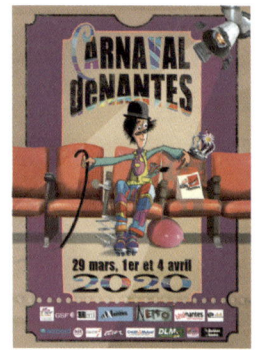

지막 날 저녁에 열리는 '밤의 시가행진 défilé nocturne'이 그것이다. 대형 인형, 팡파르, 가장행렬 등을 도심 전역에서 만날 수 있다. 거리에서 행진하는 다양한 기계장치들을 제작하는 아틀리에를 방문할 수도 있고, 카니발의 여왕을 만나볼 수도 있다. 매년 다른 주제를 선택하는데, 2025년의 주제는 '세계의 축제와 카니발 Fêtes et carnavals dans le monde'이다.

낭트 한국영화제 Festival du Film Coréen / NantCo _2월 25일~3월 4일(제4회, 2025)

@Festival du Film Coréen NantCo

프랑스 문화의 도시 낭트에서 한국 문화예술을 알리는 '한국의 봄 Printemps Coréen' 행사의 일환으로 열리는 영화제로, 낭트 시민들에게 한국 영화의 다양성을 알리는 것을 목적으로 삼고 있다. 비정형적이고, 분류 불가능하며, 호러와 코미디, 스릴러와 심리극 사이를 끊임없이 오가는 한국 영화의 재미를 프랑스인들에게 선사한다. 복수, 계급투쟁, 운명의 힘 앞에서 무기력한 개인 모습도 한국 영화가 단골로 다루는 주제들이다. 낭트의 본 가르드 영화관 Ciné Bonne Garde 과 르 시네마토그라프 Le Cinématographe, 르제 Rezé 의 생폴 영화관 Ciné Saint-Paul, 부그네 Bouguenais 의 르 볼리외 영화관 Cinéma Le Beaulieu 이 축제에 참가하는 공간들이다.

한국의 봄 Printemps Coréen 축제 _5월 24~26일(제11회, 2024)

2012년에 '한국의 봄 협회 Association Printemps Coréen'가 처음 생겨나면서 2013년부터 시작된 '한국의 봄' 축제는 비영리적 목적의 행사다. 프랑스에서 한국 문화를 알리고, 한국과 프랑스 양국의 우정을 돈독히 하며, 상호 문화에 대한 이해를 깊게 하는 데 목적을 두고 있다. 영화, 문학, 만화, 요리 등 다양한 형태의 한국 전통문화와 현대문화 소개, 콘서트, 퍼포먼스, 전시회, 강좌, 예술가들의 레지던스, 콘퍼런스, 작가와의 만남 등으로 구성되어 있다. 프랑스 서부 낭트에서 열리는 이 행사는 유럽과 아시아의 문화 플랫폼도 겨냥한다. 파리의 한국문화원과 교류하면서 단기간의 협력을 넘어선 장기 프로젝트를 개발 중이다.

축제는 5월이나 6월의 적당한 시기를 잡아 개최되는 중인데, 낭트의 에스파스 코스모폴리스Espace Cosmopolis를 비롯한 극장, 문화공간, 공공건물, 거리, 정원 등이 행사 장소로 사용된다.

낭트 메이커 캠퍼스 Nantes Maker Campus _6월 6~8일(제9회, 2025)

2016년부터 시작된 세계 유일의 대중과학축제. 기계장치 코끼리로 유명한 낭트 소재 '섬의 기계들Machines de l'Île'과 마켐Makeme이 조직하며, 산업인, 엔지니어, 과학 클럽, 아티스트, 대학생, 스타트업 기업가 등을 불러 모으는 대규모 행사를 통해 '메이커maker, 설계자'들은 3일간 자신의 발명품을 일반에게 공개한다. 5년 사이에 이 행사는 메이커 커뮤니티 입장에서 프랑스에서 가장 큰 행사가 되었다. 매년 수천 명의 방문객이 메이커와 전문가들의 새로운 발명품을 찾고, 전시품들을 테스트해본다.

행사 콘셉트는 누구나 단순한 오브제를 만들어낼 수 있다는 생각에서 출발했

다. 이전의 행사들과 마찬가지로 '낭트 메이커 캠퍼스'의 2개 공간인 '아티스트 야영지 Campement d'Artistes'와 '메이커 빌리지 Village des Makers'가 마련된다. '아티스트 야영지'에서는 메이커들이 만든 기계들이 메이커 빌리지, 네프 거리 Rue des Nefs, 기계들의 광장 Parvis des Machines 사이를 돌아다니며, '메이커 빌리지'에서는 메이커들이 자기 작품들을 전시하고 방문자들은 아틀리에, 콘퍼런스, 퍼포먼스 등을 통해 그들의 설명을 듣는다. 행사장 주소는 Parc des Chantiers, Bd Léon Bureau, 44200 Nantes.

코로나19로 인해 2년간 행사가 금지되었다가 '섬의 기계들'에서 다시 열린 2021년 행사의 경우 금요일인 7월 2일에는 14시부터 19시까지, 토요일과 일요일인 7월 3일과 4일에는 10시부터 19시까지 오픈했다. 2021년에는 120명의 참가 메이커 중 70% 이상이 처음으로 초대되었다. 메이커들은 기술을 공개하면서 모두가 즐기는 것을 돕는다. 그들 모두는 아틀리에를 공유하면서 3D 프린터기, 레이저 프린터기 등을 이용할 수 있다. 또 '팝 랩 Fab Labs'에서 메이커들은 로봇, 드론, 모빌, 보철補綴, 장난감, 의상 등 자신의 제품을 직접 만들어볼 수 있다.

2024년에는 5백 명 이상의 메이커, 15명의 초청 아티스트, 50개의 인터랙티브 아틀리에가 '섬의 기계들' 방문객들에게 유니크한 경험을 선사했다.

레 랑데부 드 레르드르 Les Rendez-vous de l'Erdre _8월 25~31일(제39회, 2025)

에르드르 Erdre 강을 따라 낭트 Nantes 인근에 자리한 마을들인 노르쉬르에르드르 Nort-sur-Erdre, 프티마르스 Petit-Mars, 라 샤펠쉬르에르드르 La Chapelle-sur-Erdre, 쉬세쉬르에르드르 Sucé-sur-Erdre, 카르크푸 Carquefou 등과 브레스트 Brest의 낭트 운하 Canal de Nantes에서 매년 개학 직전 주말에 열리는 이벤트로 재즈와 블루스 축제, 해양 축제를 겸하고 있다. 1987년에 자크-알랭 기오 Jack-Alain Guiho의 주도로 창설되었다.

2005년부터 예술감독을 맡고 있는 아르망 메냥 Armand Meignan은 페스티벌의 목적

@Ville de Nantes

이 "이해하기 어려운 음악으로 간주되는 재즈에 가능한 한 많은 사람이 접근할 수 있도록 하기 위함"이라고 이야기한다. 축제는 매년 15만 명 이상을 받아들이고 있는데 전통 재즈에서 뉴 어번 재즈New Urban Jazz, 블루스에서 현대 재즈에 이르기까지 모든 형태의 재즈에 자리를 부여하면서 1백여 개의 무료 콘서트를 제공하는 중이다. 이와 동시에 대규모 해양 축제도 열리는데, 200척 이상의 범선과 옛날 배가 베르사유 섬Île de Versailles 주변에 집결한다. 마그마Magma, 미셸 포르탈Michel Portal, 베르나르 뤼바Bernard Lubat, 다니엘 위메르Daniel Humair, 메데릭 콜리뇽Médéric Collignon, 차이나 모제스China Moses, 알리스 뤼셀Alice Russel, 디디에 록우드Didier Lockwood, 장-자크 밀토Jean-Jacques Milteau, 아르키 쉐프Archie Shepp 등의 뮤지션이 참가한 바 있다.

위토피알Utopiales _10월 31일~11월 3일(제25회, 2024)

공상과학축제Festival de science-fiction 란 다른 이름을 가진 페스티벌로, 루아르아틀랑티크Loire-Atlantique 지방 낭트의 시테 데 콩그레Cité des Congrès에서 2000년부터 열리고 있다. 통상 매년 11월 초에 5일에 걸쳐 열린다. 첫 행사는 1998년에 브루노 델라 치에사Bruno della Chiesa가 푸아티에Poitiers에 소재한 퓌튀로스코프Futuroscope 테마파크에서 개최했다. 매년 9만 명 정도가 이 행사를 찾는다. 축제의 원래 이름 '유토피아Utopia'

2015

2016

2017

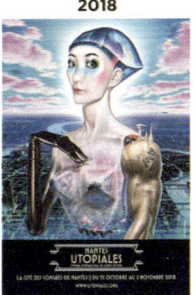
2018

는 1997년에 크리스티앙 그르니에Christian Grenier가 처음 작명했는데, 2001년에 '위토피알Utopiales'로 개명되었다.

 문학, 과학, 영화, 만화, 전시회, 역할놀이, 비디오게임 등이 Utopiales 행사의 과학 및 공상과학 프로그램을 채우고 있다. 600편 이상의 영화 상영, 2천 명 이상의 작가, 연구자, 삽화가의 초대, 170개에 달하는 전시회와 예술작품 설치 등으로 채워진 이 독특한 축제는 유럽과 미국에서 많은 사람이 낭트를 찾도록 만들고 있다. 티켓 가격은 성인 1일권이 9유로, 성인 5일권이 35유로.

역사

전문가와 아마추어를 동시에 겨냥한 행사인 'Utopiales'은 유럽에서 공상과학소설을 주제로 내세운 가장 큰 행사인 동시에 미국 샌디에이고에서 열리는 '코믹콘(Comic Con)' 다음으로 세계에서 두 번째로 규모가 큰 축제다.

 행사의 특징은 문학, 영화, 만화, 조형예술을 모두 한 공간 속에서 혼합하는 방식을 채택하고 있다는 점이다. 1998년 이후 세계적으로 이름난 10여 명의 예술가가 행사에 참석한 바 있는데, 잭 밴스(Jack Vance), 크리스토퍼 프리스트(Christopher Priest), 제임스 모로우(James Morrow), 오슨 스콧 카드(Orson Scott Card), 안드레아스 에쉬바흐(Andreas Eschbach), 로버트 실버버그(Robert Silverberg), 프레더릭 폴(Frederik Pohl), 노먼 스핀래드(Norman Spinrad), 마이클 무어콕(Michael Moorcock), 윌리엄 깁슨(William Gibson), 레이 해리하우젠(Ray Harryhausen), 킴 스탠리 로빈슨(Kim Stanley Robinson), 엔키 빌랄(Enki Bilal), 베르나르 베르베르(Bernard Werber), 테리 프래쳇(Terry Pratchett), 닐 게이먼(Neil Gaiman) 등이 그들이다. 공상과학에 탐닉하는 대부분의 프랑스어권 작가들도 이 축제를 찾는다.

애초에 4일에 걸쳐 열리던 행사는 2012년부터 학생 관객들을 위해 하루가 추가되어 행사 기간이 5일로 확대되었다. 2007년부터 세미탄(Semitan)과 협력하면서 열리는 '망가-탄의 날

(journée Manga–Tan)'이 일요일 오후에 열리는 폐막식을 장식하는 중이다. 이날에는 미발표 일본 애니메이션이 상영되며, 코스프레 행사도 열린다.

▎행사

연도/주제/방문자 수

2001년 : '오디세이의 종말?(Fin de l'odyssée?)'/20,000명

2002년 : '현실(Réalité)'/28,000명

2003년 : '새롭고도 멋진 여행들(Les Nouveaux voyages extraordinaires)'/30,000명

2004년 : '유토피아(L'Utopie)'/37,000명

2005년 : '쥘 베른(Jules Verne)'/37,000명

2006년 : '침략은 마르크스로부터!(L'Invasion vient de Marx!)'/38,000명

2007년 : '기후들(Les Climats)'/40,000명

2008년 : '네트워크들(Les Réseaux)'/40,000명

2009년 : '더 나은 세상(Des mondes meilleurs)'/40,000명

2010년 : '경계들(Les Frontières)'/42,000명

2011 : '역사(들)(Histoire(s))'/46,000명

2012년 : '기원들(Origines)'/50,000명

2013년 : '다른 세상(들)(Autre(s) mondes)'/60,000명

2014년 : '지성(들)(Intelligence(s))'/60,000명

2015년 : '현실(들)(Réalité(s))'/65,000명

2016년 : '기계(들)(Machine(s))'/82,000명

2017년 : '시간(Temps)'/90,000명

2018년 : '몸(Corps)'/90,000명 이상

2019년 : '코드화하기/코드를 풀기(Coder/Décoder)'/100,000명

2020년 : '흔적들(Traces)'/행사 취소

2021년 : '변모들(Transformations)'/75,000명

2022년 : '한계(들)(Limite(s))'/108,000명

2023년 : '트랜스미션(Transmission(s))'/141,538명

2024년 : '하모니(Harmonie)'/153,000명

▎앤솔로지

『갤럭시(Galaxies)』 잡지에 의해 1999년 처음 발간된 첫 앤솔로지에는 'Utopia 1'이란 이름이 붙었는데, Utopia 98에 참석한 작가들이 쓴 14편의 단편과 논문, 보고서들을 집대성하고 있었다.

　브루노 델라 치에사가 주도하는 앤솔로지가 그 후 2000년부터 2006년까지 매년 발간되었는데, 〈UTOPIÆ〉란 이름으로 라틀랑트(L'Atalante) 출판사가 출간 역할을 맡았다. 이 7권의 앤솔

로지 속에는 40개국의 작가 70명이 20개의 자국 언어로 쓴 70편의 단편이 수록되었다. 2009년부터 '위토피알'의 공식 앤솔로지는 ActuSF 출판사가 담당하고 있다.

▎영화

첫 두 행사에서는 배제되었던 영화 상영은 2000년부터 다니엘 토스캉 뒤 플랑티에(Daniel Toscan du Plantier)와 루이자 모랭(Louisa Maurin)이 도입했다. 그런 다음 2006년까지 뇌샤텔 국제 판타스틱영화제(NIFFF, Neuchâtel International Fantastic Film Festival) 소속의 두 멤버에게 위임되었다. 2007년부터 2009년까지는 장-마르크 비구루(Jean-Marc Vigouroux)가 책임을 맡는다. 2010년부터 영화 프로그램 편성은 '레트랑주 페스티벌(L'Étrange Festival)'의 창시자이자 사무국장인 프레데릭 탕(Frédéric Temps)이 맡고 있다.

영화 상영은 시테 데 콩그레 내부의 800석 규모의 극장과 450석 규모의 극장에서 이루어지는데, 이 공간들에는 각각 '언덕(Dune)'과 '솔라리스(Solaris)'란 별명이 붙는다. 2012년부터는 3백석 규모의 세 번째 극장['홀(Hal)'이란 이름이 붙었다가 2015년에 '차이(Tschai)'로 개명되었다]이 추가되면서 총 관객 수용 규모는 1,550석으로 확대된다.

2011년에 경쟁 부문의 영화 3편이 고몽 드 낭트(Gaumont de Nantes) 영화관에서 상영되나, 이러한 실험은 계속되지 못한다.

매년 실시되는 단편영화와 장편영화 쪽의 시상 외에도 매년 선정한 주제와 관련된 회고전도 열리며, 2010년부터는 특별상영회도 도입하고 있다. 영화인 초청, 다큐멘터리 상영도 새로 등장한 프로그램들이다.

죽은 자들의 날 Fête des Morts/El Dia de los Muertos _11월 2일(제2회, 2024)

@Le Bonbon Nantes

멕시코에서 열리는 '죽은 자들의 날 El Dia de los Muertos' 행사가 수년 전부터 10월 말에서 11월 초 사이에 낭트에서 열리고 있다. 2023년의 행사장은 푸드코트 Magmaa 15 rue la Noue Bras de Fer. 할로윈 날짜가 10월 31일로 정해져 있을지라도 멕시코에서는 11월 2일까지 '망자의 날' 기념행사가 이어진다. 이웃 미국에서 열리는 할로윈 행사와는 달리 멕시코 사람들은 무시무시하고도 음산한 분위기를 총천연색과 음악으로 바꿔버렸다. Magmaa는 분장 코너, 댄스 쇼, 멕시코 음식 시식, 콘서트 등 유쾌한 행사로 프로그램을 채우고 있다.

3대륙 영화제/낭트 영화제 Festival des trois Continents _11월 21~29일(제47회, 2025)

@loire-atlantique.fr

1979년에 필립Philippe 과 알랭 잘라도Alain Jalladeau 가 처음 만든 '3대륙 영화제Festival des Trois Continents'는 아시아, 아프리카 및 라틴아메리카 영화들에 할애된 영화제로 9일간 열린다. 이 지역들에서 건너온 80편에서 100편에 달하는 픽션과 다큐멘터리 영화가 선을 보이며, 배우나 감독에 대한 오마주, 한 국가의 영화 역사를 소개하는 프로그램으로 구성되어 있다.

자국 외에서는 상영된 적이 거의 없는 영화들을 프랑스에 소개하는 역할을 맡은 이 영화제는 많은 인물을 알리는 데도 기여했다. 대표적인 인물들로는 말리의 술레이만 시세Souleymane Cissé, 홍콩의 왕가위Wong Kar-wai, 이란의 압바스 키아로스타미Abbas Kiarostami, 중국의 조량Zhao Liang 등.

1979년에 시작된 이 영화제 이름은 이탈리아의 스폴레토Spoleto 에서 개최되던 '2세계 연극제Festival des 2 Mondes'로부터 영감을 얻었다. 제3세계 극영화와 다큐멘터리들을 알리려는 계획은 낭트 시로부터 지원을 얻었다. 첫 행사의 입장객은 7,000명이었다. 소개를 위해 선정된 대상은 아프로아메리칸 영화들이었다. 1980년에는 남인도 영화들이, 1981년에는 필리핀 영화들이 프로그램에 집중 편성된다. 1982년에는 인도 영화감독들인 리트윅 가탁Ritwik Ghatak 과 구루 두트Guru Dutt 를 알리는 데 기여했다. 9

년이 지난 1988년에는 페스티벌이 서구 전문가들 사이에서 '발견자découvreur'의 명성을 획득했다. 2000년에는 '남반부에서 제작하다Produire au Sud'라는 세미나가 만들어졌는데, 프로젝트에 따라 선출된 남반부의 젊은 연극인들이 교육받을 기회를 제공했다. 이 세미나는 오늘날 전 세계로 수출되고 있다. 2003년부터는 다큐멘터리에도 문호를 개방했다.

▌구성
장편 쪽 경쟁 부문 말고도 비경쟁 부문, 하나의 국가나 스튜디오, 혹은 지방에 할애된 '파노라마' 세션, 한 인물에 할애된 '회고전', 하나의 주제를 다루는 '복수(複數)의 시선(regards pluriels)' 등 다양한 행사가 열린다.

▌상 종류
경쟁 부문 쪽에서 페스티벌은 4개 상을 시상한다. 그중 가장 중요한 상은 황금열기구상(Montgolfière d'or)이며, 은열기구상(Montgolfière d'argent), 관객상(prix du public), 청년심사위원상(prix du jury jeunes) 등이 나머지다. 허우 샤오시엔(Hou Hsiao-hsien), 아미르 나데리(Amir Naderi), 지아장커(Jia Zhangke), 아볼파즐 잘릴리(Abolfazl Jalili)는 2번이나 황금열기구상을 받은 영화인들이다. 왕빙(Wang Bing)은 황금열기구상과 은열기구상을 동시에 받은 인물이다.

▌연도별 회고전, 오마주 및 파노라마
1979년 : 살라흐 아부 사이프(Salah Abou Seif)(이집트 감독) 오마주, 블랙아메리카 영화 파노라마
1980년 : 남인도 영화 파노라마
1981년 : 우스만 셈벤(Ousmane Sembène)(세네갈 감독) 오마주, 필리핀 영화 파노라마
1982년 : 리트윅 가탁과 구루 두트에 대한 오마주, 브라질 영화 파노라마
1983년 : 사미아 가말(Samia Gamal)(이집트 여배우) 오마주, 인도네시아 영화 파노라마, 1950년대 인도 영화 파노라마
1984년 : 셰진(Xie Jin)(중국 감독) 회고전, 멕시코 영화 파노라마
1985년 : 유세프 샤힌(Youssef Chahine)(이집트 감독) 오마주, 아르헨티나 영화 파노라마
1986년 : 닛카쓰(Nikkatsu) 사 오마주, 한국 영화 파노라마
1987년 : 튀르키예 영화 파노라마
1989년 : 임권택(한국 감독) 오마주, 카리브해 영화 파노라마
1990년 : 와카오 아야코(Ayako Wakao)(일본 여배우)와 가브리엘 피게로아 마테오스(Gabriel Figueroa Mateos)(멕시코 촬영사 사장) 오마주, 이란 영화 파노라마
1991년 : 리노 브로카(Lino Brocka)(필리핀 감독), 사티야지트 레이(Satyajit Ray)(인도 감독), 쑤펑(Hsu Feng)(대만 여배우), 스즈키 세이준(Seijun Suzuki)(일본 감독) 오마주, 안데스 산맥(볼리비아/칠레/페루) 영화 파

노라마

1992년 : 베트남 영화 파노라마, 중앙아시아 누벨바그 영화 파노라마

1993년 : 친기즈 아이뜨마또프(Tchinguiz Aïtmatov)(키르기스스탄 작가) 오마주, 대만 영화 회고전

1994년 : 아흐메드 바하에딘 아티아(Ahmed Bahaeddine Attia)(튀니지 감독) 오마주, 몽골 영화 회고전

1995년 : 나이마 아케프(Naïma Akef)와 유스라(Yousra)(이집트 여배우들) 오마주, 아제르바이잔 영화 회고전

1996년 : 남아프리카공화국 영화, 상하이 영화, 아르헨티나 멜로드라마 파노라마

1997년 : 가스통 카보레(Gaston Kabore)(부르키나파소 감독), 에제딘 줄피카르(Ezzedine Zoulfikar)와 핫산 엘 이만(Hassan El Iman)(이집트 감독들) 오마주, 일본 누벨바그 영화 및 우즈베키스탄 영화 파노라마

1999년 : 샤밀라 타고르(Sharmila Tagore)(인도) 오마주, 중동 영화 파노라마

2000년 : 글라우버 로샤(Glauber Rocha)(브라질 감독) 전 작품 회고전, 칙 우마르 시소코(Cheick Oumar Sissoko)(말리 감독) 오마주

2001년 : 카티 후라도(Katy Jurado)(멕시코 여배우)와 누르 엘 셰리프(Nour el Chérif)(이집트 배우) 오마주, 카자흐스탄 영화 및 홍콩 무협영화 파노라마

2002년 : 톨로무시 오케예프(Tolomouch Okeev)(키르기스스탄 감독)와 장만옥(Maggie Cheung)(중국 여배우) 오마주, 모로코 영화 및 포르투갈어권 아프리카 영화 파노라마

2003년 : 움베르토 마우로(Humberto Mauro)(브라질 감독) 오마주, 중국 영화 및 중앙아메리카 영화 파노라마

2004년 : 투 두치(Tu Duu-chih)(대만 음향 엔지니어)와 람세스 마르주크(Ramsès Marzouk)(이집트 촬영사 사장) 오마주, 아프가니스탄 영화 파노라마

2005년 : 튀니지 영화, 1950년대 브라질 리얼리즘 영화 및 북중국(Cathay) 보물들 파노라마

2006년 : 사티야지트 레이(Satyajit Ray)(인도 감독) 전 작품 회고전

2007년 : 오시마 나기사(Nagisa Oshima)(일본 감독) 회고전, 아크람 자타리(Akram Zaatari)(레바논 비디오아티스트) 오마주

2008년 : 에드워드 양(Edward Yang)(대만 감독) 오마주, 에콰도르 영화 파노라마

2009년 : 구로사와 기요시(Kiyoshi Kurosawa)(일본 감독) 회고전, 아프리카뿔 지역(에리트리아, 에티오피아, 소말리아) 영화 파노라마

2010년 : 지브릴 디오프 맘베티(Djibril Diop Mambety)(세네갈 감독) 오마주, 현대중국 독립영화 파노라마

2011년 : 아르투로 립스테인(Arturo Ripstein)(멕시코 감독)과 마니 카울(Mani Kaul)(인도 감독) 오마주, 닛카쓰(Nikkatsu) 사(일본 스튜디오) 회고전

2012년 : 소마이 신지(Shinji Sōmai)(일본 감독), 세르주 다네(Serge Daney)(프랑스 비평가), 밀키웨이 이미지(Milkyway Image) 사(홍콩 제작사) 오마주

2013년 : 인도 영화 오마주, 브라질 현대영화, 1930년부터 1950년까지의 중국 영화, 남아프리카공화국 영화

2014년 : 콜롬비아 영화 파노라마, 유릭와이(Yu Lik-wai)(중국 감독 및 촬영사 사장)와 카디 실라(Khady Sylla)(세네갈 여감독) 오마주

2015년 : 임권택과 쿠마르 샤하니(Kumar Shahani) 오마주

2016년 : 리티 판(Rithy Panh)과 이한상(Li Han-hsiang) 오마주, 현대인도 영화, 아프리카와 포르투갈, 무용과 노래

2021년 : 아프리카 대륙의 애니메이션 오마주

2022년 : 고레에다 히로카즈(Hirokazu Kore-eda) 오마주

2023년 : 사피 파이(Safi Faye), 아미타브 바흐찬(Amitabh Bachchan), 허안화(許鞍華, Ann Hui) 오마주

2024년 : 라즈 카푸르(Raj Kapoor), 샤바나 아즈미(Shabana Azmi), 이동승(爾冬陞, Derek Yee) 오마주

겨울 여행 Le Voyage en hiver _11월 23일(제3회, 2024)~1월 5일(2025)

@https://www.bigcitylife.fr

겨울의 낭트 분위기, 바닷가의 정적, 산들의 장엄한 자연을 제공하는 것이 목적이다. 문화와 전통, 모험심이 프랑스식의 노하우와 만나는 행사이기도 하다.

뱅상 올리네Vincent Olinet 의 조명 놀이, 종 콘서트, 합창, 전시회, 크리스마스 마켓, 팡파르 등이 제2회를 채운 프로그램이다. 준비가 부족했던 제1회 행사에 비해 풍성한 프로그램으로 채우고 있다. 30개 건물의 전면에 조명을 넣으며, 도미니크 블레Dominique Blais 의 종 연주가 제1회 행사에 이어 2회에서 선을 보이면서 9시부터 21시까지 정각에 울렸다. 또 종으로 연주하는 콘체르토는 13시 13분과 17시 17분에

청중과 만났으며, 부페 광장 Place du Bouffay 에는 '엄마 산타클로스 mère Noël' 조각이 들어섰다.

노르망디 Normandie

노르망디 인상파 축제 Festival Normandie impressionniste _3월 22일~9월 22일(제5회, 2024)

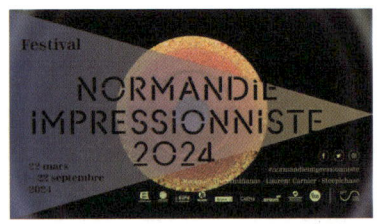

2024년은 인상주의 탄생 150주년을 맞이한 해다. 인상주의의 주요 발상지인 노르망디 지역과 파리 일드프랑스 지역에서는 이를 기념하여 인상파 예술가 작품, 현대예술, 사진 전시 등 다양한 행사를 개최했다. 회화, 현대예술, 음악, 영화, 연극, 무용, 사진, 문학 등을 통해 이 미학적 흐름을 이해하도록 하는 것이 목적이다. 전시회나 콘퍼런스 같은 고전적인 문화행사 외에도 빛과 소리의 이벤트, 마네 Manet 의 그림을 본뜬 '풀밭에서의 식사' 등의 참신한 행사도 열렸다. 2010년에 처음 열렸던 이 행사는 3년 혹은 4년마다 노르망디 전역에서 열리고 있다. 2010년 다음으로 행사가 개최된 해들은 2013, 2016, 2020, 2024년이다. 2024년에는 150개 행사가 프로그램을 채웠다.

노르망디 상륙작전의 날 축제 D-Day Festival Normandy _5월 31일~6월 15일(제81회, 2025)

매년 5월 중순부터 6월까지 노르망디 지역에서 개최되는 역사상 최대의 상륙작전 기념행사. 2024년에 80주년을 맞이한 노르망디 상륙작전은 퍼레이드, 콘서트, 불꽃놀이, 전시 등 100가지가 넘는 행사를 통해 더욱 성대하게 거행되었다.

노르망디 상륙작전 Débarquement 이 이루어진 해변 전역에서 1944년 6월 6일 감행된 연합군 상륙작전을 기념하고, 프랑스를 해방시켜준 연합국 병사들에게 경의를 표하

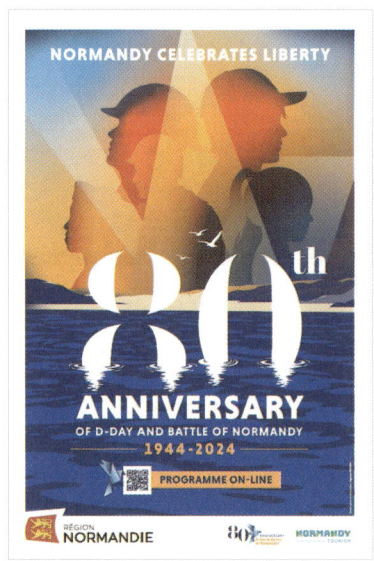
@https://www.coeurdenacretourisme.com

는 행사다. 1944년 6월 7일에 최초로 해방된 프랑스 도시는 바이외Bayeux였다. 이 역사적인 사건을 중심으로 다양한 행사가 열리는데, 이지니쉬르메르Isigny-sur-mer 에서의 군용차량 퍼레이드, 오마하 비치Omaha Beach 에서의 대규모 산책, 라 피에르La Fière 와 유타 비치Utah Beach 에서의 낙하산 투하 시범, 메르빌프랑스빌플라주Merville-Franceville-Plage 에서의 역사 주제 트레킹, 뤽쉬르메르Luc-sur-Mer 에서 베르니에르쉬르메르Bernières-sur-Mer 까지 가는 백파이프 연주자들의 행진, 군용 숙소 설치 등이 프로그램을 빛내는 이벤트들이다. 그 외에도 시가행진, 공중 곡예 공연, 불꽃놀이 등의 이벤트가 마련된다.

노트르담드몽 Notre-Dame-de-Monts [Pays de la Loire]

아 투 방 페스티벌 Festival À Tout Vent _7월 4~6일(제22회, 2025)

방데 지방 바닷가에서 열리는 연축제. 공연과 전시회, 아틀리에, 장편 및 단편영화 상영 등 다양한 부대행사도 열린다. 여러 국가가 참여하기에 '대서양 해안에서 열리는 가장 큰 연축제'로 꼽힌다. 2003년에 몇몇 연 애호가들이 노트르담드몽 늪지대에서 시작한 이 행사는 해가 가며 점점 큰 행사로 변모하고 있다. 2005년에 행사 장소는 늪지대에서 바닷가로 이전되었고, 그 후 같은 장소에서 열리는 중이다. 축제는 200명 이상의 프랑스 국내외 연 애호가들과 7만 명의 방문객들을 맞아들인다. 주말에는

200명 이상의 노트르담드몽 주민들이 자원봉사자로 일하며 안전, 식사, 주점 운영, 방문객 접대, 숙박을 담당하면서 자부심을 느끼고 있다.

농트롱 Nontron [Nouvelle-Aquitaine]

칼 축제 Fête du couteau _8월 3~4일(제28회, 2024)

프랑스에서 가장 오래된 칼붙이 제품들로 잘 알려진 농트롱 마을은 라기올Laguiole이나 노장Nogent 같이 지역에서 생산하는 유명 제품들 및 외국 물건들을 전시하는 축제를 열고 있다. 칼 분야 전시 말고도 시범, 강습과 이벤트 등을 열면서 조상들의 유업을 이어가는 중이다. 어린이들을 위한 강좌도 열린다.

@https://metiersdartperigord.fr/

누아르무티에 섬 Île de Noirmoutier [Pays de la Loire]

보노트 축제 Fête de la Bonnotte _5월 3일(제28회, 2025)

누아르무티에 섬은 이 섬에서 생산하는 명품 감자인 '보노트 bonnotte'를 축하하는 행사를 열고 있다. 청년 경작자들은 09시에서 12시 사이에 비에이유 도로 Route du Vieil 변 들판에서 옛날 방식으로 감자 캐기 같은 이벤트를 제공한다. 또 14시 30분에는 농업조합을 출발해 섬을 돌아보는 자전거 랠리가 열리며, 19시부터 농업조합의 뜰에서 뱃사람들의 노래를 곁들인 보노트와 정어리 시식 저녁 식사도 마련한다. 지역색이 차고 넘치는 흥겨운 축제다.

뉘생조르주 Nuits-Saint-Georges [Bourgogne-Franche-Comté]

오스피스 와인 판매 Vente des vins des hospices _3월 9일(제64회, 2025)

@jds.fr

부르고뉴 지역 구제원 救濟院 들의 전통에 따라 코트도르 Côte-d'Or 지방 소재 뉘생조르주 와이너리들은 부조 성 Château de Vougeot 에서 구제원 포도주들에 대한 시음 행사와 경매 행사를 열면서 자신들을 알리는 기회를 마련하고 있다. 부조 성은 그 유명한 타스트뱅 기사단 Chevaliers du Tastevin 의 교단 소재지이기도 하다. 전시회, 시음 행사, 지붕이 덮인 시장에서의 이벤트 및 다양한 여러 행사들이 프로그램을 채운다.

니스 Nice [Provence-Alpes-Côte d'Azur]

니스 카니발 Carnaval de Nice _2월 16일~3월 2일(제152회, 2025)

@Office de Tourisme de Nice

니스 카니발은 리우Rio, 트리니다드Trinidad, 베네치아Venise 카니발과 더불어 세계에서 가장 중요한 카니발 중 하나다. 매년 2월에 2주 동안 열리는 이 행사는 백만 명 이상의 관광객을 끌어모은다. 당연히 프랑스에서 가장 유명한 행사 중 하나로, 겨울의 코트다쥐르Côte d'Azur 지역을 빛내는 이벤트다. 니스 카니발의 기원은 중세까지 거슬러 올라가는데 사순절 전통에 따라 40일간 금식하기 직전에 풍성한 요리를 즐기는 형태를 띠었다. 축제가 처음 언급된 해는 1294년.

시가행진, 꽃마차 행렬, 팡파르, 꽃싸움이 카니발의 중심지인 마세나 광장Place Masséna까지 이어지며 도시 전체를 달군다. 20여 대의 꽃마차, 주요 신문들의 삽화가들이 고안한 3백 개의 '대형 두상grosses têtes'이 전 세계에서 찾아온 음악 그룹과 함께 행진한다. 카니발의 왕은 해변의 프로므나드 데 장글레Promenade des Anglais에서 모습을 드러내며, 축제가 끝나는 마지막 날 저녁에 의식을 치른 후 불태워진다. 카니발에 참가하는 꽃마차들은 매년 달라지는 주제에 따라 제작된다. 예를 들어 2020년의 주제는 '패션의 왕Roi de la mode', 2023년의 주제는 '세상 보물들의 왕Roi des Trésors du monde', 2024년 주제는 '팝 컬처의 왕Roi de la Pop Culture', 2025년의 주제는 '대양大洋들의 왕'이다.

니스 재즈 페스티벌 Nice Jazz Festival _ 7월 24〜27일(2025)

ⓒ이상빈

알프마리팀Alpes-Maritimes 지방 소재 니스에서 열리는 재즈 축제로 세계에서 가장 먼저 생긴 재즈 축제이기도 하다. 고색창연한 로마 유적을 배경으로 세계적인 재즈 뮤지션들과 타 장르 가수들이 환상적인 공연을 펼친다. 1948년에 자크 에베Jacques Hebey가 처음 만들었지만, 1949년부터 1970년까지 열리지 않다가 다시 생겨났다. 처음의 명칭은 '재즈 축제Festival du jazz'였다가 'Nice Jazz Festival'로 개명되었다. '국제적인 중요성을 획득한 최초의 재즈 페스티벌 le premier festival de jazz à avoir acquis une importance internationale'로 인정받고 있다. 재즈, 블루스, 월드뮤직, 팝, 레게, 샹송 등 다양한 음악이 무대에 오른다. 1천 석의 좌석과 6천 석의 입석을 수용한다.

1948년 2월 22일부터 28일까지 열린 첫 행사 때에는 루이 암스트롱Louis Armstrong과 그의 그룹 The All Stars, 장고 라인하르트Django Reinhardt, 스테판 그라펠리Stéphane Grappelli, 이브 몽탕Yves Montand이 찾았다. 우리에게 익숙한 샹송 '세시봉C'est si bon'이 처음 불려진 때도 바로 이 첫 행사 때였다. 1974년에는 미국 제작자가 축제 개최를 떠맡으며 이름이 Grande Parade du Jazz로 개명되었고, 1980년에는 후원사의 이름을 따 JVC Grande Parade du Jazz로, 1992년에는 다시 JVC Nice Jazz Festival로 개명되었다. 현재의 이름이 정착된 때는 1994년이다.

1974년부터 축제는 매년 19시부터 0시 30분까지 열리며, 축제 기간은 초창기에 8일간 열리다가 2011년부터 5일 이하로 줄어들었다. 1994년부터는 재즈의 비중이 점점 줄어들고, 다른 음악 장르에 더 많은 기회를 부여하고 있다. 2017년에 참가한 뮤지션은 IAM, M, 차이니즈 맨Chinese Man, 허비 행콕Herbie Hancock, 토니 앨런Tony Allen 등. 매년 4만 명 이상이 축제를 찾는 중이며, 티켓 가격은 32유로부터 시작한다.

크리스마스 해수욕 Bain de Noël _12월 22일(제78회, 2024)

@Ville de Nice

제2차 세계대전으로부터 해방된 해인 1945년부터 시작해 니스의 전통으로 자리 잡은 행사. 프로므나드 데 장글레Promenade des Anglais에서 열린다. 선물을 실은 산타클로스의 카라반이 앞으로 나감과 동시에 기다리고 있던 사람들이 수온 15-16도 사이의 바다로 뛰어드는 행사다. 같은 형태의 다음 행사는 1월 1일.

니오르 Niort [Nouvelle-Aquitaine]

니오르 만화축제 Festival à 2 Bulles _6월 13~14일(제17회, 2025)

되세브르 Deux-Sèvres 데파르트망의 주도인 니오르에서 매년 열리는 만화제. 2024년에는 데파르트망 이름을 풍자해 'Deux-Chèvres 두 마리의 염소'를 주제로 프로그램을 구성했고, HG 클루조 광장 Square HG Clouzot 에서 삽화가 메조 Mezzo 전시회가 5월 21일부터 열렸다. 물랭 뒤 록 Moulin du Roc 잔디밭, 피에르-무아노 미디어테크 Médiathèque Pierre-Moinot, 매직 플롱플롱 Magic Flonflon 에서 이 축제를 만나볼 수 있다.

니옹 Nyons [Auvergne-Rhône-Alpes]

알리코크 축제 Fête de l'Alicoque (Fête de l'Huîle Nouvelle) _2월 3~4일(제39회, 2024)

@arts-spectacles.com

올리브 수확이 끝날 무렵인 2월 첫 번째 주말에 니옹은 새로운 기름과 올리브나무를 경축한다. 올리브나무는 생명의 나무이자 평화를 상징한다. 이 고장 사람들은 아케이드 아래 모여 처음 짜낸 올리브 과즙을 맛본다. 중세 전통에 따르면 새로운 기름은 생뱅상 성당 Église Saint-Vincent 에서 치르는 장엄미사 도중에 올리브나무 기사조합Confrérie des Chevaliers de l'Olivier이 증정하는 대상이었다. 피리와 북이 축제 분위기를 돋우는 데 사용되는 알리코크 축제Fête de l'Alicoque는 프로방스 지방의 춤과 노래로 시작되며, 그런 다음 장이 열리고 시식 행사가 이어진다. 축제는 성대한 아이올리aïoli, 잘게 다진 마늘에 올리브 기름을 부어서 만든 남프랑스 마요네즈 시식으로 끝이 나는데 예약은 필수다. 거대한 식탁이 만들어지는데, 식탁 위에는 뜨거운 크루통croûtons 접시들이 놓이며 축제 참가자들은 마늘과 함께 그것들을 새 기름에 적셔서 먹는다. 토요일에는 니옹 축제위원회가, 일요일에는 올리브나무 기사조합이 준비한 2번의 식사가 마련된다.

니옹 올리브 피케 축제Fête de l'olive piquée à Nyons _12월 21일(제24회, 2024)

@Ventoux Magazine

드롬 프로방살Drôme provençale 지역에 소재한 니옹은 고장의 자랑거리이자 검은 진주인 올리브를 경축하는 축제를 열고 있다. 올리브와 올리브 제품 시장, 시식 행사, 요리 시범, 타프나드tapenade, 양각초의 꽃봉오리, 검은 올리브, 으깬 멸치 따위로 만드는 프로방스의 샐러드용 소스 만들기 강좌, '니옹산 흑올리브가 들어간 짭짤한 케이크' 콩쿠르 등의 행사가 열리며, 올리브를 주제로 한 콘퍼런스로 축제를 마무리한다. 모든 행사는 무료다. '소금에 절인 올리브 피케olives piquées au sel'는 크리스마스 직전에 올리브를 수확할 때 니옹 지역에서 맛볼 수 있는 신선한 흑올리브다. 소금에 절여 준비한 올리브를 먹으려면 6개월을 기다려야 하지만, 올리브 피케는 수확한 후 8일에서 12일 사이에 먹을 수 있다. 따라서 연말 행사에 쓰기에 아주 좋다.

님 Nîmes [Occitanie]

전기문학 축제 Festival de la Biographie _1월 24~26일(제23회, 2025)

@https://www.nimes.fr

전기문학을 다루는 프랑스의 주요 행사. 프랑스 전역에서 찾아온 100여 명의 작가들이 크고 작은 출판사들을 대표한다. 3만 명 이상이 축제를 찾고 있다. 사인회, 토론회, 전시회, 콘서트가 프로그램을 채우고 있다. 이 축제는 님 서점협회 Association des libraires nimois 와의 공조하에 진행한다. 님 소재 카레 다르 Carré d'Art 에서 축제를 만나볼 수 있다. 입장은 무료. 2025년의 주제는 '모험가들의 추억 Souvenirs d'aventuriers '이다.

로마제국 데이 Les Journées Romaines _4월 25~27일(2025)

@https://www.nimes.fr

님 시가 로마시대 건축물들의 관리를 새로 맡은 EDEIS와 공동 개최하는 행사로, 역사 재현에 관한 한 유럽 최대 규모의 행사다. '로마제국 그랜드게임 Grands Jeux Romains '을 이어받은 행사다. 행렬은 에스플라나드 Esplanade 에서 퐁텐 정원 Jardins de la Fontaine , 메종 카레 Maison Carrée 에서 로마역사박물관 Musée de la Romanité 까지 이어지는 여러 거리와 에쿠송 Écusson 의 몇몇 장소들을 거친다. 최종 목적지는 님 아레나 Arènes de Nîmes .

다양한 무료 행사들이 제공되는데 콘퍼런스, 무용,

@Nimes-Gard.fr

공연, 연극, 시장, 도슨트 투어, 시가행진, 아틀리에, 군사 의식, 주점 등이 그런 행사들이다. 2022년 5월 6일부터 8일까지 아레나에서는 '하드리아누스, 픽트족 전쟁 Hadrien, la guerre des Pictes'이라는 제목의 공연이 세 차례 열렸다. 1900년 전인 서기 122년에 하드리아누스 황제가 님 시에 들렀던 것을 기념하여 로마제국 병사들이 영국 섬들 북부에서 치른 전투를 재현한다. 총 520명이 로마 병사 및 픽트족 전사의 모습을 분장하며, 말들과 전차도 동원된다. 인상적이고도 독창적인 장식을 통해 관객들은 로마에서 브르타뉴까지 하드리아누스 황제를 따라가면서 검투사들의 결투, 말들의 경주를 차례로 만나는 내용이다. 2024년 5월 3일부터 5일까지 열린 역사 공연의 주제는 '게르마니쿠스와 야만족의 분노 Germanicus et la colère barbare'로, 아르미니우스 Arminius가 이끄는 게르만 민족이 로마제국 부대 및 그들과 동행하던 이들을 살육한 내용을 다루고 있다. 25,000명 정도가 숨진, 칼리굴라 Caligula의 통치가 끝나기 직전에 벌어진 비극이었다. 2025년에는 로마 시의 탄생을 주제로 다뤘다.

▌**로마제국 그랜드게임** Grands Jeux Romains

님 시가 님의 유적들을 관리하는 회사인 퀼튀레스파스(Culturespaces)와 함께 만든 행사. 두 개의 투우 경기 페리아(férias) 사이 기간에 님 원형경기장(Arènes de Nîmes)에서 열리는 대중적이고도 시각효과를 극대화한 행사. 행사는 가족들을 위한 무료 행사, 산책, 상인들의 부스도 겸비하고 있는데, 아우구스타 네모수스(Augusta Nemausus)의 식민지에 활기를 불어넣고, 님 시를 고

대 로마의 세계 수도로 만들었다.

  2016년에는 클레오파트라, 2018년의 주제는 스파르타쿠스. 프랑스 전역, 그리고 독일과 이탈리아에서 찾아온 연기자들은 전차 경주, 검투사들의 격투, 로마제국 병사들과 영국 북쪽의 켈트족 반란군 사이의 거대한 전투 등을 통해 2천 년 전 네모수스(Nemausus, 님 시의 옛 이름) 시민들의 놀이 일상을 다시 체험하게 해주었다. 2017년에는 서기 60년에 로마부대에 도전했던 켈트족의 여왕 부디카(Boudica)를 주인공으로 내세웠다.

상인들 역시 축제 분위기로 도시 전체를 꾸몄다. 신들의 영지(Domaine des Dieux), 검투사 마을(Village des gladiateurs), 갈리아족 마을(Village Gaulois), 타협하지 않는 자들의 마을(Villages des Irréductibles) 등 테마별 마을들이 들어서며, 중앙시장(Halles)은 로마제국 시장(Marché romain)으로 탈바꿈한다. 분수대가 있는 정원에서는 무료 공연과 시범, 아틀리에가 열린다.

고대 축제의 역사적 재현은 '로마제국 치하의 프랑스(Rome Française)'라고 이름 붙은 도심에서 열렸다. 유적들은 하드리아누스 황제(Empereur Hadrien) 치하를 비롯한 여러 시기에 만들어진 건축물들인데, 님 아레나(Arènes de Nîmes), 카스텔눔 디비조리움(Castellum Divisorium), 다이애나 신전(Temple de Diane), 아우구스티누스 문(Porte Auguste), 메종 카레(Maison Carrée), 마뉴 탑(Tour Magne) 등이 모두 그에 해당한다.

'로마제국 그랜드게임'에서는 유럽 전역에서 몰려온 자원봉사자, 연기자들이 의상을 제작하고, 당시 구사하던 기술과 유사한 방식에 따라 로마제국 당시의 물품들을 만들었다. 2018년의 주제는 '스파르타쿠스(Spartacus)'. 2020년에 이어 2021년 10월 8일부터 10일까지 '카이사르,

로마의 정복(César, la conquête de Rome)'이란 주제로 열릴 예정이던 행사는 코로나19로 인해 취소되었다.

성신강림축일 페리아 Feria de la Pentecôte _6월 5~9일(제73회, 2025)

@https://actu.fr

성신강림축일 Pentecôte 전 목요일에 열려 성신강림축일 후 월요일에 끝나는 투우 축제다. 날짜는 매년 다른데, 부활절 일요일이 지난 지 7주49일 후에 열린다. 거대한 카니발 퍼레이드가 축제의 시작을 알리며, 원형경기장에서의 불꽃놀이가 대미를 장식한다. 찾는 관광객 숫자만 1백만 명. 전 세계 최고의 투우사들이 고대로마 경기장에서 벌어지는 투우 경기 corridas 에서 자신들의 기술을 선보이는데, 야외에서는 콘서트가 열리고 밤새 춤을 추는 향연이 벌어진다.

님 페리아는 가르 Gard 지방 소재 님 Nimes 에서 공식적으로는 1952년부터 매년 5일간 열리는 투우 중심의 민중 축제이다. 비공식적으로 그리고 불법적으로는 19세기 말부터 열렸는데, 그 유명한 1894년의 '항의의 투우corrida de la contestation' 이후부터다.

보다 공개적으로는 목동 베르나르 드 몽토-망스Bernard de Montaut-Manse가 님에서 투우가 열리는 것을 방해한 SPA의 활동을 법정에서 각하하는 데 성공한 후부터.아래 '역사' 참조

팔라Palha 목축 사건 이후 프랑스 투우개최도시연합Union des villes taurines françaises이 투우를 개최하는 도시군##에서 님을 배제하기로 결정했는데, 그에 항의한 님은 2006년 투우를 개최하기로 독자적으로 결심했다. 1급 아레나를 보유한 프랑스 투우 개최도시들도 님의 사례를 따랐다.

역사

■ 투우가 열리기 전의 아레나
17세기에 로마제국의 원형경기장(arènes)은 페스트가 창궐할 당시 가난한 사람들을 위한 대피소이자 일종의 게토 역할을 담당했다. 질병이 퍼져나가지 못하도록 출구는 봉쇄되었다. 그들은 18세기에야 아레나를 떠나 시골에서 살 수 있었다. 건축물의 상태가 너무나 낡아 19세기 초인 1809년 거대한 공사 후에 옛 위상을 되찾을 수 있었다. 1813년부터 투우가 등장한다.

■ 스페인식 투우를 지지하는 투쟁
아레나에서 카마르그 지방의 소들을 동원해 여러 종류의 투우 경기를 열던 시대가 지나간 후, 1853년 5월 10일 농업경진대회가 열리던 날 스페인식의 투우사(toreros)가 등장하는 첫 투우 경기가 열렸다. 아레나는 만석이었다. 'El Tato'라는 별명을 가진 안토니오 산체스(Antonio Sánchez)와 'Regatero'라는 별명의 앙헬 로페스(Angel Lopez)가 쿨롱(Coulomb) 형제들이 키우던 카마르그 지방의 소들과 경기를 가진다. 그 후 축제를 위해 매년 스페인식 투우 경기가 열리게 된다. 님 주민들은 투우 경기를 열 공식 허가를 받기까지 기다리지 않았다. 투우사들에게 벌금을 매기고, 칼이 압수되었으며, 때로는 국경 밖으로 추방당하는 금지 명령이 떨어진 뒤에도 투우 경기 개최가 계속되었다. 투우 경기 방식은 완전한 스페인식이 아니었다.

1894년에 피에르 발덱-루소(Pierre Waldeck-Rousseau) 내무부장관은 투우 경기를 금지하는 회람을 발송하는데, 이것이 님 사람들의 분노를 불러일으킨다. 금지에도 불구하고 님을 필두로 한 가르(Gard) 지방에서는 수많은 투우 경기가 열리며, 그라몽 법(loi Grammont)에 저촉되는 일이 비일비재했다.

최초의 합법적인 투우 행사

1951년 툴루즈(Toulouse)에서 제36차 프랑스투우회사협회(Fédération des sociétés taurines de France) 정기총회가 열렸을 때, 사무총장은 '라모노리-소르베(Ramonory-Sorbet)' 법이 막 통과되었다고 알린다. 1951년 4월 24일 제정된 이 법은 1850년의 그라몽 법을 보완하는 내용을 담고 있었는데, '지역 전통을 원용(援用)하고 있을 경우' 투우 경기를 공식적으로 허가하고 있었다. 그리고 님은 제37차 정기총회 개최도시로 선정된다.

당시 투우와 관련된 다섯 단체, 즉 '님 투우 서클(Cercle taurin nîmois)', 생 세제르(Saint Césaire)가 이끄는 '루 페리(Lou Ferri) 투우클럽', '님 투우연합(Union taurine nîmoise)', '님 아피시옹 슈미노트(Afición cheminote nîmoise)' 및 '토로스의 친구들(Les Amis de Toros)'은 장 로레(Jean Lauret) 박사가 주재하는 조직위원회에 가담하고 있었다. 1952년 3월 5일 정치계, 산업계, 언론계, 주민대표 등 지역의 모든 주체가 참가한 회합이 열리며, 이들은 정기총회와 축제가 열릴 경우 전폭적으로 지원하겠다고 약속했다. 상공회의소 의장이던 피에르 가멜(Pierre Gamel)은 축제에 '페리아(Feria)'란 호칭을 부여했다. 정기총회와는 별도로, 토요일에 자유 경주, 성신강림주일 일요일과 월요일에 두 차례 투우 경기를 여는 프로그램도 마련된다.

님 최초의 공식적인 '페리아'는 1952년 5월 30일부터 6월 2일까지 열렸는데, 1955년부터는 시가 이 축제를 주관한다. 2012년 5월 '님 페리아'는 60주년을 기념하면서 많은 부대행사를 열기도 했다.

성신강림축일의 투우행사

행사는 성신강림축일 이전의 수요일부터 성신강림축일 월요일까지 5일 혹은 6일 동안 수천 명의 방문자를 받아들였다. 미디어들은 매년 성신강림축일 페리아와 포도 수확축제 페리아를 찾는 관광객 숫자가 1백만 명을 넘어섰다고 추산했다. 2014년에는 성신강림축일 페리아만도 1백만 명을 끌어들였다고 전해진다. 도시 전체가 님 원형경기장에서 열리는 투우 경기를 포함한 이 대중적인 축제에 관련을 맺기 시작하자, 님 페리아는 지역 전통을 존중하면서 엔시에로(encierros, 도시의 한 거리를 지정한 후 황소들이 거리를 가로질러 아레나까지 질주하게 하는 이벤트), 아브리바도(abrivado) 등과 함께 대중적인 축제로 발전하게 된다.

개막날인 수요일은 주로 '어린이들의 페리아(Feria des enfants)'로 채워졌는데, 다양한 스포츠 활동, 야외에서의 아틀리에 등을 포함하고 있었다. 본 축제는 목요일에 페굴라드(Pégoulade, 꽃마차들을 수반한 개막 시가행진)와 더불어 열리는데, 페냐스(peñas), 팡파르, 꽃마차, 기사들의 거대한 시가행진이 내용이었다. 대로를 따라 도시 한 바퀴를 도는 일종의 카니발이다. 투우 경기 애호가 혹은 단순한 축제 참가자들은 저녁이 되면 여러 '보데가(bodegas)'(페리아 기간에 임시로 설치하는 레스토랑과 주점)에서 밤새 축제를 벌이기 위해 서로 만났고, 사람들은 춤을 추고 음식을 먹었다. '보데가'에 들어가려는 사람들은 오래 줄을 서야 했다. 집에 딸린 공간이나 정원을 소유한 모든 사람은 행정적인 조건을 충족시키고 허가를 얻을 경우 보데가를 열 수 있었다.

▍포도 수확축제(Feria des Vendanges)

1978년부터 9월 셋째 주 금, 토, 일요일에 '포도 수확축제'가 열린다. 성신강림축일의 축제보다 더 가족적이고 진정성이 있다고 많은 사람이 이야기한다. 아피시오나도(aficionados, 투우 경기 애호가)와 투우를 잘 아는 사람들이 찾는 행사로 평판이 자자하다. 유명한 사람이 적은 대신 지역 사람들이 많았으나, 상황이 급변해 2012년의 마지막 포도 수확축제 투우 경기에는 관광객들이 몰리면서 이 같은 명성은 퇴색되고 말았다.

▍페리아의 구성
- 페굴라드, 반다, 불꽃놀이 공연이 성신강림축일 이전의 수요일이나 목요일에 열린다. 2024년의 페굴라드 주제는 '라 카마르그(La Camargue)'로, 페굴라드 행렬은 20시 30분에 아미랄쿠르베 대로(Boulevard Amiral-Courbet)를 출발해 강베타 대로(Boulevard Gambetta), 알퐁스도데 대로(Boulevard Alphonse-Daudet), 빅토르위고 대로(Boulevard Victor-Hugo)를 차례로 거친 후 로마제국 박물관(Musée de la Romanité)에 도착한다.
- 코리다(corridas) 혹은 노빌라다(novilladas)는 하루 두 차례, 11시와 17시 혹은 18시에 열린다.
- 토요일에는 자유 시합, 성신강림주일 일요일과 월요일에는 두 차례의 투우 경기가 열린다.
- 새벽 5-6시까지 레스토랑, 바, 지정된 호텔, 혹은 야외에서 춤을 출 수 있는 장소에서의 보데가
- 메종 카레(Maison Carrée) 광장, 아레나 앞뜰, 장-조레스 거리, 라퐁텐 정원에서의 콘서트 : 도시의 여러 거리에서 엔시에로와 아브리바도 행사가 열린다.
- 2024년에는 전국 파에야(paëlla) 콩쿠르도 개최되었다.

님 페스티벌 Festival de Nîmes _6월 22일~7월 24일(제28회, 2025)

가르 Gard 지방에 소재한 역사유적인 님 아레나 Arènes de Nîmes에서 열리는 축제. 최근 유명 음악인들이 축제를 찾으면서 님 페스티벌은 주요 페스티벌 중 하나로 대두하고 있다. 그동안 이 축제의 이름을 알린 프랑스 국내외 뮤지션들은 피제이 하비 PJ Harvey, 플라시보 Placebo, 누아르 데지르 Noir Désir, 벤 하퍼 Ben Harper, 데이비드 보위 David Bowie, 더 큐어 The Cure, 꼼빠이 세군도 Compay Segundo, 디페쉬 모드 Depeche Mode, 람슈타인 Rammstein, 메탈리카 Metallica 등 아주 화려하다. 장소와 프로그램에 끌린 수

많은 사람이 이 축제를 찾는다. 2017년에는 람슈타인, 레 비에이유 카나이유Les Vieilles Canailles, 르노 Renaud, 미셸 사르두Michel Sardou가, 2019년에는 엘튼 존Elton John, 소프라노Soprano, 마크 노플러Mark Knopfler, 슬립낫Slipknot, 지지탑ZZ Top, 티어스 포 피어스Tears fo Fears, 파트릭 브뤼엘Patrick Bruel, 트웬티 원 파일럿츠Twenty One Pilots 등 굴지의 뮤지션들이 참가했다.

코로나19로 인해 2020년에 행사가 취소되었지만 2022년 축제에는 고릴라즈Gorillaz, 딥 퍼플Deep Purple, 쥘리앙 도레Julien Doré, 스팅Sting, 키스Kiss, 미카Mika, 벤 하퍼, 스트로마이Stromae 등이 출연하는 20개의 공연이 성황리에 열렸다. 2025년에도 프랑스 팝계의 전설 미셸 폴나레프Michel Polnareff가 공연을 가졌다.

아르헨티나 탱고 축제Festival du Tango Argentin _8월 9~14일(제27회, 2024)

@https://my.weezevent.com/

님에서 열리는 아르헨티나의 탱고 축제. 세계적인 명성을 얻고 있는 이 분야의 아티스트들이 님을 찾아와 무료 공연과 별빛 아래서의 시적인 감동을 선사한다. 님에 소재한 역사유적들과 멋진 공간들을 최대한 활용하고 있다.

닥스 Dax [Nouvelle-Aquitaine]

닥스 페리아 Feria de Dax _8월 13~17일(2025)

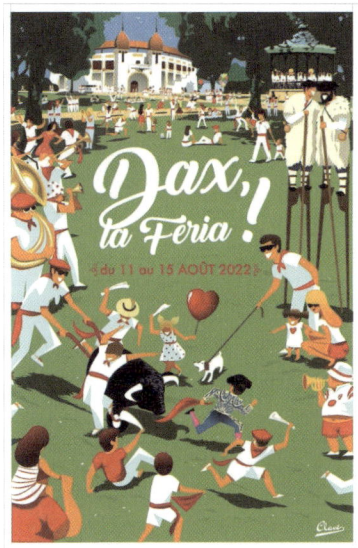

이 수호성인 축제는 매년 8월 15일을 전후해 랑드Landes 지방 닥스에서 열리는데, 5일에 걸쳐 콘서트, 반다bandas, 민속공연 퍼레이드, 투우 경기들corridas et novilladas을 개최한다. 80만 명 정도가 운집하는데, 바이욘 축제와 마찬가지로 종종 붉은색 머플러와 흰색 의상, 붉은 허리띠를 착용한다. 의상은 스페인의 북부 나바라주의 팜플로나Pamplona에서 개최되는 산 페르민 축제Fiesta de San Fermin에서 영감을 얻었는데, 이 색깔들은 바스크 지방기에 들어가는 색이기도 하다.

스페인과 랑드 지방의 투우 경기를 대중적 열기와 뒤섞는 이 축제는 온천도시 닥스의 풍경을 다양한 음악, 민속, 스포츠 행사가 벌어지는 무대로 탈바꿈시키며, 거리는 본토박이와 관광객들 인파로 넘쳐난다. 가장 많은 사람이 붐비는 때는 주말 저녁이다. 평균적으로 매년 50만 명에서 80만 명이 축제를 찾고 있다. 8월 12일부터 16일까지 열리기로 예정되어 있던 2020년 축제는 코로나19로 인해 취소되었다.

토로스 이 살사 Toros y Salsa _9월 12~14일(제30회, 2025)

당대 최고의 살세로salseros, 살사 무용수 혹은 살사 음악 연주자를 아레나 파크Parc des Arènes에서 무료 콘서트로 만나볼 수 있는 축제다. 투우 경기corridas, 수많은 무료 콘서트, 살사 강좌 등이 프로그램을 채우고 있다. 또 프로그램에는 살사의 남미 쪽 변용인 맘보mambo, 재즈jazz, 라틴latin 이벤트 등도 다수 들

@https://www.tourismelandes.com

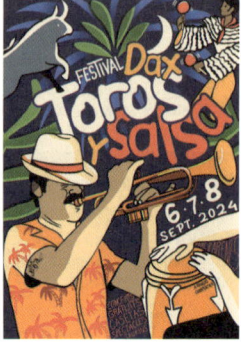
@https://www.dax-tourisme.com

어있다. 공연을 보고 살사 리듬에 맞춰 춤을 추기 위해 5만 명 내외가 이 축제를 찾는다. 'Toros y salsa'는 닥스 페리아Feria de Dax에 뒤이어 열린다.

담피에르쉬르부톤 Dampierre-sur-Boutonne [Nouvelle-Aquitaine]

마법의 예술 축제 Festival des Arts Enchantés _7월 28~29일(제1회, 2018)

서부 프랑스 샤랑트마리팀Charente-Maritime 데파르트망 담피에르쉬르부톤 성Château de Dampierre-sur-Boutonne의 영지에서 열리는 축제. 천장에 연금술과 관련된 돌로 만든 주술서가 그려져 있는 회랑을 자랑하는 이 성은 프랑수아 1세, 카트린 드 메디치, 루

@La Nouvelle Republique

이 13세 등의 인물들이 방문한 바 있다. 축제는 가족 혹은 친구들과 함께하는 활동과 아틀리에를 통해 문화유산 및 자연환경 보호, 웰빙이 통합적으로 구현되는 행사로 콘셉트를 잡았다. 미술과 음악 외에도 현대예술과 사진이 포함된다. 자연으로 만든 미로 속에서 길을 잃을 수도 있고, 숲속에서 열리는 예기치 않은 콘서트에 참여할 수도 있으며, 요가를 하고, 낮에는 디스코 음악, 밤에는 탱고 음악에 맞춰 춤을 출

수도 있다. 아무것도 하지 않으면서 DJ가 들려주는 음악을 들으며 한잔을 걸치는 것도 가능하다. 번잡스러운 일상에서 벗어나 가족이나 친구들과 휴식을 취하는 예외적인 기회이기도 하다.

도를리사임 Dorlisheim [Grand-Est]

미라벨 축제 Fête de la Mirabelle et Corso fleuri _8월 25일(제27회, 2024)

@dna.fr

바랭Bas-Rhin 데파르트망의 도를리사임 마을 거리에서 열리는 대중적인 축제로 알자스와 로렌을 상징하는 식물인 미라벨을 경축하는 이벤트다. 메스Metz에서 열리는 유명한 미라벨 축제Fete de la Mirabelle를 본떠, 도를리사임 코뮌은 이 과일을 일련의 메스티messti, 알자스 지방 마을의 연례 축제와 야외 행사용으로 사용한다. 메스티 관람 외에도 방문객은 미라벨을 재료로 한 디저트 등의 음식과 도를리사임에서 생산하는 고급 와인을 맛볼 수 있다. 축제는 일요일 하루만 열린다. 지역 연주단체의 콘서트, 거리 공연, 톰볼라 게임, 수공예시장 등도 프로그램을 채운다. 하루의 절정은 꽃마차 행렬Corso Fleuri로 매년 바뀌는 주제에 따라 장식한 꽃마차들이 퍼레이드를 벌인다. 첫 퍼레이드는 15시경, 두 번째이자 야간 퍼레이드는 21시 30분경에 출발한다.

도빌 Deauville [Normandie]

노르망디에서의 1월 1일 해수욕 Bains normands du 1er janvier _1월 1일(매년)

@Seine-Maritime Tourisme

칼바도스Calvados 지방 도빌에서 열리는 연례 행사. 그 유명한 '레 플랑슈Les Planches'와 가까운 수상센터 앞에 집결한 후 노르망디를 상징하는 색깔삼색 : 녹색은 숲과 시골의 색, 파란색은 강과 바다의 색이고, 회색은 마을, 교회, 돌담의 색이다의 캡을 쓰고서 한 해의 첫날 바다에 뛰어든다. 매년 해변의 구경꾼들 앞에서 수십 명이 물에 들어간다.

아시아영화제 Festival du film asiatique _3월 5~9일(제16회, 2014)

도빌 아시아영화제는 1999년부터 매년 도빌국제센터Centre international de Deauville에서 열린다. 아시아 영화의 풍요로움과 다양성을 발견하는 데 목적을 두고 있다. 2015년에 '폐지supprimé'되었으나, 재정 부

문을 보강하면서 재편 중이다. 도빌 시가 지원하는 이 축제는 다른 파트너를 물색 중이며, '더 나은 콘셉트'를 찾아 애쓰고 있다.

수상작

2000년
황금연꽃상(Lotus d'Or)(심사위원상) : 〈인정사정 볼 것 없다(Sur la trace du serpent)〉, 이명세 감독(한국)
관객연꽃상(Lotus du Public)(관객상) : 〈迷失森林(The Mistress)〉, 곽금은(Crystal Kwok) 감독(홍콩)
최우수촬영연꽃상 : 정광석과 송행기, 〈인정사정 볼 것 없다〉(한국)
여우주연연꽃상 : 도홍(Hong Tao), 〈The Black Eyes of Chen Xuoxing〉(중국)
남우주연연꽃상 : 박중훈, 〈인정사정 볼 것 없다〉(한국)
최우수감독연꽃상 : 이명세, 〈인정사정 볼 것 없다〉(한국)

2001년
황금연꽃상 : 〈공동경비구역 JSA〉, 박찬욱 감독(한국)
관객연꽃상 : 〈공동경비구역 JSA〉, 박찬욱 감독(한국)
최우수촬영연꽃상 : 츠타이 타카히로(Takashiro Tsutai), 츠지 진세이(Jinsei Tsuji) 감독의 〈부처(Hotoke)〉(일본)
여우주연연꽃상 : 위난(Yu Nan), 왕궈난(Quanan Wang) 감독의 〈월식(Yue shi)〉(중국)
남우주연연꽃상 : 송강호, 〈공동경비구역 JSA〉(한국)
최우수감독연꽃상 : 타니트 지트나쿤(Tanit Jitnukul) 감독, 〈방라잔(Bang Rajan)〉(태국), 진이문(Yiwen Chen)과 장화곤(Huakun Zhang) 감독, 〈택시 운전수의 사랑(Yun zhuai shou zhi lian/運轉手之戀)〉(대만)

2002년
황금연꽃상 : 〈파이란〉, 송해성 감독(한국)
관객연꽃상 : 〈파이란〉, 송해성 감독(한국)
최우수촬영연꽃상 : 〈유원경몽(Youyuan jingmeng/Peony Pavilion)〉, 양범(Yonfan) 감독(홍콩)
여우주연연꽃상 : 디안 사스트로와르도요(Dian Sastrowardoyo), 〈모래의 속삭임(Pasir berbisik/Whispering sands)〉(인도네시아)
남우주연연꽃상 : 최민식, 〈파이란〉
최우수감독연꽃상 : 송해성, 〈파이란〉
최우수시나리오연꽃상 : 〈게임의 규칙(Wa dong ren/The Rules of the game)〉, 호 핑(Ping Ho) 감독(대만)
디지털연꽃상 : 〈깁스(Gipusu/Gips)〉, 시오타 아키히코(Akihiko Shiota) 감독(일본), 〈동경 쓰레기 여자(Tokyo gomi onna/Tokyo trash baby)〉, 히로키 류이치(Ryuichi Hiroki) 감독(일본)

2003년
황금연꽃상 : 〈맹정(Blind Shaft)〉, 리양(Li Yang) 감독(독일, 중국, 홍콩)
관객연꽃상 : 〈맹정〉, 리양 감독
여우주연연꽃상 : 레이첼 사이디나(Rachel Sayidina)와 야양 C. 누르(Jajang C. Noer), 〈엘리아나, 엘리아나(Eliana, Eliana)〉(인도네시아)

남우주연연꽃상 : 왕바오창(Wang Baoqiang), 〈맹정〉
최우수감독연꽃상 : 리양 감독, 〈맹정〉
디지털연꽃상 : 〈Koboreru tsuki/こぼれる月〉, 사카마키 료타(Ryota Sakamaki) 감독(일본)
언론이 수여하는 에어프랑스(Air France) 연꽃상 : 〈맹정〉, 리양 감독

2004년
황금연꽃상 : 〈바람난 가족(Une femme Coréenne)〉, 임상수 감독(한국)
관객연꽃상 : 〈나그네와 마술사(Voyageurs et Magiciens)〉, 키엔체 노르부(Khyentse Norbu) 감독(호주/부탄)
악시옹아시아 연꽃상(Lotus Action Asia) : 〈옹박-무에타이의 후예(Ong-bak)〉, 프라차야 핀카엡(Prachya Pinkaew) 감독(태국)

2005년
황금연꽃상 : 〈하와이의 꿈(Holiday Dreaming)〉, 서보군(Fuchun Hsu) 감독(대만)
심사위원연꽃상 : 〈여자, 정혜(This Charming Girl)〉, 이윤기 감독(한국)
최우수시나리오연꽃상[뤼시앙 바리에르(Lucien Barriere) 그룹상] : 〈세계(The World)〉, 지아장커(Jia Zhangke) 감독(중국)
악시옹아시아 연꽃상(Lotus Action Asia) : 〈아라한 장풍 대작전(Arahan)〉, 류승완 감독(한국)
에어프랑스 연꽃상(국제비평가상) : 〈하와이의 꿈〉, 서보군 감독(대만)
프르메이르 연꽃상(Lotus Premiere)(영화잡지 〈프르미에르〉가 주는 상) : 〈영화소년 샤오핑(梦影童年/Electric Shadows)〉, 소강(Xiao Jiang) 감독(중국)

2006년
황금연꽃상 : 〈둑 길(Dam Street)〉, 리 위(Li Yu) 감독(중국)
심사위원연꽃상 : 〈피터팬의 공식(The Peter Pan Formula)〉, 조창호 감독(한국)
최우수시나리오연꽃상 : 〈택시 운전사의 사랑(Midnight my love)〉, 콩데이 자투라나사미(Kongdej Jaturanrasamee) 감독(태국)
국제비평가연꽃상 : 〈시티즌 독(Citizen Dog)〉, 위시트 사사나티엥(Wisit Sasanatieng) 감독(태국)
악시옹아시아 연꽃상(Lotus Action Asia) : 〈달콤한 인생(A Bittersweet Life)〉, 김지운 감독(한국)

2007년
황금연꽃상 : 〈징후와 세기(Syndromes and a Century)〉, 아피찻퐁 위라세타쿤(Apichatpong Weerasethakul) 감독(태국)
심사위원연꽃상 : 〈왕의 남자(King and the Clown)〉, 이준익 감독(한국)
에어프랑스 연꽃상(국제비평가상) : 〈아주 특별한 손님(Ad Lib Night)〉, 이윤기 감독(한국)
악시옹아시아 연꽃상 : 〈구교구(狗咬狗/Dog Bite Dog)〉, 정보서(鄭保瑞, Soi Cheang) 감독(홍콩)
2008년

황금연꽃상 : 〈검은 땅의 소녀와(With a Girl of Black Soil)〉, 전수일 감독(한국)
에어프랑스 연꽃상(국제비평가상) : 〈검은 땅의 소녀와〉, 전수일 감독(한국)
심사위원연꽃상(공동 수상) : 〈주머니 속의 꽃(Flower in the Pocket)〉, 셍 탓 리우(Seng Tat Liew) 감독(말레이시아), 〈원더풀 타운(Wonderful Town)〉, 아딧야 아사랏(Aditya Assarat) 감독(태국)
악시옹아시아 연꽃상 : 〈집결호(Heros de guerre)〉, 펑 샤오강(Feng Xiaogang) 감독(중국)

2009년
황금연꽃상 : 〈똥파리(Breathless)〉, 양익준 감독(한국)
심사위원연꽃상(공동 수상) : 〈나를 둘러싼 것들(All Around Us/Gururi no koto)〉, 하시구치 료스케(Ryosuke Hashiguchi) 감독(일본), 〈땅밑의 하늘(The Shaft)〉, 장츠(Zhang Chi) 감독(중국)
에어프랑스 연꽃상(국제비평가상) : 〈똥파리〉, 양익준 감독(한국)
악시옹아시아 연꽃상 : 〈추격자(The Chaser)〉, 나홍진 감독(한국)

2010년
황금연꽃상 : 〈판결(Judge)〉, 유걸(Liu Jie) 감독(중국)
심사위원연꽃상(공동 수상) : 〈타이페이의 하룻밤(Au Revoir Taipei)〉, 아빈 첸(Arvin Chen) 감독(대만), 〈파주(Paju)〉, 박찬옥 감독(한국)
Air France 연꽃상(국제비평가상) : 〈미장원집 딸(My Daughter)〉, 샬롯 림레이쿤(Charlotte Lim Lay Kuen) 감독(말레이시아)
악시옹아시아 연꽃상 : 〈불꽃처럼 나비처럼(The sword with no name)〉, 김용균 감독(한국)

2011년
황금연꽃상 : 〈영원(Eternity)〉, 시바로지 콩사쿤(Sivaroj Kongsakul) 감독(태국)
심사위원연꽃상(공동 수상) : 〈카이탄시 스케치(Sketches of Kaitan City)〉, 쿠마키리 카즈요시(Kazuyoshi Kumakiri) 감독(일본), 〈무산일기(The journals of Musan)〉, 박정범 감독(한국)
에어프랑스 연꽃상(국제비평가상) : 〈차가운 열대어(Cold Fish)〉, 소노 시온(Sono Sion) 감독(일본)
악시옹아시아 연꽃상 : 〈소걸아(True Legend)〉, 원화평(Yuen Woo-ping) 감독(중국)

2012년
황금연꽃상 : 〈소리없는 여행(Querelles(Mourning))〉, 모르테자 파르샤바프(Morteza Farshbaf) 감독(이란)
심사위원연꽃상 : 〈베이비 팩토리(Baby factory)〉, 에두아르도 W. 로이 주니어(Eduardo Roy Jr.) 감독(필리핀)
Air France 연꽃상(국제비평가상) : 소노 시온(Sono Sion) 감독(일본)의 〈두더지(Himizu)〉, 모르테자 파르샤바프 감독(이란)의 〈소리없는 여행〉
악시옹아시아 연꽃상 : 〈무협(武俠/Wu Xia)〉, 진가신(Peter Chan) 감독(중국)

2013년
황금연꽃상 : 〈아이디(I.D.)〉, 카말 K.M.(Kamal K.M.) 감독(인도)
심사위원연꽃상(공동 수상) : 〈포 스테이션(Four Stations)〉, 분송 낙푸(Boonsong Nakphoo) 감독(태국), 〈마이 라띠마(Mai Ratima)〉, 유지태 감독(한국)
에어프랑스 연꽃상(국제비평가상) : 〈타부(Taboor)〉, 바히드 바킬리파(Vahid Vakilifar) 감독(이란)
도빌시 관객상 : 〈유령(Apparition)〉, 빈센트 산도발(Vincent Sandoval) 감독(필리핀)

2014년
황금연꽃상 : 〈나기마(Nagima)〉, 잔나 이사바예바(Zhanna Issabayeva) 감독(카자흐스탄)
심사위원연꽃상(공동 수상) : 〈어글리(Ugly)〉, 아누락 캐샵(Anurag Kashyap) 감독(인도), 〈한공주(A Cappella)〉, 이수진 감독(한국)
에어프랑스 연꽃상(국제비평가상) : 〈한공주〉, 이수진 감독(한국)
도빌시 관객상 : 〈한공주〉, 이수진 감독(한국).

▌통계
경쟁 부문 :
이란에서 일본에 이르기까지 수상한 아시아 나라들은 17개국에 이르며 일본, 한국, 중국이 꾸준히 참석하는 나라들이다. 한국은 15개의 그랑프리 중 6개를 차지하면서 단연 선두를 달렸다. 경쟁 부문은 제2회 행사인 2000년부터 도입되었다.

국가/수상작 숫자/수상 내역
일본/24편/심사위원상 2회, 비평가상 2회
한국/23편/그랑프리 6회, 심사위원상 7회, 비평가상 4회, 관객상 3회
중국/21편/그랑프리 3회, 심사위원상 1회, 관객상 1회
태국/14편/그랑프리 2회, 심사위원상 2회, 비평가상 1회
대만/10편/그랑프리 1회, 심사위원상 1회, 비평가상 1회
인도/9편/그랑프리 1회, 심사위원상 1회, 비평가상 1회
홍콩/9편/관객상 1회
필리핀/5편/심사위원상 1회, 관객상 1회
이란/4편/그랑프리 1회, 비평가상 1회
싱가포르/4편/심사위원상 1회
말레이시아/3편/심사위원상 1회, 비평가상 1회
인도네시아/3편
카자흐스탄/1편/그랑프리 1회
부탄/1편/관객상 1회
키르기스스탄/1편

아프가니스탄/1편
타지키스탄/1편

악시옹 아시아(Action Asia)

'악시옹 아시아' 세션은 2004년부터 2012년까지 열렸다. 경쟁 부문에서와 마찬가지로 한국이 이 분야에서 초강세를 보여주고 있다. 홍콩의 적극적인 참여도 주목할 만하다.

국가/수상작 숫자/악시옹 아시아 그랑프리
한국/16편/4회
홍콩/13편/1회
중국/7편/3회
태국/5편/1회
일본/4편
대만/1편
베트남/1편
인도네시아/1편

오마주

1999년 : 신상옥(한국)
2000년 : 샤바나 아즈미(Shabana Azmi)(인도), 서기(Shu Qi)(대만)
2001년 : 레스트 제임스 페리에스(Lester James Peries)와 수미트라 페리에스(Sumitra Peries)(스리랑카), 송존수(Sung Tsun-shou)(대만)
2002년 : 신상옥(한국), 두기봉(Johnnie To)(홍콩), 구로자와 아키라(Akira Kurosawa)(일본)
2003년 : 아미타브 바흐찬(Amitabh Bachchan)(인도), 중국 시네마테크의 소장자료들
2004년 : 김기덕(한국), 쇼 브라더스(Shaw Brothers)(홍콩)
2005년 : 미이케 다카시(Takashi Miike)(일본), 크리스틴 하킴(Christine Hakim)(인도네시아), 프루트 챈(Fruit Chan)(홍콩)
2006년 : 첸 카이거(Chen Kaige)(중국), 히로키 류이치(Ryuichi Hiroki)(일본)
2007년 : 박찬욱(한국), 제임스 리(James Lee)(말레이시아)
2008년 : 임권택(한국), 야쿠쇼 코지(Koji Yakusho)(일본), 히사이시 조(Joe Hisaishi)(일본), 지아장커(Jia Zhangke)(중국), 강문(Jiang Wen)(중국)
2009년 : 이창동(한국), 이윤기(한국)
2010년 : 브릴란테 멘도자(Brillante Mendoza)(필리핀), 로예(Lou Ye)(중국), 루추안(Lu Chuan)(중국)
2011년 : 홍상수(한국), 김지운(한국)
2012년 : 구로사와 기요시(Kiyoshi Kurosawa)(일본), 펜엑 라타나루앙(Pen-Ek Ratanaruang)(태국)
2013년 : 소노 시온(일본), 왕가위(홍콩)

2014년 : 차이밍량(Tsai Ming–liang)(대만), 말라니 폰세카(Malani Fonseka)(스리랑카), 나카타 히데오(Hideo Nakata)(일본)

▌비용

매회 영화제에 드는 비용은 50만에서 60만 유로 사이다. 도빌국제센터와 퍼블릭 시스템(Public Systeme) 사가 담당하며, 뤼시앙 바리에르 그룹(호텔과 식음료 분야), 에어프랑스(운송), 마쓰다(Mazda)(교통) 사들이 후원하는 금액이 추가된다.

문학과 음악 축제 Festival Livres & Musiques _5월 4〜6일(제21회, 2024)

@https://festivallitterairedeauville.fr

거의 20여 년 전부터 이 축제는 문학과 음악, 단어와 음표 사이의 관계를 엮으며 프랑스 문화 쪽에서 특별한 풍경을 만들어내고 있다. 박물관, 오디토리움, 기획 전시홀, 아틀리에 등을 구비한 도빌의 새 문화공간 레 프랑시스켄(Les Franciscaines 주소 : 145 B, Avenue de la République)을 축제 공간으로 사용하고 있다. 이 도서전은 스타일에 상관없이 음악으로부터 영감을 얻는 작품과 작가들을 대상으로 한다. 축제는 10여 명의 저자, 소설가 및 음악가가 주도하면서 공유와 개방, 발견과 탐구의 정신을 이어가고 있다. 작가와의 대화, 낭독회, 강습, 원탁회의, 토론회, 콘퍼런스, 콘서트, 문학과 음악상(Prix Livres et Musiques) 시상 등이 프로그램을 채우며, 특히 어린이들에게 작품을 보급하는 일에 주력한다. 입장은 무료. 코로나19로 인해 2020년 행사는 열리지 못했다.

도빌 미국영화제 Festival du cinéma américain _9월 6~14일(제51회, 2025)

@https://www.ouest-france.fr

도빌 미국영화제는 1975년 처음 시작된 영화제로 미국 영화를 대상으로 하고 있다. 뤼시앙 바리에르Lucien Barrière 그룹과 도빌 시[당시 시장은 미셸 도르나노Michel d'Ornano]의 재정 지원을 받아 리오넬 슈샹Lionel Chouchan 과 앙드레 알리미André Halimi가 만들었다. 애당초 경쟁 영화제가 아니었으나, 1995년부터 경쟁 부문을 도입했다. 최고상은 그랑프리Grand prix, 도빌국제센터Centre International de Deauville에서 매년 9월에 열흘 동안 열리며, 할리우드 영화와 독립영화들이 동시에 선을 보인다. 상영 장소는 세 곳으로 도빌국제센터, 뤼시앙 바리에르 카지노Casino Lucien Barrière, 르 모르니Le Morny 영화관이 그 장소들이다. '미국 빌리지Village US'에서는 미국 문화를 다양한 각도로 접할 수 있다.

▌역사

도빌 미국영화제는 미국영화의 주요 배우들이 모두 찾는 영화제가 되었다. 이곳을 찾은 유명 배우들로는 로버트 드 니로(Robert De Niro)(1987, 1988, 1995), 클린트 이스트우드(Clint Eastwood)(1980, 1992, 1995, 2000), 조지 클루니(George Clooney)(1998, 2007), 해리슨 포드(Harrison Ford)(1977, 1981, 1982, 1997, 2000,

2002, 2003, 2009), 톰 크루즈(Tom Cruise)(1993), 샤론 스톤(Sharon Stone)(1991), 알 파치노(Al Pacino)(1999), 마이클 더글라스(Michael Douglas)(1990, 1998, 2007, 2013), 줄리아 로버츠(Julia Roberts)(1990), 존 트라볼타(John Travolta)(1978, 1991, 2013), 니콜 키드먼(Nicole Kidman)(2004) 등이 있다. 오마주 부문은 1977년 생겨났는데, 엘리자베스 테일러(Elizabeth Taylor)(1985), 베트 데이비스(Bette Davis)(1987), 커크 더글라스(Kirk Douglas)(1978, 1999), 로버트 미첨(Robert Mitchum)(1989), 그레고리 펙(Gregory Peck)(1977), 버트 랭카스터(Burt Lancaster)(1979) 같은 할리우드의 전설들을 받아들이는 계기가 되었다.

▍할리우드에서 독립영화로

원래 비경쟁영화제였던 행사는 1995년부터 장편영화들이 경쟁하는 영화제로 바뀌었고, 1998년부터는 단편 부문도 그와 같이 바뀐다. 사실 경쟁 부문은 1987년부터 LTC 하트상(Coup de cœur LTC) 상을 만들면서 경쟁 영화제로 바뀌었으나 비공식적인 형태였다. 예전에 이 영화제는 미국의 거대예산 영화들을 프랑스에 소개하는 창구로 활용되었으나, 최근에는 이 기능을 포함해 미국 독립영화들에도 관심을 보여주고 있다.

▍구성

시상 부문

- 그랑프리(Grand prix)
- 심사위원상(Prix du jury)
- 관객상(Prix du public)
- 국제비평가상(Prix de la critique internationale)
- 카르티에 신인상(Prix de la Révélation Cartier)
- 도르나노-발렌티 상(Prix d'Ornano-Valenti)[옛 이름은 미셸 도르나노 상(Prix Michel-d'Ornano)]
- 뤼시앙 바리에르 문학상(Prix littéraire Lucien Barriere)
- LTC 하트상(지금은 사라짐)

▍오마주

'오마주' 부문은 미국 영화를 빛낸 인물들을 기리기 위해 1977년에 신설되었다. 행사는 대부분의 경우 미국에서 건너온 당사자가 참석한 가운데 열린다.

1977년 : 빈센트 미넬리(Vincente Minnelli), 그레고리 펙, 시드니 폴락(Sydney Pollack)

1978년 : 글로리아 스완슨(Gloria Swanson), 킹 비더(King Vidor), 노만 쥬이슨(Norman Jewison), 커크 더글라스

1979년 : 스탠리 도넌(Stanley Donen), 버트 랭카스터, 윌리엄 와일러(William Wyler)

1980년 : 글렌 포드(Glenn Ford), 대니 케이(Danny Kaye), 엘리아 카잔(Elia Kazan), 클린트 이스트우드, 율 브리너(Yul Brynner)

1981년 : 숀 코너리(Sean Connery), 진 해크먼(Gene Hackman), 조셉 L. 맨케비츠(Joseph L. Mankiewicz),

아서 펜(Arthur Penn), 라라 터너(Lana Turner)
1982년 : 머빈 르로이(Mervyn LeRoy), 칼 포먼(Carl Foreman), 찰튼 헤스턴(Charlton Heston), 로버트 알트만(Robert Altman), 시드 채리스(Cyd Charisse)
1983년 : 아렌느 달(Arlene Dahl), 헨리 해서웨이(Henry Hathaway), 조안 폰테인(Joan Fontaine), 리 마빈(Lee Marvin), 제임스 메이슨(James Mason)
1984년 : 셸리 윈터스(Shelley Winters), 록 허드슨(Rock Hudson)
1985년 : 로버트 와이즈(Robert Wise), 알란 제이 러너(Alan Jay Lerner), 데비 레이놀즈(Debbie Reynolds), 엘리자베스 테일러
1986년 : 진 네글레스코(Jean Negulesco), 폴 마주르스키(Paul Mazursky), 알란 루돌프(Alan Rudolph), 준 앨리슨(June Allyson), 리처드 브룩스(Richard Brooks), 제임스 코번(James Coburn), 토니 커티스(Tony Curtis)
1987년 : 베티 데이비스(Bette Davis), 더글러스 페어뱅스 주니어(Douglas Fairbanks Jr.), 스튜어트 그레인저(Stewart Granger), 자넷 리(Janet Leigh), 브라이언 드 팔마(Brian De Palma), 로버트 패리시(Robert Parrish), 셜리 맥클레인(Shirley MacLaine)
1988년 : 찰스 '버디' 로저스(Charles 'Buddy' Rogers), 조지 시드니(George Sidney), 앤 마그렛(Ann-Margret), 윌리엄 프리드킨(William Friedkin), 클로데트 콜베르(Claudette Colbert), 조나단 드미(Jonathan Demme)
1989년 : 벤 가자라(Ben Gazzara), 조지 로이 힐(George Roy Hill), 로렌 바콜(Lauren Bacall), 로버트 미첨(Robert Mitchum), 킴 노박(Kim Novak)
1990년 : 제인 러셀(Jane Russell), 존 보이트(Jon Voight), 존 부어맨(John Boorman), 리처드 챔벌레인(Richard Chamberlain), 시드니 루멧(Sidney Lumet), 로버트 듀발(Robert Duvall)
1991년 : 리처드 드레이퍼스(Richard Dreyfuss), 멜 페러(Mel Ferrer), 존 프랑켄하이머(John Frankenheimer), 리처드 위드마크(Richard Widmark), 에스더 윌리엄스(Esther Williams), 로버트 멀리건(Robert Mulligan), 존 세일즈(John Sayles)
1992년 : 폴 슈레이더(Paul Schrader), 제시카 탠디(Jessica Tandy), 흄 크로닌(Hume Cronyn), 잭 레먼(Jack Lemmon)
1993년 : 리처드 플레이셔(Richard Fleischer), 존 말코비치(John Malkovich), 제시카 랭(Jessica Lange)
1994년 : 밴 존슨(Van Johnson), 말론 브란도(Marlon Brando), 잭 니콜슨(Jack Nicholson), 제임스 우즈(James Woods)
1995년 : 어윈 윙클러(Irwin Winkler)
1996년 : 아벨 페라라(Abel Ferrara), 아논 밀천(Arnon Milchan)
1997년 : 모건 프리먼(Morgan Freeman), 아놀드 코펠슨(Arnold Kopelson), 존 워터스(John Waters)
1998년 : 하비 와인스타인(Harvey Weinstein), 밥 와인스타인(Bob Weinstein), 마이클 더글라스(Michael Douglas)
1999년 : 마이클 케인(Michael Caine), 모리스 자르(Maurice Jarre), 이안(Ang Lee), 알 파치노(Al Pacino), 로빈 윌리엄스(Robin Williams)

2000년 : 수잔 서랜든(Susan Sarandon), 주윤발(Chow Yun-fat), 디노 드 로렌티스(Dino De Laurentiis), 사무엘 L. 잭슨(Samuel L. Jackson), 클린트 이스트우드(Clint Eastwood)

2001년 : 줄리안 무어(Julianne Moore), 조엘 실버(Joel Silver), 버트 레이놀즈(Burt Reynolds)

2002년 : 엘렌 버스틴(Ellen Burstyn), 로버트 에반스(Robert Evans), 맷 딜런(Matt Dillon), 해리슨 포드(Harrison Ford), 존 프랑켄하이머(John Frankenheimer)

2003년 : 제임스 아이보리(James Ivory), 리들리 스콧(Ridley Scott), 제시카 랭

2004년 : 리처드 D. 자눅(Richard D. Zanuck), 프란시스 포드 코폴라(Francis Ford Coppola), 글렌 클로즈(Glenn Close), 조지 루카스(George Lucas), 말콤 맥도웰(Malcolm McDowell), 스티븐 스필버그(Steven Spielberg), 크리스틴 바숑(Christine Vachon), 말론 브란도

2005년 : 제임스 토백(James Toback), 로버트 타운(Robert Towne), 론 하워드(Ron Howard), 포레스트 휘태커(Forest Whitaker)

2006년 : 시드니 폴락

2007년 : 시고니 위버(Sigourney Weaver), 이다 루피노(Ida Lupino), 시드니 루멧, 마이클 더글라스

2008년 : 스파이크 리(Spike Lee), 에드 해리스(Ed Harris), 파커 포시(Parker Posey)

2009년 : 해리슨 포드, 짐 에이브러햄스(Jim Abrahams), 앤디 가르시아(Andy Garcia), 로빈 라이트 펜(Robin Wright Penn), 데이비드 주커(David Zucker), 제리 주커(Jerry Zucker)

2010년 : 테리 길리엄(Terry Gilliam), 그렉 아라키(Gregg Araki), 아네트 베닝(Annette Bening)

2011년 : 대니 글로버(Danny Glover), 토드 솔론즈(Todd Solondz), 나오미 왓츠(Naomi Watts), 셜리 맥클레인

2012년 : 하비 케이틀(Harvey Keitel), 리암 니슨(Liam Neeson), 셀마 헤이엑(Salma Hayek), 폴라 와그너(Paula Wagner), 존 윌리엄스(John Williams), 멜빈 반 피블스(Melvin Van Peebles), 윌리엄 프리드킨

2013년 : 존 트라볼타(John Travolta), 케이트 블란쳇(Cate Blanchett), 니콜라스 케이지(Nicolas Cage), 래리 클락(Larry Clark), 게일 앤 허드(Gale Anne Hurd), 마이클 더글라스

2014년 : 레이 리오타(Ray Liotta), 제시카 차스테인(Jessica Chastain), 브라이언 그레이저(Brian Grazer), 윌 페렐(Will Ferrell), 존 맥티어넌(John McTiernan)

2015년 : 테렌스 맬릭(Terrence Malick), 이안 맥켈런(Ian McKellen), 마이클 베이(Michael Bay), 로렌스 벤더(Lawrence Bender), 올랜도 블룸(Orlando Bloom), 패트리샤 클락슨(Patricia Clarkson), 키아누 리브스(Keanu Reeves)

2016년 : 제임스 프랭코(James Franco), 마이클 무어(Michael Moore), 스탠리 투치(Stanley Tucci)

2017년 : 대런 아로노프스키(Darren Aronofsky), 제프 골드블럼(Jeff Goldblum), 미셸 로드리게스(Michelle Rodriguez), 우디 해럴슨(Woody Harrelson), 로버트 패틴슨(Robert Pattinson)

2018년 : 모건 프리먼(Morgan Freeman)

2019년 : 조니 뎁(Johnny Depp)

2023년 : 주드 로(Jude Law), 조셉 고든 레빗(Joseph Gordon-Levitt), 제리 셰츠버그(Jerry Schatzberg)

2024년 : 제임스 그레이(James Gray), 프레더릭 와이즈먼(Frederick Wiseman)

▍사망 이후의 오마주

조지 스티븐스(George Stevens)(1984년), 제롬 컨(Jerome Kern)(1985년), 리타 헤이워드(Rita Hayworth)(1987년), 제임스 딘(James Dean)(2001년) 같은 배우와 조지 거쉰(George Gershwin)(1998년), 스탠리 큐브릭(Stanley Kubrick)(2001년) 같은 거장들에 대해서는 사망 후에 오마주 행사가 열렸다. 또 존 프랑켄하이머에 대해서는 2002년에, 말론 브란도에 대해서는 1994년과 2004년에 오마주가 있었다. 2007년에는 프랑스인들이 잘 알지 못하는 이다 루피노에 대한 오마주가 있었는데, 그는 74개 영화에 출연했고 13개 영화를 감독한 인물이었다. 2008년의 오마주는 미첼 레이센(Mitchell Leisen)을 대상으로 했다. 1930년대에서 1960년대에 이르는 기간 동안 감독과 데커레이터를 겸직한 인물이다. 2009년에는 로버트 알드리치(Robert Aldrich)에 대한 오마주가 있었다. 〈베이비 제인에게 어떤 일이?(Qu'est-il arrivé à Baby Jane?)〉로 두각을 드러낸 감독인데, 영화는 재기 충만한 베티 데이비스와 조안 크로포드(Joan Crawford)를 스타덤에 올리는 데 기여했다. 블레이크 에드워즈(Blake Edwards)에 대한 오마주는 2011년에 이루어졌다. 그는 〈핑크 팬더(Panthère rose)〉 시리즈를 만들어낸 인물이다. 2013년의 오마주 대상은 대니 케이. 배우이자 가수, 무용수 재능을 동시에 보여주었던 인물이다. 2015년에 거장 오손 웰스(Orson Welles)에 대한 뒤늦은 오마주가 이루어졌다. 감독이자 배우, 제작자이자 시나리오 작가, 연극 연출가이자 삽화가, 작가이자 미술사 역할을 동시에 맡았던 미국 아티스트였다.

▍기관이나 주제에 수여한 상

기관에 수여한 상도 있는데, 아메리칸 필름 인스티튜트(American Film Institute)(1985), 스튜디오 액션(Studio Action) 20년(1987), 오스카상 60년(1988), UCLA 영화 및 TV 아카이브(UCLA Film and Television Archive)(1989), 미국 플레이하우스(American Playhouse)(1990), 유니버설(Universal) 영화사 75년(1990), HBO Films(2003), 선댄스 인스티튜트(Sundance Institute) 25년(2006) 등이 그에 해당한다.
주제에 부여한 상들로는 Hollywood 44(1994), 영화 속의 뉴욕(1995), 영화 속의 재즈(1996), 브로드웨이(2000), 노르망디 상륙작전 60년(2004), 영화 속의 복싱(2005), 미국 대통령을 그려낸 영화들(2006) 등이 대상이었다. 2004년에 오마주 대상이었던 프란시스 포드 코폴라는 2011년에 '명예 초청자' 자격을 얻어 이 새로운 세션을 주관했다.

▍뉴 할리우드(Le Nouvel Hollywood)

'뉴 할리우드'는 오마주와 비슷한 성격을 띠고 있지만, 커리어의 시작을 기리는 상이다. 2015년에 처음 만들어졌으며, 미국에서 건너온 당사자가 참석한 가운데 행사가 열리는 경우가 많다.
2015년 : 엘리자베스 올슨(Elizabeth Olsen)(26세), 로버트 패틴슨(29세)
2016년 : 클로이 모레츠(Chloë Grace Moretz)(19세), 다니엘 래드클리프(Daniel Radcliffe)(27세)

플랑슈 콩탁트 사진축제 Festival de photographie Planches Contact
_10월 19일(제15회, 2023)~1월 5일(2025)

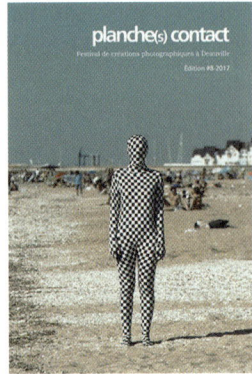 

@mairie-deauville.fr

칼바도스 Calvados 데파르트망 도빌 전역에서 열리는 사진축제이자 여행으로의 초대 행사. 2010년에 도빌 시가 만들었다. 1860년부터 이어져 온 전통으로, 도빌은 2달 반 동안 사진작가들에게 레지던스를 제공하면서 사진전을 연다. 이 축제는 사진작가들에게 그들만의 언어를 공유하게 하고 도빌과 인근 지역의 이미지를 영속하게 만드는 기능을 담당하고 있다. 젊은 아티스트에게는 도약의 기회이기도 하다. 2019-2020년 행사에서는 영화 〈남과 여 Un homme et une femme〉를 도빌에서 촬영했던 클로드 를루슈 Claude Lelouch 감독이 빌라 스트라스뷔르제 Villa Strassburger 에서 자신이 남긴 이미지와 영상으로 전시회를 열었고, 코토 볼로포 Koto Bolofo 는 패션에 관한 르포르타주 차원에서 찍은 자신의 사진들을 도빌 해변에서 전시했다. 2022년에는 30명의 유무명 사진작가들이 초대되었다. 대형사진전, 설치작품, 비디오 상영, 만남의 장, 공연, 워크숍, 포트폴리오 소개 등 다양한 프로그램이 마련되고 있다. 작품들은 플랑슈가 소재한 해변, 푸앵 드 뷔 Point de vue, 프랑시스켄 Franciscaines 등지에서 전시된다.

도빌 그랜드 퍼레이드 Grande Parade de Deauville _12월 31일(매년)
해가 지자마자 도빌의 전통 퍼레이드가 시작된다. 무용수, 가수, 곡예사와 연주자들은 몽환적인 도시 오페라 분위기를 자아내는 연극무대 같은 거리에서 공연을 벌인다. 공연은 도시를 돌아다니며 벌어지는데, 모르니 도크 Bassin Morny 까지 이어진다. 퍼레이드는 모르니 도크와 이어진 광장 하늘 위에서의 피날레로 마무리된다.

돌 Dole [Bourgogne-Franche-Comté]

국제 서커스와 팡파르 축제 Festival international Cirque et Fanfares _5월 18~19일(2024)

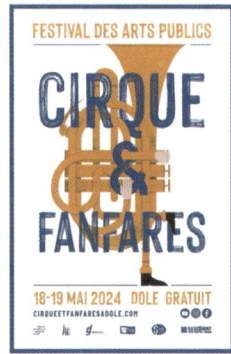

전 세계에서 찾아온 10개 팡파르 연주단과 여러 서커스 단이 돌 Dole 시의 곳곳에서 2일간 공연을 선보인다. 축제의 하이라이트는 토요일 저녁에 열리는 대大 퍼레이드와 백여 명의 뮤지션이 한자리에 모여 들려주는 팡파르 월드컵 결승전이다. 약 6만 명이 축제를 찾고 있다.

@https://www.cirqueetfanfaresadole.com

됭케르크 Dunkerque [Hauts-de-France]

뱅 데 지브레 Bain des givrés _1월 1일(매년)

@France 3 Regions - Franceinfo

매년 새해 정오에 5백 명 가까운 사람들이 말로레뱅 해변 Plage de Malo-les-Bains 에 모여 겨울 날씨를 비웃으며 차가운 바닷물로 뛰어든다. 일부 사람들은 우스꽝스러운 복장을 하고 있기에 됭케르크 카니발을 연상시킨다. 해변으로 돌아오면 참가자들에게는 등급이 매겨진 해수욕 증서가 수여된다. 가장 높은 등급은 물속에 머리를 집어넣은 사람에게 돌아간다. 마지막 순서는 말루앵 카페 Café de Malouin 에서 양파 수프를 먹으면서 몸을 덮히기. 이 시기의 평균 기온은 섭씨 9-11도 사이이며, 바람이 불거나 흐린 날씨의 체감 온도는 섭씨 2도에서 3도 사이다. 수건과 보온이 잘 되는 따뜻한 옷은 필수.

됭케르크 카니발 Carnaval de Dunkerque _1월 11일~4월 19일(2025)

됭케르크 사람들에게는 타의 추종을 불허하는 전통으로 자리 잡은 행사. '밴드bandes'와 '무도회bals'가 주를 이루며, 외설적인 내용의 노래들, 망가진 의상들로 프로그램을 채우고 있다. '밴드'는 축제 참가자들의 가장행렬로, 고수鼓手와 군악대가 이끈다. 피리를 연주하면 밴드는 천천히 앞으로 나아가며, 트럼펫이 울리면 모두 함께 함성을 지른다. 됭케르크 카니발의 또 다른 특징은 시청사 발코니에서 시장과 그의 자문역들이 포장한 훈제 청어를 던지는 풍경이다. '3명의 즐거운 여인3 Joyeuses'에 이르면 모든 사람이 즐기는 무도회가 연결되고 '밴드'는 중단된다. 카니발 기간에 매 주말 최소 1번의 밴드와 1번의 무도회가 열린다. 마르디 그라Mardi gras 다음 일요일에 말로레뱅 Malo-les-Bains 에서 '바이올렛 밴드Bande de la Violette' 행사가 열

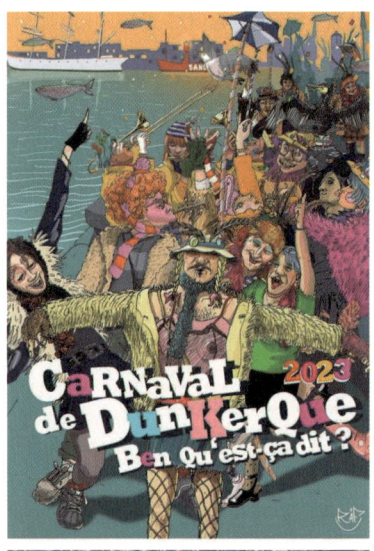

@Dunkerque Tourisme

리는데, 바닷가에서의 일정은 최고다. 통상 축제의 밤은 17세기와 18세기에 유행했던

춤인 '리고동rigodon'을 추며 끝난다.

약 3개월간 지속되는 됭케르크 카니발은 2023년 1월 7일부터 4월 16일까지 열렸다. 코로나19로 인해 도중에 행사가 중단된 2020년으로부터 3년만에 재개된 행사였다. 2024년에는 1월 1일부터 4월 7일까지 열렸다.

샤 누아르 무도회 Bal du Chat Noir _ 2월 8일 (제82회, 2025)

@https://www.deltafm.fr/bal-du-chat-noir-2024

'샤 누아르 무도회Bal du Chat Noir, 검은 고양이 무도회' 혹은 단순히 '샤 누아르Chat Noir'라 부르는 이 행사는 매년 열리면서 카니발 시즌의 개막을 알린다. 비록 됭케르크 곳곳에서 일부 밴드 공연과 무도회가 앞서 열릴지라도, 됭케르크 국제회의장인 퀴르살Kursaal에서 열리는 이 행사를 카니발의 진정한 개막으로 친다. 축제에 관여하는 자선단체인 카르자르Quat'Z'Arts 협회가 토요일 저녁에 개최한다.

카르자르 협회가 개최하는 첫 무도회는 1921년 2월 7일에 열렸다. 당시 카니발은 1달 내내 개최되었기에, 무도회는 스무 차례 열렸다. 4년 뒤인 1925년에 파리 몽마르트르Montmartre 언덕에 있는 '샤 누아르Chat Noir' 카바레에서 영감을 얻어 테아트르 광장Place du Théâtre의 조르주 카페Café Georges에서 무도회를 열며, 다음 해에는 물랭 루주Moulin Rouge를 주제로 내세웠다. 1926년부터 1935년까지 협회는 여러 장소에서 무도회를 여는데, '샤 누아르'는 장 바르 궁Palais Jean Bart에서 개최되었다. 제2차 세계대전이 끝나고 1961년까지의 기간에는 포르루이 거리Rue du Fort-Louis에 있는 오텔 데 퐁피에Hôtel des pompiers에서, 1962년에는 말로 카지노Casino de Malo에서 열렸다. 1964년부터는 현재 방식처럼 '샤 누아르'가 토요일 저녁에 열리기 시작하며, 1984년에 카르자르 협회는 퀴르살을 카니발 시즌의 개막 장소로 정한다. '검은 고양이 무도회'가 현재의 형태를 완비하게 된 날짜는 1986년 1월 18일 토요일이다. 이날 8천 명에서 1만 명에 달하는 됭케르크 카니발 참가자를 지칭하는 '마스클루르masquelour'들은 clet'che플라망어에서 유래된 용어로 '축제 의상'을 의미한다를 입고 양산을 들고서 참석한다.

카르자르 협회는 2023년에 창립 100주년을 경축했다. 앙리 페라리Henri Ferrari가 몇몇 친구와 함께 만든 자선단체인 카르자르는 '쾌락과 자선Plaisir et Charité'을 구호로 내세운다. 회화, 조각, 판화 및 건축을 전공하는 학생들로 구성되어 있는데, 무도회를 통해 얻는 수익금으로 사회적 약자들을 돕는 자선 활동을 펼치고 있다.

두아르느네 Douarnenez [Bretagne]

두아르느네 탕 페트 페스티벌 Temps Fête, festival maritime de Douarnenez _7월 18~21일(제18회, 2024)

@https://www.ouest-france.fr

2년에 한 번씩 브르타뉴 레지옹 피니스테르Finistère 데파르트망의 두아르느네 앞바다에는 100여 척의 배가 운집하고, 부두에서는 다양한 행사가 열린다. 2021년 행사의 제목은 '재회Les Retrouvailles'. 전통과 민속, 전통축제, 해양축제가 어우러진 이벤트다. 이 축제는 수많은 옛날 선박들이 정박하는 로스뫼르Rosmeur 구항舊港에서 열린다. 첫 행사는 1986년에 열렸는데, 축제가 열리는 시기에 수백 척의 프랑스 및 외국의 전통 범선들이 두아르느네를 찾는다. 이 해상 축제는 두 번에 한 번꼴로 브

레스트 해양축제Fêtes maritimes de Brest 가 끝난 다음에 열린다.

2018년 제17회 행사 이후 코로나19로 인하여 두 차례 행사가 취소되었으며, 2024년 7월 18일부터 21일에 다시 열렸다.

베 데 플륌 도서전Festival Baie des Plumes - Salon du Livre et de la Poésie _8월 8~11일(제7회, 2024)

브르타뉴 레지옹 피니스테르Finistère 데파르트망의 포엠 블뢰 – 두아르느네 시의 집 협회Association Poèmes Bleus - Maison de la poésie de Douarnenez 가 개최하는 문학 행사로, '책과 시 살롱전Salon du livre et de la poésie'이란 축제 이름도 사용하고 있다. 2022년의 주제는 '유토피아utopies', 주제어는 '공유partage'를 내세우면서 '민주화'와 '청소년'을 부각시켰다. 2021년보다 하루를 더 늘려 2022년에는 토요일부터 월요일까지 3일간 개최했다. 약간은 색이 바랜 장르인 시를 음악으로 만들었고, 시작詩作을 연습하는 아틀리에를 개설했다. 청소년들 대상으로는 유토피아라는 주제로 포스터를 제작하게 한 후 도시의 여러 곳에 내거는 이벤트를 마련했다. 2022년에 축제를 찾은 출판사 숫자는 25개였다. 3천 명 내외가 행사를 찾고 있다.

두아르느네 영화제 Festival de cinéma de Douarnenez/Gouel ar filmou _8월 16〜23일(제47회, 2025)

두아르느네 영화제는 1978년부터 피니스테르Finistère 데파르트망 두아르느네에서 열리는 국제영화제이다. 잘 알려지지 않은 영화들을 상영하며, 소수인종이나 정체성 문제에 집중하고 있다.

이 페스티벌은 우연의 결과로 생겨난 것이 아니다. 두아르느네 시의 전투적이고도 반反편의주의적인 역사 속에 편입되기 때문이다. 인구 마을 2명당 1명꼴로 협회에 가입해있는 기록적인 숫자가 그것을 입증한다. 그러기에 축제를 가깝게 느끼는 두아르느네 주민들이 많다. 일부 행사들은 축제의 진화에 상당히 중요한 역할을

수행하기도 했다. 예를 들어 22회 행사는 이디시어권의 많은 사람이 방문해 축제를 알리는 데 기여했다. 또 축제는 브레스트 유럽단편영화제Festival européen du film court de Brest 와 밀접하게 교류하는 중이다. 어린 시절부터 축제를 즐기기 시작하여 성인이 된 다음에도 자원봉사자로 일하는 사람들이 많다. 또 협회는 연중 내내 일반인들에게 개방된 자료센터를 운영 중이다.

역사

두아르느네에 소재한 MJC(Maison de la jeunesse, '청소년의 집') 소속 젊은 영화애호가들이 1978년에 처음 만든 영화제다. 3개의 대의명분을 내세웠는데, 플로고프(Plogoff) 핵발전소에 맞선 투쟁, 제3세계의 위상 제고, 브르타뉴 문화의 부흥이 그것들이다. 1989년까지 영화제는 MJC 활동에 관련되다가, 그 후 영화제 조직을 담당할 협회가 만들어졌다.

1978년부터 영화제에 관여한 에르완 모알릭(Erwan Moalic)이 프로그램을 담당했고, 1990년부터 카롤린 트루앵(Caroline Troin)이 그를 보조하기 시작했다. 2010년은 그들이 마지막으로 영화제 책임을 맡은 해였다. 2001년부터 영화제 조직은 에릭 프레멜(Éric Prémel)이, 2014년부터는 얀 스

테팡(Yann Stéphant)이 맡았다.

▎특징
영화제는 대중 교육의 가치들을 중시한다. 영화제가 내세운 목표 중에 소수민족 문화의 보호와 진흥, 배급이 들어있는데, 조각, 회화, 사진, 문학, 언어, 음악, 식도락, 그래픽 예술 전시회, 최소 4개 영화관에서 종일 영화 상영 등을 통해 그를 실현하는 중이다. 이런 방식을 통해 영화제는 축제 분위기 속에서 시선을 교차시키는 동시에 이야기를 늘려나가고 있다.

▎프로그램 편성 원칙
매 영화제는 여러 세션으로 나뉜다.
- 메인 테마(thème principal) : 축제 주최 측은 매년 영토, 언어, 문화, 정치적 위상 혹은 인간의 존엄성과 관련된 자신들의 정체성을 지키기 위해 투쟁하는 민족을 초청한다.
- 브르타뉴 쪽에서 생산하는 영상작품들에 자리를 부여하는 동시에 전문가들끼리 만날 수 있는 장을 마련한다.
- '위대한 부족(grande tribu)' 세션
- 감독에게 할애된 'coup de chapeau' 세션
- 여성, 감옥, 이민, 세계화 등 우리 사회의 여러 면에 대해 질문을 던지는 세션
- 인권과 관련된 파트(아프가니스탄, 체첸공화국…)
- 전국, 지방, 주제 등으로 분류한 회고전
- 청소년 세션

▎축제 호칭
인종의 다양성을 다루는 원래 이름 때문에 이 축제는 여러 호칭으로 불려왔다.
- 소수민족 페스티벌(Festival des minorités nationales)(초창기 명칭)
- 두아르느네 페스티벌(Festival de Douarnenez)(가장 자주 부르는 호칭)
- 소수인종 페스티벌(Festival des minorités)(두 번째로 자주 부르는 호칭, 초창기부터 이 축제를 좋아하던 마니아들이 자주 구사한다.)
- 두아르느네 소수인종 영화제(Festival de cinéma minoritaire de Douarnenez)
- 소수인종 영화제(Festival de cinéma des minorites)
- 두아르느네 영화제(Festival de cinéma de Douarnenez/Gouel ar filmoù)(현재의 공식 명칭)

▎영화제별 주제
1978년(제1회) : 퀘벡 주민들

1979년(제2회) : 인디언의 국가들

1980년(제3회) : DOM-TOM 주민들

1981년(제4회) : 옥시타니 사람들

1982년(제5회) : 소련의 민족들
1983년(제6회) : 유럽의 집시 인종들
1984년(제7회) : 라틴아메리카의 인디언 부족들
1985년(제8회) : 미국의 흑인들
1986년(제9회) : 카탈루냐 사람들
1987년(제10회) : 북극의 민족들
1988년(제11회) : 바스크 민족
1989년(제12회) : 중국과 티베트의 사람들
1990년(제13회) : 팔레스타인 민족
1991년(제14회) : 호주의 토착 인종들
1992년(제15회) : 아일랜드 사람들
1993년(제16회) : 인도의 민족들
1994년(제17회) : 베르베르 민족
1995년(제18회) : 스코틀랜드 사람들
1996년(제19회) : 유럽의 이주공동체들
1997년(제20회) : 20회 기념행사
1998년(제21회) : 웨일스의 사람들
1999년(제22회) : 이디시랜드
2000년(제23회) : 이탈리아 사람들
2001년(제24회) : 마오리족
2002년(제25회) : 세상의 소식들
2003년(제26회) : 쿠르디스탄
2004년(제27회) : 벨기에 사람들
2005년(제28회) : 미국의 멕시칸들
2006년(제29회) : 발칸반도의 민족들
2007년(제30회) : 천일의 브르타뉴와 식민지 지배를 받은 사람들의 초상
2008년(제31회) : 레바논
2010년(제33회) : 카리브해
2011년(제34회) : 남아프리카공화국
2012년(제35회) : 자치공동체 – 카탈루냐, 바스크, 갈리시아
2013년(제36회) : 로마, 집시와 여행자들
2014년(제37회) : 인도네시아, 티모르, 파푸아시아
2015년(제38회) : 안데스 산맥의 민족들
2016년(제39회) : 튀르키예 민족들
2017년(제40회) : 국경들
2018년(제41회) : 콩고의 민족들

2019년(제42회) : 알제리 사람들
2020년(제43회) : 코로나19로 인해 2021년으로 연기
2021년(제43회) : 그리스 민족과 투쟁
2022년(제44회) : 헬베티아 언더그라운드
2023년(제45회) : 북아메리카의 최초 인종들
2024년(제46회) : 브라질의 민족들

두에 Douai [Hauts-de-France]

가이양 페스티벌 Fêtes de Gayant _7월 6~8일(2025)

시가행진, 펀페어, 불꽃놀이 행사 등으로 유명한 프랑스 북부 축제로, 릴Lille에서 40km 떨어진 '거인들의 수도' 두에에서 열린다. 500년 전부터 프랑스 북부 노르Nord 지방에서는 매년 7월 초에 열리는 축제 때 두에의 상징인 가이양Gayant, '거인'을 지칭하는 지방어과 그의 아내 마리 카주농Marie Cagenon, 세 아들인 자코Jacquot, 필롱Fillon, 뱅뱅Binbin이 3일 동안 도시를 돈다. 두에 사람들이 '버드나무 배Vint' d'Osier'라 부르는

행사다. 전설에 따르면 9세기에 제한 줄 롱Jehan Gelon이라는 키가 크고 헤라클레스의 힘을 가진 장사가 세 아들을 데리고 노르만족이 포위한 도시를 기적적으로 구해 냈다고 한다. 도시를 순회하는 거인들은 이러한 영웅적 행위를 기리는 의식을 나타

낸다. 하지만 정확하게 높이 8m 50, 무게 375kg에 달하는 아버지 거인이 최초로 등장한 것은 1530년이다. 다음해에는 높이가 6.25m, 무게가 250kg 나가는 어머니 거인 마리 카주농이 등장했다. 아들인 자코와 필롱은 17세기 후반부에, 뱅뱅은 18세기 초에 가족에 합류한다. 아버지 거인이 등장하게 된 기원은 확실하지 않으나, 사람들은 스페인 종교 행렬과의 유사성을 주목한다. 기원은 두에 시가 신성로마제국의 군주이자 부르고뉴 대공이었던 샤를 5세Charles Quint에게 배속되었던 시기까지 거슬러 올라간다. 그의 어머니는 잔 드 카스티야Jeanne de Castille였다. 두에 사람들은 이 도시의 수호성인이었던 생모랑Saint Maurand이 프랑스인들을 격퇴한 1479년을 중요시하면서 성인을 기리는 순례 행진을 매년 개최하기 시작했다. 그 후 1530년에 버드나무로 제작한 거인이 처음 등장한 것이다.

　오늘날 노르 지방의 모든 도시가 자신들만의 거인을 보유하고 있지만, 그중에서도 가이양이 가장 많이 알려져 있다. 가이양은 '벨기에와 프랑스의 거인과 용 행렬' 이름으로 유네스코 인류무형문화유산에 등재되어 있다. 거인과 용, 동물의 행진이 축제인 동시에 의식儀式이라는 성격을 인정받았기 때문이다. 14세기 말부터 유럽 여러 도시에서 열리는 종교 행렬에 등장하기 시작한 이러한 형상들은 벨기에의 아트Ath, 브뤼셀Bruxelles, 테르몽드Termonde, 말린Malines, 몽스Mons, 프랑스의 카셀Cassel, 두에, 페즈나Pézenas, 타라스콩Tarascon 같은 도시들에서 여전히 정체성과 관련을 맺고 있다. 코로나19로 인해 2020년과 2021년에는 행사가 열리지 못했다.

두에라퐁텐 Doué-la-Fontaine [Pays de la Loire]

장미 데이 Journées de la rose _ 7월 11~14일(2025)

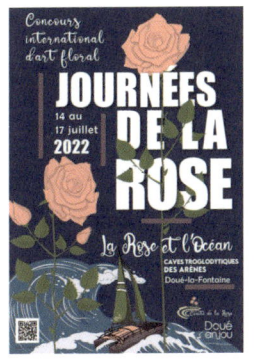

멘에루아르 Maine-et-Loire 데파르트망의 한 멋진 동굴에서 열리는 국제 꽃꽂이 경연대회로, 10만 송이 이상의 장미가 전시되면서 색깔과 향기를 겨룬다. 동화적인 느낌을 내는 조명이 광물 및 식물과 결합하면서 매혹적이고 독특한 분위기를 만들어낸다. 행사는 장미 재배자들의 마을인 두에라퐁텐이 1959년부터 개최하고 있다. 시간이 흐르며 꽃꽂이 분야에서는 세계에서 가장 중요한 행사 중 하나가 되었다. 2020년의 주제는 '1960년대', 2024년 주제는 '올림픽', 2025년 주제는 '장미와 만화'다.

디나르 Dinard [Bretagne]

영국과 아일랜드 영화제 Festival du film britannique et irlandais _ 10월 2~6일(제35회, 2024)

영국과 아일랜드 영화를 소개하는 창구인 이 영화제는 일에빌렌 Ille-et-Vilaine 데파르트망에 위치한 디나르에서 매년 열린다. 영화제가 내세운 최초의 철학은 '며칠 동안 이 도시를 영국 영화의 수도로 만드는 것'이었다. 성공의 요건은 이미 구비되어 있었다. 디나르는 영국인들이 아주 좋아하는 해변이었고, 외지인들을 환대하는 전통을 간직하고 있었다.

매년 6편의 영화를 경쟁 부문에 올리는데, 심사위원단이 선정한 최우수 작품은 '황금 히치콕상 prix du Hitchcock d'or'을 수상한다. 관객들을 위한 시사회, 영국 영화의 거장들에 대한 오마주 및 회고전도 열린다. 특별 상영회도 자주 열리는데, 영국과 프랑스가 공동 제작한 영화, 영국에서 촬영한 프랑스 영화들이 상영된다. 시간이 흐르며 이 영화제는 명성을 얻었고, 그에 따라 로저 무어 Roger Moore, 크리스토퍼 리 Christopher Lee, 휴 그랜트 Hugh Grant, 테렌스 영 Terence Young, 샤를로트 램플링 Charlotte Rampling, 크리스틴 스콧 토마스 Kristin Scott-Thomas, 제인 버킨 Jane Birkin, 찰스 댄스 Charles Dance, 제라르 다르몽 Gérard Darmon, 파스칼 레지티뮈스 Pascal Légitimus, 세실 드 프랑스 Cécile de France, 사뮈엘 르 비앙 Samuel Le Bihan, 프랑수아 베를레앙 François Berléand, 티모시 스폴 Timothy Spall, 샹탈 로비 Chantal Lauby 같은 프랑스 국내외의 유명 배우들도 축제에 참석하게 된다.

수여하는 상들로는 황금 히치콕상 Hitchcock d'or, 최우수시나리오상 Prix du meilleur scénario, 관객상 Prix du public, 이미지상 Prix de l'image, 하트상 Prix Coup de cœur, 최우수단편영화상 Prix du meilleur court métrage 등이 있다.

디낭 Dinan [Bretagne]

성벽 축제 Fête des Remparts _7월 19~20일(2025)

디낭에서 열리는 '성벽 축제 Fête des Remparts'는 2년마다 한 번씩 7월 셋째 주말에 열리는 중세축제다. 1982년에 처음 만들어진 축제로, 시간이 흐르며 점차 성공을 거두었다. 최근에는 13만 명의 인파가 몰렸다. '1000년의 역사 Mille ans d'Histoire'를 주제로 내세운 2018년 행사는 7월 19일부터 22일까지 열렸는데, 19-20일에는 아틀리에, 콘퍼런스, 연수 프로그램들이, 21-22일에는 5개의 행사 장소에서 중세시장, 무도회, 콘서트, 시가행진 등이 진행되었다. 2018년 행사 후 5년 만에 개최된 2023년 성벽 축제는 7월 20일과 21일의 전야제를 거쳐 7월 22-23일에 열렸다.

역사

@https://leverrehistorique.be

1982년 10월 10일 일요일, 디낭 박물관과 도서관 친구들 협회(Société des amis du musée et de la bibliothèque de Dinan)는 하루에 걸쳐 '디낭의 역사유적을 발견합시다(Découvrons les monuments de Dinan)'라는 행사를 개최했다. 문화부가 문화유산의 날 행사를 만들기 2년 전이었다. 그에 따라 많은 탑과 성벽, 기타 유적들이 일반에게 공개되었고, 3천 명 이상이 행사를 찾으며 성공을 거둔 후 이 경험을 이어가려는 시도가 생겨난다. 하지만 행사 주최자들은 대부분 개인 소유인 성벽에 집착했다. 성벽은 길이가 2,648m로, 오늘날까지 브르타뉴에서 시내에 있는 가장 긴 성벽에 해당한다.

1983년과 1984년 행사는 '성벽 데이(Journée des Remparts)'라는 이름으로 열렸고, 그로 인해 많은 디낭 사람들이 당시까지 알려지지 않았던 탑과 성 내부를 들여다볼 수 있게 되었다. 너무 오래 간과했던 문화유산을 복원하고자 하는 움직임이 행사를 통해 일기 시작했고, 캠페인은 성공을 거두었다. 1983년 10월 9일에는 행사를 찾은 사람 숫자만도 15,000명에 달했다. 같은 해 11월부터 디낭 시 관계자들이 성벽 복원을 시작한다. 1984년 10월 14일 열린 행사는 더 많은 사람이 찾게 되며, 같은 해 10월 28일에 디낭은 '예술과 역사 도시(Villes et pays d'art et d'histoire)' 중 하나로 지정된다.

행사 규모와 열기에 힘을 얻은 주최 측은 1985년에 현재의 이름인 '성벽 축제(Fête des Remparts)'라는 이름을 채택했다. 가게들은 새롭게 단장했고, 주민들은 전통의상을 입으면서 행사에 동참하기 시작했다. 프로그램은 매년 새롭게 갱신 중이다. 1986년 행사는 성벽이 문화유산으로 분류된 지 100주년을 기념하는 행사로 치렀다.

성벽 축제는 1992년까지 매년 열렸는데, 이 해는 퀘벡 중세축제(Médiévales de Québec)와 자매결연한 해이기도 하다. 1996년까지 2개 행사는 교대로 열렸다. 1995년 퀘벡 쪽 행사가 중단된 후 디낭 성벽축제는 2년에 한 번씩 열리고 있다. 1994년과 1996년 열린 두 차례 행사는 기마시합이 열리면서 베르트랑 뒤 게스클랭(Bertrand Du Guesclin)과 토머스 드 캔터베리(Thomas de Cantorbery) 사이의 결투를 재현했다.

매년 수만 명의 사람이 중세도시 디낭을 찾았을지라도, 1987년부터 1994년까지 행사를 찾는 사람 숫자는 오락가락했다. 궂은 날씨 때문에 최근 열린 행사들은 재정적으로 간신히 균형을 맞출 수 있었다. 그 때문에 처음에는 10월에 열리다가 9월로 바뀌었던 이 축제는 1998년부터 7월 셋째 주 주말로 날짜를 변경했다. 현재 10만 명 정도가 이 행사를 찾고 있다.

주제

2002년부터 성벽 축제는 매년 다른 주제를 통해 중세를 맛보는 형식을 취하고 있다. 따라서 프로그램은 매번 새로운 내용으로 채워진다. 채택한 주제들은 다음과 같다.

2002년 : '중세 예술(Les Arts au Moyen Âge)'. 애당초 계획에 없던 이 주제가 성공을 거두자 다음 행사부터 주제를 선택하는 방식을 택했다.
2004년 : '실크로드(La Route de la Soie)'
2006년 : '중세 이야기와 전설(Les Contes et légendes du Moyen Âge)'
2008년 : '중세의 건축가들(Les Bâtisseurs au Moyen Âge)'
2010년 : '중세의 공포(Les Peurs médiévales)'
2012년 : '왕자들의 기쁨과 민중의 환희(Réjouissances princières et liesse populaire)'
2014년 : '발명과 발견(Inventions et découvertes)'. 이틀간의 전야제를 처음 도입하다.
2016년 : '영육으로 중세 체험하기(Vivez le Moyen-Âge corps et âme)'
2018년 : '중세, 천년의 역사(Le Moyen-Âge, Mille ans d'Histoire)'

장소

성벽축제는 디낭 시 전역에서 열린다. 성벽 내부의 거리와 광장에서는 약 150개의 부티크가 중세시장을 연다.

규모가 큰 행사들은 성벽 아래에 위치한다.

- 디낭테 스퀘어(Square des Dinantais)[티에르 거리(Rue Thiers)와 사제스 거리(Rue de la Sagesse) 사이에 위치] : 이 스퀘어는 생쥘리앙 탑(Tour Saint-Julien), 레스캉 탑(Tour de Lesquen) 및 생샤를 파사주(Passage Saint-Charles)를 포함하고 있다. 이곳에서는 1998년부터 2002년까지 마상 시합이 열렸다.
- 그랑 포세(Grands Fossés)[생말로 문(Porte Saint-Malo)부터 가레 거리(Rue de la Garaye)에 위치한 'Banc de la Critique'까지] : 이 장소는 보마누아르 탑(Tour Beaumanoir)에 의해 둘로 나뉜다. 주목할 만한 행사로는 1996년에 열린 성벽 뛰어넘기, 2010년의 '숲(forêt)' 설치 등을 들 수 있다.
- 두브 뒤 제르쥐알(Douves du Jerzual)[같은 이름을 가진 문에서부터 구베르뇌르 탑(Tour du Gouverneur)까지] : 로케 거리(Rue du Roquet), 제르쥐알 거리(Rue du Jerzual)를 통해서도 진입할 수 있다. 2008년에 이곳에서 열린 매 공연은 대호평을 받았다. 2010년에는 욕탕이 설치되기도 했다.
- 영국 정원(Jardin anglais)[생소뵈르 대성당(Basilique Saint-Sauveur) 뒤에 위치] : 이 장소는 가장 조용하고도 내밀한 곳이다. 방문객은 생트카트린 탑(Tour Sainte-Catherine) 위에서 랑스 계곡(Vallée de la Rance)을 내려다볼 수 있다.
- 요한공 4세 광장(Place Duc Jean IV)(성의 주탑 아래 위치) : 주탑과 코에캉 탑(Tour de Coëtquen) 사이의 웅장한 장소로, 기셰 문(Porte du Guichet)을 향해 앞으로 나와 있다. 2004년부터는 기마 시합을 열고 있다.

디낭 역사축제 Fous d'Histoire Dinan _10월 21~22일(제3회, 2017)

역사극과 역사시장에 할애된 축제. 2011년과 2012년에 개최되었던 '낭트 역사축제 Fous d'Histoire Nantes'를 이어받았다. 역사 관련 공연을 하는 40개 이상의 전문 혹은 아마추어 단체를 받아들인다. 장르는 음악, 무용, 성악, 거리극, 수공예, 군사, 동물 조련, 마술, 역사유적 소개 등 다양하다. 실험고고학, 역사유적 관리, 재현과 활성화 등 살아있는 역사와 관련된 콘퍼런스와 대담 자리도 마련하고 있다. 반면 역사시장은 16개국에서 찾아온 100명 이상의 상인이 참가한다. 상품들은 선사시대, 켈트와 로마제국 시대, 중세, 르네상스, 나폴레옹 치하의 제국시대, 벨 에포크, 20세기 등에 걸쳐있다. 10월 20-21일로 예정되었던 2018년 제4회 행사는 취소되었다.

디뉴레뱅 Digne-les-Bains [Provence-Alpes-Côte-d'Azur]

라벤더 퍼레이드 Corso de la lavande _8월 1~5일(제79회, 2025)

@www.cdf-dignelesbains.fr

이 지역의 상징이자 아주 유쾌한 향을 가진 라벤더를 디뉴 시가 경축하는 축제. 라벤더로 뒤덮인 꽃마차들의 시가행진, 라벤더 증류 시범, 중고시장, 프랑스에서 가장 큰 규모의 펀페어, 불꽃놀이 등 다채로운 행사들이 열린다. 행렬은 라벤더와 크레이프 페이퍼 장식용 종이로 치장한 10대의 꽃마차로 구성되며, 전 세계에서 디뉴레뱅을 찾은 5백 명의 연주자와 댄서가 행사를 주도한다. 시가행진을 관람하는 사람은 매일 10,000명에서 15,000명 사이. 유럽 전역에서 찾아온 2백 명 이상의 음악인이 참가하는 마칭 밴드 페스티벌인 '타투 데 라방드 라벤더 타투, Tattoo des lavandes'도 주목할 만하다.

디에프 Dieppe [Normandie]

바다와 환상세계 페스티벌 Festival Mer et Mondes Fantastiques _7월 12~13일(제4회, 2025)

2019년에 열린 첫 행사 참가자는 10,000명이었다. 오직 자원봉사자로만 구성된 안테 모르템 Ante Mortem 협회는 첫 행사의 성공에 고무되어 바다와 관련된 전설들을 제2회 행사 주제로 삼았지만 코로나19로 인해 2020년 9월 26일과 27일 예정되었던 행사가 취소되었다. 바다와 환상세계 페스티벌은 디에프 성 Château de Dieppe 에서 열린다. 2021년에는 절벽 위에 건축된 성에서 '바다의 전설들 Légendes des mers', '여왕들의 전투 Combat des reines' 행사들이 마련되었다. 그 웰타즈 Gweltaz, 르 프티 필라주 Le Petit Fillage, 레 크라피오 Les Crapiauds 가 공연을 가졌고, 거리를 순회하는 레 쥐니베르 페르셰 드 베르골 Les Univers perchés de Bergol 극단이 축제에 참가했다.

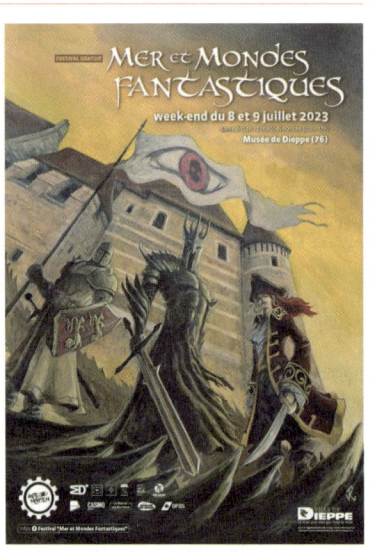

@https://www.meretmondesfantastiques.jimdofree.com

주최 측이 내세우는 가치들은 '즐기기', '학습하기', '발견하기', '창조하기', '나누기', '기대하지 않던 것을 만나러 가기' 등이다. '즐기기'에서는 여러 극단이 아름다운 이야기를 들려주고 춤을 보여준다. '학습하기'를 통해서는 디에프 박물관이 상설전을 일반에게 무료로 개방한다. 역사와 전설을 연결하는 콘퍼런스들도 마련된다. 2021년에는 디에프의 부랑자와 해적을 주제로 콘퍼런스가 열렸다. '발견하기'를 통해서는 바다와 디에프 시, 역사유적 탐방, 중세시장, 공연과 콘서트가 이틀 동안 펼쳐진다. '창조하기'에서는 아이들을 위한 아틀리에가 운영되고, 의상 선정 대회가 열린다. '나누기'는 테라스에 설치한 선술집에서 술을 마시고, 친구와 가족들과 함께 식사를 나누는 시간이다. '만나러 가기'는 예술가들, 역사 애호가들을 비롯한 모든 축제 참가자들이 함께 만난다. 그 외에도 중세시장이 선을 보이며, 토요일 저녁에는 중세 지중해 음악, 아일랜드와 브르타뉴의 켈트 음악 연주회가 열린다.

디에프 시와 민간 파트너의 지원에 힘입어 안테 모르템 협회는 축제를 무료로 운영하고 있다. 2021년 행사는 7월 10일에 13시 30분부터 22시까지, 7월 11일에 10시부터 18시까지 열렸다.

디에프 기습 기념일 Anniversaire du Raid de Dieppe _8월 18~19일(제81회, 2023)

매년 디에프 바닷가 화이트 비치 White Beach 에서 재현하는 연합국들의 주빌리 작전 opération Jubilee. '디에프 기습 Raid de Dieppe'은 1942년 8월 19일 영국과 캐나다가 프랑스 디에프에 상륙하려고 했던 작전이다. 당시 영국군은 중장갑전차인 처칠 전차로 해안가 벙커를 공격하면 벙커가 파괴될 것이라고 판단했다. 그에 따라 8월 19일 새벽 영국군과 캐나다군의 코만도 부대가 성공적으로 상륙했으나 나머지 병력이 고전을 면치 못했고, 나중에 투입된 전차도 대전차 장애물 때문에 진격에 실패했다. 디에프 시내만 점령하고 퇴각했는데, 영국군과 캐나다군을 합쳐 4,131명의 병사가 죽거나 독일군에 포로로 잡힐 정도로 결과는 참담했다. 하지만 주빌리 작전의 실패로부터 교훈을 얻은 연합군은 2년 후 노르망디 상륙작전을 성공시킨다. 코로나19로 인해 2021년 79주년 기념행사는 취소되었다.

디에프 국제 연축제 Festival international de Cerf-Volant de Dieppe _9월(제22회, 2025)

1980년에 처음 만들어진 행사. 2년마다 한 번씩 9월에 1주일간 센마리팀Seine-Maritime 데파르트망 디에프 해변의 8ha 잔디밭 위에서 열린다. 매년 50만 명 정도가 이 축제를 찾는다. 세계에서 가장 규모가 큰 연축제로 꼽히기에 축제는 디에프 시에 '연의 수도Capitale du Cerf-Volant'란 별명을 부여했다. 2022년 주제는 '지구의 보호la protection de la planète'였다.

▍소개

국제적인 성격을 띤 축제이며, 평균 40여 개 국가의 1천여 명이 참가한다. 축제는 전통적인 방식으로 제작한 연들에 대해 경외심을 갖게 할 뿐만 아니라 곡예용 연들, 이 분야의 거장들을 만나는 기회를 제공하고 있다. 연 쪽으로 할애된 행사 중 가장 큰 규모를 자랑한다. 축제가 열리는 주말에는 연들의 야간 비행이 22시부터 시작된다. 방문객들은 빛과 소리의 축제가 열리는 동안 조명을 받은 연들을 감상할 수 있다. 2010년부터 이 축제는 장르를 막론하고 전 세계에서 규모가 큰 300대 행사에 들어가고 있다. 무료 축제로서, 연의 제작 및 연날리기 등 다양한 활동을 마련한다. 지역 학교들과 어린이들을 위한 행사도 준비되어 있다. 행사가 열리는 기간 동안 루메닐부테이유 경마장(Hippodrome de Rouxmesnil-Bouteille)에서는 세계 연싸움 챔피언십이 진행된다.

연혁

■ 1980년대(초창기)

제1회 행사가 열린 1980년에는 유럽의 6개국 정도만 참가했다. 제4회 행사가 열린 1986년부터 중국과 태국 같은 먼 나라들이 참가하기 시작했다. 제5회 행사가 열린 1988년에는 '유럽 최대의 연축제'로 소개되면서 17개국이 참가했다. 이때부터 미디어의 조명을 받기 시작했다.

■ 1990년대(성장기)

1990년에 축제는 12만 명을 끌어들인다. 21개국에서 400명의 연 전문가들이 참가했다. 1991년에는 '연의 수도 디에프(Dieppe Capitale du Cerf-Volant)' 협회가 창설되는데, 목적은 2년마다 축제를 관리하고 조직하는 책임을 맡는 것이었다. 1992년 제7회 축제의 방문객은 15만 명이었다. 22개국에서 참가했고, 500명의 연 전문가들이 축제를 찾았다. 25개국이 참가한 1994년 제8회 행사는 유럽 최대의 연축제로 분류된다. 축제는 국제적 명성을 얻기 시작했고, 제9회 축제가 열린 1996년이 되면 방문객 30만 명, 30개 참가국, 1,100명의 연 전문가가 디에프를 찾게 된다. 1998년에는 아크로바틱 연 월드컵을 개최했다.

■ 2000년대

2000년에는 34개국이 참가하며, 2002년에는 방문객이 40만 명에 달한다. 리투아니아와 핀란드가 참가하기 시작했다. 또 이때부터 발리 춤과 음악도 즐길 수 있게 된다. 2004년 페스티벌의 주제는 '여성(La Femme)'이었다. 45만 명이 축제를 찾았는데, 이는 전년에 비해 18% 증가한 수치다. 이 해에 처음 참가한 지역들은 태즈메이니아(Tasmanie)와 모로코다. 모로코는 축제에 참가한 첫 마그레브 국가였다. '동식물(La Faune et la Flore)'을 주제로 내세운 2006년 페스티벌은 50만 명 이상이 방문하면서 다시 기록을 세웠다. 니콜라 윌로(Nicolas Hulot) 재단이 참가하면서 환경 보호에 중점을 둔 행사였다. 세계에서 처음으로 마오리족이 자신들의 전통 연을 복원시키는 데 성공한다. 2008년에 축제는 음악과 소리를 주제로 내세워 수백 개의 연을 하늘에 띄운다. 참가국들은 자신들의 전통음악을 선보였다. 방문객들은 특히 라틴아메리카 지역의 다양한 전통과 문화를 즐길 수 있었다.

■ 2010년대

15회를 맞이한 2010년 행사는 축제가 시작된 지 30주년을 기념하는 기회이기도 했다. 전 세계 300개 주요 이벤트에 선정되었으며, 44개국이 참가했다. 초청국 태국은 자신들의 전통 연을 선보였다. 이 해의 주제는 '미확인비행구조(Structures Volantes Non Identifiées)'. 연을 주제로 내세운 최대 행사라는 콘셉트를 유지하면서 2012년 축제는 영국을 초청했다. 파이프밴드, 아일랜드 무용, 전통 공연들이 거리를 채웠다. 아프리카 국가 세네갈이 처음으로 참가한 해이기도 했다. 2014년 제18회 행사의 초청국은 인도와 인도네시아였다. 제19회를 맞이한 2016년의 초청국은 캐나다. 9월 10일부터 18일까지 열렸다. 주제는 '원시미술(Les Arts premiers)'. 마야족, 미국 인디언 등 여러 부족의 전통이 소개되었다. 퀘벡, 뉴브런즈윅(Nouveau-Brunswick), 밴쿠버에서 건너온 20여 명의 아티스트들이 참가한 해였다. 40여 개 국가가 참가했는데, 아르헨티나와 가나는 이 축제에 처음 참가한 나라들이다. 올림픽과 패럴림픽 때문에 2024년 행사는 열리지 못했다.

청어와 가리비 장터 Foire aux harengs et à la coquille Saint-Jacques _11월 16~17일(제54회, 2024)

센마리팀Seine-Maritime 지방 디에프의 앙리 카트르 부두Quai Henri IV를 중심으로 뒤켄 부두Quai Duquesne, 카레나주 부두Quai du Carénage, 그랑드 뤼Grande rue 등에서 매년 열리는 행사. 비슷한 행사가 페캉Fécamp, 생발레리앙코Saint-Valéry-en-Caux에서도 열린다.

@Ville de Dieppe

디에프의 역사는 바다와 밀접하게 연결되어 있다. 훈제하거나, 소금에 절이거나, 신선하게 먹는 청어harengs는 중세의 긴 겨울 동안 디에프 사람들의 소중한 먹거리였고, 종종 그들을 기근에서 구해주었다. 중세 때 디에프에 최초의 어장과 제염소가 설립되었고, 디에프에서 잡힌 대부분의 청어는 파리나 루앙의 노점상에서 판매되었다. 청어 요리법으로는 여러 가지가 있는데, 훈제 청어와 식초와 양파에 절인 청어가 가장 고전적이다. 디에프 선원들의 또 다른 보물인 가리비coquille Saint-Jacques는 겨울철에 채취되어 미식가들의 테이블에 놓였다.

@Michel Sarrut

장이 열리는 동안 부스, 레스토랑, 브라스리 등에서 석쇠에 구운 청어와 꼬치로 엮은 가리비를 맛볼 수 있다. 80개 이상의 부스가 들어선다. 토산품 시장, 음악과 연극 공연도 동시에 열린다. 주차 문제 때문에 다카르 경마장에 주차장을 만든 후 행사장까지 무료 셔틀버스를 10시부터 17시 30분까지 운행한다.

디종 Dijon [Bourgogne]

모험의 스크린 Les Écrans de l'aventure _10월 1~6일(제33회, 2024)

@https://fr.wikipedia.org

디종 국제모험영화제 Festival international du film d'aventure de Dijon 란 다른 이름도 가지고 있는 행사로 다큐멘터리와 여행기에 축제의 상당 부분을 할애하며, 모험가들에게 경의를 표하고 있다. 올랭피아 Olympia 및 다르시 Darcy 영화관에서 열리는 영화 상영, 전시회 및 토론회가 주축을 이룬다. 전 세계 여러 지역에서 경쟁 부문에 영화를 출품하며, 5개의 상이 시상된다. 여행과 모험 쪽으로 자신의 꿈을 끝까지 추구한 사람들을 만나볼 수 있는 멋진 기회이기도 하다. 모험과 연대를 내세운 비정부 단체인 라 길드 La Guilde 가 주관하고 있다. 매년 18,000명 이상이 축제를 찾는 중이다.

디종 국제식도락장터 Foire internationale et gastronomique à Dijon _11월 1~11일(제95회, 2025)

@https://jaimedijon.com

부르고뉴 지역에서 열리는 가장 큰 규모의 경제 관련 행사이자 대중적인 이벤트. 1921년부터 디종 시의 당시 시장이었던 가스통 제라르 Gaston Gérard 가 관광과 식도락을 중심으로 도시 이미지를 구축하고자 시작했던 행사가 기원이다. 1925년에 이 행사를 찾은 사람은 무려 60만 명에 달했다. 오늘날 이 이벤트는 국제전시장 Congrexpo, Parc des Expositions et Congrès 에서 잘 마시고 잘 먹는 일에 종사하는 모든 관계자를 한자리에

@francebleu.fr

모으고 있다. 거의 6백 개 이상의 부스가 지역의 생산품들을 소개한다. 2024년에 17만 명이 찾았던 대규모 행사다. 2000년에는 대한민국이 초청국이기도 했다.

국제 영화와 식도락 페스티벌 Festival international cinéma et gastronomie _11월 9~13일(제2회, 2005)

국제 영화와 식도락 페스티벌은 2004년과 2005년 2년 연달아 열렸다. 행사는 1994년에 레 뉠 Les Nuls 이 쓴 『공포의 도시 La Cité de la peur』 속에 등장하는 '겨자와 영화 Moutarde et cinéma'라는 가상의 축제를 연상시킨다. 식사를 다룬 최초의 영화인 루이 뤼미에르 Louis Lumière 의 〈갓난아이의 점심 Le Déjeuner de Bébé〉에서부터 〈그랑 부프 La Grande Bouffe〉를 거쳐 〈바베트의 만찬 Le Festin de Babette〉에 이르기까지 식도락을 다룬 영화들을 기리는 축제다.

2004년 제1회 행사는 11월 17일부터 21일까지 열렸다. 베르나르 루아조상 Prix Bernard Loiseau 은 멕시코 감독 마리아 리폴 Maria Ripoll 의 〈토르틸라 수프 Tortilla Soup〉에게, 단편영화상은 프랑스의 뱅상 솔리냑 Vincent Solignac 과 마르시알 발랑샤옹 Martial Vallenchaon 이 공동 감독한 〈풀레 코코트 Poulet cocotte〉에게, 다큐멘터리상은 프랑스의 폴 라코스트 Paul Lacoste 가 감독한 〈피에르 가녜르 Pierre Gagnaire〉에게, 호텔고등학교 부르고뉴상 Prix Bourgogne des lycées hôteliers 은 디종 소재 르 카스텔 고등학교 Lycée Le Castel 에게, 관객상은 덴마크의 가브리엘 악셀 Gabriel Axel 이 감독한 〈바베트의 만찬 Le Festin de Babette〉에게 돌아갔다.

라 가실리 La Gacilly [Bretagne]

라 가실리 사진 축제 Festival photo La Gacilly _6월 1일~(제22회, 2025)

@tourismebretagne.com

모르비앙 Morbihan 지방의 라 가실리에서 2004년부터 열리는 행사로, 야외에서 열리는 사진전 중 가장 규모가 크다. 대중이 생물다양성, 인간과 환경 사이의 관계에 관심을 가지도록 하는 데 목표를 두고 있다. 이브 로쉐 Yves Rocher 상표가 태어난 고향인 라 가실리를 배경으로 열리는 축제로, 생태계에 가해지는 위협에 대해 여론을 조성하는 동시에 환경을 보호하기 위해 벌이는 다양한 활동을 이해하게 해준다. 방문객들은 야외에 조성된 화랑들을 산책하면서 무료로 초대형 사진을 감상할 수 있다. 30여 개의 갤러리가 참가하며, 1천 장 이상의 사진이 전시된다. 때로는 사진 크기가 70m²에 달하기도 한다. 이 축제와 협력 관계에 있는 이브 로쉐 재단은 재단의 이름을 딴 사진상 Prix photo de la Fondation Yves Rocher 을 시상한다. 매년 방문자 숫자는 35만 명 내외. 축제는 해마다 2개의 테마를 선정하는데, 하나는 한 국가 또는 하나의 대륙 등 지리와 관련된 것이고, 다른 하나는 환경 보호와 관련된 것이다.

라게피 Laguépie [Occitanie]

밤과 수공예 축제 Fête de la châtaigne et de l'artisanat _10월 27일(2024)

2001년부터 정착한 이 행사는 많은 사랑을 받는 대중적인 이벤트가 되었다. 2024년에는 10월 마지막 주 일요일인 27일에 열린다. 민속 공연과 장인들과 상인들이 여는 시장은 이 지역 문화의 풍요로움을 전해준다. 가을의 도래를 함께 즐거워할 수 있는 축제다. 이날 하루 동안 참가자들은 트레킹과 시식, 발견의 기회를 누릴 수 있다. 2024년에는 1.3톤의 구운 밤, 3.4톤의 사과주스, 밤 가루로 만든 크레프 등이 준비되고, 7km와 14km 길이의 산길을 걷는 트레킹 행사, 옛날 자동차 전시회도 마련되었다.

@La Dépêche

라 그랑드모트 La Grande-Motte [Occitanie]

아니말 페스티벌 Festival Anymal _12월 7일(제3회, 2019)

라 그랑드모트의 르 파지노 Le Pasino 에서 열리는 '음악과 유머 축제 Festival de musique et d'humour'로, 동물 보호를 내세우는 아티스트들이 자원봉사로 출연한다. 제1회 행사는 레미 가이야르 Remi Gaillard 의 주도로 2017년 11월 17일부터 19일까지 열렸는데, 트리요 Tryo, 칼리 Cali, 빅플로 & 올리 BigFlo & Oli, 불르바르 데 제르 Boulevard des Airs, 드미 포르시옹 Demi Portion, 기욤 뫼리스 Guillaume Meurice, 피에르-엠마뉘엘 바레+프렌즈 Pierre-Emmanuelle Barré + Friends 등이 무대에 섰다. 2019년에 열린 제3회 행사에는 알파 블론디 Alpha Blondy, 아요 Ayo, 크리스틴 베루 Christine Berrou, 칼리 Cali, 콩스탕스 Constance, 니콜 페로니 Nicole Ferroni, 트리요 등이 참가한 가운데 몽펠리

176

에 Montpellier 와 라 그랑드모트에서 열렸다. 3일 저녁에 걸쳐 개최되는 인간미가 넘쳐 나는 이벤트다.

라니옹 Lannion [Bretagne]

트레고르 셰익스피어 축제 Festival Shakespeare du Trégor _7월 5~8일(2024)

트레고르 셰익스피어 축제 Festival Shakespeare du Trégor 협회가 1996년부터 영국의 유명 극작가 셰익스피어 작품을 코트다르모르 Côtes-d'Armor 북쪽 풍경, 특히 통케덱 성 Château de Tonquédec 을 배경으로 무대에 올리는 행사. 2022년에는 율리우스 카이사르 Jules César 에 대해 공연했다. 2023년의 공연 작품은 〈아테네의 시모네 Simone d'Athènes, The Life of Tymon Simone of Athens 〉. 연출은 소피 메를로 Sophie Merlo 가 맡았다. 2023년의 무대는 라니옹 소재 생탄 공원 Parc Saint Anne 이었다. 그동안 무대에 올린 작품들로는 〈헨리 5세 Henry V 〉 2019, 〈한여름밤의 꿈 Le songe d'une nuit d'été 〉 2000, 2015, 〈안토니우스와 클레오파트라 Antoine et Cléopâtre 〉 2013, 〈햄릿 Hamlet 〉 2011, 〈베니스의 상인 Le marchand de Venise 〉 2007, 〈리처드 3세 Richard III 〉 2004, 〈맥베스 Macbeth 〉 1999, 〈템페스트 La tempête 〉 1997, 〈로미오와 줄리엣 Roméo et Juliette 〉 1996 등으로 셰익스피어의 주요 작품을 망라하고 있다.

라두아세리니 Ladoix-Serrigny [Bourgogne-Franche-Comté]

생뱅상 투르낭트 Saint-Vincent tournante _1월 25~26일(제81회, 2025)

1938년에 처음 만들어진 행사로 매년 부르고뉴 와인을 생산하는 지역의 하나 혹은 여러 마을에서 열린다. 2022년에는 코르포 Corpeau, 퓔리니몽라셰 Puligny-Montrachet, 블라니 Blagny 세 곳에서 열렸다. 부르고뉴 와인의 전통을 드높이는 행사로, 와인의 수호성인인 뱅상 성인 Saint-Vincent 을 기린다. 이 축제는 다수의 와인 전문가와 생산 조합을 한자리에 모으고 있으며, 고급 와인을 시음하며 와인에 대해 공부할 수 있는 기회가 되고 있다. 포도밭에서의 행진,

@Bourgogne Tourisme

슈발리에 뒤 타스트뱅 동업조합 Confrérie des Chevaliers du Tastevin 의 회합, 오래된 포도 재배자의 축성, 와인 시음, 식사, 거리극, 콘서트, 순회 음악 연주, 마을 방문 등으로 프로그램이 구성된다.

토요일이 되면 부르고뉴 전역에서 자신들의 생뱅상 조각상을 가지고 온 약 6백 명의 포도 재배자들이 포도밭 한가운데서 열리는 순례 행진에 참가하고, 호사스러운 의상을 입은 슈발리에 뒤 타스트뱅 동업조합원들과 구경꾼들이 그 뒤를 따른다. 행진이 끝나면 함께 전통 미사를 올린다. 저녁에는 '비뉴롱 vignerons'이라 불리는 유명한 만찬이 4백 명 이상을 맞이하고, 포도주를 시음하기 위해 지하 저장고를 연다. 일요일에도 와인 시음, 거리에서의 행사가 이어진다. 4만 명 정도가 축제를 찾고 있다.

라로셸 La Rochelle [Nouvelle-Aquitaine]

라로셸 국제영화제 Festival La Rochelle Cinéma/Fema _6월 27일~7월 6일(제53회, 2025)

@Festival La Rochelle Cinéma

여름이 시작할 무렵에 전 세계의 다양한 영화를 소개하는 행사다. 매년 여름 열흘 동안 열린다. 1973년에 음악, 영화, 무용, 연극, 조형예술, 토론으로 채워진 학제간 축제인 국제현대예술제 RIAC : Rencontres Internationales d'Art Contemporain 가 루아양 Royan 에서 만들어졌고 다음 해부터 라로셸에서 열리는데, 이미 이때부터 영화는 성공을 거두기 시작했다. 1980년에는 오직 영화 행사만 살아남아, 영화비평가인 장-루 파섹 Jean-Loup Passek 이 주도하는 라로셸 축제 Festival de La Rochelle 가 개최되었다. 1987년에 RIAC은 라로셸 국제영화제로 이름을 바꾸며, 2001년까지 장-루 파섹이 이끌었다. 1975년에 폴커 슐뢴도르프 Volker Schlöndorff, 1977년에 난니 모레티 Nanni Moretti 를 소개할 정도로 영화제는 영화의 미래에 대해 일찍부터 눈을 뜨고 있었다. 2008년부터는 'Festival La Rochelle Cinéma Fema'란 명칭을 사용하고 있다.

행사는 라로셸 국제영화제협회 FIFLR, Association du Festival International du Film de La Rochelle 가 주관한다. 경쟁 부문이 없는 것이 특징이며, 영화 쪽 문화유산과 현대 영화인들의 작품들을 결합하면서 매년 감독

@La Rochelle Agglo

이나 배우들에 할애된 여러 회고전을 마련하고 있다. 또 하나의 세션은 아직 잘 알려지지 않은 작가와 애니메이션 쪽에 할애된다. 6월 30일부터 7월 9일까지 열렸던 2023년 행사에서는 52개국에서 출품한 141편의 장편영화와 77편의 단편영화가 상영되었다. 영화 상영은 르 드라공 Le Dragon, 올랭피아 Olympia 등 시내의 영화관, 카레 아믈로 Carré Amelo 문화센터, 프로망탱 예배당 Chapelle Fromentin, 미셸 크레포 미디어테크 Médiathèque Michel Crépeau, 앵테르몽드 센터 Centre Intermondes 등지에서 이루어진다.

프랑코폴리 드 라로셸 Francofolies de La Rochelle _7월 10~14일(제41회, 2025)

샤랑트마리팀 Charente-Maritime 데파르트망 라로셸에서 매년 7월에 열리는 샹송 축제인 'Francos'는 불어권 최대의 샹송 축제로 발돋움했다. 1985년에 만들어진 페스티벌이며, 시간이 흐르며 프랑스에서 록과 랩, 샹송을 아우르는 가장 규모가 큰 페스티벌 중 하나가 되었다. 100여 명의 가수들이 생 장 다크르 무대 scène de Saint Jean d'Acre 를 포함한 10여 개 무대에서 130개 이상의 공연을 가진다. 당대 최고의 가수들

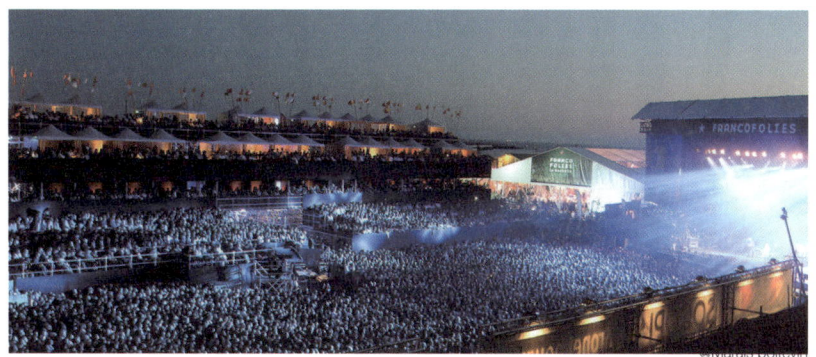

이 참가하나, '르 샹티에 데 프랑코Le Chantier des Francos' 란 프로그램을 통해서는 신인들을 발굴해낸다. 청소년들을 위해 '프랑코 주니어Francos Juniors' 행사도 새로 마련되었다. 보통 7월 중순에 열리지만 매해 날짜는 조금씩 다르다. 콘서트 가격은 10유로에서 50유로 사이이며, 일부 공연들은 무료. 2025년 참가 뮤지션으로는 상타Santa, 베로니크 상송Véronique Sanson, 쥘리앙 도레Julien Doré 등이 있다.

라로셸 국제 모험영화 및 도서전

Festival international du film et du livre d'aventure à La Rochelle/FIFAV _11월 17~23일(제22회, 2025)

FIFAV에 출품된 어드벤처 다큐멘터리 영화들은 그 옛날 라로셸 항구의 어부들이 이용하던 창고에서 감독들과 모험가들이 배석한 가운데 상영되었다. 관련 책을 내던 서점과 사인회, 저자와의 만남, '어드벤처 카페', 사진전 등의 행사도 열렸다. 어린이들을 위한 공간과 낭독회, 교육과 예술 분야의 강좌도 마련되었다. 2011년부터 '지구를 위한 1%1% for the Planet' 멤버가 된 FIFAV는 생태학 쪽으로도 관심을 기울이고 있는데, 이러한 야심은 프로그램, 영화 및 도서 선정에도 영향을 미치고 있다. 영화제는 예산의 1%를 환경과 생태다양성 분야에 관련된 3개 협회에 지원하기도 했다. 40

여 편의 영화를 상영하며, 10개 이상의 상을 수여한다. 영화를 보려면 에스파스 앙캉 Espace Encan 과 해양박물관 Musée maritime 을 찾아가면 된다. 코로나19가 창궐하던 2020년에 영화제는 에스파스 앙캉에서의 영화 상영과 인터넷을 이용한 라이브 상영을 동시에 진행하기도 했다.

라 로슈쉬르포롱 La Roche-sur-Foron [Auvergne-Rhône-Alpes]

블루그래스 인 라 로슈 Bluegrass in La Roche _7월 30일~8월 3일(제20회, 2025)

매년 8월 첫 번째 주말에 미국이 오트사부아 Haute-Savoie 데파르트망의 라 로슈쉬르포롱에 상륙하는 행사. La Roche Bluegrass Festival이란 이름으로 열리던 축제는 2022년에 Bluegrass in La Roche로 바뀌었다. 블루그래스 축제가 열릴 때면 12,000

@La Roche-sur-Foron

@https://bluegrassireland.blogspot.com

명 정도가 이 작은 마을을 찾는다. 미국 컨트리 음악에서 파생된 음악 장르를 대상으로 한 프랑스 축제 중 하나다. 야외에서 무료로 50여 개의 콘서트가 무대에 오르는데, 유럽 각국과 미국 등 15여 개 국가에서 찾아온 30개 내외의 그룹이 참가한다. 도시 전역에서는 전시회와 다양한 이벤트가 열린다. 현악기 전시회, 블루그래스 강좌, 아이들을 위한 놀이시설 등이 그것이다. 코로나19로 인해 2020년 행사는 취소되었다.

라 로크당테롱 La Roque-d'Anthéron [Provence-Alpes-Côte-d'Azur]

라 로크당테롱 국제피아노축제

Festival international de Piano de La Roque-d'Anthéron _7월 20일~8월 20일(제44회, 2024)

@festival-piano.com

라 로크당테롱 국제피아노축제는 1981년 6월 폴 오노라티니 Paul Onoratini 1920-2010 와 르네 마르탱 René Martin 이 공동으로 창립한 연례 축제다. 세계에서 가장 크고 권위 있는 피아노 행사 중 하나로, 자연 한

@https://www.radiofrance.fr

가운데서 독특한 음악 경험을 제공한다. 행사 장소는 플로랑 성 Château de Florans 의 야외 정원. 축제는 유럽에서 가장 권위 있는 음악 행사 레벨로 올라서면서 '피아노의 메카 Mecque du piano '라는 별명도 얻었다. 베르트랑 샤마유 Bertrand Chamayou, 카티아 부니아티슈빌리 Khatia Buniatishvili, 그리고리 소콜로프 Grigory Sokolov 같은 프랑스 국내외의 저명 피아니스트가 대거 찾는 행사다. 하지만 클래식 음악 공연 외에도 현대음악, 재즈 콘서트, 일렉트로닉 음악도 공연된다. 축제는 새로운 세대의 예술가를 육성하기 위해 마스터클래스도 개최한다. 또한 이 축제는 1998년부터 매년 여름 부슈뒤론 Bouches-du-Rhône 데파르트망과 공동으로 '프로방스의 길 위에서 Sur les routes de Provence '라는 프로그램을 마련해 데파르트망의 여러 도시와 마을에서 무료 공연을 제공하고 있다.

라마 Lama [Corse]

라마 영화제 Festival du film de Lama _7월 27일~8월 2일(제30회, 2024)

@https://www.francebleu.fr

오트코르스 Haute-Corse 데파르트망의 오스트리코니 Ostriconi 삼각주와 해변이 내려다보이는 중세마을에서 즐기는 화기애애한 영화제. 매일 21시 반에 대형스크린을 보유한 4개 장소 그중 3개는 야외극장 에서 동시에 열린다. 1994년부터 '마을의 연대기 Chroniques villageoises' 세션은 영화가 농촌 세계와 맺고 있는 관계를 탐구하고 있다. 1만 명 정도가 영화제를 찾고 있으며, 70편 내외의 영화가 상영된다.

라말루레뱅 Lamalou-les-Bains [Occitanie]

라말루레뱅 오페레타 페스티벌 Festival d'opérettes de Lamalou-les-Bains
혹은 오페라 페스티벌 Festival Lyrique _7월 23일~8월 17일(2025)

오페레타 페스티벌은 에로 Hérault 데파르트망의 온천도시 라말루레뱅에서 1880년에 처음 생겨났기에 144년의 역사를 자랑한다. 그로 인해 빅토르 위고 Victor Hugo, 알렉상드르 뒤마 Alexandre Dumas, 조르주 비제 Georges Bizet, 카미유 생상스 Camille Saint-Saëns 등 행사를 찾은 유명 작가와 음악인들이 많다. 그 후 확장을 거듭하여 오늘날 많은 프랑스인과 유럽인이 축제를 찾고 있다. 현지와 해외의 전문가들이 이 행사를 위해 모이기에 마지막 '비상근 극단 théâtre non permanent de troupe'으로 불리기도 한다.

　현대적 의미의 오페레타 페스티벌은 1975년에 연출가인 페르낭 륄리에 Fernand L'Huillier가 처음 만들어냈으며, 현재 그의 손녀인 로베나 륄리에 Lovénah L'Huillier가 운영 책임을 맡고 있다. 운영 주체의 이름은 '리릭코페레트 Lyric'Operette'로 이 단체는

2014년에 홍수가 마을을 덮쳤을 때 이재민들을 위한 기금을 마련하는 콘서트를 열기도 했다. 오페레타, 코믹 오페라 opéras comiques, 뮤지컬 등을 무대에 올리기에 오페레타 애호가들에게 프랑스 최고의 이벤트로 간주된다. 2021년에는 7월 31일부터

8월 21일까지 시립극장에서 8개의 공연, 야외에서 3개 공연이 열렸다. 하지만 절정기에는 10,000명의 관객까지 끌어들인 축제를 찾는 사람이 최근 줄어들자 라말루레뱅 시가 '오페라 페스티벌 Festival Lyrique'로 제목을 바꾸었다.

라 메주 일대 Pays de La Meije [Auvergne-Rhône-Alpes/Provence-Alpes-Côte d'Azur]

메시앙 페스티벌 Festival Messiaen _7월 20~28일(제26회, 2024)

이제르 Isère 데파르트망과 오트잘프 Hautes-Alpes 데파르트망의 경계에 위치한 곳이 라 메주 산지 Massif de La Meije. 이 현대음악제는 산지 위에 자리한 작은 마을 라 그라브 La Grave 에서 여름철을 보내고 에크랭 산지 Massif des Écrins 의 자연과 풍광에서 음악적 영감을 얻었던 작곡가 올리비에 메시앙 Olivier Messiaen 1908-1992 을 기리기 위해 만들어졌다. 프로그램은 20세기의 걸작들과 새 창작물들을 함께 다루고 있다. 실내 콘서트들은 라 그라브 소재 노트르담 드 라쏭프시옹 성당 Église Notre-

@Festival Messiaen

Dame de l'Assomption, 르 샤즐레 Le Chazelet 의 생트크루아 성당 Église Sainte-Croix, 브리앙송 Briançon 의 코르들리에 성당 Église des Cordeliers 에서 열린다.

라몽빌생타뉴 Ramonville-Saint-Agne [Occitanie]

거리 축제 Festival de rue _9월 12~14일(제38회, 2025)

@https://www.laregion.fr/

툴루즈 Toulouse 도심으로부터 15km 떨어진 곳에 자리한 라몽빌 Ramonville 에서 열리는 축제로 옥시타니 지방의 거리예술들을 집결한 이벤트다. 음악, 연극, 무용, 서커스, 퍼포먼스, 설치작품, 비디오, 마리오네트, 조형예술 등이 프로그램을 구성한다. 툴루즈 지역에서 맞이하는 개학 시즌의 주요 행사이기도 하다. 25,000명에서 30,000명 정도가 50여 개의 거리 공연단체 및 예술단과 만난다. 참가하는 아티스트 숫자는 200명 내외. 공연의 숫자는 120개에 달한다.

라바스티드다르마냑 Labastide-d'Armagnac [Nouvelle-Aquitaine]

아르마냑 축제 Armagnac en Fête _10월 26~27일(제25회, 2024)

@https://www.armagnacenfete.fr

이 중세마을의 중심을 차지하고 있는 루아얄 광장 Place Royale 에서 열리는 행사로, 프랑스 증류주 중에서 가장 역사가 깊은 아르마냑 술을 기리는 이벤트다. 장터, 시음회, 포도를 발로 으깨기, 에스쿠바드 동업조합 Confrérie de l'Escoubade 의 신입회원 축하 행사, 주제별 아틀리에, 요리 시범, 라바스티드다르마냑 도슨트 투어, 큰 통 위에서 나누는 식사, 무용, 청각 체험 등 다양한 프로그램으로 구성되어 있다. 4천 명 이상이 축제에 참가한다.

라 바스티드클레랑스 La Bastide-Clairence [Nouvelle-Aquitaine]

바스티드 도서 축제 Festi'livre en Bastide _7월 8~9일(2023)

매년 개최되는 도서전으로 마을 광장의 아치 아래서 열린다. 이 문학 행사는 라 바

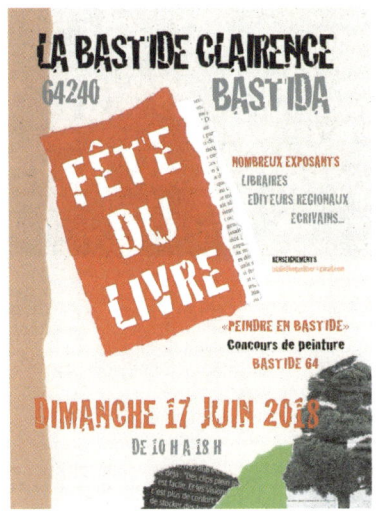
@Flaner Bouger

스티드클레랑스 마을 문화생활의 완벽한 일부가 되면서 시골 지역에서의 문학을 홍보하는 데 일조하고 있다. 또 시골에서도 진정한 책 축제가 열릴 수 있음을 보여준다. 출판사, 서점, 작가, 북디자이너, 제본가 등이 축제를 찾는다. 축제에서는 소설, 만화, 에세이, 청소년문학 등 모든 형태의 책을 만날 수 있다. 또 축제를 찾는 사람들은 저자 및 출판 전문가들과 의견을 교환하고 대화를 나눌 수 있다. 입장은 무료.

다른 여러 축제와 마찬가지로 2022년 행사는 코로나19로 인하여 취소되었다. 자원봉사자들로 구성되어 행사를 주관하는 새로운 협회 '바스티드와 책읽기Association Bastide et Lire'가 2022년 9월 13일 마을에 만들어졌다. 축제는 15년 만에 이름이 바뀌어 2023년부터 바스티드 도서 축제Festi'livre en Bastide 라 불리게 되었다.

라발 Laval [Pays de la Loire]

라발 빛의 축제 Lumières de Laval _11월 30일(제30회, 2024)~1월 5일(2025)

@Agenda de Sweet FM

장식과 미장센을 활용한 겨울 행사. 마이엔Mayenne 강가에서 샤토뇌프Château-Neuf 광장에 이르기까지 방문객들은 다채로운 마법의 세계에 빠진다. 빛의 나무와 날아다니는 랜턴은 얼음궁전 분위기를 더욱 돋우고 있다. 축제 시간은

@Autocars Vincent Bobet

해마다 조금씩 조정되며, 12월 24, 25, 31일과 새해 첫날에도 대체로 중단 없이 진행된다. 30주년을 맞이하는 2024-2025년 행사는 12월 '크리스마스의 마법féerie de Noël'을 주제로 열렸다.

라 볼 La Baule [Pays de la Loire]

라 볼 영화와 영화음악 축제 Festival du Cinéma & Musique de Film de La Baule
_6월 26~30일(제10회, 2024)

2014년에 이벤트 프로듀서인 샘 보비노Sam Bobino 와 영화 〈코러스Les Choristes〉의 감독인 크리스토프 바라티에Christophe Barratier 가 만든 축제로 음악과 영화를 완벽하게 결합한 행사다. 놓칠 수 없는 연례 행사로. 2024년에는 60년에 걸쳐 50편의 영화를 제작한 클로드 를루슈Claude Lelouch 감독이 명예 초대 영화인으로 선정되었다. 축제 프로그램은 40회의 영화 상영, 3개의 마스터클래스, 위대한 영화음악가에 대한 오마주인 대형 콘서트, 학생들과의 만남,

청년 영화음악 작곡가들의 레지던시 프로그램, 사진전, 연대 상영회 등으로 구성되어 있다. 영화는 경쟁과 비경쟁 부문으로 나눈 후 프랑스 장편영화 및 단편영화들을 선정하며, 세계 영화 파노라마 세션도 마련한다.

라 볼 음악제 Festival Musiques à La Baule _7월 13~17일(제27회, 2023)

https://www.festivaldelabaule.com/

모든 종류의 음악이 한자리에 모이는 라 볼 음악제는 놓쳐서는 안 될 행사다. 이 축제는 클래식 음악과 재즈, 혁신적인 작곡물에도 자리를 부여한다. 재능이 탁월한 연주자들 덕분에 라 볼-에스쿠블락 La Baule-Escoublac 소재 사크레쾨르 예배당 Chapelle du Sacré-Cœur 에서 브람스 Brahms 가 마누슈 manouche 재즈를, 비발디 Vivaldi 가 장고 라인하르트 Django Reinhardt 를 뒤잇는 식의 연주회가 열린다. 음악 스타일에 따라 저녁마다 분위기는 다르지만 품격은 유지된다. 음악 장르와 세대를 아우르는 멋진 행사다.

라 샤리테쉬르루아르 La Charité-sur-Loire [Bourgogne-Franche-Comté]

낱말의 네 모퉁이에서 축제 Festival Aux quatre coins du mot _5월 8~12일(제6회, 2024)

루아르 강변에 자리한 책마을 라 샤리테쉬르루아르는 2005년 봄부터 시작해 14년간 낱말과 낱말들 협회 Association Mot et Mots 가 매년 주관해온 '낱말 축제 Festival du Mot'를 통해 시, 연극, 소설 등에 할애된 풍요로운 예술 프로그램으로 아티스트, 창작가, 연구자들을 불러 모았다. 시청 앞 분수대에는 2005년부터 2018년까지 선정된 그해의 낱말들이 새겨져 있다. 2006년 '존경 Respect', 2007년 '용기 Bravitude', 2012년 '트위터Twitter' 등이 그것들이다. 2019년부터는 라 샤리테La Charité 수도원 내 문화 회의센터에서 열리던 '낱말의 도시La Cité du mot'가 문화부와 시의 지원을 받으며 수도원과 도시 전역에서 주최하는 '낱말의 네 모퉁이에서Aux quatre coins du mot'로 축제 이름이 바뀌었다. 프랑스와 세계의 네 모퉁이

에서 나오는 모든 형태의 단어를 중심으로 문화, 교육, 사회적 유대 및 관광이 유산의 보존 및 향상과 만나는 이 프로젝트는 '낱말, 글, 언어, 구술, 억양의 힘과 마력'을 드러내려고 애쓰면서 라 샤리테쉬르루아르를 '낱말의 프랑스어권 수도'로 만들었다. 예수 승천을 기념하는 주말이 포함된 5일의 축제기간동안 전시회, 연극 공연, 영화 상영, 토론회, 아이들을 위한 실습 강좌, 콘퍼런스, 설치작품, 기타 공연들이 마련된다. 2020년 행사는 코로나19로 인해 온라인으로 대체되었으며, 2년간의 팬데믹 이후 2022년에 프랑스어 및 프랑스어권 주간Semaine de la langue française et de la Francophonie 과 연합해 축제를 진행했다. 2022년 행사 주제는 '전달과 유쾌한 지식la transmission et le gai savoir'.

라 센쉬르메르 La Seyne-sur-Mer [Provence-Alpes-Côte d'Azur]

라 센 보나파르트 페스티벌Festival Bonaparte à La Seyne _5월 27일~6월 4일(제2회, 2023)

나폴레옹 보나파르트Napoléon Bonaparte 에게 할애된 축제. 2021년에 처음 열렸던 행사가 2023년에는 보다 체계를 갖춘다. 2021년 9월 25일과 26일에 열린 나폴레옹 사망 200주년 행사가 1만 명 이상의 관객을 끌어들이면서 성공을 거둔 후 라 센쉬르메르 시가 2023년에 다시 행사를 개최했다. 제1회 행사가 내세운 제목은 'Bonaparte 1793'. 행사는 발라기에 성채Fort Balaguier 일대에서 열렸다.

@frequence--sud.fr

1793년 툴롱 Toulon 항이 왕당파로부터 구출되었을 때 나폴레옹은 아직 황제 자리에 오르지 못하고 '단지' 부대장에 불과했다. 라 센쉬르메르 시장의 표현은 다음과 같다. "보나파르트의 역사는 라 센 La Seyne 에서부터 나폴레옹의 역사와 합류한다. 1793년에 공화국을 구출해낸 것은 바로 우리 마을이다." 이런 역사에 근거해 출발한 축제는 모든 주민이 참여하기를 독려하고 있고, 학교들과의 협력도 모색 중이다.

라 셰즈디외 La Chaise-Dieu [Auvergne-Rhône-Alpes]

라 셰즈디외 페스티벌 Festival de La Chaise-Dieu _8월 20~30일(제59회, 2025)

@https://www.vacances-livradois-forez.com

매년 8월 말에 오트루아르 Haute-Loire 데파르트망 마을 라 셰즈디외에서 열리는 클래식 음악제. 주로 종교음악에 할애된 축제로 대부분의 행사가 라 셰즈디외 수도원 Abbaye de La Chaise-Dieu 에서 열린다. 부다페스트에서 출생했다가 1968년 프랑스인으로 귀화한 피아니스트 조르주 치프라 Georges Cziffra 가 1966년에 만든 행사로, 2016년에 50주년을 경축했다. 오늘날 이 축제는 프랑스 최대의 클래식 및 종교음악 행사 중 하나로 꼽힌다. 영적인 동시에 이교도적인 4백 년 역사의 종교음악이 60여 개 콘서트를 통해 소개된다. 장소는 라 셰즈디외 수도원, 수도사들의 옛 도서관이었던 치프라 홀 Salle Cziffra 등지다.

@Auvergne Vacances

라 시오타 La Ciotat [Provence-Alpes-Côte d'Azur]

국제최우수단편영화제 Best of international Short Films Festival _6월 21~25일(제20회, 2023)

프로방스 지방 라 시오타에서 열리는 이 단편영화제는 북반구와 남반구의 유수 국제영화제에서 수상한 작품들을 모은 행사다. 당연히 북반구 영화들이 많다. 해당연도의 오스카상, 황금종려상, 세자르상을 위시해 칸, 베네치아, 베를린, 멕시코, 클레르몽페랑 등지의 영화제에서 주요 상들을 수상한 60여 편의 단편영화들을 상영한다. 단편영화들은 전문가와 영화 애호가로 구성된 심사위원들 앞에서 경쟁을 펼치며, 최우수작들에게는 상이 수여된다. 영화제는 세계에서 가장 오래된 영화관이자 최근에 리모델링된 테아트르 에덴 Théâtre Éden 에서 열린다.

라에메 Lahaymeix [Grand-Est]

방 데 포레 페스티벌 Festival Vent des forêts _매년 7월

@saisonafrica2020.com

　로렌 지방 뫼즈Meuse 데파르트망의 라에메 숲Forêt de Lahaymeix 에서 열리는 축제. 면적이 5,000ha, 길이가 45km에 달하는 오솔길에서 현대미술 작품들을 만나게 하는 행사다. 곳곳에서 콘서트, 야외 영화 상영, 나무나 돌, 철로 제작한 설치예술 작품 등을 만날 수 있다. 예술가들은 축제와 파트너십을 체결한 인근 마을의 레스던스에서 묵는다. 매년 5만 명이 찾는 축제다. 6개 마을의 주도로 1997년에 처음 축제가 만들어진 후 2021년까지 244점 이상의 작품이 제작되었는데, 그중 150점을 여전히 오솔길에서 만날 수 있다. 야외에서 구현되는 예술적 실험의 장이라 할 수 있는 이벤트이며, 동시대적 맥락 풍경, 기후의 변화, 시대의 변화 을 담아내는 데 주력한다. 관람은 무료다.

　Vent des forêts 첫 행사가 열린 후 이 축제는 뫼즈 지방 전원에 예술과 문화의 바람을 불어넣고 있다. 기업의 메세나를 통해 2022년에도 8명 예술가들의 작품이 새로 설치되었다. 길이가 3-14km에 달하는 7개의 둘레길도 조성되어 있는데, 도보, MTB 혹은 말 등 다양한 수단을 통해 돌아볼 수 있는 둘레길은 다음과 같다.

- 그로 샤름 둘레길(Circuit du Gros Charme)(10km, 도보로 약 3시간)
- 그로 카이유 둘레길(Circuit du Gros Caillou)(12km, 도보로 4시간)
- 마르콜리외 둘레길(Circuit de Marcaulieu)(10km, 도보로 3시간 30분)

- 크루아 카모냉 둘레길(Circuit de la Croix Camonin)(14km, 도보로 4시간 30분)
- 루방 둘레길(Circuit de Louvent)(9km, 도보로 3시간)
- 트루아 퐁텐 둘레길(Circuit des Trois Fontaines)(8km, 도보로 2시간 30분)
- 단축 둘레길(Court-circuit)(3km, 도보로 1시간)

라코스트 Lacoste [Provence-Alpes-Côte d'Azur]

영화 축제 Festival de Cinéma _7월 24~30일(제3회, 2022)

코로나19로 인해 대부분의 축제가 취소된 2020년 여름 사드 후작성 Château du Marquis de Sade 에서 처음 시작된 축제로 2021년에 제2회 행사를 치렀다. 피에르 카르댕 Pierre Cardin 은 예술감독을 제라르 샹브르 Gérard Chambre 에게 위임했고, 제라르 샹브르는 야외영화제를 만들어낸다. 저널리스트이자 작가인 파트릭 푸아브르 다르보르 Patrick Poivre d'Arvor 가 주관하는 제2회 행사는 관객 확대를 목표로 내세웠다. 〈웨스트 사이드 스토리 West Side Story 〉1962, 〈레미제라블 Les Misérables 〉2012, 〈시카고 Chicago 〉2003, 〈로슈포르의 숙녀들 Les Demoiselles de Rochefort 〉1967, 〈토요일 밤의 열기 Saturday Night Fever 〉1978, 〈메리 포핀스 Mary Poppins 〉1964, 〈물랭 루즈 Moulin Rouge 〉2001 가 선을 보였다.

무대예술제 Festival d'art de la scène _8월 1~13일(제22회, 2022)

뤼브롱 Luberon 중심에 자리한 사드 후작 성의 채석장 Carrières du Château du Marquis de Sade 이라는 특이하고도 잊기 어려운 장소에서 피에르 카르댕 Pierre Cardin 이 2000년에 처음 만들어낸 축제로 연극, 무용, 콘서트, 오페라 쪽으로 할애되어 있다. 관객들에게는 떠오르는 스타를 만날 수 있는 기회를 제공한다. 선각자인 동시에 창작가, 문화예술인이었던 피에르 카르댕은 스타일과 예술, 패션과 연극을 서로 결합시키려

고 했는데, 그의 조카 로드리고 바실리카티Rodrigo Basilicati는 그의 뜻을 이어받아 모든 형태의 예술에게 자리를 부여하고 있다. 멜랑콜리가 넘치는 팝을 노래하면서 재즈와 블루스 사이를 오가고 있는 제이 제이 요한슨Jay Jay Johanson, 아스토르 피아졸라Astor Piazzola에 대한 오마주, 더 오페라 로코스The Opéra Locos 등 7개 공연이 2021년 프로그램을 장식했다. 예술감독은 에브 뤼지에리Ève Ruggiéri가 맡았다.

라 코트생탕드레 La Côte-Saint-André [Auvergne-Rhône-Alpes]

베를리오즈 페스티벌 Festival Berlioz _8월 16~31일(2025)

@Radio Millenium

@France Bleu

작곡가 엑토르 베를리오즈Hector Berlioz가 태어난 마을인 라 코트생탕드레에서 1994년부터 열리는 이 축제는 교향곡에 중점을 둔다. 15여 일 동안 50개의 행사가 열리고, 1천 명 이상의 아티스트가 참가한다. 콘서트는 루이 11세 성Château Louis XI의 뜰과 홀, 엑토르-베를리오즈 박물관Musée Hector-Berlioz 등에서 열린다. 교향곡을 다룬 축제가 적기에 이 축제는 클래식 음악 쪽의 중요 행사로 자리를 잡는 중이다. '오프Off' 페스티벌도 인근 마을들에서 열리는데, 리사이틀과 실내음악 위주로 편성되고 있다. 약 2만 명이 축제를 찾는다.

라 쿠베르투아라드 La Couvertoirade [Occitanie]

중세 마스카라드 축제 Les Mascarades Médiévales _7월 30일(제12회, 2023)

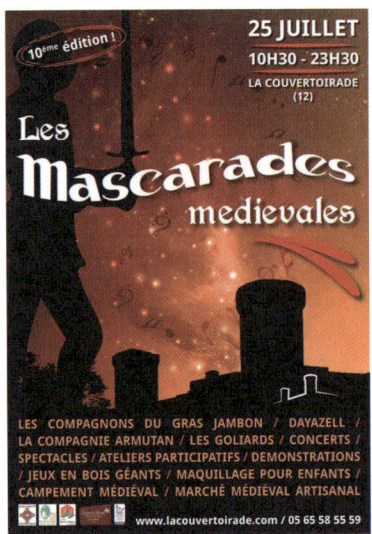

옥시타니Occitanie 지방의 중세마을 라 쿠베르투아라드에서 열리는 가족적인 분위기의 중세축제. 10시 30분부터 18시 30분까지 이 마을의 거리들을 공연, 중세 아틀리에(펜싱 배우기, 서예...), 공예 시범, 음악, 무용, 트루바두르, 거대한 나무를 이용한 게임, 어린이 분장, 중세 텐트 체험, 중세시장, 성채 무료 방문, 농가 동물 구경 등의 다양한 행사들이 채운다. 입장료는 1인당 5유로, 2명의 성인과 2명의 어린이로 구성된 가족 요금은 17유로. 저녁에는 식사와 공연이 이어진다. 2017년 이 마을을 찾은 공연 단체들은 콩파니 아르뮈탕Compagnie Armutan, 다야젤Dayazell, 레 골리아르Les Goliards, 레 콩파농 뒤 그라 장봉Les Compagnons du Gras Jambon, 투슈 뒤 부아Touche du Bois, 아장스 스트라스Agence Strass 등이다.

198

라 클뤼자 La Clusaz [Auvergne-Rhône-Alpes]

르블로숑과 수공예 축제 Fête du reblochon et de l'artisanat _8월 11일(2024)

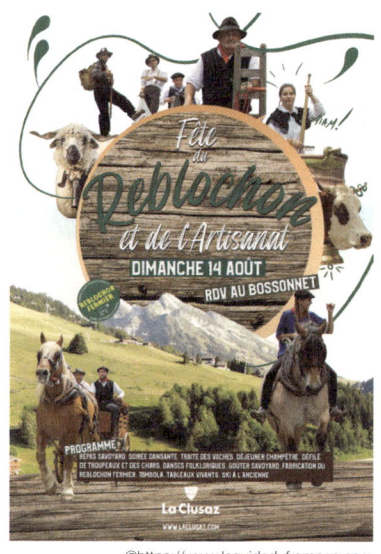
@https://www.leguidedufromage.com

매년 8월 중순이 되면 라 클뤼자 마을은 사부아 지역의 치즈 분야 전통과 장인 및 농부들을 기리는 축제를 연다. 르블로숑 reblochon 치즈가 거리에서 만들어지고 방문객들은 '아라비의 백색 치즈 tomme blanche des Aravis'라 불리는 갓 굴린 치즈를 맛볼 수 있다. 장인들, 농부들, 목축업자들도 이날 자신들만의 장기를 선보인다. 양털 깎기, 빵 만들기, 커피 빻기 등이 그런 행사들이다. 꽃마차 행진과 민속무용 공연도 열린다. 매년 2천 명 이상이 축제를 찾고 있다.

라 투르데그 La Tour-d'Aigues [Provence-Alpes-Côte d'Azur]

라 투르데그 무용제 Les Nuits du Château - Festival de danse de La Tour-d'Aigues _7월 4~6일(제6회, 2024)

프로방스알프코트다쥐르 Provence-Alpes-Côte d'Azur 레지옹 보클뤼즈 Vaucluse 데파르트망에 소재한 멋스러운 라 투르데그 성 내부에서 2019년부터 열리고 있는 현대무용제. 전야제에 이어 4일 저녁 동안 15개 내외의

지방별 축제 [ㄹ] 199

작품들이 무대에 오른다. 국제무용계에 중요한 인물들뿐 아니라 신성들이 대거 참가해, 대작과 신작들을 첨단기술과 함께 감동적으로 해석한다. 또 성의 모습 역시 전통과 현대를 효과적으로 잇는 배경 역할을 충실히 떠맡고 있다.

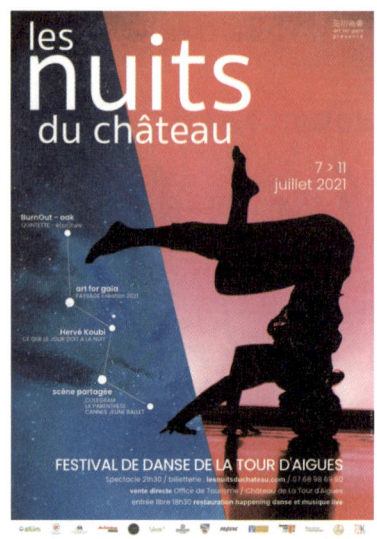

2021년에는 대단히 재능이 많은 아티스트들이 대거 참가했는데, 뷔르누Burnout 무용단의 얀 갈루아Jann Gallois, 아트 포 가이아Art for Gaïa 무용단의 플로렌시아 곤잘레스Florencia Gonzalez, 모리Maurie 무용단의 에밀리 모리Emilie Maurie, 라 파랑테즈La Parenthèse 무용단의 크리스토프 가르시아Christophe Garcia, 칸 죈 발레Cannes Jeune Ballet 무용단의 프란체스코 쿠르시Francesco Curci 와 디디 벨드만Didy Veldman, 라 투르La Tour 무용단의 아비가엘 모를레Abigaël Morlet 와 마리안 뤼케Marianne Luquet, 엘레팡트Eléphante 무용단의 상드라 프랑세Sandra Français, 베르가리 발레Vergari Ballet 무용단의 안젤로 베르가리Angelo Vergari 등이 그들이다. 축제를 주관하는 단체는 아트 포 가이아587 Chemin de Caguerasset, 13190 Allauch .

라 플라뉴 La Plagne [Auvergne-Rhône-Alpes]

쉬블리심Subli'Cimes _4월 6~11일(제8회, 2024)

호칭은 Subli'Cimes, Sublicime, sublicimes, subli cimes 등 아무래도 상관없다. 봄이 되면 라 플라뉴La Plagne 스키장은 트랙을 기상천외하고도 엉뚱한 이벤트와 오락의 공간으로 개조한다. 5개 봉우리는 서로 다른 테마를 내세운다. 로슈 드 미오Roche de

@La Plagne

Mio는 강렬한 느낌을 주는 오락거리를 제공하고, 아르페트Arpette는 마사지와 전망 좋은 사우나를 갖춘 노천 스파로 변신한다. 반면 그랑드 로셰트Grande Rochette는 어린이들이 수작업할 수 있는 공간을 갖춘 북유럽 라포니아 지방 마을을 조성한다. 또 라 로사La Rossa는 부풀어 오르는 성이 세워진 놀이공간이 된다. 포르늘레Fornelet에서는 공연이 열리며, 베쿠앵Bécoin은 바와 DJ가 있는 무도회장으로 탈바꿈한다. 라 로사를 제외하고는 정상까지 걸어서 올라갈 수 있다.

랑공 Langon [Nouvelle-Aquitaine]

비정형의 밤 Nuits atypiques _6월 2일~7월 21일(제33회, 2024)

https://nuitsatypiques.org/

지롱드Gironde 지방 랑공에서 1992년에 처음 만들어진 행사로 월드뮤직, 관용의 정신과 세상에 대한 열림을 홍보하고 시민성의 자각을 목적으로 하고 있다. 따라서 문화다양성, 차이의 인정, 인종 차별 반대를 전면에 내세운 축제다. 2015년부터는 '쉬드 지롱드Sud Gironde' 지역을 순회하는 형태를 채택하고 있다.

제3세계의 부채 문제, 농업, 인권, 문화의 차이, 세상의 상품화, 공정무역, 재정의 세계화 같은 다양한 주제를 놓고 토론회와 영화 상영이 이루어진다. 2017년에 축제는 쉬드 지롱드 지역의 13개 마을에서 6월 4일부터 7월 22일까지 열렸는데, 야니크 졸랭Yannick Jaulin, 가엘 파이Gaël Faye 같은 인물들이 참석했다.

@AquitaineOnLine

▌프로그램

1994년 : 페무즈 T(Femmouzes T)(프랑스)

1995년 : 아주키타(Azuquita)(파나마/프랑스), 세자리아 에보라(Cesária Évora)(카보베르데), 모리 칸테(Mory Kanté)(기니)

1996년 : 질베르토 질(Gilberto Gil)(브라질), 부바카르 트라오르(Boubacar Traore)(말리)

1997년 : 셰브 마미(Cheb Mami)(알제리), 마누 디방고(Manu Dibango)(카메룬)

1998년 : 꼼빠이 세군도(Compay Segundo)(쿠바), 레이 바레토(Ray Barretto)(미국 뉴욕/푸에르토리코), 유리 부에나벤투라(Yuri Buenaventura)(콜롬비아/프랑스), 수잔나 바카(Susana Baca)(페루)

1999년 : 포델(Faudel)(알제리/프랑스), 마실리아 사운드 시스템(Massilia Sound System)(프랑스 마르세유/옥시타니), 올랜도 '마라카' 바예(Orlando «Maraca» Valle)(쿠바)

2001년 : 콩파니 뤼바(Compagnie Lubat)(프랑스), 엘리아데스 오초아(Eliades Ochoa)(Buena Vista Social Club 멤버)와 쿠아르테토 파트리아(Cuarteto Patria)(쿠바), 에밀 쿠스투리차와 노 스모킹 오케스트라(Emir Kusturica and The No Smoking Orchestra)(유고슬라비아), 파뷸러스 트루바두르(Fabulous Trobadors)(프랑스 툴루즈-옥시타니), 마누 차오(Manu Chao)(프랑스), 마누 디방고(Manu Dibango)(카메룬), 바르베스 국립오케스트라(Orchestre national de Barbès)(프랑스/마그레브)

2002년 : 세자리아 에보라(카보베르데), 고란 브레고비치(Goran Bregovic)(보스니아 헤르체고비나), 유수 은두르(Youssou N'Dour)(세네갈), 데데 생-프리(Dédé Saint-Prix)(마르티니크), 세르장 가르시아(Sergent Garcia)(프랑스), 누아르 데지르(Noir Désir)(프랑스)

2003년 : 제브다(Zebda)(프랑스), 마실리아 사운드 시스템(프랑스), 로이 파치(Roy Paci)(이탈리아), Caetano Veloso(이탈리아), 유리 부에나벤투라(콜롬비아/프랑스), 고탄 프로젝트(Gotan Project)(프랑스/아르헨티나), 아시안 더브 파운데이션(Asian Dub Foundation)(영국)

2004년 : 마누 디방고(카메룬), 오마라 포르투온도(Omara Portuondo)(쿠바), 에밀 쿠스트리차(유고슬라비아)

2006년 : 질베르토 질(브라질), 고란 브레고비치(보스니아 헤르체고비나), 아라곤 오케스트라(Orquesta Aragon)(쿠바)

부프 리리크 드 가론 Bouffes Lyriques de Garonne _8월 12~13일, 15~16일(2024)

매년 8월에 오페라와 오페레타를 소개하던 '바리 오페라단Opéra de Barie 페스티벌'이 2021년부터 악천후와 폭염을 피하기 위해 장소를 바꿔 지롱드Gironde 지방 가

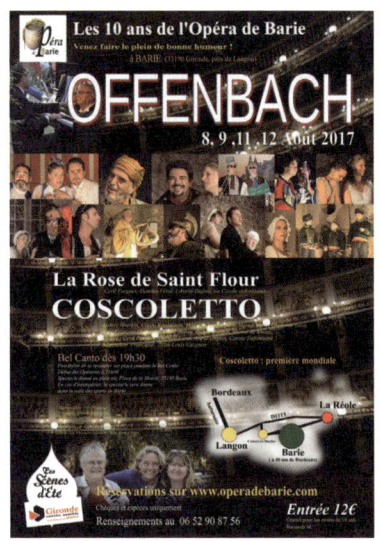

론 Garonne 강가 랑공에서 열릴 예정이었는데, 코로나19 시국으로 인해 2020년부터 3년간 행사가 열리지 못했다.

10여 명의 가수와 배우 사이의 우정으로 시작된 바리 오페라단 페스티벌은 2008년에 시작된 행사로, 4일에 걸쳐 평균 1,800명의 관객이 행사를 찾았다. 최소 1년에 한번, 여름에 대도시에서 멀리 떨어진 전원에서 평소 일반에게 잘 소개되지 않던 오페라나 오페레타, 오페라 부파 opéra bouffe 작품을 소개하는 것을 목적으로 삼았다. 2018년에 소개된 음악가들은 자크 오펜바흐 Jacques Offenbach 와 앙드레 메사제 André Messager 였다. 도르트 Dorthe 에 소재한 아멜 드 카스테 성 Château du Hamel de Castets 에서 열리다가 랑공으로 옮기며 축제 이름을 바꿨다. 2024년 7월 12일과 13일, 그리고 15일과 16일 21시에 바리에서 4km 거리에 위치한 퓌바르방 Puybarban 에서는 프랑스 작곡가 오펜바흐의 오페레타를 포함한 3개 작품이 무대에 올랐다. 자크 오펜바흐의 〈바이올린 연주자 Le Violoneux〉와 프레데릭 바르비에 Frédéric Barbier 의 〈돈 페로치오 Don Férocio〉, 그리고 샤를 르콕 Charles Lecocq 의 오페라 부파 〈드크락 씨의 유언 Le Testament de Monsieur de Crac〉이 그것들이다.

랑그르 Langres [Grand-Est]

알바르디에 여름 축제 Estival des Hallebardiers _7월 25일~8월 17일(제38회, 2024)

프랑스에서 가장 역사가 오래된 도시이자 성채도시인 랑그르에서 알바르디에 공연단 Compagnie des Hallebardiers 이 2시간 30분 동안 진행하는 재미있는 역사극이자 체험 행

@tourisme-langres.com

사. 거리를 돌아다니는 동안 방문자들도 전문 배우들과 함께 망토를 두르며 배우로 분장하는데, 코스는 문화, 예술, 문화유산과 관련된 명소들을 연결한다. 특히 이 축제는 프랑수아 1세 François Ier 와 샤를 9세 Charles IX 의 입성을 재현한다. 목, 금, 토요일 21시에 콜레주 디드로 Collège Diderot 뜰에서 출발한다. 중세와 르네상스 시대를 좋아하는 사람이라면 놓치지 말아야 할 행사다. 2024년의 주제는 '갈리아인 Les Gaulois '.

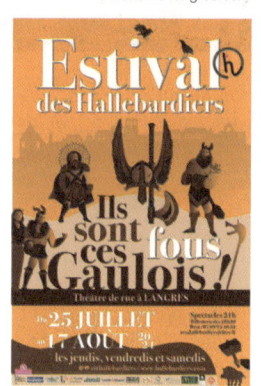

레 사블돌론 Les Sables-d'Olonne [Pays de la Loire]

라 그랑드 보르데 La Grande Bordée _ 8월 12~15일(제11회, 2023)

100명의 회원, 220명의 자원봉사자로 구성된 Commune libre de La Chaume 협회는 축제를 통해 지역의 해양 문화유산을 진흥하려는 목적에서 결성된 단체다. 레 사블돌론 시 숌 부두 Quais de la Chaume 에서 2018년 8월 24일과 25일에 개최한 제10회 '라

@Phôsloïc

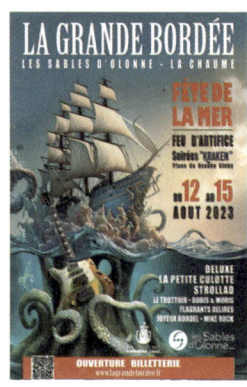

@https://www.lessablesdolonne.fr

그랑드 보르데[La Grande Bordée, '거대한 축포祝砲'라는 의미]' 축제는 협회가 주관한 주요 이벤트였다. '라 그랑드 보르데'는 바닷사람들을 한자리에 모은 행사로, 낡은 선구船具, 뱃사람 노래, 콘서트, 전시회, 바다와 관련된 직업, 해양 퍼레이드, 콘퍼런스 등이 집결된 축제다.

린 위제Line Hugé가 레 사블돌론에서 최초의 해양 축제를 연 것은 2000년이다. 이후 Commune libre 협회가 그의 정신과 지역의 해양 전통을 이어가게 된다. 2003년에 축제는 '라 그랑드 보르데'로 명명되며, 레 사블돌론 어부들을 기리는 목표를 내세우기 시작했다. 해가 흐르며 축제는 점점 풍부해지는데, '아이들아, 너희들은 뱃사람이 될 거야!Tu s'ras marin p'tit gars!' 같은 빛과 소리의 이벤트도 추가되었다. 축제는 한동안 중지되었다가 대중의 요청으로 2013년부터 다시 열리기 시작했다. 15,000명 내외이던 2013년 축제 참가자 수는 2014년에 3만 명으로 늘어났다. 2018년 '라 그랑드 보르데' 행사를 찾은 사람은 8만 명 이상.

레 자르크쉬르아르장 Les Arcs-sur-Argens [Provence-Alpes-Côte-d'Azur]

꿀 축제 Fête du miel _10월 5~6일(제31회, 2024)

바르 양봉조합 Syndicat des Apiculteurs du Var 과 예술과 전통 Arts et Traditions 협회가 주도하는 행사로, 바르 지방의 작은 마을 레 자르크쉬르아르장에 20여 명의 프로방스 지방 양봉업자들을 모으는 행사다. 벌통을 직접 만지고 화밀花蜜을 꿀로 변모시키는 전문가들을 만나볼 수 있다. 또 아틀리에에서는 꿀을 시식해보고, 누가와 양념빵 콩쿠르도 열린다. 훈연기를 점화하는 콩쿠르에서는 누구의 재능이 더 뛰어난지 양봉업자들끼리 대결을 벌이기도 한다. 10월 첫 주말에 열린다.

@https://www.mairie-les-arcs-sur-argens.fr

레치 Lecci [Corse]

드 파주 앙 플라주 페스티벌 Festival De Pages en Plages _7월 5~7일(제4회, 2019)

모래에 발을 묻고 바다에 발을 담근 작가들과의 만남이 축제 콘셉트다. 독서의 기쁨과 꿈의 장소를 결합하고 있다. 3일간 생시프리엥 해변 Plage de Saint-Cyprien 에서는 코르시카 출신을 포함한 20여 명의 작가를 만나러 오는 사람들과 휴가족이 뒤섞

@https://www.francebleu.fr

인다. 사인회, 콘퍼런스, 작가와의 만남, 아침 식사와 커피, 아페리티프를 들며 진행하는 행사, 만화 아틀리에, 동화 구연 등이 프로그램을 이룬다. 'De Pages en Plages' 협회, 르 베르브 뒤 솔레이유 Le Verbe du Soleil 서점, 레치 시청이 주관하는 행사로, 금요일 17시에 사인회로 시작해 일요일 저녁에 끝난다.

렉투르 Lectoure [Occitanie]

여름 사진전 Été photographique _7월 12일~9월 21일(제37회, 2025)

https://lectoure.fr/

제르스 Gers 데파르트망에 자리한 렉투르의 여름이 드러내는 매력을 담아낸 축제로 예술 속으로의 산책을 가능하게 만든다. 10여 개의 전시를 돌면서, 사진에 한정되지 않는 독특하고도 낯선 예술적 체험을 해볼 수 있다. 역사지구에 자리한 문화유적을 잘 활용하는 축제다. 창조성과 축제 분위기의 결합으로 방문객들의 호평을 받고 있다.

렉투르 불꽃 축제 Festival pyrotechnique de Lectoure _8월 31일~9월 1일(제15회, 2018)

프랑스 남서부에서 열리는 빛과 소리의 축제로 양일간 열린다. 국제적으로 이름이 난 화약 전문가가 프로그램을 담당한다. 불꽃놀이 행사는 아르마냑Armagnac 지방 백작들이 통치하던 역사도시 렉투르의 시립경기장에서 열린다. 불꽃을 쏘아 올리기 전에 20개 이상의 기구들이 분위기를 돋운다.

@https://www.laregion.fr

Rennes [Bretagne]

렌 메트로폴 영화제 Festival de cinéma de Rennes Métropole, Travelling _2월 4~11일(제36회, 2025)

렌 메트로폴 영화제 Festival de cinéma de Rennes Metropole, Travelling 는 브르타뉴를 통틀어 가장 중요한 영화 행사다. 영화가 그려낸 도시와 문화적 공간을 주제로 다룬다. 매년 세계의 한 도시가 선정된 후 영화를 통해 소개하고 있다. 장편영화 선정은 거장과

@adrc-asso.org

신인 감독들에게 골고루 기회를 부여하는 반면 프랑스어권 단편영화 경쟁 부문은 실험적인 내러티브를 지닌 영화들을 우선시한다. 특별시사회, 시네콘서트, 영화인과의 만남, 세미나, 전문가들이 배석한 마스터클래스 등이 프로그램을 구성한다. 렌 메트로폴 지역의 40여 개 영화관 및 문화공간을 찾는 관객 숫자는 매년 4만 명에 달한다. 2020년 영화제는 참여적 성격이 강했는데, '부활의 귀감 parangon de la résurgence'인 베이루트 시와 레바논 영화가 중점적으로 상영되었다.

미토스 페스티벌 Festival Mythos _3월 28일~4월 6일(제28회, 2025)

@www.festival-mythos.com

20여 년 전부터 콩트, 이야기, 샹송, 슬램 slam, 연극, 정치적 발언 등 말과 관련된 모든 예술 장르를 대상으로 열리는 축제다. 타보르 공원 Parc du Thabor, 페니슈 스펙타클 Péniche Spectacle, 테아트르 드 라 파이예트 Théâtre de la Paillette를 비롯한 여러 공간에서 개최된다. 미토스 축제는 예술로 우리를 즐겁게 해주는 외에도 '토케 드 미토스 Toqués de Mythos'와 더불어 식도락 행사도 마련한다. 축제가 열리는 장소인 타보르 공원의 '카니발 카바레 레스토 Cannibale Cabaret Resto'에서는 브르타뉴 전역에서 찾아온 70여 명의 셰프들이 독창적인 메뉴를 선보인다. 공연과 콘서트 사이의 남는 시간을 이용해 음식을 먹으면 좋다. 스낵과 디너가 사람들이 많이 찾는 메뉴다.

애니메이션 전국축제 Festival national du film d'animation _4월 13~17일(제30회, 2024)

@Rennes Business

온갖 시각적, 형식적 실험을 가능하게 하는 장르인 애니메이션 영화를 기리는 축제로, 1983년부터 시작되었다. 여러 차례 개최 장소를 옮긴 후 2010년부터 현재 장소인 렌에서 열리고 있다. 약 150편 내외의 영화가 상영된다. 영화 상영 외에도 감독과 관객의 만남, 애니메이션의 이면을 알게 해주는 입문 강좌와 강연, 축제의 밤, 라이브 퍼포먼스, 시네콘서트 등의 프로그램이 마련된다. 해마다 12,000명의 관객, 230

여 명의 영화 관계자가 찾는다. 프랑스 애니메이션영화협회 AFCA, Association française du Cinéma d'animation 가 주관한다.

쿠르 메트랑주 Court Métrange _9월 26일~10월 6일(제20회, 2024)

렌에 소재한 고몽 Gaumont 영화관이 유럽에서 제작한 기이하고도 환상적인 단편영화를 소개하는 독특한 축제. 호러 영화, 고어 영화, 판타지 영화, SF 영화의 국제적인 창구를 자임하면서 2011년부터 세계 각국에서 만들어지는 관련 영화들에도 문호를 개방하고 있다. 축제 기간에 전시회, 장·단편 영화 상영, 시네콘서트, 콘퍼런스, 감독과의 만남이 렌 시내 여러 장소에서 열린다.

@https://melies.org

렌 트랑스뮈지칼 페스티벌 TransMusicales de Rennes _12월 4~8일(제46회, 2024)

록 음악을 비롯한 현대음악의 실험실 역할을 하며, 렌의 음악적 역동성을 보여주는 권위 있는 축제다. 팝, 록, 일렉트로, 테크노, 랩 등 다양한 장르를 다루는 프랑스 국내외 가수들과 그룹들을 소개한다. 축제의 명성은 외국에도 잘 알려져 있다. 1979년 이후 'Trans' 페스티벌은 음악적 다양성을 꾀하면서 새로운 무대에 대한 비전을 제시하고 있다. 초대된 가수들로는 에티엔 다오 Etienne Daho 1980, 누아르 데지르 Noir Désir 1986, 라 마노 네그라 La Mano Negra 1988, 레니 크라비츠 Lenny Kravitz 1989, 너바나 Nirvana 1991, 벤 하퍼 1993, 비요크 Björk 1993, 포티셰드 Portishead 1994, 다프트 펑

크Daft Punk 1995, 아마두 앤 마리암 Amadou & Mariam 1998, LCD 사운드시스템LCD Soundsystem 2002, 저스티스Justice 2006, 로드리게스Rodriguez 2009, 스트로마이Stromae 2010, 정글Jungle 2013, 샤미르Shamir 2014, 진 애디드Jeanne Added 2014 등이 있다. 그중 일부는 프랑스에서 첫 공연을 가진 아티스트들이었다.

불 예술제 Les Arts du feu _12월 12~15일(제28회, 2024)

불을 통해 흙, 유리, 금속 등의 재료를 변모시키는 예술 장인, 전문 아티스트들이 크리스마스 분위기로 치장한 렌 시청 광장에 모이는 행사다. 유럽적 차원에서 엄선한 유리공예가, 진주 세공인, 모자이크 화가, 철 세공품 제작업자, 도예가 등 50여 명의 장인 겸 예술가를 만나서 그들의 열정과 작업 과정을 공유할 수 있는 자리다. 또 시장경제 논리에 대항해 인간을 존중하는 수작업의 소중함을 느낄 수 있는 기회이기도 하다. 2022년 주제는 '제스처의 자국Empreinte du geste'.

렌르샤토 Rennes-le-Château [Occitanie]

이상한 국제영화제 Festival international du Film Insolite _8월 15~19일(제10회, 2024)

@https://www.rennes-le-chateau.fr

렌르샤토 담당 사제였던 베랑제 소니에르Béranger Saunière 사망 100주년을 기념해 시작된 행사. 소니에르 신부와 그의 보물, 렌르샤토, 템플기사단 등을 주제로 다양한 행사를 연다. 단편영화 경쟁 부분, 영화 상영, 전시회, 콘퍼런스 등이 프로그램에 속한다. 영화 상영은 렌르샤토 성 내에 소재한 소니에르 신부 뮤지엄Musée du l'abbé Saunière에서 주로 열리며, 이 주제로 다양한 저술 활동을 하고 있는 자크 프라델Jacques Pradel이 행사를 이끌고 있다. 2022년에는 오드 지방 오트발레Haute Vallée de l'Aude 의 인근 마을들인 뷔가라슈Bugarach, 쿠이자Couiza, 킬랑Quillan, 리무Limoux, 몽타젤Montazels 과 공동 개최했다.

렝스 Reims [Grand-Est]

렝스 폴라르 Reims Polar _4월 1~6일(제5회, 2025)

본Beaune 에서 열리던 추리영화제를 렝스로 가져와 이름을 'Reims Polar'로 개명했다. 코로나19 팬데믹으로 인해 2021년 5월 26일부터 30일까지 온라인으로 행사를 연

@France Bleu

후 2022년부터 본격적으로 추리영화 색깔인 노란색과 검은색으로 무장하기 시작했다. 영화의 역사에서도 신화적인 위치를 점하고 있는 추리영화의 매력을 확산시키는 것이 목적이다. 2021년에는 TV 시리즈물인 〈매드맨 Mad Men〉에 대해, 2022년에는 추리영화의 대가인 장-피에르 멜빌 Jean-Pierre Melville 과 사무라이에게 오마주 행사를 가졌다. '새로운 피 Sang Neuf' 시사회, 영화인 및 초대 손님과의 만남, 클로드 샤브롤 Claude Chabrol 상 시상, 마스터클래스, 아틀리에 등 다양한 행사가 열린다.

렝스의 잔 다르크 축제 Fêtes johanniques à Reims _5월 31일~6월 1일(2025)

@https://www.reims.fr

마른 Marne 데파르트망 렝스에서 축성된 33명의 프랑스 국왕들을 기리고 1429년 7월 17일 잔 다르크가 주도하는 샤를 7세 Charles VII 의 대관식을 재현하는 축제. 중세 의상을 입은 8백 명의 출연진이 등장한다. 잔 다르크 동상 앞에서의 세리머니, 맹금류 공연, 콘서트 등도 축제의 일부를 이룬다. 축제는 렝스의 역사지구 및 노트르담 대성당 Cathédrale Notre-Dame 주변에서 열리며, 중세 빌리지에는 130명 이상의 장인들이 가게를 연다. 기사들의 일상생활, 중세의 음식들, 천문학 입문 행사, 옛 직업들을 만나볼 수 있다. 10만 명 정도가 축제를 찾는다.

렝스 음악 산책 Flâneries Musicales de Reims _6월 19일~7월 19일(2025)

'렝스 음악 산책' 축제는 렝스의 여러 장소와 인근에서 열리는 클래식 및 재즈 축제로, 여름 2달 기간 동안 열린다. 1991년에 당시 시장이었던 장 팔랄라 Jean Falala 와 여행과 문화 담당이던 가브리엘 응우옌 Gabrielle Nguyen 이 함께 만든 이 축제는 브리지트 앙제레Brigitte Engerer, 윌헬메니아 페르난데즈Wilhelmenia Fernandez, 알레한드로 라고야Alexandre Lagoya, 예후디 메뉴인Yehudi Menuhin, 므스티슬라프 로스트로포비치Mstislav Rostropovitch 같은 저명한 연주자들을 불러들이며 유명해졌다. 로저 러지Roger Lersy의 〈Préludes pour piano et saxophone〉, 에릭 탕기Eric Tanguy의 〈Concerto pour violoncelle n°2〉 같은 창작곡들이 처음 선을 보인 축제이기도 하다. 예술감독을 거친 인물들로는 앙드레 프테André Fetet 1991-1993년, 에르베 코르 드 발마레트Hervé Corre de Valmalete 1993-2010년, 장-필립 콜라르Jean-Philippe Collard 2012년 이후 등이 있다.

2013년 시즌은 유네스코 세계문화유산에 등재된 3개 장소에서 공연을 가졌는데, 고딕 건축의 백미이자 프랑스 왕들이 축성한 장소인 랭스 대성당Cathédrale de Reims, 로마-고딕 양식의 생레미 대성당Basilique Saint-Remi, 랭스 대주교가 쓰던 옛 건물인 토궁Palais du Tau이 그 장소들이다.

콘서트가 열리는 또 다른 장소들로는 원형경기장Cirque과 인접 승마 연습장, 3세기에 지어진 갈로로마 유적인 '크립토포르티크Cryptoportique', 샹파뉴 영주들의 중세 저택, 아틀리에-코메디Atelier-Comédie, 랭스 상트르Reims Centre의 역 광장, 슈맹베르 극장Théâtre du Chemin Vert의 아르데코Art Déco 건물 등이 있다.

일부 콘서트는 시작하기 전에 음악과 건축, 예술을 잇는 도슨트 투어를 실시한다. 또 몇몇 콘서트들은 세계적으로 유명한 지하공간에서 열린다. 샤를 카자노브 샴페인 양조장Cuverie du Champagne Charles Cazanove, 뤼나르 샴페인 지하창고Caves du Champagne Ruinart 등이 그런 공간이다.

혹성간 만화축제 Festival interplanétaire de Bande Dessinée _9월 26~28일(제12회, 2024)

2022년에 10주년을 맞이한 만화제로 만화가를 기리는 공연, 만남의 장, 영화 상영,

@https://www.fibdr.fr

작가 사인회, 아틀리에, 전시회 등이 프로그램을 구성한다. 40여 명의 만화가가 초대된다. 행사장은 렝스의 주요 공간들인 탕 데 스리즈Temps des Cerises, 오페렝스Opéraims, 르 베르죄르 박물관Musée le Vergeur 정원, 셰드Shed, 포럼 광장Place du Forum, 생레미 박물관Musée Saint-Remi, 법원Palais de justice 등 10여 개 장소에 이른다. 2022년의 오마주 대상은 브누아 소칼Benoit Sokal이었다.

크리스마스 빌리지 Village de Noël _11월 27일~12월 29일(2024)

@le-monocle.fr

12월 내내 렝스 시 최중심부에 크리스마스 시장, 아이들의 왕국, 수공예 마을 등을 포함한 크리스마스 빌리지가 들어선다. 150개 내외의 샬레가 만들어지는 장소는 장-루이 슈네테르 산책로Promenades Jean-Louis Schneiter 와 포르트 드 마르스 광장Esplanade Porte de Mars이다. 수공예 상품과 식도락 제품들을 판매한다. 크리스마스 마켓 차원에서는 프랑스에서 가장 규모가 큰 이벤트 중 하나다. 매년 1천여 명 이상이 찾으며, 12월 25일에는 열리지 않는다. 레 비트린 드 렝스Les Vitrines de Reims 상인협회가 행사를 주관한다.

로데즈 Rodez [Occitanie]

로데즈 페스티바다 음악제 F'Estivada/Festival de Musique à Rodez _7월 18~20일(2025)

주로 옥시타니 문화를 다루기에 '옥시타니 문화 앵테르레지옹 페스티벌Festival Interrégional de la culture occitane'이라는 다른 이름도 가진 이 축제는 오크어langue d'Oc 를

@aveyron.fr

구사하는 지역에서 열리는 가장 큰 예술행사다. 1995년에 처음 시작되었다. 보르도 Bordeaux 에서 이탈리아의 코니 Coni, 몽뤼송 Montluçon 을 거쳐 스페인의 비엘하 Vielha 에 이르기까지 모든 옥시타니 지역이 만나는 유일한 행사이기도 하기에 생생하게 살아있는 옥시타니 문화를 맛볼 수 있다. 지역적으로는 옥시타니, 누벨아키텐 Nouvelle-Aquitaine, 프로방스알프코트다쥐르 PACA, 오베르뉴론알프 Auvergne-Rhône-Alpes 등 프랑스 남부의 4개 레지옹 및 프랑스, 이탈리아, 스페인 3개 국가가 참가한다. 1995년부터 로데즈 시의 주도로 시작되었고, 매년 7월 마지막 주에 열린다. 주로 음악을 다루지만 무용, 문학, 연극, 영화, 거리극 등도 프로그램에 들어가 있다. 대부분의 행사는 푸아라이유 정원 Jardin du Foirail 에서 열린다. 축제 기간에는 약 6만 명의 참가자들이 부랑 Bourran 지구를 가득 메운다. 지역의 가장 대표적인 협회들이 참가하는 '옥시타니 빌리지 village occitan'도 만들어진다.

로리앙 Lorient [Bretagne]

로리앙 인터켈트페스티벌 Festival interceltique de Lorient _8월 1~10일(제54회, 2025)

모르비앙 Morbihan 지방 로리앙에서 열리는 행사로, 켈트 국가들의 그랜드 퍼레이드, 백파이프 경연대회 등을 포함한 10일간의 축제 무대가 열린다.

전 세계를 휩쓸고 있는 켈트 문화는 아직 우리에게 생소한 느낌이다. 하지만 유럽 통합과 맞물려 더욱 힘을 받고 있는 이 문화에 대한 이해 없이 현재의 유럽을 제대로 이해할 수 있을까? 1960년대에 미국이 상업화시킨 아일랜드 음악이 오늘날 켈트 음악의 주류로 간주되고 있기는 하지만, 로리앙 페스티벌을 통해 소개되는 켈트 음악의 스펙트럼은 훨씬 다채롭고 화려하다. 역사를 거슬러 올라가 언어와 인종적 정체성을 찾아 나선 로리앙 페스티벌이 소개하는 지역들만도 족히 10개가 넘으며, 참가 국가 및 지역은 점차 확대되고 있는 추세이다. 비록 켈트 국가 브르타뉴를 프랑스와 분리해 생각해야 할까?, 켈트 음악 체코를 비롯한 동유럽의 켈트 음악을 어디 편입시켜야 할까?, 켈트 문화 전기 켈트 문화인 할슈타트 문명과 후기 켈트 문화인 라텐 문명은 오늘날 켈트 음악과 어떤 연관을 맺고 있을까? 의 정체성에 관련해 극히 다양한 정의가 존재한다 할지라도, 로리앙은 복잡다단한 이런 문제들을 음악을 통해 풀어내는 데 성공하고 있다. 정치와 종교를 통한 분열을 음악을 통해 치유하고 있는 것이다.

오늘날 로리앙 페스티벌이 점점 주목받는 데는 몇 가지 이유가 있다. 스코틀랜드, 아일랜드, 웨일스 등 켈트 지역의 많은 인구가 호주, 뉴질랜드, 캐나다, 남미 등으로 이민을 떠났음에도 불구하고 프랑스 브르타뉴 지방에서는 음악과 구전 전통 측면에서 그 어떤 단절도 일어나지 않았다. 흐름이 단절된 유일한 시기는 양차 세계대전

사이의 기간뿐이다. 비록 농촌들이 공동화되고, 전통음악을 업으로 삼는 사람들이 설 자리를 찾지 못했으며, 도시들이 살아있는 문화를 '민속folklore'이라는 이름으로 폄하했음에도 불구하고 켈트 음악은 강좌와 연수, 학교교육을 통해 지방적 분파주의, 정책입안자들의 중앙집권주의와 싸워나가며 기적적으로 살아남을 수 있었다. 타의 추종을 불허하는 프랑스인들의 기획력이 페스티벌을 돋보이게 하고 있음은 말할 필요도 없다.

매년 1월 스코틀랜드의 글래스고에서 열리는 켈틱 커넥션즈 Celtic Connections 페스티벌, 6월에 프랑스 낭트의 보주아르 경기장에서 열리는 셀티카 Celtica, 1948년에 창설된 후 매년 프랑스 캥페르에서 열리고 있는 코르누아이유 페스티벌 Festival de Cornouaille, 매년 3월 파리 동부 빌뢰르반에서 열리고 있는 셀티튀드 페스티벌 Festival Celtitude 등이 켈트 음악과 관련된 대표적인 행사들이다. 그중에서도 로리앙 페스티벌은 가장 규모가 크고 대중적인 행사로서, 현재 전 세계에서 가장 중요한 켈트 문화 관련 행사로 꼽아도 손색이 없다. '브르타뉴 방식의 멜팅 포트 melting pot'로 간주될 수 있을 정도로 장르의 혼합을 강조하는 로리앙 페스티벌은 파리 중심의 문화를 극복한 대표적인 사례로, 한 지역의 음악이 지역적 정체성을 뛰어넘어 세계성을 확보하는 데 성공한 가장 모범적인 행사에 해당한다. 또한 로리앙 페스티벌은 급변하는 유럽과 세계 질서에 발맞추어 전통을 현재에 조율시킨 성공적인 케이스로 자리 잡았다. 사회 구성원들의 정체성 변화에도 부합하고 있다는 얘기다. 로리앙 측은 켈트 음악의 확산을 위하여 '켈트의 밤 Nuit celtique' 혹은 '성 패트릭의 밤 Nuit de Saint Patrick' 행사를 파리에서 열기도 하고, 코르시카의 다성음악 polyphonie을 적극 수용함으로써 켈트 음악의 외연을 점차 확대해나가는 중이다.

1971년 시작된 인터켈트 페스티벌은 켈트 국가 예술가들에게 가장 큰 연례 행사이다. 매년 8월초에 약 6,500명에 달하는 아티스트들이 프랑스 브르타뉴 지방의 항구 로리앙에 집결한다. 지역적으로는 스코틀랜드, 아일랜드, 웨일스, 맨섬, 콘월 섬, 스페인 북부의 아스투리아스와 갈리시아 지방, 프랑스의 브르타뉴 지방, 호주와 뉴질랜드, 미국, 캐나다의 아카디아 지방이 골고루 섞여 있다. 축제가 뿌리를 찾는 행사인 동시에 미래를 함께 모색하는 자리인 까닭에 전통음악가, 클래식 연주자, 포크, 재즈, 록 음악 종사자, 안무가, 화가와 조각가, 작가, 영화인, 학자를 망라한 모두가 이 종합 예술제를 기꺼이 찾고 있다.

하지만 페스티벌이 처음부터 성공을 거둔 것은 아니다. 일견 불가능해 보이는 도박을 성사시킨 것으로 정평이 난 로리앙 페스티벌은 크게 4가지 모험을 시도한 것으로 인정된다. 첫 번째 모험은 인근 도시 브레스트 Brest 가 원치 않던 행사를 로리앙으로 가져온 것이다. 두 번째 모험으로는 문화를 파생시킨 사회와 문화 사이의 일치, 다시 말해 표본실에 박제된 문화 대신 전통문화를 일상 속으로 끌어들이는 방식을 선택했다. 그동안 문화적으로 서로 연대할 생각을 한 번도 해보지 않았던 켈트 인종의 다양한 공동체들을 한데 묶는 것이 세 번째 모험이었고, 불확실한 성공을 위해 파리로 무작정 상경하는 지역 출신 예술가들을 지역에 머물도록 한 것은 네 번째 모험이다. 그에 따라 예술가들의 재능을 극대화시키고 지역문화를 활성화시키기 위한 시장이 강구되며, 로리앙 페스티벌은 브르타뉴 음악인들에게 호구책을 제공하는 일종의 제2시장을 형성하는 데 성공했다. 비록 1980년대에 브르타뉴 음악에 대한 관심이 퇴조했을지라도 문화단체들과 음악원의 지원을 받아 브르타뉴 지역은 수천 명의 음악인들을 양성하기에 이르고, 페스티벌 주최 측은 음악인들에게 충분한 숫자의 관객들을 모아주기 위해 노력했다.

통계로 살펴본 페스티벌은 매년 기록을 갱신하고 있다. 1971년에 시작된 축제는 매년 8월 첫 주 금요일부터 두 번째 주 일요일까지 개최함을 원칙으로 삼으며, 브르타뉴의 로리앙에 산재한 10여 개 공연장들을 공연장소로 삼고 있다. 축제가 개최되는 10일간 이 행사를 찾는 방문객 숫자만도 2024년 기준으로 65만 명에 달한다. 켈트 국가들 및 켈트식 표현을 현대적으로 해석해내는 국가들이 정기적으로 만남의 장을 가지는 것을 콘셉트로 택하고 있는데, 예산은 약 40억 원 정도이고 자체 예산 비율은 75%이다. 수송, 식사, 숙박, 국제 연락, 파트너 모집, 새로운 예술가 발굴, 무대장치, 연극 공연 등과 관련된 모든 활동은 조직위원회에서 직접 관리하고 있다.

축제의 실제

페스티벌이 열리는 주요 공연장들은 항구로부터 무스투아르(Moustoir) 경기장에 이르는 산책로를 따라 펼쳐져 있다. 5천 석을 갖춘 케르그루아즈(Kergroise) 공연장, 경제계 인사들의 회합 장소로 이용되는 클럽 K(Club K), 매일 저녁 페스트노즈(Fest-noz)의 음악가들 공연이 열리는 카르노 홀(salle Carnot), 매년 초청국의 특별 전시회가 열리는 갈르리 뒤 파우에딕(Galerie du Paouëdic), 폐막 콘서트가 열리는 무스투아르 경기장 등이 주요 공간이며, '바가두(Bagadoù) 챔피언십', '국제 파이프밴드 챔피언십', 가장 테크닉이 뛰어난 브르타뉴 그룹들과 전 세계에서 실력이 가장 뛰어난 그룹들이 참가하는 '백파이프의 밤(Nuit des Cornemuses)', 약 700명의 음악인이 참가하며 조명, 대형 영상, 불꽃놀이 등의 첨단 기술이 총동원되는 '마법의 밤(Nuits Magiques)' 등이 행사를 채우고 있다.

프로그램이 매년 달라지기는 하지만, 일부 행사들은 지속적으로 개최된다. 로리앙 페스티벌을 빛내는 가장 독창적인 행사이자 4,500여 명의 음악인 및 무용수가 약 3시간 동안 시가를 행진하는 '켈트 국가 대(大)퍼레이드(Grande Parade des Nations Celtes)', 6개의 무대에서 40여 개 그룹이 연주하는 '어항(漁港)의 밤(Nuit du Port de Pêche)', 천여 명의 무용수들이 브르타뉴 문화유산의 화려함과 다양성을 보여주는 '무용의 밤', 어부들의 노래를 들으며 식도락 행사를 즐기는 '코트리아드(Cotriade)'는 위에서 언급하지 않은 축제 프로그램들이다.

각 지역의 대표 음악인

- 브르타뉴 : 알란 스티벨(Alan Stivell), 단 아르 브라즈, 드네즈 프리장(Denez Prigent), 디디에 스키방(Didier Squiban), 질 세르바(Gilles Servat), 놀웬 코르벨(Nolwenn Korbell), 트리 얀(Tri Yann) 등
- 갈리시아 : 카를로스 누녜스(Carlos Nuñez), 수사나 세이반(Susana Seivane), 루아르 나 루브레(Luar na Lubre) 등
- 아카디아 : 도미니크 뒤퓌(Dominique Dupuis) 등
- 스코틀랜드 : 캐퍼케일리(Capercaillie) 등
- 코르시카 : 이 무브리니(I Muvrini), 아 필레타(A Filetta), 보체 디 코르시카(Voce di Corsica), 페트루 구엘푸치(Petru Guelfucci) 등
- 아일랜드 : 시네아드 오코너(Sinéad O'Connor), 더블리너(The Dubliners), 치프텐(The Chieftains) 등

앵솔랑 페스티벌 Festival Insolent - Collection Automne _10월 26일(2024)

1994년에 캥페르Quimper에서 처음 시작된 '앵솔랑Insolent' 페스티벌은 현재 로리앙에서 개최된다. 10월 24일 토요일 라네스테르 국제전시장Parc des Expositions de Lanester 에서 나아만Naâman, 차이니즈 맨Chinese Man, 스크래치 밴디츠 크루Scratch Bandits Crew, 바하 프레켄시아Baja Frequencia, 다나킬Danakil, 블라디미르 코슈마르Vladimir Cauchemar, 47

@https://info-festival.net

Ter, 조스만Josman, 라 프티트 퓌메La P'tite Fumée 등 7명의 팀이 무대에 올라 다채로운 음악을 들려주기로 했던 '2020년 가을 컬렉션collection automne 2020' 행사는 코로나19로 인해 취소되었다. 2024년 행사를 빛낸 아티스트들은 쿄Kyo, 차이니즈맨, 매스 히스테리아Mass Hysteria, 타가다 존스Tagada Jones 등.

로망쉬르이제르Romans-sur-Isère [Auvergne-Rhône-Alpes]

포뉴와 라비올 축제Fête de la Pogne et de la Raviole _5월 18~19일(제35회, 2024)

@eTerritoire

지역과 자신들만의 노하우를 홍보하는 것이 이 식도락 축제의 목적이다. 빵가게 주인, '라비올뢰르ravioleurs' 및 지역의 셰프들은 자기 지방의 대표 음식인 포뉴pogne, 오렌지나무의 꽃으로 향기를 낸, 왕관 형태로 올린 반죽 브리오슈와 라비올raviole, 라비올리 모양의 신선한 반죽을 소개한다. 지역의 식도락 전문가들은 이 음식들을 어떻게 변용하며 어떻게 먹을 수 있는지 다양한 방법을 가르쳐 준다. 또 지역의 레스토랑 셰프들은 요리 강좌를 열며, 시장도 열린다. 축제는 로망쉬르이제르의 역사적 중심인 에르네스트-가이이 광장Place Ernest-Gailly과 샤를드골 광장Place Charles-de-Gaulle에서 열린다.

로맹빌 Romainville [Île-de-France]

아이들이 영화를 만든다 축제 Festival Les enfants font leur cinéma _6월 2~11일(제25회, 2023)

파리의 동쪽 교외 지역인 로맹빌에서 열리는 영화제로 '르 트리아농 Le Trianon' 영화관에서 열린다. 프로그램은 초등학교와 유치원, 로맹빌과 누아지르섹 Noisy-le-Sec 문화센터에 다니는 어린이들이 짜는데, 연중 내내 이 기관들의 '이미지 클래스 Classes image'에 참여한 어린이들이다. 포스터 제작, 영화 소개, 티켓 판매도 어린이들이 담당한다. 시사회, 공연, 특별 초대, 시네콘서트, 컬트 영화, 고전영화, 장편과 단편영화, 웃기고도 감동적인 영화 상영을 비롯한 다양한 이벤트가 열린다. 3살 나이부터 영화를 발견해볼 수 있는 좋은 기회다. 아이들과 부모의 감각과 시선을 일깨우고, 호기심을 자극하는 행사다. 수요일, 금요일 저녁 및 주말에 열린다.

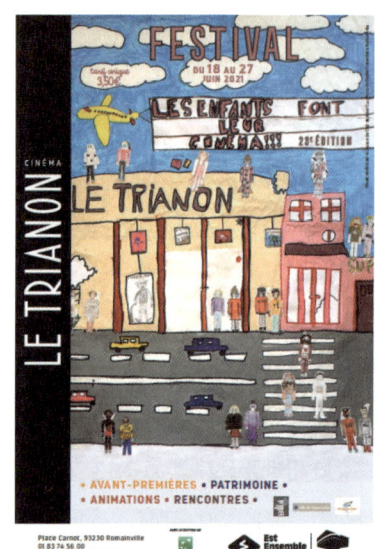
@Cinéma Le Trianon

로스코프 Roscoff [Bretagne]

양파 축제 Fête de l'oignon _8월 23~24일(2025)

매년 이틀에 걸쳐 로스코프 시 전체가 지역 특산물인 양파를 즐겁게 경축하는 행사. 큰 시장이 열리면서 무공해 방식으로 재배한 것이든 전통적인 방식으로 재배한 것이든 모든 종류의 핑크빛 양파를 판다. 양파를 재료로 한 타르틴 tartines, 버터를 바른 빵조

@Roscoff tourisme

각, 콩포테compotées, 설탕에 절인 과일, 잼, 타르트tartes, 잼 파이, 빵, 수프들도 구매할 수 있다. 아이들을 위한 무용, 음악, 놀이도 준비된다. 양파가 맵기에 눈물을 닦을 손수건도 준비할 것.

로안 Roanne [Auvergne-Rhône-Alpes]

로안의 열린 테이블 Roanne Table Ouverte _9월 30일~10월 31일(제22회, 2024)

@www.roannetableouverte.com

지방별 축제 [ㄹ] *223*

로안 지역에서는 식도락이 'RTO Roanne Table Ouverte'의 정점을 차지한다. 프랑스에서 식도락 축제들이 열리기 시작하는 시기에 개최되는 이 축제는 요리를 문화의 기본요소로 소개하는 행사이기도 하다. 시식, 아틀리에, 디너쇼 등 다양한 행사가 프로그램을 장식하는데, 행사의 백미는 지식과 맛 전시회 Salon Savoirs & Saveurs'. 요리와 책에 대한 열정을 공유하고 있는 사람들이 회동하는 만남과 행사, 식도락 관련 대형서점, 사인회, 요리 시범, 오늘날의 요리에 대한 주제별 원탁회의 등이 프로그램을 구성한다. 16,000명 정도가 축제를 찾고 있다.

로카마두르 Rocamadour [Occitanie]

치즈와 로카마두르 AOP 축제 Fête des fromages et du Rocamadour AOP
_5월 19일(제33회, 2024)

염소 젖으로 만든 개성 강한 작은 치즈인 카베쿠 cabécou 를 성령강림절인 일요일에 기리는 행사. 미사, 목축 떼의 축성에 뒤이은 양들과 염소들의 마을 관통 등이 아침 일찍 열린다. 그 후 농장 생산 치즈들의 콩

@Le Guide du Fromage

쿠르와 전원에서의 점심 식사가 이어진다. 농장에서 생산하는 이 치즈들을 시식해볼 수 있는 시장도 마련된다.

로카마두르 종교음악 페스티벌 Festival de Musique Sacrée de Rocamadour
_8월 15~26일(제20회, 2025)

유네스코 세계문화유산이자 프랑스의 역사유적으로 지정된 장소에서 열리는 문화제로 뛰어난 예술가들을 불러 모으고 있다. 예술가들의 레지던스, 방문, 종교음악 하계 연수, 녹음 세션, 를레 에 샤토 Relais et Châteaux 와 문화유산으로 지정된 장소들에서

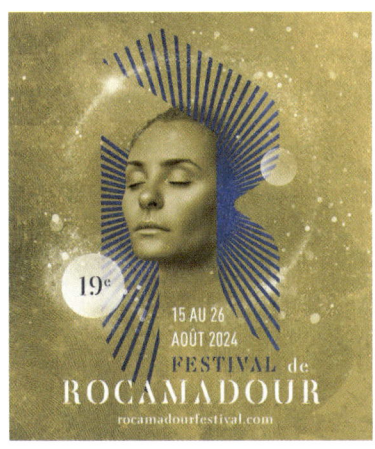
@https://www.tourisme-occitanie.com

의 식도락 만찬, 별빛 아래에서의 콘서트 등 프로그램이 풍성하다. 축제의 목표는 공연들을 통해 관객들을 즐겁게 만들면서 축제를 확장해나가는 것이다. 2020년에는 안 크펠렉 Anne Queffélec, 르노 카퓌송 Renaud Capuçon, 레 자르 플로리상 Les Arts Florissants, 에르베 니케 Hervé Niquet 등의 아티스트가 축제를 찾았고, 2023년 8월 24일에는 베토벤 콘서트가 야외에서 열렸다.

로크로낭 Locronan [Bretagne]

트로메니 드 로크로낭 Troménie de Locronan _7월 13일~8월 17일(2025)

로낭 성인 Saint Ronan 을 기리는 '트로메니 드 로크로낭' 행사의 기원은 무려 5세기경으로 거슬러 올라간다. 순회 순례 행진을 구성하는 2개의 종교행사를 지칭하며, 피니스테르 Finistère 지방의 로크로낭에서 열린다. 로크로낭의 '그랑플라스 Grand'Place' 광장은 많은 영화와 TV 시리즈물의 무대가 된 곳이다. 로만 폴란스키 Roman Polanski 감독의 영화 〈테스 Tess 〉, 소피 마르소 Sophie Marceau 가 출연한 〈혁명가의 연인 Chouans! 〉, 오드리 토투 Audrey Tautou 가 주연을 맡은 〈인게이지먼트 Un long dimanche de fiançailles 〉, 최근에 제작된 TV 시리즈 〈새매 L'Épervier 〉 등도 이곳에서 촬영한 작품들이다.

'대大트로메니 grande troménie '는 길이가 12km에 달하는데, '미니히 minihi '[브르타뉴어로 'Tro minihi'로 부르는데, 그것이 '트로메니 Troménie '로 변했다]라는 이름을 가진 옛적의 신성한 공간의 경계를 따라 걷는다. 대트로메니는 6년에 한 번씩 7월 2번째 일요일과 3번째 일요일에 열린다. '소小트로메니 petites troménies '는 매년 7월 2번째 일요일에 보다 짧은 거리에서 열린다.

대(大)트로메니

트로메니의 오늘날 행사가 가톨릭 성격을 띠고 있지만, 순례 행진의 뿌리는 켈트족에 두고 있는 것으로 보인다. 게다가 느베 숲(forêt de Nevet)은 드루이드 사람들이 의식을 치르던 신성한 공간인 '느므통(nemeton)' 지명을 간직하고 있다.

연구자 도나시엥 로랑(Donatien Laurent)에 따르면, 로크로낭 지역은 진정한 '자연 성소(聖所)'이며, 정사각형으로 된 대트로메니 순례길은 '트로메니 길 위에서 12개 정거장을 분할하는 켈트 달력상의 12개 달(月)'을 의미한다고 한다. 로크로낭 마을 서쪽의 첫 번째 정거장은 음울한 계절로 진입하는 11월 1일을 뜻하는데, 켈트 달력상의 '사마인(Samain)'에 해당한다. 또 스티벨 계곡(Vallée du Styvell)의 샘터 가까이, 순례길 중 가장 낮은 곳에 자리한 4번째 정거장은 2월 1일을 나타내는데, 켈트 달력상의 겨울의 중간지점이자 안 성인(Sainte Anne)에게 바쳐진 공간이다.[가장 가까운 쉼터가 생탄라팔뤼드(Sainte-Anne-la-Palud)] 과거에 이곳은 노트르담 드 본-누벨(Notre-Dame de Bonne-Nouvelle)에게 바쳐진 공간이었는데, 그녀는 바로 켈트 여신인 브리지트(Brigit)의 가톨릭화한 후계자였다. 정사각형의 북동쪽 모서리에 있는 7번째 정거장은 뢰스텍 농가(hameau de Leustec) 가까이 있는데, 복음사가 성 요한(Saint Jean l'Évangéliste)에게 바쳐진 공간이자 켈트 달력으로 5월 1일에 해당한다. 이 시기는 어두운 시즌에서 밝은 시즌으로 넘어가는 상징적 시기다. 10번째 정거장은 생로낭(로낭 성인, Saint Ronan)에게 바쳐진 공간인데, Plas ar C'horn['뿔의 자리(place de la corne)'란 의미] 순례 여정의 가장 높은 곳에 있으면서 8월 1일을 의미한다. 밝은 시즌의 한가운데를 지칭하는데, 아일랜드 사람들은 Lugnasad[루그(Lug) 신 축제]를 연다. 로낭 성인은 루그 신의 아바타로 간주되기도 한다.

일렬을 이루며 놓인 거석 유적(일부는 오늘날 사라졌다)과 트로메니 정거장의 위치, 정사각형 중심을 차지한 '천문학적 중심'을 고려해 대트로메니의 뿌리를 인도-유럽적 뿌리로 간주하는 시

각도 있다.

'로낭의 의자(chaise de Ronan)'로도 불리는 '돌 암말(jument de pierre)'은 신석기시대에 로크로낭에 존재했던 출산 신앙에 연계된 거대 남근의 유적으로 보인다. 켈트족과 그리스도교인들은 차례로 이 신앙을 이어받았다. 쥘 바르보(Jules Barbot)는 1901년에 다음과 같이 썼다. "19세기 초에, 아이를 낳지 못하는 여인들은 로크로낭 바위들에 몸을 문질렀다. (...) 얼마 전까지도 젊은 신부들은 '돌 암말'을 찾아 자신의 배를 문질렀다." 아이를 낳지 못하는 여자들은 아이를 갖는 다는 희망을 가지고 돌 위에서 연달아 3일 동안 잠을 잤는데, 이러한 신앙이 서민층에만 국한된 것이 아니었다. 현재도 여성들은 '로낭의 의자' 위에 앉거나 주변을 돌고 있다.

40,000명까지 숫자가 늘어난 순례자들은 생로낭 길이 하늘까지 이어진다고 믿는다. 아나톨 르 브라즈(Anatole Le Braz)는 자신의 저서 『순례제의 고장(Pays des pardons)』에서 "12세기부터 7년 주기의 트로메니가 브르타뉴에서 열리는 가장 큰 집회 반열에 올랐기에 트레고르(Trégor) 끝쪽의 가장 먼 곳에서도 무리를 이뤄 이 행사를 찾았다"고 기술하고 있다.

1911년에 대트로메니가 1주일간 열렸을 때 첫 일요일에는 20,000명, 두 번째 일요일에는 15,000명의 순례자가 행사를 찾았다.

가장 최근의 두 차례 대트로메니는 2013년 7월과 2019년 7월에 있었다. 14시에 순례 행진이 시작하기 전에 종교의식이 거행된다. 12km를 걸으며 브르타뉴 전통의상을 입은 순례자들은 각 코뮌의 깃발을 따라 행진한다.

▍소(小)트로메니

여정은 훨씬 짧으며, 길이가 대트로메니의 3분의 1에 불과하다. 매년 7월 2번째 일요일에 열린다. 다음 대트로메니 행사를 기다리면서 풍요롭게 수놓은 브르타뉴 지방 의상과 채색 깃발들이 외출하는 행사다. 보통 10시 15분에 깃발들이 집결하고 이웃 마을들을 영접한 후 10시 30분에 로크로낭 교회에서 미사를 올린다. 14시 30분에 매일 아침 로낭 성인이 걸었던 길을 따라 순례 행진을 떠난다. 약 6km에 달하는 여정인데, 별 어려움은 없지만 1.5km 정도 구간에서는 10%의 경사가 있다.

로크브룅 Roquebrun [Occitanie]

미모사 축제 Fête du mimosa _2월 11일(제30회, 2024)

오랑그독 Haut-Languedoc 의 아름다운 마을인 로크브룅은 매년 2월 두 번째 주 일요일에 생시니앙 Saint-Chinian 포도밭에서 미모사 축제를 연다. 수공예품 시장, 펀페어, 미모사 축성 미사, 꽃마차 퍼레이드, 음악 공연 등이 프로그램을 구성한다. 로크브룅은

@La Ramoneta

풍부한 일조량과 온화한 지중해성 기후 덕분에 미모사를 재배하기에 최적의 조건을 갖추고 있다. '에로 데파르트망의 니스Nice de l'Hérault'란 별명을 가진 랑그독Languedoc 지방의 이 작은 장소를 만날 기회이기도 하다. 코로나19 팬데믹으로 인하여 2020년부터 행사가 중단되었다가 2023년에 재개되었지만 2025년에 행사가 또 취소되었다.

로트렉 Lautrec [Occitanie]

로트렉 핑크마늘축제 Fête de l'Ail rose de Lautrec _8월 2~3일(제53회, 2024)

타른Tarn 데파르트망 로트렉 마을의 특산물은 핑크마늘ail rose이다. 중세 때 로트렉 마을에 처음 등장한 핑크마늘은 1966년에 프랑스에서 처음 '레드 라벨Label rouge'을 획득한 유일한 마을로, 유럽 전역에서 품질을 인정받고 있다. 마을에서는 매년 8월 첫 번째 주 금요일과 토요일에 축제를 연다. 다양한 형태의 경연대회가 열리며, 저녁에는 양파 수프와 만찬을 곁들인 무도회가 개

@https://mainlibre.fr

최된다. 마늘과 지역 특산물을 파는 시장, 성대한 복장을 한 조합원들의 시가행진, 핑크마늘 수프 시식 행사도 곁들인다. 로트렉 마을의 수확은 6월 말부터 7월 초 사이에 이루어진다.

록마리아케르 Locmariaquer [Bretagne]

로캉뷜 Lok'en bulles _9월 21~22일(제7회, 2024)

브르타뉴 레지옹 모르비앙 Morbihan 데파르트망, 모르비앙 만 Golfe du Morbihan 과 키브롱 만 Baie de Quiberon 사이의 작은 마을에서 열리는 만화제. 록마리아케르는 거석 유적으로 유명한 마을이다. 농업과 어업에서 관광 쪽으로 산업을 전환하고 여름 시즌을 이어가려는 의도에서 시작된 축제는 2022년에 대성공을 거두며 25명의 작가가 참여했다. 만화제가 열리는 장소는 게리루 부두 Quai Gerry-Roufs . 2022년에는 해적 모르강 로스코 Morgan Rosko 를 그리는 작가 티에리 다니엘루 Thierry Daniellou 가 직접 만화 주인공인 해적 패션을 하기도 했다. 축제 참가자 수는 1,500명 내외. 『해군준장 앙송의 여행 Voyage du commodore Anson 』의 저자인 마티외 블랑생 Mathieu Blanchin 은 Ouest-France Quai des bulles 상을 수상했다. 하지만 2024년의 유료 입장객 숫자가 800명에 불과하자, 축제 조직위원회는 다음 행사부터 행사 개최 날짜를 변경하기로 했다.

롱위 Longwy [Grand-Est]

라 롱고베니시엔 La LongoVenitienne, Carnaval vénitien _4월 27~28일(제14회, 2024)

2009년부터 시작된 후 롱위의 봄을 장식하는 이 행사는 꼭 찾아야 할 축제 반열에 올랐다. 이탈리아 이민의 역사, 루이 14세가 롱위를 방문했던 모습의 역사적 재현, 보방 성채 등 지역 문화유산의 부각 등이 주 내용이다. 바로크 음악 콘서트, 전시회, 거리예술, 이탈리아 시장, 시가행진, 불꽃놀이도 축제 프로그램을 구성한다. 느리고도 우아하게 17세기의 프랑스 속으로 들어가게 만드는 마법의 축제다. 프랑스, 벨기에, 독일에서 찾아온 축제 전문 인력들이 2백여 벌의 의상을 입고 자태를 뽐낸다. 관객들도 베네치아 의상을 대여한 후 축제에 참가할 수 있다. 로렌 지역을 대표하는 20대 축제 중 하나로 인정받고 있다.

루르마랭 Lourmarin [Provence-Alpes-Côte d'Azur]

여름음악제 Festival des Musiques d'été _7월 12일~10월 5일(제26회, 2024)

프로방스 지방에서 가장 유명한 르네상스 시대 성인 루르마랭 성 Château de Lourmarin 에서 열리는 음악제. 예술가들에게 레지던스를 제공하고 젊은 아티스트들을 키우려는 본분에 충실하게 성은 프랑스 국내외의 저명 콘서바토리 출신인 20여 명의 음악인

을 초대하고 있다. 클래식 방면의 대가들 음악을 주로 연주한다.

2021년에는 아키야마 미카 Mika Akiyama 가 시즌을 열며, 그 뒤를 이어 피아노 리사이틀, 바이올린과 피아노 2중주, 바이올린·첼로·피아노 3중주 등의 연주가 가을 초까지 이어졌다. 연주는 스즈키 류타로 Ryutaro Suzuki, 셀리아 오네토 벤사이드 Célia Oneto Bensaid, 이리나 슈쿠린디나 Irina Chkourindina 등이 담당했고, 성의 멋진 테라스에서는 마마 셰이커스 Mama Shakers 의 재즈 연주를 비롯한 2개 연주회가 열렸다. 20시부터 테라스에서의 산책이 가능하다.

루베 Roubaix [Hauts-de-France]

아카데미의 밤 La Nuit de l'Académie _3월 20일(2024)

2016년에 처음 시작된 행사로, 프랑스 북부 도시 루베 Roubaix 소재 '라 피신 미술관 Musée La Piscine '에서 열리는 아주 중요한 이벤트 가운데 하나다. 수백 명의 아마추어 삽화가가 거의 종교적인 침묵 속에서 4명의 직업 모델을 크로키하기에 몽환적인 분위기가 연출된다. 2024년 참가 아티스트와 삽화가 숫자는 350명이었다. 미술관 홈페이지에 프로그램 공지가 나가자마자 등록이 마감될 정도로 인기가 있는 행사다.

거대한 파동 Les Grandes Ondes _10월 13~21일(제3회, 2024)

오랫동안 Festival Roubaix à l'Accordéon 이라는 이름을 쓰다가 2022년부터 축제 이름을 Les Grandes Ondes로 바꿨다. 1997년부터 시작된 루베 아코디언 축제Festival Roubaix à l'Accordéon 는 1920년대와 1930년대에 루베에서 만날 수 있던 선술집 카페의 전통을 계승한 행사다. 루베 시

@https://lesgrandesondes.fr

가 주관하는 이 축제는 아코디언으로 연주하는 그룹들을 한결같이 중시하면서도 2016년부터 록 음악에 문호를 개방하고 있다. 페스티벌이 열리는 장소는 루베의 그랑플라스Grand'Place에 세워진 건물인 '매직 미러Magic Mirror'. '매직 미러'는 1930년대 아르데코 살롱 장식을 하고 있기에, 시간을 거슬러 올라가는 느낌을 주는 공간이다. 2020년 행사는 코로나19로 인하여 취소되었다. 예산상의 문제로 2024년 행사도 열리지 못했다.

그동안 정상급 가수들이 이 페스티벌을 빛내주었는데 연도별로 거론해보면 다음과 같다.

1997년 : 레 테트 레드(Les Têtes Raides)
1998년 : 리차드 갈리아노(Richard Galliano), 조르주 무스타키(Georges Moustaki), 그램 올라이트(Graeme Allwright)
1999년 : 닐다 페르난데즈(Nilda Fernandez)
2000년 : 이베트 오르너(Yvette Horner), 자크 이줄랭(Jacques Higelin), 아르노(Arno)
2001년 : 베르나르 라빌리에(Bernard Lavilliers), 토마 페르센(Thomas Fersen)
2002년 : 세르주 라마(Serge Lama)
2003년 : 레 쥐를르망 드 레오(Les Hurlements d'Léo), 레 조그르 드 바르박(Les Ogres de Barback), 산세베리노(Sansévérino)
2004년 : 마지드 셰르피(Magyd Cherfi), 올리비아 루이즈(Olivia Ruiz), 위그 오프레(Hugues Auffray)
2005년 : 베르나르 라빌리에, 리오(Lio), 이브 자메(Yves Jamait)
2006년 : 고탄 프로젝트(Gotan Project), 라 뤼 케타누(La Rue Kétanou), 마르크 페론(Marc Perrone), 베

르나르 뤼바(Bernard Lubat), 얀 티에르센(Yann Tiersen)
2007년 : 쥘리에트 그레코(Juliette Greco), 이브 자메, 마지드 셰르피
2008년 : 피갈(Pigalle), 마노 솔로(Mano Solo)
2009년 : 아르노, 압달 말리크(Abd al Malik), 자자 푸르니에(Zaza Fournier)
2010년 : 자크 이줄랭, 조니 클레그(Johnny Clegg), 카롤린 로에브(Caroline Loeb)
2011년 : 베르나르 라빌리에, 레닌 르노(Lenine Renaud), 베텍스 국제오케스트라(Orchestre international du Vetex), 파담(Padam)
2012년 : 브리지트 퐁텐(Brigitte Fontaine), HK, 레 살탱방크(Les Saltimbanks), 티티 로뱅(Titi Robin), 아멜리 레 크레용(Amélie Les Crayons)
2013년 : 로나 하트너(Rona Hartner), 윈스턴 맥 아누프와 픽시(Winston Mac Anuff et Fixi), 메 술리에 송 루주(Mes Souliers sont rouges)
2014년 : 그랑 코르 말라드(Grand Corps Malade), 레 조그르 드 바르박, 레 쥐를르망 드 레오
2015년 : 툴루즈 콘 투르(Toulouse con Tour), 마지드 셰리프/아르 멩고(Art Mengo)/얀 퀴지우스(Yann Cujious), 세르장 가르시아(Sergent Garcia), 레닌 르노
2016년 : H.F. 티에펜(H.F. Thiéfaine), 진 애디드(Jeanne Added), 자자 푸르니에(Zaza Fournier)
2017년 : 레 왐파스(Les Wampas), 아르노(Arno), 칼리(Cali)
2018년 : 트러스트(Trust), 트리거핑거(Triggerfinger), 스윙 가제(Swing Gadjé), 메 술리에 송 루주
2019년 : 카트린 랭제가 리타 미추코를 노래하다(Catherine Ringer chante les Rita Mitsouko), 블랑카스(Blankass)+레 지외 드 라 테트(Les Yeux d'La Tête), 라 뤼 케타누(La Rue Kétanou)+포 크 사 갱슈(Faut qu'ça guinche)
2022년 : 제인 버킨(Jane Birkin)

루아르에셰르 Loir-et-Cher
/앵드르에루아르 Indre-et-Loire 데파르트망 [Centre-Val de Loire]

루아르 지방 성들에서 열리는 크리스마스 행사 Féeries de Noël dans les châteaux de la Loire _12월(매년)

이 시기에 루아르 지방의 성들은 무수한 불빛을 뽐내면서 차별화된 수많은 행사를 준비한다. 크리스마스트리, 장식, 일루미네이션, 무대 장식 등이 그것들이다. 앙부아즈 성 Château d'Amboise 은 '세기별로 고찰하는 크리스마스 Noël au fil des siècles' 행사를 통해 르네상스 시기의 크리스마스 전통을 재현한다. 샹보르 성 Château de Chambord 은 장

식과 행사 및 기상천외한 이벤트를 준비한다. 슈농소 성 Château de Chenonceau 은 꽃들의 구성적 배치를 전시하며, 쉬농 성 Château de Chinon 의 정원은 독창적인 크리스마스트리를 선보인다. 식도락을 즐기는 사람들을 위해 아제르리도 성 Château d'Azay-le-Rideau 은 성찬 분위기를 재현한 '부드러움과 초콜릿 Douceurs et chocolats' 행사를 제공한다. 랑제 성 Château de Langeais 은 많은 전구를 설치해 빛의 아름다움에 빠지게 만든다.

루아야 Royat [Auvergne-Rhône-Alpes]

아르테르 페스티벌 Art'air Festival _7월 12~14일(제13회, 2024)

@https://63.agendaculturel.fr

2011년부터 오베르뉴 지방 화산지대에서 진행되는 이동 축제로 이와 같은 형식의 축제로는 처음이다. 트레킹, 음악, 연극, 전시, 예술 및 오베르뉴 지역의 문화유산을 결합하면서 이 지역의 풍요로운 유산에 시선을 끄는 것을 겨냥하고 있다. 축제 참가자들은 정해진 루트를 따라 트레킹을 떠나야 한다. 오베르뉴 지역의 자연, 문화, 농촌 유산을 홍보하는 루트 곳곳의 휴식 장소에서는 지방 음식을 맛보는 식사, 공연, 전시회, 지역전문가와의 만남 등 주제별

@Billetweb

프로그램이 마련되어 있다. 티켓을 구입하지 못한 사람들도 저녁에 열리는 콘서트에는 참석할 수 있다. 2022년 행사는 7월 14일에 라 카시에르 호수Lac de La Cassière 에서 파노라미크 데 돔Panoramique des Dômes 전망 열차를 타보는 일정, 15일에는 볼빅Volvic 일대를 돌아보는 일정, 16일에는 생 투르스Saint Ours 에서 굴 고개Col des Goules 까지 이어지는 일정으로 진행되었다.

루아양 Royan [Nouvelle-Aquitaine]

탕페트 무용 페스티벌 Festival de danse Tempête! _6월 13~15일(제3회, 2025)

@HelloAsso

루아양에서 사흘간 열리는 축제. 이곳저곳을 돌아보며 공연과 퍼포먼스를 관람하거나 지역의 역사를 만나는 행사다. 현대무용을 주제로 내세운 제1회 행사는 2백 명의 루아양 주민을 축제로 끌어들였다. 2023년에는 일렉트로 댄스의 프로그램을 짜기 위해 카미나리 무용단Compagnie Kaminari 의 안무가 브리스 루셰Brice Rouchet 가 초대되었다. 세 번째 에디션인 2025년의 제3회 행사는 루아양 해방 80주년 기념의 일환으로 도시 재건 기간을 집중적으로 다루었다.

모래 위의 바이올린 Un Violon sur le Sable _7월 19,22,25일(제38회, 2025)

샤랑트마리팀Charente-Maritime 데파르트망 루아양에서 열리는 축제로, 1987년에 필립 트랑셰Philippe Tranchet 가 처음 시작한 행사다. 2017년에 제30회를 맞이했다. 2012년부터는 'Off' 행사격인 'Un Violon sur la Ville'이라는 행사와 동시에 열린다.

교향악 페스티벌로 1987년부터 매년 루아양의 그랑드 콩슈 해변Plage de la Grande Conche 에서 개최된다. 각 콘서트는 4만 명 이상의 관객을 끌어모으는 중이다. 그랑

드 콩슈 해변은 목가적인 풍경을 가진 아름다운 곳이다. 또 루아양은 샤랑트마리팀 Charente-Maritime 데파르트망의 보물들과 탈몽쉬르지롱드 Talmont-sur-Gironde 같은 아름다운 마을들을 탐사하고, 올레롱 섬 Île d'Oléron, 마담 섬 Île Madame, 엑스 섬 Île d'Aix 등을 둘러보기 좋은 최적의 기지이기도 하다.

코로나19로 인해 2019년으로부터 3년 후인 2022년에야 행사가 다시 열렸으며, 6만 명 이상이 축제를 찾는다. 프랑스 가수 장-자크 골드만 Jean-Jacques Goldman 이 이 축제에 간접적으로 연결되어 있다.

루아요몽 Royaumont [Île-de-France]

루아요몽 페스티벌 Festival de Royaumont _9월 7일~10월 6일(제83회, 2024)

파리 북쪽에 소재한 유서 깊은 루아요몽 수도원 Abbaye de Royaumont, 95270 Asnières-sur-Oise 은 음악과 무용에 종사하는 아티스트들을 위한 국제센터와 같은 역할을 담당

@France Musique

하고 있다. 수도원은 청년 루이 9세Louis IX [나중에 성왕 루이 Saint Louis 가 된다]와 그의 어머니였던 블랑카 데 카스티야 Blanche de Castille 가 1228년에 건립한 건물이다. 1964년에 오픈한 루아요몽 재단 Fondation Royaumont 이 현재 수도원을 소유하고 있다. 이곳에서 근무하던 수도사들이 프랑스 대혁명 때 수도원을 떠난 후 이 공간은 면화 방적공장으로 사용되었고, 1864년부터 1905년까지 수도원의 수련원으로 이용되었다가 구앵 Gouïn 가문이 구입했다. 수도원과 수도원 정원은 각각 1927년과 1948년에 역사유적으로 지정되었다. 재단은 이러한 문화유산을 보존하고 풍요롭게 하여 예술가들이 이용할 수 있게 하며, 모든 방문객의 접근이 가능하도록 하는 역할을 담당하고 있다. 콘서트, 만남의 장, 아틀리에, 국제회의 같은 행사들이 연중 내내 수도원에서 열린다. 또 루아요몽은 기업, 협회, 공공기관, 국제기구들이 이 장소에서 세미나를 열고 행사를 가질 수 있도록 숙박시설도 운영하는 중이다.

1936년에 처음 시작된 후 매년 가을 루아요몽 수도원에서 열리는 축제는 고전과 현대작품들을 혼합한 음악과 무용을 선보인다. 축제 기간 동안 매주 주말마다 하나 혹은 2개의 공연이 편성된다. 고음악부터 현대 창작물까지, 안무 차원의 탐구에서부터 문화 사이의 소통을 시도하는 만남에 이르기까지 고급스러운 프로그램으로 채워져 있다.

루앙 Rouen [Normandie]

노르마니아 중세환상축제 Normannia, Salon Médiéval Fantastique _2월 8~9일(제7회, 2025)

Normannia는 중세와 환상 및 상상의 세계에 할애된 축제로 2017년부터 루앙에서 열리고 있다. Normannia는 노르망디 Normandie 의 옛 이름. 전시 담당자, 작가, 예술가,

공연자, 중세 결투, 중세시장, 콘서트, 주점이 한자리에 모이는 행사다. 2024년에는 18,000명의 방문객과 270명의 전시 담당자가 참가했다. 독특한 분위기 속에서 축제 참가자들을 역사와 전설 속으로 빠져들게 만든다. 행사 장소는 루앙 국제전시장 Parc des Expositions de Rouen. 중세 의상을 착용하면 입장료 할인을 받을 수 있다. 2024년에는 용을 주제로 내세우기도 했다.

@Normannia - Salon Médiéval Fantastique

북유럽 영화제 Festival du cinéma nordique _3월 10~21일(제23회, 2010)

1988년에 감독이자 영화관장이었던 장-미셸 몽그레디엥 Jean-Michel Mongrédien 이 노르웨이 출신의 아내 이자벨 뒤오 Isabelle Duault 와 함께 만든 영화제. 노르망디 지방의 루앙에서 매년 3월 북유럽 영화들을 소개하는 행사였다. 북유럽 국가들 덴마크, 핀란드, 아이슬란드, 노르웨이, 스웨덴 에서 제작한 장

편영화들을 대상으로 하다가, 1990년부터는 발트 3국 에스토니아, 리투아니아, 라트비아 이 참가하기 시작했다. 또 1998년부터는 네덜란드와 벨기에도 영화제에 참가했다. 루앙의 고몽 시네마 Cinéma Gaumont, 르 멜빌 시네마 Cinéma Le Melville 에서 열리면서 심사위원 대상 Grand Prix du jury 등을 운영했지만, 이 영화제는 루앙 시와 이견이 불거지면서 2010년 12월에 끝났다.

정원의 씨앗 Graines de jardin _5월 17~18일(제16회, 2025)

식물과 꽃, 정원 가꾸기를 좋아하는 사람을 위한 무료 축제로, 2009년부터 매년 루

@https://www.visiterouen.com/

앙 소재 식물원Jardin des Plantes에서 열리고 있다. 자연 보호, 생태다양성과 지속 발전을 위해 메트로폴 루앙 노르망디Métropole Rouen Normandie와 루앙 시가 공동으로 도모하는 '생태 공동체éco-communauté'로 원예가, 종묘업자, 바이오 제품 생산자, 데커레이션 관련업자, 원예 방면으로 특화된 출판사 등이 한자리에 모인다. 주제별 설명을 듣거나 강습에도 참가할 수 있다. 2025년의 주제는 '정원의 색깔들Les Couleurs du jardin'. 다양한 꽃들의 화려한 색깔과 만나면서 정원에 대한 지식을 넓힐 수 있는 기회이기도 하다. '개러지 세일'처럼 '자르댕 세일vide-jardin'은 식물 포함, 정원에 관련된 모든 물품을 저렴하게 구입할 수 있는 자리다. 축제는 10시부터 19시까지 열리며, 해마다 9만 명 이상이 행사를 찾고 있다.

러쉬 페스티벌 Festival Rush _6월 5~14일(2025)

2011년 Le 106의 주관하에 노르망디 지방 루앙에서 시작된 축제로 센 강가에서 10일 동안 전 세계 아티스트들을 만날 수 있는 기회를 제공한다. 귀스타브 플로베르 다리Pont Gustave Flaubert에서 가까운 센 강둑 위의 롤레 반도Presqu'île Rollet 녹지대에서 열린다. 매년 새로운 주제를 중심으로 한 콘서트, 연극, 콘퍼런스, 전시회, 퍼포먼스, 푸드트럭 등을 통해 첫 일곱 번의 축제는 남녀노소를 매혹시켰고, 매번 참가자 숫자가 늘어나는 중이다. Fast & Curious, Now Future, Cabaret de la Dernière Chance, Mythomania, l'Exil 등이 그동안 이 행사를 빛낸 아티스트들이다. 2019년 행사는 클로에 Chloé에게 예술감독을 위임했는데, 그는 바르셀로나의 '소나르 Sonar' 뮤직 페스티벌, 몬트리올의 '뮤텍 Mutek', 체코공화국의 '컬러스 오브 오스트라바 Colors of Ostrava', 미국 네바다사막에서 열리는 '버닝맨 Burning Man' 등의 축제에 관여한 인물이었다.

루앙 국제 대형범선 축제 Armada de Rouen 혹은 Armada de la liberté _6월 17~27일(제9회, 2027)

@L'Armada Rouen 2023

센 강에서 수십 척의 범선이 대형 퍼레이드를 벌이는 행사로, 대형 범선들이 한자리에 모이는 행사로는 세계에서 가장 규모가 크다. 장관을 보기 위해 십여 일 동안 거의 1천만 명의 인파가 루앙 부둣가를 찾는다. 행사를 통해 전설적인 배들, 전 세계에서 루앙을 찾은 수천 명의 뱃사람들도 만나볼 수 있다. 환경을 중시하기에 해양구조를 담당하는 선박들도 행사에 초대하고 있다. 이 행사는 음악 프로그램의 퀄리티로도 유명한데, 지역 음악인들이 개최하는 무료 콘서트가 눈과 귀를 즐겁게 해주며 국제적으로 유명한 가수들도 공연한다. 매일 저녁마다 불꽃놀이 행사도 열린다. 시가행진, 해상 시범, 선박 방문 등의 부대행사도 열린다.

1989년 7월 9-16일 처음 개최된 이후 4년 내지 5-6년마다 열리는 '루앙 국제 대형범선 축제'는 지난 2023년 6월 8-18일 성황리에 진행된 것에 힘입어 제9회 행사는 4년 후인 2027년 6월 17-27일로 예정되어 있다.

노르망디 식도락 축제 Fête du ventre _10월 11~12일(제26회, 2025)

루앙의 가을을 장식하는 노르망디 축제로 놓칠 수 없는 행사다. 1935년부터 '노르망디의 수도 capitale de la Normandie' 루앙이 열고 있는 대규모 식도락 및 지역산물 홍보

@escargotsdebrotonne.com

이벤트이기도 하다. 10월 두 번째 주말에 열리는데, 행사에서는 지역의 식도락 장인인 '토크 루아네즈'Toques rouennaises', 노르망디 전통의상을 입은 생산자들, 사과, 시드르, 물냉이, 푸아그라, 꿀, 달팽이 등 자신의 제품을 소개하고 판매하는 농부들을 만날 수 있다. 극단과 연주단체들도 축제 분위기를 돋운다. 매년 25만 명 정도가 이 축제를 찾고 있다. 행사는 루앙의 비외마르셰 광장 Place du Vieux-Marché 일대에서 9시부터 19시까지 열린다. 노르망디에서 생산한 제품들을 판매하는 150개 내외의 부스는 대부분 잔 다르크 거리 Rue Jeanne d'Arc 에 들어선다.

루에르그 Rouergue [Occitanie]

루에르그 국제민속제 Festival folklorique international du Rouergue _8월 5~11일(2024)

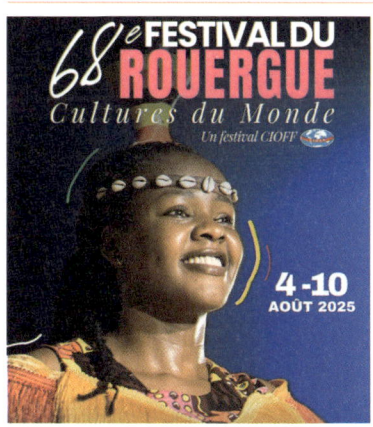

@ https://www.aveyronline.net/

루에르그 축제는 자기 고장을 아끼는 사람들에 의해 1955년에 퐁드살라르Pont-de-Salars 마을에서 처음 시작되었다. 그들은 모든 개인적인 발전이 타자의 발견, 즉 타인들의 풍습과 전통의 이해를 통해 이루어진다고 생각했다. 50년도 더 이전부터 이 축제는 매년 5백 명 이상의 해외 음악인과 무용수를 초청하고 있으며, 통상 10여 개 국가가 참가해 30곳 정도의 장소에서 공연을 가진다. 뷔페, 음악 이벤트, 호숫가에서의 '파노라마Panorama' 공연, 시가행진 등이 주요 프로그램이다. 축제가 열릴 때면 루에르그 인근 마을들도 국제적인 성격을 띤다. 축제가 미요Millau, 로데즈Rodez, 몽바젱Montbazens에서도 열리기 때문이다.

루파크 Rouffach [Grand-Est]

마녀 축제 Fête de la Sorcière _7월 20일(2024)

프랑스 동부 마을 루파크에서 열리는 마녀 축제는 알자스 지방 사람들이 가장 좋아하는 행사 중 하나다. 중세시대와 환상 세계를 멋들어지게 조합한 이 대중적인 축제는 16세기와 17세기에 이 마을에서 살았던 마녀들 이야기를 기반으로 만들어졌다. '마녀들의 탑Tour des Sorcières'이 그 역사를 입증해준다. 마녀로 분류된 사람들이 투옥된 후 고문을 받았던 장소다. 하지만 축제에서는 그런 어두운 역사는 전혀 찾아볼 수 없는 대신 유쾌함과 낯선 풍경들로 가득하다. 만 하루 동안 루파크 마을 전체가 중세 색깔로 변하는데, 축제를 찾는 사람들 숫자만도 10,000명 이상에 달한다. 주로 알자스 지방 사람들이 찾으며, 여름에 알자스를 찾는다면 콜마르 와인시장Foire aux vins de Colmar, 셀레스타 꽃 퍼레이드Corso Fleuri à Sélestat 와 더불어 꼭 찾아야 할 이벤트로 꼽힌다. 중세 야영지, 불을 이용한 공연, 어린이 대상 행사, 중세음악 콘서트, 시가행진, 거리 공연, 중세풍 레스토랑 등이 축제 프로그램을 구성하고 있다. 사람들이 기대하는 가장 흥미로운 이벤트는 '이상한 오솔길 Sentier de l'étrange'로, 유로파 파크 Europa Park 의 '공포의 밤 트로마티카 Horror Nights – Traumatica', 슐츠 Soultz 의 '까마귀들의 밤 Nuit des Corbeaux'에서 만날 수 있는 것처럼 공포 체험 내용을 담고 있다. 젊은 자원봉사자들이 만들어낸 프로그램인데, 슐츠 소재 'ACAP&DP', 탄 Thann 소재 '탄의 건축가들 Bâtisseurs de Thann' 도움을 받았다. 겁이 많은 사람들을 위한 '이상한 오솔길' 낮 버전도 있다. 하지만 10세 미만 어린이는 최소한 어른 1명을 동반해야 한다. 축제는 유료다.

뤼사스 Lussas [Auvergne-Rhône-Alpes]

다큐멘터리 영화 삼부회 États généraux du film documentaire _8월 17~23일(제37회, 2025)

@ https://www.cnap.fr/

전문가들이 영화 애호가들과 만나는 아르데슈 Ardèche 데파르트망 행사. 다양한 주제와 형태에 따라 선별된 프랑스 국내외의 다큐멘터리가 상영된다. 영화관 상영, 비디오테크에서의 상영, 저녁의 야외 상영, 가정에서의 상영 등 여러 방식이 동원된다. 세미나와 아틀리에도 영화들에 대한 이론적인 접근을 돕는다. 전문가들과의 만남은 영화 부문의 다양한 직업에 대한 이해의 폭을 넓혀준다. '시선의 경험 Expériences du regard', '다큐멘터리의 역사 Histoire de documentaires', '작품의 편린들 Fragments d'une oeuvre', '제방길 Route du doc' 등의 세션이 있다.

뤼에이유말메종 Rueil-Malmaison [Île-de-France]

제국의 50년 Jubilé Impérial _9월 21~25일(제5회, 2024)

'제국의 50년' 행사는 2012년부터 나폴레옹과 조제핀 커플을 주제로 오드센 Hauts-de-Seine 데파르트망 소재 뤼에이유말메종 시가 개최하는 문화행사 전체를 지칭하는 표현이다. 말메종 성에서 커플이 거주한 것으로 잘 알려져 있으며, 두 사람이 이혼한 후에는 조제핀의 주 거처로 그녀가 1814년 숨을 거둘 때까지 거주한 공간이기도 하다.

역사

■ 제1회(2012년)

제1회 행사는 2012년 9월 10일부터 17일까지 열렸다. 앙드레 말로 극장(TAM : Théâtre André-Malraux)에서 열린 '나폴레옹이 영화를 만들다(Napoléon fait son cinéma)'라는 제목의 전시회는 나폴레옹을 주인공으로 내세운 영화에서 사용된 의상과 소품들을 소개하는 자리였다. 두 개의 연극도 무대에 올랐는데, 장 도르메송(Jean d'Ormesson)의 소설을 각색해 장-로랑 실비(Jean-Laurent Silvi)가 연출한 〈대화(La Conversation)〉, 자비에르 르메르(Xavier Lemaire)가 연출한 파스칼 방쿠(Pascal Bancou)의 작품 〈제국의 사랑(L'Amour Impérial)〉이 그것들이다. 제국의 야영지 재현, 나폴레옹 시대의 물건들 경매 등 부대행사도 열렸다.

■ 제2회(2014년)

2014년 9월 15일부터 21일까지 열렸으며, 프랑스인들의 황제를 충실히 소개하는 데 전념한 배우들을 중심으로 성대하게 구성했다. 프랑시스 위스테르(Francis Huster)는 앙드레 말로 극장에서 빅토르 위고가 쓴 「워털루」를 낭독했으며, 피아노 연주는 파스칼 아무아옐(Pascal Amoyel)이 맡았다. 역사를 다룬 허구작품 〈역사의 방문객 : 워털루 전투의 중심에서(Le visiteur de l'Histoire : au cœur de la bataille de Waterloo)〉도 무대에 올랐고, 자비에르 르페브르(Xavier Lefebvre)가 제작한 다큐멘터리 영화도 소개되었다. 영화는 그 유명한 워털루 전투가 벌어진 이틀 동안에 겪는 군인의 삶을 조명했다. 문화유산의 날을 맞이해 역사 재현 행사가 있었는데, 6개의 대포, 500명의 병사, 60명의 기마대, 나폴레옹의 텐트, 황제와 부관, 알렉산드르 러시아 황제가 등장했다. 나폴레옹과 조제핀의 결혼서약서는 그 시대의 다른 물건들과 함께 경매 대상이 되었다.

'LEGO로 쌓은 역사(Histoire en briques LEGO)'라는 전시회도 처음 열렸다. 축제 개막행사에는 당시 의상을 입고 춤추는 성대한 무도회가 열렸다.

■ 제3회(2017년)

2017년 9월 19일부터 24일까지 열렸다. 나폴레옹 1세와 알렉산드르 1세 사이에 맺은 틸시트 조약(traité de Tilsit) 210주년을 기념하는 자리이기도 했다. 프로그램으로는 스위스 제네바, 독일, 폴란드의 연주단 및 프랑스 디종과 알자스 지방의 군악대가 시대와 관련된 음악을 들려주었다.

■ 제4회(2022년)

코로나19로 인한 중단 때문에 10주년 행사는 9월 19일부터 25일까지 열렸다. 1804년 체제를 중심으로 다뤘다.

르 그로뒤루아 Le Grau-du-Roi [Occitanie]

성 베드로와 어부들 축제 Fête de la Saint-Pierre et des Pêcheurs _6월 16~18일(제35회, 2023)

바다와 뱃사람들이 벌이는 축제를 맞아 어부들의 수호성인인 생피에르Saint-Pierre, 베드로 성인를 기린다. 그의 조각상이 도시의 거리로 나와 축성되며 순례 행진을 한다. 배들의 바다 외출, 랑그독 방식의 수상 창시합, 아브리바도abrivados 콩쿠르 등이 열린다. 아브리바도 콩쿠르는 황소들이 무모한 관중들을 향해 돌진하는 이벤트로, 불의의 사고가 일어나지 않도록 가르디앙gardians 들이 매의 눈으로 감시한다.

2024년 6월 21-23일 사흘간 열릴 예정이었던 제36회 '성 베드로와 어부들 축제'는 지난 35년간 단 한 번의 사고 없이 치른 행사임에도 불구하고, 12m 이상 규모의 모든 배에 대해 선주들이 수긍할 수 없는 안정성 테스트를 요구하는 등 정부 관할부처의 안전 및 위생과 관련된 지나친 행정적 제약으로 인하여 당해 4월 11일 주최 측에서 급기야 취소를 발표하기에 이른다. 어부 가족을 포함한 수만 명의 관중이 동참하는 이 연례 행사의 부득이한 취소를 시장이 발표했는데, 그가 도지사에게 보낸 서한에는 정부 대표가 해결책을 마련하기를 바라는 메시지가 담겨있었다.

르동 Redon [Bretagne]

브르타뉴에서 한국까지 De Bretagne en Corée _5월 24~25일(제1회, 2025)

브르타뉴의 작은 마을 르동 Renon 의 '르 카레 뇌프 Le Carre 9, 주소 : 9 rue de Galerne, Redon 에서 열리는 한국 축제. 브르타뉴에 한국을 알리고 한국인들에게 브르타뉴 문화를 알리면서 두 개 지역 사이의 가교를 개설하는 것을 목적으로 삼는다. 2025년에 처음 열리는 축제의 주제는 '브르타뉴와 한국, 전설의 땅 Bretagne et Corée, terres de légendes'. 코리간 korrigan 과 도깨비, 앙쿠 Ankou 와 저승사자 등 양 지역의 상상계와 환상 속 존재들을 탐구하는 흥미로운 행사다. K-Pop 행사, 푸드트럭도 곁들여진다.

르 라방두 Le Lavandou [Provence-Alpes-Côte d'Azur]

코르소 플뢰리 Corso fleuri _4월 13일(2025)

바르Var 지방 르 라방두 해안에서 열리는 가장 큰 행사 중 하나로, 미모사의 시즌을 끝내는 동시에 여름을 여는 역할을 하고 있다. 미모사들로 화려하게 장식한 20여 대의 꽃마차들이 여성 악대장, 연주자들, 팡파르, 트루바두르, 군악대와 함께 해안가에서 퍼레이드를 벌인다. 꽃마차들은 신선한 8,000-25,000개의 꽃으로 장식된다. 꽃싸움이 행사를 마무리한다. 1만 명 이상이 찾는다. 축제 전날 꽃마차를 제작하는 장소를 방문해볼 수 있다. 2020년의 주제는 '엘도라도L'Eldorado', 2024년의 주제는 '파니크 오 레이예Panique au Layet', 2025년의 주제는 '아브라카다브라Abracadabra'였다.

르 마다질 Le Mas-d'Azil [Occitanie]

무화과 축제 Fête de la figue _10월 5~6일(제22회, 2024)

무화과 축제는 아리에주Ariège 데파르트망 르 마다질의 샹드마르스 광장Place du

Champ-de-Mars 의 오래된 플라타너스 나무 아래 혹은 벨론 들판Champ de Bellonne 에서 열린다. 공예품 시장과 먹거리 시장도 무화과잼의 향기와 같이한다. 무화과는 레 탱둘레 드 라 피고 무화과 동업조합Confrérie de la Figue Les Tindoulets de la figo 이 현장에서 솥으로 익혀서 제공한다. 또 동업조합원들은 르 마다질 거리를 시가행진한다. 축제를 찾는 사람들은 거리 공연, 전통무용, 콘서트를 즐길 수 있다. 가족끼리 체험하기에 아주 좋은 행사다.

르망 Le Mans [Pays de la Loire]

유로파 재즈 페스티벌 Europajazz Festival _6월 1~5일(제43회, 2022)

1980년에 처음 등장한 후 국제적인 명성을 얻고 있는 이 축제는 유럽 현대 재즈와 관련된 창작물과 프랑스에서 처음 소개되는 그룹들을 전면에 내세우던 지역의 주요 문화행사였다. 젊은 신생 그룹들에게는 이름을 알릴 수 있는 절호의 기회로, 시골에 지은 레지던스와 중학교, 요양원 대학 등에 재즈를 보급하면서 새로운 관객을 확

보하는 혁신적인 프로젝트 등으로 유명했다. 보통 15만 명 정도가 르망의 루아얄 드 레포 수도원Abbaye Royale de l'Épau, 이브레레베크Yvré-l'Évêque의 조르주 브라센스 홀Salle Georges-Brassens, 아르나주Arnage에 소재한 레올리엔 문화원Espace culturel L'Éolienne에서 열리는 축제를 찾았다.

수십 년 동안 르망을 들썩이게 한 이 재즈 축제는 재정난 끝에 2022년에 제43회 행사를 마지막으로 갑작스레 막을 내려 사람들을 놀라게 했다. 시장은 2023년 6월 22일 시의회에서 '유로파 재즈'를 주관해온 르망 재즈협회에 할당된 8만 유로를 'Superforma' 협회에 전달하겠다는 의사를 밝히면서 우여곡절 끝에 르망에서 재즈는 여전히 울려 퍼지게 되었다.

르망 서커스 축제 Le Mans fait son cirque _6월 19~29일(제24회, 2025)

페이 드 라 루아르Pays de la Loire 레지옹에서 열리는 서커스 페스티벌. 2001년부터 르망 시는 여러 협회, 극단을 모으는 서커스 행사를 플롱주아르Plongeoir, 뉴튼 산책로Promenade Newton 등지에서 열고 있다. 야외, 실내, 가설무대에서 80개 내외의 공연이 열린다. 프로그램은 신생극단, 현대 서커스의 새로운 경향을 담아내고 있다. 토요일 저녁에는 1,500명이 참가하는 대大퍼레이드가 열린다. 약 2만 명이 공연을, 25,000명 내외가 퍼레이드를 관람한다. 2024년에는 행사가 끝난 다음에 축제가 지역 순회공연을 가졌다.

키메라의 밤 Nuit des Chimères _7월 5일~9월 14일(제19회, 2024)

@ monnuage.fr

@ sargeleslemans.fr/

'플랜태저넷 왕조의 도시Cité Plantagenêt' 르망의 7개 기념물 벽면에 일루미네이션과 동영상을 투사하는 행사. 무료로 돌아볼 수 있다. 투사 대상 유적은 생쥘리엥 대성당Cathédrale Saint-Julien, 베랑제르 여왕 박물관Musée de la Reine Bérengère, 분수 계단Escalier du jet d'eau, 로마 성곽Enceinte romaine, 생틸레르 벽Muraille Saint-Hilaire 등이다. 71일에 걸쳐 매일 2시간 동안 진행된다.

도서 축제 Faites lire! _9월 30일~10월 6일(제4회, 2024)

@JC Lattès

'24 heures du livre' 협회와 르망 시가 공동 개최하고, 통상 매년 10월 둘째 주말에 열리면서 43회를 이어갔던 'La 25ᵉ Heure du Livre'는 프랑스 5대 도서전 중 하나로 자리를 잡았다. 개학과 더불어 열리던 이 행사는 청소년 문학, 추리문학, 만화에 많은 공간을 할애하면서 사랑을 받았다. 그러나 이 행사는 2021년부터 'Faites lire!'라는 이름의 새 행사로 대치된다. 차후에는 작가에 더 집중할 예정이다. 반면 'La 25° Heure du Livre' 주최 측은 새로운 도서전을 만들어낼 계획이다.

르 바노이를로 Le Vanneau-Irleau [Nouvelle-Aquitaine]

수상시장 Marché sur l'eau _7월 27일(2024)

@Le Blog du Marais Poitevin

아침 9시부터 13시까지 마레 푸아트뱅 Marais poitevin 중심에 자리한 작은 마을 르 바노 Le Vanneau 의 그랑 포르 Grand port 항구는 축제 장소로 변신한다. 연중 내내 조용하던 장소가 이 날 하루 동안 지역 산물을 파는 상인들, 관광객, 인근지역 주민들이 뒤섞이는 축제의 장으로 변하는 것이다. 행사를 통해서는 지역 특산물인 흰 강낭콩 모제트 mogettes, 달팽이, 뱀장어, 투르토 프로마제[tourteau fromager, 푸아투샤랑트 Poitou-Charentes 지방에서 유래한 반구 모양의 케이크. 계란, 밀가루, 설탕, 치즈, 바닐라향, 페이스트리가 필요하다. 틀 안에 페이스트리를 넣은 후 위의 재료를 오븐으로 굽는다.] 등을 만나볼 수 있다. 야채장수, 푸줏간 주인, 우편배달부가 매일 배를 타고 돌던 시기와 운하가 가축들을 실어 나르던 교통수단으로 사용되던 시기를 연상시켜준다. 5천 명 정도가 축제를 찾는다.

르 바르카레스 Le Barcarès [Pays de la Loire]

레 데페를랑트 쉬드 드 프랑스 Les Déferlantes – Sud de France _6월 26~29일(제32회, 2025)

@www.vendee-tourisme.com

'라 데페를랑트 La Déferlante'는 해수욕장을 보유한 페이 드 라 루아르 Pays de la Loire 레지옹의 3개 마을이 1994년에 처음 개최한 거리극 축제다. '레 자르 오 솔레이유 Les Arts au Soleil'가 담당하던 행사가 중지된 후 '라 데페를랑트' 협회가 주최하는 중이다. 프로그램은 거리극, 서커스, 샹송, 무용, 월드뮤직, 연극 분야에서 활동 중인 프랑스 국내외 50여 개 단체의 공연들로 채워져 있다. 현재 '라 데페를랑트'에는 10개 마을이 참가하고 있다. 축제는 10년 이상 동안 아르줄레스쉬르메르 Argèles-sur-Mer 에서 개최되다가 세레 쪽으로 장소를 옮겨 몇 년간 행사를 치른 후 2023년에 다시 장소를 변경해 현재의 르 바르카레스 해수욕장 Station balnéaire du Barcarès 에서 열리고 있다.

2007년부터 '라 데페를랑트'는 두 차례에 나뉘어 개최되고 있는데, 1995년에 생겨난 원래 축제는 여름 내내 열리고 있는 반면 봄의 '라 데페를랑트'는 20개 이상의 극단이 80개 내외의 공연을 제공하며 1만 명 이상의 관객을 끌어들이고 있다. 이 축제는 님 페스티벌 Festival de Nîmes 이나 헬페스트 메탈 축제 Festival de métal Hellfest 를 따라잡기를 소망하는 중이다.

르 브사 Le Bessat [Auvergne-Rhône-Alpes]

필라의 백야 La Nuit Blanche du Pilat _1월 18일(제15회, 2025)

@Courir Pour des Pommes

눈이 덮인 몽 뒤 필라 자연공원 Parc Naturel des Monts du Pilat 숲에서 이마에 램프를 달고 야간 달리기를 하는 이벤트. 14회를 맞이한 2024년에는 영하 5도의 날씨에서 1,500명이 참가했다. 총길이는 14km. 수익금 전액은 림프종 환자를 돕는 목적으로 쓰인다. 2019년부터는 상 푸르 상 스포르 Sang pour sang sport 협회가 '스포츠 프로젝트 Projet Sport'라는 이름으로 리옹의 혈액학적 장애로 어려움을 겪는 청소년들을 지원하고 있는 중이다. 18시에 출발한다.

르 샤토돌레롱 Le Château-d'Oléron [Nouvelle-Aquitaine]

오르스 수로 축제 Fête du Chenal d'Ors _8월 18일(2024)

@sudouest.fr

샤랑트마리팀Charente-Maritime 데파르트망에 있으며 프랑스 본토에서 두 번째로 큰 섬이 올레롱 섬Île d'Oléron이다. 축제는 올레롱 섬 남동쪽에 소재한 코뮌인 르 샤토돌레롱Le Château-d'Oléron에서 매년 8월 열리는 행사로, 오르스 수로의 특산물인 굴을 부각시킨다. 굴을 싣는 거룻배를 타고 수로를 돌아보는 경험, 굴, 홍합, 모시조개 등 지방 특산물 시식, 전시회, 무도회, 22시에 시작하는 불꽃놀이가 행사의 주를 이룬다.

르 크로투아 Le Crotoy [Hauts-de-France]

해양 축제 Fête de la Mer _8월 3~4일(2024)

프랑스 북부 솜 만Baie de Somme에 면한 도시 르 크로투아에서 매년 8월 주말을 이용해 열리는 축제로, 르 크로투아에서 행하는 어업을 뱃사람들과 기리는 것을 목적으로 삼는다. 뱃사람과 옛 뱃사람 협회AMAM : Association des Marins et des Anciens Marins가 트롤선 어부들을 모은 후 행사를 주관한다. 미사, 순례 행진, 퍼레이드, 톰볼라 게임, 콘서트, 불꽃놀이 등이 축제 프로그램이다. 주 무대는 항구 지구Quatier du Port와 잔 다르크 광장Place Jeanne d'Arc.

르 퓌앙블레 Le Puy-en-Velay [Auvergne-Rhône-Alpes]

퓌 드 뤼미에르 Puy de Lumières _7월 5일~9월 15일(제8회, 2024)

르 퓌앙블레에 소재한 역사유적들은 2017년부터 영상미를 갖춘 빛의 도시로 화한다. 총 9개의 유적에 조명을 쏘는 행사 이름은 '퓌 드 뤼미에르 Puy de Lumières'. 매일 저녁 해가 지면 아랫동네와 윗동네를 잇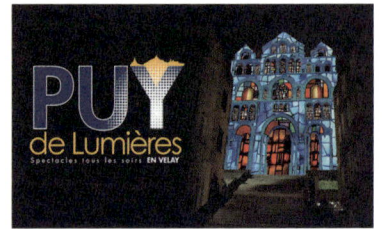

는 1시간 반의 무료 여정을 통해 방문객들은 화산, 도시의 역사와 문화, 건축문화유산들을 맛볼 수 있다. 조명이 들어가는 유적들은 다음과 같다.

- **노트르담 대성당**(Cathédrale Notre-Dame) : 1998년에 유네스코 세계문화유산에 등재된 이 성당은 종교건축 역사를 통해서도 중요한 건축물로 꼽힌다. 아니스 산(Mont Anis) 위에 성당을 건설한 기술력도 탁월하다.
- **생미셸 데기유 바위**(Rocher Saint-Michel d'Aiguilhe) : 물결이 이는 가운데 화산이 땅속 깊은 곳으로부터 분출한다. 용 한 마리가 미카엘 대천사(Archange Saint-Michel)에게 도전하며, 대천사는 용을 쓰러뜨린다. 날개 달린 기사가 교회를 짓도록 장소를 정해주며, 그 교회는 시간이 흐르면서 아름다운 부조로 스스로를 장식해나갔다. 바위가 사계절 역시 아름다운 자연을 만들어내면서 성당을 감싸는 곳이다.
- **극장**(Théâtre) : 기원전 36,000년에 그려진 쇼베 동굴(Grotte Chauvet)의 벽화 그림에서부터 미래의 디지털 아트에 이르기까지 '극장'은 그림을 통해 우리를 가장 강렬한 꿈속으로 인도한다.
- **시청사**(Hôtel de Ville) : 다양한 의상, 음악과 춤은 우리를 중세와 르네상스 사이로 끌어들인다. 시청사의 전면은 놀랍고도 수수께끼 같은 '새의 왕 페스티벌(Fête du Roi de l'Oiseau)' 분위기를 맛보게 해준다.
- **생탈렉시스 예배당**(Chapelle Saint-Alexis) : 오트루아르(Haute-Loire) 데파르트망의 특이한 자연환경과 풍요로운 문화유산을 간직한 곳이다. 푸른빛 지평선이 펼쳐진 거대한 공간 위를 기구를 통해 조망하는 기회를 가진다.

성모승천절 축제 Fêtes de l'Assomption de la Vierge Marie _8월 14~15일(매년)

@Diocèse du Puy-en-Velay

8월 14일과 15일 성모승천절 축제가 열릴 때 작은 흑인 성모마리아 Vierge Noire 상이 노트르담 대성당 Cathédrale Notre-Dame 에서 나와 마을을 돌며 순례 행진을 벌인다. 흰 옷을 입은 순례자들은 그 뒤를 따르면서 성가를 부른다. 미사 외에도 두 차례의 순례 행진이 예정되어 있는데, 한번은 8월 14일 횃불과 함께하는 행진이고 다른 하나는 8월 15일 낮에 대성당에서 출발하는 행진이다.

새의 왕 르네상스 축제 Fêtes Renaissance du Roi de l'Oiseau _ 9월 17~21일(제40회, 2025)

'새의 왕 르네상스 축제Fetes du Roi de l'Oiseau'는 오트루아르Haute-Loire 데파르트망에 소재한 마을 르 퓌앙블레에서 매년 9월 세 번째 주에 열린다. 2021년의 주제는 '1515년 마리냥에서의 전쟁1515, Marignan : la guerre', 2022년의 주제는 '라블레의 세계Le Monde de Rabelais'. 작가 라블레의 작품에 등장하는 거인 가르강튀아Gargantua를 본떠 거인의 옷, 포크, 반지 등 거대한 물건들이 제작되었다.

2023년의 주제는 '레오나르도 다빈치...천재Leonard de Vinci... le génie'.

@https://www.roideloiseau.com

▌역사

1524년에 새를 주제로 한 게임이 처음 르 퓌앙블레에 등장했다. 샤를 5세가 창안한 이 풍습은 소총이나 활을 쏘아 파프게(Papegai. 옥시타니어로 앵무새를 뜻함)라 불리는 헝겊 새를 쓰러뜨리는 형태였다. 게임은 성신강림축일 월요일에 열렸다. 우승한 사람은 한 해 내내 왕으로 선포되면서 마을의 열쇠를 받았고, 합법적으로 칼을 차고 다닐 수 있었으며, 화승총 부대를 지휘했다.

1985년에 새의 왕 르네상스 축제는 장-루이 로크플랑(Jean-Louis Roqueplan)과 에르베 마르실라(Hervé Marcillat)가 이끄는 알로다 극단(Théâtre de l'Alauda)을 통해 재창조되면서 연극, 음악, 무용 등 르네상스 시대의 예술들을 부각시켰다. 매년 10만 명의 사람들이 여름이 끝날 때 열리는 이 축제를 찾는다.

▌행사

축제의 특징은 주민들이 엄격한 역사적 고증을 거쳐 극도로 공을 들여 의상을 준비하는 데 있다. 약 6천 명의 인물들이 5일 동안 옛 의상을 입고 르네상스 시대 방식대로 먹고 마시고 체험하면서 관객들을 역사 속으로 안내한다. 중심지에는 숙영지를 만들고, 옛 방식대로 만든 요리를 제공하며, 선술집에서는 꿀물(hydrome)과 향료를 넣은 포도주(hypocras)를 팔고, 거리에서

는 공연을 벌이는 식이다.

프로그램의 중요성 때문에 유럽의 주요 역사축제 중 하나로 인정된 이 축제는 십여 년 동안 '파타르(patards)'와 '플로레트(florettes)'로 불리는 동전까지 주조한 후 대부분의 레스토랑과 선술집, 가게에서 사용하게 했다.

1990년부터 마을은 'isles'이라는 8개의 구역으로 나뉘며, 축제 기간에 각 구역은 독특한 테마를 내세우고 있다.

1. **미라망드**(Miramande) : 르네상스 문화
2. **라 비그리**(La Viguerie) : 시(詩)와 운율의 공간
3. **레스트라파드**(L'Estrapade) : 롱종 산(Mont Ronzon) 교수대가 있는 구역으로, 강도들 목을 매다는 곳이다.
4. **리우삭**(Lioussac) : 묘약과 물약, 약초와 향초의 공간
5. **파나베르**(Panaveyre) : 포도와 와인을 위한 공간
6. **파플렝그**(Papelengue) : 군인, 포병, 그리고 전투 장면들
7. **모샤페드**(Mochafède) : 푸줏간 지역, 축제가 열리는 곡예사들의 공간이기도 하다.
8. **가라망트**(Garamentes) : 칼과 서예, 외국으로부터 건너온 물약들

▌행사 풍경

블레(Velay) 고장의 대표단이 루드(Loudes)에서 불을 회수하며, 'isles' 주민들에게 마을의 화덕들에서 구운 빵과 소금을 제공한다. 파네삭 문(Porte Pannessac)에서 영접을 받는 행렬은 개막식을 위해 브뢰이유 광장(Place du Breuil)에 위치한 la Lice를 방문한다. 그런 식으로 5일간의 축제가 시작되며, 거리극, 연극, 음악, 춤, 유럽 각국의 아티스트들과 장인, 르네상스와 16세기를 주제로 한 전시회들이 행사를 채운다. 마지막 행사들로는 향연, 새 사격(Tir de l'Oiseau) 경연대회, 르

네상스 시대 의상을 입은 시가행진이 열린다.

일주일 내내 도시 곳곳에 축제에 참가하는 자들이 잠을 자고 생활하는 텐트가 세워지는데, 특히 윗동네와 브뢰이유 광장에 많이 들어선다.

옛 의상을 입은 6천 명 이상이 진행하는 중세축제에는 여러 예술단체도 참여하고 있다. 축제는 약 10만 명의 방문객을 불러들이고 있는데, 그중 3만 명은 폐막식이 열리는 일요일의 시가행진을 보기 위해 찾아오는 사람들이다. 축제 때 앙리 비네 정원(Jardin Henri Vinay)에서 열리는 르네상스 대시장(Grand Marché de la Renaissance)은 축제를 찾는 사람들이 꼭 들러야 하는 명물이 되었다.

리모주 Limoges [Nouvelle-Aquitaine]

리모주의 봄 카발카드 Cavalcade de printemps à Limoges _5월 5일(2024)

3월의 카니발을 대치하면서 전적으로 무료로 열리는 이 시가행진에는 15대 내외의 화려한 꽃마차, 20여 개 내외의 연주 그룹 및 공연단체가 참가한다. 민속 공연단, 전통적 혹은 축제 형태의 퍼레이드, 팡파르, 밴드, 역사 공연, 예술 공연 등 모든 공연 형태를 즐길 수 있기도 하다. 유럽 다른 국가의 공연단도 초청되고 있다. 약 75,000명 정도가 2km 길이의 시가행진을 즐긴다. 3시간에 달하는 요란한 시가행진은 카니발 마네킹을 비엔Vienne 강에 빠뜨리면서 끝이 난다.

@Ville de Limoges

리모주 독서축제 Lire à Limoges _6월 20~22일(제41회, 2025)

『리브르 에브도 Livre Hebdo』지가 5대 문학 행사 중 하나로 선정한 축제인 'Lire à

@https://www.limoges.fr

Limoges'는 프랑스에서 규모가 큰 10대 도서전 중 하나이기도 하다. 일반문학, 청소년문학, 만화 쪽의 200명 이상의 작가들을 한자리에 모은다. 전시회, 사인회, 시상식, 공연, 콘퍼런스. 원탁회의 등이 열린다. 또 청소년을 대상으로 한 수많은 이벤트도 마련된다. 샹드쥐이예Champ-de-Juillet에 설치된 총면적 2,500m²의 대형 가설 천막과 리모주의 여러 문화공간에서 진행되는 이 축제를 찾는 사람은 6만 명 정도다.

토크와 도자기 Toques et porcelains _9월 19~21일(제11회, 2025)

@https://www.destination-limoges.com

전국식도락축제의 일환으로 리모주 시가 2003년부터 2년마다 리무쟁 지역의 요리와 리모주 도자기를 결합시켜 3일간 여는 축제. 전시회, 요리 시범, 지역 산물 시식, 자기 전시 등이 프로그램을 구성한다. 요리와 그것을 담아내는 자기의 결합은 리무쟁 지역의 식도락을 명품으로 만드는 데 일조하고 있다. 모트 광장Place de la Motte, 생미셸 광장Place Saint-Michel, 오트비엔 광장Place Haute-Vienne, 갈르리 데 조스피스Galerie des Hospices에서 축제를 만나볼 수 있다.

에클라 데마이유 재즈 페스티벌 Festival Éclats d'Émail Jazz _11월 14~23일(제20회, 2025)

@Université de Limoges

어제는 저항과 슬픔, 신앙의 음악이었다가 지금은 희망의 음악으로 변한 재즈를 전면에 내세운 리모주의 페스티벌. 2020년 마지막까지 개최를 위해 노력했던 이 페스티벌은 코로나19로 인해 결국 취소되었다. 진지하고 열정적인 행사로, 오페라 Opéra, 이레지스티블 프라테르니테 Irrésistible Fraternité 를 비롯한 리모주의 여러 콘서트홀과 불어권 멀티미디어도서관 BFM, Bibliothèque Francophone Multimédia, 문화원 같은 공간에서 열린다. 지 드뤼 Ji Drû, 야론 헤르만 Yaron Herman, 제임스 카터 James Carter, 로랑 쿨롱드르 Laurent Coulondre 같은 정상급 뮤지션을 만나볼 수 있다.

리무 Limoux [Occitanie]

리무 카니발 Carnaval de Limoux _1월 25일~4월 6일(2025)

절대 놓쳐서는 안 될, 프랑스에서 가장 오래된 카니발이자 세계에서 가장 역사가 긴 카니발이다. 오드 Aude 지방 리무에서 1월부터 4월까지 토요일과 일요일을 중심으로 3개월 동안 열린다. 리무 주민들이 작곡한 정확한 리듬에 맞춰 '밴드 bandes'들이 춤을 추면서 레퓌블리크 광장 Place de la République 의 아케이드를 에워싸며, '페코스 Fécos'들은 화려한 가장을 하고서 춤을 춘다. 축제 참가자들은 길을 따라가다가 선술집에 들러 한잔을 걸치기도 한다. 열띤 분위기가 인상적인 축제. 어느 토요일은 '세상의 카니발Carnavals du Monde'이란 이름으로 열리는데 사진에 담기에 좋은 이벤트다.

리무 카니발은 인공적으로 만들어낸 퍼레이드와는 달리 그 어떤 재현도 없는 순수한 상태의 민속을 추구한다. 그런 이유로 자신이 거주하는 마을과 지역에 대한 애정을 충분히 담아내고 있다.

토크와 종들 Toques et clochers _4월 12일(제36회, 2025)

@La Revue du vin de France

시외르 다르크Sieur d'Arques 포도 재배업자들이 리무Limoux 포도밭의 생산품을 중심으로 벌이는 식도락 축제로 셰프들과 소믈리에들, 방문객들에게서 점점 더 큰 호응을 얻고 있다. 지역 내 건축문화유산을 지원하려는 목적을 띤 대규모 와인 판매 행사도 열린다. 마로니에 지구Quartier des Marronniers에서 축제를 만날 수 있다.

레 뷜 소노르 Les Bulles sonores _10월(제13회, 2025)

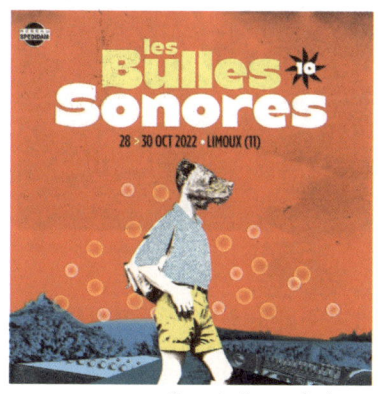

@www.tourisme-occitanie.com

스페디담 네트워크Réseau Spedidam가 리무에서 개최하는 대중음악 행사로, 2022년에 10주년을 맞이했다. 3일에 걸쳐 20개 이상의 콘서트가 열리는데, 랑그독루시용Languedoc-Roussillon 지방에서 열리는 주요 행사로 점점 발돋움하고 있다. 축제의 성공은 역동적인 지역, 손님을 환대하는 분위기, 재능 많은 가수들의 참가, 기술적 완성도 등에서 기인한다.

리보빌레 Ribeauvillé [Grand-Est]

바이올린 연주자들의 축제 Fête des Ménétriers (혹은 피페르다이 Pfifferdaj)
_8월 29일~9월 14일(제635회, 2025)

리보빌레 마을 거리에서 열리는 축제로 1390년부터 지금까지 계속되고 있다. 행사 명칭은 '바이올린 연주자들의 축제 Fête des Ménétriers' 혹은 '피페르다이 Pfifferdaj'로 불린다. 알자스 지방에서 열리는 가장 오래된 민중 축제다. 알자스 포도밭으로 유명한 이 마을에서 가장 아름다운 방식으로 여름 시즌을 마무리하는 이벤트다. 2022년의 주제는 '오딘의 깨어남 Le Réveil d'Odin'. 14세기부터 개최되고 있는 피페르다이는 중세 때 리보피에르 Ribeaupierre 영주들의 보호 아래 놓였던 바이올린 연주자들 동업조합을 기리는데, 음악가, 트루바두르 troubadours, 음유시인, 중세 행사를 뒤섞고 있다.

@voyagesremi.com

@www.rondedesfetes.fr

전통적으로 축제는 중세시장과 더불어 토요일에 시작된다. 마을 곳곳에서 다양한 행사가 열리는데, 저녁에는 무도회, 20시 30분에 레퀴블리크 광장 Place de la République을 출발하는 횃불 행진, 음악 행사가 마련된다. 일요일에는 리보빌레 크리스마스 마켓, 루파크 마녀축제 Fête de la Sorcière à Rouffach, 스위스의 생우르젠 중세축제 Médiévales de St-Ursanne에서 영감을 얻은 다양한 중세 행사가 열린다. 축제의 대미를 장식하는 이벤트는 마차 행렬로, 중세 의상을 입은 1,500명 내외의 인물이 등장한다.

리부른 Libourne [Nouvelle-Aquitaine]

페스타르 국제거리극 축제 Fest'arts(Festival international des arts de la rue)
_8월 7~9일(제34회, 2024)

보르도에서 35km 떨어진 도시 리부른에서 열리는 거리극 축제인 'Fest'arts'는 약 4만 명이 찾는다. 온 가족이 즐길 수 있는 150개 이상의 공연이 거리, 광장, 바 및 여러 장소에서 무료로 열리는데, 서커스, 무용, 연극, 음악, 마술, 불꽃놀이, 만남의 장이 동시에 펼쳐진다. 10여 개의 공연단체들이 올리는 코믹하고도 참신한 공연들이 주를 이룬다. 레 케 Les Quais, 프렝스토 광장 Place Princeteau, 프랑수아 미테랑 광장 Esplanade François Mitterrand, 두아옝 카르보니에 광장 Place Doyen Carbonnier, 레 카제른 Les Casernes, 라 상트랄 La Centrale, 아벨 쉬르샹 광장 Place Abel Surchamp, 레콜레 광장 Place des Récollets, 장 조레스 스쿨 École Jean Jaurès 등이 주요 공연장이다.

리슈랑슈 Richerenches [Provence-Alpes-Côte-d'Azur]

송로버섯의 공시 Ban des Truffes _12월 7일(2024)

'송로버섯의 공시' 축제는 보클뤼즈 Vaucluse 데파르트망의 리슈랑슈 마을이 공식적으로 송로버섯 시장이 열림을 알리는 이벤트다. 흑黑송로버섯 시장으로는 프랑스에서 가장 큰 시장이다. 디아망 누아르 동업조합 Confrérie du Diamant noir 회원들은 전통 복장을 입고서 공식적으로 시장 개시를 알린다. 이 축제의 또 다른 주체는 트뤼프 에모시옹 Truffe Émotion 클럽으로, 송로버섯 재배자, 요식업자를 포함한 19명의 전문가가 속한 그룹이다. 행사는 냄새를 통해 송로버섯을 찾아내는 개들의 시범, 콘퍼런스, 송로버섯을 주제로 한 문학 카페, 동화 구연의 밤, 송로버섯 특별 메뉴 등으로 채워진다.

@Drome Provencale

리슐리외 Richelieu [Centre-Val de Loire]

망토와 검 축제 Festival de Cape et Épée _7월 20~21일(2024)

근위기병들 시대의 상징인 망토와 칼이라는 주제는 도시의 거리에서 벌어지는 결투 시합을 통해 우리에게 대중화되었다. 70명 내외의 검객들이 칼을 다루는 기술을 시연하고, 프랑스 전역에서 찾아온 전문극단이 무대와 거리에서 결투를 벌이고 소

희극을 보여주면서 '삼총사' 시대의 모험을 다시 체험하게 해준다. 화승총 사격 시연을 통해 역사를 재현하는 데 능한 단체들은 당시 무기들을 어떻게 조작하는지도 설명해주고, 축제 때 열리는 아틀리에에서는 칼을 다루는 기술도 알려준다. 거리와 광장, 선술집에서는 악사와 배우, 광대들이 당시 복장을 하고서 살아있는 역사를 재현한다. 옛날 놀이를 익히는 아틀리에도 열리며, 조랑말을 타고 리슐리외 공원 Parc de Richelieu 을 산책하는 프로그램도 마련된다. 수공예시장에서는 당시 기술을 보여주며,

옛적의 먹거리를 맛보게 해주는 코너도 이틀간 설치된다.

리슐리외 세계영화제 Rendez-vous des cinémas du monde de Richelieu
_10월 25~28일(제3회, 2024)

@www.allocine.fr/festivals

중국영화제는 리슐리외 시청, 마을연합체, 르 마제스틱 영화관 Cinéma Le Majestic, 데파르트망과 레지옹의 지원을 받아 열리는 행사로, 리슐리외 시와 중국 우전 Wuzhen 시가 자매결연을 맺은 것을 계기로 열기 시작한 영화제다.

2018년 8월 16일부터 22일까지 열렸던 제2회 영화제는 프로그램 덕분에 성공을 거두었다. 대부분 전 세계 영화제에서 수상한 13편의 영화 상영, 콘퍼런스, 의상과 사진 전시회, 서예 아틀리에, 다도 茶道 입문 등은 이국적인 분위기를 충분히 제공했다. 2020년 8월 '러브 인 차이나 L'Amour en Chine'를 주제로 열릴 예정이었던 제3회 영화제는 코로나19 시대 사회적 거리두기 제한으로 인하여 한동안 연기되었다가 2년 후인 2022년 6월에 재개된다. 2016년 제1회 행사에서 '여성'에, 2018년 행사에서 '탐정영화'에 초점을 맞춘 것처럼 2022년에도 '사랑'을 테마로 정했지만, 2022년부터 기존의 중국영화제를 국제영화제로 변모시켜 영화 상영의 영역을 넓히고 있다.

첫해에는 중국, 일본, 한국, 몽고, 부탄 및 실크로드 중앙아시아 국가들을 비롯한 아시아권 영화 15편을 상영했으며, 2023년에는 부르키나파소, 케냐, 에티오피아, 콩고, 코트디부아르, 차드, 말리, 기니 등 사하라 이남 국가 12편의 아프리카 작품을 소개했다. 제3회 리슐리외 국제영화제는 2024년 10월 25일부터 28일까지 '유머 L'humour... Rien que de l'humour!'를 주제로 열렸다.

리옹 Lyon [Auvergne-Rhône-Alpes]

미라주 페스티벌 Mirage Festival _3월 11~15일(제8회, 2020)

'디지털 예술과 문화 축제 Festival des arts et cultures numériques'란 부제가 붙은 이벤트. 하이브리드 프로그램으로 채워진 이 축제는 예술과 신기술 사이의 관계에 대해 질문하며 예술적 실천을 재발명하려는 수많은 아티스트들이 참가했다. 혁신적인 예술을 중심으로 한 아주 중요한 행사로 자리 잡았기에 디지털 문화 쪽의 빠른 변화를 맛볼 수 있는 마당인 이 축제를 통해 새로운 창작 방식이 제기하는 문제들에 대한 교환과 성찰이 이루어졌다. 2020년 축제의 제목은 '코스모고니 Cosmogonie'로 우주를 주제로 다루었다. 하지만 8년간 손 Saône 강가 쉬브시스탕스 Subsistances 에서 지속된 축제는 재원과 지지기반이 부족해 2020년에 최종적으로 막을 내렸다.

뉘 소노르 Nuits Sonores _5월 28일~6월 1일(제22회, 2025)

갈리아 지방의 옛 수도 리옹에서 5일간 열리는 축제로, 일렉트로 음악과 인디 음악 쪽으로 특화된 행사 중에서는 프랑스에서 규모가 가장 크다. 2003년부터 아르티 파르티 Arty Farty 협회가 개최하고 있다. 콘서트홀, 화랑, 극장, 박물관, 거리, 공장터 등

@etapes.com

리옹 건축문화유산을 대표하는 50여 개 공간이 축제에 할애된다. 론 강 경사면을 따라서는 수영장이 마련되기도 한다. 프로그램은 매년 2월에 확정된다. 이 축제는 일렉트로 문화제 프랑스 네트워크Réseau français des festivals de culture électronique 및 유로 파레이제EuropaReise 네트워크의 일원이다.

푸르비에르의 밤 축제 Festival Les Nuits de Fourvière _6월 2일~7월 26일(2025)

@www.soulbag.fr

1946년부터 시작한 행사로 음악, 무용, 연극, 오페라, 서커스, 영화 등 다양한 공연예술을 동시에 소개하는 복합예술제이다. 매년 6월과 7월 리옹 제5구에 소재한 푸르비에르 고대극장Théâtre antique de Fourvière 2,600-4,500석 규모, 오데옹Odéon 극장을 비롯한 리옹 및 인근의 푸르비에르 로마제국시대 극장들에서 60여 개의 공연을 무대에 올리는데, 13만 명 이상의 관객들이 행사를 찾는다. 복합예술을 표방하고 있기는 해도 절대적인 규칙이 있는 것은 아니다. 규격화하거나 주제화하는 것을 경계하면서 열린 태도와 현대성을 보장하고 있다. 세계적으로 이름난 아티스트뿐만 아니라 신예들도 모습을 선보이는 자리이기도 하다. 리옹 광공시에 배속된 공공기관인 '레 뉘Les Nuits'는 매번 행사 때마다 국제적인 규모의 창작물을 제작하거나 공동제작하고 있다.

2020년에 행사가 취소된 후 75년을 맞이하는 2021년에는 코로나19 방역에 최적화된 행사를 준비했고, 2023년의 축제 참가자 숫자는 166,000명이었다. 130개 공연, 22개 서커스 공연, 58개 연극, 12개 무용 등이 무대에 올랐다.

리옹 만화제 Lyon BD Festival _6월 7~9일(제19회, 2024)

매년 리옹에서 제9의 예술인 만화 종사자들이 여는 행사로, 전시회, 작가 사인회, 만남의 장, 어린이들을 위한 행사가 주요 프로그램을 구성한다. 그래픽 아트와 내러티브가 서로 만나는 장이기도 하다. 매년 8만 명 이상이 이 축제를 찾고 있다. 축제가 열리는 역사적인 장소는 시청으로, 이곳에서 주요 행사 대부분이 열린다. 주말 동안 오텔 드 레지옹 Hôtel de Région 에서는 전문가들이 회동하며, 축제 장소의 새로운 보물로 등장한 콜레주 그라피크 Collège Graphique 에서는 출판사 관계자, 여성작가, 지역 작가와 신예 작가들이 자리를 같이한다.

레 튀피니에 뒤 비외 리옹 Les Tupiniers du Vieux Lyon _9월 13~14일(제40회, 2025)

유럽을 통틀어 가장 중요한 도자기 시장으로 프랑스와 전 세계의 가장 유명한 도예가들이 리옹의 생장 지구 Quartier Saint-Jean 에 모인다. 재능과 기술이 뛰어난 아티스트들을 만나볼 수 있고, 그들의 최근 작품을 감상할 수 있다. 투명한 수지를 칠하거나, 유약을 바르거나, 니스를 칠한 다양한 제품들을 만나게 된다. 매년 9월 둘째 주말에 열리며, 입장은 무료다. 2020년 행사의 주제는 '동물의 땅에서 En terre animale'. 코로나19로 인해 2020년 행사는 비대면으로 여름철에 열렸다.

리옹 무용 비엔날레 Biennale de Lyon - Festival de la danse à Lyon _9월 21일(2024)~1월 5일(2025)

@Mairie Lyon 2 - Ville de Lyon

1991년부터 열리고 있는 현대예술과 무용 쪽 비엔날레로, 이 분야의 최고들을 모으고 있다. 시간이 흐르며 예술 쪽에서 점점 더 큰 비중을 차지하고 있는 리옹의 힘을 보여주는 이벤트이기도 하다. 공연장과 극장, 심지어는 거리에 현대예술에 관련된 설치물이 세워지고 무용 쪽 퍼포먼스가 선보인다. 유명한 기성작가나 신인들이 만든 작품이나 공연을 보면서 관객들은 놀라거나 감동을 받는다. 무용 비엔날레가 열릴 때면 전 세계로부터 찾아온 공연단체들이 새로운 무용계 경향을 다양하게 보여준다. 개막식 날 리옹 거리에서 열리는 멋진 시가행진을 놓치지 말 것. 토니 가르니에 홀 Halle Tony Garnier 을 방문하는 숫자는 25만 명에 달한다. 2025년 행사는 리옹의 9개 장소에서 열렸다.

리옹 집시 페스티벌 Gypsy Lyon Festival _5월 22~25일(제13회, 2024)

@gypsylyonfestival.com

코로나19로 인해 열리지 않다가 2022년에 재개된 축제로 크루아루스 Croix-Rousse 지구 스리제 파크 Parc de la Cerisaie 에서 열린다. 집시 음악과 발칸반도 쪽 음악과 문화를 다루는 이벤트다. 세계 및 지역을 대표하는 음악인들이 함께 공연을 갖는다. 불신이 심화되는 시대에 문화끼리의 대화를 촉진하는 것이 축제가 내세운 목표다. 예전에는 5월 말에 4일간 열리던 축제가 2022년에는 9월에 열리면서 이틀로 줄어들었다. 100% 자원봉사자로 운영되며, 공연은 무료다. 축제를 찾았던 인원은 6천 명 내외. 인도가 2022년에 독립 75주년을 맞았기에, '라자스탄의 집시들gitans du Rajasthan'인 도아드Dhoad를 비롯한 다수의 인도 그룹이 공연을 가졌다. 2024년에는 근동, 동유럽, 발칸반도 그룹들이 참여했다.

펭튀르 프레슈 페스티벌 Peinture Fraîche Festival _10월 9일~11월 3일(제6회, 2024)

그래피티의 메카였던 전설적인 뉴욕의 5 Pointz 10주년을 기념하는 2023년 스트리트아트 축제는 10월 11일부터 11월 5일까지 리옹 7구의 파고르-브랑트 옛 공장Usines Fagor-Brandt 주소는 163 rue de Gerland, 69007 Lyon에서 열렸다. 2022년에 이 축제를 찾은 사람들은 53,000명. 21일 동안 55명의 아티스트가 펭튀르 프레슈'마르지 않은 칠'이라는 의미 축제에 참가했다. 2023년의 참가 아티스트는 75명. 이 축제는 모션 디자인, 증강현실, 가상현실을 대상으로 한 최초의 축제이자, 스트리트아트의 혁신 가능성을 모색하는 장이기도 하다. 앱을 이용해 각 작품의 역사를 심층적으로 들여다볼 수 있고, 방문객은 현장에서 판매하는 스프레이 및 액세서리를 이용해 자유로이 표현해볼 수 있다. 축제 기간에는 전시회, 아틀리에, 콘퍼런스, 보물찾기 행사 등도 마련된다. 밤에는 힙합과 일렉트로 음악 행사도 열린다.

뤼미에르 페스티벌 Festival Lumière, Grand Lyon Film Festival _10월 11~19일(제17회, 2025)

뤼미에르 연구소Institut Lumière가 제7의 예술인 영화의 역사, 영화 제작 방식, 아이콘, 기술 혁명 쪽으로 할애된 축제를 만들어낸 건 2009년이다. 프랑스에서 미개봉된 영

@France Télévisions

화 20편 내외를 상영하는데 그중 일부는 역사적 의미를 지닌 영화들이다. 루이 뤼미에르Louis Lumière가 태어난 도시의 영화관들뿐만 아니라 리옹 광역권Grand Lyon을 구성하는 57개 코뮌의 200개 이상의 영화관에서 개최된다. 개막식 장소는 리옹의 토니 가르니에 홀Halle Tony Garnier. 7천 명 이상의 관객이 찾고 있다.

제15회를 맞이한 2023년에는 빔 벤더스Wim Wenders 감독 특별전, 일본의 오주Ozu 감독 탄생 120주년, 전시회, 마스터클래스, 영화인과의 만남, 제5회 DVD 살롱전, 잉그마르 베르히만Ingmar Bergman, 프랑수아 트뤼포François Truffaut, 기예르모 델 토로Guillermo Del Toro 영화 상영 등으로 프로그램을 채웠다. 회고전 혹은 초대 등을 통해 2024년 축제를 빛낸 인물들은 프레드 진네만Fred Zinnemann, 미후네 도시로Toshiro Mifune, 코스타-가브라스Costa-Gavras, 쥐스틴 트리에Justine Triet, 마랭 카르미츠Marin Karmitz, 클로드 를루슈Claude Lelouch, 알랭 들롱Alain Delon 등이다.

리옹 빛의 축제 Fête des Lumières _12월 5~8일(2024)

@www.fetedeslumieres.lyon.fr

'빛의 축제'는 '원죄 없는 잉태Immaculée Conception'를 기리던 소위 '12월 8일 축제'라는 이름의 종교 축제에 뿌리를 두고 있다. '일루미네이션Illuminations' 축제 혹은 '성모마리아 축제'라 부르기도 한다. 1989년부터 리옹 시가 주도하는 대중적인 행사가 되었다. 매년 전통적인 날짜인 12월

8일을 중심으로 4일간 열린다. 조명 담당자, 디자이너, 조형예술가, 공연 전문가들이 자신의 독창적인 작품들을 경쟁적으로 선보이는 행사이기도 하다.

▌성모마리아 축성의 기원

리옹 시는 중세 때부터 성모마리아를 축성하면서 1643년에 그녀의 보호 아래 들어간다. 이 해는 프랑스 남부가 페스트의 타격을 받기 시작하던 해였다. 리옹 시의 관료들(échevins), 상인들, 명사들은 전염병이 중단된다면 성모마리아에게 매년 경의를 표하겠다고 서원했고, 질병의 전염이 멈추자 시민들은 약속을 지키기 시작했다.

이후 매년 9월 8일(12월 8일이 아니라) 거대하고도 장엄한 행렬이 생장 대성당(Cathédrale Saint-Jean)에서 출발해 노트르담 드 푸르비에르 사원(Basilique Notre-Dame de Fourvière)에 도착하는 방식을 고수했다. 9월 8일은 리옹 시를 성모마리아에게 바친 날이자 마리아 탄생을 축하하면서 양초와 금화를 바치는 날이었는데, 행사 이름은 1643년부터 '관료들의 서원(Vœu des Échevins)'이라 불렸다.

1850년 언덕 위에 위치하게 될 마리아 조각상 제작을 위한 공모에는 조제프-위그 파비슈(Joseph-Hugues Fabisch)의 프로젝트가 당선되었다. 성모마리아 상이 푸르비에르 언덕에 소재한 성당 위에 세워지는 날짜는 '원죄 없는 잉태' 축일인 12월 8일로 1952년에 선택되었다. 애당초 9월 8일에 올리기로 했다가 손(Saône) 강의 홍수와 악천후 때문에 연기된 탓이다. 비가 다시 내렸지만 3달을 기다렸던 리옹 사람들은 축제를 포기하기를 원하지 않았고, 자신들이 이미 준비한 심지에 불을 붙인다.

▌12월 8일 최초의 조명

12월 8일은 9세기부터 '원죄 없는 잉태'를 기념하던 축제를 열던 날이었다. 준공식을 앞둔 시기에는 축제를 위한 모든 것이 마련되었다. 벵골 불(feux de Bengale)로 조각상에 조명을 넣었고, 언덕 위에서는 불꽃을 쏘아 올렸으며, 거리에서는 팡파르가 연주되었다. 가톨릭계의 명사들은 대관식, 승전 행사 같은 큰 행사가 있을 때 전통적으로 그랬던 것처럼 자신의 저택 전면에 조명을 넣겠다고 선언했다.

하지만 12월 8일 아침에 격렬한 뇌우가 리옹을 덮쳤다. 행사 주관자는 모든 행사를 취소하고, 야간 축하 행사들을 일요일로 연기했다. 하지만 하늘이 개자 오랫동안 이날을 기다렸던 리옹 시민들은 창문에 불을 밝히고, 거리로 내려와 벵골 불로 조각상과 노트르담 드 푸르비에르 예배당(Chapelle de Notre-Dame-de-Fourvière, 아직 대성당이 존재하기 전의 시대였다)에 조명을 넣었다. 또 찬송가를 부르고, 밤늦게까지 '마리아 만세!(Vive Marie!)'를 외쳤다.

▌몇몇 사건들

1852년부터 축제는 연례 행사가 되었다. 12월 8일 리옹의 각 가정은 크리스마스 장식의 하나인 두껍고 때로는 채색된 유리잔 세트를 비치하고자 했다. 양초가 달린 잔의 명칭은 '뤼미뇽(lumignons)' 혹은 '랑피용(lampions)'이다. 11월부터 사람들은 짧고도 케이크처럼 주름진 이 유명한 양초 유리잔 세트를 가게에서 구입할 수 있다. 12월 8일 저녁이면 불이 켜진 양초가 창가에 놓인 유리잔 속에 놓인다.

1989년 미셸 누아르(Michel Noir)가 시장을 맡았을 때 일부 유적에 조명이 들어가기 시작하며, 1999년부터는 시와 공연 전문가들의 제안에 따라 훨씬 더 중요한 행사가 열리기 시작했다. 행사들은 전통에서 출발해 현대적 느낌을 구현하는 성격을 겨냥했다. 도심에서 시작된 이 행사들은 오늘날 리옹 시 모든 거리에서 열리고 있는데, 그로 인해 이 축제가 관광의 성격을 띠기 시작하면서 매년 수백만 명의 관광객이 찾게끔 만들고 있다. 대중의 참여도는 아주 높은 편이다. 하지만 전통에 대한 리옹 시민들의 애착에도 불구하고 오늘날 창가에 '뤼미뇽'을 놓는 가구 수는 상당히 줄어들었다.

축제는 확대를 거듭해 국제적으로 이름난 많은 아티스트가 축제 콘셉트에 현재 참가 중이다. 1999년부터 4일로 늘어난 '빛의 축제'는 1930년 이전에 만들어진 거리들에 생기를 불어넣고 있는데, 도시 전체에 놀랍고도 혁신적인 세노그래피(scénographies)와 빛의 공연들을 제공하는 중이다.

2010년에는 3백만 명이 빛의 축제에 참가하며 리옹 거리를 산책했고, 2012년에는 4백만 명이 행사를 찾는다. 참가자 숫자 측면에서는 세계에서 가장 규모가 큰 4대 행사 중 하나가 되었다. 빛의 축제보다 더 많은 사람이 찾는 행사들은 쿰브 멜라(Kumbh Mela), 리우 카니발(Carnaval de Rio), 뮌헨의 옥토버페스트(Oktoberfest de Munich)뿐이다. 현대예술, 조형예술과 음악에 대중들이 지대한 관심을 보여준다는 측면에서 다른 축제들과 차별화된다.

역사상 처음으로 2015년 '빛의 축제' 행사는 취소 위협을 받았다. 2015년 11월 13일 일드프랑스(Île-de-France) 지방에서 일어난 테러로 인해 안전 문제가 생겼기 때문이다. 행사는 11월 19일 제라르 콜롱(Gérard Collomb) 리옹 시장과 론(Rhône) 도지사 미셸 델퓌에슈(Michel Delpuech)가 가진 회담 직후 발표된 기자회견 자리에서 취소가 확정되었다. 축제는 도지사가 허락하는 여러 행사로 대치되었는데, 창문에 뤼미뇽을 놓는 전통적인 방식을 택하며 비극적인 테러 사건의 희생자들을 추모했다. 매년 노트르담 드 푸르비에르 사원(Basilique Notre-Dame de Fourvière)까지 햇불을 들고 올라가는 성체행렬은 예외적으로 유지되었다. 도심의 공공 조명은 불을 껐다. 마찬가지로 교구는 12월 7일과 8일에 '마리아여, 감사합니다(Merci Marie)'라는 행사를 진행했다.

다음 해인 2016년에 '빛의 축제'는 다시 성공을 거두었다. 축제가 원활하게 진행될 수 있도록 행정 당국은 예외적인 안전 조치를 취했다. 행사 무대는 섬과 리옹 구시가지(Vieux Lyon) 그리고 푸르비에르 언덕으로 한정되었다. 또 4일의 행사는 3일로 줄어들었고, 저녁에 강변의 오픈은 기존의 6시간 대신 4시간으로 줄였다. 이러한 제약들에도 불구하고 2백만 명의 방문객들이 다양한 작품들을 즐겼다.

리외레 Lieurey [Normandie]

청어 축제 Fêtes du Hareng _ 11월 11일(2024)

매년 11월 11일이 되면 40여 대의 수레와 사륜마차가 청어를 싣고 망슈Manche 데파르트망의 한 항구를 출발해 퐁토드메르Pont-Audemer 와 베르네Bernay 사이에 위치한 마을 리외레까지 온다. 족히 3일 이상이 걸리는 여정이다. 축제장에서는 청어를 가장 많이 먹는 사람 선발대회, 마구 제조인, 제철공, 나팔수 등 옛날 직업 시범, 어

@Normandie Tourisme

린이들이 사륜마차를 타거나 조랑말 등에 타고 마을을 돌아보는 투어 등 흥미로운 행사들이 열린다. 리외레 청어 축제는 백년전쟁 기간인 1429년에 영국군에게 포위를 당한 오를레앙Orléans 시로 청어를 공급하러 가던 보급 행렬이 악천후 때문에 리외레에 멈추게 된 역사가 기원이라고 한다. 청어를 버리지 않기 위해 그 행렬이 청어를 마을 사람들에게 팔았기 때문이다. 하지만 1484년에 이 마을에서 열린 청어 시장으로부터 비롯되었다는 설도 있다. 여러 가설에도 불구하고, 청어 축제가 1879년 이후 존재했다는 사실은 인정받고 있다. 청어 축제는 디에프Dieppe 와 페캉Fécamp 에서도 열린다.

리용에스몽타뉴 Riom-ès-Montagnes [Auvergne-Rhône-Alpes]

블뢰 도베르뉴 축제 Fête du Bleu d'Auvergne _8월 17~18일(제26회, 2024)

캉탈Cantal 지방의 맛이 강렬한 스타 치즈인 블뢰 도베르뉴 bleu d'Auvergne 를 이틀간 경축하는 행사. 오베르뉴 지역에서 생산하는 다른 치즈들도 소개된다. 거의 1백여 명에 달하는 치즈 제조업자들이 제조 시범, 시식 행사, 오베르뉴 전통 식사 등을 제공한다. 젖소 전시회, 콘서트, 무도회, 마술 공연 등도 프로그램에 들어있다. 치즈 축제를 넘어선 지역 문화제 성격에 가깝다.

릭크 Licques [Hauts-de-France]

칠면조 축제 Fête de la Dinde _12월 7~8일(2024)

@La Voix du Nord

프랑스 북부 파드칼레 지방에 있는 작은 마을 릭크는 매년 12월 중순 주말에 이 행사를 개최한다. 행사는 마을의 농업 유산의 일부를 이루는데, 축제의 일환으로 칠면조가 거리로 몰려나가는 모습은 프랑스에서만 볼 수 있다. 릭크 마을과 칠면조 사이의 관계는 17세기까지 거슬러 올라간다. 17세기에 릭크 수도원 Abbaye de Licques 의 프레몽테회 Prémontés 수도사들이 이 지역에 칠면조를 도입하면서 마을은 '칠면조 마을 village des dindes'이라는 별명을 얻었다.

프랑스의 가장 아름다운 100대 전통 축제 중 하나로 선정된 행사로 문화와 식도락에 동시에 걸쳐 있다. 20여 년 전부터 매년 칠면조, 거세된 수탉, 뿔닭들이 릭크 마을의 이름을 대외적으로 알리는 대상이 되고 있다. 주말에 칠면조들의 시가행진이 열리며, 아코디언 연주를 곁들인 식사, 칠면조 기계장치의 토요일 저녁 행진, 일요일 아침의 전통 공연, 토산품시장 등 풍성한 행사가 프로그램에 들어있다.

릴 Lille [Hauts-de-France]

비디오 매핑 페스티벌 Festival de video mapping _4월 4~5일(제8회, 2025)

@videomappingfestival.com

'빛의 축제'를 개최하고 있는 리옹에 이어 릴이 두 번째 빛의 도시가 될 가능성을 보여주는 행사다.

제1회 비디오 매핑 페스티벌은 북부 도시 릴에서 2018년 3월 23일과 24일에 열렸다. 도시의 모든 역사유적 건물의 전면은 영사와 투사로 빛나게 된다. 10개국 출신의 90명 대학생들이 창작 책임을 나눠맡았다. 도시의 빛이 꺼질 때 건물을 비디오 매핑으로 장식하는 사례는 프랑스에서 드물지 않다. 역사를 다른 식으로 이야기하는 방법은 많은 지자체가 원하는 방식이며, 그중에서도 리옹의 '빛의 축제Fete des Lumières'는 국제적으로도 대성공을 거두고 있다. 그에 따라 릴은 전 세계에서 애니메이션을 전공하는 대학생들을 대상으로 콩쿠르를 개최하기에 이른다. 행사에서는 건물에 쏘는 매핑, 오브제에 투사하는 매핑, 비디오게임, 이머시브immersif 매핑, 인터랙티브interactif 매핑 등 모든 형태의 비디오 매핑과 일반인들뿐 아니라 애니메이션과 비디오게임을 전공으로 하는 전문가와 학생을 대상으로 하는 작품들을 선을 보였다.

행사 기간 중 릴 소재 15군데 장소를 잇는 5km를 거닐면서 행사를 즐길 수 있다. 행사의 대상이 되는 건물들로는 릴 오페라Opéra de Lille, 콩테스 섬Îlôt Comtesse, 생피에르 운하Canal Saint-Pierre, 자연사박물관Musée d'histoire naturelle, 릴 플랑드르 역Gare Lille Flandres 등이 우선 꼽힌다.

유럽영화제 Festival du cinéma européen _3월 28일~4월 2일(제41회, 2025)

@eurofilmfest-lille.com

프랑스에서는 세 번째로 규모가 큰 단편영화제로. 릴 소재 3개 영화관이 매년 6천 명의 관객을 받아들인다. 릴에 소재한 프리 드 쿠르Prix de Court 협회가 주관하고 있다. 40회를 맞이한 2024년에 영화제는 출품한 2,238편의 단편영화 중에서 55편을 선정해 소개했다. 출품 국가는 총 17개국. 1984년에서 시작된 이 행사는 매년 3월이나 4월 중 일주일 동안 진행된다. 행사의 목적은 프랑스와 유럽 단편영화를 홍보하고, 영화 전문가와 릴 시민 간의 만남을 장려하며, 영화에 접근하기 어려운 관객들에게 영화의 세계를 소개하는 것이다. 유럽영화제는 프랑스와 유럽 단편영화를 홍보하는 것을 목표로 하지만, 유명해지려는 젊은 예술가들을 위한 발판으로도 여겨진다. 세드릭 클라피쉬Cédric Klapisch, 마티외 카소비츠Mathieu Kassovitz, 실비 테스튀드Sylvie Testud가 이 영화제를 통해 데뷔했다. 현재 유럽 학생들이 주최하는 최초의 단편영화제로 프랑스 내 학생이 주최하는 단편영화제 순위에서 1위를 차지했고, 소셜 네트워크에서 가장 많이 눈에 띄는 국내 단편영화제 순위에서는 클레르몽-페랑Clermont-Ferrand 과 브레스트Brest 에 이어 3위를 차지했다.

1984년에 10여 명의 학생들이 기발한 아이디어를 염두에 두고 릴 국립 단편영화제Festival National du Film court de Lille 를 만들었던 것이 시초다. 오래된 릴 단편영화제를 인수하여 심각한 재정적 어려움에 처한 아르캉시엘Arc-en-Ciel 영화관을 구하는 것이 목적이었다. 아르캉시엘 영화관은 몇 년 후 문을 닫았지만, 릴 단편영화제는 계속 이어졌고 릴 광역권에 있는 다른 몇몇 영화관에서 상영되었다. 해가 흐르며 축제는 지역과 국내에서 명성을 얻었고, 그에 따라 2004년 24회 대회 때 유럽영화제로 승격되면서 행사 기간이 3일에서 7일로 늘어났다.

공식 경쟁Compétition Officielle 과 '또다른 시선' 경쟁Compétition Autres Regards 부문 말고도 시나리오 콩쿠르, 필름 마켓, 콘퍼런스, 비경쟁 부문의 밤 등의 행사가 프로그램을 채우고 있다.

우리 시대의 위도 Latitudes contemporaines _6월 5~27일(제23회, 2025)

@Office de Tourisme de Lille

새로운 안무작품을 선보이는 현대무용제로 릴 지역 일대 주민들에게 최근 예술 경향을 맛보게 해주는 행사다. '관객과의 미학적, 감성적, 관계적 탐구recherches esthétiques, sensibles ou relationnelles avec les publics'를 중시하는 아티스트들을 선호하며, '공유한 예술적 언어 공간espace de parole artistique partagée' 안에서 '시대에 대한 살아있는 증언témoignage vivant de l'époque'을 담아내기 위해 노력한다. 축제가 다룬 주제들로는 감성적 인지를 통한 사회 속에서의 몸의 역할, 관객인 동시에 창작자로서의 개인의 역할, 정체성, 담론 등이 있다. 아라스Arras, 발랑시엔Valenciennes, 쿠르트레Courtrai를 포함한 릴 광역권에서 열린다.

여성 및 소수자에게 관심을 기울였던 2024년에는 초대 아티스트 중 여성의 비율이 78%였다. 장르를 파괴하는 공연, 콘서트, 만남의 장 등의 부대행사도 열린다.

브라드리 드 릴/릴 벼룩시장 Braderie de Lille _9월 6~7일(2025)

매년 9월 첫 주말에 노르Nord 데파르트망 릴에서 12세기부터 열리고 있는 행사이자 가장 큰 민속축제. 이때 2백만 명에서 3백만 명이 찾는 유럽 최대의 벼룩시장이 릴에서 열리는데, 프랑스에서 가장 많은 사람이 모이는 행사이기도 하다. 참가하는 노점상 숫자는 1만 명 내외. 보도와 잔디밭은 거대한 규모의 벼룩시장으로 변신한다. 인파가 들끓는 이 이벤트를 통해 방문자들은 지방의 특선 요리인 홍합요리moules frites를 맛볼 수 있다. 홍합요리는 릴 벼룩시장의 대표적인 상징이기도 하다.

브라드리 드 릴은 1127년 시작되었으며, 그동안 여러 차례에 걸쳐 형태, 이름, 날짜, 콘셉트를 바꿨다. 행사가 채택했던 이름들은 '릴 장터Foire de Lille', '프랑슈 장터Franche foire', '넝마 축제Fete aux loques' 등이 있다. 릴 주민뿐만 아니라 외국인들에게도 개방하는 행사다. 길이가 100km에 달하는 벼룩시장 외에도 콘서트, 회전목마, 간이식당, 하프마라톤 등의 행사가 마련되며, 야간에는 특히 릴 대학생들을 위해 수많은 바에서 축제를 벌인다.

역사

브라드리의 역사는 중세 때 열린 플랑드르 시장까지 거슬러 올라간다. 연대기 작가인 갈베르 드 브뤼주(Galbert de Bruges)에 따르면 최초의 흔적은 1127년에 나타난다. 당시 릴 장터(혹은 프랑슈 장터)는 몽소승천절(Assomption, 8월 15일) 직후 마르셰 광장(Place du Marché)에서 열렸는데, 현재 제네랄드골 광장(Place du Général-de-Gaulle)과 테아트르 광장(Place du Théâtre)이 있는 위치다. 릴 주민이 아닌 상인도 예외적으로 물건을 팔 수 있었다. 릴에 뒤이어 이프르(Ypres), 브뤼허(Bruges), 토루(Torhout), 메신(Messines)에서 5개 장터가 생겨나며, 직물을 매매하던 샹파뉴(Champagne) 지방의 장터들을 보완하게 된다. 릴 시장은 12세기와 13세기에 발전하면서 30일간 열렸는데, 첫 15일은 물건 설치에 할애되었다. 플랑드르 전쟁을 거친 후 릴 시가 프랑스 수중에 들어가자 14세기에 시장은 중요성을 잃게 되면서 날짜는 8월 27일로 변경되었고, 5일만 열렸다. 1446년이 되자 가금류를 팔던 2명의 상인 고댕 마이유(Godin Maille)와 피에르 트르마르(Pierre Tremart)는 허가를 얻은 후 장터에서 청어와 익힌 닭고기를 팔기 시작했다. 플라망어로 '익히다'는 'braden'이라 표현하는데 그로부터 'braderie'란 호칭이 비롯되었다. 15세기 말엽에 장은 이틀 더 늘어난다.

브라드리 드 릴은 16세기 초부터 개러지 세일을 하는 형태로 변모하기 시작했다. 해질 무렵부터 해뜰 무렵 사이에 자기 주인들이 쓴 물건을 하인들이 내다 팔 권리를 얻었기 때문이다. 1523년에는 개최 날짜를 8월 30일(30일이 일요일일 경우는 31일)로 정하고, 장이 서는 기간도 7일로 정했다. 교통수단이 발달한 17세기에는 상인들이 브라드리 드 릴을 덜 찾는 대신 순회 아티스트들 숫자가 더 많아졌다. 19세기에는 행상들을 대동한 릴 밖의 부르주아들이 자신들의 물건을 팔기 위해 장을 찾는다. 1852년의 한 신문은 벼룩시장이 '넝마 축제(Fête aux loques)'라고도 불린다고 적고 있다. 19세기 중반부터 말까지는 브라드리 드 릴의 정신이 사라지고 있다고 많은 작가가 지적했다. 쓰던 물건을 파는 대신 상인들이 새 물건을 팔았던 것이다. 장은 9월 첫 번째 월요일에 열렸고, 1863년부터 노르(Nord) 철도회사가 파리에서 릴까지 열차를 운행하기 시작했다.

19세기 말부터 20세기 초반 사이에는 감자튀김 음식이 등장했다. 그런 다음 20세기 중반부터 1960년대에 이르는 시기에 브라드리 드 릴은 전쟁과 전후 복구 덕택에 인기 있는 대규모 시장으로 자리를 잡는다. 1970년대에는 소비사회에 대한 비판 덕분에 행사가 재탄생한다. 이 시기에 홍합과 감자튀김 전통이 다시 장에 등장한 것이다. 2016년 9월 3일과 4일 주말에 열릴 예정이던 브라드리 드 릴은 같은 해 7월 14일 니스에서 벌어진 테러 때문에 취소되었다. 1940년대 이후 처음 일어난 일이었다.

특징

1940년대 말부터 1970년대 말까지 브라드리 드 릴은 일요일 자정부터 월요일 정오까지, 9월의 첫 일요일을 뒤잇는 첫 월요일에 열렸다. 또 밤은 '브라되(bradeux, 릴 벼룩시장 상인들)'의 몫이었는데 상인들의 벼룩시장은 월요일 아침에 열렸다. 오늘날에 시간은 주말(토, 일)로 변경되었다. 브라드리는 9월 첫 번째 주말에 열리며, '브라되'에게는 공식적으로 토요일 오후가 시작할 때부터 일요일 자정까지 중단없이 열린다. 도시는 여러 문화가 교차하는 거대한 벼룩시장으로 탈바꿈한다. 토요일 아침에는 하프마라톤, 콘서트, 회전목마 등의 행사도 열린다.

홍합과 감자튀김

하나의 가설은 홍합 소비가 우연히 시작되었다고 전한다. 전통적으로 브라드리에서 소비하던 가금류에 전염병이 돌았기 때문이라는 것이다. 축제 때 '브라되'들은 보통 산책하고 물건을 고르다가 브라드리의 전통음식인 홍합과 감자튀김을 먹는다. 레스토랑들은 가게 간판 앞에 얼마나 많은 홍합 껍질이 쌓이나 경쟁한다. 2009년 브라드리 때 소비된 홍합은 500톤, 감자튀김은 30톤이었다.

하프마라톤

브라드리는 1980년대 중반부터 토요일 아침에 마라톤 경주를 개최하고 있다. 애당초 마라톤 코스였다가 1996년부터 하프마라톤으로 바뀌었다. 평균 15,000명이 참가한다.

브라되(bradeux)

브라드리에서는 100km 이상 길이의 보도에 10,000명 이상의 상인들이 물건을 전시한다. '전공'별로 섹터가 구분되어 있다. 예를 들어 장-바티스트 르바 대로(Boulevard Jean-Baptiste Lebas)에는 전문 골동품상이, 포르트 드 파리(Porte de Paris) 주변에는 협회들이 집중되어 있으며, 샹 드 마르스(Champ de Mars)와 될(Deûle) 강변을 따라서는 개러지 세일을 하는 아마추어들과 만날 수 있다. 정당과 노조들도 행사에 참석한다. 일부 상인들은 모조품을 파는데, 2010년에는 22,172점의 모조품이 세관에 의해 압수당하며 신기록을 세웠다.

▍중고시장을 찾는 구매자들

브라드리 드 릴은 유럽에서 열리는 가장 큰 벼룩시장이다. 통계와 연도에 따라 수치는 다르지만 통상 2백만 명이 찾는 것으로 추산된다. 하지만 정확한 수치를 내는 것은 불가능하다. 그와 비교해 렌(Rennes)에서 열리는 두 번째 규모의 브라드리는 매년 약 40만 명이 찾고 있으며, 6월 마지막 수요일에 열린다.

▍휴무일

브라드리는 행사가 열리는 주말에 뒤이은 월요일이 휴무일이기를 원한다. 하지만 시가 고용한 사람들, 릴에 오래전부터 정착한 기업에서 근무하는 사람들을 제외하고는 월요일에 휴무를 얻는 사람들이 많지 않다.

▍예술이 그려낸 벼룩시장

릴 벼룩시장은 프랑수아 와토(François Watteau)의 그림에 등장하는데, 릴 극장과 옛 증권거래소 모습을 찾아볼 수 있다. 알렉상드르 데루소(Alexandre Desrousseaux)는 '라 브라드리(La Braderie)'란 제목의 샹송을 지었다.

국제단편영화제 Festival international du court métrage _9월 20~29일(제24회, 2024)

픽션, 다큐멘터리, 애니메이션 영화, 실험영화, 뮤직비디오, 초단편 영화, 인터랙티브 작품 등에 적용된 새로운 기술, 새로운 내러티브 구조, 새로운 디지털 기술을 대상으로 하는 영화제. 2000년 이후에는 전 세계에서 출품한 100여 편 이상의 단편영화

@59.agendaculturel.fr

중에서 국제, 국내, 청년층 등 3개 부문의 경쟁작을 선발한다. 출품작은 최소 30분 길이가 되어야 하며, 전년도에 만들어진 작품이어야 한다. 영화 상영이 끝나면 토론회가 열린다. 이브리드 Hybride 영화관, 생소뵈르 역사 驛舍 Gare Saint-Sauveur, 세바스토폴 극장 Théâtre Sébastopol 에서 개최된다.

릴 시테필로 축제 Citéphilo à Lille _11월 1~29일(제28회, 2024)

유럽 철학주간 Semaines européennes de la philosophie 의 일환으로 릴에서 열리는 행사. 10여

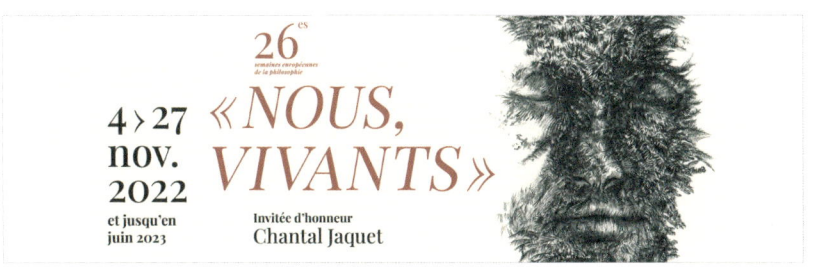

개 콘퍼런스, 수많은 토론회와 강좌가 대중에게 개방된다. 릴의 여러 장소에서 열리는데, 팔레 데 보자르Palais des Beaux-Arts, 프낙Fnac, 아라스 대학Université d'Arras, 폴-아자르 고등학교Lycée Paul-Hazard 등이 행사가 열리는 주요 공간들이다. 2022년의 주제는 '우리, 산 자들Nous, vivants', 2024년의 주제는 '우리들의 몸Ces corps que nous sommes'이었다.

릴 및 오드프랑스 애니메이션 축제Fête de l'anim' à Lille et dans les Hauts-de-France
_11월 19~28일(제17회, 2021)

애니메이션 영화와 디지털아트 쪽으로 특화된 학제간 이벤트. 2002년에 시작되었으며 영화, TV, 디지털아트, 비디오게임 등 다양한 형태로 만들어진 애니메이션을

대상으로 한 축제다. 영화 분야에서는 장단편 영화 상영, 시사회, 세계 각국 영화 감독과의 만남 등이 마련되고, 사인회, 전시회, 콘퍼런스, 마스터클래스, 파티, 어린이 마을 등이 프로그램을 보완했다. 릴의 이브리드Hybride, 마제스틱Majestic, 메트로폴 Métropole, 세바스토Sebasto 등지에서, 그리고 투르쿠앵Tourcoing, 프레누아Fresnoy에서 축제가 열렸다. 2022년 9월 애니메이션 축제Fête de l'anim'는 릴 국제단편영화제Festival International du Court Métrage de Lille 와 통합되었다. 9시간 동안 애니메이션 영화를 상영한 후 아침을 제공하던 행사였던 '애니메이션의 밤La Nuit de l'animation'도 이 축제의 일환이 되었다.

릴쉬르라소르그 L'Isle-sur-la-Sorgue [Provence-Alpes-Côte d'Azur]

수상시장 Marché flottant _8월 3일(2024)

'수상시장marché flottant'은 매년 8월 첫 번째 주 일요일에 그 유명한 일요시장과 같이 열린다. 공원 맞은 편 소르그Sorgue 강변에서 열리는데, 09시경에 시작하고 12시 30분을 전후해 끝이 난다. 릴쉬르라소르그 특유의 배들인 '네고 신nego chins'이 방문객들의 요청에 따라 강을 건너오며, 과일과 야채, 꽃, 치즈, 와인, 빵 등 형형색색의 지역 특산품을 판매한다. 프로방스어로 nègo는 '물에 빠뜨린다noyer'는 의미이고 chin은 '개chien'를 뜻한다. 조종이 쉽지 않아서 너벅선이 물 위를 떠돌이 개처럼 돌아다닌다는 의미다.

프로방스의 전통 복장과 음악을 만날 수 있는 좋은 기회이기도 하다. 많은 사람이 찾기에 일찍 도착하는 것이 좋다. 수상시장이 끝날 때면 '네고 신'들이 도열한 후 프로방스를 예찬하는 내용을 담은 노래 '쿠포 산토Coupo Santo'를 부른다. 가뭄 때문에 하천의 수위가 너무 낮았던 2022년에는 행사가 취소되었다.

릴 바이킹축제 Fête Viking de L'Isle _10월 5~6일(제4회, 2024)

@Fête Viking De L'Isle

릴쉬르라소르그의 고티에 공원 Parc Gauthier에서 열리는 무료 행사다. 2019년 9월 28-29일 열린 후 코로나19로 중단되었다가 2022년에 재개되었다. 시가행진, 수공예 작품을 살 수 있는 시장, 전투 재현, 대연회, 장작불 던지기, 대장간, 불을 이용한 공연, 구연동화, 콘서트, 춤과 이야기, 푸드트럭과 식당 운영 등이 프로그램을 채우고 있다. 바이킹 시대 의상을 입고 누구나 즐길 수 있는 행사다. 2024년에는 도미누이 불페스 Dominui Vulpes 와 줄리안스 Zoolians 공연단들이 선을 보였고, 아라고른 Aragorn 과 프리마 녹타 Prima Nocta 의 콘서트가 열렸다.

마노스크 Manosque [Provence-Alpes-Côte d'Azur]

마노스크 음악제 Festival Musiks à Manosque _7월 18~22일(제40회, 2025)

알프드오트프로방스 Alpes-de-Haute-Provence 데파르트망 소재 마노스크의 드루이유 공원 Parc de Drouille 에서 열리는 음악 행사. 3일간 6개 콘서트가 열린다. 어번 팝 pop urbain, 랩, 어번 랩 rap urbain, R&B, 비트박스 beatbox 쪽의 주요 뮤지션이 자신들의 음악을 선보인다. 40주년을 맞이한 2025년에는 5일간 행사가 드루이유 공원에서 열렸는데, 이틀은 유료, 사흘은 무료다. 7월 20일에는 파스칼 오비스포 Pascal Obispo 가 공연을 가졌다.

마루알 Maroilles [Hauts-de-France]

플라미슈와 마루알 축제 Fête de la Flamiche et du Maroilles _8월 11일(2024)

랑드르시 루트 Route de Landrecies 를 통해 도착할 경우 풍차가 있는 방목장이 방문객을 반겨준다. 이곳에서는 나무 작업 시범, 돌과 자기 재료를 이용한 조각, 장작불을 이용한 플라미슈 부추 파이 익히기, 마르티플레트 martiflette, 마루알 치즈를 이용한 타르티플레트 tartiflette. 사부아 Savoie 지방의 전통 치즈인 르블로숑 reblochon, 감자, 돼지기름, 양파를 넣어 오븐에서 굽는 음식으로 겨울에 많이 먹는다], 토리오트 toriotes, 고프르 gaufres

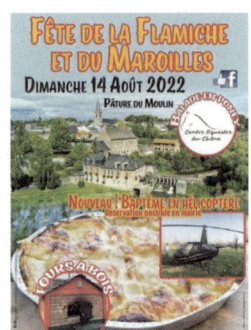

만들기, 마루알 치즈 시식, 토산품 판매 등으로 구성된 축제를 열고 있다. 프랑스 북부 지역의 민속춤과 전통놀이도 곁들여진다. 4백 명의 마루알 주민을 포함해 6천 명 정도가 축제를 찾는다.

마르망드 Marmande [Nouvelle-Aquitaine]

가로록 Garorock _7월 3~6일(제29회, 2025)

@La Vie Economique

록, 어번 및 일렉트로 음악에 할애된 이 페스티벌은 프랑스 남서부 마을 마르망드의 럭셔리한 전원 풍경 속에서 진행된다. 6세에서 12세 사이의 어린이들을 위해서는 '가로키즈 Garokids'란 행사도 준비되어 있는데, 팀플레이, 창작 아틀리에를 겸비한 미니 페스티벌 형태를 띠고 있다. 가족 전체가 즐길 수 있는 행사이기도 하다.

  1997년에 시작된 가로록 축제는 록 음악을 사랑하는 애호가들의 마음을 사로잡으며 성공을 거두었다. 매년 평균 4만 명이 찾던 행사는 2010년에 5만 명 이상이 찾으면서 기록을 세웠다. 누벨 바그 Nouvelle Vague, 아치브 Archive, 크루커즈 Crookers, 포니 포니 런 런 Pony Pony Run Run, 왁스 테일러 Wax Tailor, 세풀투라 Sepultura, 긴즈 Ghinzu, 더 블러디 비어트루츠The Bloody Beertroots 같은 뮤지션들을 초청한 덕분이다. 몰려드는 인파 때문에 15주년을 맞이한 2011년에는 추가로 4번째 무대를 세웠고, 또 국제전시장Parc des Expositions 을 떠나 피롤 평원Plaine de la Filhole 으로 축제 장소를 옮겼다. 4월 첫 주말에 개최하던 축제 시기 역시 2달 늦춰 6월 말 개최로 변경했다.

2020년 6월 25일부터 28일까지 열리기로 되어있던 축제는 코로나19로 인해 취소되었고, 25주년을 맞이한 2021년 행사도 6월 23일부터 27일까지 5일간 개최가 예정되었다가 취소되었다. 2025년 제29회 행사는 예년보다 1주일 늦게 열리며, DJ Snake, Damso, J Balvin 같은 뮤지션들이 축제를 장식했다.

마르망드 성악의 밤Nuits Lyriques de Marmande _8월 21~29일(제37회, 2025)

마르망드 성악의 밤은 성악 공연과 국제 성악콩쿠르라는 2개 프로그램을 채워진다. 1988년 여름 동안 마르망드는 당시 파리오페라합창단의 무대감독이었던 장 레키페Jean Léquipé 의 지도를 받는 음악 행사를 열었다. 그로부터 성악 콩쿠르를 개최하는 아이디어가 나오며, 유명 성악가인 동시에 탁월한 교육자인 장 지로도Jean Giraudeau 에게 제1회 행사의 집행위원장을 맡긴다. 장 지로도의 주도하에 콩쿠르는 점점 더 규모가 커지며, 페스티벌 측은 오페라 작품들을 제작하기로 결정했다.

1995년 장 지로도가 사망한 후에는 그의 딸과도 같았던 미셸 에르베Michèle Herbé 가 연출가 중책을 맡게 되며, 마르망드 음악학교장이었던 필립 메스트르Philippe Mestres 가 음악감독을 맡았다. 이 해는 공연에 일관성과 예술성을 부여한 아키텐 심포니스트 오케스트라Orchestre des Symphonistes d'Aquitaine 가 만들어진 해이기도 하다. 페스티벌은 메리냑Mérignac, 닥스Dax 등에 공연을 판매하면서 더욱 유명해진다. 이후 축제 날짜는 데파르트망에서 열리는 다른 여름 행사를 보완하기 위해 8월 하순으로 고정되며, 마르망데Marmandais 지방을 빛내기 위해 축제가 이 지역의 여러 마을에서 분산 개최되었다. 비라제이유Virazeil, 푸르크Fourques, 메일랑Meilhan, 공토Gontaud, 토냉Tonneins, 쿠튀르Couthures, 생트바제이유Sainte-Bazeille, 보퓌Beaupuy, 코퀴몽Cocumont, 르 마 다주네Le Mas d'Agenais 등이 그 마을들이다.

국제성악콩쿠르Concours International de Voix 는 30여 개국에서 180-210명이 참가한다. 젊은 성악가들에게는 아주 소중한 동기 부여가 되고 있다.

마르세유 Marseille [Provence-Alpes-Côte d'Azur]

3월의 바로크 Mars en baroque _2월 28일~3월 30일(제23회, 2025)

@Festival Mars en Baroque

부슈뒤론Bouches-du-Rhône 데파르트망의 마르세유에서 3월 1달간 열리는 행사로, 바로크 음악을 중심으로 한 학제간 축제다. 거의 매일 저녁 고전 작품들을 재발견하게 해주는 콘서트가 열린다. 콘퍼런스, 콘서트, 오페라, 영화 상영, 아티스트와의 만남 등이 프로그램을 구성한다. 운이 좋으면 거리 모퉁이에서 야외 연습 중인 음악가들과 우연히 마주칠 수도 있다.

2025년의 콘셉트는 '프리마 오페라Prima l'Opera'. 마르세유 오페라가 창립 100주년을 기념하는 만큼 몬테베르디Monteverdi 의 〈오르페오L'Orfeo〉를 선보이며, 로베르타마멜리Roberta Mameli 의 콘서트를 통해 바로크 오페라의 핵심을 탐구한다. 또 마르세유 카운터테너로 국제적인 경력을 쌓은 뛰어난 레미 브레Rémy Brès도 콘서트를 가졌다.

국제아랍영화제 Rencontres internationales des cinémas arabes/Festival Aflam
_4월 13~20일(제11회, 2024)

2000년에 생겨난 아플람Aflam 협회가 이미지와 영화를 통해 마르세유 시민들에게 아랍 문화를 보급할 목적으로 매년 개최하고 있는 비경쟁 영화제. 마그레브Maghreb 와 중동의 아랍지역 국가들에서 제작된 영화, 그리고 이 지역의 어제와 오늘을 다룬 영화들을 대상으로 하며, 정치·역사·종교·사회 등 다양한 주제를 다룬 픽션, 다큐멘터리, 비디오아트 작품들이 소개된다. 마르세유에 소재한 유럽지중해 문명박물관Mucem 과 특별 파트너십을 체결하고 있다. 영화 상영이 끝나면 '카페시네Café-ciné'처럼 영화가 다룬 주제를 놓고 대화와 성찰의 시간을 갖기도 한다. 특히 Mucem의 포럼에서는 아티스트, 감독, 제작자, 연구자가 참석해 매일 활발한 토론을 벌인다. 다양한 관객이 찾기에 마르세유의 주요 문화행사로 자리를 잡았다.

'혁명의 흔적과 투쟁 이야기Traces de la révolution et récits de lutte ' 같은 제목을 통해서는 이집트와 튀니지 등의 아랍 국가에서 일어나는 봉기를, '식민지로부터 무엇이 남았을까? Que reste-t-il des colonies?' 같은 주제를 통해서는 식민지가 유발한 폭력 문제를, '영화인들의 시선과 탐구Regards et enquêtes de cinéastes '를 통해서는 젊은 영화인들이 이전 세대의 역사를 다루는 식이다. 팔레스타인처럼 민감한 지역의 역사도 취급된다.

음악과 영화 국제페스티벌 Festival international Music & Cinema _3월 24~29일(제26회, 2025)

@www.music-cinema.com

젊은 영화인들과 이미지를 위한 음악 창조를 겨냥한 이 축제의 예술정책은 유럽에서도 유일하다. 1999년에 만들어졌고 2021년까지 '오바뉴 국제영화제 Festival International du Film d'Aubagne'로 불리던 마르세유 국제 음악과 영화 축제 MCM : Festival International Music & Cinema à Marseille'는 오늘날의 이미지들을 위한 작곡으로 프랑스 및 해외에서 중요성을 인정받고 있다. 250편의 영화가 상영되고, 500명의 전문가가 참석하며, 25,000명 이상의 관객이 찾고 있다. 젊은 예술가들의 출현을 돕고, 국제적인 프로그램을 통해 문화다양성을 진흥하며, 재능 있는 젊은 아티스트들이 작품을 만들어낼 수 있도록 교육하고, 이미지 교육을 담당하는 축을 만들어내고자 하는 4가지 목표를 내세우고 있다.

작곡가, 제작자, 감독을 위한 '이미지를 위한 유럽작곡마켓 Marché européen de la composition musicale pour l'image - Dispositif 3ᵉ Personnage', 젊은 작곡가들을 위한 마스터클래스, 시나리오 작가들끼리의 만남을 독려하는 '에스파스 키오스크 Espace Kiosque', 첫 단편영화와 첫 영화음악 창작을 지원하는 '시라르 SiRAR, Site Régional d'Aide à la Réalisation', 불어권 작가들의 시나리오 프로젝트를 겨냥한 '레지당스 뒤 쉬드 Résidence du Sud' 등 다양한 행사가 축제를 채우고 있다.

마르세유 국제영화제 Festival international de cinéma de Marseille/FID Marseille
_7월 8~13일(제36회, 2025)

마르세유 국제영화제는 다큐멘터리와 픽션 영화에 할애된 프랑스의 주요 행사 중 하나다. 일주일에 걸쳐 열리는 영화제 동안 매년 23,000명 내외의 관객이 찾는다. 전 세계 영화인, 프로그래머들 및 프랑스인에게 축제 기회를 제공하고 있다. 1990년에 열린 제1회 행사는 '유럽 다큐멘터리 비엔날레 Biennale Européenne du Documentaire'란 이름이었는데, 제2회 행사부터 '도크를 향한 시선 Vue sur les docs'이란 제목으로 바뀌었다가 1999년부터 현재 이름인 FID Marseille란 명칭을 사용하는 중이다.

FID Marseille 프로그램은 현대영화의 변화에 대해 지속적으로 성찰하고, 다큐멘터리 영화를 픽션 영화와 예술 영화에 연결하는 고리에 대해 들여다본다. 그에 따라 2007년부터 다큐멘터리와는 별도로 픽션 영화도 받아들이고 있다. 축제는 FID Lab이라는 이름의 프로젝트 연구소도 운영 중인데, 매년 10편의 영화를 선정한다. 2012년부터 FID Marseille는 Visions du Réel, Planete Doc Film Festival Warsaw, DOK Leipzig, IDFF Jihlava, CPH:DOX Copenhagen 등의 영화제들과 협력하면서 '독 얼라이언스 Doc Alliance' 프로젝트의 일환이 되었다.

약 2,500편의 출품작 중에서 130편 내외가 선정된 후 시사회를 가지며, 그중 35편이 경쟁 부문에 오른다. 수상작들로는 마티 디오프 Mati Diop 감독의 〈천 개의 태양 Mille soleils〉, 샹탈 애커만 Chantal Akerman 감독의 〈저기 Là-bas〉, 에두아르두 쿠칭유 Eduardo Coutinho 감독의 〈종말과 원칙 O Fim e o Princípio〉, 시몬 비통 Simone Bitton 감독의 〈벽 Mur〉 2004, 왕빙 Wang Bing 감독의 〈철서구 - 폐허 Tie Xi Qu : West of the Tracks〉 2003, 지아장커 Jia Zhangke 감독의 〈공공장소 In Public〉 2002, 파트리시오 구스만 Patricio Guzmán 감독의 〈피노체트 재판 Le Cas Pinochet〉 2001 등이 유명하다. 2001년에는 아피찻퐁 위라세타쿤 Apichatpong Weerasethakul 감독이 자신의 첫 작품 〈정오의 낯선 물체 Mysterious Object At Noon〉 2000를 이 영화제를 통해 소개한 바 있다.

피에스타 데 쉬드 Fiesta des Suds _10월 9~12일(제34회, 2025)

@Shotgun

라티니시모 협회 Association Latinissimo 가 만든 '피에스타 데 쉬드 Fiesta des Suds' 축제는 서로 대조를 이루는 예술들의 즉흥적인 만남을 겨냥한 행사다. 10월의 밤을 채우는 진정한 제도로 자리 잡은 이 마르세유 축제는 비정형적이고 보편적인, 그리고 축제적이고 다원적인 남쪽 지방의 정체성을 담아내고 있다. 남부유럽 및 라틴 국가 음악들을 대상으로 한다. 지중해의 뜨거운 밤처럼 생동감이 넘치는 축제는 카니발과 페리아, 동네 축제를 한꺼번에 연상시킨다.

1992년부터 마르세유 제2구 소재 항구 인근에 자리한 폐창고 독 데 쉬드 Dock des Suds 에서 열린다. 이 장소는 월드뮤직과 대안적 성격의 행사에 할애된 문화적이고도 친화적인 공간이기에 마르세유 시민들의 사랑을 받고 있다. '살 데 쉬크르 Salle des Sucres'라고 부르는 2,800명 수용이 가능한 홀과 '카바레 데 쉬드 Cabaret des Suds'란 이름을 가진 1,400명 수용이 가능한 디스코테크 룸, 그리고 행사 때 정비한 외부 공간 등을 구비하고 있다.

미래주의 미학과 현재의 최고 음악 영웅들을 뒤섞은 듯한 2017년 축제는 남아프리카공화국, 나이지리아, 부르키나파소, 캐나다, 일본, 레바논, 프랑스, 말리, 미국, 콜롬비아, 알제리, 영국의 예술가들을 불러들이면서 '독 데 쉬드'가 과거의 영광을 되찾도록 만드는 데 기여했다.

지금까지 열린 30여 차례 행사에 참가한 8,700명의 아티스트 중에는 세자리아 에보라 Cesária Évora, 패티 스미스 Patti Smith, 알랭 바슝 Alain Bashung, 유수 은두르 Youssou N'Dour, 케지아 존스 Keziah Jones, 마실리아 사운드 시스템 Massilia Sound System, 메르카도 네그로 Mercadonegro 등의 기라성 같은 인물과 그룹이 들어있다.

레 쟁스탕 비디오 페스티벌 Festival Les Instants Vidéo numériques et poétiques
_10월 15일(2025)~1월 17일(제38회, 2026)

상영, 설치, 퍼포먼스 등 모든 형태의 비디오아트에 할애된 행사. '시詩는 사치가 아니다. 살아 있는 필요성이다. La poésie n'est pas un luxe, c'est une nécessité vitale'라는 구호 아래 이미지를 통한 만남을 갖는다. 사회 속에 이미지가 갖는 역할과 위상에 주목한다. 경쟁 부문은 없다. 전자 시 poésie électronique 가 아직 취약하고도 섬세하기에 각 작품에 대해서는 주의 깊은 관찰이 요구된다. 1988년에 마노스크 Manosque 에서 처음 시작되었으며, 2004년부터 마르세유에서 열리고 있다. 마르세유의 조뱅 거리 Rue Jobin 41번지에 자리한 '프리슈 라 벨 드 메 Friche la Belle de Mai'에서 개최된다. 제35회 행사에서는 한국을 포함한 42개국 206명의 아티스트가 출품한 183점의 작품이 선을 보였다.

마르시악 Marciac [Occitanie]

재즈 인 마르시악 Jazz in Marciac _7월 21일~8월 7일(제47회, 2025)

@jazzinmarciac.com

프랑스 남서부 제르스Gers 지방에서 열리는 축제. 작은 아마추어 그룹이 만든 이 페스티벌은 2017년에 40주년을 맞이하면서 유럽에서 가장 유명하고 프랑스에서 규모가 가장 큰 재즈 페스티벌 중 하나가 되었다. 인구가 1,300명에 불과한 작은 마을에 몰려든 음악 팬들만도 매년 25만 명에 달한다. 보름 동안 거리와 바 곳곳에서는 스윙 리듬이 울려 퍼지며, 규모가 큰 콘서트들은 5천 명을 수용하는 가설무대에서 열린다. 전반적으로 프로그램이 아주 탁월한 편이다. 미국 여가수 노라 존스Norah Jones 와 트럼펫 주자 이브라힘 말루프Ibrahim Maalouf 가 공연한 것도 이 페스티벌을 통해서다. 그동안 축제에 참여한 대표적인 뮤지션들은 그레고리 포터Gregory Porter, 조지 벤슨George Benson, 허비 행콕Herbie Hancock, 디 디 브리지워터Dee Dee Bridgewater, 스탄 게츠Stan Getz, 오스카 피터슨Oscar Peterson, 디지 길레스피Dizzy Gillespie, 라이오넬 햄튼Lionel Hampton, 소니 롤린스Sonny Rollins 등 기라성 같은 음악인들이다. 2011년에 5백 석 규모의 새 공연장 라스트라다L'Astrada 가 오픈하면서 공연은 이 장소와 옛 대형 가설무대에서 열리고 있다. 페스티벌 '오프Off '는 시청 광장에서 열린다.

마르시야라크로즈 Marcillac-la-Croze [Nouvelle-Aquitaine]

아이콘티스 Aïcontis _10월 4〜5일(제10회, 2025)

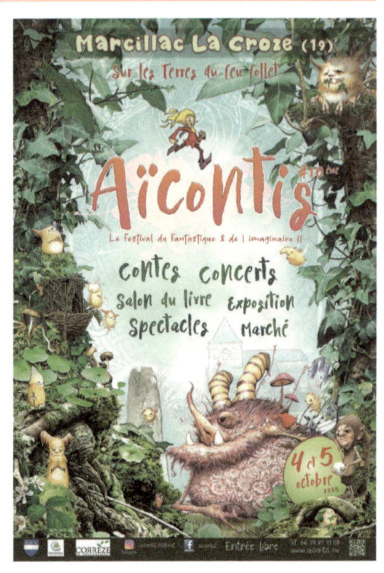

코리간Korrigans 과 파르파데Farfadets 들이 차고 넘치는 상상력 충만한 축제. '아이콘티스Aïcontis'는 옥시타니어로 '이야기해보세요Laissez-vous conter'란 의미다. 콜롱주라루주Collonges-la-Rouge 관광안내소 멤버였다가 후에 여러 해 동안 동명의 협회 회장을 역임한 레미 발레이유 Rémy Valeille 의 기발한 아이디어로부터 그 유명한 도깨비불feu follet이 탄생했다. 2005년에는 소규모 팀이 힘든 도전에 나서는데, 시골 마을들을 신비와 동화로 가득 찬 장소들로 변모시키는 것이 목적이었다. 축제는 지방 전설들을 기초로 환상과 지역을 재발견하도록 하는 데 목표를 두었다.

약간 미친 도전은 곧 환상적인 도전으로 탈바꿈했다. 이미 다져진 길과 다른 방식으로 축제를 만들었을 뿐만 아니라 매번 마을과 주제를 바꿔가며 축제를 벌이고 있기 때문이다. 도전은 성공했고, 제1회 행사가 2005년 10월 1일과 2일 콜롱주라루주와 메이삭Meyssac에서 '마법과 동료Sorcellerie et Compagnie'를 주제로 열렸다. 그런 식으로 2년마다 미디 코레즈Midi Corrèze 지방의 13개 마을 중 하나가 축제를 개최한다. 2007년에 퀴르몽트Curemonte 는 '용과 성채Dragons & Citadelles'를, 2009년에 노아이약Noailhac 은 '동화Les Fées'를, 2011년에 생쥘리엥모몽Saint-Julien-Maumont 은 '그놈과 트롤Gnomes & Trolls'을, 2013년에 사이약Saillac 은 '마법사와 마술사Mages & Enchanteurs'를, 2015년에 라글레제올Lagleygeolle 은 '엘프Les Elfes'를, 2017년에 브랑세이유Branceilles 는 '코리간과 파르파데Korrigans & Farfadets'를 주제로 행사를 개최했다.

애당초 콜롱주라루주 관광안내소가 시작한 이 축제는 2008년부터 환상적이고도 뛰어난 자원봉사자들로 구성된 아이콘티스 협회의 후원 아래 자신만의 날개로 비상하는 데 성공했다.

2016년은 협회 내부에서 전환점이 된 시기다. 수년 전부터 풀타임으로 일하며 축제에 전념하던 페린 Perrine 이 아이콘티스를 떠났기 때문이다. 협회가 조직을 개편하는 가운데도 불굴의 자원봉사자들은 축제를 살리기 위해 전력을 다한다. 시간이 흐르며 경험이 축적되고 네트워크가 구축되자 축제는 다시 원활히 돌아가기 시작했다. 2021년 10월에 열릴 예정이던 제9회 행사는 코로나19로 인해 취소되었다.

마르티그 Martigues [Provence-Alpes-Côte d'Azur]

베네치아의 밤 Soirée vénitienne _7월 6일(2024)

@OnVaSortir! Marseille

'프로방스 지방의 베네치아 Venise provençale'란 별명이 붙은 마르티그는 1928년부터 7월 첫 주말에 축제를 열고 있다. 거리극과 서커스 쪽의 공연단체들이 마르티그 거리를 찾아 무료공연을 보여주며, 행사가 열리는 도심의 3개 구역에는 토요일 저녁에 차량 통행이 금지된다. 22시 30분에는 라 로드 정원 Jardin de La Rode 에서 '불과 멜로디를 결합한 pyromélodique' 전통적인 공연이 30분 동안 열린다. 그런 다음 자정까지 각 구역은 거리극 공연으로 활기를 띤다. 20세기 전반부에 불과 2,500명에 불과하던 축제 참가자 숫자는 현재 25,000명 이상으로 불어났다.

플라느리 오 미루아르 Flânerie au Miroir _9월 4~8일(제18회, 2024)

@Citizenkid

베네치아에서 열리는 카니발을 모방해 마르티그가 만든 행사로 프랑스와 유럽 전역에서 찾아온 140명의 인물이 가면과 의상을 선보인다. 관광객들이 즐길 수 있도록 의상과 가면을 착용한 사람들이 도시 전체를 활보한다. 거리와 정원에서 베네치아 의상을 만나볼 수 있다. '프로방스의 베네치아 Venise provençale'를 맛볼 수 있는 특별한 행사다. 토요일 10시부터 11시 45분까지 가면 착용자들은 사진작가들을 위해 미라보 광장 Place Mirabeau 과 '새의 거울 Miroir aux Oiseaux'에 집결하며, 15시 30분부터 17시까지 페리에르 거리들 rues de Ferrières 에서도 그들을 만날 수 있다. 가면을 쓴 이들은 음악에 맞춰 이탈리아인 빌리지 Village Les Italiens 와 베르 연못 Étang de Berre 주변을 배회한다. 18시에는 2023년에 새로 지은 야외극장에서 패션쇼 겸 공연을 즐길 수 있다. 일요일 15시부터 17시까지는 리베라시옹 광장 Place de la Libération 에서 폐회 행사가 열린다. 9월 6일부터 10일까지 페리에르 정원에 마련된 이탈리아인 빌리지에서는 공예품을 구입하고 식사를 즐길 수 있다.

마리냔 Marignane [Provence-Alpes-Côte d'Azur]

갈리아 마을 그라뉴스 페스티벌 Festival Grannus Village Gaulois _5월 25~26일(제14회, 2024)

코트다쥐르 지방에 소재한 마리냔에서 태양과 바다를 즐길 수 있는 'Grannus Village Gaulois' 행사는 가족 모두가 즐길 수 있는 역사축제다. 완전히 갈로로마시대로 돌아간 노트르담 드 피티에 언덕 Colline Notre-Dame de Pitié 위에서 고대 비극이 진행되는 순간을 만나볼 수 있다. 이틀에 걸쳐 로마 전차 경주, 말을 타고 매를 조련하는 공

연, 활쏘기 입문, 검투사들의 결투 등 프랑스인 조상들의 삶을 다룬 믿기 어려울 정도로 많은 이벤트가 제공된다. 대형 이벤트들이 끝난 다음에는 갈리아 지방의 이야기를 들려주거나 켈트 음악을 연주하는 콘서트 등이 저녁 프로그램을 채운다. 행사의 마지막 프로그램은 갈리아 방식의 향연으로, 관광안내소를 통해 사전에 예약해야 한다. 그리고 여느 프랑스 축제처럼 불꽃놀이로 끝이 난다.

마메르스 Mamers [Pays de la Loire]

3월의 마메르스 Mamers en mars _3월 21~23일(제35회, 2025)

@Mamers en Mars - Festival de Cinéma Européen

사르트 Sarthe 데파르트망 마을 마메르스에서 열리는 영화제로 미발표된 유럽의 장편 및 단편 영화들을 소개하는 행사다. 청년 배우들과 감독들이 자신의 첫 작품을 출품하는 경우가 많다. 동시에 영화계의 많은 스타도 이 축제를 찾은 바 있다. 영화는 마메르스의 렉스 영화관 Cinéma Rex 과 클루아트르 홀 Salle du Cloître 에서 상영한다. 사르트 데파르트망에서 열리는 가장 큰 영화 관련 행사로, 매년 4천 명 정도의 관객이 찾는다. 관객상 Prix du public, 심사위원상 Prix du Jury, 심사위원특별상 Mention spéciale du Jury 등을 시상한다.

마시 Massy [Île-de-France]

세계관광여행자 축제 Festival des globe-trotters _9월 28~29일(제36회, 2024)

탈주와 세상을 향한 열림을 꿈꾸는 여행자들과 모험가들의 집회로 이 분야의 프랑스 최대 행사다. 파리 남쪽으로 20km 떨어진 마시의 롱쥐모 극장 Théâtre de Longjumeau 에서 열린다. 콘퍼런스, 토론회, 40여 편의 영화 상영, 원탁회의, 전시회와 파트너 회사들의 부스가 프로그램을 구성

한다. 지구 끝으로의 모험 협회 ABM : Association Aventure du bout du monde 가 1989년부터 시작한 이 축제는 콘서트, 공연 등과 더불어 점점 더 성공을 거두고 있다. 1만 명 이상이 축제를 찾는다.

마알롱 Mahalon [Bretagne]

별난 축제 Festival de l'insolite _7월 14일(제35회, 2019)

'프랑스의 별난 축제 Fêtes insolites en France' Top 10에 들어간 이 축제는 웃음을 제공하고, 우스꽝스러운 이벤트와 행사로 여름을 유쾌하게 축하하는 것이 목적이다. 1993년에 시작된 이 축제의 가장 재미있는 행사는 세계신기록 깨기. 투기꾼 시합,

@quimper.maville.com

이륜마차 경주, 바퀴 달린 침대 세계챔피언십 등이 프로그램을 채우고 있다. 또 광대와 저글링하는 사람들의 공연, 거대한 마리오네트, 팡파르, 순회공연, 익살스러운 공

연 등 무수한 거리 공연이 축제를 보완한다. 자유롭게 무료 입장이 가능하다. 2021년 행사는 코로나19로 인해 취소되었다.

마자메 Mazamet [Occitanie]

중세활 대회 Tournoi d'Archerie Médiévale _10월 1~2일(2022)

마자메를 내려다보는 암석 봉우리 위의 오풀 Hautpoul 마을에서 열리는 활쏘기 대회. 전설에 따르면 오풀은 서고트족 왕이 서기 413년에 세웠다고 한다. 카타리파를 진압하기 위한 십자군 전쟁, 가톨릭과 개신교도 사이의 갈등 등으로 종교간 반목의 무대였던 오풀을 사람들이 떠나면서 아르네트 계곡 Vallée de l'Arnette 에 정착했고, 그에 따라 세워진 마을이 마자메다. 하지만 오늘날 로크 도풀 Rocque d'Hautpoul 협회가 중세 생활과 예술을 취급한 작은 박물관을 열면서 중세를 체험하게 하고 여름 동안 여러 이벤트를 마련하면서 오풀은 활기를 되찾는 중이다. 이 협회가 몽타뉴 누아르 Montagne Noire 숲에 독창적인 과녁과 전통적인 과녁을 만들어놓고 활쏘기 행사를 열며, 고가비 Gogaby 협회가 점심 식사와 토요일 저녁의 만찬을 준비한다. 걷기가 힘든 사람에게는 접근하기 힘든 마을이다.

말로레뱅 Malo-les-Bains [Hauts-de-France]

라 본 아방튀르 La Bonne Aventure _6월 21~23일(제7회, 2024)

노르 Nord 지방 말로레뱅 해변과 됭케르크 Dunkerque 에서 6월에 동시에 열린다. 2017

년에 시작되었으며, 뉘스크레트쉬르메르 Nuits-Secrètes-sur-Mer 팀이 행사를 주최하고 있다. 해변과 음악, 술이 여름의 시작을 알리면서 완벽한 조화를 이루는 축제. 라인업은 환상적이며, DJ들은 제방을 댄스 플로어로 변모시킨다. 됭케르크를 방문할

@La bonne aventure festival

때 놓쳐서는 안 되는 이벤트다. 모두 무료 콘서트며, 예약이 필요없다. 2017년의 참가 아티스트들은 카트린 랭제, 프티 비스퀴 Petit Biscuit, 로드리고 이 가브리엘라 Rodrigo y Gabriela, 왁스 테일러 Wax Tailor, 자크 Jacques 등.

망드 Mende [Occitanie]

표고버섯에 미친 사람들 축제 Les Toqués du cèpe _9월 20일(제17회, 2025)

로제르 Lozère 데파르트망 중심도시인 망드에서 버섯의 왕을 경축하는 행사로 '꿀벌 및 자연축제 Fête de l'abeille et de la nature'와 연합해 진행한다. 알오블레 Halle au Blé 시장은 음악 그룹들의 연주로 떠들썩해지며, 거리와 광장들에는 가을에 수확한 과일과 야채를 파는 거대한 장이 들어선다. 식도락과 관련된 시연 외에도 유명 요리사들이 요리 강좌를 개설한다. 화초나 정원 가꾸기에 관심이 많은 사람은 과일이나 채소를 수확하는 프로그램에 참여할 수 있다. 버섯, 과일, 야채 및 꿀을 파는 시장과 수

@https://www.tourisme-occitanie.com

공예품 시장을 둘러보면 좋다. 도스트 투어도 마련된다.

망들리외라나풀 Mandelieu-la-Napoule [Provence-Alpes-Côte d'Azur]

미모사 축제 Fête du Mimosa _ 2월 12~16일(2025)

@RécréaNice

호주가 원산지인 미모사가 프랑스 남부에 처음 등장한 것은 19세기 말이다. 그 후 많은 사람이 이 나무를 재배하기 시작했고, 많은 양의 꽃을 전 세계로 수출하고 있다. 따라서 첫 행사가 1931년까지 거슬러 올라가는 '미모사 축제'는 진정한 의미의 대중 축제다.

망들리외라나풀은 '미모사의 수도 Capitale du Mimosa', '유럽 최대의 미모사 숲 La Plus grande forêt de Mimosa d'Europe'이라는 별명을 얻고 있다. 1,300ha의 숲, 310ha에 달하는 녹지대 덕분에 코트다쥐르 연안에서 푸르름이 가장 넘치는 마을 중 하나다. 매년 12월부터 다음 해 2월까지 망들리외는 미모사의 노란색과 향기로 채워지는데, 코트다쥐르 지방에서 겨울 태양을 상징하는 미모사가 만개했을 때를 맞아 바다 쪽, 그랑뒥 숲 Forêt du Grand-Duc, 탄느롱 Tanneron에서 걷기 행사가 자주 열린다. 2023년의 주제는 '세상의 대大 경주 La Grande course autour du monde', 2024년 주제는 '광기의 스포츠 Le Sport en Folie'였다. 행사의 절정은 축제 마지막 날 오후에 열리는 그랜드 꽃마차 퍼레이드 Grand Corso Fleuri.

생페네앙 축제 Fête de la Saint Fainéant _ 5월 19일(2024)

라나풀 La Napoule 쪽에서 열리는 축제로 페네앙 왕 Roi Fainéant이 샤토 해변 Plage du

Château 및 라나풀 중심에 도착하는 것을 전후해 많은 행사가 열린다. 공기를 넣어 부풀린 거대 구조물, 나무 놀이, 분장 아틀리에, 퀴즈, 팡파르가 울려 퍼지는 가운데 진행되는 거리 퍼레이드, 정어리로 만든 저녁 식사, 콘서트, 크리에이터들의 시장, 푸드트럭 등이 주요 프로그램이다. 2024년에는 일요일인 5월 19일 14시부터 라나풀의 앙리 클루스 대로 Boulevard Henry Clews 에서 행사가 열렸다.

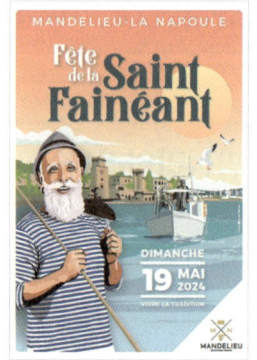

@Mandelieu Tourisme

미각과 테루아르 전시회 Salon Saveurs et Terroirs _11월 14~16일(제24회, 2025)

이 대중 축제는 매년 식도락에 관심이 많은 12,000명 정도의 사람들과 자신들 제품의 다양성과 퀄리티를 자랑하려는 프랑스 전역의 1백여 명 생산자를 엑스포 컨벤션센터 Centre Expo Congrès 로 불러 모으고 있다. 와인과 샴페인, 푸아그라와 캐비어, 돼지고기류, 치즈, 향신료와 조미료, 차, 당과류 등 다양한 제품이 선을 보이며, 테이블 아트도 소개된다. 정통 미식을 중심으로 준비된 온기가 넘치는 행사다.

@Salon de la gastronomie

망통 Menton [Provence-Alpes-Côte d'Azur]

레몬 축제 Fête du citron _2월 28일~3월 5일(제91회, 2025)

프랑스 동남부 알프마리팀 Alpes-Maritimes 데파르트망 망통에서 열리는 축제로, 코트

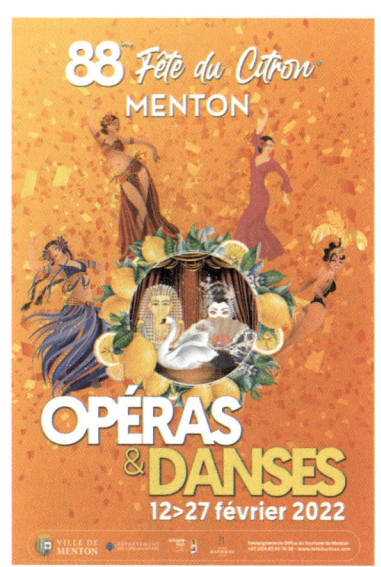

다쥐르Côte-d'Azur에서 열리는 가장 중요한 겨울 이벤트 중 하나다. 2019년 프랑스 무형문화유산 목록에 등재되었다. 카니발 성격을 띤 이 페스티벌을 위해 망통은 노란색으로 옷을 갈아입는다. 거리에는 망통 시를 상징하는 서양자두agrume가 차고 넘치며, 오렌지와 귤은 '황금 과일 퍼레이드Corsos des Fruits d'or'를 채우는 주요 과일들이다. 축제에서 선보이는 모든 수레와 조각품은 레몬과 오렌지로 만들어진다.

1875년에 호텔 경영자들이 겨울철 망통 도시에 활기를 불어넣기 위해 카니발 퍼레이드를 만들자고 지방자치단체에 건의했다. 1876년부터 카니발은 마을 주민과 겨울 방문객에게서 성공을 거두며, 왕, 왕자, 예술가들은 망통 소재 궁전을 자주 방문하거나 빌라를 지었다. 1882년 카니발에는 빅토리아 여왕이 참여한 것으로 유명하다. 포맷은 니스의 카니발과 비슷하다. 퍼레이드, 색종이 던지기, 꽃싸움, 카니발을 상징하는 왕Majesté Carnaval을 불태우는 마르디 그라Mardi gras 등이 있다. 부활절부터 47일 전인 마르디 그라 날짜는 2025년 3월 4일, 2026년 2월 17일, 2027년 2월 9일로 정해져 있다. 사순절 행사는 가라방 만Baie de Garavan에서 펼쳐지는 불꽃놀이로 마무리되며, 퍼레이드 행렬은 바닷가를 따라 진행된다. 한마디로 상큼한 행사다. 2013년에는 이 축제 80주년을 맞아 '80일간의 세계일주'를 주제로 했다. 2023년의 주제는 '록과 오페라Rock & Opéra', 2024년 주제는 '올림피아L'Olympie', 2025년 주제는 '별들 속으로의 여행Voyages dans les étoiles'이었다.

망트라졸리 Mantes-la-Jolie [île-de-France]

블루스 쉬르 센 Blues sur Seine _11월 8~23일(제25회, 2024)

블루스와 아프로아메리칸 음악에 할애된 축제로, 매년 11월에 일드프랑스 île-de-France 레지옹 이블린 Yvelines 데파르트망의 30여 개 코뮌에서 열린다. 1999년부터 시작되었으며, 16일 동안 주최 측과 협약을 맺은 100여 개의 장소에서 150개 내외의 행사가 열린다. 행사에는 교육적, 사회적 목적을 가진 약 70개의 활동이 포함된다. 1999년에 시작되었으며 2008년에 제10회 행사가 열렸다. 바로 이 해에 블루스 쉬르 센 축제는 미국의 블루스 파운데이션 Blues Foundation 으로부터 'Keeping the blues alive

@ https://www.blues-sur-seine.com/

award'상을 수상했다. 축제의 활동을 국제적으로 인정받은 것이다. '블루스 쉬르 센' 축제와 2016년부터 봄에 이블린에서 열리는 농촌 및 가족 음악축제인 '트락퇴르 블루스 Tracteur Blues' 페스티벌 2020년 9월 12-13일 은 블루스 쉬르 센' 협회가 개최하고 있다. 2021년에는 코로나19로 인해 행사가 취소되었다.

메네즈 옴 Menez Hom [Bretagne]

메네즈 옴 페스티벌 Festival du Menez Hom _8월 15일(제63회, 2024)

1959년부터 매년 8월 15일 플로모디에른 Plomodiern 마을에서 열리는 행사로 브르타뉴 음악, 무용, 의상, 식도락을 즐길 수 있는 기회이다. 전통의상을 입은 4백 명의 퍼레

이드, 아침의 바가두bagadoù 연주, 정오의 햄 시식, 오후의 브르타뉴 무용 등으로 프로그램이 구성된다. 가족끼리 즐기기에 이상적인 축제다. 고원 같은 느낌의 메네즈 옴Menez Hom에서는 단 하나의 장애물 없이 광활한 브르타뉴 풍경이 360도로 눈앞에서 펼쳐진다. 그곳에서 패러글라이딩 같은 스포츠를 즐길 수 있다.

메니구트 Ménigoute [Nouvelle-Aquitaine]

메니구트 국제조류영화제 Festival international du film ornithologique de Ménigoute
_10월 29일~11월 3일(제40회, 2024)

메니구트 국제조류영화제는 동물영화를 취급하는 세계 굴지의 영화제 중 하나다. 첫 번째 행사는 1985년에 열렸으며, 현재 메나트Mainate, Ménigoute animation internationale nature environnement 협회가 주관하고 있다. 축제는 매년 최근 만들어진 동물 관련 다큐멘터리를 상영하는데 그중 대부분은 프랑스에서 처음 상영하는 영화들이다. 심사위원단은 영화인과 환경 전문가로 구성된다. 행사는 6일에 걸쳐 남녀노소가 모두 즐길 수 있는 프로그램을 제공하는데, 영화 상영, 동물미술전, 자연과 문화유산 관련 포럼, 토론회, 만남의 장, 페스티벌 오프Off, 자연 탐사, 자연 주제 아틀리에 등이 그것들이다. 영화제의 목적은 동물을 다룬 다큐멘터리 영화를 홍보하고, 자연과 환경을 더 잘 알도록 하는 기회를 제공하며, 환경 문제와 관련된 정치적 선택에 기여하고, 관객과 전문가 사이의 만남을 활성화하는 데 있다.

메독 Médoc [Nouvelle-Aquitaine]

망토와 검 페스티벌 Festival de Cape et d'Épée – Les Fines Lames du Médoc
_7월 20~21일(제10회, 2019)

2010년 7월 24-25일 바이르 성 Château de Vayres 에서 처음 선보인 축제로, 17세기의 마상 창 시합, 기사들의 결투, 포대, 선술집, 도끼 던지기, 중세 펜싱 입문, 활쏘기, 매 조련 시범 등이 선보인다. 첫 축제 콘셉트는 17세기와 18세기 프랑스 역사에 초점을 맞추고, 앙리 4세 Henry IV 사망 400주년을 기념하는 내용을 내세웠다. 성안에서는 중세 주제를 그려낸 작가들이 사인회를 열고, 성밖에서는 중세 야영지에서 칼싸움 기술을 익히거나 중세 갑옷을 입고 결투를 벌이는 경기를 즐길 수 있다. 토요일 저녁에는 향연에 뒤이어 불꽃놀이 공연이 열린다. 추첨을 통해서는 열기구를 타고 생테밀리옹 Saint-Émilion 을 내려다보는 기회도 얻을 수 있다.

@www.enfant-bordeaux.fr

메르레뱅 Mers-les-Bains [Hauts-de-France]

해수욕객 축제 Fête des Baigneurs _7월 26~27일(제23회, 2025)

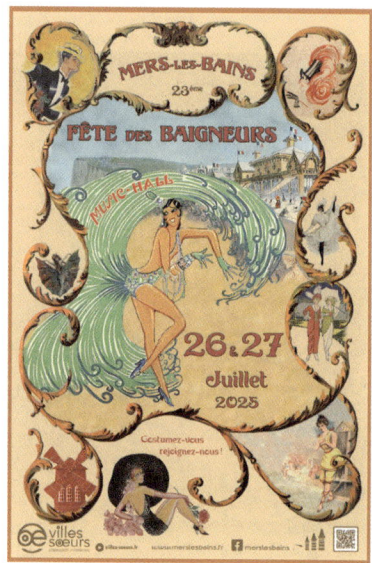

@ merslesbains.fr

매년 7월 4번째 주말에 메르레뱅이 '벨 에포크 Belle époque' 시대 분위기로 바뀌는 행사. 당시 패션이나 레이스를 모방해 새로 지은 옷들을 입고 모이는 흥미로운 축제다. 메르레뱅은 밀물 때에는 자갈로, 썰물 때에는 모래로 채워지는 해수욕장으로 길이 1km가 넘는 해수욕장을 방문객이 자유로이 이용할 수 있다. 해안은 2.5km 길이의 백악 절벽이 감싸고 있는데, 이곳에서는 바다 쪽 동식물이 서식한다. 벨 에포크 시대에 바닷가에 지어진 600채 이상의 빌라들이 도시의 명성을 드높이고 있다.

매년 열리는 '해수욕객 축제'는 1900년대를 주제로 다루는데, 가장 중요한 프로그램은 당시의 해수욕장 패션이다. 의상을 입고 벌이는 대★퍼레이드, 옛날 직업 시범, 옛날 놀이, 전시회, 의상과 액세서리 판매, 1900년대풍의 선술집, 유리 공예 시범, 뉴펀들랜드 개의 해상 인명구조 시범, 음악 행사, 옛 자동차와 사륜마차 전시 등이 프로그램을 구성하고 있다.

메르빌프랑스빌플라주 Merville-Franceville-Plage [Normandie]

시드르와 용 중세판타지축제 Cidre & Dragon – Le Festival médiéval fantasy
_9월 21~22일(제13회, 2024)

'시드르와 용'은 중세 판타지를 취급하는 축제로, 칼바도스Calvados 데파르트망의 마을 메르빌프랑스빌플라주에서 2006년부터 2년마다, 그리고 2015년부터는 매년 9월 세 번째 주 주말에 개최된다. 주관자는 르 레드 톨킨Le Raid Tolkien 협회. 판타지 문학과 판타지를 기리는 이 행사에서는 수공예 시장, 중세와 중세 판타지로부터 영감을 얻은 제품들이 소개되는 시장도 열린다. 참가자들은 스팀펑크steam-punk, 중세 인물들로 분장하기도 한다. 거리와 해변의 상인들도 관련 복장을 착용하기 있기에 중세 분위기를 만끽할 수 있는 축제이기도 하다. 매년 6만 명 이상이 축제를 찾고 있다. 입장은 무료이며, 토요일 저녁 콘서트만 유료다. 축제는 시나리오에 따라 진행되는데, 기본 줄거리는 두 개 부족인 브라지아르Brasiards, 붉은색와 방갱Venguins, 파란색 사이의 싸움이다. 세 번째 부족인 브뤼뫼Brumeux 는 2012년에, 네 번째 부족인 스프렉트로Sprectraux 는 2015년에 합류했다. 2024년에는 다섯 번째 파벌인 그리Gris 도 등장했다.

매년 축제가 열리기로 변경된 2015년에는 축제 기간 내내 해변에 바이킹 캠프가 설치되었다. 2016년에는 10주년을 맞아 이례적으로 3일에 걸쳐 축제가 진행되었다. 현재 문학, 조형예술, 거리극, 시장 및 중세 캠프, 공예, 역사 재연, 산책, 의상 퍼레이드, 판타지 박물관, 저녁, 콘서트유료, 게임 롤플레잉 등이 함께 진행된다. 축제의 목적은 '상상 세계의 풍요로움을 광범위한 청중에게 공개하는 것ouvrir à un large public les richesses des mondes imaginaires'이다.

메스 Metz [Grand-Est]

문학과 저널리즘 페스티벌 Le Livre à Metz/Festival Littérature et Journalisme
_4월 4~6일(제38회, 2025)

모젤Moselle 지방 메스에서 열리는 이 문학 축제에는 매년 250명의 소설가와 수필가 등의 작가들이 모여 현대사회의 문제점과 방향성에 대해 의견을 교환한다. 그들 모두는 현실에서 출발해 출판 문제에 이르는, 혹은 역으로 문학에서 출발해 현실에 이르는 방식을 채택한다. 전시회와 콘퍼런스, 작가와의 만남과 사인회 등의 행사가 주축이며, 축제 기간에 마르그리트 퓔-드 망주Marguerite Puhl-Demange 상을 시상한다. 2025년의 주제는 '대항하다Tenir tête', 개인적 혹은 집단적 차원에서의 여러 반향이 탐구된다.

제9회 메스 콩스텔라시옹 축제 Festival Constellations de Metz _6월 19일~8월 30일(2025)
매년 여름 메스에서 열리는 콩스텔라시옹 축제는 메스의 풍부한 문화유산을 부각시키려는 야망을 품고 있다. 2023년의 경우 '디지털 돌Pierres Numériques' 야간과 '예술과 정원Art & Jardins' 주간 투어, '도시예술Art urbain' 프로그램이 축제의 주요 행사였다. 디지털 쪽의 여러 예술 장르를 교차시키면서 풍요롭고도 복합적인 프로그램을 짜기에, 2022년에 이 축제를 찾은 사람만도 1백만 명에 가깝다. 2023년의 주제는 '바이오

미메티즘 biomimétisme'. 자연이 만들어낸 해결책에 인간을 적응시키는 목적을 띠고 있다. 메스 시의 문화유산을 활용하지만, 현대적 창조물들을 통해 이 문화유산에 새로운 비전을 부여하는 행사이기도 하다. 날짜에 따라 야간 행사는 22시부터 00시 15분까지 열린다. 생테티엔 대성당 Cathédrale

Saint-Étienne 에의 비디오 매핑 투사는 야간 투어가 시작된 지 30분 후에 이루어진다. 콩스텔라시옹 페스티벌은 Fjord Oslo Light Festival 오슬로, Bright Brussels과 Plaisirs d'Hiver 이상 브뤼셀, Signal Festival 프라하 등의 다른 페스티벌과 연계한 공연들을 선보이고 있다. 생테티엔 대성당, 아름 광장 Place d'Armes, 라 쿠르 도르 뮤지엄 Musée de La Cour d'Or, 트리니테르 성당 Église des Trinitaires, 트리니테르 예배당 Chapelle des Trinitaires, 생조르주 다리 Pont Saint-Georges, 파베르 정원 Jardin Fabert, 오페라 테아트르 Opéra-Théâtre, 아무르 정원 Jardin d'Amour, 생트바르브 다리 Pont Sainte-Barbe, 생뱅상 사원 Basilique Saint-Vincent, 코메디 광장 Place de la Comédie 등에서 축제와 만나볼 수 있다. 총길이는 4.5km에 달한다. 2025년 축제에서는 '디지털 돌 야간 코스 parcours nocturne Pierres numériques', '예술과 정원 주간 코스 parcours diurne Arts et Jardins', '도시예술 프로그램화 programmation Art urbain' 등 3개 코스와 만나게 된다.

메스케르 Mesquer [Bretagne]

바다 축제 Fête de la Mer _9월 21~22일(2024)

매년 르 데피 뒤 트렉트 Le Défi du Traict 협회와 메스케르 시청이 공동으로 개최하는 축제로, 초창기의 축제 이름은 '염기 먹은 나무 축제 Festival du Bois Salé'였다. 토요일과 일요일 내내 케르카벨렉 항구 Port de Kercabellec 에서 아이와 어른들을 위한 행사가 열린

다. 토요일에는 바다에서의 보물찾기 행사가 열리며, 17시경에는 관중들의 박수를 받으며 항구로 돌아온다. 일요일에는 공동의 피크닉을 곁들인 자유로운 항해가 이어진다.

2023년에는 토요일에 록 그룹 케르베간Kervegans 의 콘서트가, 일요일에는 므나스 데클레르시Menace d'éclaircie 콘서트가 열렸다.

모젤Moselle 지방[Grand-Est]

모젤 지방의 크리스마스 Les Noëls de Moselle _11월 22일~12월 30일(2024)

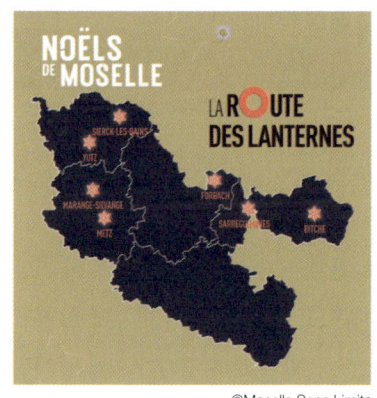

©Moselle Sans Limite

전통과 창작을 내세우면서 백여 개의 행사가 벌어진다. 전통적인 크리스마스 마켓 외에도 모젤 지방의 도시들은 전시회, 콘서트, 일루미네이션, 식도락, 수공예에 관련된 다양한 행사를 마련하고 있다. 10주년을 맞이한 2021년에는 '랜턴 오솔길Sentier des Lanternes'이라는 이벤트에 크고 작은 도시와 마을이 동참했다. 메스를 위시해 비츄Bitche, 포르바크Forbach, 마랑주실방주Marange-Silvange, 자르그민Sarreguemines, 시에르크레뱅Sierck-les-Bains, 유츠Yutz 등이 그에 해당한다. 2024년에 메스에서는 2천 개 이상의 조명 포인트가 설치된 '2024 랜턴 오솔길', 53명의 상인이 샬레를 설치한 레퓌블리크 광장Place de la République 을 찾으면 좋다. 암네빌 동물원 Zoo d'Amnéville 에서는 2024년 10월 19일부터 2025년 3월 29일까지 '매직 인디아 Magic Indies'를 내세운 뤼미네상스 랜턴 페스티벌 Festival des lanternes Luminescences 의 새 버전을 만날 수 있다. 생트크루아 동물원 Parc Animalier de Sainte-Croix 에서는 '겨울의 빛 Lumières d'Hiver' 코스를 돌아볼 수 있다.

몰레옹리샤르 Mauléon-Licharre [Nouvelle-Aquitaine]

즈크 신발 축제 Fête de l'espadrille _8월 15일(2024)

@http://www.mauleon-paysbasque.fr

피레네자틀랑티크 Pyrénées-Atlantiques 데파르트망, 술 soule, 프랑스의 전통 공놀이 의 수도인 몰레옹리샤르에서는 즈크 신발 에스파드리유, espadrille 과 바스크 지방의 펠로타 pelote 경기를 경축한다. 수천 명의 사람이 바스크어로 진행되는 미사에 참석하고, 이 지방의 민속춤을 즐긴다. 또 즈크 신발의 역사를 배우고, 아틀리에에서 이 신발을 제조하는 과정을 익히기도 한다. 민속 공연, 합창, 무용 및 펠로타 경기가 이날을 채우는 프로그램들이다.

몰사임 Molsheim [Grand-Est]

포도 축제 Fête du Raisin _10월 11~13일(제64회, 2024)

@dna.fr

10월 초에 열리는 포도 축제로 중고시장, 개러지 세일, 포도 수확 기념 무도회, 기타 이벤트들이 프로그램을 채우고 있다. 3일 동안 몰사임에서 생산하는 그랑 크뤼Grand Cru, 포도, 포도 관련 제품들을 경축하는 행사다. 금요일에는 테마별 시식 행사, 토요일에는 여왕과 주신酒神, Bacchus 선발대회, 일요일에는 여왕 계체량 행사, 가을 시장, 시가행진, 과일 및 채소 전시회, 와인 저장고 방문 등의 행사가 이어진다. 무료로 즐길 수 있는 축제.

몽 Monts [Centre-Val de Loire]

소리의 땅 축제 Festival Terres du Son _7월 11~13일(제20회, 2025)

@ terresduson.com/

2005년 투르Tours에서 시작된 행사. 처음에는 투르 시의 친구들 몇 명이 독창적이고 열린 성격을 띤 고품질 축제를 만들고자 했지만 축제는 점점 환경과 연대連帶를 염두에 둔 예술 프로젝트 형태를 띠기 시작했다. 첫 행사들은 투르의 국제전시장Parc des expositions에서 열렸고, 그 후 투르 인근 몽Monts의 캉데 성Château de Candé으로 장소를 옮겼다. 3일에 걸친 행사에 떠오르는 프랑스 국내외의 젊은 음악인들이 참가하는데, 음악성이 뛰어난 투르 그룹들을 축제가 지원한다. 2020년 코로나19로 인해 취소되었던 이 축제는 2021년 7월에 몽 소재 캉데 영지Domaine de Candé에서 개최되었다. 2024년에 비그플로 & 올리Bigflo & Oli, 페데르Feder, 이렌 드레젤Irène Drésel, 가조Gazo, 디오니소스Dionysos 등이 콘서트를 가지며 이름을 낸 축제는 2025년 참가 뮤지션으로 래퍼인 담소Damso, 콜롬비아 가수 유리 부에나벤투라Yuri Buenaventura, 캐러번 팰리스Caravan Palace 등을 예고했다.

몽도르 Mont-Dore [Auvergne-Rhône-Alpes]

볼캐닉 블루스 축제 Volcanic Blues Festival _9월 27~29일(제18회, 2024)

일명 '르 볼카닉Le Volcanic'은 뉴올리언즈Nouvelle-Orléans, 시카고Chicago, 오스틴Austin, 멤피스Memphis의 블루스, 일렉트로 블루스, 어쿠스틱 블루스, 기타와 하모니카와 결합시킨 블루스 등 다양한 형태의 블루스 음악을 소개하는 행사다. 또 이 축제는 블루스 음악 장르가 재즈, 소울, 펑크, 로큰롤 등 다른 음악에 어떤 영향을 끼쳤는지를 보여준다. 콘서트들은 몽도르에 소재한 카페, 바, 레스토랑 등지에서 열린다.

몽드마르상 Mont-de-Marsan [Nouvelle-Aquitaine]

마들렌 축제 Fêtes de la Madeleine _7월 17~21일(2024)

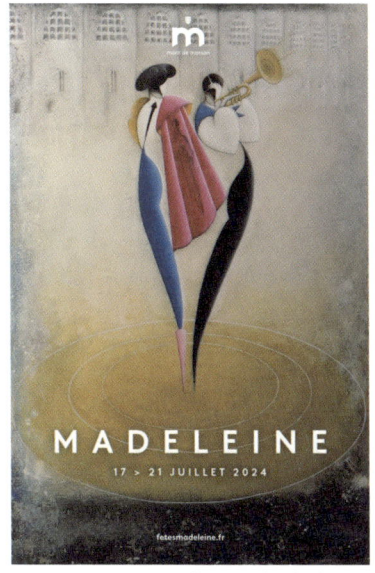

@www.tourismelandes.com

마들렌 축제는 마을의 수호성인인 마리아 막달레나 Marie Madeleine 를 기리는 동시에 펀페어, 거리 공연, 투우를 결합한 복합적인 성격을 띠고 있다. 7월 14일이 지난 후 맞이하는 첫 수요일에 축제를 여는 것을 원칙으로 삼는다. 프랑스 남서부 패션의 일반적인 색깔인 붉은색과 흰색과는 달리 이 축제는 도시의 상징적인 색깔인 푸른색과 흰색 옷을 입은 축제 참가자들을 끌어모은다. 5일 동안 이 마을에서는 투우 경기, 반다 banda, 청소년들을 위한 프로그램, 무도회, 콘서트 등이 열린다. 축제가 불러모으는 인원은 65만 명에서 70만 명 사이다.

아르테 플라멩코 페스티벌 Festival Arte Flamenco _7월 1~6일(제35회, 2024)

1989년에 앙리 엠마뉘엘리 Henri Emmanuelli 의 주도로 처음 시작한 후 2018년에 제30회를 맞이한 행사인 'Arte Flamenco'는 누벨아키텐 Nouvelle-Aquitaine 레지옹과 전국을 통틀어 유일한 성격의 행사다. 7월 첫 주에 6일간 20여 개의 공연, 강좌, 전시회, 콘퍼런스를 개최한다. 스페인 바깥에서 열리는 플라멩코 축제로는 가장 유명하다. 연중 내내 벌이는 다양한 활동, 축제를 채운 고급 프로그램으로 인해 플라멩코계에서는 꼭 찾아야 할 행사로 간주하고 있다. 안달루시아 지방 문화에 할애된 이 축제는 야심 찬 프로그램으로 인해 시간이 흐르며 점점 유명해지고 있다. 프랑수아 미테랑 기념관 Espace François Mitterrand, 시립극장 등 도시의 여러 문화공간, 카페나 거리에서 노

@www.deflamenco.com

래, 춤, 기타와 피아노의 합주 등 플라멩코를 내세운 다양한 실험이 시도된다. 그동안 마리아 파헤스María Pagés 부터 파코 데 루시아Paco de Lucía 혹은 가수 카마론 데 라 이슬라Camarón de la Isla 를 거쳐 이스라엘 갈반Israel Galván 에 이르기까지 플라멩코의 전설들이 몽드마르상을 찾은 바 있다. 2017년에는 안달루시아 플라멩코 무용단Ballet Flamenco de Andalucía 공연단이 〈...Aquel Silverio〉 공연을 가지고 이 마을을 찾았는데, 전 좌석이 매진되었다. 무용, 음악, 시각예술, 문학 등 복합장르를 지향하는 이 축제는 다양성과 만남에 기초해 플라멩코의 세계를 받아들이고 있다. 그러기에 축제는 공식행사 외에도 모두가 즐길 수 있는 무료 행사들을 마련하는데 거리극, '오프Off' 페스티벌, 전시회, 아마추어들의 무대, 공개무대, 영화 상영, 콘퍼런스 등이 그것들이다.

가스콩 투르 Gasc'On Tour _8월 25~30일(제4회, 2024)

Gasc'On Tour는 가스코뉴 극단Théâtre de Gascogne 이 몽드마르상 일대의 마을들에서 새로 벌이는 거리극 축제다. 코로나19로 인해 2020년에 취소되었다가 2021년 8월에 다시 열렸다. 야외에서 열리는 무료 행사로 가족 구성원 모두가 함께 즐길 수 있

다. 1주일 동안 연극, 무용, 서커스, 음악 쪽의 전문단체들이 몽뒤마르상 지역의 여러 코뮌들을 순회한다. 2021년에는 즐루 Geloux, 벵케 Benquet, 뤽바르데에바르그 Lucbardez-et-Bargues, 위샤에파렝티스 Uchacq-et-Parentis, 푸이드소 Pouydesseaux, 생타비 Saint-Avit, 생피에르뒤몽 Saint-Pierre-du-Mont 의 7개 마을이 참가했다. 축제를 즐기고 싶은 사람들은 모든 공연을 볼 수 있다. 축제 내내 간단한 음식과 음료를 즐기는 것도 가능하다. 2024년에도 7개 마을에서 야외공연 무대를 설치했는데, 참가한 마을들은 보스텐스 Bostens, 라글로리외즈 Laglorieuse, 몽드마르상, 즐루, 브르타뉴드마르상 Bretagne-de-Marsan, 생마르탱도네 Saint-Martin-d'Oney, 생타비였다.

몽루이쉬르루아르 Montlouis-sur-Loire [Centre-Val de Loire]

토마토와 식도락 축제 Festival de la tomate et des saveurs _9월 13~14일(제27회, 2025)

투르 Tours 시의 관문 역할을 하는 몽루이쉬르루아르 소재 부르데지에르 성 Château de la Bourdaisière 과 토마토 콘서바토리 Conservatoire de la tomate 는 감자 다음으로 세계에서 많이 소비하는 토마토를 기리는 축제를 열고 있다. 축제가 열릴 때 세상에서 가장 방대한 규모의 토마토 컬렉션이 마을에 집결한다. 형태와 색, 맛과 생산지가 다른 무려 6백여 종의 토마토를 만나볼 수 있다. 또 요리와 화장품에 응용되는 다양한 토마토 제품들이 전시된다. 토마토에 대해 책을 쓴 저자들과의 만남, 정원 가꾸기 강좌, 요리 강습, 시식 코너 등도 마련된다.

몽벨리아르 Montbéliard [Bourgogne-Franche-Comté]

크리스마스의 빛 Lumières de Noël _11월 23일~12월 24일(제38회, 2024)

©toutmontbeliard.com

두브Doubs 지방 몽벨리아르에서 열리는 행사. 프랑슈콩테 레지옹에서 열리는 'Incroyable Décembre' 행사의 일환으로, 몽벨리아르 마을은 Christkindelmärkt아기 예수 마켓과 빛의 축제를 개최한다. 크리스마스 마켓은 생마르탱 교회Temple Saint-Martin 주변에서 열리는데 140명 내외의 장인들이 자신들이 만든 수공예품을 선보인다. 빛의 축제가 열릴 때면 수만 개의 전구가 도시를 장식하는데, 빛의 시가행진이 시작될 때 아이들은 노래를 통해 뤼시 성녀Sainte-Lucie를 경축한다.

몽생미셸 Mont-Saint-Michel [Bretagne]

런 인 몽생미셸 Run In Mont-Saint-Michel _5월 21~22일(2024)

출발지점에서 도착지점이 '이미' 보이는 세계 유일의 행사일 것이다. 바닷가와 간척

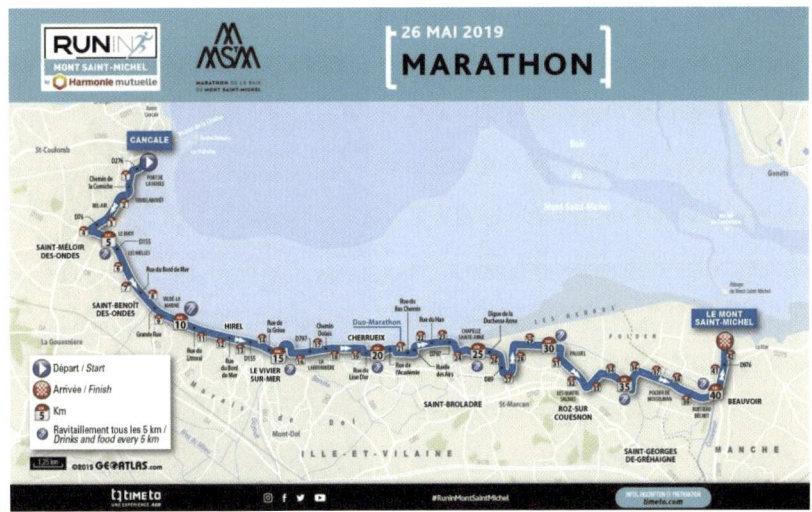
@worldsmarathons.com

    지를 따라 캉칼Cancale 부터 몽생미셸까지 42.195km의 아름다운 마라톤 코스가 이어진다. 1997년에 시작된 행사는 유네스코 세계문화유산으로 지정된 몽생미셸을 끼고 달리는 대회이기에 특별함을 더욱 인정받고 있다.

    아침 8시 30분에 출발하는 이 마라톤 행사에 약 5천 명이 참가한다. 본행사 전날인 토요일에는 10km 경기, 21.1km 하프마라톤 경기, 53km 길이의 '대천사 트레일Trail de l'Archange', 어린이들을 위한 'Marathoon's' 경기도 열린다. 도로 달리기 또는 트레일 달리기 중 어떤 프로그램을 선택할지는 각자 몫이다. 자신의 속도에 맞춰 마라톤을 하거나, 2인조로 경쟁하며 친근한 분위기 속에서 난이도를 나눌 수도 있다. 2022년 대회는 코로나19로 인해 취소되었다. 42km 마라톤의 주요 구간은 이웃 레지옹인 브르타뉴, 더 정확하게는 일에빌렌Ille-et-Vilaine 데파르트망의 캉칼Cancale 소재에 울 포구Port de la Houle 에서 시작된다. 해변, 모래언덕, 절벽, 숲길과 들판. 다양한 길과 모든 감정을 체험할 수 있는 멋진 행사다. GR34, 생탄 예배당Chapelle Sainte-Anne, 몽생미셸의 유명한 계단 등의 전설적인 길에 밟아볼 기회도 얻게 된다. 60개 이상 국적의 주자들과 함께 달리며, 경기가 끝난 후에는 맛있는 오믈렛을 나누어 먹을 수 있다.

만조의 저녁 Soirée Grandes marées _9월 10일(2022)

몽생미셸 수도원 꼭대기에서 지는 해를 감상하고 만조 때의 장관을 감상하는 행사다. 멋진 전망을 자랑하는 이곳이 섬으로 변하는 날, 하늘과 바다가 만나는 황홀한 풍경을 맛볼 수 있다. 행사가 열리는 날 수도원은 예외적으로 18시부터 22시까지 오픈한다. 2022년에는 5월 17일에도 행사가 열린 바 있다. 때로는 아카펠라 폴리포니 음악이 곁들여진다. 물이 차는 모습을 제대로 즐기려면 완전히 만조가 되는 시각으로부터 1시간 45분~2시간 전에 몽생미셸에 도착하는 것이 좋다.

@AllEvents.in

몽텔리마르 Montélimar [Auvergne-Rhône-Alpes]

라벤더 색깔의 몽텔리마르 Montélimar Couleur Lavande _7월 13~14일(제21회, 2024)

7월에 만개하는 라벤더를 몽텔리마르 마을이 경축하는 축제. 라벤더 기름, 꽃다발, 라벤더 꿀, 시럽, 레모네이드, 아이스크림, 과자 형태로 만든 아주 다양한 제품들이  선을 보인다. 또 축제가 열릴 때면 지역의 면 제품, 비누, 상통 santon 들을 파는 시장도 오픈한다.

글쓰기에서 화면으로 De l'écrit à l'écran 영화제 _9월 19~25일(제14회, 2025)

문학작품을 영화로 제작한 작품을 주제로 내세운 영화제.

몽텔리마르와 인근의 르 테이유Le Teil 마을에서 열리는 행사로, 독특한 작품에 생기를 불어넣는 기회이자 함께 웃고 감동하며 생각을 나누고 질문을 던지는 소중한 자리다. 또 영화가 모든 예술로부터 자양분을 공급받는 장르이기에 연극과 문학, 무용과 음악 사이에 가교를 놓는 축제이기도 하다.

2011년 6월에 알랭 쇼카르Alain Choquart에 의해 'Actes en Drôme'이라는 이름으로 처음 시작했다가 2016년부터 'De l'écrit à l'écran'이라고 다시 명명된 축제로, 문학작품과 영화를 중심으로 한 문화 활동을 제공하려는 목적에서 태동했다. 오베르뉴론알프Auvergne-Rhône-Alpes 레지옹과 긴밀히 협력하면서 다학제 영화제, 학교 영상예술 교육, 지역 출신 젊은이들을 대상으로 한 영화 강좌, 문화 매개와 관객층의 확대, 예술집단을 통한 연극 제작, 시나리오 작가 지원의 6개 축을 중심으로 교육과 문화 활동을 수행 중이다.

9월 셋째 주에 6일간 열리는 이 행사는 제7의 예술인 영화에 대한 새로운 시선을 제공하고 연극, 무용, 음악 사이에 연결고리를 만들어내는 데 일조하고 있다. 2012년부터 베르트랑 타베르니에Bertrand Tavernier, 사빈 아제마Sabine Azéma, 장-피에르 다루생 Jean-Pierre Darroussin, 필립 토르통 Philippe Torreton, 디디에 브자스 Didier Bezace, 크리스틴 카리에르 Christine Carrière, 에릭 기라도 Eric Guirado, 발레리 제나티 Valérie Zenatti 등 많은 영화인들이 이 행사를 찾았다. 영화인들의 시선을 통해 바라본 세상을 다룬 60여 편의 영화들이 상영되며, 경쟁 부문은 없다. 영화 상영 외에도 콘서트, 콘퍼런스, 낭독 행사, 마스터클래스, 서점, 전시회 등의 부대행사도 열린다. 영화제를 운영하는 협회는 15명 내외의 정규직과 55명의 자원봉사자로 구성되는데, 매년 70명 이상의 영화인들을 맞아들인다.

영화제는 모두에게 열린 콩쿠르를 통해 영화 속으로 들어가 공부하는 계기를 만들고 있다. 관객들은 대중적이고도 놀이 성격이 강한 행사에 참여하면서 '영화 장식의 이면 envers du décor d'un film'을 발견하는 동시에 '영화 마라톤 marathon du cinéma'에 참여하면서 감독이라는 직업에 대해 이해하고, 자신들의 열정을 관객들과 나누고자 하는 예술가들을 만나게 된다. 단편 시나리오 콩쿠르를 통해서는 시나리오 작가에게 경의를 표하고 있다.

영화제는 학교들을 위한 특별 프로그램도 마련하고 있는데, 감독들이 출품한 영화, 연극 공연, 영화라는 직업에 관련된 특별 상영, 전시회 등이 그것들이다. 영상 아틀리에는 고등학교 저학년 학생들에게 오픈된다. 전문가들이 지도하는 이 아틀리에 들은 전적으로 글로 쓰인 작품을 단편영화로 제작하는 방식을 가르친다.

몽텔리마르 문학카페 Cafés littéraires de Montélimar _10월 09~12일(제29회, 2025)

@montelimar.fr

매년 소설가, 시인, 일러스트레이터 등 20여 명의 아티스트가 독자와 몽텔리마르 도심의 카페나 인상적인 장소들에서 만난다. 독자로서는 자기가 좋아하는 작가에게 질문을 던져볼 수 있는 기회이기도 하다. 소설, 에세이, 추리소설, 시, 청소년 문학, 연극, 만화 등 현대문학의 모든 장르가 대상이다. 강연회, 사인회, 시와 음악 퍼포먼스, 원탁회의, 예술 시범 아틀리에 등 다양한 행사가 프로그램에 들어있다. 축제 참가는 무료.

몽토방 Montauban [Occitanie]

몽토방 앙 센 Montauban en scènes _ 6월 19~22일(제10회, 2025)

@montauban-en-scenes.fr

일렉트로 음악, 힙합, R&B, 블루스, 재즈, 소울 등 거의 모든 동시대 음악을 다루는 축제로 2015년부터 시작했다. 주 무대는 몽토방 식물원 Jardin des plantes, 나시오날 광장 Place Nationale, 앙시엥 콜레주 뜰 Cour de l'Ancien Collège, 올랭프 드 구주 테아트르 Théâtre Olympe de Gouge.

2015년에 당시 시장으로 대중적이고 축제 분위기의 행사를 원하던 브리지트 바레주 Brigitte Barèges 는 1986년에 시작되었다가 2016년에 없어진 'CHANTE!' 행사를 이어가기를 원했고, 그에 따라 만들어진 축제가 'Montauban en scènes'이다. 시간이 흐르며 몽토방의 여름을 화려하게 장식하는 행사가 되었다. 매년 축제는 식물원에서 열리는 유료의 'In' 행사와 도시의 여러 장소에서 무료로 열리는 'Off' 공연으로 채워진다. 통상 4일 저녁에 걸쳐 12명의 아티스트가 공연을 가진다. 프로그램은 화가 앵그르Ingres의 도시가 지닌 문화다양성과 역사로부터 영감을 얻고 있다. 'In'에는 국제적 혹은 프랑스 전국적으로 이름난 아티스트들이 참가하며, 'Off' 프로그램에는 오페라, 노래, 무용, 예술 콩쿠르, 어린이극 같은 온갖 종류의 공연이 들어있다. 18시부터 자정까지 운영되는 '페스티벌 빌리지village du festival'에서 허기를 채울 수 있다.

연등 축제 Festival des Lanternes _12월 15일(2023)~2월 11일(2024)

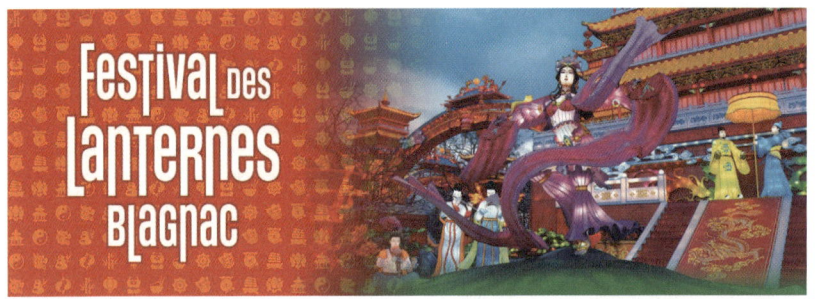

알비Albi에서 15분 떨어진 타른Tarn 지방 가이약 소재 푸코 공원Parc de Foucaud에서 열리던 축제다. 동양에서 열리는 여러 등 축제를 벤치마킹한 행사로, 연말에 2달에 걸쳐 열린다. 2019년 제3회 행사를 찾은 관람객 숫자는 43만 명이었다. 하지만 이

@셔터스톡

행사는 가이약 시와 계약을 맺었던 중국 측의 결정에 따라 2021년 말에 툴루즈 근처의 블라냑Blagnac에서 열린다. 면적이 8ha에 달하는 데다가 호수가 있는 리투레오디쉬드 공원Parc Ritouret-Odyssud을 보유한 블라냑이 가이약보다 2배나 더 큰 것이 주요 이유다. 공원에는 2,500개의 등이 설치되었다. 매일 저녁 18시부터 23시까지 방문객을 맞이했는데, 관람에는 약 2시간이 소요되었다. 2021년에는 쓰촨四川성 가무단 소속 아티스트들이 하루에 3번 기예 시범을 보여주었다. 하지만 블라냑에서 행사는 단 1번만 열렸고, 2022년에 몽토방Montauban으로 다시 이전되었다.

몽티냑라스코 Montignac-Lascaux [Nouvelle-Aquitaine]

페리고르 누아르 페스티벌 Festival du Périgord Noir _8월 3~17일(제42회, 2025)

@festivalmusiqueperigordnoir.com

'페리고르 누아르 페스티벌'은 라스코 동굴로부터 아주 가까운 곳에서 태동했는데 정원, 성, 수도원, 교회, 옛 마을, 사를라 Sarlat 시 등 행사가 열리는 대부분의 장소는 라스코 동굴로부터 반경 25km 이내에 소재해 있다.

1963년 이후 일반에게 출입이 금지된 라스코 동굴을 재현한 '라스코 II'의 오픈과 함께 시작된 페스티벌은 격조 높은 음악 프로그램 편성을 통해 세계 속에 이름을 알렸다.

최근에는 첨단 디지털 기술의 도움을 받아 라스코 동굴벽화를 완벽하게 재현한 '라스코 IV'가 몽티냑 국제동굴예술센터 Centre international d'art pariétal de Montignac 내에 문을 열었다. 라스코의 확대에 발맞추어 축제는 아키텐 지방의 대규모 음악제 속에 당당히 이름을 올리고 있다. 이 지방의 강점 중 하나는 고대음악과 파이프오르간 음악에 할애된 2개 아카데미를 보유하고 있는 점이다. 페스티벌 개최 이후 누적 방문객은 총 50만 명. 행사를 찾는 사람들은 생레옹쉬르베제르 Saint-Léon-sur-Vézère, 생타망드콜리Saint-Amand-de-Coly, 에리냑 저택의 정원들Jardins du Manoir d'Eyrignac, 사를라 및 대성당, 몽티냑Montignac, 오리약뒤페리고르Auriac-du-Périgord, 아자 Ajat, 판락Fanlac 같은 마을 등 이 지역의 문화유산도 동시에 돌아보는 기회를 얻고 있다.

2017년의 주제는 '라스코 동굴을 중심으로 한 음악Musiques autour de Lascaux', 올림픽이 열린 2024년의 주제는 '푸리아 프란세세 – 프랑스 클래식계에 대한 포커스Furia francese – Focus sur la scène classique française'였다.

베제르 계곡 프랑스 대명승지 축제 Festival du Grand Site de France Vallée de la Vézère
_6월 29일(제4회, 2024)

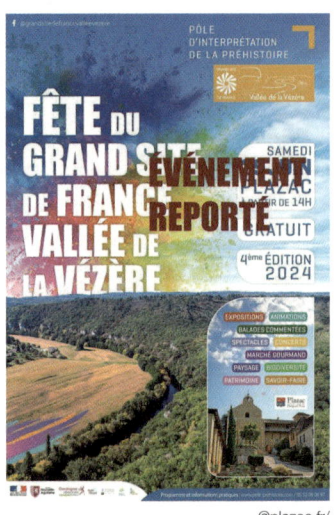

@plazac.fr/

대중들에게 지역의 자연유산 및 문화유산을 가까이 다가가게 하려는 의도에서 시작된 이벤트다. 동시에 이 행사는 허약한 환경의 보존을 위해 애쓰는 담당자들의 노력을 알리려고 애쓰고 있다. 베제르 계곡Vallée de la Vézère 일대에서 매년 10월 첫 번째 주말에 개최된다. 산책, 공연, 이벤트, 콘퍼런스 등 40여 개의 다양한 문화행사를 무료로 접할 수 있다. 2022년에는 선사시대부터 풍경, 생물다양성에 이르는 8개의 주제가 채택되었고, 테라송라빌르디외Terrasson-Lavilledieu, 생시프리엥 Saint-Cyprien 을 포함한 24개 코뮌이 참가했다. 2024년 6월 29일에 열린 행사 개최지는 플라작Plazac. 토요일 오후 2시부터 오후 내내 지역 주민과 방문객은 엔터테인먼트, 워크숍 및 주제별 테이블을 통해 풍경, 건축, 자연, 무형문화유산 등 지역의 다양한 유산을 발견하도록 초대받는다. 그랑 시트 드 프랑스 발레 드 라 베제르 대명승지를 효과적으로 관리하는 문제도 다뤄진다. 지역 협회가 주관하는 미식 시장을 중심으로 한 음악적이며 축제적인 순간으로 행사는 마무리된다.

몽티에앙데르 Montier-en-Der [Grand-Est]

동물 및 자연 사진 국제축제 Festival international de la photo animalière et de nature
_11월 20~23일(제28회, 2025)

@www.francebleu.fr

오마른 Haut-Marne 데파르트망 몽티에앙데르에서 열리는 이 페스티벌은 유럽 유일의 행사로, 자연을 사진에 담아내는 작가들이 서로 만나는 기회이기도 하다. 포럼과 콘퍼런스 등을 통해 동물 사진과 풍경 사진, 환경과 생태 문제를 놓고 서로 토론하고 성찰하는 축제다. 사진 관련 기기들을 전시하고 테스트해볼 수 있는 자리도 마련된다.

몽펠리에 Montpellier [Occitanie]

아이 러브 테크노 유럽 I Love Techno _4월 18~20일(2025)

종종 줄여서 ILT라 부르는 I Love Techno 축제는 1995년에 페터 데퀴페르 Peter Decuypere 와 헤르만 슈에레만스 Herman Schueremans 가 처음 만들어낸 일렉트로 음악제이다. 매년 11월 벨기에의 겐트 Gand 에 소재한 Flanders Expo에서 열렸는데, 그동안 Richie Hawtin, Justice, The Prodigy, Daft Punk 같이 국제적으로 이름난 DJ들을 받아들이면서 유명해졌다. 2005년 11월 12일에는 33,000-35,000명이 행사를 찾으면서 행사 개최 10주년을 경축했다. 슬로건은 'Forever Yours'. 아웃도어 버전은 2003

년 7월 19일에 로멜Lommel 코뮌의 발렌딕Balendijk 공장지구에서 처음 시도되었는데, 현재까지 유일한 아웃도어 버전으로 남아있다.

이 행사는 2015년 12월 19일 이름이 'I Love Techno Europe'으로 바뀌었고, 프랑스의 에로Hérault 데파르트망 몽펠리에에서 열리기 시작했다. 축제는 이미 2011년부터 프랑스 남부 페롤Pérols 코뮌의 아레나와 가까운 몽펠리에 국제전시장Parc des expositions de Montpellier에서도 열리고 있었다. 2025년 행사는 취소되었고, 2026년에 다시 열릴 예정이다.

몽펠리에 팡파르 페스티벌 Festival des fanfares de Montpellier _6월 6~7일(제28회, 2025)

프랑스와 유럽의 20여 개 팡파르 연주단체가 마련한 풍성한 프로그램을 즐길 수 있는 축제. 2024년에는 '공적 바람을 사랑하는 이들Amoureux des vents publics'이란 주제를 내세웠다. 무대의 수는 7개로, 이들이 직접 보여주는 퍼포먼스 외에도 여러 협회가 마련하는 먹거리 부스, 두 차례의 개러지 세일 등도 만날 수 있다. 팡파르가 보여주는 다양한 풍경을 맛볼 수 있는 드문 기회다. 몽펠리에의 부토네 지구Quartier Boutonnet 및 보자르 지구Quartier Beaux-Arts에서 축제가 열린다. 피크 타임은 토요일 16시부터 18시 30분까지. 에밀 콩브 광장Place Émile Combes에서 열리는 행사에서는 각 팡파르 연주단체가 2개 소절씩을 연주한다. 2025년의 주제는 '정글의 구리Le cuivre de la jungle'다.

옥시타니 몽펠리에 라디오 프랑스 페스티벌 Festival Radio France Occitanie Montpellier
_7월 6~18일(제40회, 2025)

이 축제는 매년 7월 옥시타니 피레네메디테라네 Pyrénées-Méditerranée 광역권의 몽펠리에 시와 그 인근에서 열리는 음악제다. 라디오 프랑스와 몽펠리에 시의 주도로 1985년에 처음 만들어졌으며, 르네 쾨링 René Koering 이 조직위원장을 맡았다. "클래식과 현대음악, 대가들과 신인, 고대의 분위기와 내일의 소리를 화해시키는 것"을 목표로 삼았다.

오늘날 옥시타니 지방은 이 축제를 지원하는 가장 중요한 주체다. 르네 쾨링의 호기심은 생상스 Saint-Saëns 의 〈헨리 8세 Henry VIII 〉부터 알파노 Alfano 의 〈시라노 드 베르주락 Cyrano de Bergerac 〉에 이르기까지 많은 작품을 무대에 올리게 했으며, 2006년에는 랄로 Lalo 의 〈피에스크 Fiesque 〉까지 대상으로 삼았다. 또 보통 콘서트에서는 동원하지 않는 방식인 순회 피아노 piano itinérant, 경기 콘서트 concert match 포맷을 도입했다. 축제는 현대음악의 재발견에도 기여한 바 크다. 르네 쾨링은 2011년까지 조직위원장을 맡다가 그를 뒤이어 장-피에르 르 파벡 Jean-Pierre Le Pavec 이 2012, 2013 및 2014년 행사의 책임을 맡았다. 2014년 9월 1일부터는 장-피에르 루소 Jean-Pierre Rousseau 가 조직위원장직을 맡고 있다.

축제는 약 200개 내외의 음악 행사를 편성하는데, 그중 90%가 무료다. 또 많은 콘서트가 라디오 프랑스 전파를 타고 생중계된다. 2015년 축제는 총 211개 공연에 120,750명의 관객을 끌어들였다. 2016년 7월 11일부터 26일 사이에 이 축제는 '동양으로의 여행 Voyage d'Orient '을 마련하면서 총 171개 공연에 101,000명의 관객을 받아들였다. 7월 14일 니스에서 발발한 테러 때문에 일부 행사가 취소되었음에도 불구하고 관객은 4.2% 늘어났다. 33회 행사는 2017년 7월 10일부터 28일까지 개최되었는데, 옥시타니 지방의 65개 장소에서 총 160개 공연이 열렸다. 정치사와 문화사 측면에서 분기점을 이뤘던 1917년 러시아 대혁명 100주년을 기념했던 이 해에 축제는 '혁명Révolutions'을 주제로 내세웠다. 2017년 축제는 피브락Pibrac에서 시작해 마르시악Marciac에서 끝났다. 105,000명의 관객이 찾았는데, 이는 2016년에 비해 17% 늘어난 수치다.

프로그램

축제는 독창적이고도 대담한 프로그램 편성으로 유명하다. 초창기에 클래식음악 페스티벌로 알려졌지만, 시간이 흐르며 모든 장르의 음악을 받아들이면서 다른 축제들과 차별화되었다. 또 다양한 행사들이 음악 프로그램을 보완하고 있다.

클래식의 밤(Les Soirées classiques)

클래식음악 콘서트와 오페라로 채워진 행사. 오페라 베를리오즈(Opéra Berlioz)나 오페라 코메디(Opéra Comédie)에서 열린다. 축제 프로그램 중 유일한 유료 공연들이기도 하다. 콘서트들은 잘 알려지지 않은 작품, 저명 교향악단, 유명 솔리스트, 합창단을 내세운다. 매년 전 세계에서 수천 명이 찾고 있는데, 특히 세계 초연의 공연에 관심을 가지는 사람들이 많다.

재즈 콘서트

매년 축제 기간 밤에는 약 15개 내외의 재즈 콘서트가 야외에서 무료로 열린다. 오랫동안 재즈 콘서트는 몽펠리에 시 중심에 자리한 위르쉴린 수도원(Couvent des Ursulines) 뜰에서 열렸으나, 너무 협소한 관계로 현재는 2003년에 건축된 몽펠리에 북쪽 앙피테아트르 도(Amphithéâtre d'Ô)로 옮겨 열리고 있다. 이 장소의 수용 능력은 1,800명이다.

옥시타니 지방 콘서트

축제는 옥시타니 지방의 50개 내외의 도시들과 마을들에서 콘서트를 열고 있는데, 카탈루냐 피레네 지역에서부터 세벤 지역의 산들, 타르브(Tarbes)에서 망드(Mende)에 이르는 많은 명소가 포함되어 있다. 클래식 음악, 월드뮤직, 재즈, 일렉트로 음악 등 대부분의 콘서트는 무료다.

묑스테르 Munster [Grand-Est]

묑스테르 재즈 페스티벌 Munster Jazz Festival _5월 9~11일(제36회, 2024)

@munster.alsace

오랭 Haut-Rhin 지방 묑스테르에서 열리는 세계적 축제로, 묑스테르 계곡의 여러 건물에서 재즈 콘서트가 열린다. 스윙과 블루스, 가스펠, 뉴올리언스 재즈, 하드 밥 Hard Bop 이 혼합된 축제다. 2023년의 참가 뮤지션은 카즈 호킨스 Kaz Hawkins, 더 프렌치 블루 올 스타즈 The French Blue All Stars, 니렉 모카르 Nirek Mokar 등. 미디어테크에서는 재즈음악 속 여성의 중요성을 주제로 한 콘퍼런스도 열렸다.

무르주 Mourjou [Auvergne-Rhône-Alpes]

밤 장터 Foire de la châtaigne _10월 18~19일(제34회, 2025)

@Sites Remarquable

밤을 주제로 한 큰 시장으로, 1백여 명의 밤 생산자들이 10여 개의 프랑스 데파르트망, 유럽 및 세계에서 찾아온다. 모든 형태의 밤을 만날 수 있다. 트레킹, 전시회, 밤나무를 대상으로 한 작업 시범, 콘퍼런스 등도 열린다. 행사는 만찬과 무도회로 끝난다. 축제 분위기 속에서 2톤의 구운 밤과 5천 리터의 시드르가 소비된다. 2만 명 이상이 축제를 찾고 있다.

무아랑앙몽타뉴 Moirans-en-Montagne [Bourgogne-Franche-Comté]

장난감 나라에서의 크리스마스 Noël au Pays du Jouet _12월 13~15일(2024)

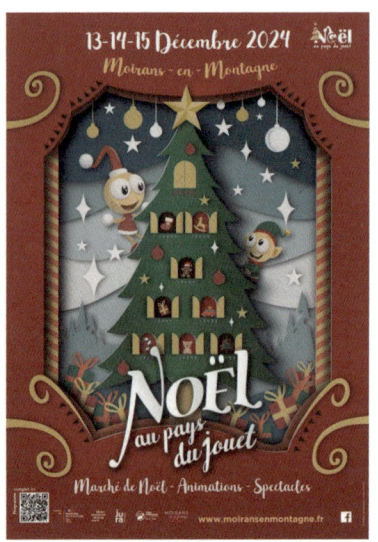

매년 크리스마스 직전에 '프랑스 장난감의 수도'인 무아랑앙몽타뉴에서 사흘 동안 열리는 어린이들을 위한 행사. 무아랑앙몽타뉴는 쥐라 Jura 데파르트망 남쪽 오쥐라 지방자연공원 Parc naturel régional du Haut-Jura 안에 들어서 있다. 거리극, 연극, 음악회, 마리오네트 공연, 팡파르, 장난감 아틀리에가 열리며, 마을 전체가 거대한 야외 놀이공간으로 변신한다. 크리스마스 마켓에는 크리스마스 장식품, 뱅쇼, 장난감, 조각, 회화, 보석 등을 파는 50여 명의 업체가 참가하고 있다. 토요일 저녁에 '꼬마 악마'인 뤼탱 lutin 들이 만들어내는 초대형 풍뒤가 축제에서 가장 재미있는 행사다.

무앙사르투 Mouans-Sartoux [Provence-Alpes-Côte-d'Azur]

꿀 축제 Fête du miel _4월 27일(제31회, 2025)

@http://www.evasionmag.com

프로방스 지방의 양봉산업과 관련된 대중축제로 시청사 및 무앙 성 Château de Mouans 정원에서 09시부터 19시까지 열린다. 양봉업자들은 자신들 제품을 전시하며, 많은 부대행사도 개최된다. 돌아가는 벌통인 아피모빌 Apimobile 시범, 꿀을 재료로 만든 요리 및 꿀 시식, 꿀의 효능을 주제로 한 교육 프로그램, 도슨트의 설명을 들으며 벌들이 좋아하는 식물들을 찾아나서는 산책 등이 축제 프로그램을 채우고 있다.

물랭 Moulins [Bourgogne-Franche-Comté]

일러스트레이터 비엔날레 Biennale des illustrateurs _11월 13~23일(제8회, 2025)

@lamontagne.fr

일러스트레이션과 일러스트레이터의 수도인 물랭 시는 순회 축제를 열면서 다양한 그래픽 세계를 보여주는 20세기의 위대한 일러스트레이터들을 맞아들이고 있다. 작가 사인회, 토론회, 도시의 유서 깊은 장소에서의 전시회 등이 프로그램을 채우고 있으며, 일러스트레이터 빌리지도 세운다. 2017년에는 토미 웅거러 Tomi Ungerer 전시회 같은 회고전도 열렸다. 2015년에는 최초로 영세한 독립출판사들에게도 공간을 마련해주었다. 2025년에는 물랭의 역사지구에서 11일간 8개의 전시회가 열린다. 시립극장 Théâtre municipal 에는 'Les Rencontres illustrées'라는 제목의 교육 프로그램이 진행되며, 10여 개의 장소에서 운영되는 아틀리에, 퍼포먼스, 연극 공연, 서점이 축제를 보완한다.

장 카르메 조연 페스티벌 Festival Jean Carmet des Seconds Rôles _10월 9~15일(제30회, 2024)

1995년부터 매년 10월 알리에 Allier 데파르트망의 물랭에서 열리고 있는 행사. 오베르뉴 레지옹에서 유일한 종합영화제이자 프랑스어권 영화의 신인배우들과 조연을 맡은 남녀 배우들에게 상을 주는 프랑스 유일의 영화제이기도 하다. 시네 보카주 Ciné Bocage 협회가 주관하며 젊은 관객을 대상으로 한다. 축제는 프랑스 영화계에서 조연으로 가장 유명한 배우였던 장 카르메 Jean Carmet 의 이름을 내세웠다. 장편영화

@Bulles de Culture

에서 조연을 맡은 이들, 단편영화에 등장한 새 배우들을 기리는 특이한 성격을 띠고 있는데, 조연 부문 장편영화 8편 과 신인배우 부문 단편영화 15편 등 2개의 경쟁 부문이 있다. 경쟁 부문 진출작 상영, 회고전, 오마주 및 영화인과의 만남 등의 행사가 열린다.

뮈라 Murat [Auvergne-Rhône-Alpes]

코르네 축제 Fête du Cornet _9월 21일(제21회, 2025)

@flanerbouger.fr

뮈라의 특산물인 코르네cornet를 주제로 내세운 축제. 코르네는 원뿔 모양의 말린 비스킷으로, 축제가 열리는 날 뮈라에서 베이커리, 식음료업자들이 만든 코르네를 맛볼 수 있다. 50여 명의 아티스트들이 출연하는 거리극, 민속음악 연주, 아이들을 위한 놀이, 증기기관차 타보기, 코르네를 위주로 하는 지역 제과 장터, 코르네 시식 등 다양한 행사가 열린다. 1만 명에서 1만5천 명 정도가 축제를 찾는다. 9월 3번째 일요일에 열린다.

뮐루즈 Mulhouse [Grand-Est]

거리의 풍경들 축제 Festival Scènes de rue _7월 10~13일(2025)

그랑테스트Grand-Est 레지옹에서 거리극에 할애된 가장 큰 행사로, 뮐루즈 시를 거대한 예술 실험실로 만들면서 거리극, 연극, 서커스, 음악, 무용, 문학, 시각예술, 퍼포먼스 등 다양한 예술 장르들을 소개한다. 행사는 20개가 넘는 예술단체가 4일간 페스티벌 분위기를 주도한다. 거리극 분야의 대표적인 아티스트들이 마련하는 대규모의 대중적인 공연뿐만 아니라 혁신적인 소규모 공연들도 만나볼 수 있다. 축제는 뮐루즈의 주요 문화행사로 자리매김했으며, 거리극을 보급하고 창작을 지원하는 주요 플랫폼이 되었다. 무료로 축제를 즐길 수 있다.

뮐루즈 맥주 월드컵 Mondial de la bière à Mulhouse _3월(2025)

©patwhite.com

프랑스 북동쪽에 자리한 뮐루즈 시는 매년 3월에 사흘에 걸쳐 맥주 페스티벌을 열고 있다. 양조업자와 맥주 애호가가 모이는 가장 중요한 행사 중 하나다. 개최 장소는 뮐루즈 소재 국제전시장 Parc Expo. 다양한 부대행사와 공연도 열린다. 참가자들은 블론드, 브라운, 블랙, 화이트, 앰버, 무알콜, 플레이버 등 4백 가지 종류의 맥주를 마시는 것 외에도 맥주 경연대회를 구경할 수 있고, 맥주 제조 관련 전시회를 관람할 수 있으며, 맥주와 치즈를 제조하는 아틀리에를 방문할 수 있다. 무료 시음 세션 외에도 워크숍, 회의, 시연, 전시회 및 최고의 양조업자를 시상하는 대규모 경연대회가 프로그램을 보완하고 있다.

미르몽 Miremont [Occitanie]

거리 축제 Festival de rue _7월 18~20일(제18회, 2025)

툴루즈 Toulouse 남쪽으로 30km 떨어진 미르몽에서 열리는 거리 축제는 예술가들과

관객들이 직접 만날 수 있는 행사다. 이틀 동안 방문객들은 거리 구석구석에서 광대, 마리오네트, 서커스, 다양한 종류의 음악, 타악기, 그래피티, 화염이 연출하는 다양한 공연을 즐길 수 있다. 놀이를 위한 아틀리에도 개설된다. 모두가 즐길 수 있도록 전체 공연이 무료다.

미르푸아 Mirepoix [Occitanie]

사과 축제 Fête de la pomme _10월 19~20일(제25회, 2024)

상인협회가 주관하는 행사로 블랑케트 Blanquette 사과를 생산하는 사람들이 한자리에 모인다. 코로나19로 인해 열리지 않다가 2022년에 재개되었다. 레 크롬 아리에주아 Les Chromes ariégeois 협회가 개최하는 옛 자동차 전시회, 수공예품 시장과 먹거리 시장, 압착 기술 시범 등 다양한 행사가 열리며, 사과로 만든 거대한 구조물들이 설치된다. 주말에는 음악 행사가 곁들여진다.

바녜르드비고르 Bagnères-de-Bigorre [Occitanie]

피아노 픽 페스티벌 Festival Piano Pic _7월 15~26일(제28회, 2025)

@LaDepeche.fr

바녜르드비고르와 피레네의 중심을 차지하는 오 아두르 계곡 Vallée du Haut Adour 의 여러 마을에서 진행되는 축제로, 해발 2,877m에 달하는 픽 뒤 미디 관측소 Observatoire du Pic du Midi 테라스에서 하나 혹은 여러 콘서트를 연다. 프랑스에서 가장 높은 장소에서 열리는 콘서트다. 피아노, 실내음악, 교향곡 콘서트뿐만 아니라 재즈, 록, 탱고, 일렉트로, 현대음악 콘서트도 열린다. 눈 아래로는 피레네 산맥의 장관이 펼쳐진다. 풍경만으로도 특별한 느낌을 받는 축제.

필립 비안코니 Philippe Bianconi, 장-필립 콜라르 Jean-Philippe Collard, 장-마르크 루이사다 Jean-Marc Luisada 같은 유명 피아니스트와 전도유망한 신예 아티스트를 중심으로 축제는 에스칼라디외 수도원 Abbaye de l'Escaladieu, 픽 뒤 미디 테라스, 캉팡 Campan 과 제르드 Gerde 소재의 바로크 양식의 성당들 등 권위 있는 장소에서 10일 이상 클래식 음악이나 재즈 콘서트를 제공한다. 2025년 초대 아티스트로는 안 크펠렉 Anne Queffélec, 드니 파스칼 Denis Pascal, 장-바티스트 둘세 Jean-Baptiste Doulcet, 툴루즈 국립 카피톨 오케스트라Orchestre national du Capitole de Toulouse , 툴루즈 체임버 오케스트라Orchestre de Chambre de Toulouse , 임성현Seonghyeon Leem , 뱅상 마르티네Vincent Martinet 등이 있다.

바레뉴Varaignes [Nouvelle-Aquitaine]

바레뉴 칠면조 장터Foire aux dindons à Varaignes _11월 11일(제58회 매년)

@Passion Aquitaine - Ouest-France

앙리 4세Henri IV 때까지 거슬러 올라가는 아주 독특한 축제로, 매년 11월 11일 칠면조가 전통 복장을 한 보호자들의 호위를 받으며 '칠면조의 수도' 바레뉴 마을을 활보한다. 아름다운 칠면조들을 만날 수 있는 기회이지만, 일부 칠면조들은 희생양이 되어 전통적인 회식 자리를 위한 제물이 된다. 축제를 찾는 사람들이 15,000~20,000명에 달하기에, 처진 살을 가진 이 순계류鶉鷄類가 얼마나 많이 헌주獻酒의 안주가 될지 상상해볼 수 있다. 하지만 살아남은 칠면조들도 1달 뒤인 크리스마스 때 다시 식탁에 오른다.

바루Barroux [Provence-Alpes-Côte-d'Azur]

살구 축제Fête de l'abricot _7월 14일(매년)

@Le Barroux

매년 7월 14일에 카르팡트라Carpentras 와 베종라로멘Vaison-la-Romaine 사이에 자리한 바루 마을은 살구를 팔면서 음악을 곁들인 가운데 식도락 콩쿠르를 연다. 바루는

'프로방스의 거인 Géant de Provence'으로 불리는 방투 Ventoux 산자락에 들어서 있다. 다양한 종류의 살구를 소개하고 자료 이미지들을 보여주는 전시회도 열고 있다.

바르르뒥 Bar-le-Duc [Grand-Est]

르네상스 축제 Festival RenaissanceS _7월 5~7일(제26회, 2024)

@www.barleduc.fr

로렌 지방의 여름을 장식하는 대규모 예술행사로 거리예술, 거리극, 서커스 등이 바르르뒥의 르네상스 지구 quartier Renaissance 에서 열린다. 공연을 통해 현대사회의 주요 문제들을 짚어보는 특징도 보여준다. 축제는 연극, 음악, 서커스, 시, 뷔를레스크 등 다양한 형태의 거리 공연을 보여주는 동시에 고대음악 및 바로크 음악도 다루고 있다. 춤은 전통음악 무도회와 대중을 상대로 한 음악 공연의 일부를 이룬다. 약 40개의 공연단체가 참가하며, 200개 내외의 공연이 편성된다. 행사를 찾는 관객은 43,000명 정도. 축제에는 몇 년 전부터 '에코 페스티벌 éco-festival'이란 타이틀이 붙어있다. 환경 관련 단체와 협력하면서 생태학과 연관된 프로그램을 축제 안에 포함시키고 있기 때문이다.

바르셀로네트 Barcelonnette [Provence-Alpes-Côte-d'Azur]

라티노 멕시코 페스티벌 Fêtes Latino-Mexicaines _8월 7~15일(2025)

@ubaye.com

남알프스 위바이Ubaye 계곡 속에 자리한 바르셀로네트 마을의 역사는 프리다 칼로Frida Kahlo의 조국 멕시코와 긴밀히 연결되어 있다. 1812년에서 1950년까지 거의 2,500명에 달하는 위바이 사람들이 광업에 종사하러 멕시코로 이민을 떠났던 것이다. 위바이 계곡에 거주하던 사람들의 절반에 육박하는 숫자였다. 바르셀로네트 마을은 매년 8월 초에 감동이 넘치는 민속 축제를 열흘간 열며 이주의 역사를 기리고 있다. 콘서트, 거리에서의 마리아치mariachis 음악 연주, 라틴 퍼레이드, 멕시코 무용, 살사 강좌와 타악기 강좌 등이 편성되며, 라틴아메리카 의상과 음악, 식도락을 만날 수 있는 기회이기도 하다. 음악 쪽에서는 멕시코의 마리아치 말고도 브라질의 삼바, 아르헨티나의 탱고, 쿠바의 살사 등이 선을 보이기에 이국 분위기에 취할 수 있는 행사다. 바르셀로네트는 2005년부터 멕시코의 발레 데 브라보Valle de Bravo와 자매결연을 맺고 있다.

망자들의 축제 Fête des Morts _10월(2025)

프랑스에서 가장 멕시코와 친밀한 마을인 바르셀로네트에서 멕시코 문화 속에 빠져들 수 있는 이벤트로 2018년부터 10월 말에 열리고 있다. 5일 동안 독특하고도 독창적인 행사들을 통해 멕시코의 전통 축제인 망자들의 축제Fête des Morts를 경축한다. 'Fête des Morts'는 그 유명한 'Día de los muertos'를 모방한 행사인데, 'Día de los

@Fête des Morts - Barcelonnette

muertos'는 멕시코 아즈텍 Aztec 문명에서 비롯되었다. 고대 아즈텍 사람들은 죽은 영혼이 1년에 단 한 번 11월 초에만 집에 머물 수 있다고 생각했는데, 스페인이 아즈텍을 정복한 뒤 이 전통이 기독교의 만성절萬聖節과 결합하여 '망자의 날'로 이어지게 되었다. 식사, 마리아치 춤과 음악이 2008년부터 유네스코 인류무형문화유산에 등재된 멕시코의 '망자의 날' 행사와 함께한다.

바스티아 Bastia [Corse]

기억의 밤, 총독의 교대 A Notte di a Memoria, la relève du gouverneur _7월 20일(2024)

축제가 열리는 시기에 바스티아 구항舊港은 역사를 뛰어넘어 5백 년도 더 된 세리머니를 재현하는 무대가 된다. 이 행사는 당시 코르시카 왕국의 수도였던 바스티아 행정부가 총독이 교대할 때 의전을 위해 마련했던 행렬을 다루고 있는데, 제노바 왕국이 임명한 바스티아 총독들 사이의 권력 이양을 보여주는 역사극이다. 150

@FFFSH

명의 출연진을 대동한 신임 총독은 구항의 거리를 지나 망루가 있는 광장에 도착한다. 깃발 흔드는 사람들과 고수鼓手들이 행진의 시작부터 끝까지 동행하며, 관객들은 무희, 연주자, 배우, 사수, 검사劍士, 트루바두르, 깃발 흔드는 사람들이 연출하는 풍경을 보며 역사 속으로 빠져들어간다. 성채를 장식하는 일루미네이션도 놓치지 말 것.

아르테 마르, 지중해 영화 및 문화 페스티벌
Arte Mare/Festival du film et des cultures méditerranéennes _9월 27일~10월 12일(제42회, 2024)

@www.francebleu.fr

'자유로운 발언과 자유로운 생각의 공간'이라는 모토를 내세운 아르테 마르Arte Mare는 정치 문제를 다룬 지중해 쪽 영화들을 편성한다. 축제는 코르시카어로 'riacquistu', 다시 말해 코르시카의 언어, 문화, 학문이 한참 '재전유再專有'되던 1982년부터 시작되었다. 지중해 해역의 장편영화들은 전문가 심사위원단의 토론 대상이 되며, 그를 통해 최우수작품상, 심사위원특별상 등 여러 상을 시상한다. 장편영화 등의 경쟁 부문 말고도 영화제는 코르시카의 단편영화와 다큐멘터리, 지중해 지역 영화학교들에서 만들어낸 영화들을 선보이고 있다. 영화 상영, 전시회, 토론회, 만남의 장, 마스터클래스, 코르시카 섬의 지도자들이 준비한 만찬 등이 프로그램을 채우고 있다. 2020년 축제의 제목은 '괴물들이 공격하다Les Monstres attaquent'.

레 뮈지칼 드 바스티아 Les Musicales de Bastia _3월 28~29일, 6월 5~7일(제37회, 2024)
'Les Musicales' 축제는 매년 대가들과 새로운 재능이 함께하는 행사로 클래식 음악, 월드뮤직, 재즈, 블루스 등 풍성한 프로그램을 자랑한다. 남부의 목소리와 음악을 들어볼 수 있는 유일한 기회이기도 하며, 코르시카에서 만들어진 새로운 음악들을 접할 수 있다. 수많은 아티스트들이 무대에 섰는데, 클로드 누가로Claude Nougaro 와

레오 페레Léo Ferré는 축제를 찾는 단골손님이었다. 1987년에 비엔날레 형태로 처음 생겨난 이 축제는 1989년부터 연례 행사로 바뀌었다. 코르시카에서 열리는 축제 중 가장 오래되었기도 하다. 시립극장Théâtre municipal과 알보루 문화센터Centre culturel Alb'Oru에서 열린다.

바시약 에 오브로슈 Bassillac et Auberoche [Nouvelle-Aquitaine]

페리고르 만화축제 Festival BD en Périgord _10월 11~13일(제35회, 2024)

2021년의 32회 행사 때에는 47명의 작가, 4,500명의 방문객, 35개의 학교가 참가했고, 2022년 축제에는 47명의 작가가 사인회를 열고 12개 전시회가 선을 보였다. 금요일에는 초등학교, 중고등학교 학생들을 대상으로 한 작가와의 만남 행사가 열리며, 독자들을 대상으로 한 콘퍼런스도 개최된다. 또 만화를 주제로 한 콘서트, 중고서적 판매, 우표 전시, 만화영화 및 만화 관련 다큐멘터리 상영, 중고서적 판매, 간이 주점 및 식당 운영 등 다양한 행사가 프로그램을 채우고 있다.

바이욘 Bayonne [Nouvelle-Aquitaine]

바이욘 햄 장터 Foire au jambon de Bayonne _4월 10~13일(제562회, 2025)

ⓒhttp://www.bayonne-paysbasque.com

바이욘 햄 장터는 1462년부터 바이욘에서 열리는 행사로 유쾌한 분위기에서 즐길 수 있는 축제다. 매년 바이욘 최고의 햄을 선정하는 콩쿠르가 열리는데, 돼지를 재료로 온갖 종류의 제품을 만들어내는 지역 생산업자들을 만나게 된다. 놀랍게도 콩쿠르에 참가한 햄들이 종종 시중에서 파는 햄들보다 더 싼 풍경도 목격할 수 있다. 통상 부활절 이전의 성聖목요일에 시작해 일요일까지 열린다. 매년 이 행사를 찾는 사람들 숫자는 20만 명에 달한다. 동물농장, 콘서트, 동업조합원들의 시가행진 등의 부대행사도 열린다.

바이욘 축제 Fêtes de Bayonne _7월 9~13일(2025)

피레네자틀랑티크 Pyrénées-Atlantiques 데파르트망 바이욘 시에서 1932년부터 열리고 있는 바이욘 축제는 바스크어로 'Baionako Bestak', 옥시타니어로 'Las Hèstas de Baiona'라고 부른다. 스페인 팜플로나 축제 Fêtes de Pampelune 의 사촌격으로, 소들의 경주, 꽃마차 퍼레이드, 콘서트, 투우 경기 및 불꽃놀이 행사가 열린다. 통상 7월 마지막 주 수요일에 시작해 일요일까지 계속된다. 원래 8월 첫 주 수요일에 시작했으나,

몇 년 전부터 축제 참가자Festayres 숫자가 너무 많아지자 시작 시기를 앞당겼다. 주말이 7월과 8월에 걸쳐 있을 경우에도 늘 8월 첫 주 주말에 끝낸다. 2004년에 이 축제를 찾은 사람만도 130만에서 150만 명에 달했기에 프랑스에서 가장 중요한 축제 반열에 올라섰다. 바이욘 축제는 프랑스 무형문화유산에 등재되어 있다. 주요 행사는 투우 경기Corridas, 펀페어, 불꽃놀이로 구성된다. 또 바이욘 시는 프랑스 투우개최도시연합Union des villes taurines françaises 멤버이기도 하다. 축제 기간에 두 차례 투우 경기가 열린다.

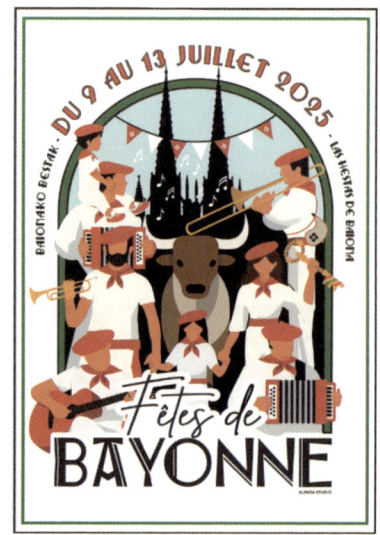

@kindabreak.com

역사

바이욘 축제[당시에는 '여름대축제(Grandes fêtes d'été)'라 불렸다]는 팜플로나에서 열리는 산 페르민 축제(Sanfermines, Fêtes de San Fermin)로부터 영감을 얻어 1932년에 처음 열렸다. 첫 바이욘 축제는 1932년 7월 13일 수요일에 개최가 공식 선언되었다. 축제가 중단된 시기는 제2차 세계대전 중인 1940년부터 1944년까지뿐이다. 팜플로나 축제를 자주 찾던 바이욘 스포츠인들이 동일한 성격의 축제를 바이욘에서도 열자고 제안하며, 당시 축제위원회와 그 단체의 의장직을 맡고 있던 벵자맹 고메즈(Benjamin Gomez)가 7월 14일 행사를 포함한 격조 있는 프로그램을 바이욘 시에 제출한다. 큰 소동(aubades), 콘서트, 바스크 펠로타 경기, 프티 바이욘(Petit Bayonne) 거리의 소 시장을 포함한 지역 거래, 꽃으로 장식한 차들의 시가행진, 폴미 거리들(allées Paulmy)에서의 아름다운 자동차 선발대회, 벵자맹 고메즈가 만들어낸 바이욘 거인들의 첫 외출 등이 주요 내용이었다.

5일 동안 축제를 찾는 사람 숫자가 1백만 명을 넘어서면서 인파 측면에서는 세계에서 가장 중요한 축제 중 하나로 발돋움했다.

색깔

축제 참가자는 흰색 옷에 빨간 머플러와 'cinta' 혹은 'faja'라 불리는 혁대를 착용한다. 이 복

장은 원래 지역 의상이 아니고 스페인의 나바라(Navarre) 지방에서 건너온 것이다. 1932년 첫 축제가 열렸을 때의 복장은 푸른색과 흰색이었다. 푸른색은 노동자들의 작업복에서 따온 색이었는데, 얼마 지나지 않아 팜플로나의 산 페르민 축제를 본떠 빨간색으로 대치되었다. 일부 사람들은 원래의 색인 푸른색과 흰색을 선호하기에 논란은 아직도 지속되고 있다. 바스크 지방 깃발에 들어가는 또 다른 색인 녹색도 찾아볼 수 있다.

▌행사 일정

바이욘 축제는 5일에 걸쳐 열리고 있다. 바스크와 가스코뉴 지방의 전통을 이루는 펠로타, 음악과 춤, 투우 경기, 암소 경주, 꽃마차들의 시가행진, 콘서트, 무도회, 불꽃놀이, 펀페어, 반다(bandas), '뿔이 불타는 황소(toros de fuego)' 등이 모두 등장한다.

레옹(Léon) 왕 인형은 축제 기간 내내 자신의 신도들을 지켜본다. 장 뒤베르디에(Jean Duverdier)가 그린 만화의 주인공인 이 인물은 바이욘에서 살던 레옹 다샤리(Léon Dachary)에서 영감을 얻었다.

바로 이 레옹 왕이 시청사 발코니에서 도시의 열쇠를 던지며 초청자와 축제 시작을 알린다. 그동안 초청을 받은 인물들은 루이스 마리아노(Luis Mariano), 조니 알리데이(Johnny Hallyday)(1960), 자지(Zazie), 장-자크 골드만(Jean-Jacques Goldman)(2002), 프랑시스 카브렐(Francis Cabrel), 기 포르제(Guy Forget), 토니 에스탕게트(Tony Estanguet)(2005), 안-소피 라픽스(Anne-Sophie Lapix), 쥘-에두아르 무스틱(Jules-Édouard Moustic), 에릭 바일(Éric Bayle)(2006), 엘렌 세가라(Hélène Ségara), 베르나르 라빌리에(Bernard Lavilliers), 뱅상 카셀(Vincent Cassel)(2012) 등이 있다.

일요일은 두 번의 미사가 열리며, 저녁에는 꽃마차들의 시가행진이 열린다. 폐막식은 시청광장에서 이루어지며, 모든 축제 참가자는 자신이 매고 있던 붉은색 머플러를 떼낸다. 방문자들이 자동차를 가져오지 못하도록 축제가 열리는 5일간 많은 이동 수단이 강구된다. 야간열

차가 운행하며, 수백 대의 버스들도 도시지역을 연결한다. 랑드(Landes) 지방과 피레네자틀랑티크 지방을 잇는 시외버스들도 운행한다.

바이욘 초콜릿 데이 Journées du chocolat à Bayonne _10월 31일~11월 2일(2024)

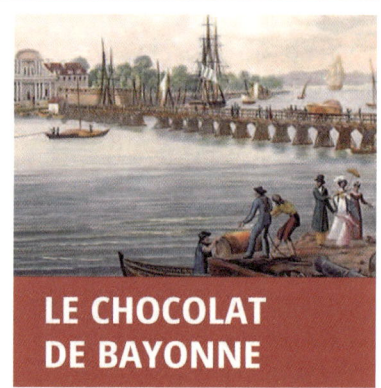

모두가 바이욘 햄에 대해 알고 있지만 정작 바이욘 초콜릿에 대해서는 잘 알지 못한다. 바이욘과 초콜릿이 만난 시기는 이미 4백 년이 넘는다. 바이욘 문화유산의 일부를 이루는 초콜릿을 기념하기 위해 가을이 시작될 때 사흘간 열리는 축제. 설명을 들으며 초콜릿 제조공장을 방문할 수 있고, 콘퍼런스에 참석할 수 있으며, 초콜릿 제조 강좌도 들을 수 있다. 30개 정도의 행사가 열린다.

바이욘의 크리스마스 Noël à Bayonne _11월 29일(2024)~1월 5일(2025)

©baskulture.com

행사가 성공을 거두면서 그 일환으로 열리는 '크리스마스 연등 날리기 Lâcher de lanternes de Noël'도 큰 호응을 얻고 있다. 주제별 주말 프로그램, 리베르테 광장 Place de la Liberté에 설치되는 대회전차 Grande Roue, 레뒤 광장 Place du Réduit에 설치된 크리스마스 마켓, 연등 날리기, 퍼레이드, 일루미네이션, 어린이들을 위한 행사 등이 주요 프로그램이다.

바츠쉬르메르 Batz-sur-Mer [Pays de la Loire]

레 뉘 살린 페스티벌 Festival Les Nuits salines _7월 18~20일(제33회, 2025)

©ensemble-en-presqu-ile.com

루아르아틀랑티크 Loire-Atlantique 데파르트망에 소재한 작은 마을 바츠쉬르메르는 수 세대 전부터 주민들의 삶에 중요한 의미를 부여해온 소금을 기리는 축제를 매년 열고 있다. 지역과 현대 켈트 문화를 대상으로 한다. 켈트 음악 콘서트, 뱃사람들의 노래, 페스트노즈, 토산품 시장, 나룻배를 타고 염전 둘러보기, 콘퍼런스 등이 프로그램을 이룬다. 축제가 열릴 때면 관광객들과 지역 사람들은 홍합 요리와 구운 정어리, 크레프와 시드르를 맛보기 위해 서둘러 행사장을 찾는다.

반 Vannes [Bretagne]

반 역사축제 Fêtes historiques de Vannes _7월 13~14일(제36회, 2022)

1986년부터 해마다 반 Vannes 시가 가장 아름다운 방식으로 선보이는 역사 축제. 공

연, 퍼레이드, 불꽃놀이가 남南브르타뉴의 중심도시 반을 흥겹게 만든다. 2022년 행사 때는 폭염으로 인해 시가행진을 비롯한 여러 행사가 취소되었다. 2022년 버전은 '1387년 장 4세와 올리비에 드 클리송의 반에서의 만남 Rencontre de Jean IV et d'Olivier de Clisson à Vannes en 1387'이었는데, 매년 반 지

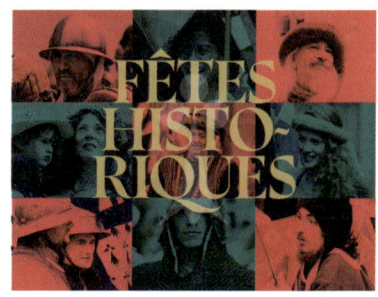

©mairie-vannes.fr

역에서 일어난 역사 중에서 주제를 채택한다. 2014년 주제는 '안 드 브르타뉴 Anne de Bretagne', 2015년 주제는 '정복자 장 4세, 반과 브르타뉴의 대공 Jean IV, dit le Conquérant, Grand duc pour la ville de Vannes et pour la Bretagne', 2016년 주제는 '나폴레옹 3세의 반 첫 방문 La première venue de Napoléon III à Vannes', 2017년 주제는 '벨 에포크 La Belle Époque', 2018년 주제는 '잉글랜드의 헨리에타 앙리에트 당글테르 의 1644년 반 방문 Venue d'Henriette d'Angleterre en 1644 à Vannes', 2019년 주제는 '르네상스 Renaissance', 2021년 주제는 1675년 브르타뉴 의회의 반 피신 Exil du Parlement de Bretagne à Vannes en 1675'이었다.

배역을 맡은 사람들과 아티스트들은 반 거리를 돌아다니면서 반의 역사를 다시 체험하게 해준다. 개최 날짜는 7월 13일과 14일로 동일하다. 여느 중세축제처럼 중세의 직업, 마리오네트 공연, 결투, 창 시합 등이 곁들여진다. 야간 퍼레이드의 출발지

는 모리스 마르셰 광장Place Maurice Marchais.

2023년 신년사에서 다비드 로보David Robo 반 시장은 그동안 매년 7월 중순에 행해지던 '역사축제'가 앞으로는 '유럽 문화유산의 날'에 편입되어 9월 셋째 주에 열리며, 관광객 위주가 아닌 주민들의 이익을 위한 문화행사로 거듭나며 반 유산을 더욱 빛나게 할 것이라고 발표한다. 하지만 2023년 행사는 결국 열리지 못하며, 축제는 비극적으로 막을 내린다.

아르보르 축제Festival d'Arvor _8월 14~17일(제4회, 2025)

브르타뉴 남부 반에서 열리는 음악 축제로 모르비앙Morbihan 데파르트망의 주요 문화행사 중 하나다. 브르타뉴어로는 'Gouelioù an Arvor'라고 부른다. 애당초 Fêtes d'Arvor라 불리던 축제는 2022년에 Festival d'Arvor로 개명되었고, 그에 따라 축제 개최 횟수는 새 이름으로 다시 카운트된다. 반의 시장을 역임한 프랑시스 데케르Francis Decker 가 브르타뉴 문화를 부각시킬 목적으로 1928년 8월 26일에 시작했다. 현재 반 축제위원회Comité des Fêtes de Vannes 가 주관하고 있고 파트릭 마에Patrick Mahé 가 축제를 이끌고 있으며, 이 지방의 주요 신문들인『르 텔레그람Le Télégramme』,『웨스트 프랑스Ouest-France』가 협력하고 있다.

아르보르 축제는 브르타뉴 문화를 기리는 행사로 매년 8월 15일을 전후해 반 거리를 인파로 들끓게 만든다. 공연, 전시회, 바가두bagadoù 콘서트, 페스트노즈Fest-noz, 전통의상 행진, 거리극, 어린이들을 대상으로 한 이벤트 등 다채로운 행사가 열린다. 피크 타임은 아르보르 여왕 선발대회, 행사를 마감하며 8월 15일 반 성채에서 열리는 불꽃놀이 때이다. 1965년 선발된 첫 아르보르 여왕은 17세 나이의 마리-폴 모랑Marie-Paule Morand이었다. 이전에 7월 13일과 14일 열리던 행사는 1968년부터 매년 8월 14일과 15일로 고정되었다가 그 후 4일로 늘어났다. 축제는 2018년에 90주년을 맞이했다. 주요 행사장은 리뮈르 정원Jardins de Limur, 카름 오디토리움Auditorium des Carmes, 성채 정원, 팔레 데 자르Palais des Arts 등이다. 5백 명의 전문 및 아마추어 예술가, 2백 명의 자원봉사자, 수만 명의 방문객이 찾는 축제다. 반 해방 80주년을 기념했던 2024년의 자원봉사자 숫자만도 3백 명에 달했다.

발랑스 Valence [Auvergne-Rhône-Alpes]

시나리오 작가와 구성작가 국제페스티벌
Festival international des scénaristes et compositeurs _6월 3~8일(제27회, 2024)

다른 이름은 '발랑스 시나리오 Valence scénario'. 이미지의 글쓰기에 전적으로 할애된 축제로, 1998년에 이자벨 마소Isabelle Massot가 처음 시작했으며, 2012년부터 발랑스에서 열리고 있다. 예술과 교육의 이중 목표에 중점을 둔 축제로 재능을 가진

@www.scenarioaulongcourt.com

젊은이들에게 기회를 제공하고, 저명작가와 제작자들의 충고를 받아 그들이 재능을 발휘하도록 만드는 데 있다. 영화와 TV, 다큐멘터리 방면으로 이름난 전 세계의 전문가들을 만나볼 수 있는 기회이기도 하다. 프랑스 영화 상영, 시사회, 마스터클래스, 원탁회의, 전문가들과의 만남, 콘서트 등이 마련된다. 실습 아틀리에와 단편 글쓰기 경주는 시청각 분야의 새로운 재능을 발굴하는 것이 목적이다. 축제를 주관하는 단체는 세나리오 오 롱 쿠르Scénario au long court 협회.

발랑솔 Valensole [Provence-Alpes-Côte d'Azur]

라벤더 축제 Fête de la Lavande _7월 20일(제31회, 2025)

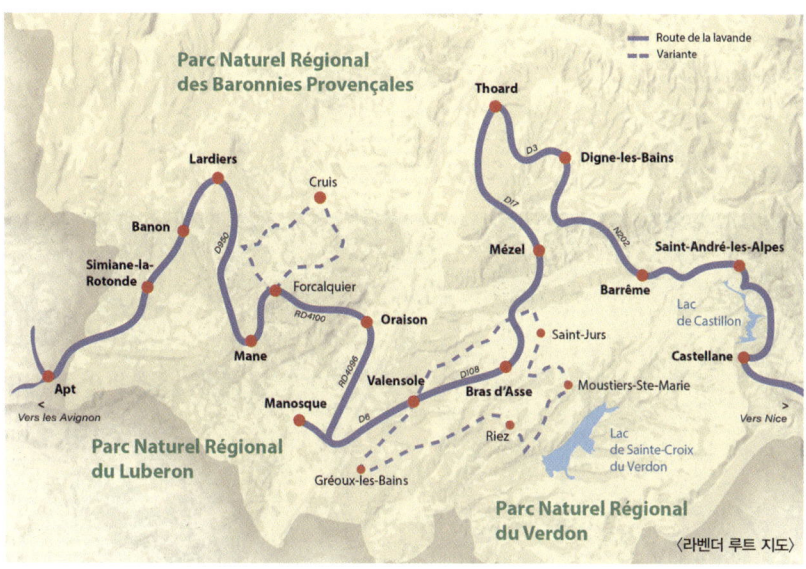

〈라벤더 루트 지도〉

@FDM Provence

남프랑스 최대의 라벤더 밭이 소재해 있고, 라벤더 루트 Route de la lavande 의 중심에 자리한 마을인 발랑솔 고원에서 열리는 축제로 경치, 색과 향을 동시에 즐길 수 있는 행사다. 다양한 이벤트, 지역 산물 판매, 라벤더 밭과 증류 공장 방문, 전통음악 공연 등 다양한 행사가 마련된다.

20세기 초반까지는 아몬드나무 재배가 주를 이루었으나, 현재는 라벤더, 라방댕 lavandin, 잡종 라벤더, 시리얼이 발랑솔의 주요 농업 작물이다. 2006년에 이곳에서 촬영한 중국 드

라마 〈一帘幽梦 yī lián yōu mèng〉프랑스어 제목은 <크리스탈 커튼 뒤의 꿈Rêves derrière un rideau de cristal 덕분에 발랑솔은 현재 중국인들이 쇄도하는 관광지가 되었다.

발레아스 Valréas [Provence-Alpes-Côte d'Azur]

프티 생장의 밤 Nuit du petit Saint-Jean _6월 21일(2024)

프로방스 지방에서 생장 Saint-Jean 을 호사스럽게 경축하는 날이다. 1504년부터 매년 6월 23일 밤이 되면 장-바티스트 성인 Saint Jean-Baptiste 을 상징하는 5세 나이의 소년이 장엄한 의식을 치르며, 이전 해의 왕으로부터 왕관을 받은 후 의장儀仗 수병, 교황 호위대 전통의상을 입은 약 400명으로 구성된 행렬을 이끌고 시끄러운 군중 속을 행진한다. 장엄한 행렬은 마을을 돈 후 시미안 성 Château de Simiane 앞에서 끝이 난다. '프티 생장의 밤'을 전후해 펀페어, 장터, 중고품 시장이 축제를 보완하며 열린다.

발루아르 Valloire [Auvergne-Rhône-Alpes]

얼음과 눈 조각 콩쿠르 Concours de sculptures sur glace et sur neige
_1월 7~10일(얼음), 14~17일(눈)(2025)

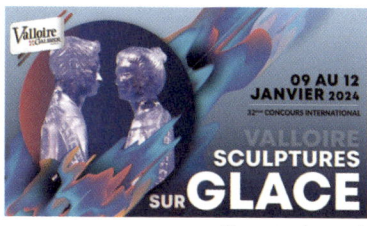

사부아 Savoie 지방 발루아르의 베르네 고원 Plateau de Verneys 에서 열리는 얼음 축제. 상상력을 겨루는 20명의 프랑스 및 외국 조각가들이 만든 놀라운 작품들을 감상할 수 있다. 조각들을 최상의 상태로 보존하기 위해 온도가 낮은 밤늦게까지 행사가 열린다. 횃불을 들고 세타즈 산지 Massif de la Sétaz 를 활강하기, 조각품들 태우기가 축제의 마지막을 장식한다. 눈 조각의 전통은 캐나다에서 프랑스로 건너왔는데, 발루아르갈리비에 Valloire-Galibier 는 1991년부터 눈 조각 콩쿠르를 열고 있는 프랑스 유일의 스키장이다.

방돌 Bandol [Provence-Alpes-Côte-d'Azur]

방돌 와인축제 Fête des Vins de Bandol _12월 7~8일(제1회, 2024)

1982년부터 방돌 시는 매년 12월 첫 번째 일요일에 방돌에서 생산하는 AOC 등급의 와인을 경축하고, 와인 생산자들은 갓 양조한 새 포도주를 시음하게 한다. 방돌 포도밭에서는 매우 품질이 뛰어난 레드 와인을 생산한다. 방돌 와인과 무르베드르 mourvèdre 포도나무 품종을 만나볼 수 있는 기회다. 새 포도주 시음, 음식과 와인의 조합, 포도밭과 지하 저장고에서의 행사, 방돌 와인 판매, 갈라쇼, 콘서트 등의 행사가 열린다. 시음과 행사 참석을 위해서는 축제장 입구에 자리한 부스에서 생산연도가 새겨진 와인 잔을 구입하면 된다. 방돌 항구에서 10시부터 16시 30분까지 열린다.

2018년 12월 '빈티지 페스티벌Fête du Millésime' 행사가 마지막으로 열린 지 6년 후인 2024년 3월 4일 방돌 시와 와인협회는 4년간의 파트너십 협약을 체결하며, 그에 따라 전문성과 고급화를 추구하는 '방돌 와인축제'가 2024년 12월 7일과 8일에 다시 시작된다.

방돔 Vendôme [Centre-Val de Loire]

로코모티브 Rockomotives _10월 26일~11월 2일(제33회, 2024)

1주일에 걸친 프랑스 국내외 아티스트들과의 만남을 통해 음악, 축제, 발견에 대해 생각해보는 축제다. 개최 장소는 르 미노토르Le Minotaure. 코로나19 때문에 전체적으로 조정한 2020년 프로그램에 따르면 도시의 여러 곳에서 28개 그룹이 공연

@Territoires Vendomois

을 가졌다. 원래는 얀 티에르센Yann Tiersen, 이지아 이줄랭Izia Higelin 을 포함한 42개 그룹이 참가할 예정이었으나 일부 공연이 취소되면서 28개로 줄었다. 축제를 주관하는 단체는 피귀르 리브르 협회Association Figures Libres, 프로그래머는 리샤르 고뱅Richard Gauvin 이다.

베르됭 Verdun [Grand-Est]

르 그랑 페스티벌 Le Grand Festival _7월 19~21일(제4회, 2024)

@www.legrandfestival.fr

매년 7월에 콘서트, 대규모 공연, 거리예술, 무용, 설치작품, 퍼포먼스, 전시회, 음악 등을 섞는 축제. 놀라운 대형 공연, 예기치 않은 예술 전시, 집단 퍼포먼스, 아이디어가 넘치는 공연단체 등을 3일 동안 '평화의 도시 Cité de la Paix' 베르됭에서 접할 수 있는 학제간 축제다. 그랑 베르됭 광역권 공동체 Communauté d'Agglomération du Grand Verdun가 주최한다. 이곳에서 45분 거리인 바르르뒥 Bar-le-Duc에서는 와츠 축제 Festival Watts를 만나볼 수 있다. 2022년에는 37개 공연단체와 300명의 아티스트가 90개 공연을 가지면서 6만 명 이상이 축제를 찾았다. 프랑스 남부 투르느푀이유 Tournefeuille에 소재한 라 메나주리 La Ménagerie 예술협회와 베르됭 아이들이 제작한 애니메이션도 축제 기간에 상영되었다.

베르사유 Versailles [Ile-de-France]

몰리에르의 달 Le Mois Molière _6월 1~30일(제28회, 2024)

1996년부터 베르사유는 연극과 음악, 무용, 코메디발레 comédie-ballet를 통해 극작가 몰리에르 Molière를 기리고 있다. 몰리에르의 작품 대다수가 베르사유에서 만들어졌기 때문이다. 프랑수아 드 마지에르 François de Mazières가 만든 '몰리에르의 달 Le

'Mois Molière' 문화 축제는 코메디아 델라르테Comedia dell'Arte와 옛 왕궁 도시 베르사유의 전통을 되살리고 있다. 생루이 대성당Cathédrale Saint-Louis, 대大마굿간, 도서관, 건축학교, 시청 등 베르사유의 모든 공간이 행사에 동참한다. 매년 60개 내외의 장소에서 350개 공연이 열리며, 축제를 찾는 인원이 10만 명 이상에 달한다. 고전 연극뿐만 아니라 현대 연극작품도 소개하고 있다.

@chroniques.amisdeversailles.com

세기의 무도회 Bal du Siècle _12월 9일(제2회, 2024)

베르사유 궁전 '거울의 방Galerie des Glaces'에서 열리는 이벤트. 1923년 베르사유 궁전은 복원 작업의 마지막을 기념하여 특별한 저녁 행사인 '메르베이외즈 축제Fête Merveilleuse'를 열었는데, 그로부터 100년이 흐른 후 다시 시간 여행을 떠나게 만드는 행사다. 웅장한 갤러리 데 바타이유Galerie des Batailles에서 '광란의 20년대Années Folles'를 다시 한번 체험하게 된다.

@Château de Versailles Spectacles

무도회에서는 모든 사람이 출 수 있는 댄스가 선보일 예정인데, 카르네 드 발Carnet de Bals 무용수들의 설명을 들으며 스톰tempête, 아메리칸 지그gigue américaine, 판타지fantaisies, 폴 존스Pol Jones, 동물 댄스danses animalières, 찰스턴Charleston 및 기타 댄스뿐만 아니라 가장 진화하고 낭만적인 춤들인 왈츠, 탱고, 폭스트롯foxtrot에 대해 배워볼 수 있다. 비엔나 왈츠부터 광란의 시대에 이르는 춤의 역사를 베르사유 궁전에서 맛보는 특별한 행사다. 지정한 의상을 입어야 행사에 참여할 수 있다.

베르주라 Bergerac 외 [Nouvelle-Aquitaine]

퍼플 페리고르 페스티벌 Festival du Périgord Pourpre – L'Été musical en Bergerac
_8월 3~18일(제36회, 2024)

'퍼플 페리고르 페스티벌'은 프랑스 남서부의 가장 독창적인 축제 중 하나다. 전문 음악인인 마르크 시송 Marc Chisson 과 그의 아내 이자벨 Isabelle 이 1988년에 이 축제를 처음 시작한 인물들이다. 그들은 음악과 문화 환경에 대한 해박한 지식과 이해를 바탕으로 모든 공연 장르를 보여주고자 노력했다. 클래식 음악뿐만 아니라 재즈, 전통음악, 무용, 연극 등 다양한 장르를 선보이면서 창작자들은 교훈적인 관점에서 벗어나고자 하는 자신들의 열망을 표현해냈다. 지난 30여 년 동안 많은 아티스트의 공연이 이어졌는데, 알도 치콜리니 Aldo Ciccolini , 스테판 그라펠리 Stéphane Grappelli , 디디에 록우드 Didier Lockwood , 미셸 조나즈 Michel Jonasz , 알랭 바슝 Alain Bashung , 자크 이줄랭 Jacques Higelin 등이 남다른 개성을 뽐낸 대표적 인물들이다. 또 축제 참가자들은 음악을 통해 몽골, 파키스탄, 몬트리얼, 스페인, 발칸반도 등지를 여행할 수 있었다.

2023년에는 매력적이고 독창적이며 다양한 프로그램으로 즐거움을 선사하는 것을 목표로 내세웠다. 행사가 열린 장소는 비롱 성 Château de Biron , 몽파지에 성당 Église de Monpazier, 노트르담 드 빌레알 성당 Église Notre-dame de Villeréal, 생제르맹 성 Château Saint-Germain 등으로 모두 페리고르의 명소들이다. 마지막 행사는 불꽃놀이.

베르크쉬르메르 Berck-sur-mer [Hauts-de-France]

국제 연축제 Rencontres internationales de cerf-volants _4월 12~21일(제38회, 2025)

©les-sorties-gratuites.fr

국제 연축제 RICV, Rencontres internationales de cerfs-volants 는 1987년부터 매년 부활절을 전후한 4월에 프랑스 북부 파드칼레 Pas-de-Calais 지방 베르크 Berck 해변에서 열리고 있는 축제로, 프랑스를 위시한 유럽 각지에서 이 축제를 찾는다. 미디어에서 즐겨 다루는 행사이기도 하다. 1주일 동안 수천 개의 연이 해변의 하늘을 장식하는데, 2024년에는 22마리의 대형문어 연을 동시에 하늘에 띄워 올리며 세계기록에 도전하기도 했다.

방문객들은 하늘에서 연들이 춤추는 공연을 감상하고, 전 세계에서 찾아온 팀들이 서로 경쟁하는 시합을 구경하며, 불꽃놀이를 비롯한 야간 공연을 즐길 수 있다.

하지만 해변을 찾는 방문자들이 늘어나면서 베르크쉬르메르 마을을 드나드는 데 수 시간이 소요되는 문제점을 낳고 있다. 2010년 방문자 숫자는 75만 명이었고, 2012년에 100만 명 가까이 이 축제를 찾았다. 2024년 37회 행사에는 24개국 489명의 연 날리는 사람들이 참가했다.

베르크쉬르메르 시네몽드 Cinémondes de Berck-sur-Mer _10월 4~9일(제20회, 2024)

@FOUD'ART Blog

전 세계에서 만들어진 장편영화를 대상으로 한 독립영화제로 베르크 소재 시노스Cinos 영화관, 지역의 문화공간, 의료센터의 내부 공간 등에서 열린다. 문화 사이의 사회적 대화를 겨냥하고 있다. 현대영화, 자료 영화, 클래식 영화 등 여러 세션으로 나뉘어 있으며 픽션, 다큐멘터리, 애니메이션 등 모든 장르가 취급된다. 프랑스에서 개봉되지 않은 영화들도 대상이다. 회고전, 2개의 오마주, 파노라마, 토론회 등이 프로그램을 구성한다. 시대착오적이고도 반문화적인 영화, 이미 컬트가 된 'OFNI 미확인영화물체, objets filmiques non identifiés' 영화로 편성한 '(Bis)zzz 영화의 밤'도 놓치지 말 것. 2024년에는 65편의 영화가 상영되었다.

베스토펜 Westhoffen [Grand-Est]

버찌 축제 Fête des Cerises _6월 1~15일(2024)

30여 년 전부터 바랭Bas-Rhin 데파르트망의 작은 마을에서 열리고 있는 축제. 스트라스부르 Strasbourg 서쪽으로 25km 떨어져 있으며 수천 그루의 벚나무가 심겨진 베스토펜에서는 봄에 꽃들이 만개하면서 장관을 연출한다. '알자스 지방의 버찌 수도 Capitale de la Cerise d'Alsace'란 타이틀을 얻게 한 버찌 축제가 열리기 전까지 베스토펜 마을에서는 '베스토펜 식도락 산책 Balade gourmande de Westhoffen' 행사가 열렸다. 미스 버찌 Miss Cerises 선발대회, 버찌 시식, 전원에서의 무도회, 과수원 방문, 불꽃놀이, 시가행진 등 다양한 행사가 프로그램을 구성한다. 마을 중심부에는 지역 시장이 열려 버찌를 포함한 지역 특산품을 판매하며, 예술가와 장인들은 창작물과 작품을 전시한다. 음악 행사도 준비되는데, 저녁에

@vuparici.fr

는 오케스트라가 주최하는 대규모 무료 무도회가 열린다. 행사의 마무리로는 불꽃놀이 이벤트가 있다.

지역에서는 버찌 축제와 유사한 다른 인기 축제도 열린다. 도를리샤임 Dorlisheim 의 미라벨 축제 Fête de la Mirabelle, 몰사임 Molsheim 의 포도 축제 Fête du Raisin, 푸제롤 Fougerolles 의 체리 축제 Fête des Cerises 가 그런 행사들이다.

베종라로멘 Vaison-la-Romaine [Provence-Alpes-Côte-d'Azur]

식도락 축제 Rencontres gourmandes _10월 24~26일(2024)

지역 산물의 맛을 재발견하기 위한 가을의 주요 축제. 60여 명의 상인과 생산자가

@Vaison-la-Romaine

베종라로멘 문화센터 Espace culturel de Vaison-la-Romaine 에서 프로방스 지역의 식도락을 빛내는 세련되고 독창적인 제품들을 소개한다. 생산자 시장, 시식, 생산자들과의 만남, 음식과 와인, 치즈의 조합, 조리법 시범, 쿠키·디저트·잼 등을 만들어보는 요리 아틀리에, 수프 바 등이 마련된다. 축제는 최고의 수프를 뽑는 콩쿠르로 마무리된다.

베즐레 Vézelay [Bourgogne-Franche-Comté]

베즐레 음악제 Rencontres musicales de Vézelay _8월 21~24일(제25회, 2025)

@infos-dijon.com

부르고뉴프랑슈콩테 Bourgogne-Franche-Comté 레지옹 베즐레에서 성악을 중심으로 개최되는 축제. 20개 이상의 콘서트가 유네스코 세계문화유산으로 지정된 생트마리마들렌 사원 Basilique Sainte-Marie-Madeleine 에서 4일간 열린다. 매년 재능이 뛰어난 유럽 아티스트들이 다양하고도 폭넓은 음악을 관객들에게 발견하게 해주며, 유럽 전역에서 6천 명 이상의 음악 애호가들이 '영원한 언덕 colline éternelle' 베즐레를 찾는다. 축제 참가자는 음악의 하모니와 건축이 절묘하게 만나는 체험을 해볼 수 있다. 오후 콘서트들은 베즐레 인근 성당들에서, 저녁 콘서트들은 생트마리마들렌 사원에서 열린다. 고전 작품들뿐만 아니라 무명 작품들, 잊혀진 작품들도 무대에 오르는데, 르네상스 시대에서 바로크, 고전주의, 낭만주의 시대들을 지나 현대까지 걸쳐 있다. 음악감독은 프랑수아 들라구트François Delagoutte 가 맡고 있다. 부르고뉴 도의회, 욘Yonne 과 두Doubs 지방의회들의 주도로 창설된 '라 시테 드 라 부아 – 국립성악센터La Cité de la Voix - Centre national d'art vocal'가 주관한다.

베지에 Béziers [Occitanie]

베지에 페리아 Feria de Béziers _8월 13~17일(2025)

베지에의 코리다corridas 는 투우를 좋아하는 사람들로부터 많은 사랑을 받는다. 베지에 페리아는 주로 경기장에서 열리는 대규모 투우이지만 저녁에는 보데가bodegas , 페냐peñas , 반다bandas 를 중심으로 도시의 거리에서 펼쳐지는 거대한 파티이기도 하다. 다양한 음악과 춤, 공연과 엔터테인먼트는 관객을 거대한 감정의 회오리 속으로 끌어들인다. 카발리에Cavaliers, 투우사 와 꽃마차는 거리에서 시가행진을 벌인다.

프랑스에서 가장 중요한 페리아 중 하나인 이 축제는 매년 5일 밤낮 동안 1백만 명 이상의 인파를 불러 모은다. 얼마 전부터 베지에 메디테라네 외노폴Béziers Méditerranée œnopôle 은 전문가들과 함께 페리아의 공식 와인 콩쿠르를 진행하고 있다.

@beziers-mediterranee.com

벡생 Vexin [île-de-France, Hauts-de-France]

벡생 페스티벌 Festival du Vexin _9월 7일~11월 24일(제22회, 2024)

@Festival du Vexin

발두아즈 Val-d'Oise 와 이블린 Yvelines 데파르트망 벡생 프랑세 지방자연공원 Parc naturel régional du Vexin français 에서 열리는 클래식 음악제로, 클래식, 성악, 재즈와 관련된 고급 프로그램을 소개하는 동시에 역사로 충만한 지역을 알리는 이중의 목표를 내세우고 있다. 콘서트들은 벡생의 작은 성당들과 성에서 열린다. 국제적으로 이름난 오케스트라와 연주자, 솔리스트들이 축제를 찾아 바흐, 쇼팽, 모차르트, 라벨 등의 걸작 음악을 들려준다. 축제를 빛낸 대표 음악인은 알렉상드르 타로 Alexandre Tharaud, 사무엘 비스무트 Samuel Bismut, 다이아나 쿠퍼 Diana Cooper 같은 피아니스트들, 니콜라 도트리쿠르 Nicolas Dautricourt 같은 바이올리니스트, 디미트리오 DimiTrio 등.

2023년 프로그램의 주요 레퍼토리는 고전주의와 낭만주의 작품들. 20개 중 17개가 이 시기 걸작들이다. 하지만 2022년에 축제에 올라 성공을 거둔 〈Flamenco Dream〉 같은 작품은 2023년에도 다시 초청되었다. 파스칼 아모옐 Pascal Amoyel 의 공연 〈프레데릭 쇼팽과의 피아노 레슨 Une Leçon de piano avec Frédéric Chopin〉은 축제를 통해 세계 초연을 거친 후 파리의 라늘라그 극장 Théâtre du Ranelagh 에서 다시 공연되었다. 축제를 마무리한 행사는 시네 트리오 Ciné Trio 의 엔니오 모리코네 작품들 연주였다.

벨렘 Bellême [Normandie]

벨렘 국제 미콜로지아드 Mycologiades internationales de Bellême _10월 3~6일(제72회, 2024)

@www.mycologiades.com

오른Orne 데파르트망의 벨렘 숲Forêt de Bellême은 360개 종류의 버섯으로 유명하다. 그로 인해 유럽 전역의 저명한 균 학자들이 참나무 아래서 자라나는 보물을 찾고, 연구하며, 전시하기 위해 이 숲을 찾는다. 하지만 식용은 법적으로 금지되어 있다. 1953년부터 원로와 신진을 망라한 균 학자들은 숲에서의 버섯 채취와 관련된 행사에 모이고 있으며, 콩쿠르와 전시회도 열고 있다. 최상의 버섯을 채취한 사람에게는 황금표고버섯상Cèpe d'or이 주어진다. 4일간 채취한 버섯 중 가장 아름다운 것들은 따로 전시된다.

벨포르 Belfort [Bourgogne-Franche-Comté]

레 죄로케엔 드 벨포르 Les Eurockéennes de Belfort _7월 3〜6일(제35회, 2025)

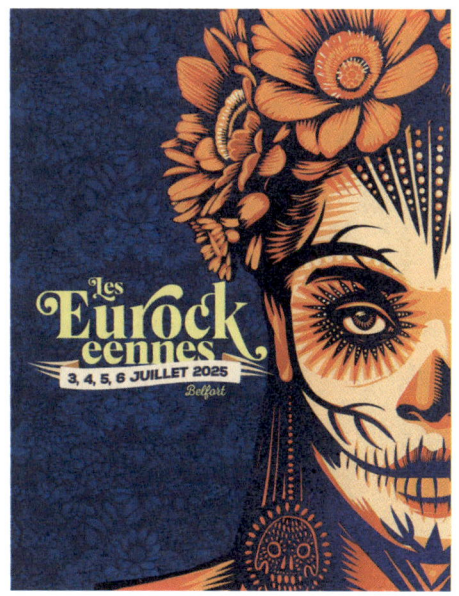

1989년부터 벨포르 지구 Territoire de Belfort 에서 열리기 시작한 레 죄로케엔 드 벨포르 페스티벌은 프랑스에서 가장 규모가 큰 록 페스티벌 중 하나다. 최근에는 팝, 메탈, 일렉트로도 포함시키고 있다. 매년 날짜가 조금씩 달라진다. 벨포르 인근의 세르마마니 Sermamagny 에서 열리는데, 축제 참가 팀들의 명성 덕분에 매년 13만 명 이상을 끌어들인다. 행사는 수준 높은 프로그램 덕분에 성장을 거듭하고 있다. 축제는 벨포르에서 10km 떨어진 두 개 호수 사이에 자리한 목가적인 장소 말소시 Malsaucy 덕도 보고 있다. 밀려드는 인파를 감당하기 위해 축제는 그랑드 센 Grande Scène, 그린 룸 Green Room, 라 플라주 La Plage, 클럽 로지아 Club Loggia 등 여러 무대를 운영한다. 2020년에는 코로나19로 인해 축제가 취소되었는데, 2021년 행사에 뮤즈 Muse, Massive Attack, DJ Snake, Simple Minds, Foals, Niska, Diplo, Paul Kalkbrenner 등이 참가하기로 했다가 또다시 취소되었다.

보뉘 Bonnu [Centre-Val de Loire]

생뤽 마법 축제 Fête de Saint-Luc et de la sorcellerie _10월 20일(제28회, 2024)

아주 오래전부터 10월 어느 일요일에 마을의 수호성인 뤽 성인을 경축하던 보뉘 축제는 20세기 말엽이 되자 이미 케케묵은 행사로 변했다. 순례 행진은 사라졌고, 펀페어도 거의 존재하지 않았다. 그러자 일군의 사람들이 뤽 성인을 모시는 미사와 순례 행진을 시작하도록 종교계를 초청하고, 다른 한편으로는 이교도 축제에 맞는 '마법'이라는 주제를 선택하면서 다시 행사에 생명을 부여하려고 시도했다. 이러한 결정은 옳다는 것이 곧 판명되었다. 새로운 축제가 열린 첫해부터 많은 사람이 몰렸기 때문이다. 매년 수천 명의 방문객이 전설이 차고 넘치는 하下 베리 Bas Berry 지방의 보뉘 거리를 찾아 발견과 공포, 신비와 행복의 시간을 보낸다.

   1990년대 중반에는 유서 깊은 아침 순례 행진이 다시 생겨나며, 오후에는 비교秘敎와 식도락 요소를 수반한 공연들이 매년 풍성해지는 마녀들의 축제가 열렸다. 그리고 이 모든 것은 마을의 특산품인 검은 순대를 홍보하는 수단으로 활용되기도 했다.

제25회 생뤽 마법 축제는 2019년 10월 20일 일요일에 열렸는데, 아미칼 드 보뉘 Amicale de Bonnu 협회가 주관했던 행사의 주요 프로그램은 다음과 같았다.

- 10시에는 50명 이상의 상인들이 참여하는 지역 토산품시장이 열린다.
- 10시 30분에는 뤽 성인(Saint-Luc)을 모시는 신자들이 네 명의 어깨 위에 걸친 성인의 조각상을 따라 예배당에서부터 마을 입구에 세워진 예수 수난군상(受難群像)까지 순례 행진을 벌인다. 순례 행진 다음에 11시에는 예배당에서 미사가 열리며, 오르센 합창대(Chorale d'Orsennes)가 참여한다.
- 11시에 식물과 꽃에 관심이 많은 사람은 프랑스 블뢰 베리(France Bleu Berry) 소속 정원 전문가인 토니오(Tonio)와 함께 보뉘 성 정원을 방문하고 이 시기에 만발하는 시클라멘을 감상한다.
- 정오에는 '마법사의 동굴(L'Antre du Sorcier)'인 라메 레스토랑(Ramée-Restaurant)을 찾는다. 그곳에서는 마술사이자 요리사인 인물이 조리한 특식을 맛볼 수 있다.
- 14시 30분부터 해가 질 때까지 거리의 곳곳에서는 공연이 쉴 새 없이 열린다. '우로보로스(Ouroboros)', '에귀쟁(Eguzins)' 같은 특이한 존재들을 만나게 된다. 예배당 광장에서는 콘서트가 열린다. 이런 행사가 열리는 동안에 성의 창고에서는 마술 공연을 관람할 수 있다. 좀 더 용감한 자는 마법의 집(Maison de la Sorcière)을 방문한 후 무시무시한 장면들을 만날 수 있다. 미래가 불안한 자들은 타로점을 보는 이시도라(Isidora)에게 점을 보거나 보뉘의 점쟁이인 엘리스(Elys)를 만나면 된다.
- 해가 질 무렵에는 마녀를 화형대에 실은 긴 행렬이 성 쪽으로 지나간다. 저녁 식사도 라메 레스토랑에서 마녀들과 함께 들 수 있다. 무도회도 열린다.

보르도 Bordeaux [Nouvelle-Aquitaine]

국제과학영화제 Festival international du film Cinémascience _3월 2~18일(제4회, 2011)

누벨아키텐 Nouvelle-Aquitaine 레지옹의 보르도 소재 CNRS 고등과학원가 2008년에 시작해 2011년까지 4회가 열렸다. 가장 큰 상은 '심사위원 대상 Grand Prix du Jury'. 우주 정복부터 유전학, 역사, 수학 등을 거쳐 정치에 이르기까지 CNRS가 수행 중인 연구를 주제로 내세운 장편 픽션 영화들을 대상으로 했다. 상영이 끝나면 관객과 영화 관계자들 감독, 배우, 제작자..., 연구진 연구원, 엔지니어... 사이에 주로 과학에 관한 토론이 벌어졌다. 영화감독이자 제작자인 장-자크 베넥스 Jean-Jacques Beineix 는 영화제의 대부 역할을 맡았다.

영화제를 통해 소개되는 각 영화는 CNRS에서 수행 중인 주제와 관련된 시나리오를 마련했다. 예를 들어 프랑스의 피에르 졸리베 Pierre Jolivet 감독이 2008년에 제작한 영화 〈아주 아주 위대한 모험 La Très Très Grande Entreprise 〉이 상영되었을 때 영화제작팀, 2명의 CNRS 연구자와 관객들은 산업 관련 오염에 대해 진지한 대화를 나눴다. 이 주제와 관련된 연구 현황, 오염을 줄이기 위한 학계의 노력, 프랑스의 사례, 이 주제에 대해 일반이 관심을 갖도록 하는 방식 등이 이날 나눈 대화 내용이다. 3개 분야의 선정, 시사회, 청소년을 대상으로 한 영화 상영 등이 축제의 주요 프로그램이다. 국제 경쟁 부문에 오른 12편 내외의 영화들은 프랑스에서 개봉하지 않은 작품들로 학계 전문가와 영화인들로 구성된 심사위원단이 선정했다. 가장 관심을 끈 작품에 대상을 수여하며, 관객상과 청년심사위원상도 시상되었다. 2008년에 심사위원 대상을 받은 작품은 영국 감독 벤자민 로스 Benjamin Ross 가 만든 〈포피 셰익스피어 Poppy Shakespeare 〉였고, 2009년의 대상 작품은 피터 반 히스 Pieter Van Hees 의 〈더러운 마음 Dirty Mind 〉과 앤서니 파비앙 Anthony Fabian 의 〈피부 Skin 〉였다.

영화제가 열리는 기간은 걸작 영화들을 대형화면으로 볼 수 있는 기회이기도 하다. 과학과 영화가 맺고 있는 특별한 관계를 맛볼 수 있다. 시사회 형식으로 여러 영화가 상영되기도 한다. 예를 들어 〈보라빛 날개 : 홍학의 신비 Les Ailes pourpres : Le Mystère des flamants 〉은 디즈니네이처 Disneynature 이름으로 제작된 첫 영화인데, 제1회 영화제 폐막식이 열렸던 2008년 10월 26일 보르도 소재 페미나 극장 Théâtre Fémina 에서 세계 최초로 상영한 바 있다.

보르도 와인 축제 Bordeaux Fête le vin _6월 19~22일(2025)

@www.golfrendezvous.com

지롱드 Gironde 지방 보르도에서 열리는 유럽 최대의 와인 행사. 보르도에서 생산된 다양한 와인들을 시음하고 와인을 즐기는 새로운 방법들을 공유하는 축제이다. '강 축제 Fête le fleuve'와 교대로 열리고 있다. 아키텐 Aquitaine 지방의 와인과 와이너리는 캥콩스 광장 Place des Quinconces 과 강변에서 화려한 쇼를 펼친다. 지역 제품을 판매하는 코너에서는 와인과 음식의 궁합을 익힐 수 있다. 성악에서부터 샹송에 이르는 다양한 공연도 마련되며, 가론 Garonne 강을 헤엄쳐 건너는 스포츠 경기, 피크닉 등이 프로그램을 구성한다. 축제는 불꽃놀이로 마무리된다.

보르도 푸드트럭 페스티벌 Bordeaux Food Truck Festival _7월 5~7일(제5회, 2024)

@https://bordeauxfoodtruckfestival.fr

보르도와 지롱드 Gironde 지방 사람들에게 정착한 푸드트럭 문화를 기리는 축제로 술 창고와 포도밭 방문, 이동 '레스토랑', 음악과 미술, 지역과 타지방의 맛있는 먹거리 맛보기 등의 행사가 화기애애한 분위기 속에서 진행된다. 또한 이 축제는 지역과 와인 생산지를 부각시키기 위해 와인 및 와인 문화와 협력하며, 그를 위해 지롱드 지방의 성들을 방문하도록 하고 있다. 안내를 받으며 방문한 장소들에서는 와인 시음이 가능하고 와인과 관련된 강좌도 들을 수 있다. 고급 와인, 음악, 푸드트럭으로 구성된 식도락 축제다. 2022년 행사는 페삭 Pessac 에 소재한 오바칼랑 성 Château Haut-Bacalan, 2024년 행사는 르 부스카 경마장 Hippodrome du Bouscat 에서 열렸다.

아니마지아 페스티벌 Festival Animasia _10월 11~12일(제21회, 2025)

(@timotheedeboisjusan.net)

아시아 문화로 특화된 이 축제는 주로 15-35세 청년층을 대상으로 하며, 아시아 각국의 민간 전통과 현재의 문화 동향을 소개한다. 2005-2013년에는 페삭에서 예술영화와 실험영화를 대상으로 열리다가 2014년부터는 보르도 소재 국제전시장 Parc des Expositions 에서 열리고 있다. 2005년에 다미엥 베그베데르 Damien Beigbeder, 기욤 이베르 Guillaume Hivert, 파웰 비조르 Pawel Visor 가 처음 만들어낸 행사다. 첫 행사는 페삭의 프라테르니테 홀 Salle de la Fraternité 에서 4월 16-17일에 열렸다. 현재는 '아시아의 중심으로 여행하세요 Voyagez au cœur de l'Asie'란 슬로건을 내세우면서 아시아의 팝 문화와 전통문화를 다루고 있다. 한국 만화와 일본 만화, 웹툰, 비디오게임, 애니메이션, 코스프레, 무예, 영화, 음악 K-pop, J-pop, 오케스트라, 전통음악..., 식도락 등 아시아의 모든 것이 대상이다. 원탁 토론회, 콘퍼런스, 전시회 및 영화 상영도 프로그램을 채우고 있으며, '걸리 girly'라 부르는 비디오게임 및 만화에 할애된 공간도 마련된다. 2023년 행사는 '아시아의 신화 Mythologie asiatique'를, 20주년을 맞이한 2024년에는 일본을, 2025년에는 '영화! Le Cinéma!'로 주제로 내세웠다.

보르도 죽은 자들의 날 Día de los Muertos Bordeaux _11월 2~3일(2023)

@www.lebonbon.fr/bordeaux

몇 년 전부터 10월 말에서 11월 초에 보르도에서 열리는 행사로 멕시코의 '죽은 자들의 날 Día de los Muertos'을 기념하고 있다. 2023년 장소는 생토귀스탱 지구 Quartier Saint-Augustin 의 아메데 라리외 광장 Place Amédée Larrieu . 멕시코에서는 10월 31일 열리는 데 반해, 보르도 행사는 11월 2-3일에 열린다. 개최 주체는 멕시카노스 앙 보르도 Mexicanos en Bordeaux 협회로 풍성한 행사를 마련하고 있다. 죽은 자들을 위한 제단 설치, 사진전, 분장 아틀리에, 콘퍼런스, 특별 음식 시식, 콘서트, 퍼포먼스와 쇼가 이틀간 밤낮으로 열린다.

보르비콩트 Vaux-le-Vicomte [île de France]

위대한 세기의 날 Journée Grand Siècle _5월 31일(제20회, 2025)

@vaux-le-vicomte.com

보르비콩트 성 Château de Vaux-le-Vicomte 에서 열리는 이 행사에서는 사람들이 위대한 세기 Grand Siècle 였던 17세기 의상을 하고 만나며 바로크 무용, 총사들의 공연, 사륜마차를 타고 산책하기 등이 선보인다. 태양왕 루이 14세 Louis XIV 와 니콜라 푸케 Nicolas Fouquet 시대의 프랑스 분위기를 완벽하게 맛보게 해주는 이벤트다. 베르사유 궁을 짓도록 만든 보르비콩트 성은 니콜라 푸케 시대에 축제를 벌이던 장소이기도 했다. 매년 수천 명에 달하는 방문객

이 가장 마음에 드는 의상을 입고 17세기 성의 정원을 찾는다.

우화 작가인 장 드 라 퐁텐Jean de La Fontaine 탄생 400주년을 맞이한 2021년에는 프랑수아 쇼보François Chauveau, 장-바티스트 우드리Jean-Baptiste Oudry, 귀스타브 도레Gustave Doré 같은 화가들로부터 영감을 받은 풍경 속에 라 퐁텐의 『우화집Les Fables』을 재현했다. 축제는 가장 아름다운 의상을 뽑는 패션쇼도 진행하고 있다. 반면 코로나19로 인해 퍼레이드는 취소되었다. '가장 아름다운 풀밭 위에서의 식사Le plus beau déjeuner sur l'herbe'상도 시상한다. 행사를 위한 의상은 협력사인 소미에 & 피스Sommier & Fils를 통해 예약 가능하다. 10시부터 17시 30분까지 진행되며, 정원은 18시에 문을 닫는다. 성과 정원을 들어가는 할인 입장료 티켓은 17세기와 18세기 의상을 입고 출입할 사람에게만 판매되며, 의상을 입지 않은 사람은 할인 혜택 없는 티켓을 구입해야 한다.

보르비콩트 성에서는 성의 재개관3월, 부활절4월, 양초로 밝힌 토요일 이벤트6월부터 10월, 조명을 넣은 보르비콩트Vaux-le-Vicomte en lumières 10월부터 다음 해 1월까지 등의 이벤트도 열고 있다.

보름레미모자 Bormes-les-Mimosas [Provence-Alpes-Côte d'Azur]

미모잘리아 Mimosalia _1월 25~26일(제28회, 2025)

@www.chaylart.fr

오래된 마을 보름레미모자의 시갈루 공원 Parc du Cigalou 에서는 미모사를 비롯한 식물들을 사랑하는 이들이 이틀 동안 축제를 벌인다. 프랑스 전역에서 찾아온 이들이 주제별 부스를 열어 관상용 식물, 희귀한 식물, 특이하게 생긴 식물들을 전시하고 판매한다. 한편 생프랑수아 광장 Place Saint-François 에서는 정자, 자기류, 분수 등 정원 장식과 관리에 관련된 행사가 열린다. 축제 방문객들은 70여 명의 종묘업자와 만나 대화를 나눌 수 있다. 무료 콘퍼런스, 분재 콩쿠르, 호주 식물에 할애된 유럽 제1의 공원인 곤잘레스 파크 Parc Gonzalez 소개 등의 부대행사도 프로그램에 들어있다. 행사는 1월 마지막 주말에 열리는데, 2021년 행사는 코로나19로 인하여 취소되었다.

코르소 플뢰리 Corso fleuri _2월 15~16일(2025)

@Bormes-les-Mimosas Tourisme

바르 Var 데파르트망 보름레미모자에서 열리는 이 꽃마차 퍼레이드는 코트다쥐르에서 열리는 퍼레이드 중 가장 규모가 크고 가장 아름답기로 유명하다. 또한 이 행사는 역사가 1920년까지 거슬러 올라가는 프랑스에서 가장 오래된 꽃마차 퍼레이드이기도 하다. 2020년에 100주년을 맞이했다. 마을의 여러 협회가 마련한 행사와 뮤지션들의 공연이 만 하루 동안 열리고, 다음날에는 꽃마차들이 오래된 마을의 거리를 누빈다. 2025년에는 12톤 무게의 미모사 8만 송이가 동원되었다.

보부아르쉬르메르 Beauvoir-sur-mer [Pays de la Loire]

레 풀레 뒤 구아 Les Foulées du Gois _6월 15일(2025)

©runningclubcroisicais.fr

방데 Vendée 데파르트망 누아르무티에 Noirmoutier 섬을 육지인 보부아르쉬르메르와 연결하는 4km의 길이 구아 통행로 Passage du Gois 다. 구아 통행로라는 문화자산을 부각시키려는 의도에서 1986년 태동한 아이디어가 밀물에 맞서 달리는 경주였다. 매년 6월에 열리는 이 행사는 전 세계에서 비슷한 모습을 찾아보기 힘들다. 세계적으로 이름난 30명의 주자가 경주에 참가한다. 언론은 이 행사에 '수상 파리-루베 Paris-Roubaix aquatique 경주', '방데의 지옥 L'Enfer vendéen' 같은 별명을 붙이고 있다. 멋진 풍경 속에서 수천 명의 관람객이 경주를 참관한다. 또 '레 풀레 뒤 구아'는 남녀노소를 막론하고 1천 명 이상이 참가하는 대중적인 행사이기도 하다. 어린아이들이 900m를 뛰는 'Eveil et Poussins', 소년소녀들이 2,400m를 뛰는 'Benjamins et Minimes', 성인 남자들이 8km를 뛰는 'Populaire Hommes', 성인 여자들이 8km를 뛰는 'Populaire Femmes' 등 4개 코스가 있다. 2021년 6월 19일 열리기로 했던 행사는 코로나19로 인해 취소되었다. 자원봉사자 숫자는 약 250명. 굴 양식업자들은 자신들의 바지선을 언론에 제공해 밀려오는 소수에 맞서 경주자들이 싸우는 모습을 생생하게 담아내도록 돕고 있다.

보제아낭주 Baugé-en-Anjou [Pays de la Loire]

보제 오페라 페스티벌 Opéra de Baugé _7월 25일~8월 8일(2025)

2003년부터 시작된 보제 오페라 페스티벌은 매년 7월과 8월 자체 연출, 세계적인 솔리스트, 45명 내외로 편성된 오케스트라, 45명 내외의 합창단으로 공연을 올리는 축제로 앙제 Angers 에서 동쪽으로 40km 떨어진 보제아낭주 마을 근처에서 열린다. 축제는 2003년부터 2011년까지 사유지이자 옛 수도원 자리였던 카퓌생 정원 Jardins des Capucins 에서 열리다가 시내의 극장으로 4년간 장소를 옮겼지만 2016년부터 원래 장소에서 다시 열리기 시작했다. 르네 당주 문화센터 Centre Culturel René d'Anjou 에서 주로 열린다.

영국의 글라인드본 오페라 축제 Festival d'Opéra de Glyndebourne 처럼 전원에서 열리는 오페라 행사를 도모한 이들은 영국인 음악애호가 존 John 과 베르나데트 그리메트Bernadette Grimmett였다. 베르나데트 그리메트는 축제가 만들어진 이후 현재까지 예술감독을 맡고 있다. 오케스트라 단원 중에 영국인이 많기에 많은 영국인이 이 축제를 찾는다. 축제를 찾는 마을 사람들은 2,500명에서 3,000명 사이에 달한다. 매 시즌은 3개의 오페라 작품과 10여 개의 공연으로 채워진다. 90분에 달하는 막간 시간에 관객들은 극장 근처의 정원을 산책하거나 레스토랑에서 저녁을 먹을 수 있다. 2021년 이후 축제는 코로나19로 인해 두 차례 취소되어 2024년으로 연기되었다. 2015년 시즌에 선보이는 작품들은 모차르트의 〈돈 조반니Don Giovanni〉, 리하르트 슈트라우스R. Strauss의 〈장미의 기사Der Rosenkavalier〉, 오펜바흐Offenbach의 〈천국과 지옥Orphée aux enfers〉이다. 그동안 이 축제가 올린 작품들 중에는 다음과 같이 희귀 작품이 많다.

2003년 : 벤자민 브리튼(Benjamin Britten)의 〈앨버트 헤링(Albert Herring)〉
2004년 : 프리드리히 폰 플로토(Friedrich von Flotow)의 〈마르타(Martha)〉, 비제(Bizet)의 〈진주조개잡이(Les Pêcheurs de perles)〉
2005년 : 헨델의 〈로델린다(Rodelinda)〉
2007년 : 크리스토프 글루크(Christoph Gluck)의 〈오르페우스와 에우리디케(Orfeo ed Euridice)〉
2008년 : 헨델의 〈테오도라(Theodora)〉
2009년 : 벤자민 브리튼의 〈한여름밤의 꿈(A Midsummer Night's Dream)〉, 모차르트의 〈가짜 여정원사(La finta giardiniera)〉
2010년 : 헨델의 〈줄리오 체사레(Giulio Cesare)〉
2011년 : 아돌프 샤를 아당(Adolphe Charles Adam)의 〈롱쥐모의 우편배달부(Le Postillon de Lonjumeau)〉
2012년 : 구노의 〈로미오와 줄리엣(Roméo et Juliette)〉
2014년 : 레온카발로(Leoncavallo)의 〈팔리아치(Pagliacci)〉
2015년 : 윌리엄 월턴(William Walton)의 〈곰(L'Ours)〉과 〈파사드(Façade)〉
2016년 : 벤저민 브리튼의 〈앨버트 헤링〉, 몬테베르디(Monteverdi)의 〈포페아의 대관식(L'Incoronazione di Poppea)〉
2017년 : 오펜바흐(Offenbach)의 〈천국과 지옥(혹은 '지옥의 오르페우스')(Orphée aux enfers)〉
2019년 : 슈베르트의 〈알폰소와 에스트렐라(Alfonso und Estrella)〉

보죄 Beaujeu [Provence-Alpes-Côte-d'Azur]

레 사르망텔 드 보죄 Les Sarmentelles de Beaujeu _11월 23~24일(제36회, 2024)

@www.loisirs-beaujolais.fr

보졸레의 수도에서 보졸레 프리뫼르 beaujolais primeur 의 출시를 기념하는 국제적인 행사다. 11월 셋째 주 목요일에 보졸레 누보가 출시될 때면 보졸레 누보의 역사도시 보죄는 디너쇼를 개최하고, 그런 다음 이 유명한 와인을 담은 통에 구멍을 낸다. 행사에 참석한 모든 사람이 와인의 빛깔을 감상하고 향을 즐길 수 있다. 12개 종류의 보졸레 시음 콩쿠르, 보졸레의 친구들 동업조합 Confrérie des Compagnons du beaujolais 의 새 회원 추대식, 랑시엔가르 광장 Place de l'Ancienne-Gare 에 설치된 대형 가설 텐트 안에서의 디너 카바레, 보죄 거리에서 횃불을 들고 벌이는 사르망텔 시가행진 등이 축제 프로그램에 들어있다. 이 대중행사의 피크 타임은 수요일 저녁 자정 무렵 화려한 조명을 받으며 시청사 광장에 보졸레 누보가 도착할 때이다.

보케르 Beaucaire [Occitanie]

상토날 드 보케르 Santonales de Beaucaire _12월 2일(2023)~1월 7일(2024)

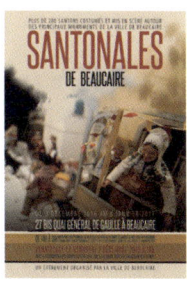

가르 Gard 데파르트망 보케르 Beaucaire 마을의 유적과 인근 풍경을 200개 이상의 상통 santon, 남부 프랑스에서 제작하는 장식용 채색 인형 으로 재현하는 대규모 전시회. 조상들이 소중히 여기던 크리스마스 구유에 전통적으로 등장하는 위인들, 옛날 직업, 일상의 정경들을 충실히 담아내고 있다.

마들렌 축제 Fêtes de la Madeleine _7월 21~28일(2025)

보케르의 마들렌 축제는 매년 7월 21일에 시작하는데 축제 개막을 알리는 시가행진을 약 2만 명이 참관한다. 7백 명 이상의 참가자가 프로방스와 카마르그의 전통 복장을 선보이고 100마리 내외의 동물들도 등장하면서 여름 축제의 시작을 알린다. 시가행진에 앞서 노트르담데포미에 참사회 성당 Collégiale Notre-Dame-des-Pommiers 에서 생트마리 마들렌 Sainte-Marie Madeleine 평신도회가 서약을 갱신하는 행사가 19시에 진행된다. 시가행진은 보케르타라스콩 다리 Pont de Beaucaire-Tarascon 에서 21시에 출발해 제네랄드골 부두 Quai du Général de Gaulle, 포슈 대로 Boulevard Foch, 조프르 대로 Boulevard Joffre 를 거쳐 아레나에서 끝난다. 축제가 시작된 후에는 보데가 bodega, 아브리바도 abrivado, 노빌라다 novillada, 100마리의 황소 풀기, 음악 행사, 식사, 불꽃놀이가 이어진다.

@beaucaire.fr

본 Beaune [Bourgogne-Franche-Comté]

국제 바로크 및 낭만주의 오페라 페스티벌
Festival international d'opéra baroque et romantique _7월 5~28일(제42회, 2024)

콘서트와 종교음악, 오페라, 오라토리오, 리사이틀 사이에 걸쳐 있는 이 페스티벌은 세계에서 가장 권위 있는 앙상블들을 불러 모으고 있으며, 동시에 부르고뉴 대공들 궁전의 전통을 대중화하고 있다. 바로크 오페라에 열광하는 팬들을 위한 콘퍼런스와 만남의 장도 주선한다. 7월 한 달에 걸쳐 주말마다 열리는 행사 무대는 노트르담

©beaune-tourisme.fr

사원Basilique Notre-Dame, 오스피스 드 본Hospices de Beaune 소재 오텔디외Hôtel-Dieu 의 뜰, 포브르 홀Salle de Pôvres이다.

이 축제를 여름 최고의 바로크오페라 행사로 등극시킨 거장들은 무수하다. 윌리엄 크리스티William Christie, 르네 야콥스René Jacobs, 크리스토프 루세Christophe Rousset, 오타비오 단토네Ottavio Dantone, 제레미 로레Jérémie Rhorer, 로랑스 에킬베이Laurence Equilbey, 게오르그 페트로우George Petrou, 조프루아 주르댕Geoffroy Jourdain, 티보 노알리Thibault Noally, 안 할렌베리Ann Hallenberg, 마리 에릭스모엔Mari Eriksmoen, 막스 엠마누엘 첸칙Max Emanuel Cencic, 테레사 이에르볼리노Teresa Iervolino, 실비아 슈바르츠Sylvia Schwartz, 에드가르도 로차Edgardo Rocha, 레아 데장드레Lea Desandre, 안테아 피샤닉Anthea Pichanick, 엠마뉘엘 드 네그리Emmanuelle de Negri, 레이나우트 판 메헬렌Reinoud van Mechelen 등이 그들이다.

2022년에 40회를 맞이한 축제는 열정과 감동 그리고 시를 엮어낸 행사였다. 2022년 프로그램에는 9개의 오페라와 오라토리오, 2개 리사이틀, 40주년 기념 갈라쇼가 편성되어 있었는데, 혁명적인 선구자 역할을 담당했던 몬테베르디Monteverdi의 〈오르페오Orfeo〉와 모차르트의 〈돈 조반니Don Giovanni〉 같이 이미 대성공을 거둔 작품, 스카를라티Scarlatti의 〈미트리다테Mitridate〉 같은 세계 혹은 프랑스 초연의 오페라 작품, 헨델Haendel의 〈오토네Ottone〉, 륄리Lully의 〈알세스트Alceste〉 같은 걸작의 재평가가 동시에 이루어졌던 행사다. 또한 당시 악기로 재현해내는 낭만주의 오페라 레퍼토리에는 로시니Rossini 최초의 '오페라 세리아opéra sérieux'인 〈탄크레디Tancredi〉, 마르크-앙투안 샤르팡티에Marc-Antoine Charpentier의 〈오라토리오Oratorios〉와 〈모테트Motets〉, 모차르트의 〈대미사Grande Messe en ut mineur〉가 포함되어 있었다. 폐막작으로는 〈모차르트 : 삶, 사랑 그리고 욕망Mozart : Vie, Amour et Désir〉이란 제목이 붙은 작품이 무대에 올랐다. 모차르트의 작품들인 〈돈 조반니〉, 〈피가로의 결혼Les Noces de Figaro〉, 〈마술피리La Flûte enchantée〉 등에 등장하는 사랑에 관련된 줄거리들을 엮어낸 작품이다.

축제의 전통에 따라 윌리엄 크리스티가 지휘하는 연주가 끝나면 오스피스 정원Jardins des Hospices에서 17, 18세기의 요리를 재현한 바로크식 뷔페 향연이 열린다.

본 국제추리영화제Festival international du film policier de Beaune _4월 3~7일(제11회, 2019)

코트도르Côte d'Or 데파르트망 본에서 매년 열리는 국제영화제로, 2009년에 처음 만들어진 후 2019년까지 본에서 진행되었다. 샤랑트Charente 지방 코냑Cognac 시가 1982년부터 2007년까지 25년 동안 개최하다 재정적인 어려움 때문에 포기한 '코냑 추리영화제Festival du film policier de Cognac'를 본이 이어받았다. 5일간 열린다. 주요 상은

그랑프리Grand Prix. 본 영화제는 영화를 시상하고 문학상을 수여한다. 문학상으로는 프랑스 추리소설상prix du Roman noir français, 외국 추리소설상prix du Roman noir étranger 부문이 있는데, 문단과 영화계의 15명 인사로 구성된 심사위원단이 수상자를 선정한다. 2020년 제12회 행사는 코로나19로 인해 취소되었으며, 2021년에 본 시가 이 축제를 포기하는 의사를 밝히면서 행사 개최 장소가 렝스Reims로 옮겨졌다.

시네 레트로 페스티벌 Festival Ciné Rétro _8월 1~15일(제25회, 2019)

시간 속으로의 감동적인 여행을 가능하게 해주는 축제다. 본 출신의 피아니스트 장 클로드 코티에Jean Claude Cottier 가 운영하는 바흐BACH 회사가 만들어내고 조직하는 'Ciné Rétro' 행사는 제7의 예술인 영화에 공연을 입힌 무성영화제로 정의된다. 1915년부터 1930년까지의 뷔를레스크 영화 속으로 들어가게 해주는 수단은 찰리 채플린Charlie Chaplin, 버스터 키튼Buster Keaton, 해럴드 로이드Harold Llyod, 로렐Laurel 과 하디Hardy 듀오 같은 영화의 선구자 시대에 제작된 중편과 단편영화들이다. 시네-카바레ciné-cabaret 분위기 속에서 무성영화에 피아노 연주를 곁들인다. 클로드 를르슈 영화 아틀리에Ateliers du Cinéma de Claude Lelouch 와 코메디 뒤 뱅Comédie du Vin 은 제25회 행사의 두 파트너 장소였다. 비스트로 데 시네아스트Bistrot des Cinéastes 에서는 매일 저녁 7시부터 사진전, 아페리티프, 케이터링이, 오후 9시에는 그랑 스튜디오 데 자틀리에 뒤 시네마Grand Studio des Ateliers du Cinéma 에서 시네콘서트가 열렸다. 8월 8일부터 15일까지 이어지는 두 번째 주에는 페리에서 시네콘서트, 피아노 라이브 연주, 3종의 훌륭한 부르고뉴 와인 시음회가 열렸다. 시네콘서트와 시음회는 유료. 코로나19로 인해 2020년 행사는 취소되었다.

@Hôtel de La Cloche à Beaune

오스피스 드 본 와인 판매 레주이상스
RéjouisSens de la Vente des Vins des Hospices de Beaune/Paulée _11월 15~17일(제164회, 2024)

160년 이상의 역사를 자랑하는 부르고뉴 최대 와인 자선 경매 행사로, 빈곤한 자들을 위해 건립된 병원인 '오스피스 드 본Hospices de Beaune'에서 열린다.

전통적으로 '폴레Paulée'라 불리면서 뫼르소Meursault 에서 열리던 식사는 'RéjouisSens de la Vente des Vins des Hospices de Beaune'라 개명되었다. 원래 이 축

제는 포도 압착기에 마지막 포도를 집어넣는 삽을 축하하면서 포도 수확의 끝을 상징하던 행사였다. 만찬의 형태는 각자가 맛볼 와인을 가지고 오며, 식사 도중에 문학상이 수여된다. 수상 작가에게는 100병의 뫼르소 와인이 주어진다. 식사 외

@dijonbeaunemag.fr

에도 주말 동안 음악, 민속 공연, 시가행진, 거리극 행사 등 다양한 이벤트가 열린다. 타스트뱅 기사단 동업조합 회합 Chapitre de la Confrérie des Chevaliers du Tastevin, 오스피스 드 본 와인 경매 Vente des vins des Hospices de Beaune 와 더불어 '영광의 3일 Trois Glorieuses'로 불린다.

오스피스 드 본 와인 경매 Vente des vins des Hospices de Beaune
_11월 15~17일(제164회, 2024)

세계에서 가장 유명한 와인 자선 판매 행사다. 중개업자와 도멘 domaines 이 직접 양조통을 판매하는 이 이벤트는 11월 3번째 일요일에 열린다. 본 시의 오텔디외 Hôtel-Dieu 를 비롯한 여러 장소에서 열리는데 전 세계의 와인 판매업자들이 이 행사를 찾는

©dijonbeaunemag.fr

다. 제조연도가 오래된 와인들을 맛볼 수 있는 기회이기도 하다. 시음회, 거리극, 퍼레이드, 갈라쇼 등 다양한 행사를 곁들이고 있다.

이러한 지역 전통은 오랫동안 58ha 면적의 1급 포도밭을 소유한 오스피스 드 본 Hospices de Beaune 이 환자들을 간호하는 데 기여하고 있다. 행사를 통해 모인 기금은 의료기관들을 운영하는 목적으로 사용된다. 이 이벤트는 타스트뱅 기사단 동업조합 회합 Chapitre de la Confrérie des Chevaliers du Tastevin, 오스피스 드 본 와인 경매 레주이상스 RéjouisSens de la Vente des Vins des Hospices de Beaune ['폴레 드 뫼르소 Paulée de Meursault '라

고도 불림]와 더불어 '영광의 3일 Trois Glorieuses'로 불린다.

볼빅 일대 autour de Volvic [Auvergne-Rhône-Alpes]

볼빅 화산축제 VVX, Volvic Volcanic Expérience _5월 29~31일(2025)

@volvic.com

볼빅 화산축제는 스포츠와 축제를 동시에 겨냥한 행사로 오베르뉴의 장점을 극대화하는 이벤트다. 화산 활동이 퓌 산지 Chaîne des Puys에 빚어낸 풍경은 야외 활동을 하기에 최적이다. 축제는 다양한 스포츠 활동을 포함시키고 있는데 15, 40, 75km의 트레일 러닝, 산악자전거를 타고 22, 40km 달리기, 15, 25km 트레킹 경주 등이 편성되어 있다. 축제와 병행해 볼빅 코뮌에서는 다양한 행사가 열린다. 바이오 제품 시장, 지오캐싱 géocaching의 도움을 받는 보물찾기, 식도락 트레킹, 기타 무료행사가 그것들이다. 축제의 모토는 '움직이고, 탐험하며, 감동하라! bouger, explorer, vibrer!'다.

부르고뉴프랑슈콩테 Bourgogne-Franche-Comté 레지옹

환상의 12월 Incroyable décembre _11월~익년 1월(매년)

대림절 Avent 기간에 부르고뉴프랑슈콩테 지방은 연말 축제를 중심으로 장식과 일루미네이션, 기타 다양한 행사를 벌인다. 주요 프로그램은 다음과 같다.

@www.mafamillezen.com

부르고뉴 지방

- 클로 드 부조 성(Château du Clos de Vougeot) : 성에서의 야간 산책과 일루미네이션, 그레고리안 성가 공연(예약 필수)
- 쿠슈 성(Château de Couches) : 구연동화, 만들기 강좌, 일루미네이션

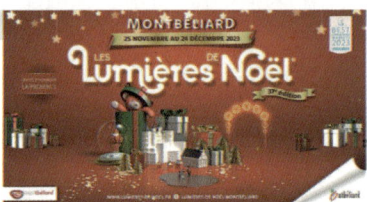

@25.agendaculturel.fr

프랑슈콩테 지방

- 몽벨리아르(Montbéliard) : 크리스마스의 빛(Lumières de Noël)
- 벨포르(Belfort) : 성에에 뒤덮인 달(mois givré)(2024년 12월 7일부터 2025년 1월 5일까지)
- 브장송(Besançon) : 그랑벨 광장(Place Granvelle)에서의 크리스마스 마켓. 레볼뤼시옹 광장(Place de la Révolution)에서의 대관람차 운행, 사륜마차를 타고 도시를 돌아보기
- 무아랑앙몽타뉴(Moirans-en-Montagne) : 장난감의 고장에서 맞이하는 크리스마스
- 오르낭(Ornans) : 루(Loue) 하천을 따라 늘어선 아름다운 거리에서의 크리스마스 마켓

부르생모리스 Bourg-Saint-Maurice [Auvergne-Rhône-Alpes]

에델바이스 축제 Fêtes de l'Edelweiss _7월 13일(제81회, 2025)

민속 그룹의 시가행진, 전 세계 노래와 춤, 거리 공연, 거리극을 곁들인 민속 축제. 옛 직업과 노하우를 선보이는 시범 행사, 전통 시장도 열린다. 여러 산악지방 민속음악을 연주하는 공연단체, 전통의상의 화려한 색으로 눈과 귀가 즐거운 축제다. 70년이 넘게 이 축제를 개최하면서 부르생모리스 마을은 '세계 민속의 수도 capitale du folklore international' 이미지를 점점 더 공고히 구축해나가는 중이다.

라 데몽타녜 구르망드 La Démontagnée Gourmande _10월 19일(2024)

@123savoie.com

야외에서의 하계 방목에서 돌아오는 사부아 지방 암소, 염소, 양, 말들이 부르생모리스 마을을 관통하며 시가행진을 벌이는 행사. 시즌을 마무리하는 이 강렬한 이벤트를 경축하기 위해 다양한 음악 그룹들이 함께 하는데, 2022년에는 알프스 지방의 뿔피리를 연주하는 코르 데 잘프 Cors des Alpes, 클리크렌 드 케이주 Cliqueraine de Queige, 생모리스 마을 하모니 Harmonie de Bourg-Saint-Maurice 등과 깃발 던지기 전문인 이탈리아 그룹이 축제를 찾았다. 축제에서 소리를 들려주는 또다른 그룹들로는 라르모니 L'Harmony, 랄리 데 트롱프 드 푸아지 Rallye des trompes de Poisy, 샤플라디오 Chapladiots 등이 있다. 현장에서는 회식도 제공된다.

축제는 계곡의 가장 좋은 사료를 놓고 경쟁이 벌어지는 모습을 볼 수 있는 기회이기도 하다. 사료 샘플을 수집하여 분석한 후 순위를 매겨 가장 좋은 샘플을 선택하는데, 전문가로 구성된 심사위원단이 샘플 외관을 기준으로 평가한다. 결과는 사육자와 공유해 사료의 품질을 개선하는 데 이용한다. 행사의 마무리는 통상 젊은 농부들의 무도회가 장식한다.

부르주 Bourges [Centre-Val de Loire]

부르주의 봄 Printemps de Bourges _4월 15~20일(제49회, 2025)

셰르Cher 데파르트망 부르주에서 열리는 프랑스의 주요 축제 중 하나로, 샹송 부문에서는 가장 중요한 행사다. 여름이 시작되기 전에 열리는 까닭에 축제 시즌을 여는 상징적인 의미도 보유하고 있다. 월드뮤직에서 일렉트로팝을 거쳐 록 음악에 이르기까지 매년 새로운 신인들을 발굴해내고 있다. 축제 프로그램의 구성도 콘서트, 전시회, 음악인들과의 만남 등 아주 다양하다. 바와 레스토랑에서는 '오프Off' 콘서트가 열린다. 행사 프로그래머들과 기획자들은 무대 분위기를 느끼기 위해 이 장소들을 찾는다.

1977년 4월 6일부터 닷새 동안 가수이자 배우인 다니엘 콜링Daniel Colling 과 알랭 메일랑Alain Meilland, 가수 레오 페레Léo Ferré 의 협력자였던 모리스 프로Maurice Frot 가 처음 만든 행사로, 총 9개의 무대가 11,600명을 수용했다. 공연 개수는 80개 내외.

2013년 12월 23일부터는 모르간 프로덕션Morgane Production 과 텔레그람Télégramme 그룹의 자회사인 민간기업 C2G2가 프랭탕 드 부르주 회사Société Le Printemps de Bourges를 소유하고 있는데, 이 그룹들은 라로셸에서 열리는 프랑코폴리 드 라로셸 페스티벌Francofolies de La Rochelle 의 주주들이기도 하다.

2019년에 축제를 빛낸 음악인들은 로드리고 이 가브리엘라Rodrigo y Gabriela, 자지Zazie, 폴 칼크브레너Paul Kalkbrenner, 위베르-펠릭스 티에팬Hubert-Félix Thiéfaine, 메트르 짐스Maitre Gims, 잔 아데드Jeanne Added, 가에탕 루셀Gaëtan Roussel, 콤프로마트Kompromat 등이었다. 2021년 축제는 코로나19 때문에 6월로 연기되었다.

역사

1977년 문화의 집(Maison de la Culture), 세로쿠르 광장(Place Séraucourt)의 가설무대, 자크-쾨르 극장(Théâtre Jacques-Cœur)에서 40명의 아티스트가 참가한 20개 콘서트가 열리면서 제1회 페스티벌이 시작되었다. 프렝탕 첫 행사는 13,000장의 티켓이 팔리면서 성공을 거두었다. 제2회 행사부터 상승 곡선을 그리기 시작한다. 5일간 80명의 아티스트의 45개 콘서트에 25,000명의 관객이 2회 행사를 찾은 것이다. 1979년에는 7일 동안 40,000명이, 1981년에는 9일 동안 50,000명이 찾기에 이른다.

축제의 미래는 여전히 불확실했다. 주민 상당수가 공연에 반대했고, 매년 문화의 집과 예산을 재협상해야 했다. 하지만 새 시장 자크 랭보(Jacques Rimbault)로부터 축제는 전폭적인 지원을 받게 된다. 그리고 1982년 자크 랑(Jack Lang)이 문화부장관이 되면서 정부가 '부르주의 봄' 행사를 재정 지원하기 시작했다. 1986년부터는 상트르-발 드 루아르(Centre-Val de Loire) 레지옹과 셰르(Cher) 데파르트망이 축제와 협력 관계를 구축하기 시작한다.

1980년대에 이 행사를 빛낸 음악인들 면면도 더없이 화려하다. 레오 페레(Léo Ferré), 이브 몽탕(Yves Montand), 프랑시스 카브렐(Francis Cabrel), 세르주 갱즈부르(Serge Gainsbourg), 미셸 조나즈(Michel Jonasz), 샤를 아즈나부르(Charles Aznavour), 윌리엄 쉘러(William Sheller), 스테판 에셔(Stephan Eicher), 에티엔 다오(Étienne Daho), 다니엘 발라부안(Daniel Balavoine), 알랭 바슝(Alain Bashung), 바르바라(Barbara) 등이 그들이다. 1985년에 8일간 열린 제9회 행사는 프랭탕 네트워크(Réseaux Printemps)와 각 지방의 지부를 결성한 후 지방 아티스트들을 소개하고 그들에게 전문적인 네트워크를 만들어주게 된다. 10주년을 맞이한 1986년에 축제를 찾은 관객 수는 125,000명이었는데, 이 숫자는 1977년에 비해 10배나 늘어난 숫자였다. 다음 해인 1987년 축제 참가자 숫자는 133,000명으로 늘어난다.

1990년대에는 랩 음악이 도입되며, 월드뮤직 분야의 대가들인 칼레드(Khaled), 유수 은두르(Youssou N'Dour), 살리프 케이타(Salif Keita), 카사브(Kassav), 라쉬드 타하(Rachid Taha), 셰브 마미, 세자리아 에보라, 마누 디방고, 꼼빠이 세군도, 이 무브리니(I Muvrini) 등이 부르주 무대에 선다.

프랭탕 행사는 2006년에 30회를 돌파하면서 레오 페레와 세르주 갱즈부르에게 경의를 표했다. 2010년에는 카미유(Camille), 라 그랑드 소피(La Grande Sophie), 잔 셰랄(Jeanne Cherhal), 에밀리 루아조(Emily Loizeau), 올리비아 루이즈(Olivia Ruiz), 로즈마리 스탠리(Rosemarie Stanley)가 '프랑수아즈(Françoises)' 그룹을 결성한 후 단 한 번의 콘서트를 가지기도 했다. 이때 생겨난 음악이 '내 이름은 프랑수아즈(Je m'appelle Françoise)'다.

2020년 제44회 행사는 4월 21-26일에 열릴 예정이었으나 코로나19에 대한 정부 규제로 취소되었고, 2021년 행사는 원래 4월로 예정되었으나 두 달 연기되었으며, 코로나로 인한 규제로 예년보다 행사 규모를 축소하면서 6월 22-27일에 열렸다. 대통령선거 결선투표가 있던 2022년 4월 24일에는 축제가 열리지 않았다.

▎공연장들

매년 W. 자크-쾨르 극장(Théâtre Jacques-Cœur), 22 웨스트(22 Ouest), 22 에스트(22 Est), 오디토리움(Auditorium), 오롱 궁(Palais d'Auron), 살롱 도뇌르(Salon d'Honneur), 자크 쾨르 궁(Palais Jacques Cœur) 같은 다양한 공연장이 축제 방문객을 맞이하고 있다. 외부에는 크레디 뮈튀엘 무대(Scène Crédit mutuel), 르 프랭탕 데 레지옹 무대(Scène Le printemps des régions), 프레시옹 라이브 무대(Scène Pression Live), 르 베리 레퓌블리캥 무대(Scène Le Berry Républicain) 등이 가설된다. 예외적으로 대성당도 축제에 여러 차례 공간을 할애한 적이 있다. 생피에르 성당(Église Saint-Pierre)은 2010년에, 뒥-장 홀(Salle du Duc-Jean)은 2009년에, 생보네 극장(Théâtre Saint-Bonnet)은 2008년에 축제에 동참했다.

늪지대 축제 Fête des Marais _8월 30일~31일(제42회, 2025)

개학을 알리는 부르주의 상징적인 축제다. 정원의 수호신인 피아크르 성인 Saint Fiacre을 기리며, 파트리무안 마레 Patrimoine Marais 와 예브르와 부아젤 늪지대 이용자 협회 Association des Usagers des Marais de l'Yèvre et de la Voiselle 가 주관한다. 2021년에는 포크

@bourgesberrytourisme.com

사 부르주 협회Association Faut qu'ça Bourges 도 동참하면서 선술집과 콘서트를 준비했다. 축제는 젊은 층을 겨냥하고 있는데, 그에 따라 지역의 문화 활동가와 협조하고 새로운 장소를 개발하면서 오늘날의 음악을 들려주려고 애쓰는 중이다. 음악 외에도 침술, 시, 도서관 트럭 '르 투른리브르Le Tourne-Livres', 19세기 부르주 전통의상을 입고 전통무용을 추는 등의 다양한 이벤트를 마련하고 있다. 방문객들이 배를 타고 늪지대를 돌아보고, 어린이들이 조랑말을 타고 산책하는 것도 가능하다. 설명을 들으며 늪지대의 동식물에 대해 이해하는 프로그램도 마련된다.

부르캉브레스 Bourg-en-Bresse [Auvergne-Rhône-Alpes]

레 글로리외즈 드 브레스 Les Glorieuses de Bresse _12월 13~17일(2024)

브레스Bresse의 닭은 푸아그라, 바닷가재, 송로버섯 다음으로 세계 최고의 식자재로 꼽힌다. 『맛의 생리학La Physiologie du goût』이라는 책을 쓴 오노레 브리야-사바랭Honoré Brillat-Savarin 덕분에 1825년 이 고장의 닭에는 '브레스 가금家禽 volaille de Bresse'이란 타이틀이 붙었다. 이 지방에서 타던 사륜마차 차축이 부러지자 앙리 4세Henri IV가 마차에서 내려 브레스 가금을 맛보았던 때부터 이미 이 지방 음식이 유명했다고 전설은 전한다.

'레 글로리외즈 드 브레스' 행사는 1862년 12월 23일부터 연말 축제가 열리기 전 브레스 가금을 기리기 위해 열던 식도락 축제를 발전시킨 것이다. 브레스 지방의 4

개 마을에서 열리는데, 마을들은 부르캉브레스, 루앙 Louhans, 몽트르벨앙브레스 Montrevel-en-Bresse, 퐁드보 Pont-de-Vaux 가 그 마을들이다. 행사가 열리는 동안 사육자들은 프랑스 대통령이 수여하는 '바즈 드 세브르 Vase de Sèvres'상을 타기 위해 최고의 가금들을 선보인다. 바즈 드 세브르상 외에도 가장 아름다운 가금류 생산자에게는 그랑프리 도뇌르 Grands Prix d'Honneur 상, 프리 도뇌르 Prix d'Honneur 상, 1등상이 수여된다. 그랑프리 도뇌르 샤퐁상 Grand Prix d'Honneur Chapons 은 루앙과 부르캉브레스에

서 시상한다. 1957년에 브레스 가금은 원산지증명 AOC, Appellation d'Origine Contrôlée 라벨을 획득했는데, 가금류에 붙은 등급으로는 세계에서 유일하다.

뷔이레바로니 Buis-les-Baronnies [Auvergne-Rhône-Alpes]

바로니 보리수축제 Cueillette du tilleul en Baronnies _6월 6일(2024)

보리수를 사고파는 옛 시장이 열리던 뷔이레바로니 마을은 2006년부터 보리수와 보리수 채취를 주제로 내세운 축제를 열고 있다. 보리수의 역사를 대상으로 한 콘퍼런스도 열면서 보리수 사용의 비밀을 알려주고 있다. 토요일에는 축성 미사, 파에야 paëlla, 페탕크 시합 등이 열리며, 일요일은 전적으로 보리수와 보리수 채취에 할애되고 있다. 뷔이레바로니는 20년 전까지만 해도 '보리수의 월스트리트 Wall Street du tilleul'로 불릴 정도였다. 프랑스에서 첫 보리수 시장이 열렸던 해는 무려 1808년까지 거슬러 올라간다. 하지만 동유럽과 아시아와의 경쟁 때문에 오랜 전통은 점차 쇠

@www.baronnies-provencales.fr

퇴하고 말았다. 보리수를 취급하던 모든 시장 중에서 오직 뷔이레바로니 시장만이 2000년대의 문턱을 넘어서는 데 성공했다. 축제는 2024년 7월 프랑스 무형문화유산 목록에 등재되었다.

뷔상 Bussang [Grand-Est]

민중극장 여름축제 Estivales du Théâtre du Peuple _7월 20일~9월 1일(2024)

@lesinrocks.com

역사유적에 등재된 명소인 뷔상의 민중극장 Théâtre du Peuple 에서 매년 여름 공연이 열린다. 1895년에 기업가이자 작가인 모리스 포트셰르 Maurice Pottecher 가 보주 Vosges 데파트르망 소재 뷔상 마을에 완전히 나무로 된 독특한 극장을 짓게 했고, 그 덕분에 시민들도 당시 부르주아 계급만 누리던 연극을 볼 수 있게 되었다. 민중극장은 그렇게 생겨났고, 여기서 올리는 연극들은 현대 축제의 원조가 된다. 당시 포트셰르는 지역주민들에게 민속극의 배역을 맡겼다. 뷔상에서의 시도는 루이 주베 Louis Jouvet, 아나톨 프랑스 Anatole France 같은 연극 분야의 대가들로부터 격찬을 받았다. 2020년 이 축제는 코로나19로 인해 열리지 못했다. 2022년에는 셰익스피어의 〈Hamlet〉, 하이너 뮐러Heiner Müller 작품인 〈Hamlet-machine〉이 민중극장장인 시몽 들레탕Simon Delétang 연출로, 〈Hamlet, à part〉가 로익 코르베리Loïc Corbery 연출로 무대에 올랐다.

브레스트 Brest [Bretagne]

파동의 길이 Longueur d'ondes _1월 29일~2월 2일(제21회, 2025)

@longueur-ondes.fr/

'라디오와 청취 페스티벌Festival de la radio et de l'écoute'이라는 부제가 붙은 이 축제는 라디오와 귀로 듣는 것을 좋아하고, 라디오를 생각하며, 라디오를 만들어내는 사람들을 위해 꼭 필요한 만남의 장이다. 'Longueur d'ondes' 축제는 프랑스 퀼튀르France Culture, 라디오 노바Radio Nova, 프랑스 앵테르France Inter, 아르테 라디오ARTE Radio 등에서 종사하는 라디오계 인물들과의 만남을 주선한다. 또 청취의 시간, 토론과 성찰의 자리를 마련하고, 라디오 다큐멘터리 창작상을 수여하며, 콘서트와 퍼포먼스 공연도 준비한다.

아스트로폴리스 축제 Festival Astropolis _2월 6~9일(겨울), 7월 3~6일(여름)(2025)

일렉트로 음악 방면에서 지금도 열리고 있는 축제로는 프랑스에서 가장 오래된 행사다. 1995년부터 비트 제너레이션beat generation이 만나는 기회로 현재는 테크노, 하

@ra.co/events/2125989

우스, 정글, 더브dub 등을 아우르는 현대음악 축제가 되었다. 축제 때 브레스트 시는 거대한 댄스 플로어로 변하는데, 브레스트 인근의 정원과 숲으로 에워싸인 장소인 마누아르 드 케루알Manoir de Keroual, 브레스트 항구 등이 주요 무대다. 겨울 버전과 여름 버전이 개최되는데, 여름 축제가 열리는 4-5일 동안 1만 명에서 3만 명 사이의 사람들이 찾는다. 2022년에는 브레스트의 10여 개 장소에서 80여 명의 아티스트가 참가한 가운데 5일간 열렸다.

브레스트 유럽단편영화제 Festival européen du film court de Brest _11월 11~16일(제39회, 2025)

1986년에 올리비에 부르베이용Olivier Bourbeillon이 처음 만들어낸 행사로 1987년부터 코트 웨스트Côte Ouest 협회가 주관하고 있다. 매년 11월에 브르타뉴 지방 브레스트 소재 르 카르츠Le Quartz에서 6일간 열린다. 주요 상은 '단편영화 그랑프리Grand prix du film court'. 이 영화제는 프랑스에서 가장 중요한 단편영화제 중 하나로 인식되는데, 입장객 숫자로 따지면 두 번째 큰 행사다. 또 영화제를 통해 선정된 작품들은 노르웨이, 스위스, 아이슬란드, 동유럽 국가들에서 상영된다. 평균 500명의 영화인이 참가하며, 200명의 자원봉사자가 축제를 돕는다.

1992년부터 영화제는 유럽 포함 세계 각 지역에서 제작된 영화들을 대상으로 경쟁 부문을 운영하고 있다. 공식 선정 부문과는 별도로 청소년을 대상으로 주제별 행사들도 열린다. 미켈란젤로 안토니니Michelangelo Antonioni, 마틸다 메이Mathilda May, 마리옹 코티야르Marion Cotillard, 리샤르 보랭제Richard Bohringer, 뱅상 랭동Vincent Lindon, 프랑수아 오종François Ozon 같은 영화인들, 에티엔 다오Étienne Daho 와 옐Yelle 같은 브르타뉴 출신 음악인들이 이 축제를 찾은 바 있다. 아르노 데스플레생Arnaud Desplechin, 세드릭 클라피슈Cédric Klapisch, 장-피에르 죄네Jean-Pierre Jeunet, 프레드 카바예Fred Cavayé, 마티외 카소비츠Mathieu Kassovitz 등은 이 영화제를 통해 먼저 이름을 알린 후 장편영화에 뛰어든 감독들이다.

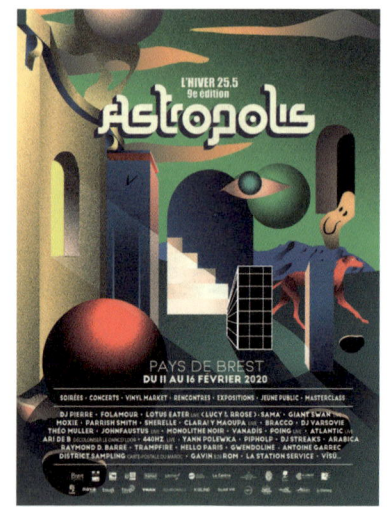

역사

브레스트의 영화감독이었던 올리비에 부르베이용이 파리에서 성공을 거둔 단편영화들을 소개하는 행사를 꿈꾼다. 1984년에 그는 자신이 속한 라라슈쾨르(L'Arrache-Cœur) 그룹과 함께 르 막 오를랑(Le Mac Orlan) 극장에서 단편영화 상영의 밤을 개최했다. 2000년 브르타뉴 시네마테크 관장직에 오르는 질베르 르 트라옹(Gilbert Le Traon)도 1986년 제1회 '브레스트 단편영화제' 콘셉트에 합류한다. 행사는 봄에 열렸으며, 이틀 밤과 사흘 낮에 걸쳐 진행되었다. 5개의 프로그램을 채운 20여 편의 프랑스어권 영화가 르 막 오를랑 극장의 700명 관객 앞에서 선을 보였다. 1987년부터는 갓 만들어진 '코트 웨스트' 협회가 영화제를 주관하게 된다.

경쟁 부문

1989년에 영국까지 대상이 확대되면서 1992년에는 유럽 경쟁 부문이 신설된다. 그리고 1995년부터 매년 유럽의 한 국가나 도시를 지정해 초청하기 시작했다. 그에 따라 독일의 함부르크, 포르투갈의 빌라두콘드(Vila do Conde), 핀란드의 탐페레(Tampere), 폴란드 등이 초대되었다. 1999년부터는 에스트랑 콩쿠르(concours Estran)가 단편 픽션 시나리오를 지원하기 시작한다. 브르타뉴 지방 출신인 니콜라 르 보르뉴(Nicolas Le Borgne), 앙토니 케레(Anthony Quéré), 올리비에 브루되르(Olivier Broudeur), 가엘 네제(Gaël Naizet) 등이 혜택을 받은 감독들이다.

관객

1989년 브르타뉴의 새로운 예술공간이 된 '르 카르츠(Le Quartz)'[후에 '센 나시오날(Scène nationale)'로 개명]는 6,000명의 관객을 맞아들였다. 10주년을 맞이한 1995년에 입장객 숫자는 17,000명을 넘어선다. 2013년에는 청소년 관객만도 14,000명이, 2016년에는 입장객이 28,000명에 달했다. 행사가 열리는 엿새 동안 3만 명이라는 상징적인 숫자를 채우려고 애쓰는 중이다.

브레알수몽포르 Bréal-sous-Montfort [Bretagne]

아서 왕 페스티벌 Festival du Roi Arthur _8월 22~24일(제14회, 2025)

@Sortir en bretagne

8월 마지막 주 금요일과 토요일에 열리는 음악 페스티벌로, 2008년에 탄생했다. 3만 명 수용이 가능하다. 일에빌렌 Ille-et-Vilaine 데파르트망 소재 도시 렌 Rennes 으로부터 남서쪽으로 10여 km 떨어진 브레알수몽포르에서 열린다. 아서 왕 축제협회 AFRA, Association du Festival du Roi Arthur 가 주관한다. 토요일 하루 종일 브레알수몽포르 마을의 중심에서는 '아서 빌리지'가 열리는데, 지역 상인들이 제조한 물품들을 팔고, 중세를 주제로 한 불 내뿜기, 장대발 혹은 죽마, échasses 걷기 행사, 연극, 라 조피트르 La Jaupitre 협회가 마련한 브르타뉴 전통놀이, 콘서트 등의 행사가 열린다. 모든 행사가 무료다.

프로그램은 샹송, 랩, 일렉트로, 록, 레게 등 다양한 스타일의 음악을 혼합한 형태로 채워진다. 전국적으로 유명한 마트마타 Matmatah, 루이 베르티냑 Louis Bertignac, 트리오 Tryo, 미오섹 Miossec, 피에르 페레 Pierre Perret 등의 가수와 국제적으로 이름이 난 패트리스 Patrice, 프리츠 칼크브레너 Fritz Kalkbrenner, 밀키 챈스 Milky Chance 등의 아티스트가 축제를 찾으면서 더욱 유명해졌다. 2017년에 페스티벌을 찾은 인원이 3만 명으로 늘어나면서 프랑스 50대 페스티벌에 진입했다.

브뤼니켈 Bruniquel [Occitanie]

브뤼니켈 성 페스티벌 Festival des Châteaux de Bruniquel _ 8월 1~11일(제28회, 2024)
타른에가론 Tarn-et-Garonne 데파르트망의 아베롱 협곡 Gorges de l'Aveyron 입구 브뤼니켈

에서 열리는 브뤼니켈 성 페스티벌은 1997년부터 시작된 행사로 오페라 부파 opéra-bouffe 장르에 관련된 전문가들을 결집시키는 행사다. 매년 여름 오펜바흐 작품들이 자연환경이 탁월한 성을 배경으로 무대에 오른다. 공연 시간은 2시간 정도. 연도별로 상연된 작품들은 다음과 같다.

〈크로크페르 혹은 마지막 협객(Croquefer ou le Dernier des Paladins)〉(1997, 2002)
〈트롬발카자르(Tromb-al-ca-zar)〉(1998)
〈바타클랑(Ba-ta-clan)〉(1999)
〈마술피리(Le Fifre enchanté)〉(2000)
〈구두 수선공과 재정가(Le Savetier et le Financier)〉(2001)
〈튈리파탕 섬(L'Île de Tulipatan)〉(2003)
〈마드무아젤 무슈롱(Mademoiselle Moucheron)〉(2004)
〈무슈 파고토(Il Signor Fagotto)〉(2005)
〈시장의 숙녀들(Mesdames de la Halle)〉(2006)
〈지옥의 오르페우스(Orphée aux Enfers)〉(2007)
〈토토와 함께한 궁전(Le Château à Toto)〉(2008)
〈게롤스타인의 공작부인(La Grande Duchesse de Gerolstein)〉(2009)
〈푸른 수염(Barbe bleue)〉(2010)
〈아름다운 엘렌(La Belle Hélène)〉(2011)
〈페리콜(La Périchole)〉(2012)
〈파리의 생활(La Vie Parisienne)〉(2013과 2021)
〈주느비에브 드 브라방(Geneviève de Brabant)〉(2018)
〈트레비종드의 공주(La Princesse de Trebizonde)〉(2019)

축제는 2주 동안 오페라, 리사이틀, 카바레 연극, 음악극 등을 무대에 올리며, 공연이 끝나면 성벽 아래에서 아티스트와 관객이 자리를 함께하는 회식 자리가 열린다. 이를 위해 주최 측은 칼비냑 농장 Ferme de Calvignac, 코토 뒤 케르시 Coteaux du Quercy 와인 생산업자 등 지역 농민들과 협력하고 있다.

브리브라가이야르드 Brive-la-Gaillarde [Nouvelle-Aquitaine]

푸아르 그라스 Foires grasses _11월 23일(2024)~3월 1일(2025)

코레즈 Corrèze 데파르트망 브리브라가이야르드에서는 이미 13세기부터 시장이 열리고 있었다. 1970년부터 사람들은 그 시장을 '마르셰 오 그라 marchés au gras'나 '푸아르 그라스 foires grasses'라 부르기 시작했다. 시장에서 상인들은 거위나 오리로 만든 푸아그라를 전시하거나 판매하고, 자신들이 키운 가장 아름다운 거위와 오리들을 팔았다. 장이 열리는 때를 이용해 가장 품질이 뛰어난 제품에 대해서는 시상도 하고 있다.

@www.brive.fr

브리브 국제중편영화제

Festival du cinéma de Brive/Rencontres internationales du moyen métrage _4월 7~12일(제22회, 2025)

길이가 30분에서 60분에 달하는 중편영화들을 선보이는 행사로, 통상 매년 4월에 브리브라가이야르드의 렉스 Rex 영화관 및 도시의 여러 장소에서 진행된다. 중편영화는 여러 대가들이 특별히 선호하는 표현수단이기도 하다. 단편영화를 대상으로 하는 영화제가 20여 년 전부터 많아지고 있지만, 중편영화에 대한 관심의 증가는 최근의 일이다. 작가들이 자신의 연출기법을 보여주고, 보다 개인적인 방식으로 내러티브를 풀어나가면서 새로운 주제에 접

festivalcinemabrive.fr

근하며, 등장인물들을 심화시키기에 좋은 수단으로 생각하고 있기 때문이다. 이 장르를 대상으로 한 유럽 유일의 영화제이기도 하다.

2004년에 카텔 킬레베레Katell Quillévéré와 세바스티앙 바일리Sébastien Bailly가 처음 만들었으며, 브리브라가이야르드 시, 누벨아키텐Nouvelle-Aquitaine 레지옹, 코레즈Corrèze 데파르트망, CNC국립영화센터를 비롯한 여러 단체와 기관이 지원하고 있다. 100여 편의 영화 상영, 최근 제작된 프랑스어권 영화들을 대상으로 한 시상, 테마별 행사, 오마주, 학교들을 대상으로 한 영화 편성, 대담, 시네콘서트, 영화인과 관객들의 만남 등이 프로그램을 채운다. 선정된 주제들로는 청소년, 음악영화, 움직이는 사진, 배우가 되어보기, 뷔를레스크 영화, 에로 영화, 루마니아 청년영화, 북유럽 영화, 현대 무용, 일본 만화, 독일 청년영화 등이 있었다. 또 영화제 시작부터 함께한 시네콘서트는 야외에서 열리는데, 영화와 음악을 매치시키는 방식을 띠고 있다.

브리브 페스티벌 Brive Festival _7월 17~20일(제21회, 2025)

브리브 페스티벌은 시간이 흐르며 중요한 음악 행사로 자리를 잡고 있다. 예술적인 동시에 대중적인 프로그램, 화기애애한 분위기, 뜨겁고도 가족적인 열기를 자랑한다. 또 랩 콘서트가 벌어지는 공간에서 아이들이 모래놀이를 할 수 있는 유일한 행사이기도 하다. 17년 동안에 50여 명의 유명 아티스트들이 무대에 섰다. 2019년에는 소프라노Soprano, 파트릭 브뤼엘Patrick Bruel, -M-, 메트르 짐스Maitre Gims, 레 네그레스 베르트Les Négresses vertes, 제니퍼Jenifer 등 정상급 뮤지션들이 이 축제를 찾았다. 7월 23일 목요일부터 26일 일요일까지 개최 예정이었으나 코로나19로 인해 취소된 2020년에도 장-루이 오베르Jean-Louis Aubert, 엠 포코라M. Pokora, 비타 에 슬리만Vitaa et Slimane, 야니크 노아Yannick Noah,

크리스토프 마에Christophe Maé, 카트린 랭제Catherine Ringer 등의 정상급 아티스트들이 공연을 가질 예정이었다.

브리삭 Brissac [Pays de la Loire]

유럽 열기구 챔피언십 Championnat d'Europe de montgolfières _8월 23~24일(2024)

약 120개의 열기구가 브리삭 성Château de Brissac 정원을 떠나 앙제Angers 전원田園, 포도밭과 루아르Loire 의 하늘로 올라가는 행사. '몽골피아드Montgolfiade'로도 불린다. 유럽 전역에서 찾아온 80개 이상의 팀이 10여 개로 나뉜 여러 경기에 참가하는데, 기상 조건을 고려해 열기구의 비상은 아침 일찍 혹은 저녁에 주로 이루어진다. 열기구 시합 이외에도 모두에게 개방된 열기구 타기 같은 이벤트도 있다. 25,000명 정도가 축제를 찾고 있다.

@facebook.com/CEMontgolfieres

브장송 Besançon [Bourgogne-Franche-Comté]

브장송 프랑슈콩테 국제음악제
Festival international de musique de Besançon Franche-Comté _9월 13~22일(제77회, 2024)

프랑스에서 가장 오래된 클래식 음악제 중 하나인 브장송 프랑슈콩테 국제음악제는 라 셰즈디외 음악제Festival de musique de La Chaise-Dieu, 생드니 음악제Festival de musique

@francetvpro.fr

de Saint-Denis 와 더불어 프랑스에서 중요한 교향악 축제 가운데 하나다. 1948년 콩세르 콜론 오케스트라 Orchestre des Concerts Colonne 의 지휘자였던 가스통 풀레 Gaston Poulet 의 주도하에 브장송에서 처음 열렸으며, 그 후 매년 9월에 개최되고 있다. 교향악, 실내음악, 리사이틀에 할애된 축제이기는 하지만 교향곡들이 축제의 이름을 알리는 데 가장 크게 기여했다. 앙드레 클뤼탕스 André Cluytens, 카를 슈리히트 Carl Schuricht, 빌헬름 푸르트뱅글러 Wilhelm Furtwängler, 이고르 마르케비치 Igor Markevitch, 라파엘 쿠벨릭 Rafael Kubelík, 조르주 프레트르 Georges Prêtre, 로린 마젤 Lorin Maazel, 샤를 뒤투아 Charles Dutoit 등 지휘를 맡은 인물들도 더없이 화려하다. 축제는 2년마다 열리는 국제청년지휘자선발대회 Concours international de jeunes chefs d'orchestre 제58회, 2022 덕분에 더욱 유명해졌는데, 24세 나이의 일본 지휘자 오자와 세이지 Seiji Ozawa 가 이 대회에서 대상을 받기도 했다. 열흘에 걸쳐 약 18,000명의 관객을 수용한다.

아프리카의 빛 Lumières d'Afrique – Festival de films africains _11월 2~10일(제24회, 2024)

뤼미에르 형제 frères Lumière 와 빅토르 위고 Victor Hugo 가 태어난 도시인 브장송에서 1996년부터 매년 열리고 있는 영화제. 자원봉사자들과 아프리카문화예술진흥협회 APACA, Association pour la Promotion des Arts et des Cultures d'Afrique 의 주도로 진행된다. 애당초 아프리카와 관련을 맺고 있는 여러 단체와 아프리카 출신자들이 만든 협회들이 힘을 합치면서 생겨났는데, 2003년부터 '아프리카의 빛 Lumières d'Afrique'이란 이름을 내세우고 있다.

5개 세션에서 픽션 장편영화, 픽션 단편영화, 다큐멘터리를 대상으로 3개 경쟁 부문을 운영하며, 젊은이들을 대상으로 영화, 연극, 만남의 장을 마련한 '아프리몸 Afrimômes', 브장송 아마추어 사진작가들이 여는 '아프리카의 시선 Vues d'Afrique' 전시회, 다큐 콘서트 Docu Concert의 밤 등을 부대행사로 열고 있다. 매 상영이 끝나면 영화가 배경으로 삼은 국가 출신자가 자기 나라를 소개하며, 작품에 대한 설명을 덧붙이고 토론회를 연다. 〈자리의 포기 Abandon de poste〉 같이 주목받지 못한 영화들을 알리는 역할도 담당하고 있다.

브줄 Vesoul [Bourgogne-Franche-Comté]

국제아시아영화제 Festival international des cinémas d'Asie _2월 11~18일(제31회, 2025)

브줄 국제아시아영화제 FICA : Festival international des cinémas d'Asie 는 1995년에 브줄 국제아시아영화제협회 Association du Festival International des Cinémas d'Asie de Vesoul 가 처음 만든 후 매년 오트손 Haute-Saône 데파르트망 브줄에서 8일에 걸쳐 열리고 있는 영화제다. 대상은 '황금자전거상 Cyclo d'or'. 프랑스 10대 영화행사 중 하나로 꼽히고 있으며, 영화제마다 3만 명 이상의 관객을 끌어들이고 있다. 소개되는 영화 숫자는 90편 이상. 유럽에서 열리는 그 어떤 아시아 영화제보다 더 역사가 길고 중요한 이 영화제는 중동에서부터 극동에 이르는 아시아 대륙 전체 영화를 대상으로 하는 유일한 행사다.

▮역사

초창기에 영화제는 12편의 영화를 상영했고, 참가자도 1,500명에 불과했다. 그 후 FICA는 규모가 점차 커지면서 2010년에는 100여 편의 영화를 상영하고 30,000명 이상의 관객을 끌어들인다. 20년 동안에 이 영화제를 찾은 사람만도 400,000명, 소개된 영화들도 1,200편 이상에 달한다. 또 초기에 3–4일 정도 열리던 행사는 현재 8일에 걸쳐 열리고 있다. 1995년에서 2015년 사이에 이 영화제를 통해 수상한 아시아 영화감독 숫자도 700명 정도에 달한다.

▮프로그램

매년 영화제를 통해 90편 정도의 영화가 소개되는데, 영화들은 8개 세션으로 나뉘어 상영된다. '현대아시아영화의 얼굴들(Visages des cinémas d'Asie contemporains)' 세션은 전세계, 유럽 혹은 프랑스에서 처음 선보이는 영화를 상영하는 행사다. 주제별 세션(section thématique)의 주제는 매년 바뀐다. 영화인에게 바치는 하나 혹은 여럿의 오마주, 한 국가의 영화들을 조명하는 세션, '청년 관객(jeune public)' 세션, '다큐멘터리(documentaires) 세션, 시사회(avant-premières) 세션, 아시아 애니메이션 세션 등이 그 나머지들이다. 픽션 장편과 다큐멘터리를 포함해 경쟁 부문에 진출하는 영화들은 총 17편이다.

▮상영 장소

1995년부터 2005년까지 영화 상영은 브줄 남쪽의 작은 영화관인 시네마 클럽(Cinema Club)에서 이루어졌다. 그곳의 스크린은 몇 개에 불과했다. 2005년 이후부터는 마제스틱(Majestic-Espace des Lumières)에서 열리고 있는데, 총 10개 스크린, 좌석 수가 1,893석에 달하는 거대한 멀티플렉스 영화관이다.

▮상 종류

영화제 기간 동안 총 12개의 상이 시상되는데, 상 종류로는 국제심사위원단상, 부르고뉴프랑슈콩테 도의회가 수여하는 황금자전거상(Cyclo d'Or), 심사위원대상(Grand prix du jury), 심사위원상, 심사위원특별상 외에 NETPAC(Network for the Promotion of Asian Cinema) 심사위원상, NETPAC상, NETPAC 특별상, 언론심사위원단상, 비평가상, 비평가특별상, 에밀 기메(Émile Guimet)상, INALCO상 등이 있다.

행사 연혁

횟수	개최년도	날짜	상영 영화 편수	관객 숫자
제1회	1995	1995년 4월 19–23일	12편	1,500명
제2회	1996	1996년 3월 27–31일	13편	1,800명
제3회	1997	1997년 3월 19–23일	14편	2,600명
제4회	1998	1998년 3월 18–22일	18편	3,500명
제5회	1999	1999년 3월 2–9일	26편	6,400명
제6회	2000	2000년 3월 7–14일	40편	8,200명
제7회	2001	2001년 2월 6–13일	49편	9,354명
제8회	2002	2002년 2월 19–26일	60편	11,731명
제9회	2003	2003년 2월 4–11일	60편	13,200명
제10회	2004	2004년 2월 10–17일	70편	15,200명
제11회	2005	2005년 2월 22–3월 1일	70편	16,000명
제12회	2006	2006년 1월 31–2월 7일	72편	20,815명
제13회	2007	2007년 2월 13–20일	70편	23,120명
제14회	2008	2008년 1월 29–2월 5일	73편	24,000명
제15회	2009	2009년 2월 10–17일	75편	26,000명
제16회	2010	2010년 1월 26–2월 2일	80편	26,000명
제17회	2011	2011년 2월 8–16일	90편	
제18회	2012	2012년 2월 14–21일	90편	
제19회	2013	2013년 2월 5–12일	90편	27,000명
제20회	2014	2014년 2월 11–18일	100편	30,000명
제21회	2015	2015년 2월 10–18일	90편	30,000명
제22회	2016	2016년 2월 3–10일	90편	30,000명
제23회	2017	2017년 2월 7–14일	90편	31,000명
제24회	2018	2018년 1월 30일–2월 6일	90편	32,500명
제25회	2019	2019년 2월 5–12일	90편	32,700명
제26회	2020	2020년 2월 11–18일	90편	32,500명
제27회		코로나19로 인해 행사 취소		
제28회	2022	2022년 2월 1–8일	84편	21,000명
제29회	2023	2023년 2월 28일–3월 7일	85편	
제30회	2024	2024년 2월 6–13일		28,758명
제31회	2025	2025년 2월 11–18일		

주제, 오마주, 시선

1996년 : 아시아 여성(Femmes d'Asie)
1997년 : 전쟁과 평화(Guerre et Paix)
1998년 : 웃음과 미소(Rire et sourire)
1999년 : 아시아 어린이들(Enfants d'Asie), 임권택(Im Kwon-taek) 감독 오마주
2000년 : 신앙과 미신(Croyances et superstitions), 튀르키예 영화에 대한 시선(Regard sur le cinéma turc)
2001년 : 예술과 예술가들(Arts et Artistes), 요시다 키주(Yoshida Kiju) 감독 오마주, 이란 영화에 대한 시선(Regard sur le cinéma iranien)
2002년 : 여기와 저기(Ici et Là-bas), 사티아지트 레이(Satyajit Ray) 감독 오마주, 베트남 영화에 대한 시선(Regard sur le cinéma vietnamien)
2003년 : 반항과 혁명들(Révoltes et Révolutions), 첸 카이거(Chen Kaige) 감독 오마주, 인도 영화에 대한 시선(Regard sur le cinéma indien)
2004년 : 사랑과 열정(Amour et Passion), 중국 영화에 대한 시선(Regard sur le cinéma chinois), 10년 10번의 사랑(Dix ans, dix coup de cœur)
2005년 : 태어남과 차이(Naître et être différent), 이두용(Lee Doo-yong) 감독 오마주, 에자톨라 엔테자미(Ezzatollah Entezami) 감독 오마주
2006년 : 여성의 시선들(Regards de femmes), 허우 샤오시엔(Hou Hsiao-hsien) 감독 오마주, 우즈베키스탄 영화에 대한 시선(Regard sur le cinéma ouzbek)
2007년 : 금기와 터부(Interdits et tabous), 이마무라 쇼헤이(Imamura Shohei) 감독 오마주, 인도(1947-2007), 60년간의 독립(Inde, 1947-2007, 60 ans d'indépendance)
2008년 : 아시아의 도시들(Villes d'Asie), 스탠리 콴(Stanley Kwan) 감독 오마주, 프랑스-일본 수교 150주년(150e anniversaire France-Japon), 타지키스탄 영화에 대한 시선(Regard sur le cinéma tadjik)
2009년 : 눈을 채우다!(Plein les yeux!), 마클마바프 필름 하우스(Makhlmalbaf Film House)에 대한 오마주, 아시아의 불어권 : 레바논 여류감독들(Francophonie d'Asie : les réalisatrices libanaises)
2010년 : 인간과 자연(L'Homme et la nature), 외메르 카부르(Ömer Kavur) 감독의 전 작품에 대한 오마주, 대만 영화에 대한 시선(Regard sur le cinéma taïwanais)
2011년 : 아시아의 가족들(Familles d'Asie), 한국 영화에 대한 시선(Regard sur le cinéma coréen), 아시아의 불어권 : 캄보디아(Francophonie d'Asie : Cambodge)
2012년 : 역사의 상처들(Les Brûlures de l'Histoire), 고레에다 히로카주(Kore-eda Hirokazu) 감독 전 작품에 대한 회고전, 카자흐스탄 영화에 대한 시선(Regard sur le cinéma kazakh), 아시아의 불어권 : 트란 안 훙(Francophonie d'Asie : Tran Anh Hung)
2013년 : 아시아로 가는 길 위에서(Sur les routes d'Asie), 장국영(Leslie Cheung) 배우 오마주, 인도네시아 영화에 대한 시선(Regard sur le cinéma indonésien), 인도 영화 100주년(Centenaire du cinéma indien), 아시아의 불어권 : 아르메니아(Francophonie d'Asie : l'Arménie)
2014년 : 방년 20세(Avoir 20 ans), 20년 백지 위임장(Carte blanche de nos 20 ans), 필리핀 영화에 대한

시선(Regard sur le cinéma philippin), 아시아의 불어권 : 베트남(Francophonie d'Asie : le Vietnam)

2015년 : 숨을 헐떡거리기(Tenir en haleine), 중국 영화에 대한 시선(Regard sur le cinéma chinois), 이란 독립영화에 대한 시선(Regard sur le cinéma iranien indépendant), 아시아의 불어권 : 라오스 (Francophonie d'Asie : le Laos)

2016년 : 동양과 서양 사이(Entre l'Orient et l'Occident), 에란 리클리스(Eran Riklis) 감독 오마주, 한국 : 문학과 영화(Corée : littérature et cinéma), 태국 영화의 잊혀진 거장들(Les Maîtres oubliés du cinéma thaïlandais)

2017년 : 아시아의 전원(Campagnes d'Asie), 일본의 식탁(Le Japon se met à table), 스리랑카 영화의 거장들(Maîtres du cinéma sri lankais), 조지아 영화에 대한 시선(Regard sur le cinéma géorgien)

2018년 : 여성의 발언들(Paroles de femmes), 몽골 영화에 대한 시선(Regard sur le cinéma de Mongolie), 모하마드 말라스에 대한 오마주(Hommage à Mohamad Malas), 왕 샤오슈아이(Wang Xiaoshuai)에 대한 오마주

2019년 : 아시아의 커플들(Couples d'Asie), 25주년 백지 위임장(Carte blanche de nos 25 ans), 히암 압바스(Hiam Abbass)에 대한 오마주, 자포니즘(Japonismes)

2020년 : 자유, 평등, 창조성(Liberté, Egalité, Créativité), 로니트 엘카베츠(Ronit Elkabetz)에 대한 오마주, 티베트 영화에 대한 시선(Regard sur le cinéma tibétain), 일본에서의 셰익스피어 (Shakespeare au Japon)

2022년 : 백그라운드의 역사(L'Histoire en toile de fond)

2023년 : 아시아 디아스포라의 영화들(Cinémas des diasporas asiatiques)

블라이 Blaye [Nouvelle-Aquitaine]

와인의 봄 Printemps des vins _4월 12~13일(제29회, 2025)

블라이 코트 드 보르도 Blaye Côtes de Bordeaux 와인을 생산하는 80여 명의 포도 재배자가 유네스코 세계문화유산에 등재된 블라이 성채 Citadelle de Blaye 에서 만나는 자리다. 보르도 와인을 대상으로 하는 행사 중에

@Infosbar

서는 짝수 연도에 열리는 비엔날레인 'Bordeaux Fête le vin' 다음으로 큰 이벤트다. 크뤼 crus 와인을 시음하는 아틀리에, 요리 강습, 지역 생산물 시식, 와인 마시는 법 강

좌, 성채 도슨트 투어, 하구 산책, 클로 드 레쇼게트Clos de l'Échauguette 방문 등 프로그램이 풍부하다. 1만 명 이상이 축제를 찾는다.

블루아 Blois [Centre-Val de Loire]

역사 축제 Rendez-vous de l'Histoire _10월 8~12일(제28회, 2025)

@rdv-histoire.com

전시회, 도서전, 영화 상영, 콘퍼런스, 문학 카페, 역사를 주제로 한 토론회 등의 행사가 열린다. 축제가 열릴 때 역사를 다룬 콘서트와 공연들도 열리기에 블루아 전체가 역사를 즐기는 축제다. 행사의 목적은 역사가들이 매년 모여서 자신의 사고방식과 업적을 발표하고, 관점을 비교할 수 있는 특별한 만남의 장소를 만들어 연구와 역사적 지식의 발전에 기여하는 것이다. 또한 참가자는 스스로 배우고 즐길 수 있는 무언가도 찾아야 하기에 '역사 축제'는 역사가와 일반 대중이 교류, 토론, 오락을 즐길 수 있는 독특하고 특권적인 장소가 되는 것을 목표로 삼고 있다. 또 이 축제는 역사에 대해 매일 글을 쓰고 논평하는 사람들을 만날 수 있는 멋진 기회이기도 하다. 2024년 행사의 주제는 '도시La Ville', 2025년의 주제는 '프랑스?La France?'다.

저명인사들로 구성된 학술위원회는 축제의 일관성과 엄격성을 보장한다. 매년 행사의 토론과 컨퍼런스를 이끌어갈 일반적인 주제를 선택하는데, 주제는 통일적이어야 하고, 역사의 모든 시기에 관련을 맺어야 하며, 연구자나 교사의 관심을 불러일으키는 동시에 일반 대중의 관심을 끌어야 한다.

역사포럼 Forum de l'histoire 의 목적은 진정한 민주적 접근 방식을 통해 최신 역사 지식을 모든 사람이 접근할 수 있도록 하는 것이다. 따라서 이 행사는 과거의 관점에서 현재를 조명하고, 사회적, 문화적 정체성을 구조화하는 역사적 기억의 구성을 이해하기 위한 영구적인 필요성에 부응하고 있다.

축제는 전적으로 역사에 할애된 거대한 역사 전문 서점이기도 하다. 200개 이상의 출판사가 참가하기에 역사 서적에 대한 최신 소식과 풍부한 출판물을 발견할 수 있다. 전기에서 역사 소설, 멀티미디어에서 고서, 고대에 이르기까지 종류는 아주 다양하며, 현대사부터 지역사, 국제사까지 모든 역사와 모든 과목이 소개된다. 자신의 책에 사인하고 독자를 만나러 오는 역사가만도 3백 명이 넘는다.

겨울의 리라 Des Lyres d'hiver _ 12월 2일(2023)~1월 7일(2024)

@Blois Chambord

루아르에셰르 Loir-et-Cher 데파르트망 소재 블루아에서 연말부터 새해 초까지 열리는 연례 행사. 연말을 경축하기 위해 블루아 시는 100개 이상의 무료 행사를 제공한다. 공연, 거리극, 콘서트, 썰매 타기, 레퓌블리크 광장 Place République 에서의 스케이팅, 팡파르, 합창 등 모든 연령층을 만족시킬 수 있는 행사들이 프로그램을 풍성하게 한다. 극적인 순간으로는 롤탕기 광장 Place Rol-Tanguy 에서 축제의 시작을 알릴 때, 블루아 시에 조명이 들어올 때, 드니파팽 Denis-Papin 계단 아래에서의 피날레 등이 꼽힌다.

비닉 Binic [Bretagne]

대구 축제 La Morue en fête _5월 9~12일(2024)

@golfedumorbihan56.com

19세기 원양어업의 역사와 분위기를 되살리는 코트다르모르Côtes-d'Armor 데파르트망의 축제. 이 시기에 거의 2천 명의 뱃사람이 대구를 잡기 위해 프랑스령 테르뇌브Terre-Neuve까지 진출할 정도였다. 4일간 비닉 마을은 바다 관련 행사와 음악으로 채워진다. 범선들의 퍼레이드, 해양 전시회, 갑판 작업 시범, 공연, 수공예 시장, 불꽃놀이, 콘서트 등 다채로운 행사가 열린다. 이 축제는 대구를 요리하는 다양한 방식을 익히는 기회이기도 하다. 2022년에는 노르망디 레지옹의 코뮌 공동체인 '그랑빌 테르 에 메르Granville Terre et Mer'가 초대되었다.

비롱 성 Château de Biron [Nouvelle-Aquigtaine]

레 빌레지아튀르 Les Villégiatures _7월 17~19일, 8월 21~23일(제5회, 2024)

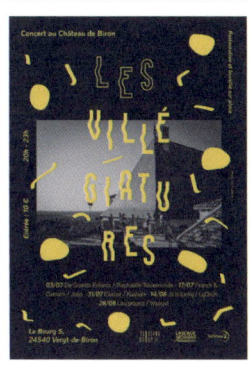

2024년 7월과 8월에 총 여섯 차례에 걸쳐 1천 년 역사를 자랑하는 비롱 성에서 야간 행사가 열렸다. 누벨아키텐 지역의 문화유산인 비롱 성의 아름다움을 부각시키고 동시대의 예술 프로젝트와의 공감을 시도하려는 이 행사는 재능이 뛰어난 아티스트들을 초청해 콘서트를 열던 것을 넘어서서 다양한 문화행사를 열기 시작했다. 2023년부터는 여러 국적의 10여 개 팀이 공연하며 세계의 다양한 음악을 들려주고 있다. 4백 명 수용이 가능하며, 공유의 정신을 내세운다. 2024년에도 두 차례로 나뉜 일정에 따라 진행되었다. 2024년의 주제는 '여행'.

비무티에 Vimoutiers [Normandie]

사과 장터 Foire de la pomme _10월 19~20일(제81회, 2024)

오른 Orne 데파르트망 비무티에 마을에서 열리는 사과 축제. 지역의 산물과 수공예품을 홍보하는 목적에서 마련된 행사다. 사과나무로 유명한 마을 비무티에는 과수원예와 관련된 전시회, 애플파이와 시드르 콩쿠르, 능금주로 만든 제품 시식, 지역 산

@keldelice.com

물 시장, 민속 공연 등으로 프로그램을 채우면서 사과를 기린다. 매년 10월 개최되며, 다양한 종류의 사과를 만나볼 수 있다. 사과가 지구상에 처음 등장한 시기는 6천만 년 전으로 추정되는데, 식용이 가능한 사과나무는 코카서스 남쪽에서 생겨난 후 중앙아시아 사람들이 서쪽으로 이동하면서 유럽에 유입된 것으로 알려져 있다. 전 세계에는 대략 7천 가지 종류의 사과 품종이 있다.

비시 Vichy [Auvergne-Rhône-Alpes]

비시가 나폴레옹 3세를 경축하다 Vichy fête Napoléon III _6월 13~15일(제17회, 2025)

제2제정 Second Empire 시대로 여행을 떠나는 축제. 2008년부터 황제가 자신의 이름을 남긴 앵페리알 공원 Parc impérial [다른 이름은 '나폴레옹 3세 공원 Parc Napoléon III]에서 열리고 있다. 제2제정 분위기를 만들어내기 위해 2백 명 이상이 당시 의상을 입

@allier-hotels-restaurants.com

고 출연한다. 콘퍼런스, 춤과 음악, 사륜마차를 곁들인 시가행진, 황제의 군사 주둔지, 음악을 곁들인 만찬 등 다채로운 행사가 '군사 Militaires', '부르주아 Bourgeois', '장인 Artisans', '식도락 Gourmand', '아이들 Enfants', '기사騎士 Cavaliers'라는 6개 주제별 구역에서 열린다. 2024년에는 '제2제정 시대의 패션, 레저, 스포츠 Mode, loisirs et sports sous le Second Empire'라는 전시회도 열렸다. 입장은 무료. 상공회의소에서는 무도회가 열렸다.

비아리츠 Biarritz [Nouvelle-Aquitaine]

비 하리즈 라우 쏘리 Bi Harriz Lau Xori _3월 19~22일(2024)

바스크 문화와 언어의 풍요로움을 대상으로 하는 축제. 바스크 음악과 노래와 춤, 영화와 연극을 통해 바스크 지역에서 생산하는 다양한 문화의 양상을 보여주는 이 축제는 프랑스 국내외 여러 지역 문화 또한 소개하고 있다. 바스크 지역의 문화유산과 언어에 대한 콘퍼런스도 축제 기간에 열고 있다. 바스크 문화연구소 Institut culturel basque 와 협력하여 6일간 진행되는 이 축제에서는 바스크 쪽 창작의 다양한 트렌드를 맛볼 수 있다.

거리예술축제 FAR, Festival des arts de la rue _6월 8~10일(2019)

거리극에 할애된 축제. 50여 개의 공연단체가 우스꽝스러운 안무, 저글링, 어릿광대 등의 공연으로 비아리츠 거리들을 가득 메운다. 그중 20여 개의 공연은 야외에서 열린다. 음악가, 배우, 시인, 저글링하는 광대, 마리오네트 인형 조종사, 무용수들이 거리, 광장, 공원에서 열리는 공연들에 참여하며, 도시는 거대한 무대로 변한다.

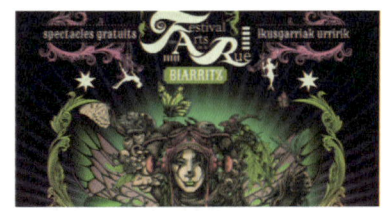

비엔 Vienne [Auvergne-Rhône-Alpes]

비엔 재즈 페스티벌 Jazz à Vienne _6월 26일~7월 11일(제44회, 2025)

1981년에 시작된 이제르 Isère 데파르트망 비엔에서 열리는 음악제로 프랑스 최대의 재즈 페스티벌 중 하나다. 콘서트는 갈로로마시대 극장에서 열리는 반면, '오프 Off' 페스티벌은 도심의 거리들에서 열린다. 페스티벌을 마무리하는 행사인 'Jazz Mix Night'은 '혼성'과 '리듬'을 콘셉트로 한 축제의 성격을 집약하고 있다. 블루스, 가스펠, 힙합, 소울, 펑크, 에스닉 등 타 장르도 수용한다. 축제의 상징적 장소는 1세기에 건축된 고대극장 Théâtre Antique 인데, 매년 20만 명 이상의 인파가 고대극장을 위시한 4개 무대에 오르는 1천 명의 아티스트들을 찾고 있다. 250개의 공연 중 200개는 무료 공연이다.

빌립트 Villerupt [Grand-Est]

이탈리아 영화제 Festival du film italien _10월 24일~11월 11일(제47회, 2025)

1976년부터 빌립트 시가 이탈리아의 사회 문제, 산업화 과정, 노동계의 변화, 대중들

@https://festival-villerupt.com/

의 생각 등을 영화로 소개하고 있다. 일부 영화들은 시사회 성격을 띤다. 영화 상영 외에도 전시회, 학술행사, 연극, 콘서트, 식도락 서비스 등이 부대행사로 열린다. 이탈리아 영화의 어제와 오늘, 그리고 이탈리아인들에게 경의를 표하는 축제다. 영화제 프로그램은 경쟁 부문, 파노라마, 회고전, 오마주 및 다큐멘터리 등 5개 파트로 나뉜다. 로렌Lorraine 지방을 대표하는 20대 축제 중 하나로 인정받고 있다.

빌뇌브다스크 Villeneuve-d'Ascq [Hauts-de-France]

마녀 축제 Fête de la sorcière _ 10월 12~13일(제15회, 2024)

@enm.lillemetropole.fr/

빌뇌브다스크 야외박물관 Musée de Plein Air de Villeneuve-d'Ascq 의 '공식' 마녀인 '조에 Zoé'를 기리는 축제다. 길드 돌 흐로크르 Guilde Dol Hrokr 협회와의 협력하에 기이하고도 환상적인 형태의 피조물들, 무희들, 마리오네트와 마녀들이 축제를 찾는 사람들에게 놀라운 프로그램을 선물한다. 중세 야영지, 연극, 퍼포먼스, 아틀리에, 이벤트 행사 등이 주말 내내 이어진다. 조에가 만들어진 지 10주년을 기념하는 2019년에는 20시부터 23시까지 비디오 매핑 기법을 동원한 볼거리를 제공하기도 했다. 축제에는 마리오네트, 마술 공연, 중세의 포크 음악 연주, 저글링, 불 공연 등 상상력을 채워주는 온갖 풍경들이 등장한다. 또 아이와 어른들은 마녀와 관련된 오브제들을 직접 제작해볼 수 있다. 토요일에는 10시부터 23시까지, 일요일에는 10시부터 19시까지 행사가 진행된다.

빌프랑슈쉬르손 Villefranche-sur-Saône [Auvergne-Rhône-Alpes]

보졸레의 새로운 목소리 Nouvelles Voix en Beaujolais _10월 8~19일(제20회, 2024)

@festivalsrock.com

빌프랑슈 극장 Théâtre de Villefranche 과 빌프랑슈 보졸레 광역권, 알랭 모로 Alain Moreau 가 힘을 합쳐 2005년에 처음 만들어낸 축제로 대중음악의 최근 장르를 모두 다루고 있다. 18년 사이에 지역의 주요 축제로 성장했다. 리옹 북쪽으로 30km 떨어진 지역에 소재한 650석의 극장은 시즌에 따라 연극, 음악, 서커스, 무용 등 50여 개의 공연을 무대에 올리는데, '보졸레의 새로운 목소리' 축제도 그 프로그램의 일환이다. 2020년 행사는 코로나19로 인해 취소되었다.

사르텐 Sartène [Corse]

사르텐 카테나치우 Catenacciu à Sartène _4월 18일(2025), 4월 3일(2026)

@Corse Matin

작가 메리메 Mérimée 에 따르면 '코르시카에서 가장 코르시카적인 la plus Corse des villes corses' 중세도시가 사르텐이다. 성금요일 저녁 이 도시에서는 코르시카에서 가장 오래된 전통을 지닌 '카테나치우 야간 순례 행진 procession nocturne du Catenacciu'이 열린다. 카테나치우 '사슬에 묶인' 속죄자 순례 행진은 골고다 언덕으로 올라가는 그리스도의 수난을 재현하는 행사로, 예수 모습을 한 '위대하신 속죄자 grand Pénitent'는 30kg 무게의 십자가를 메고 발에는 15kg의 사슬을 단다. 속죄자는 그리스도가 그랬던 것처럼 정해진 장소에서 3번 넘어지며 다시 일어난다. 그럴 때마다 다른 속죄자의 도움을 받는다. 그들 뒤로는 튜닉을 입고 검은 두건을 걸친 8명의 속죄자가 뒤따르는데 모두 맨발을 하고 있다. 마지막으로 군중들이 그들 뒤를 따르면서 찬송한다. 종교 행사는 2-3시간 동안 진행되는데, 분위기는 무거운 동시에 매혹적이다. 비록 이 행사가 오늘날 일부 사람들에게는 오락처럼 느껴지지만, 예수 고난의 의미에 대해 생각해볼 수 있는 기회이기도 하다.

사를라라카네다 Sarlat-la-Canéda [Nouvelle-Aquitaine]

송로버섯 축제 Fête de la truffe _1월 18~19일(2025)

페리고르 누아르 Périgord Noir 송로버섯 생산자그룹 Groupement des Producteurs de Truffes 과 사를라 시의 주도로 프랑스 중서부 도르도뉴 Dordogne 지방의 사를라라카네다에서 매년 열리는 축제. 페리고르 Périgord 지방의 '검은 다이아몬드 diamants noirs'인 송로버섯을 부각시키는 것이 목적이다. 수천 명의 방문객이 송로버섯을 이용한 이벤트와 시식, 송로버섯 찾는 방법을 배우는 강습 등을 즐기러 꿀 색깔의 이 도시를 찾고 있다. 시장에서 신선한 송로버섯을 맛볼 수도

@Dordogne Périgord Tourisme

있고, 생산자들과 대화를 나눌 수 있으며, 도서와 송로버섯 나무 등 송로버섯을 대상으로 한 다양한 부가제품들을 구매할 수 있다.

축제가 열릴 때면 일반인들을 대상으로 한 많은 강좌도 열리는데, 송로버섯의 다양한 효능, 송로버섯 식별하기, 송로버섯 구매하는 법 등 다양한 주제가 취급된다. 대성당 뜰인 페루 광장 Place du Peyrou 에서는 임시로 만든 송로버섯 밭에서 훈련된 개가 버섯을 찾아내는 시범을 하루에 두 차례 보여준다. 사를라의 유명 요리사들은 송로버섯을 넣어 만든 요리인 '크루스투스 Croustous'와 푸아그라 요리 강습 기회를 제공한다. 이 축제를 통해 푸아그라 및 송로버섯 요리학교 Académie Culinaire du Foie gras et de la Truffe 가 생겨났다.

페스투아 Fest'Oie _3월 1~2일(2025)

푸아그라 축제. 좋아하든 좋아하지 않든 푸아그라는 특히 프랑스 남서부 지방 요리의 일부를 이루고 있다. 도르도뉴 Dordogne 지방의 사를라라카네다에서는 3월 초에 시장, 요리 전시, 콘서트를 통해 푸아그라를 경축하는 행사를 열고 있다. 피크 타임은 대규모 인원이 함께하는 식사인데, 8백 명 정도가 참가한다. 푸아그라 외에도 전통적인 거위 요리, 페리고르 지방식으로 만든 거위 수프가 모두에게 제공된다.

@dordogne-perigord-tourisme.fr

사를라 죄 드 테아트르 페스티벌 Festival des Jeux du Théâtre de Sarlat
_7월 20일~8월 5일(제72회, 2024)

7월 중순부터 8월 초까지 도르도뉴Dordogne 데파르트망의 사를라라카네다에서 열리는 연극제. 1952년부터 열리고 있다. 리베르테 광장[Place de la Liberté, 옛 '플라스 루아얄Place Royale'], 앙푀 정원Jardin des Enfeus, 생트 클레르 수도원Abbaye Sainte-Claire, 플랑티에 정원Jardin du Plantier 등 중세도시 사를라의 주요 공간들에서 모든 공연이 야외 행사로 진행된다. 매년 프로그램은 프랑스와 외국의 고전 작품과 현대적인 해석을 뒤섞는다. 1996년부터 예술감독은 배우인 장-폴 트리부Jean-Paul Tribout가 맡고 있다.

아키텐 지역에서 열리는 가장 큰 축제이며, 프랑스를 통틀어 아비뇽 축제 다음으로 역사가 오래된 행사다. 2019년에는 여러 장소에서 열리는 연극들을 총 5,700명의 유료 관객이 찾았다. 2021년에는 18개의 연극이 무대에 올랐고, 그 외에도 낭독회, 아티스트, 배우, 작가, 연출가가 관객과 만나는 자리가 준비되었다.

상세 Sanxay [Nouvelle-Aquitaine]

상세 성악의 밤 Soirées lyriques de Sanxay _8월 9, 11, 13일(제25회, 2025)

@86.agendaculturel.fr

상세에 소재한 갈로로마시대 고대극장에서 열리는 축제로 2000년에 탄생했다. '젊은이들의 도전Défi-Jeunes'의 일환으로 상세의 갈로로마 고대극장Théâtre gallo-romain de Sanxay을 활성화하려는 프로그램을 고민하던 크리스토프 블뤼종Christophe Blugeon 현

재 축제 예술감독은 극장의 아름다움과 음향효과에 매료되어 매년 여름 이 장소에서 유명 오페라들을 무대에 올리기로 결심한다. 2000년에 〈리골레토〉와 함께 시작된 제1회 축제는 대성공을 거두었다. 22년 동안 16만 명이 찾았던 상세 성악의 밤 축제는 현재 엑상프로방스 페스티벌Festival d'Aix-en-Provence, 오랑주 오페라축제Chorégies d'Orange에 뒤이어 프랑스에서 3번째 자리를 차지하는 성악제가 되었다. 250명의 자원봉사자가 일하며, 210명의 아티스트가 참가한다. 연도별로 무대에 오른 작품들은 다음과 같다.

2009 : 〈아이다(Aïda)〉(주세페 베르디)
2010 : 〈노르마(Norma)〉(빈센초 벨리니)
2011 : 〈카르멘(Carmen)〉(조르주 비제)
2012 : 〈라 트라비아타(La Traviata)〉(주세페 베르디)
2013 : 〈나비부인(Madame Butterfly)〉(자코모 푸치니)
2014 : 〈나부코(Nabucco)〉(주세페 베르디)
2015 : 〈투란도트(Turandot)〉(자코모 푸치니)
2016 : 〈리골레토(Rigoletto)〉(주세페 베르디)

2017 : 〈마술피리(La Flûte enchantée)〉(볼프강 아마데우스 모차르트)
2018 : 〈토스카(Tosca)〉(자코모 푸치니)
2019 : 〈아이다〉(주제페 베르디)
2021 : 〈카르멘〉(조르주 비제)
2022 : 〈세비야의 이발사(Le Barbier de Séville)〉(조아키노 로시니)
2023 : 〈돈 조반니(Don Giovanni)〉(볼프강 아마데우스 모차르트)
2024 : 〈라보엠(La Bohème)〉(자코모 푸치니)
2025 : 〈나부코(Nabucco)〉(주세페 베르디)

생나제르 Saint-Nazaire [Pays de la Loire]

레 제스칼 페스티벌 Festival Les Escales _7월 25~27일(제33회, 2025)

@Festival Les Escales

'레 제스칼Les Escales'은 7월 말 생나제르 항구에서 열리는 월드뮤직, 팝, 록, 일렉트로 음악에 특화된 축제다. 축제 주관자는 레 제스칼 협회Association Les Escales. 수용 능력은 하루에 2만 명이다. 도심에서 열리는 도시 축제로, 2년에 걸친 준비기간 후 1992년 여름에 제1회 행사가 열렸다. 축제는 루아르 강 하구와 대서양 사이에 자리한, 생나제르 항구에 있는 프티 마록 섬île du Petit Maroc에 둥지를 틀었다. 이 장소는 레 제스칼 협회가 지향하는 가치를 담아내면서 콘서트를 열기에 최적의 장소였다. 2016년부터 행사는 3일에 걸쳐 열리고 있다. 25회 행사에서는 42,000명의 축제 참가자를 맞이했다.

축제는 해마다 새로운 나라에 포커스를 맞추고 있으며, 콘서트를 통해 음악의 퀄리티와 예술가들이 뿜아내는 에너지를 중시하고 있다.

역사

- **2001년** : 개최 시기는 8월 10–11일, 주제는 '열대 아래서(Sous les tropiques)'.
- **2002년** : 개최 시기는 8월 9–10일, 주제는 '스페인어권 음악들(Les Musiques hispanisantes)'.
- **2003년** : 개최 시기는 8월 8–9일, 주제는 '적도 기항(Les Escales équatoriales)'.
- **2004년** : 개최 시기는 8월 6–7일, 주제는 '약속의 땅(Les Terres promises)'.
- **2005년** : 개최 시기는 8월 5–6일, 주제는 '그리니치 왕복(Greenwich : aller–retour)'.
- **2006년** : 개최 시기는 8월 4–5일, 주제는 '아시아와 이국(D'Asie et d'ailleurs)'.
- **2007년** : 개최 시기는 8월 3–4일, 주제는 '또 다른 바다들(Autres mers)'.
- **2008년** : 개최 시기는 8월 8–9일, 주제는 '트랑스 아틀랑티크(Transes atlantiques)'.
- **2009년** : 개최 시기는 8월 7–8일, 주제는 '트랑스 아틀랑티크(Transes atlantiques)'.
- **2010년** : 개최 시기는 8월 6–7일, 주제는 '흑인 음악들(Musiques noires)'.
- **2011년** : 20주년. 개최 시기는 8월 5–6일, 주제는 '음악의 지구, 20년의 기항(Planètes Musique – 20 ans d'Escales)', 참가자 수는 45,000명.
- **2012년** : 개최 시기는 8월 3–4일, 주제는 '인디언 커넥션(Indian Connexions)', 참가자 수는 27,000명.
- **2013년** : 개최 시기는 8월 2–3일, 주제는 '월드뮤직과 투손(World Music & Tucson)'.
- **2014년** : 개최 시기는 8월 1–2일, 주제는 '이스탄불(Istanbul)'.
- **2015년** : 개최 시기는 8월 7–8일, 주제는 '발파라이소(Valparaiso)'.
- **2016년** : 이 해부터 축제는 3일간 열리기 시작했다. 개최 시기는 7월 29–31일, 주제는 '케이프타운(Cape Town)', 참가자 수는 42,000명.
- **2017년** : 개최 시기는 7월 28–30일, 주제는 '해협(Détroit)', 참가자 수는 41,000명.
- **2018년** : 개최 시기는 7월 27–29일, 주제는 '멜버른(Melbourne)', 참가자 수는 37,400명.
- **2019년** : 개최 시기는 7월 26–28일, 주제는 '상파울루(São Paulo)'.
- **2020년** : 코로나19로 취소

생놀프 Saint-Nolff [Bretagne]

모토퀼토르 야외축제 Motocultor Festival Open Air _8월 14~17일(제16회, 2025)

브르타뉴 레지옹 모르비앙Morbihan 데파르트망 반Vannes에서 가까운 생놀프에서 열리는 메탈 축제로 헬페스트Hellfest 축제의 동생처럼 간주된다. 2008년부터 열리고 있다. 버즈콕스Buzzcocks, 베헤모스Behemoth, 엑소더스Exodus, 엘루베이티Eluveitie, 트리비움Trivium, 식 오브 잇 올Sick of it all, 울트라 보미트Ultra Vomit, 오페스Opeth, 미니스

@motocultor-festival.com/

트리Ministry, 소울플라이Soulfly 등이 참가하면서 국제적으로 유명해졌다. 3일에 걸쳐 열다가 2019년부터 4일간 열리고 있는 이 축제는 약 40여 개의 프랑스 국내외 그룹이 무대에 오른다. 2016년 12월에 기금 마련 캠페인을 벌였고, 기금 모으기에 성공한 후 2017년 버전을 성공시킨 바 있다. 2019년에는 NOFX, Avatar, 솔스타피어Sólstafir, Trust, Napalm Death, Carpenter Brut, Magma, Kadavar, At The Gates 등을 초청하면서 대외적으로 크게 이름을 알렸다.

2020년 8월 13일부터 16일까지 생놀프에서 열리기로 되어있었던 축제는 코로나19로 인해 2021년 8월로 연기되었다. 여러 아티스트들이 2021년 축제 참가를 선언했는데, 하일룽Heilung, 파워울프Powerwolf, 스칼드Skáld 등이 그들이다. 특히 하일룽은 헬페스트 페스티벌에서 아주 실험적인 포크 음악을 들려주면서 축제 참가자들을 열광시켰던 그룹이다. 2019년 6월에 〈Futha〉란 앨범을 발표했는데, 고대 아이슬란드의 시에서 영감을 얻은 이 새 앨범은 2015년에 발표한 〈Ofnir〉와는 달리 훨씬 정적인 분위기를 담아내고 있다. 하지만 코로나19로 인하여 2021년에도 열리지 못하면서 2022년 8월 18-21일에 재개되었다.

생디지에 Saint-Dizier [Grand-Est]

뮈지칼레테 Musical'été _7월 5~7일(제25회, 2024)
오트마른Haute-Marne 데파르트망 생디지에에 소재한 자르 공원Parc du Jard에서 열리는 야외 축제. 입장은 무료다. 25회를 맞이했던 2024년 행사에 참가했던 뮤지션들은 조셉 카멜Joseph Kamel, 킨브이Keen'V, 블랙 엠Black M, 엠 시몬Aime Simone, 슬리만Slimane, 람Lâam, 메넬릭Ménélik, 나디야Nâdiya, 트라제디Tragédie 등이었다.

@52.agendaculturel.fr/festival/festival-musical-ete.html

생레미드프로방스 Saint-Rémy-de-Provence [Provence-Alpes-Côte d'Azur]

트랑쥐망스 축제 Fête de la Transhumance _6월 9일(제41회, 2025)

@The Good Arles

5월 말, 물이 줄어들면서 양에게 제공할 먹이가 없어지는 건조기가 되면 하계 방목을 향하는 기나긴 여정이 시작된다. 매년 양떼는 프로방스 지방을 떠난다. 오늘날에는 트럭으로 옮기지만, 예전에는 이 여행에만 걸어서 10일 이상 걸렸다. 프로방스 사람들 감성에 짙게 녹아 들어있는 이 전통축제는 프랑스 남부지방에서 가장 유명한 축제 중 하나일 것이다.

10시 반부터 3,000마리 이상의 양, 염소, 나귀들은 목동 및 개들과 함께 이 옛 마을을 지나가며, 관광객들은 희귀한 풍경을 가까이에서 감상할 수 있다. 또 상점들과 미술관들을 방문하고 하루 종일 열리는 골동품 시장을 돌아보며 작은 거리들을 산책할 수도 있다.

오후에 방문객들은 생레미 위쪽에 자리한 프티트 크로 고원 Plateau de la Petite Crau 에서 시골풍 점심 식사를 든 후 목축떼가 차에 실리는 작업 과정을 지켜볼 수 있다.

목축떼가 거리 중심을 지나가기에 관광객들은 마을 외곽 주차장에 차를 세워야 한다. 아침 9시에 생레미드프로방스에 도착하는 것이 바람직하다.

생레오나르드노블라 Saint-Léonard-de-Noblat [Nouvelle-Aquitaine]

캥텐 축제 Fête de la quintaine/La Quintaine _11월 17일(2024)

@Le Populaire du Centre

11월 6일 생레오나르 축제 Fête de Saint Léonard 에 뒤이은 두 번째 일요일에 열리는 행사. 장엄미사가 끝난 후 죄수들의 대장과 조합원들은 색칠한 나무로 만든 미니어처 성채를 가지고 오트비엔 Haute-Vienne 데파르트망 소재 중세마을인 생레오나르드노블라 거리를 행진한다. 4개의 망루가 달린 주탑의 윗부분을 나타내는 미니어처 성채는 '라 캥텐 la Quintaine '이라 부른다. 젊은 호위병을 앞세운 순례 행진은 리베라시옹 광장 Place de la Libération 에서 끝나는데, 캥텐을 내려놓은 다음에 기사들은 커다란 몽둥이로 그것을 파괴한다. 그러면 '주탑'의 잔해들을 마을 사람들이 경쟁적으로 차지하려고 든다. 그것을 가진 사람에게 복이 온다고 믿기 때문이다. 밤에 공식행사가 끝나며, 마을의 여러 곳은 식당으로 변신한다. 뱅쇼 vin chaud 를 곁들인 전통 식사를 맛볼 수 있다.

생말로 Saint-Malo [Bretagne]

놀라운 여행자 페스티벌 Étonnants Voyageurs _6월 7~9일(제35회, 2025)

@https://www.etonnants-voyageurs.com

일에빌렌 Ille-et-Vilaine 지방 해적의 도시 생말로에서 열리는, 책과 영화에 할애된 이 유명 행사는 1990년에 작가이자 출판인인 미셸 르 브리 Michel Le Bris 가 처음 만들었다. 위고 프라트 Hugo Pratt, 브루스 채트윈 Bruce Chatwin, 니콜라 부비에 Nicolas Bouvier, 자크 라카리에르 Jacques Lacarrière 등 '여행서 travel writing' 쪽의 유명 저자들이 이곳을 찾았다. 축제장에서는 대형천막 아래 거대한 서점과 문학 카페가 마련된다. 여행작가들의 책 사인회, 토론회, 사진전 등이 프로그램을 구성하는데, 거의 6만 명이 행사를 찾는다. 작가와의 만남, 토론, 사진전 등이 주요 프로그램이다. 책과 여행을 사랑하는 사람이라면 절대 놓치지 말아야 할 축제이기도 하다. 성공에 힘입어 '놀라운 여행자' 페스티벌은 바마코 Bamako, 라바트 Rabat, 브라자빌 Brazzaville 및 포르토프랭스 Port-au-Prince 로도 수출되었다.

세계민속축제 Festival Folklores du monde _7월 1~6일(제29회, 2025)

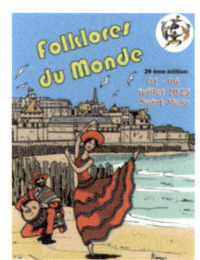

세계 전역의 음악과 춤 프로그램을 가득 채운다. 각국의 의상, 음악, 그리고 무엇보다도 사람을 만날 수 있는 기회가 되고 있다. 공연 외에도 강습과 시가행진이 열린다. 파니에 플뢰리 홀 Salle du Panier Fleuri, 카바레 Cabaret, 셴 공원 Parc de Chênes 에서 축제를 만나볼 수 있다.

@www.folkloresdumonde.bzh

라 루트 뒤 록 La Route du Rock _8월 13~16일(제33회, 2025)

@laroutedurock.com/

La Route du Rock은 1991년부터 록 탱팡 Rock Tympans 협회가 개최하고 있는 록 페스티벌이다. 생페르마르크앙풀레 Saint-Père-Marc-en-Poulet 에 소재한 생페르 성채 Fort Saint-Père, 생말로의 봉 스쿠르 해변 Plage de Bon Secours 과 라 누벨 바그 La Nouvelle Vague 공연장에서 8월 15일이 포함된 주말에 열린다. 2006년부터 1년에 두 차례 열리는데, 3월에 개최되는 '겨울 컬렉션 Collection Hiver' 버전과 8월에 열리는 '여름 컬렉션 Collection Été' 버전이 그것들이다.

바다의 푸르고 청명한 빛에 둘러싸인 채 열리는 브르타뉴 지방의 이 페스티벌은 놀라움을 주기에 충분하다. 피제이 하비P.J. Harvey, 테일 오브 어스Tale of Us, 앤젤 올센Angel Olsen 같은 세계적인 뮤지션들이 행사를 찾은 바 있는데, 1991년부터는 가장 인기 있는 영국과 프랑스 그룹들이 이곳을 찾아 팝, 록, 일렉트로 음악을 들려준다. 많은 팬이 생겨나면서 행사는 브르타뉴 지방에서 열리는 가장 중요한 축제 중 하나가 되었다. 무료 셔틀버스를 운영하고 캠핑장도 마련하는 배려를 잊지 않고 있다.

케 데 뷜 페스티벌 Festival Quai des Bulles _10월 24~26일(제44회, 2025)

@festival.quaidesbulles.com/

'만화 및 이미지 국제페스티벌Festival de la bande dessinée et de l'image'이라는 다른 이름도 가지고 있는 '케 데 뷜'은 프랑스에서 앙굴렘 다음으로 두 번째로 규모가 큰 만화 축제로, 특히 전시회가 유명하다. 1981년에 시작되었다. 우리가 좋아하는 주인공들을 만들어낸 만화가들을 만날 수 있고, 그들에게 사인도 받을 수 있다. 600명 만화가들이 모이는 행사로 150개 이상의 부스가 생말로 부두Quai St-Malo에 마련된 공간에 들어선다. 출판업자, 서점, 팬진 운영자 등 전문가들도 상당수 이곳을 찾는다. 전시회를 방문하고, 토론회에 참석하며, 영화를 감상하면서 만화의 세계로 빠져들 수 있다. 유료.

▮역사

1981년 생세르방 극장(Théâtre de Saint-Servan)에서 브르타뉴 지방의 만화가들인 디에테르(Dieter), 장-클로드 푸르니에(Jean-Claude Fournier), 알랭 구탈(Alain Goutal)이 처음 시작했다. 처음에 이 축제는 '모험만화 및 도서 축제(Festival de la Bande dessinée et du Livre d'aventure)'로 불렸지만, 1992년 이후

축제의 중요성을 고려해 주최 측은 축제를 모험문학에 할애하고 5월 말부터 6월 사이에 열리는 'Étonnants Voyageurs'와 그리고 10월 말에 열며 만화에만 국한된 'Quai des Bulles'의 두 세션으로 나누었다.

1999년에는 참석자가 3만 명에 달했고 약 100명의 작가가 참석했다. 2005년 행사는 10월 28-30일에 열렸으며, 250명의 작가와 80개 이상의 부스가 참여했다. 2007년에 참가한 저자 숫자는 390명이었고, 2010년 행사에는 300명 이상의 작가가 찾았다. 2019년에는 3일간 축제를 찾은 사람이 42,000명에 달했고, 752명의 작가가 모였다. 축제 조직위원회에는 에티엔 다보도(Étienne Davodeau), 제제(Gégé), 주브(Joub), 로랑 르푀브르(Laurent Lefeuvre), 미카엘 르 갈리(Michaël Le Galli), 니코비(Nicoby), 뤼시앙 롤랭(Lucien Rollin) 등 만화계의 거장들이 포함되어 있다.

시상

첫 번째 에디션부터 2008년까지 수여된 상은 세 가지다. 경력자에게 주는 보네 단상(Prix Bonnet d'âne)은 수상자가 다음 축제 포스터를 책임지는 상이고, 프티 로베르상(Prix Petit Robert)은 다음 축제 잡지의 사설을 쓸 시나리오 작가에게 주는 상이다. 또 발롱 루주상(Prix Ballon Rouge)은 신진 작가를 발굴하는 것을 목표로 하는데, 수상자는 축제의 인사말 카드를 삽화로 그려야 한다.

2009년부터 수여되는 상은 '포스터 그랑프리(Grand Prix de l'affiche)', '하트상(Prix Coup de cœur)', '웨스트프랑스상(Prix Ouest–France – Quai des Bulles)' 등이 있다. 2011년에는 아마추어 작가에게 시상하는 '죈 탈랑(Jeune Talent)'상이 추가되었다.

생말로뒤부아 Saint-Malô-du-Bois [Pays de la Loire]

푸페 페스티벌 Festival de Poupet _6월 25일~7월 18일(2025)

방데(Vendée) 지방의 생말로뒤부아 코뮌에서 생겨난 노천 축제로 마을의 야외극장에서 열린다. 퓌뒤푸(Puy du Fou) 가까이 자리한 곳이다. 2001년부터 참가하는 뮤지션들의 수준은 점점 높아지고 있고, 그에 따라 행사를 찾는 참가자 수도 20,000명을 넘어서고 있다. 20년 동안 무대에 선

아티스트들의 면면도 조니 알리데이Johnny Hallyday, 텍사스Texas, 루이 베르티냑Louis Bertignac, 레 카우보이 프랭강Les Cowboys Fringants, 라파엘Raphaël, 디오니소스Dionysos, 트레이시 채프맨Tracy Chapman, 위그 오프레Hugues Aufray 등 더없이 화려하다.

생모르데포세Saint-Maur-des-Fossés [Île-de-France]

생모르 문고본 축제Saint-Maur en Poche _6월 28~29일(2025)

@enpoche.org

수도권인 발드마른Val-de-Marne 데파르트망에서 2009년부터 열리는 국제전시회로 문고본을 대상으로 한다. 원탁 토의와 문학 카페를 즐길 수 있으며, 무엇보다도 달콤한 음료와 주전부리가 제공되는 어린이용 노마드 카페가 인기다. 프랑스 국내외에서 140명 이상의 작가들이 참석한다.

2022년 2월 Saint-Maur en Poche는 코로나19 팬데믹으로 인한 2년간의 공백 끝에 행사 기간을 2일에서 3일로 늘리며 대대적인 복귀를 발표했다. 하지만 1년 후, 시와 공동 주최 측인 라 그리프 누아르La Griffe noire 서점은 인플레이션과 예산 부족으로 2023년 제13회 행사를 취소하는 결정을 내렸다.

생바라우그 Saint-Vaast-La-Hougue [Normandie]

레 트라베르세 타티우 페스티벌 Festival Les Traversées Tatihou – Musiques du large
_8월 9~13일(제31회, 2025)

@www.facebook.com/lestraverseestatihou

노르망디 레지옹 망슈 Manche 데파르트망에서 열리는 행사. 썰물 때 생바라우그 항구에서부터 타티우 섬 ile de Tatihou 까지 세계의 전통음악을 들으며 걸어서 산책할 수 있다. 양쪽 사이의 길이는 2km이며 가로지르는 데 약 30분이 걸린다. 바다 노래를 위주로 한 전통음악 콘서트, 그리고 '오프 Off' 페스티벌을 흉내 낸 영화 상영, 이벤트, 만남의 장, 강습, 무도회 등이 독창적이고도 흥미로운 프로그램을 채우고 있다. 흐릿한 하늘, 드넓은 바다, 여행에 대한 꿈을 동시에 맛볼 수 있는 행사이기도 하다. 다른 세상에 있는 것 같은 느낌을 받을 수 있다. 축제 개최 날짜는 조수에 따라 달라지는데, 2023년에 열린 제29회 행사에는 6천 명이 함께했다. 타티우 섬과 발 드 세르 Val de Saire 에서 총 25개의 콘서트와 공연이 열렸다. 2025년에는 46개의 콘서트, 두 차례의 산책, 3개의 콘서트산책 concerts-promenades, 12개의 무용·성악·악기 강좌, 다섯 차례의 문화유산 방문 등의 이벤트가 준비되었다. 11,800명 정도가 축제를 찾았다.

생브리외 Saint-Brieuc [Bretagne]

아트 록 페스티벌 Festival Art Rock _6월 6~8일(제42회, 2025)

@tourismebretagne.com

성신강림절 주말에 1983년부터 열리고 있는 여러 영역에 걸친 축제. 1978년에 생겨난 와일드 로즈 Wild Rose 협회가 주관한다. 1997년까지 늦가을에 열리다가 1998년부터 생브리외 도심에서 개최되고 있다. 월드뮤직, 무용, 연극, 사진, 도시의 벽에 프레스코 그리기, 거리극, 문학, 시각 및 디지털 미술, 식도락 등 다양한 이벤트가 한자리에 모인다. 도심은 록 음악 콘서트의 무대가 되는데, 마일즈 데이비스 Miles Davis, 블러 Blur, 앤디 워홀 Andy Warhol, 비요크 Björk 같은 록 음악의 대가들이 축제를 거쳤다. 축제는 음악과 식도락을 병행하고 있다. 노천에서는 거대한 요리를 만들고, 코트다르모르 데파르트망의 셰프들, 크레프 제조인, 제빵업자, 지하 술창고 담당자, 와인 제조업자들이 총출동해서 지역 음식을 소개한다. 축제 참가자 입장에서는 계절 음식, 혁신적인 레시피, 적당한 가격이 조화를 이루는 음식들을 먹어볼 수 있는 기회다. 75,000명 정도가 찾는다. 2018년 초에 페스티벌 어워즈 Festivals Awards 시상식에서 프랑스 최우수 도시축제상Prix du Meilleur Festival Urbain de France을 받았다. 2020년과 2021년 행사는 코로나19로 인해 취소되었다.

생샤몽 Saint-Chamond [Auvergne-Rhône-Alpes]

리노 재즈 페스티벌 Rhino Jazz(s) Festival _9월 28일~10월 20일(제46회, 2024)

1979년에 처음 만들어진 축제로 재즈, 블루스, 소울, 록 음악에 할애된 행사다. 리옹에서부터 비엔Vienne, 생테티엔Saint-Etienne을 거쳐 로안Roanne에 이르면서 매년 50여 개의 콘서트를 열고 있다. 2024년에는 생샤몽의 자레즈 성Château du Jarez에서 열렸다. 매년 행사가 열릴 때면 예술가들이 그린 4×3m 크기의 대형 코뿔소 포스터가 생테티엔과 리옹 사이에 내걸린다. 화가 자크 바리Jacques Barry가 처음 그려낸 이 동물은 그 후 동명의 축제를 낳으면서 마스코트가 되었다.

그동안 축제를 빛낸 뮤지션들은 BCUC, 블랙 보이Black Boy, 팜 유니트Palm Unit, 리비오 미나프라Livio Minafra, 오르가닉 트리오Organic Trio, 슈퍼독Superdog, 아웃 오브 놀라Out of Nola, 킴버로즈Kimberose, 사라 맥코이Sarah McCoy, 하니 정글Honey Jungle, 아메리칸 가스펠American Gospel, 데이브 버렐Dave Burrell, 팻소FatsO, 캐롤린 버갈라Caroline Bugala, 노버트 갈로Norbert Galo, 캐롤린 재즈 밴드Caroline Jazz Band, 멜리사 라보Mélissa Laveaux, 토코 텔로Toko Telo, 조조포닉 오케스트라Zozophonic Orchestra, 업타운 러버즈Uptown Lovers, 레 두아 드 롬Les Doigts de l'Homme, 프로젝트 HProjet H, 로베르토 폰

세카Roberto Fonseca, 클라우디아 소랄Claudia Solal, 벵자맹 무세Benjamin Moussay, 킹가 글릭Kinga Glyk, IKU, 에릭 빕Eric Bibb, 아웩Awek 등이 있다.

생세레 Saint-Céré [Occitanie]

생세레 페스티벌 Festival de Saint-Céré _7월 27일~8월 10일(제45회, 2025)

매년 7월에서 8월 사이에 옥시타니Occitanie 레지옹 로트Lot 데파르트망에서 열리는 생세레 페스티벌은 1980년부터 시작된 음악과 오페라 축제다. 2021년 7월 23일부터 8월 3일까지 열린 피작 연극제Festival du théâtre de Figeac 와 7월 29일부터 8월 11일까지 진행된 생세레 오페라페스티벌Festival d'opéra de Saint-Céré 은 동일한 예술 애호가

들을 겨냥해 함께 홍보했다. 25개 연극과 60개 가까운 콘서트를 통해 2개 페스티벌에 참가한 아티스트들은 로트 지방의 문화유산들을 부각시키는 데 성공했다. 공연이 열리는 장소들이 카스텔노브르트누Castelnau-Bretenoux 와 몽탈Montal 의 국립 성들, 생로랑레투르세Saint-Laurent-les-Tourset 에 소재한 장 뤼르사 성채 아틀리에Château-atelier de Jean Lurçat, 성당들, 피작 소재 샹폴리옹 광장Place Champollion 등이었기 때문이다. 또한 2019년에는 올리비에 데보르드Olivier Desbordes 와 벵자맹 모로Benjamin Moreau 가 연출한 〈파리의 생활La Vie Parisienne 〉과 에릭 페레즈Eric Perez 가 연출한 〈진주조개잡이Les Pêcheurs de perles 〉, 가스파르 브르쿠르Gaspard Brecourt 의 지휘 아래 콘서트 버전으로 만든 탱고 오페라 〈부에노스아이레스의 마리아Maria de Buenos-Aires 〉가 선을 보였다. 축제에 참가한 100여 명의 음악인들은 클래식, 아르헨티나 음악, 아메리카 음악, 혼종 음악 등 다양한 형태의 음악을 아낌없이 들려주었다.

생세레 페스티벌은 보통 3주 동안 100명의 아티스트와 약 13,000명의 관객이 참가하는 축제로 약 30회의 공연이 축제 기간에 열린다. 세대 최고의 연주자들 중에서 선발된 젊은 연주자들은 바로크 시대부터 현대 작품까지 고전, 낭만, 현대 레퍼토리를 넘나드는 작품을 결합한 독창적인 프로그램을 개발하기 위해 레지던스에 초대된다.

생자퀴레팽 Saint-Jacut-les-Pins [Bretagne]

소나무 아래서의 Zik 단어들 Mots Zik sous les pins _11월 8~10일(제16회, 2024)

@festival-mots-zik.com/

다른 이름은 '레 데브루이야르Les Débrouill'arts' 음악페스티벌. 브르타뉴 지방 모르비앙Morbihan 데파르트망 생자퀴레팽에서 열리며, 통상 2일간 개최된다. 2020년 11월 6일과 7일 주말에 열기로 했던 행사는 마지막 순간에 취소되었다. 축제는 세대를 아우르는 자원봉사자들과 협회 사이의 협력으로 유명하다. 약 250명에 달하는 자원봉사자들은 10-15일 동안 봉사한다. 트리요Tryo, 제브다Zebda, 불르바르 데 제르Boulevard des airs, 스킵 더 유즈Skip the use, 이지아Izia, 에펠Eiffel, 솔다 루이Soldat Louis, 단 아르 브라즈Dan ar Braz, 미오섹Miossec, 라 뤼 케타누La Rue Ketanou, 이마니Imany, 쉬잔Suzane 등이 축제를 즐겨 찾는 뮤지션들이다.

축제의 역사는 1983년까지 거슬러 올라간다. 이해에 처음 열린 행사 '뮈지코마니Musicomanie' 축제를 10,000명 이상이 찾았는데, 무대에 선 음악인들은 더 큐어The Cure, 투레 쿤다Touré Kunda, 미셸 조나즈Michel Jonasz였다. 행사를 이어받은 첫 Mots-Zik가 2007년에 열렸고, 무슈 루Monsieur Roux 그룹이 8백 명 앞에서 공연을 가졌다.

행사는 즉각 성공을 거두었지만, 2009년에는 재정 위기를 겪기도 했다. 하지만 베르트랑 캉타Bertrand Cantat, 누아르 데지르Noir Désir 등의 출연이 축제를 대외적으로 알리는 데 성공하며, 축제는 다시 재정적으로 안정되기 시작한다. 10주년을 맞이한 2016년에는 로리앙Lorient에서 열리는 앵솔랑 페스티벌Festival Insolent 과 협력하기도 했다.

생장드뤼즈 Saint-Jean-de-Luz [Nouvelle-Aquitaine]

라벨 페스티벌 Festival et Académie Ravel _8월 19일~9월 7일(2025)

생장드뤼즈 및 바스크 지방 전역에서 열리는 축제. 생장드뤼즈와 바스크 지역의 2개 주요 문화행사였던 '바스크 해안 음악제Musique en Côte Basque'와 '아카데미 라벨Académie Ravel'이 2020년에 통합되면서 새로 생겨난 행사가 '라벨 페스티벌Festival Ravel'이다. 시부르Ciboure 출신이었던 음악가 모리스 라벨Maurice Ravel을 기리는 행사로, 이 음악가가 그랬던 것처럼 바스크 문화와 토양으로부터 영감을 얻고 있는 축제다. 당대 최고의 아티스트들을 소개하는 동시에 아카데미를 통해 내일의 작곡가와 연주자를 양성하는 데 주력한다. 여러 날 동안 문화와 음악에 관련된 풍성한 프로그램을 마련하고 있다. 2025년은 작곡가 라벨이 탄생 150주년을 맞이한 해다.

생장드모리엔 Saint-Jean-de-Maurienne [Auvergne-Rhône-Alpes]

빵 축제 Fête du pain _8월 1일(제23회, 2024)

@La Maurienne

모리엔Maurienne 지방의 역사 수도인 생장드모리엔은 매년 8월 첫 번째 주 목요일에 성요한Saint-Jean의 빵을 기리는 축제를 연다. 축제는 1998년에 처음 생겨났는데, 3개의 손가락은 성요한의 성유물을 나타낸다. 빵을 굽고 시식하기, 빵의 축성, 모리엔 전통의상의 시가행진, 전통 시장, 음악 행사 등이 프로그램을 이룬다. 아코디언 음악을 들으며 야외에서 식사하면서 끝이 난다. 공유와 나눔의 정신을 상징하는 행사이기도 하다.

생장캅페라 Saint-Jean-Cap-Ferrat [Provence-Alpes-Côte d'Azur]

생재즈캅페라 페스티벌 Festival Saint Jazz Cap Ferrat _8월 8~10일(제12회, 2024)

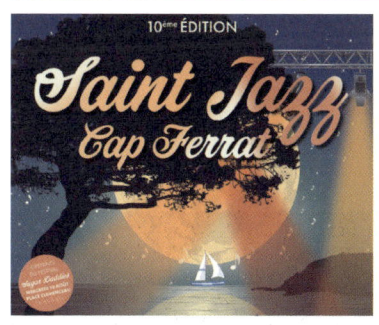

니스 외곽에 위치한 아름다운 생장캅페라에서 2012년에 생겨난 축제로, 예술가와 관객 사이의 소통을 중시하는 내밀하고도 비정형적인 행사다. 생장캅페라는 넷플릭스 시리즈 〈에밀리, 파리에 가다〉 시즌2에 등장했던 마을이다. 바다에 면한 소나무 숲 분위기가 특별한 평화의 정원Jardin de la Paix에서 열리는 행사는 재즈의 다양한 색깔을 담아내고 있다. 그러기에 참가자들에게 잊을 수 없는 저녁과 마법의 순간을 선사한다. 규모는 작지만, 초대 음악인들의 면면은 대단하다. 소나무와 바다에 둘러싸인 야외무대에서 환상적인 재즈 콘서트를 감상할 수 있다.

생주니푸이이 Saint-Genis-Pouilly [Auvergne-Rhône-Alpes]

새 축제 Fête de l'oiseau _5월 31일~6월 3일(제73회, 2024)

'새 축제'는 생주니푸이이에서 열리는 가장 오래된 전통 행사로 젝스 일대 Pays de Gex 에서 가장 중요한 이벤트다. 중세로부터 물려받은 유산인 이 행사는 기둥에 매달려 있는 나무 새를 쓰러뜨리는 것이 목적이다. 회식, 세리머니와 시가행진, 음악과 꽃마차 등이 축제를 흥겹게 만든다. 토요일

@Saint-Genis-Pouilly

저녁에는 많은 어린이가 횃불을 들고 행진하며, 일요일 오후에는 거대한 행진이 이루어진다. 월요일 오후에 새를 쏘는 행사가 열리고, 행사가 끝나며 새로운 왕이 지명된다. 같은 날 저녁에 무도회가 열리며 마무리된다.

생질크루아드비 Saint-Gilles-Croix-de-Vie [Pays de la Loire]

정원의 밤 Nuit des Jardins _9월 7~8일(제10회, 2024)

2015년부터 방데 Vendée 데파르트망의 뤼미에르 해안 Côte de Lumière 에 소재한 생질크루아드비 마을이 개최하고 있는 축제로, 마리 드 보케르 산책로 Promenade Marie de Beaucaire 도로변에서 행사가 열린다. 예술

©saintgillescroixdevie.fr

과 자연, 지역 문화유산을 결합한 행사로 '9월의 예술 초대Les Arts s'invitent en septembre' 란 이름을 내걸고 있다. 14시부터 자정까지. 조각가, 화가, 스테인드글라스 제작자, 금속공예가 등이 참가하며, 생질크루아드비가 자매결연한 리투아니아의 해양도시 팔란가Palanga의 예술가도 초대된다.

생케포르트리외 Saint-Quay-Portrieux [Bretagne]

가리비 축제 Fête de la Coquille Saint-Jacques _4월 26~27일(제10회, 2025)

1993년부터 코트다르모르Côtes-d'Armor 데파르트망의 3개 포구인 에르키Erquy, 생케포르트리외Saint-Quay-Portrieux, 로기비드라메르Loguivy-de-la-mer가 3년에 한 번씩 교대로 개최하는 가리비 축제. 10월부터 다음해 4월까지 걸친 조개 수확 시즌이 마무리되는 것을 기념하는 이벤트이기도 하다. 가리비는 생브리외 만Baie de Saint-Brieuc에서 나는 주력 상품이다. 지속 가능한 수산 자원을 위한 계절 어업의 대상이 되고 있기에 가리비는 10월에서 4월 사이에만 맛볼 수 있는 별미로 취급된다. 배에서 갓 내린 가리비를 포구에서 바로 굽거나 찌기도 하며, 카르파치오carpaccio로 요리한 후 시식하기도 한다. 수공예품 시장과 콘서트도 열린다. 매년 4만 명에서 7만 명 사이의 방문객을 받고 있다. 모두에게 무료로 열리는 이 축제에서 가리비를 현장에서 들거나 포장해 갈 수 있다. 행사는 어부들의 직업을 이해하게 해주는 기회가 되기도 한다. 공예품 시장, 콘서트, 지역 생산품 시식 코너도 마련된다.

생클루 Saint-Cloud [Ile-de-France]

록 앙 센 Rock en Seine _ 8월 20~24일(제21회, 2025)

@shotgun.live/festivals/rock-en-seine-2024

록 음악을 좋아하는 많은 팬이 파리 외곽 오드센 Hauts-de-Seine 데파르트망에 소재한 생클루 성 Château de Saint-Cloud 의 공원 및 국유지를 찾는다. 이곳 정원은 베르사유 정원을 설계했던 앙드레 르 노트르 André Le Nôtre 가 만든 역사적인 공간이기도 하다. 파리권에서 열리는 가장 멋진 행사 중 하나. 프랑스 최대 록 페스티벌인 만큼 팝 음악과 록 음악을 좋아하는 사람이라면 놓치기 아까운 행사다. 팝과 록, 일렉트로와 힙합을 아우르면서 멀티 장르를 아우르는 이 축제는 오늘날 유럽인들로부터 가장 사랑받는 여름 행사 중 하나로 자리 잡는 데 성공했다. 3일간 4개 무대에서 열리는데, 2003년에 단지 10개 그룹과 함께 소박하게 시작했던 행사가 매년 확장을 거듭한 후 2013년에는 10만 명 이상을 불러들이고 있다. 최근에는 라나 델 레이 Lana Del Rey, 제이크 버그 Jake Bugg, 프로디지 The Prodigy, 에어본 Airbourne, 플룸 Flume 같은 쟁쟁한 뮤지션들이 찾고 있다. 이 축제는 지속성장에도 동참하고 있다.

생타베르탱 Saint-Avertin [Centre-Val de Loire]

지평선 페스티벌 Festival des Horizons _6월 29~30일(제7회, 2024)

@www.facebook.com/villedesaintavertin

앵드르에루아르 Indre-et-Loire 데파르트망 소재 생타베르탱 마을의 캉제 영지 Domaine de Cangé 에서 매년 6월 열리는 축제. 투렌 Touraine 지방에서 열리는 야외축제 중에서 가장 규모가 큰 행사 중 하나다. 매년 15,000명 이상이 찾는 이 축제를 그동안 빛낸 뮤지션들로는 라파엘 Raphaël, 올리비아 루이즈 Olivia Ruiz, 칼리 Cali, 트리 얀 Tri Yann, 아요 Ayo, 에밀 쿠스트리차 Emir Kusturica, 유리 부에나벤투라 Yuri Buenaventura, 산세베리노 Sanseverino 등이 있다. 2024년에는 LEJ, 쿠바의 연주단체 셉티토 나보리 Septito Nabori 및 인도, 포르투갈이 참가했다.

생탄도레 Sainte-Anne-d'Auray [Bretagne]

세계 갈레트 축제 Festival Les Galettes du Monde _8월 23~24일(2025)

모르비앙 Morbihan 데파르트망의 오레 Auray 지역에서 1950년에 생긴 작은 마을이 생탄도레다. 사원과 7월 26일 거행되는 순례제 덕분에 이 마을은 점점 많은 사랑을 받고 있다. 활발한 협회 활동으로 다양한 스포츠와 문화행사가 만들어졌고, 그 중 일부는 여전히 이어지는 중이다. 2006년에는 질 뒤부아이 Gilles Dubouays 의 주도로 축제와 협회 위원회Comité des Fêtes et des Associations가 결성되면서 축성 행사, 시가 행진, 순대 시식 행사들을 마련하기 시작했다. 질 뒤부아이는 갈레트galette를 주제로 내세운 축제를 구상하며, 그에 따라 2008년 8월 30일 일요일에 1,500명의 방문객 앞에서 12개 협회가 갈레트 행사를 위해 모였다. 기타 프로그램은 해외의 문화와 음악이었다. 2011년부터는 'Festival Les Galettes du Monde'란 이름을 사용하기 시작했다. 2015년에는 30여 개의 협회가 참가하고, 방문객이 14,000명으로 늘어난다.

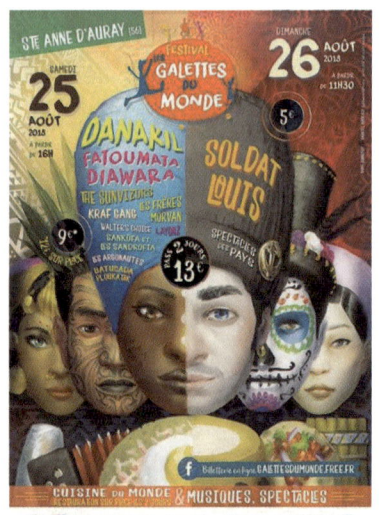

2019년의 초대국은 멕시코였다. 그동안 참가한 국가들에는 말리, 마다가스카르, 라오스, 필리핀, 세네갈, 튀르키예, 페루, 이집트, 베트남, 인도, 볼리비아, 카메룬, 에티오피아, 폴란드, 아프가니스탄, 니제르 등 세계 각 지역이 골고루 포함되어 있다. 수백여 명의 자원봉사자들도 축제의 성공에 크게 기여하는 중이다.

생테밀리옹 Saint-Émilion [Nouvelle-Aquitaine]

위대한 시간 Les Grandes Heures _4월 5일~12월 12일(2024)

지롱드Gironde 지방 생테밀리옹에서 열리는 연례 행사로, 유네스코 세계문화유산에 등재된 포도밭과 마을에서 문화행사를 벌인다. 작은 골목길, 와인과 풍경을 통해 생테밀리옹을 이해할 수 있는 기회이기도 하다. 교회와 성에서 열리는 클래식 음악 콘서트, 현대미술 전시회, 포도밭과 와인을 중심으로 한 다양한 이벤트들이 프로그램을 구성한다. 2024년에 콘서트가 열린 공간들로는 페랑 성Château de Ferrand, 팔레랑

@Guide Bordeaux Gironde

스 생쉴피스 성당 Église St Sulpice de Faleyrens, 피작 성 Château de Figeac, 라르시스-뒤카스 성 Château Larcis-Ducasse, 프레삭 성 Château de Pressac, 쿠테 성 Château Coutet, 다소 성 Château Dassault, 파비-막캥 성 Château Pavie-Macquin, 자코뱅 수도원 Couvent des Jacobins, 도미니캥 홀 Salle des Dominicains 등이 있다.

쥐라드의 봄 축제 Fête de Printemps de la Jurade _6월 15일(2025)

명품 와인 산지로 유명한 생테밀리옹에서 열리는 행사로, 보통 일요일 18시에 열린다. 이 이벤트는 생테밀리옹 와인을 홍보하는 대사가 될 쥐라드 Jurade 를 새로 옹립하는 것을 목적으로 한다. 지역의 전통과 상징을 담아낸 '봄 축제 Fête de Printemps'는 자연의 주기에 경의를 표하고 있는데, 생테밀리옹에서 생산하는 포도의 생명을 부각시키고 있다. 귀아데 거리 Rue Guadet, 마르셰 거리 Rue du

Marché, 모놀리트 성당 Église Monolithe 을 잇는 쥐라드 행진, 모놀리트 성당에서의 임명식, 다시 역순으로 시청까지 이어지는 쥐라드 행진, 시청 정원에서의 칵테일파티, 도미니캥 홀 Salle des Dominicains 에서의 만찬 등이 주요 행사 프로그램이다.

쥐라드 포도 수확의 날 Ban des Vendanges de la Jurade _9월 21일(제141회, 2025)

800년도 더 이전부터 메독 기사령 騎士領 Commanderie du Médoc 은 8백 명 앞에서 포도 수확 날짜를 공식 선포하고 있다. 또 이 이벤트는 생테밀리옹 와인협회 Conseil des Vins de Saint-Émilion 가 창립을 기념하는 행사

@Terre de Vins

다. 통상 9월 세 번째 주말에 열린다. 행사는 10시에 참사회 성당에서의 장엄미사, 11시 30분에 새 회원들의 두브 뒤 팔레 카르디날 Douves du Palais Cardinal 가입식, 17시에 루아 탑 Tour du Roy 까지 쥐라드 Jurade 들의 마을 순례 행진, 포도 수확 개시 날짜 Ban des Vendanges 의 선포 등으로 구성된다. 그 외에도 저녁 공연, 햇불 행진, 마을을 조명으로 밝히기, 밤 공연 등이 열린다.

생테티엔 Saint-Étienne [Auvergne-Rhône-Alpes]

호기심 많은 여행자 축제 Festival Curieux Voyageurs _3월 21~23일(제46회, 2025)

생테티엔 소재 국제회의장 Centre des Congrès 에서 열리고 있는 이 행사는 2020년에 40주년을 맞이했다. 여행을 통한 문화 다양성과 세상에 대한 개방을 추구한다. 영화 상영, 사진전, 물건 전시, 창작을 병행

한다. 여행수첩 창작 아틀리에, 세상의 다양한 놀이를 익히는 아틀리에, 구연동화를

위한 자리도 마련한다. 축제는 문학상도 시상하는데, 2019년에는 3개 작품이 선정되었다. 미셸 이자르Michel Izard 의 작품 『아델리 내 사랑 Adélie, mon amour』, 피에르 아드리앙Pierre Adrian 과 필리베르 움Philibert Humm 의 작품 『오늘날 두 아이의 프랑스 일주Le Tour de la France par deux enfants d'aujourd'hui』, 에릭 파이Éric Faye 와 크리스티앙 가르생Christian Garcin 의 작품 『알렉상드라 다비드-넬의 발자취를 따라 Dans les pas d'Alexandra David-Néel』가 그것들이다.

쫑긋한 귀 축제 Festival Les Oreilles en Pointe _11월 6~16일(제34회, 2025)

샹송에 할애된 이 축제는 수백 명의 아티스트, 워크숍 및 콘서트를 중심으로 한 이벤트다. 1991년 동명의 협회에 의해 창설되었으며, 생테티엔 지역에서 가장 오래된 샹송 관련 행사다. 새로운 재능을 발견하는 데 중점을 두는데, 잘 알려지지 않은 아티스트를 발굴하고 독창적인 레퍼토리를 중시한다.

1991년 시작된 후 그동안 578명의 아티스트가 315개의 공연을 가졌고, 축제를 찾은 사람 숫자는 72,540명에 달한다. 29회를 맞이한 2019년에는 로슈라몰리에르Roche-la-Molière, 피르미니Firminy, 플랑푸아Planfoy 등지에서 11월 12일부터 17일까지 열렸는데, 르낭 뤼스Renan Luce, 미오섹Miossec 같은 아티스트 외에도 캐나다 가수들이 참가했다. 2021년에는 2주에 걸쳐 9차례 콘서트가 열렸고, 케리 제임스Kery James, 막심 르 포레스티에Maxime le Forestier, 잔 셰르알Jeanne Cherhal 같이 독특한 스타일의 개성을 지닌 불어권 지역 가수들이 30주년을 맞이해 대거 참가했다.

파스 아 파스 Face à face, festival du film gay et lesbien _11월 17~19일(제19회, 2023)

2005년에 처음 만들어진 행사로, 게이와 레즈비언 영화들로 특화된 영화제다. 론알프Rhône-Alpes 지방 생테티엔 소재 르 멜리에스 생프랑수아 영화관Cinéma Le Méliès Saint-François에서 열린다. 매년 2천 명 정도가 이 영화제를 찾고 있다.

▎조직

2006년에 창설된 생테티엔의 '파스 아 파스(Face à face)' LGBT협회가 영화제를 주관하고 있다. 문화를 통해 생테티엔 지역의 동성애 문제를 공론화하는 것을 목적으로 내세우고 있는 협회다. 협회는 모두에게 개방된 구조를 하고 있으며, 대화와 의견 교환을 통해 LGBT('레즈비언, 게이, 바이섹슈얼, 트랜스젠더'의 첫 글자를 조합한 단어) 주제를 공론화한 후 차별에 맞서는 방식을 채택하고 있다.

영화는 협회 소속의 자원봉사자들이 선정하는데, 그르노블, 클레르몽페랑, 오를레앙, 브뤼셀, 바르셀로나, 베를린, 보르도 등 프랑스 타 지역과 해외에서 열리는 영화제들을 주도면밀하게 들여다보고 있다.

▎진행

예술가, 저널리스트, 프랑스 국내외의 LGBT협회원들이 배석한 가운데 상영된다. 또 영화제는 '단편의 밤(La Nuit du Court)'을 개최하는데, 전 세계에서 제작된 20여 편의 단편영화를 모은 행사다. 3년 만에 이 영화제는 LGBT 관련 문화행사 중 주요한 이벤트로 자리 잡았다.

▎역사

2005년 에스파스 보리스 비앙 사회문화센터(Centre socioculturel Espace Boris Vian), Actis Loire 42 에이즈 퇴치협회, 게이와 레즈비언 트레킹협회인 Rando's Rhône-Alpes가 공동으로 만든 '생테티엔 게이와 레즈비언 영화제(Rencontres du film gay et lesbien de Saint-Étienne)'는 동성애자와 이성애자, 레즈비언과 게이, 공개적인 동성애자와 비공개적인 동성애자 사이의 만남을 활성화시키는 것을 목표로 내세웠다.

2007년에 게이와 레즈비언 협회인 Face à face가 최초로 생겨나면서 행사는 'Festival du

film gay et lesbien de Saint-Étienne'으로 이름을 변경했다. 학교에서의 동성애 혐오 문제에 관심을 가지도록 고등학생들을 대상으로 한 시사회도 마련되었다.

2009년에 Face à face 협회는 제1회 '게이와 레즈비언 영화 전국 콘퍼런스(Assises nationales du cinéma gay et lesbien)'를 생테티엔에서 개최하는데, 프랑스와 벨기에, 스위스에서 개최되는 15개 동성애영화제의 주요 인사들이 참석했다. 2010년에는 스포츠계에 만연한 동성애 혐오 문제를 중시하면서 이 주제를 영화제 테마로 내세웠다. 2011년에는 특히 '아랍의 봄'을 경험한 나라들에서의 동성애 문제를 다루면서 '이곳과 저곳의 호모들(Homos d'ici et d'ailleurs)'을 주제로 택했고, 2012년에는 '검열과 자체 검열'을 주제로 삼았다.

▎날짜와 주제

제1회(2005년 9월 30일–10월 2일) : '지방의 동성애와 동성애 부모성(L'Homosexualité en province et L'homoparentalité)'

제2회(2006년 10월 27–29일) : '어제의 남색가, 오늘의 게이. 동성애와 종교 : 유토피아?(Pédé hier, gay aujourd'hui et Homosexualité et Religion : utopie?)'

제3회(2007년 11월 15–18일) : '일터의 호모들. 노동계 속의 동성애(homos au boulot, l'homosexualité dans le monde du travail)'

제4회(2008년 11월 20–23일) : '2008년에도 게이라는 것이 혁명적일까?(2008 est-il encore révolutionnaire d'être gay?)'

제5회(2009년 11월 26–29일) : '게이와 레즈비언 영화의 첫 번째 전국 콘퍼런스(1ères Assises nationales du cinéma gay et lesbien)'

제6회(2010년 11월 25–28일) : '스포츠와 동성애(Sport et homosexualité)'

제7회(2011년 11월 24–27일) : '이곳과 저곳의 호모들(Homos d'ici et d'ailleurs)'

제8회(2012년 11월 22–25일) : '검열과 자체 검열(Censure et autocensure)'

제9회(2013년 11월 28일–12월 1일) : '용기(Courage)'

제10회(2014년 11월 27–30일) : 10주년 기념

제11회(2015년 11월 19–22일)

제12회(2016년 11월 24–27일)

제13회(2017년 11월 21–26일)

제14회(2018년 11월 19–25일)

제15회(2019년 11월 26일–12월 1일)

제16회(2020년 12월 1–6일, 코로나19 팬데믹으로 행사 취소)

제17회(2021년 12월 3–5일)

제18회(2022년 11월 13–20일)

제19회(2023년 11월 17–19일)

제20회(2024년 11월 15–17일)

상의 종류

주요 상으로는 장편 및 단편영화들에 수여하는 관객상, 심사위원대상, 심사위원특별상, 단편영화에 수여하는 최우수시나리오상 등이 있다.

- 3회부터 도입된 관객상(Prix du Public)
- 장편영화상(Prix pour les longs métrages)
- 단편영화상(Prix pour les courts métrages)
- 8회부터 도입된 '단편의 밤(La Nuit du Court)'상
- 심사위원대상(Grand Prix du Jury)
- 최우수시나리오상(Prix du Meilleur scénario)
- 심사위원특별상(Prix Spécial du Jury)

생테티엔드몽뤽 Saint-Étienne-de-Montluc [Pays de la Loire]

황수선화 축제 Fête des Jonquilles _3월 24일(제58회, 2024)

코뮌의 여러 동네에서 제작한 11대의 황수선화 꽃차 퍼레이드를 만날 수 있다. 14시부터 18시까지 진행되며, 꽃차가 지나갈 때면 반다bandas 연주 및 팡파르가 뒤따른다. 20시에는 야간 퍼레이드가 시작되며, 22시 45분에 불꽃놀이 행사가 열린다. 아이들은 사브네 도로 Route de Savenay 에 설치되는 펀페어에서 하루 내내 즐길 수 있다.

@Sorties à Nantes

생토뱅데부아 Saint-Aubin-des-Bois [Normandie]

레트로 페스티벌 Festival Rétro _8월 17일(제42회, 2025)

@festival-retro.com

칼바도스 Calvados 데파르트망의 생토뱅데부아 마을에서 열리는 이 축제는 옛날 직업, 오래된 도구들에 대한 애정과 애착을 담아낸 행사로, 시골이 현대화되는 150년간의 역사를 보여주는 행사이기도 하다. 노르망디 레지옹에서 추수 기간에 열리는 가장 큰 축제 중 하나이며, 옛날 자동차와 기계를 수집하는 사람들이 점점 더 많이 합류하고 있다. 장작불로 구운 고기, 감자튀김, 갈레트, 크레프, 시드르로 구성된 거대한 바비큐로부터 시작한다. 14시에는 옛 복장을 입은 3백 명의 인물들이 걸어서 시가행진을 벌인다. 옛 트랙터, 트럭, 자전거, 자동차 등 250대의 탈것도 퍼레이드에 동참한다. 오후에는 민속 공연, 밀 자르기, 타작, 톱질, 활쏘기 시범, 증기 트랙터, 전시회 등으로 구성된 다양한 이벤트가 선보인다. 19시 30분에는 축제 분위기의 만찬과 무도회가 이어진다. 마을에서 이미 사라진 직업들인 세탁 담당자, 양봉가, 광주리 만드는 사람, 초가지붕을 엮는 사람 등도 시범을 보여준다. 2023년까지 매년 8월 15일에 뒤따르는 일요일에 열리던 행사가 제42회부터는 2년마다 열리게 되었다. 매년 열리는 축제에 지친 자원봉사자들을 고려해서다.

생트 Saintes [Nouvelle-Aquitaine]

생트 페스티벌 Festival de Saintes _7월 12~19일(제53회, 2025)

1972년 저널리스트 알랭 파키에 Alain Paquier 에 의해 탄생한 생트 페스티벌은 50년 후 전 세계 100대 최우수 클래식 및 현대음악 축제로 선정될 정도로 클래식 음악의 상징적인 행사가 되었다. 담 수도원Abbaye aux Dames과 생통주Saintonge 성당들에서 열린다. 오페라, 클래식, 바로크 음악, 낭만주의 음악, 현대음악을 대상으로 하는 행사다. 매우 아름다운 공간에서 30여 개의 콘서트가 열린다. 2017년은 복스 루미니

@Saintes

스Vox Luminis, 글리 안젤리 쥬네브Gli Angeli Genève, 벵자맹 알라르Benjamin Alard 같은 탁월한 음악인들이 요한 제바스티안 바흐를 해석하는 장이었다. 또한 2017년은 이 페스티벌을 통해 별로 연주된 적이 없는 비발디, 헨델, 텔레만 음악이 소개된 해이기도 하다. 16시 반에 시작되는 콘서트는 생트의 매력적인 장소인 담 수도원을 발견하는 기회를 제공한다. 보통 400명 이상의 음악가가 참가하고, 30개 내외의 콘서트가 열린다.

생트로페 Saint-Tropez [Provence-Alpes-Côte-d'Azur]

생트로페의 용맹 La Bravade à Saint-Tropez _5월 15~18일(제467회, 2025)

La Bravade는 프로방스 지방에서 가장 오래된 전통을 자랑하는 행사 중 하나다. 기원은 13세기까지 거슬러 올라가지만, 이 행사를 기록한 최초의 시기는 1558년이다. 16세기부터 생트로페는 매년 5월 16일부터 18일까지 'La Bravade de Saint-Tropez'['bravade'는 '용맹bravoure'을 의미한다] 축제를 연다.

@ville de Saint-Tropez

네로Néron 황제의 고위 관리였다가 기독교 포기를 거부하는 이유로 서기 68년에 참수형을 당한 수호성인 생토르페스Saint Torpes를 기리는 행사다. 그의 시신은 도시의 강변에 도착했던 작은

배에 던져졌는데, 로마 시민계급의 한 부인이 시신을 찾아낸 다음에 기독교인들이 그걸 숨겼고, 이 순교자를 생트로페의 수호성인으로 삼는다. La Bravade 축제는 150년 동안 뱃사람, 어부, 해적들이 육지와 바다를 통한 모든 공격을 영웅적으로 물리치면서 이 도시를 보호해낸 업적을 경축한다. 축제 때 생트로페는 해적의 색깔인 흰색과 빨간색으로 무장한다. 성인의 조각상은 순례 행진을 통해 도시 전체를 누빈다.

생트로페의 돛 Les Voiles de Saint-Tropez _9월 27일~10월 5일(제27회, 2025)

@Course au Large

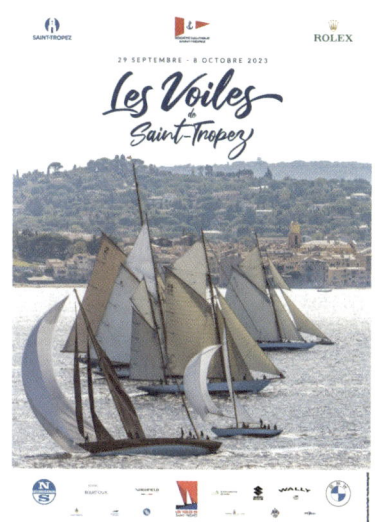

@www.lesvoilesdesaint-tropez.fr/fr

생트로페 정박지에서 지중해의 가장 아름답고 오래된 의장艤裝이 집결하는 이벤트다. 절대 놓치지 말아야 할 연중 해상 행사로 꼽힌다. 약 250척의 선박과 4천 명의 뱃사람이 모이기에 생트로페가 가장 붐비는 행사이기도 하다. 거의 신화 반열에 오른 이 행사는 요트 경기를 곁들인다. 항해의 기쁨과 축제에 대한 감각을 결합한 멋진 이벤트다. 2023년에 요트 경기는 10월 2일부터 8일까지 열렸다.

원래 이름이 '라 니울라르그La Nioulargue'였던 이 이벤트는 1981년 생트로페 해변의 레스토랑 Club 55[사장 파트리스 드 콜몽Patrice de Colmont] 앞에서 PRIDE Swan 44의 소유주이자 선장 딕 제이슨Dick Jayson과 IKRA 12m JI의 선장 장 로랭Jean Lorrain이 대결하며 시작되었다. 포르탈레 탑Tour du Portalet에서 출발한 경주는 IKRA의 승리로 끝났다. 다음 해에 복수전이 열렸고, 오늘날까지 전설로 내려오는 행사가 시작된다. 1999년에 현재 이름 Les Voiles de Saint-Tropez로 바뀌었다.

축제 분위기 속에서 치러지는 스포츠 행사로, 경기는 요트 빌리지village des Voiles 의 팝업 바에서 끝난다. 2020년부터는 1주 동안 열리던 행사가 2주로 늘어나는데, 'Les Voiles Super Boats'란 이벤트가 만들어지면서 과거와 현재의 크고 작은 요트들이 모두 참가하고 있다.

생트마리드라메르 Saintes-Maries-de-la-mer [Provence-Alpes-Côte d'Azur]

생트마리드라메르 집시 순례제 Pèlerinage des Gitans aux Saintes-Maries-de-la-mer _5월 24~26일, 10월 19~20일(2024)

집시들의 수호성녀인 검은 사라Sainte Sara la Noire를 기리는 순례 행사로, 매년 이 행사를 찾는 사람만도 2만 명에 달한다. 유럽 내의 집시들인 Roms, Manouches, Tsiganes, Gitans뿐만 아니라 이탈리아, 미국, 독일, 호주의 집시들 수천 명이 이 마을을 찾아온다. 검은 사라는 예수의 십자가 처형 이후 팔레스타인에서 추방을 당해 뗏목을 타고 바다에서 표류하던 마리아 살로메Marie Salomé와 마리아 야고베Marie Jacobé를 카마르그Camargue에서 맞아들인 인물로 전해진다. 사라는 그녀들의 하녀로 일했다. 2명의 마리아는 순례 행진의 대상이 되고 있는데, 마리아 야고베는 5월 25일5월 순례 행진, 마리아 살로메는 10월 22일에서 가장 가까운 주말10월 순례 행진로 날짜가 정해져 있다. 집시 순례제 첫째 날에는 검은 사라 조각상을, 둘째 날에는 2명의 마리아 조각상을 바다까지 옮기는 의식을 치른다. 1448년부터 의식의 형태는 변하지 않고 있다. 첫째 날 오후 찬양 속에서 성골함들이 예배당에서 나오며, 다음날에는 두 성녀의 순례 행진을 통해 바닷가까지 옮겨진다. 행진에는 말을 탄 가르디앙들gardians과 일군의 아를 여성들이 함께한다. 조각상들이 바닷가에 도착하면 돛도 없고 노도 없는 배에 실린다. 그런 다음 집시들의 수도인 생트마리드라메르는 집시 음악과 플라멩코 음악으로 달궈진다. 2020년과 2021년 행사는 코로나19 때문에 취소되었다.

바롱셀리의 날 Journée baroncellienne _5월 26일(2025)

@voir-plus.com

폴코 드 바롱셀리-자봉Folco de Baroncelli-Javon 후작1869-1943은 카마르그 전통의 수호자였다. 5월 26일 하루 동안 생트마리드라메르 마을은 그를 기리는데, 집시들이 참석한 가운데 11시 30분이 되면 거리에 황소를 푼다아브리바도, abrivado. 그런 다음 정오에는 바롱셀리 후작의 무덤에서 예식을 치르고, 15시 30분에 아레나에서 민속춤과 황소들의 경기를 개최한다. 마지막으로는 아레나에서 방목장으로 다시 데리고 가는 행사반디도, bandido를 가진다.

봉헌 축제 Fête votive _6월 19~23일(2024)

카마르그Camargue의 중심 마을 생트마리드라메르에서 열리는 축제. 2021년 행사는 신발부터 마스크를 거쳐 머리색에 이르기까지 흰색과 오렌지색으로 치장되었다. 2019년의 색깔은 흰색과 푸른색이었다. 봉헌 축제 전통을 고수하는 프로방스Provence와 랑그독Languedoc 지방 대부분의 마을처럼 생트마리드라메르도 자신만의 행사를 보유하고 있다. 통상 6월 셋째 주말에 열리며, 매번 다른 주제로 6일 동안 진행된다. 축제 프로그램에는 아브리바도abrivados, 루사타이오roussataïo, 반디도bandidos, 카마르그 방식의 경주, 아레나에서의 공연, 모래성 콩쿠르, 생장 불feu de la Saint-Jean 등이 들어있다.

처녀들의 축제 Festo Vierginenco _7월 28일(제120회, 2024)

Festo Vierginenco는 Fête des Vierges의 프로방스어 표현이다. 열다섯 살을 맞는 처녀들이 아를 여인의 전통의상과 리본을 단 머리 장식을 한 후 벌이는 퍼레이드로 노벨문학상을 수상했던 작가 프레데릭 미스트랄Frédéric Mistral이 1903년에 아를에서 처음으로 시작했던 행사다. 오늘날 생트마리드라메르 마을만이 이 전통을 이어가고 있다. 1939년까지 이 행사를 주관하면서 성공을 보장했던 바롱셀리 후작Marquis de Baroncelli의 지원이 컸다.

'샤투노Chatouno'로 불리는 처녀들은 자신들의 대모와 함께 참석한다. 아레나에서 프로방스어로 미사를 진행하고 황소와 말들을 축성한 후 오후에 아레나에서 퍼레이드를 벌이고 공연을 가진다. 황소들의 경주, 마상 시합, 프로방스 전통춤 공연 등이 주요 프로그램이다. 매년 7월 마지막 일요일에 열리며, 500명 이상의 여성이 가장 아름다운 복장을 하고서 시가행진 혹은 고대극장Théâtre Antique에서의 공연에 참가한다. 카마르그 지역의 의상을 홍보하고, 오크어langue d'Oc를 보존하며, 프레데릭 미스트랄의 시 작품집에서 강조하는 프로방스 정신을 옹호하는 것이 주요 목적이다.

살라델 축제 Fête de la Saladelle _9월 1일(2024)

생트마리드라메르에서 열리는 전통 행사로 이 지역의 명물이자 '바다의 라벤더lavande de mer'라는 별칭을 가진 살라델갯질경이, sea lavender을 주제로 한 다양한 문화 이벤트를 연다. 살라델은 늪지대에서 8월에 개화하면서 보라색으로 못을 아름답게 장식하는 풀 종류다. 모두에게 행복을 가져다주는 것으로 인식되는 이 식물은 시들지 않는 특징을 지니고 있다. 지탕 광장Place des Gitans, 프레데릭 미스트랄 거리Rue Frédéric Mistral에서의 시가행진, 양들의 트랑쥐망스, 민속 행사, 옛날 방식의 아브리바도abrivado 등 유니크한 풍경을 만나볼 수 있으며, 배를 타고 카마르그의 전형적인 모습인 황소, 야생마, 새들도 관찰할 수 있다. 아레나에서는 카마르그의 특징을 살린 공연이 열리는데 기수와 아를 여인들의 소개, 황소 로데오 경기, 말 타기, 오렌지 게임 등이 주요 내용이다.

아브리바도 축제 Festival d'Abrivado _11월 10~11일(2024)

프로방스 전역에서 찾아온 1천 마리의 말, 2백 명의 가르디앙[gardians, 카마르그Camargue 지방에서 마소를 모는 사람], 수천 명의 참관인이 11월에 생트마리드라메

@thegoodarles.com

르 해변에서 집결하는 행사. 남프랑스에서 열리는 가장 큰 규모의 아브리바도abrivado 축제 중 하나다. 말과 소, 마나디에manadiers, 카마르그 지역의 마소떼를 키우는 사람, 이 전통을 좋아하는 모든 사람이 모이는 카마르그 지역의 유일한 이벤트다. 축제는 에스트Est 해변, 일명 '루스티Rousty'라 불리는 해변에서 점심 식사로 시작한다. 11시에 기수들과 황소들이 무리를 이룬 한 아브리바도 종대가 출발하며 다른 아브리바도가 그 뒤를 잇는데, 6km 떨어진 아레나까지 장관이 이어진다. 가르디앙들은 언제든지 도망칠 준비가 되어있는 황소들을 혹독하게 다루는 기술을 보여준다. 관중들은 말발굽 소리에 압도당하지만, 속보로 황소떼를 아레나까지 몰고 가는 이 장엄한 퍼레이드를 안전하게 감상할 수 있다. 카마르그 지역과 이 지역의 전통을 사랑한다면 카마르그 전통과 말에 대한 사랑을 연계시킨 축제를 절대 놓치지 말아야 한다.

생트막심 Sainte-Maxime [Provence-Alpes-Côte-d'Azur]

미모사 축제 Fête du mimosa _2월 2일(2025)

@Sainte-Maxime

미모사로 장식한 꽃마차로 벌이는 시가행진이 주요 이벤트다. 행사 전날인 토요일에는 시립 아틀리에를 방문해 차량에 꽃을 다는 풍경을 구경할 수 있다. 17시에는 에므릭 시몽-로리에르 산책로 Promenade Aymeric Simon-Lorière 에서 출발하는 야간 퍼레이드에서 필요한 초롱이 배부된다. 미모사는 미스 생트막심과 그녀의 세자빈들이 무료로 나눠준다. 일요일에는 14시 30분부터 에므릭 시몽-로리에르 산책로에서 꽃마차 행진이 시작된다. 전통의상을 입은 인물들, 광대와 여성 악단들의 공연, 음악 연주가 어우러진다. 도심 해변에서 미모사 꽃을 나누어주며 피날레를 화려하게 마무리한다.

생트막심 봉헌 축제(브라바드) Fête votive(Bravade) à Sainte-Maxime _5월 14~15일(제54회, 2024)

마을의 수호성녀인 생트막심 Sainte-Maxime 의 죽음을 기억하는 축제로, 매년 5월 14일과 15일 양일간 미사와 순례 행진을 통해 망자를 축복한다. 이때 갈루베 galoubet, 프로방스 지방의 세 구멍짜리 피리 와 탬버린 소리는 예외적으로 중단된다. 레이 마뇨티 Lei Magnoti

@Frequence-Sud

민속그룹으로 구성된 브라바드bravade 가 마을을 돌고, 포병들은 자신들의 나팔총 화약으로 소리를 만들어낸다. 축제는 2018년에 50주년을 맞이했다.

생틸레르/룅뱅 Saint-Hilaire/Lumbin [Auvergne-Rhône-Alpes]

이카르 컵 Coupe Icare _9월 16~21일(제52회, 2025)

높은 절벽에 의해 분리되고 표고차가 700m에 달하는 생틸레르Saint-Hilaire 와 룅뱅Lumbin 이라는 두 개 마을이 50년 전부터 진행하고 있는 자유 활강 행사. 고도 1,000m의 생틸레르는 사르트뢰즈 산지Massif de la Chartreuse 가장자리의 프티트 로슈 고원Plateau des Petites Roches 의 한 코뮌으로, 해발 2,062m 높이의 당 드 크롤Dent de Crolles 이 굽어보고 있다. 이카르 컵 덕분에 패러글라이딩과 행글라이딩을 즐기는

@FFPLUM

사람들에게 가장 유명한 장소가 되었다. 또한 룅뱅 마을은 그레지보당 계곡Vallée du Grésivaudan의 중심을 차지하고 있으면서 자유 활강 착륙 장소로 이용된다. 착륙 장소의 고도는 250m. 계곡이 그르노블Grenoble에서부터 사부아 쪽 국경까지 걸쳐 있기에, 야외 스포츠에 관련된 세계적인 기업들이 많이 들어서 있다.

2023년에는 88개의 팀이 참가한 이카르 컵 행사 때 생틸레르 마을과 룅뱅 마을은 프티트 로슈 고원의 3개 마을과 멀리서 찾아온 1,200명 이상의 자원봉사자로 붐비는 장소가 되었다.

생플루르 Saint-Flour [Auvergne-Rhône-Alpes]

오트 테르 페스티벌 Festival des Hautes Terres _6월 27~29일(제24회, 2025)

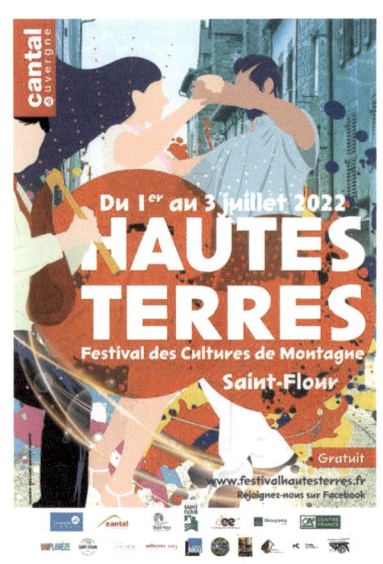
@cite.festivalhautesterres.fr

중부고원지대Massif Central 캉탈Cantal 지역의 산악지방 문화와 전통음악에 할애된 축제. 생플루르는 오트 테르Hautes Terres를 창조의 중심지로 소개하고, 산악지방 문화들 사이의 교류를 독려하고 있다. 지역에 뿌리를 둔 음악과 관련된 창작물들을 3일에 걸쳐 만나볼 수 있는 행사다. 남녀노소가 함께 교감할 수 있는 이벤트이기도 하다. 2024년에는 '중부고원지대와 주변 지역의 음악 소리Sons des musiques du Massif Central et d'ailleurs'를 주제로 3일간 행사가 진행되었다. 회의와 교류, 라이브 공연, 콘서트, 댄스 워크숍, 무도회, 전시회, 맛과 공예품 시장, 현악기 제작자와 기술 전문가를 위한 공간, 거리 공연들이 프로그램을 채우고 있다.

샤루 Charroux [Auvergne-Rhône-Alpes]

수프 축제 Fête de la soupe _11월 2일(2024)

일부 유명 셰프들이 사용하고 해외로 수출하는 겨자의 생산지로 유명한 샤루의 중세 거리에서 2007년부터 매년 11월에 열리는 '수프 축제'는 꼭 찾아갈 축제다. 종종 가난한 자들의 음식과 동일시되는 수프를 주제로 내세우고 관광과 식도락을 연계시킨 이 축제는 많은 사람으로

@lamontagne.fr

부터 큰 호응을 얻고 있다. 행사 당일 오후에 지역의 도자기 아티스트인 나탈리 니오Nathalie Nyault가 만든 그릇을 구입하고 마을을 돌며 40여 종류의 수프를 맛보면 된다. '쐐기풀과 사과', '호박과 밤', ' 중세 양파 수프' 같은 기발한 수프도 제공되며, 수프에 곁들일 수 있는 음식도 판매한다. 예약은 필수다.

샤르트르 Chartres [Centre-Val de Loire]

샤르트르 빛의 축제 Chartres en Lumières _4월 13일(제21회, 2024)~1월 5일(2025)

2003년에 처음 만들어진 '샤르트르 빛의 축제Chartres en lumières '는 외르에루아르Eure-et-Loir 데파르트망 샤르트르에서 매년 열린다. 행사가 열리는 장소 숫자와 기간 측면에서 문화유산을 빛으로 부각시키는 프

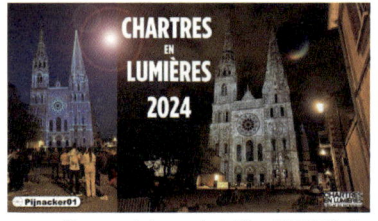

@www.youtube.com/watch?v=gFWpD4O-yYw

랑스 행사 중 가장 규모가 큰 행사에 해당한다. 조명 연출가들은 샤르트르 시의 상징적인 장소들을 빛과 소리로 꾸미는데, 저명 아티스트들이 연출하는 공연들은 장엄

하고도 매혹적인 샤르트르의 문화유산들을 되살리는 데 일조하고 있다. 해가 진 뒤 매일 저녁 무료 공연, 전시 등과 함께 이 축제를 즐길 수 있다.

샤를르빌메지에르 Charleville-Mézières [Grand-Est]

카바레 베르 페스티벌 Festival Cabaret Vert _8월 14~17일(제19회, 2025)

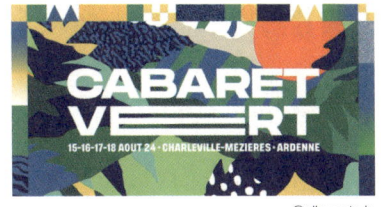
@allevents.in

아르덴 Ardennes 데파르트망 샤를르빌메지에르에서 열리는 이 대안적 성격의 축제는 환경 보호를 준수하는 정신으로 시작되었다. 축제의 이름은 이 도시 출신의 시인인 아르튀르 랭보 Arthur Rimbaud 의 시 제목에서 유래되었다. 2005년에 처음 만들어진 후 오늘날 프랑스에서 가장 중요한 록 음악 축제 중 하나가 되었다. 하지만 록, 레게, 일렉트로, 랩, 블루스, 메탈, 팝, 재즈 등 다양한 장르의 음악도 선보인다. 95,000명까지 수용이 가능한 축제다. '머리는 별들에, 발은 아르덴 지방에 La tête dans les étoiles, les pieds dans les Ardennes'라는 슬로건을 내세우고 있다. 연극, 거리극, 단편영화, 만화, 수공예품, 협동마을, 그래피티, 일련의 팝과 록 콘서트, 창작 아틀리에, 저글링 등을 한데 모아 복합예술을 지향하는 형태를 하고 있다.

행사의 목적은 아르덴 지역과 샹파뉴아르덴 Champagne-Ardenne 지역의 역동적이고 생태적이며 혁신적인 이미지를 홍보하는 데 있다. 그에 따라 지역의 문화유산, 장인들의 노하우, 지역의 요리를 강조한다. 또 축제가 운영하는 식당은 '정크푸드와 나쁜 맥주의 적 adversaire de la malbouffe et de la mauvaise bière'이라 스스로 선언하면서 저렴한 가격에 음식을 제공하고자 한다.

축제는 매년 에스파스 바야르 Espace Bayard 에서 열리면서 생태시민적 접근 방식, 인간적인 분위기, 예술적 개방성, 국제적인 유명인사와 소중한 지역 그룹을 뒤섞은 프로그램 등을 제공하고 있다.

마리오네트극 국제페스티벌 Festival mondial des théâtres de marionnettes
_9월 19~28일(제23회, 2025)

@marionnette.com

마리오네트극 국제페스티벌은 1961년에 자크 펠릭스Jacques Félix가 처음 만든 행사로 샤를르빌메지에르에서 열리고 있다. 인형극 예술을 진흥시키고, 이 기술이 전 세계에서 변모해온 모습을 알리는 동시에 감상하려는 야망을 지닌 행사다. 10일간 열리며, 'In'과 'Off' 공연으로 나뉜다.

30여 개 국가가 참가하고 있으며, 130개 내외의 극단이 150개 공연을 열고 있다. 공연 외에도 만남의 장, 전시회, 거리극 공연, 또 다른 축제 행사가 열린다. 축제가 성공을 거듭하면서 원래 3년에 한 번씩 열리던 이 축제는 2009년부터 2년에 한 번씩 열리는 행사로 바뀌었다. 축제가 없는 해에는 '마리오네트 세션Sessions Marionnettes'이 열리는데, 아틀리에, 강습, 예술가들과의 만남, 상영회 등 인형극에 관련된 다양한 이벤트가 마련된다. 축제가 인형극에 부여한 역동성에 힘입어 샤를르빌메지에르에는 1980년에 국제마리오네트협회UNIMA, Union internationale de la marionnette가, 1981년에는 국제마리오네트연구소Institut international de la marionnette가, 1987년에는 국립고등마리오네트예술학교ESNAM, École nationale supérieure des arts de la marionnette가 각각 들어섰다.

'In'이 열리는 무대는 42개 장소. 거리와 도시의 여러 광장에서도 공연들이 열린다.

▎역사

1941년에 약관 17세 나이의 자크 펠릭스는 낭시에서 인형극 장인인 제오 콩데Geo Condé, 1891-1980의 강의를 들으며 마리오네트를 처음 접하게 된다. 같은 해에 자크 펠릭스와 그의 보이스카우트 소속 7명의 친구들은 노래와 마임, 마리오네트와 광대놀이를 결합한 저예산의 10여

@Charleville-tourisme

개 공연을 만들어냈다. 휴가지 숙소에서 순회공연을 가지기 위함이었다. 공연은 성공을 거두며, 1942년 크리스마스 때까지 계속되었다. 이차대전 중이라 이 아마추어 소년들은 강제노동을 피해 모두 흩어지게 된다.

4년 후인 1945년에 자크 펠릭스는 '프티 코메디엥 드 쉬퐁(Petits Comédiens de Chiffon)'이라는 극단을 만든 후 아르덴 지방에서 첫 공연을 가졌다. 1947년에 이 극단은 최초의 대규모 공연 〈Les Gueux au paradis〉를 샤를르빌(Charleville)[때는 아직 메지에르(Mézières)와 합쳐지기 전이었다] 시립극장에서 가지면서 대성공을 거두었다. 극단은 크리스마스 행사 등에 참가하면서 활동을 계속해나갔다. 같은 시기에 최초의 전국적 혹은 국제적인 페스티벌들이 생겨났고, 문화행사에 새로운 전망을 부여하게 된다. 제1회 칸 영화제 행사가 1946년에, 제1회 아비뇽 페스티벌이 1947년에 생겨난 것이다.

1954년에 '프티 코메디엥 드 쉬퐁'은 샤토르뇨(Château-Regnault)에서 아르덴 지방의 전설을 주제로 내세운 공연 〈에몽의 네 아들(Les Quatre fils Aymon)〉을 무대에 올리게 된다. 공연은 1955년 파리의 팔레 드 샤이요(Palais de Chaillot)에서, 그 후 1958년 국제마리오네트축제의 일환으로 리에주(Liège)에서 선보일 기회를 얻게 된다. 전문가들로부터 인정을 받자 '프티 코메디엥 드 쉬퐁'은 외국의 초청을 받기 시작했다. 극단은 체코슬로바키아의 카를로비 바리, 독일의 오이스키르헨, 영국의 헤이스팅스, 폴란드의 비엘스코 비알라, 소련의 모스크바, 이탈리아의 만토바 등지를 찾게 된다.

1959년에 자크 펠릭스는 샤를르빌 시의원으로 선출되며, 그 덕분에 마리오네트와 고향에 대한 두 가지 열정을 구현할 수 있게 된다. 당시 시장이었던 앙드레 르봉(André Lebon) 역시 샤를르빌, 메지에르 및 3개 코뮌(communes)을 통합시키는 데 성공했다. 그는 1966년 새롭게 탄생한 샤를르빌메지에르의 초대 시장이 되었다.

1961년에 프티 코메디엥 드 쉬퐁 극단은 프랑스마리오네트노조(Syndicat des guignolistes et marionnettes français) 제2차 전국대회를 개최하며, 마리오네트 분야의 첫 국제 축제를 개최하는 데 성공했다.

1967년의 제2회 페스티벌은 국제마리오네트연합(UNIMA : Union Internationale de la Marionnette) 국제대회 당시 개최되었는데, 일반에게 완전히 개방된 행사는 아니었다. 1972년에 프티 코메디 엥 드 쉬퐁 극단은 UNIMA의 제11차 국제대회를 조직하는 책임을 맡게 되고, 자크 펠릭스와 그의 친구들은 그 기회를 이용해 일반에게 완전히 개방된 축제를 여는 데 성공했다. 프로그램은 대성공을 거두었다. 특히 축제 참가자들에게 무료 숙박을 제공한 8백 명 주민들의 공로가 컸다. 5개 대륙의 마리오네트 아티스트들이 축제를 찾으면서 페스티벌은 본격적으로 국제적인 축제로 격상되었다.

1980년에 UNIMA는 샤를르빌메지에르에 상설사무국을 설치했다. 1년 후에 창작, 교육 및 연구를 담당할 국제마리오네트연구소가 문을 열었다. 뒤이어 1987년에는 국립고등마리오네트예술학교가 개설된다.

2011년에 맞이한 페스티벌 창설 50주년은 수많은 미디어의 취재 대상이 되었다. 제16회 행사였는데, 2년에 1번 개최하기로 결정했고 새 조직위원장인 안-프랑수아즈 카바니스(Anne-Françoise Cabanis)가 치른 두 번째 축제이기도 했다.

목표와 관객

제1회 행사부터 축제가 내세운 목표는 행사를 찾은 관객들에게 세계 각지의 마리오네트에 대해 시야를 넓혀주고, 아르덴 지역의 주민들에게는 세상으로 열린 기회를 제공하기 위함이었다. 여러 가지 전통적인 기술을 사용하면서도, 페스티벌은 현대의 기술 혁신에도 의지하고 있다. 2008년 초부터 축제의 책임을 맡고 있는 안-프랑수아즈 카바니스는 '마리오네트는 예술의 중심(La Marionnette est au centre des arts)'이란 모토를 내세운다. 그녀는 "마리오네트는 고립된 예술이 아니다. 무용, 조형예술, 서커스, 마임 등 모두와 어울릴 수 있다."라고 주장한다. 또한 세계 각국의 마리오네트 아티스트들이 만남의 장을 갖는 이 축제에서 서로의 기술이 교환되며, 그로 인해 새로운 형태의 예술이 탄생한다고 강조한다.

〈파급효과〉

오늘날 이 페스티벌은 아르덴 지방 관광의 활성화에 지대한 역할을 하고 있다. 방문객은 15만 명 이상으로 추산된다. 2009년의 한 연구에 따르면 76%의 축제 참가자들이 오직 이 행사를 위해 샤를르빌메지에르를 찾고 있으며, 상대적으로 아르덴 사람들의 비중은 점차 줄어들고 있다. 63%의 축제 참가자는 평균 5일 동안 이곳에서 체류한다. 그로 인해 식당, 호텔, 상업에 미치는 효과는 상당하다.

샤모니 Chamonix [Auvergne-Rhône-Alpes]

가이드 축제 Fêtes des guides _8월 11~15일(제100회, 2024)

@petzl.com

샤모니에서 열리는 '가이드 축제Fête des Guides가 처음 만들어진 연도는 1924년이다. 콩파니 데 기드Compagnie des Guides 소속 가이드가 부상당했거나 사망했을 때 가이드나 그들의 가족을 돕는 역할을 하는 후원금고Caisse de Secours를 재정적으로 지원하려는 목적에서 시작되었다. 후원금고 역시 1924년에 창설되었는데, 기증, 다양한 제품 판매, 행사 개최를 통해 운영된다. 매년 수백 명에 달하는 자원봉사자가 금고를 위해 최대한 수익금을 거둘 수 있도록 자신들의 힘을 보태고 있다. 1821년 생겨난 샤모니 콩파니 데 기드에는 150명 이상의 전문 가이드가 소속되어 있는데, 그들이 고객들을 몽블랑 산지Massif du Mont-Blanc 및 전 세계로 인솔하고 있다. 알피니즘 영역에서 아주 유명한 인물들도 많다.

이 축제는 오늘날 샤모니몽블랑 계곡Vallée de Chamonix-Mont-Blanc에서 열리는 큰 행사가 되었다. 콩파니 데 기드가 자신들의 우정을 보여줄 수 있는 유일한 기회이기도 하다. 축제가 열릴 때에는 만남과 우정의 장이 화기애애한 분위기 속에서 이어진다. 매년 행사 마지막 날인 8월 15일에 전통 행사를 거행하는데, 행사 장소는 샤모니몽블랑 소재 생미셸 성당Église Saint-Michel의 교회 광장Place de l'église. 행사에는 공공기관들이 참석하며, 콩파니 데 기드 대표가 연설하고 유능하고도 젊은 새 멤버들을 소개하는 순서로 진행된다. 콘서트, 아페리티프와 식사, 어린이들을 위한 이벤트, 영화 상영, 스포츠 행사, 시가행진, 묘지 방문, 봉축 미사, 수공예 등 다양한 프로그램이 마련되고 있다.

8월 15일이면 종료되는 지난 행사들과 달리 100주년을 기념한 2024년에는 2월 22일과 29일 콩파니 데 기드 회원을 위한 '레 우슈Les Houches 영화의 밤' 행사를 시작으로 7월에 '아르장티에르Argentière 콘서트의 밤', 8월에 샤모니, 세르보즈Servoz, 라방셰르Lavancher 전통 축제, 9월에 '발로르신Vallorcine 콘서트의 밤' 등 다채로운 특별이벤트를 마련했다.

샤블리 Chablis [Bourgogne-Franche-Comté]

샤블리지엥 페스티벌 Festival du Chablisien _7월 5~9일(제20회, 2024)

@chablis.fr

샤블리Chablis 와 벤Beines, 리니르샤텔Ligny-le-Châtel, 말리니Maligny, 브누즈Venouse 등의 인근 코뮌에서 2004년부터 열리는 음악 행사로, 클래식, 샹송, 고음악, 중세음악, 월드뮤직, 재즈 등과 식도락, 와인, 지역 건축유산을 완벽하게 조화시킨 이벤트. 지역에서 열리는 가장 중요한 축제 중 하나로 꼽히며, '부르고뉴 그랑 크뤼 페스티벌Festival des Grands Crus de Bourgogne'에 가맹해 있다. 샤블리 외에 '부르고뉴 그랑 크뤼 페스티벌'을 개최하는 나머지 5개 지역은 누아예Noyers, 클뤼니Cluny, 제브레샹베르탱Gevrey-Chambertin, 뫼르소Meursault 및 모르빌라르Morvillars다. 50여 개의 콘서트, 와인을 주제로 내세운 30여 개의 행사가 프로그램을 이룬다. 매회 콘서트가 끝날 때마다 와인 시음회가 이어진다.

와인 축제Fête des vins _10월 26~27일(제76회, 2024)

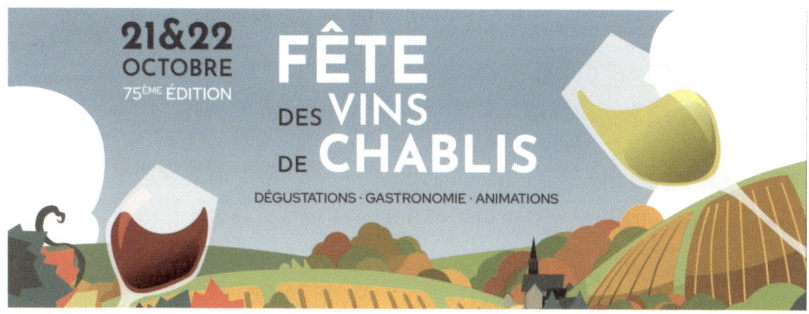

@chablis.fr

매년 10월 4번째 주말에 샤블리에서 생산하는 와인을 기리는 행사. 시음과 판매가 동시에 이루어진다. 50여 명의 생산업자가 참가한다. 소개되는 와인들을 욘Yonne 데파트르망 토양에서 생산하는 농산물들과 함께 맛볼 수 있다. 토요일에는 샤블리 와인 콩쿠르가 열리며, 이날 저녁에는 필리에 샤블리지엥 동업조합Confrérie des Piliers Chablisiens이 주최하는 만찬 행사가 프티퐁티니Petit-Pontigny 지하 저장고에서 열린다. 일요일에도 다양한 이벤트와 시음 행사가 열린다.

샤토브리앙 Châteaubriant [Pays de la Loire]

베레 장터 Foire de Béré _9월 12~15일(2025)

1050년부터 열리고 있는 행사. 베레Béré의 로마네스크 성당에서 가까운 곳에서 열리는 이 장터는 거의 1천 년의 역사를 자랑한다. 모든 영역에 걸친 350명 이상의 상인이 매년 참가하며, 6만 명 정도가 찾는다. 동원되는 소들도 2백 마리에 육박한다. 장인들의 작업, 지역 토산품들도 만나볼 수 있다. 샤토브리앙 종합전시장 Parc des

@Foire de Béré

Expositions de Châteaubriant 에서 열린다. 2024년의 주제는 '스포츠 경축 Sport en fête'. 이 행사는 2006년에 '프랑스 장터 Foires de France' 라벨을 획득했다. 판매 상인과 방문객 모두에게 품질과 선택을 보장하는 이 라벨을 획득한 행사는 현재까지 총 31개다.

샤틀렐롱플라주 Châtelaillon-Plage [Nouvelle-Aquitaine]

연 축제 Festival de cerfs-volants _4월 19~21일(제31회, 2025)

@Chatelaillon-plage-tourisme.fr

샤랑트마리팀 데파르트망 라로셸 La Rochelle 남쪽에 소재한 마을인 샤틀렐롱플라주 해수욕장에서 열리는 행사로, 프랑스의 연 전문가들에게 중요한 행사 중 하나로 인정받고 있다. 또한 샤틀렐롱플라주의 관광 시즌의 시작을 알리는 이벤트이기도 하다. 해변에서 열리는 프로그램으로는 연날리기, 연 날리는 방법 배우기, 방패연 싸움, 연 제조 시범 및 강좌, 아이들을 위한 200m² 공간의 빌리지, 간조 때 수상 활동을 할 수 있는 저수조 등이 있다. 약 7만 명이 축제를 찾는다.

샬랭드레 Chalindrey [Grand-Est]

마녀 축제 Fête des sorcières _10월 26~27일(제26회, 2024)

@tourisme-langres.com

19세기에 지어진 코뉼로 성채 Fort du Cognelot의 10여 개 홀에서 열리는 축제로 '풀르토 Foulletot'라는 이름을 가진 악마를 두려워했던 랑그르 Langres 지방 농민들의 정서를 이어가고 있는 행사다. 환상적인 이야기를 다룬 소희극, 어릿광대 음악가들의 연주, 저글링을 하고 입에서 불을 내뿜는 곡예사, 마녀, 환상, 상상계를 다룬 전시회 등이 행사를 채운다. 어둡고도 미로 같은 통로는 마녀의 저주가 걸려 있으며, 환상 속의 인물들이 복도를 배회한다. 그로테스크한 테마의 이색적인 아틀리에도 다양하게 열린다. 60여 개의 판매 부스에서는 괴기스러운 분위기의 소품을 구입할 수 있다. 야외에서는 게임이 열리며, 분장 강습도 오픈한다. 끔찍한 오르간 소리가 흘러나오는 마녀의 선술집에서 술을 마실 수도 있다.

샬론쉬르루아르 Chalonnes-sur-Loire [Pays de la Loire]

앙주 와인 축제 Fête des vins d'Anjou _5월 18~19일(2024)

@terredevins.com

앙주Anjou 지역에서 생산하는 가장 유명한 와인들이 한자리에 모여 축제를 벌이는 행사로, 60여 명의 와인 생산업자들이 참가한다. 29개 종류의 앙주 지역 와인들을 만날 수 있는 기회다. 가장 최근에 생산한 와인들도 시음해볼 수 있다. 포도밭 걷기, 골동품 시장, 농업과 와인 생산 관련 전시회, 추대식을 곁들인 조합원들의 행진, '페르 넥타르Père Nectar' 트레킹 등이 프로그램을 채우고 있다. 토요일 저녁에는 미스 앙주 선발대회와 무도회가 열린다. 축제는 역사적인 공간인 샬론쉬르루아르 강가에서 열린다. 코로나19로 인해 행사가 열리지 못했던 2020, 2021년에 이어 2024년 축제도 취소되었다. 극우 성향의 두 사람이 운영하는 라 플람La Flamme 기업이 행사를 후원하는 것에 주민단체가 반발했기 때문이었다.

샬롱쉬르손 Chalon-sur-Saône [Bourgogne-Franche-Comté]

샬롱쉬르손 카니발 Carnaval de Chalon-sur-Saône _2월 21일~3월 2일(제104회, 2025)

@www.familiscope.fr

프랑스에서 니스 카니발 다음으로 규모가 큰 카니발이다. 행사가 열릴 때면 사람들이 거리로 몰려나와 카바슈 왕 Roi Cabache 과 그의 아내인 무텔 Moutelle 을 환호한다. 종이로 만든 거대한 머리를 한 거인들 행진이 팡파르가 울려 퍼지는 가운데 이루어진다. 축제는 7m 높이의 카니발의 왕 차가 도착하면서 시작되며, 카니발의 왕 차 뒤를 고니오 왕 Roi des Gôniots 차, 장식 꽃차들이 잇는다. 손 Saône 강가에서 베네치아 분위기를 즐길 수 있는 행사다. 2020년에 100주년을 맞이했다.

샬롱 거리축제 Chalon dans la rue _7월 17~20일(제38회, 2025)

@info-chalon.com

1987년 이후 매년 7월 손에루아르 Saône-et-Loire 지방 샬롱쉬르손 도심에서 열리는 거리극 축제. 처음 만들어진 순간부터 프랑스에서 열리는 중요한 거리극 축제로 자리매김했으며, 오늘날 프랑스와 유럽을 통틀어 가장 유명한 거리극 이벤트 중 하나가 되었다. 5일 동안 150개 공연단체가 1,000개에서 1,200개 사이의 아주 다양한 공연을 제공한다. 참가하는 아티스트만도 1,000명이 넘으며, 관련 전문가도 1,200명 정도가 참석한다. '오프 Off' 형태로도 100개의 무료 공연이 제공된다. 매년 35만 명 이상이 축제를 찾는다.

역사

1987년에 도미니크 페르벤(Dominique Perben)이 시장직을 맡고 있던 샬롱쉬르손은 '레키랑도(L'Equirando)' 전국승마관광대회 기간에 최초의 국제거리극축제를 연다. 첫 축제에 참가한 극단 수는 14개였다. 1998년에 이 축제는 '트랑스나시오날(TransNational)'로 이름이 바뀌었다. 2016년에 156개 공연단체가 참가했다. 1987부터 참가한 단체만 하더라도 총 2,263개에 달한다.

프로그램

행사는 라바투아르(L'Abattoir) 국립거리극센터가 주관하는데, 소재지 주소는 52 quai Saint-Cosme이다. 프로그램은 축제 예술감독이 16–20개 단체를 선정하는 'In'과 Off 책임자들이 선정한 1,000명 정도의 지원자가 고르는 'Off'로 나뉜다. 'Off'의 경우 130–140개 공연단체가 선발된다. 'In'에 참석하는 공연단체의 경우 조직위원회가 경비 책임을 모두 담당하는 반면, 'Off'에 참석하는 공연단체들은 자비를 들여 기자재 운반까지 모두 담당해야 한다.

축제는 4일간 열리는데, 오직 1992년 행사만이 6일에 걸쳐 열렸다. 부르고뉴 다리가 개통하는 기회를 이용해 행사를 치렀기 때문이었다.

샬롱앙샹파뉴 Châlons-en-Champagne [Grand-Est]

퓌리 페스티벌 Festival Furies _6월 3~8일(제36회, 2025)

@chalons-tourisme.com

거리예술, 현대 서커스, 거리극에 할애된 이 축제는 1990년에 처음 생겨났다. 현대 창작물을 지원하고, 재능 많은 젊은 예술가들을 발굴하는 것이 목적이었다. 축제가 열릴 때 서커스학교로 유명한 샬롱앙샹파뉴 마을은 거대한 창작무대와 서커스 공연장으로 탈바꿈하면서 만남과 교환의 장이 된다. 서커스와 거리극 분야에서는 국제적으로도 빠뜨릴 수 없는 행사가 되었다. 공연들은 대형 가설무대, 광장, 정원, 거리 모퉁이, 리브 고슈 홀 Salle Rive Gauche, 국립서커스센터 Centre national des Arts du cirque 등에서 열린다. 축제는 서커스, 거리예술, 무용과 연극 쪽의 10여 개 무료 공연을 제공하는데, 내부에서 열리는 일부 공연은 유료다. 퓌리 Furies 협회는 이 축제뿐만 아니라 연중 내내 샬롱앙샹파뉴를 채우는 문화행사들을 기획하고 있다. 2월에 열리는 'Festival Clown et Marionnettes', 5월의 'Court Circus' 등이 그런 행사들이다.

워 온 스크린 페스티벌 Festival War on Screen _10월 6~12일(제13회, 2025)

@waronscreen.com

분쟁과 그 결과에 대해 성찰하는 유일한 국제영화제다. 세계 각국의 다양한 영화들로 구성된 프로그램은 영화와 애니메이션에서 분쟁들이 어떻게 재현되고 있는지를 잘 보여준다. 분쟁을 제대로 이해하기 위해 영화와 지역을 강조하며, 코미디, 사회적 비극, SF영화, 스파이 영화, 역사 서사시, 작가주의 영화 등 모든 장르를 망라한다. 축제는 단순한 영화제 이상의 역할을 떠맡고 있는데, 프랑스 국내외와 파트너십을 체결하면서 창작, 출판, 연구, 교육을 지원한다. 장편영화와 단편영화, 픽션, 다큐멘터리, 애니메이션, TV시리즈물, 비디오게임을 대상으로 한 2개의 국제 경쟁 부문, 회고전, 오마주, 포커스, 작가와의 만남, 마스터클래스, 아틀리에, 공연, 전시회가 축제 프로그램을 구성하고 있다. 매년 이 행사를 통해 상영되는 영화는 100편이 넘는다.

샹베리 Chambéry [Auvergne-Rhône-Alpes]

샹베리 카니발 Carnaval de Chambéry _3월 8일(제34회, 2025)

샹베리 카니발은 '대공들의 도시 Cité des Ducs' 샹베리에서 열리는 중요한 대중행사 중 하나다. 1990년부터 시작된 이 축제는 매년 1천 명의 시가행진 참가자와 2만 명 이상의 방문객을 맞아들이고 있다. 2025년의 테마는 '대소동 Le Grand Charivari'.

@Ville de Chambéry

2023년에 '동물들의 카니발 Carnaval des animaux'이란 주제를 내세운 축제는 2월 18일에 샹베리에서, 2월 25일에 오드샹베리 Hauts-de-Chambéry에서 열렸다. 2시간 이상 동안 어린이집, 문화센터, 30여 개의 협회와 공연단체, 지역 아티스트가 샹베리에서 시가행진을 벌인다. 이 행사는 단순한 이벤트나 가족적 성격의 축제 이상의 의미를 지닌다. 총 10대의 퍼레이드 카가 등장하는 2023년 행사에는 환상 속의 동물, 선사시대 동물, 멸종하는 동물, 혹은 만화나 우화 속에 등장하는 동물 등 다양한 동물이 선보였다. 14시 30분에 도심의 시청 광장에서 시작한 카니발은 유럽 광장 Place de l'Europe에서 미스터 카니발 Monsieur Carnaval을 불태우면서 끝이 났다.

세계문화제 Festival des cultures du monde _7월 11~14일(제58회, 2025)

여름의 사부아 Savoie 지방을 뜨겁게 달구는 이 축제는 세계 여러 지역 문화로의 여행을 가능하게 한다. 문화를 통해 서로에 대한 이해를 돕는 멋진 행사로 세계의 주요

@festivalchambery.com

민속음악 연주단체와 공연단이 한자리에 모인다. 행사 장소는 샹베리 중심에 자리한 베르네 공원 Parc du Verney. 공원에는 축제 빌리지가 세워지며, 장인들이 물건을 파는 부스와 식당이 운영된다. 아이들을 위한 공간도 마련된다. 모든 공연은 무료다. 축제 기간에는 시가행진도 열린다. 코로나19로 인해 2020년 행사는 열리지 못했다.

국제만화제 Festival international de la BD _10월 3~5일(제49회, 2025)

@ActuaBD

1975년 10월에 당시 데생 스튜디오를 운영하던 로베르 사부아 Robert Savoy 의 주도로 처음 만들어진 만화제다. 사부아 Savoie 지방의 샹베리에 소재한 르 마네주 국제회의장 Centre de Congrès Le Manège 에서 열린다. 샹베리 국제만화제는 오늘날 프랑스에서 앙굴렘 만화제 다음으로 역사가 오래된 만화 축제다. 아티스트들로부터 가치를 인정받았기에, 많은 예술가가 이 축제가 담아내는 진정성과 축제 분위기를 즐기러 샹베리를 찾고 있다. 샹베리 사부아 만화협회 Association Chambéry Savoie Bande-Dessinée 는

1901년 법에 따른 협회로 10명의 이사회, 축제 조직에 참여하는 20명의 자원봉사자, 그리고 '황금코끼리상Éléphants d'Or' 시상자를 투표로 결정하는 독서위원회로 구성되어 있다. 방문객을 맞이하고, 예술가들과 연락하며, 언론을 상대하는 120명이 축제를 위해 일하고 있다.

연도별 초대 만화가

- 2003년(제27회) : 데리브(Derib)
- 2004년(제28회) : 아크데(Achdé)
- 2005년(제29회) : 로랑 베롱(Laurent Verron)
- 2006년(제30회) : 〈티퇴프(Titeuf)〉 시리즈를 그린 제프(Zep)
- 2007년(제31회) : 프틸뤽(Ptiluc)
- 2008년(제32회) : 크리스토프 아를레스통(Christophe Arleston)
- 2009년(제33회) : 장 뒤포(Jean Dufaux)
- 2010년(제34회) : 파트릭 소브랄(Patrick Sobral)
- 2011년(제35회) : 파트릭 소브랄, 초대 국가는 타이완
- 2012년(제36회) : 들라프(Delaf), 마리즈 뒤뷕(Maryse Dubuc)
- 2013년(제37회) : 〈오코(OKKO)〉 만화를 그린 삽화가 위브(Hub)
- 2015년(제39회) : 마리즈 샤를(Maryse Charles), 장-프랑수아 샤를(Jean-François Charles)
- 2017년(제41회) : 프랑수아 부크(François Boucq)
- 2018년(제42회) : 실비오 캄보니(Silvio Camboni)(이탈리아)
- 2019년(제43회) : 오렐리 네이레(Aurélie Neyret)
- 2024년(제48회) : Label 619, 기욤 르나르(Guillaume Renard)

샹보르 성 Château de Chambord [Centre-Val de Loire]

샹보르 라이브 Chambord Live _6월 22일(제4회, 2025)

프랑스 르네상스를 상징하는 건물로 500년 전인 1519년에 지어진 건물이 샹보르 성이다. 영지의 총 면적은 5,440ha에 달하며, 유네스코 세계문화유산 및 프랑스 역사유적에 등재되어 있다. 프랑스 역사유적에 등재된 해는 1840년이다. 세계에 잘 알려진 샹보르 성이 2021년부터 개최하는 축제로, 프랑수아 1세François I^{er}를 비롯한 프랑스

@chambord.org

국왕들의 축제 장소가 단 하루 동안 예술 창조 공간으로 변신한다.

수 년 전부터 샹보르 성은 음악 페스티벌, 일렉트로 콘서트. 음악의 축제 등의 다양한 행사를 통해 세기를 뛰어넘는 여러 시도를 해왔다. 초청자들의 면면을 보면 이 행사가 사랑을 받는 이유를 알 수 있다. 2021년에는 스팅Sting이, 2023년에는 그래미상 수상자인 록 그룹 이매진 드래곤즈Imagine Dragons가, 2024년에는 세계 최고의 DJ 중 한 명인 다비드 게타David Guetta가, 2025년에는 블랙 아이드 피스Black Eyed Peas가 함께했다.

샹블레뷔시에르 Chambley-Bussières [Grand-Est]

에어 벌룬즈 월드컵 Le Mondial Air Ballons _7월 25일~8월 3일(제19회, 2025)

뫼르트에모젤Meurthe-et-Moselle 데파르트망 소재 샹블레뷔시에르에서 1989년에 처음 만들어진 후 2년에 한 번씩 열리는 행사로, 열기구들이 한자리에 모이는 이벤트로서는 세계에서 가장 규모가 크다. 매년 미국 뉴멕시코주에서 개최되는 Albuquerque International Balloon Fiesta가 열기구 참가 숫자 측면에서는 이 행사에 뒤이어 제2위

@lorrainemag.com

를 차지한다. Le Mondial Air Ballons은 2017년 7월 28일 456개의 열기구가 동시에 하늘에 뜨면서 세계신기록을 수립했다. 2021년의 참가 국가는 67개국, 관객 수는 50만 명에 육박했다. 필립 뷔롱 필라트르 Philippe Buron Pilâtre가 처음 만든 행사의 원래 이름은 'Lorraine Mondial Air Ballons'이었는데 후에 'Le Mondial Air Ballons'로 개명되었다. 행사가 열리는 샹블레 비행장 Aérodrome de Chambley 은 나토NATO, 북대서양조약기구의 비행 기지로 사용되던 장소다. 대중적이고도 관광 차원에서 아주 매력적인 이 행사가 그랑테스트 레지옹에 기여하는 경제 효과는 행사마다 1,300만 유로 정도로 추산된다. 2024년 2월 행사 주최 측이 새로 바뀌면서 제19회 행사는 2025년 7월 25일 금요일부터 8월 3일 일요일까지 열렸다.

세레 Céret [Occitanie]

레 데페를랑트 쉬드 드 프랑스 Les Déferlantes Sud de France _7월 7~10일(제15회, 2021)

프랑스 남서부 피레네조리앙탈Pyrénées-Orientales 데파르트망의 마을 세레의 오비리 성Château d'Aubiry에서 매년 7월 열리는 행사로 록, 랩, 샹송, 팝, 일렉트로 음악을 대상으로 한다. 국제적으로 이름이 난 뮤지션부터 샹송계의 샛별에 이르기까지 다양한 음악인들을 만나볼 수 있다. 2019년에는 7만 명의 관중을 끌어들였다. 2007년에 다비드 가르시아David Garcia의 주도로 '레 데페를랑트 다르줄레스Les Déferlantes d'Argelès'란 타이틀을 내세우면 시작했던 행사는 2015년에 현재 이름으로 개명되었다. 3일 혹은 4일간 축제가 열리는데, 2007년부터 2019년까지 아르줄레스쉬르메르Argelès-sur-Mer 마을에서 열리다가 2021년에 세레가 이어받았다. 세레에서 2021년부터 열리는 축제는 콘서트 외에도 스포츠 행사, 지역 특산품 판매, 신기술을 동원한 이벤트 등을 추가했다. 2021년 참가 뮤지션은 소프라노Soprano, 장-루이 오베르Jean-Louis Aubert 등. 2023년에 행사 개최지는 르 바르카레스Le Barcarès로 다시 변경되었다.

세트 Sète [Occitanie]

에스칼 아 세트 축제 Escale à Sète – Fête des traditions maritimes en Méditerranée _3월 31일~4월 6일(제9회, 2026)

'지중해 해양전통축제Fête des traditions maritimes en Méditerranée'란 부제가 붙은 축제. 2년마다 에로Hérault 지방 세트에서 열리는 축제로 첫 행사는 2010년에 열렸다. 지중해에서 전통 선박들이 모이는 축제로는 최대 규모를 자랑한다. 2018년 축제는 3월 27일부터 4월 2일까지 열렸는데, '레르미온L'Hermione' 호가 특별히 이 축제를 찾았다.

2010년에 개최된 첫 행사는 단 하루만 열리면서 1만 명을 끌어들였다. 참여한 배의 숫자는 50척. 2012년과 2014년에는 25만 명이 축제를 보기 위해 운집했다. 세상

@Ville de Sète

에서 가장 큰 범선들인 '세도프Sedov'호와 '크루젠슈테른Kruzenshtern'호를 포함한 100여 척의 전통 선박이 2014년 세트 항구를 찾았다. 2016년 행사는 세트 항구 개항 350주년을 맞이해 3월 22일부터 28일까지 열렸다. 역사성을 띤 150척의 배가 항구를 찾았는데, 폴란드의 세 돛대 범선 '달 모지에지Dar Mlodzieży'호, 포르투갈의 네 돛대 범선 '산타마리아 마누엘라Santa Maria Manuela'호, 체코 범선 '라 그라스La Grace'호, 러시아 범선 '슈탄다르트Shtandart'의 복제선, 스페인 카라크 배 '나오 빅토리아Nao Victoria'의 복제선, 이탈리아 욜yawl형 범선인 '마리나 밀리타레 스텔라 폴라레Marina Militare Stella Polare'호, 프랑스 세 돛대 범선 '라 마리테La Marité'호, 옛적 브르타뉴 지방의 참치잡이 어선인 '비외 크라브Vieux Crabe'호, 먼바다 쌍돛대 범선 '동 뒤 방Don du Vent'호, 소형배들인 '마리-리지그Mari-Lizig'호와 '마리-클로딘Marie-Claudine'호 등이 그런 배들이었다.

월드와이드 페스티벌 Worldwide Festival _6월 30일~7월 6일(2025)

@http://worldwidefestival.com/

몽펠리에 Montpellier 인근의 지중해 쪽 포구 세트에서 17년 전부터 열리고 있는 Worldwide Festival은 1주일 동안 세트 시를 뜨거운 축제의 천국으로 변모시킨다. Franglish BBC 2 라디오의 음악해설가인 질 피터슨 Gilles Peterson 의 제안에 따라 만들어진 이 축제는 아프로비트 Afrobeat 에서 트랜스 Trance 에 이르기까지 라이브음악을 연주하는 그룹과 DJ들을 뒤섞고 있다. 축제는 새벽까지 이어지며, 저녁에는 '바다극장 Théâtre de la mer '이라는 타이틀을 내세우는 해변에서 공연들이 열린다.

지중해의 생생한 목소리 축제 Festival Voix Vives de Méditerranée en Méditerranée
_7월 18~26일(제28회, 2025)

남프랑스 세트에서 열리는 시 축제다. 매년 지중해에 맞닿은 국가의 시인들을 한 자리에 불러모으는 행사다. 보통 70명 이상의 시인이 행사를 찾는다. 독자들에게 시를 더 가까이 다가가게 하고, 동시대의 새로운 시어를 찾아내며, 만남을 통해 긴장과 비극을 넘어서서 공동의 역사를 만들어내려는 여러 목표를 설정하고 있다. 거리, 광장, 정원, 항구, 배, 카페 테라스, 선술집 등 세트 중심의 일상적인 공간에서 행사가 열리며, 오전 10시부터 자정까지 수많은 시와 음악 행사가 진행된다.

지중해 지역의 현대시를 만날 수 있는 기회로, 이를 통해 축제를 찾는 사람들은 자신과 이웃의 뿌리, 시와 문학의 상상계, 영토에 대해 생각해보는 시간을 가진다. 낭독, 음악을 곁들인 낭송회, 토론회, 만남의 장, 지역 협회들이 마련한 글쓰기 강좌 등 매일 80차례 이상의 만남이 마련된다. 걸어서 돌아볼 수 있다. 레옹 블룸 광장 Place Léon Blum 이나 푸프르 광장 Place du Pouffre 에서는 '시詩 시장'도 열린다. 시 시장에서는 출판업자, 시인, 관객 사이의 만남의 장이 이루어진다. 무료 행사. 2024년 행사는 이탈리아의 제노바에서 6월에, 스페인의 톨레도에서 9월에 열렸다.

생루이 페스티벌 Fête de Saint Louis _8월 22~24일(제281회, 2025)

@france3-regions - Franceinfo

지중해 쪽에서 두 번째 규모의 상업항이자 가장 큰 포구인 세트 항은 루이 14세 통치 시기에 만들어졌다. 미디 운하 Canal du Midi 에 진입하는 어귀에 항구를 건설하라는 명령을 내리며, 그에 따라 1666년 7월 29일 세트 항구가 준공된 것이다. 이곳에서는 여름 최대의 지역 행사인 생루이 축제 때 해상 창 경기 joutes nautiques 를 열면서 그를 기리고 있다.

해상 창 경기는 세트 항구가 개항하던 1666년 7월 29일 처음 열린 경기로 경기 규칙은 매우 단순하다. 창으로 밀어 상대방을 물속에 빠뜨리면 된다. 시합을 하는 선수는 수면으로부터 2m의 '탱텐 tintaine' 위에 올라가며, 길이가 2.8m인 창과 방패로 무장한다. 18세기에 이 스포츠는 붉은색을 한 기혼자들과 푸른색을 한 젊은 미혼자들을 서로 겨루게 하는 경기였다. 오늘날에도 이 색깔은 의상과 배, 그리고 창에 동일하게 적용된다. 나머지 의상은 흰색으로 통일한다. 생루이 그랑프리 대회 우승자는 깃발 위에 이름이 새겨지는 영예를 누린다.

카드르 루아얄 Cadre Royal 에서 열리는 창 경기 말고도 엔터테인먼트, 콘서트, 전시회, 퍼레이드, 수영으로 바다를 건너는 행사 등이 열리며, 방파제에서 펼쳐지는 웅장한 불꽃놀이로 축제가 마무리된다.

센생드니 Seine-Saint-Denis [Ile-de-France]

마그레브와 중동 영화제 Panorama des cinémas du Maghreb et du Moyen-Orient
_2월 28일~3월 11일(제19회, 2024)

마그레브Maghreb 국가들의 영화를 만나볼 수 있는 연례 행사. 알제리, 모로코, 튀니지, 이집트, 팔레스타인, 시리아 및 세계 각 지역의 중동 커뮤니티에서 제작한 60여 편의 픽션과 다큐멘터리 영화들이 상영된다. 상영되는 영화들은 미개봉작이며, 일부 영화들은 시사회 성격을 띤다. 초청 감독, 영화인, 예술가와의 대화뿐만 아니라 원탁회의, 문학 관련 모임, 콘서트 등도 마련된다. 영화제가 열리는 장소는 데모 진원지였던 '레크랑 드 생드니 L'Écran de Saint-Denis' 영화관, 파리 및 센생드니 소재 미디어테크와 연구소들이다.

방리외 블뢰 Banlieues bleues _3월 14일~4월 11일(제42회, 2025)
재즈를 중심으로 가스펠, 블루스, 월드뮤직, 일렉트로 등의 음악이 가득한 축제로 센생드니 데파르트망에 속한 15개 내외의 도시에서 열린다. 1984년부터 시작되었다. 파리 교외 지역의 밤을 화려하게 수놓는 이벤트로 놓칠 수 없는 행사다. 1988년에 마일스 데이비스Miles Davis, 2012년에 맥코이 타이너McCoy Tyner와 존 존John Zorn, 2020년에는 토니 앨런Tony Allen 같은 미국의 재즈 아티스트들을 맞이하기는 했지만

축제는 창작물에 많은 자리를 부여하고 있다. 유료 콘서트 관객은 1만 명에서 1만2천 명 사이, 무료 관객은 8천 명에서 1만 명 사이다.

센생드니 국제무용제 Rencontres chorégraphiques internationales de Seine-Saint-Denis
_5월 13일~6월 15일(2024)

센생드니 데파르트망의 여러 극장에서 열리는 이 현대무용제는 예술적 모험을 관객들에게 알리고 또 공유하게 하는 것이 목적이다. 현대예술 방면의 주요 경향을 살펴볼 수 있다. 몽트뢰이유Montreuil 소재 누보 테아트르Nouveau théâtre의 장-피에

르 베르낭 홀Salle Jean-Pierre Vernant, 생투앙Saint-Ouen 소재 맹 되브르 문화협회Association culturelle Mains d'Œuvres, 팡탱Pantin 소재 국립무용센터CND : Centre national de la danse 등에서 축제와 만날 수 있다. 1969년에 바뇰레Bagnolet에서 콩쿠르 형태로 시작한 행사에 뿌리를 두고 있다. 개척자 역할을 이어가는 이 이벤트는 국제 무용 활동을 자극하고 새로운 작품들을 양산하는 촉진제 역할을 담당하며 창작에 큰 자리를 할애하면서 잘 알려지지 않은 작가들을 발굴하는 데 일조한다.

2002년부터 400회 이상의 공연을 무대에 올렸는데, 200여 개의 초청극단70개 프랑스 극단과 139개 해외 극단 포함이 공동제작 지원을 통해 89개 작품을 선보였다.

셀레스타 Sélestat [Grand-Est]

셀레스타 꽃마차 퍼레이드 Corso Fleuri de Sélestat _8월 9일(제96회, 2025)

@France Bleu

셀레스타는 르네상스 시대의 보물인 '인본주의 도서관 Bibliothèque Humaniste'이 소재한 도시다. 알자스 지방에서 열리는 큰 행사로, 약 40만 송이의 달리아가 낮과 밤에 시가행진을 벌이는 꽃마차들을 장식한다. 매년 대중적으로 큰 성공을 거두고 있다. 매번 새로운 주제를 내세우고 있으며, 음악가, 무희, 극단 및 민속음악 그룹들이 축제에 참가한다. 축제의 피날레는 불꽃놀이가 장식한다.

셀레스타 시가 당시 시장이던 오귀스트 브로너 박사 Dr Auguste Bronner 의 주도로 첫 꽃마차 퍼레이드를 벌인 해는 1929년이다. 처음에는 광고판을 붙이거나 아닌 자전거와 자동차들이 행렬을 구성했다. 세월이 흐르며 축제가 변모했고, 1954년부터 매년 주제를 채택하기 시작했다. 1960년부터는 야간 퍼레이드도 생겨났다. 대표적인 주제들은 '생일 부케 Bouquet d'anniversaire' 1969, '세계일주 Le Tour du monde' 1978, '달리아 나라에서의 탱탱 Tintin au pays des dahlias' 1986, '교통과 통신 Transport et communication' 1990, '유럽의 색깔 Couleurs d'Europe' 2001, '축제일 Jours de fête' 2005, '셀레스타가 오쾨닉스부르그를 경축하다Sélestat fête le Haut-Koenigsbourg'2008, '마법의 왕국Les royaumes enchantés'2012, '물결치는 대로Au gré des flots'2017 등이 있다. 2021년의 셀레스타 꽃마차 퍼레이드는 코로나19로 인해 취소되었다.

록 유어 브레인 페스트 Rock Your Brain Fest _10월 17~18일(제12회, 2025)

@zone51.net

펑크와 메탈 펑크 록에 할애된 음악 축제로 Metal Day에서는 스래시 메탈thrash 과 인더스트리얼 메탈metal industriel 로, 다음날 열리는 Disorder Day에서는 사회에 도전하고 관습을 깨뜨리고자 하는 '주먹을 든le poing levé' 프로그램으로 편성한다. 또한 개최 공간은 여러 개의 바, 음식 노점, 넓은 테라스를 구비하고 있기에 긴 음악과 발견, 즐거움과 공유를 느낄 수 있는 장소다. LP레코드와 다른 품목들, 티셔츠 컬렉션도 구매할 수 있다. 근처 장소에서는 캠핑이 허용된다. 2020년 행사는 코로나19로 인해 취소되었다. 2021년 행사에는 스티브엔시걸즈Steve'n'Seagulls 가 참가했다.

셰디니 Chédigny [Centre-Val de Loire]

장미 축제 Festival des roses _5월 24~25일(제18회, 2025)

@chedigny.fr

장미의 마을에서 열리는 식물과 생물다양성 축제. 투렌 Touraine 지방의 주요 행사 중 하나다. 장미나무, 식물과 꽃, 씨앗 등 식물과 관련된 다양한 물건을 구입할 수 있다. 장미 재배업자, 종묘업자, 장인들을 만나볼 수 있는 기회이기도 하다. 일요일 14시 30분에는 어린이들을 위한 공연이 열려 샹송과 월드뮤직을 들려주며, 화가들의 전시회도 열린다. 매년 셰디니 장미협회 Association Roses de Chédigny 가 행사를 주관하며, 100여 명의 자원봉사자가 축제를 준비한다. 에스파스 샹페트르 espaces Champêtres 에서는 다양한 먹거리를 즐길 수 있다.

소 Sault [Provence-Alpes-Côte d'Azur]

라벤더 축제 Fête de la Lavande _8월 15일(제38회, 2025)

@ventouxprovence.fr

인구가 1,500명에 불과한 남프랑스 보클뤼즈 Vaucluse 데파르트망의 마을 소 Sault 에서는 매년 8월 15일 세계 최대의 라벤더 축제를 개최한다. 행사 주체는 'Lavandes en Fête'. 라벤더 베기 경연대회, 라벤더 생산자 마켓, 공예가와 화가들의 전시, 라벤더 밭에서의 점심 식사 외에도 프로방스 전통 복장을 한 사람들의 꽃마차와 트랙터 퍼레이드 등이 열린다. 행사 장소는 데팡 경마장 Hippodrome du Deffends 의 참나무 그늘 아래. 인근의 방투 Ventoux 산으로의 하이킹을 곁들이면 좋다.

소그 Saugues [Auvergne-Rhône-Alpes]

제보당 페스티벌 Festival en Gévaudan _8월 7〜9일(제18회, 2025)

중부고원지대 마르주리드 Margeride 산지 한가운데 자리한 소그 마을에서 열린다. 120명 정도에 달하는 자원봉사자들로 100% 진행된다. 음악 행사는 주로 제보당 대로 Avenue du Gévaudan 에 자리한 알 데 스포르 Hall des sports 에서 열리는데, 유료 콘서트는 축구장 쪽의 초대형 가설 천막 안에서 열린다. 3일간 열리며, 켈트 전통과 음악, 제보당 Gévaudan 의 역사와 기원을 부각시키는 이벤트다. 모두가 즐길 수 있는 행사로 축제 개막식 날 낮에는 무료 콘서트를, 다음 이틀 동안은 저렴한 가격의 콘서트를 제공한다. 그동안 켈트 음악 쪽의 대가들인 트리 얀 Tri Yann, 마노 Manau, 켈틱 레전드 Celtic Legends, 아이리쉬 켈틱 Irish Celtic 등과 샹송계의 스타들이 축제를 찾았다.

고장의 문화유산을 더 알도록 하는 의미에서 매년 프로그램에는 '예술과 역사의 고장 Pays d'Art et d'Histoire'과 함께하는 트레킹 행사도 들어있다. 장터, 시가행진, 콘서트도 주요 프로그램이다. 2022년에는 아일랜드 댄스 그룹이 초대되기도 했다. 1만 명 이상이 찾고 있다.

소뮈르 Saumur [Pays de la Loire]

마술교관들의 봄 갈라쇼 Le Printemps des écuyers _4월 19~21일(2024)

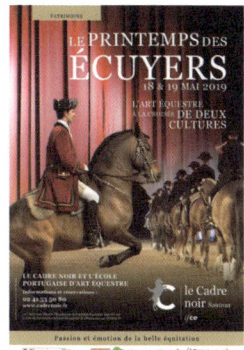

프랑스의 전통적인 승마학교로 유명한 소뮈르 기병학교 Cadre noir de Saumur 는 2세기도 더 전부터 고급스러움과 엄격함, 정확함으로 정평이 나 있다. 루아르 계곡의 중심부에 위치한 이 엘리트 승마학교는 세계에서 가장 권위 있는 기관 중 하나로 간주되며, 승마학교이기 전에 18세기부터 교육되던 프랑스의 전통적인 승마 기술을 보존하고 전수하는 것을 목표로 삼았다. 이 학교가 매년 봄에 말들의 기교와 우아함을 보여주는 행사가 '마술교관들의 봄 갈라쇼'다. 2024년 행사는 소뮈르 기병학교와 스페인의 코르도바 에쿠에스트레 Cordoba Ecuestre 가 공동으로 진행했다. 갈라 길이는 1시간 45분 정도고, 금요일과 토요일에는 21시에, 일요일에는 16시에 열렸다. 입장료는 35유로.

소뮈르 음악무대 Les Scènes musicales à Saumur _6월~9월 매월 세 번째 금요일(제5회, 2023)

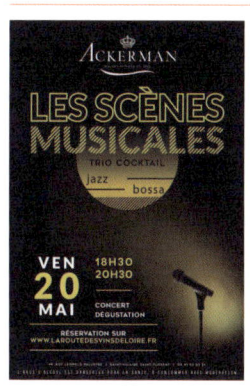

@Saumur Tourisme

소뮈르에 소재한 아케르만 하우스 Maison Ackerman 가 날씨가 좋은 날은 출판사 정원에서, 변덕스러운 날씨엔 멋진 지하공간에서 18시30부터 20시 30분에 여는 아페리티프 콘서트. 아케르만은 만화를 전문으로 출간하는 출판사다. 음악과 장소가 완벽히 어우러지기 위해 콘서트마다 한 잔의 포도주가 제공된다. 2020년에는 코로나로 인해 행사가 열리지 못했다.

페스티비니 와인 문화제 Festivini/Festival de la Culture du Vin _6월~9월(매년)

페스티비니는 루아르 계곡 Vallée de la Loire 을 새로운 시각으로 바라보고 싶은 와인 애호가라면 누구나 꼭 참석해야 할 축제다. 뛰어난 와인을 맛보고, 열정적인 와인메이커를 만나며, 지역의 풍부한 문화적 매력을 발견할 수 있는 특별한 기회를 제공한다. '와인, 맛 그리고 좋은 기분 Vins, saveurs et bonne humeur '이 페스티비니 축제가 내세우는 구호다. 문화와 와인을 다루며, 루아르 일대에서 생산하는 와인들을 중심으로 많은 행사가 열린다. 와인 시장, 시음, 식도락 아틀리에, 추대 행사, 옛 자동차 전시, 퐁트브로 수도원 Abbaye de Fontevraud 포도밭에서의 만찬, 성의 포도밭으로부터의 횃불 행진, 포도밭으로의 저녁 트레킹 등이 그런 이벤트들이다. 6월부터 9월까지 열린다.

@Festivini

쇼브테르드루에르그 Sauveterre-de-Rouergue [Occitanie]

다발라다 Davalada _10월 6일(2024)

1962년에 처음 만들어진 '밤과 달콤한 시드르 축제 Fête de la châtaigne et du Cidre doux '는 아베롱 Aveyron 과 타른 Tarn 지역의 특산물을 기리는 전통 축제다. 그런데 매년 10월 마지막 일요일에 열리던 '밤과 달콤한 시드르 축제'는 2021년부터 'Davalada'라는 이름의 가을 시장으로 대치되었다. 'Davalada'는 옥시타니어로 '가을'을 뜻한

@sauveterre-de-rouergue.fr

다. 도에서 보건 패스가 없는 마을 행사를 불허했기에 주최 측이 선택한 대안이었다. 행사의 포맷은 동일한데, 구운 밤과 갓 농축한 사과주스를 행사장에서 맛볼 수 있다. 통상 아르카드 광장 Place aux Arcades 에서 열린다. 보통 1톤의 밤과 2천 리터의 달콤한 시드르가 소비되며, 음악과 전통춤도 곁들여진다.

솔렘 Solesmes [Hauts-de-France]

주사기 지참자 카니발 Carnaval des seringueux _2월 10~13일(2024)

@La Voix du Nord

2리터 용량의 주사기를 지참한 8백 명 가까운 '주사기 지참자 seringueux'들이 가면을 쓰지 않은 자들을 쫓아다니며 물을 뿌려대는 이벤트다. 솔렘에서 즐길 수 있는 대중적인 축제로, 우비를 입는 것은 필수. 주사기로 물을 뿌려대는 이벤트 외에도 축제의 왕인 거인 '바르바리 Barbari'가 팡파르에 맞춰 거리를 활보한다. 솔렘의 저항과 관련된 옛 전설을 상기시켜주는 풍경이다.

쇼몽쉬르루아르 Chaumont-sur-Loire [Centre-Val de Loire]

국제 정원 페스티벌 Festival international des Jardins _4월 24일~11월 3일(제32회, 2024)

@Eric Sander

루아르에셰르 Loire-et-Cher 데파르트망의 쇼몽쉬르루아르에서 1992년 처음 만들어진 축제로 2024년에 32회를 맞이했다. 국제 정원, 공원 및 조경학교 Conservatoire International des Parcs et Jardins et Paysage 가 주도한다. 축제는 조경과 정원에 종사하는 전 세계 크리에이터들에게 필수 방문 코스가 되었다. 아티스트, 조형예술가, 조경 업무 종사자들은 주어진 주제에 따라 정원을 만드는데, 전시 기간에 축제 풍경은 매번 달라진다. 300개 가까운 프로젝트 중에서 심사위원단이 선정한 30개의 색다른 정원들을 볼 수 있다.

고대로부터 문명의 차이에 상관없이 꽃은 실제와 가상에 상관없이 문학과 예술의 상상계 속에서 중요한 역할을 담당했다. 꽃들이 지닌 무한한 다양성, 형태상의 완벽성, 신비, 상징적 힘에 대해서는 모두가 알고 있다. 꽃들의 아름다움, 향기, 빛과 색, 심지어는 꽃의 맛이 영원한 동시에 일시적이고, 강력한 동시에 섬세한 방식으로 감각을 자극한다. 꽃이 '세상을 변화시키고, 영혼을 변화시키며, 마음을 변화시키는' 힘을 지니고 있다고 예전에는 생각하지 않았던가?

21세기의 정원들은 꽃들이 지닌 대치 불가능한 힘, 우아함의 믿을 수 없는 힘을 어떻게 생각하며 그것을 유의미하게 만들고 있을까? 이 정원에서 저 정원으로 옮겨 다니며 미증유의 시나리오와 미장센, 한 번도 본 적이 없는 낯선 꽃들을 찾아내게 될 것이다.

2012년에 조성된 10ha 규모의 구알루 공원 Près du Goualoup 은 일본, 중국, 한국, 영국 등 위대한 정원 문명과 관련된 다년생 정원의 본거지다. 왕수 Wang Shu, 쇼도 스즈키 Shodo Suzuki, 레온 클루게 Leon Kluge 같은 위대한 건축가 및 조경사의 작품과 크리스 드루리 Chris Drury, 파블로 레이노소 Pablo Reinoso, 안드레아 브란지 Andrea Branzi, 닐스 우도 Nils-Udo 같이 세계적으로 유명한 아티스트들의 적품이 전시되어 있다.

숄레 Cholet [Pays de la Loire]

숄레 카니발 Carnaval de Cholet _4월 27일~5월 3일(제106회, 2025)

@Surprenant Choletais

멘에루아르 Maine-et-Loire 데파르트망 소재 숄레에서 열리는 카니발로, 프랑스 본토에서 열리는 카니발 가운데 가장 주목할 만한 행사 중 하나며, 유럽에서 가장 오래된 카니발에 속한다. 100년이 넘는 전통을 자랑하는 숄레 카니발은 역동적인 분위기로 이름나 있다. 토요일 밤에는 21시 30분부터 다음 날 새벽 01시 30분까지 빛의 퍼레이드, 콘서트와 음악 행사, 어른들과 아이들의 카니발 행사가 열리며, 일요일에는 낮 13시 30분부터 19시까지 알록달록하게 장식한 15대 내외의 퍼레이드 카들과 가장한 그룹들의 행렬이 이어진다. 2025년에는 약 8만 명의 방문객, 150명의 카니발 진행자와 30개의 음악 그룹이 참여했다.

제클렉티크 페스티벌 Festival les Z'eclectiques _1월 29~31일(2025)

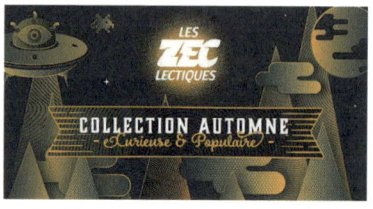

1998년에 만들어진 프랑스 대중음악 축제로 페이 드 라 루아르 Pays de la Loire 레지옹 멘에루아르 Maine-et-Loire 데파르트망 소재 마을들인 숄레, 슈미예아낭주 Chemillé-en-Anjou 등지에서 열린다. 1년에 네 차례 열리는데, 대중적인 성격의 '가을 컬렉션 collection automne', 좀 더 내밀한 성격의 '겨울 컬렉션 collection hiver', 대안적 성격에 경향성이 짙은 '봄 컬렉션 collection printemps', 비밀스럽고 사람을 놀라게 만드는 '여름 컬렉션 collection secrète et surprenante'이 그것들이다.

1998년 8월 29일과 30일에 생필베르앙모주 Saint-Philbert-en-Mauges 에서 열린 행사가 그 첫 번째 버전이다. 행사는 2001년 8월 25-26일, 2002년 8월 23-24일에 같은 장소에서 열렸다. 시간이 흐르며 점차 중요성을 갖게 되었고, 2006년에는 10,800명의 관객이 찾기에 이른다. 2010년부터 가을, 겨울, 봄 3개의 컬렉션으로 나뉘며, 2017년에 셴 드 페이 데 모주 Scènes de pays des Mauges 와 협력하면서 여름 컬렉션이 등장한다. 멘에루아르 데파르트망에서 열리는 가장 중요한 대중음악 행사 중 하나로 자리를 잡으면서 축제는 2018년에 20주년을 경축했다. 가을 행사는 매년 7,000명 정도의 축제 참가자를 불러 모으고 있는데, 2018년 가을 컬렉션은 숄레의 '자르댕 드 베르 Jardin de verre'와 슈미예의 '푸아라이유 Foirail'에서 열렸다.

수비니 Souvigny [Auvergne-Rhône-Alpes]

트루바두르와 곡예사 축제 Festival des troubadours et saltimbanques
_8월 2~10일(제30회, 2025)

오베르뉴 지방에서 열리는 중세축제로 중세시장 분위기를 충실히 재현한 행사다. 검객과 기사, 이야기꾼, 저글러와 아크로바트, 트루바두르와 불을 내뿜는 차력사 등

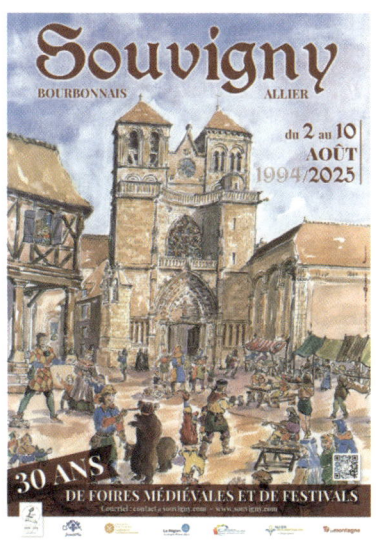
@fffsh.eu

유럽 전역에서 찾아온 관련 직업 종사자들이 관광객과 함께 어울리는 축제다. 카바레, 선술집, 식사를 곁들인 대규모 공연, 장인들의 거리, 기사들의 시합, 대규모 중세 무도회 등 다양한 프로그램이 준비된다. '중세시장 Foire Médiévale'과 '유럽 트루바두르와 곡예사 축제 Festival Européen des Troubadours et Saltimbanques'가 동시에 열리면서 중세의 색과 향을 한껏 맛보게 해준다. 또한 '중세 의상을 입고 마주하는 진수성찬 Grandes Ripailles Costumées' 행사, 냄비 요리와 오븐으로 굽는 빵, 크레프와 튀김 요리 등은 독특한 요리와 이미지를 제공하며, 프랑스 및 유럽 전역에서 찾아온 트루바두르, 불놀이 공연 Spectacles de Feu, 중세문학과 판타지 문학을 취급한 중세도서전 Salon 'MédiéLivres', 수공예 장인들과 노점들은 낯선 분위기를 보장한다.

수스통 Soustons [Nouvelle-Aquitaine]

랑드 오페라 페스티벌 Opéra des Landes _7월 12~26일 (제24회, 2025)

젊은 프랑스 가수들에게는 도약의 기회를 제공하고, 텍스트를 중시하면서도 새로운 연출을 시도하며, 야심만만하고도 고급스러운 프로그램과 합리적인 가격 그리고 충성스러운 관객을 지향하는 축제다. 3,200명의 관객 앞에서 〈카르멘 Carmen〉을

무대에 올린 기억, 73명의 관객을 대상으로 몽드마르상 Mont-de-Marsan 에서 사망한 작곡가인 앙리 뒤파르크 Henri Duparc 의 음악 전곡을 들려준 기억을 동시에 보유하고 있다.

전설적인 정원 내부에 자리 잡은 라 팡델 La Pandelle 부르주아 저택에서 열리는데, 2021년에는 모리스 메테를링크 Maurice Maeterlinck 가 글을 쓰고 클로드 드뷔시 Claude Debussy 가 피아노 음악을 붙인 〈펠레아스와 멜리장드 Pelléas et Mélisande 〉, 부르주아지를 풍자하는 오펜바흐의 매혹적인 오페라 부파 작품 〈무슈 슈플뢰리 Monsieur Choufleuri 〉 외에도 디오티마 콰르텟 Quatuor Diotima , 타랑튈 앙상블 Ensemble Tarentule , 인 아에테레 앙상블 Ensemble In Aethere 등의 연주가 선을 보였다.

술락쉬르메르 Soulac-sur-Mer [Nouvelle-Aquitaine]

술락 1900 Soulac 1900 _6월 6~8일(제22회, 2025)

20세기 초에 건립된 빌라들이 들어선 메독 Médoc 끝쪽의 이 작은 해수욕장에서는 영국에서 건너온 해수욕 문화와 레위니옹 Réunion , 카리브 Caraïbes 등 프랑스령 섬들의 식민지 시대 분위기를 재현하는 축제를 열고 있다. 1875년부터 1914년까지 건설된 빌라가 500채에 달하는 이 도시가 2004년부터 벌이고 있는 축제다.

매년 6월 첫 번째 주말을 이용한 3일 동안 해변에서는 벨 에포크 Belle Époque 시대를 연상시키는 긴 치마와 코르셋, 양산, 둥글고 납작한 밀짚모자 패션의 사람들이

@soulac1900.com

자신들의 자태를 뽐낸다. 레이스가 달린 의상, 오래된 자동차들, 사륜마차, 다양한 행사들이 축제를 구성하며, 초창기의 해수욕장, 관광열차도 만나볼 수 있다. 참가하는 음악인은 2백 명 내외이며, 축제를 주관하는 기관은 라벨 술락 Label Soulac 협회다. 매년 수만 명이 축제를 찾고 있다.

오직 벨 에포크 시대에 할애된 2004년의 첫 행사 이후의 버전들은 보다 구체적인 주제를 내세우고 있다. 일부 주제들을 거론하면 다음과 같다.

- '자전거(La Bicyclette)'(2005) : 투르 드 프랑스(Tour de France) 탄생 축하
- '서커스와 펀페어(Le Cirque et la fête foraine)'(2006) : 1900년의 페리스휠(대관람차)과 증기기관차
- '오래된 직업(Les Vieux métiers)'(2007)
- '해군(La Marine)'(2008) : 방울솔과 깃털 장식
- '벨 에포크 시대의 위대한 발명(Les Grandes inventions de la Belle Époque)'
- '1900년의 스포츠(Les Sports en 1900)'(2010) : 해변에서의 첫 올림픽
- '어릿광대(Les Saltimbanques)'(2011) : 축제 분위기
- '항공(L'Aviation)'(2012) : 옛 모델 비행기들의 퍼레이드
- '베스트 오브(Best of)'(2013) : 10주년 기념
- '말의 세계(Le Monde du cheval)'(2014) : 멋진 마상 공연과 함께
- '미래주의(Le Futurisme)'(2015) : "수영하는 여인이 시간과 더불어 춤을 추다"
- '벨 에포크 시대로의 회귀(Retour vers la Belle Époque)'(2016) : 거리극 아티스트들이 다수 참석
- '1900년의 엉뚱함(L'Excentricité 1900)'(2017) : 기상천외한 의상들이 선을 보임
- '벨 에포크 시대로 차를 몹시다(Roulez vers la Belle Époque)'(2018) : 옛 자동차들이 행렬을 이룬 축제
- '재즈를 즐깁시다!(Ça va jazzer!)'(2019) : 재즈, 스윙, 찰스턴을 연주하는 그룹이 대거 참석한 축제
- '놀라운 서커스!(Quel cirque!)'(2020) : 코로나19로 인해 취소
- '미니 축제!(Mini-Festival)'(2021) : 코로나19로 인해 제한적으로 열린 축제

쉴리쉬르루아르 Sully-sur-Loire [Centre-Val de Loire]

역사의 시간 Les Heures historiques _5월 17~18일(2025)

마을 소재 성의 정원에서 열리는 대형 역사 프레스코. 중세시장, 야영지, 불꽃놀이, 야외 미사, 화기 시범, 역사 주제 시가행진, 무용 공연, 불꽃놀이 등이 프로그램을 장식한다. 갈리아 시대와 바이킹 침략 때부터 1960년까지 이어지는 2천 년의 역사를 시대 의상을 통해 재현하기도 한다. 당시 의상을 입은 6백 명 이상의 배우들이 매번 다른 역사 시기에 등장한다. 성과 공원이 배경으로 사용되며, 중세시장은 방문객들로부터 호평을 받고 있다. 잔디밭에는 야영지가 세워지고, 기사들의 결투, 군사 퍼레이드, 칼 시합 등 온갖 종류의 행사가 열린다. 'Heures Médiévales'이라는 이름의 행사는 2007년부터 'Les Heures Historiques de Sully'로 개명되면서 고대로부터 오늘날에 이르는 다양한 시기들을 재현하고 있다. 무료 입장.

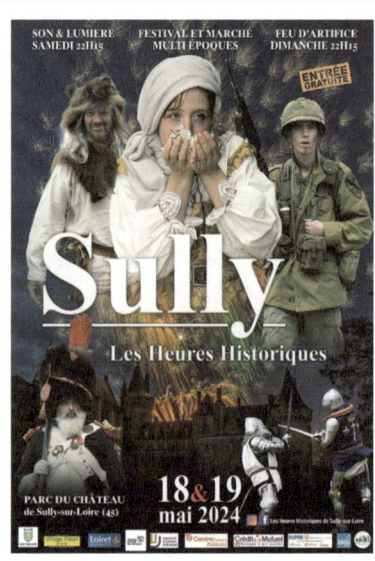

슈베르니 성 Château de Cheverny [Centre-Val de Loire]

베네치아의 주말 Week-end vénitien _9월 27~28일(2025)

'베네치아의 주말'은 슈베르니 성 방문자들을 베네치아 카니발 분위기 속으로 젖어들게 만드는 이벤트다. 해가 지고 성에 조명이 들어오면 콘서트가 열리며 백여 명에 달하는 베네치아 카니발 의상 착용자들이 조명으로 빛나는 의상을 입고서 정원

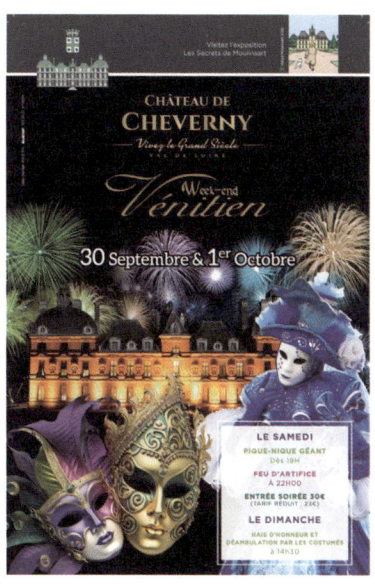

을 누빈다. 불꽃놀이까지 곁들인 이 행사는 별빛 아래서 성을 즐길 수 있는 유일한 이벤트다. 2023년에는 화가 에블린 비도 Evelyne Bidault 의 전시회도 성에서 열렸다. 토요일에는 오후와 야간 프로그램으로 나뉘며, 야간에는 17시에 각자가 가지고 온 음식을 맛보는 대형 피크닉 행사, 19시부터 21시 30분까지 성 방문, 20시부터 분수대 근처에서의 콘서트, 22시에 불꽃놀이 등이 차례로 열린다. 일요일 오후에는 베네치아 카니발 의상 착용자들의 패션쇼가 열린다.

스당 Sedan [Grand-Est]

스당 중세축제 Festival médiéval de Sedan _5월 17~18일(제28회, 2025)

@chateau-fort-sedan.fr

1996년에 처음 만들어진 축제로 매년 5월에 열린다. 장소는 스당 성채 Château fort de Sedan. 56,000명 수용이 가능하다. 역사와 축제를 겸한 이벤트로, 공연과 음악, 시가행진, 거리극, 노점, 게임 등을 혼합한 형태를 하고 있다. '불의 축제 La Fête du feu '라는 부제를 단 2024년 행사는 토요일인 5월 11일에는 10시부터 자정까지, 일요일인 5월 12일에는 10시부터 19시까지 열렸다.

지방별 축제 [ㅅ] **501**

페스티벌은 스당의 문화유산을 관광과 연계시키려는 다양한 활동의 연장선상에서 탄생했다. 1996년 제1회 행사는 곧바로 대중적인 성공을 거두었다. 그 후 고정적인 관객을 확보하게 되며, 샹파뉴아르덴Champagne-Ardenne 지방 및 인근에서 해마다 이 축제를 찾는 유료 관객들만 평균 14,000명 정도에 달한다. 중세 역사와 상상력을 주제로 내세운 이 행사는 지역의 많은 협회가 참가하는 특징을 지니고 있다. 2009년 스당 시는 스당 성채와 파트너십을 체결하며, 그에 따라 이 축제를 비롯한 다양한 행사를 만들어내기에 이른다.

@Château fort de Sedan

역사

- **1987년** : 스당 시가 소유하고 있는 성채를 부각시키려는 전면적인 계획이 마련된다. 역사유적의 훼손을 막는 작업을 넘어서서 스당의 관광을 활성화하기 위해 이 건물을 활용하려는 내용이 담겨있었다.
- **1995년** : 성 내에 설치된 지역 역사박물관이 필수 방문 코스로 자리 잡는다.
- **1996년** : 열린 첫 행사는 대중들로부터 큰 호응을 얻으며, 그 후 매년 새롭게 발전한다. 관객 수와 유료 입장의 빈도수도 지속적으로 늘어난다. 그러면서 샹파뉴아르덴 지방에서 열리는 주요 관광 이벤트 중 하나로 자리를 잡게 된다.
- **2000년** : 스당 시가 '예술과 역사 도시(Ville d'art et d'histoire)' 라벨을 획득한다.
- **2003년** : 스당 시와의 협력하에 성채 내부에 3성급 호텔이 들어선다.
- **2006년** : 폭풍우와 궂은 날씨로 인한 기상 조건 때문에 방문자 숫자가 줄어들었다.
- **2009년** : 합작회사 샤토 에 콩파니(Château et Compagnie)는 성채를 활용하고 그에 연관된 행사를 10년간 벌일 수 있는 독점권을 부여받는다. 스당 시가 지분의 65%, 시의회가 15%, 크레디 아그리콜(Crédit Agricole) 은행이 10%, 케스 데파르뉴(Caisse d'Épargne) 및 여러 여행사가 10% 지분을 보유하고 있는 이 회사는 15만 유로의 자본금으로 관광청과 시로부터 자본의 독립을 유지하기 위해 설립되었다. 합작회사 형태를 취한 것은 최소한의 균형을 유지하기 위함이었으나 2012년에 목표는 달성되지 못했다.

주요 행사

매년 성 내부, 성 주위, 거리, 숲에서 수많은 공연과 행사들이 열리고 있다. 거론할 만한 것들은 다음과 같다.

- 횃불 행진을 포함한 거리 퍼레이드
- 성 주변에서의 야영, 중세 요리, 중세 무기, 전쟁 기계, 의약품과 수술, 기사단들의 역사, 염색, 철공소, 유리 공예, 의상 제조 등 중세시대 생활과 관련된 많은 전시회와 행사가 열린다.
- 해마다 콘텐츠가 바뀌는 어린이 공간, 중세 게임, 미니 농장, 중세 서예 아틀리에, 채색삽화 기술 익히기 등 다양한 프로그램이 마련된다.
- 무대와 거리에서 열리는 공연들에는 다양한 극단들이 참여하고 있다. 앙트락트 극단(Compagnie Entr'Act), 아르카디아 테아트르 극단(Compagnie Arcadia Théâtre), 발라댕 아니마시옹(Baladin Animations), 바가렘(Vagarem), 세르클 아르티스티크 스다네(Cercle Artistique Sedanais), 세르클 피에르 베일(Cercle Pierre Bayle), 라방디에르 드 프레누아 아니마시옹(Lavandières de Frénois Animation), 테아트르 드 라 그랑 토레이유(Théâtre de la Grande oreille) 등이 그동안 축제를 빛낸 공연단체들이다.
- 매 조련 시범
- 음식, 선술집 스탠드
- 간간이 스당 지역 협회들이 주도하는 가족게임, 전통놀이들이 선보인다.
- '플레슈 스다네즈(Flèche Sedanaise)', '콩파니 드 샤쇠르 드 드라공 드 스당(Compagnie de Chasseurs de Dragons de Sedan)' 등의 단체가 선보이는 활쏘기 및 강철활(arbalète) 시범
- 장인들의 수공예품 매점
- 중세시장
- 기사들의 시합

스당 맥주축제 Fête de la bière à Sedan _7월 4~6일(2025)

@sedan.fr

아름 광장 Place d'Armes 에 15개 내외의 부스가 설치되는데, 대부분 스당에서 잘 알려진 가게들이 진행 책임을 맡는다. 2024년에는 처음으로 스당 밖의 바들이 축제에 참가했다. 30여 종류의 맥주들을 맛볼 수 있으며, 오후와 저녁에 열리는 콘서트를 즐길 수도 있다.

스뮈르아녹수아 Semur-en-Auxois [Bourgogne-Franche-Comté]

반지 축제 Fête de la Bague _5월 24일~6월 2일(제386회, 2024)

스뮈르아녹수아 마을의 가장 중요한 행사가 '반지 경주 course de la Bague'다. 4세기 전인 1639년부터 존재해온 이 행사는 프랑스에서 가장 오래된 승마 경주다. 매년 5월 31일 만 하루 동안 경마장으로 변신하는 펠멜 놀이터에서 진행된다. 옥수아 Auxois 지역의 가장 유명한 기수들이 출전하는 경주에서 승리한 사람은 금반지를 차지한다. 이날 가게는 문을 내리고 학교는 열지 않는다. 사람들은 축제 행사장에서 돼지고기류, 신발, 당과류, 꿀, 비누와 세제 등을 구매할 수 있다.

@bienpublic.com

우베르튀르 페스티벌 Festival Ouverture _10월 19~20일(제7회, 2024)

부르고뉴 레지옹 스뮈르아녹수아에 소재한 아름다운 랑파르 극장 Théâtre du Rempart에서 매년 10월에 열리는 행사. 보통 이틀 동안 3개의 콘서트가 열린다. 프랑스 클래식 음악을 대상으로 한 축제로 루이 15세 Louis XV 와 루이 16세 Louis XVI 시대의 베르사유 음악, 르네상스 시대의 성악 작품이 주요 레퍼토리다.

스트라스부르 Strasbourg [Grand-Est]

유럽의 집 영화 및 문화 축제
Festival du cinéma et des cultures européennes de la Maison de l'Europe _6월 14~17일(제4회, 2024)

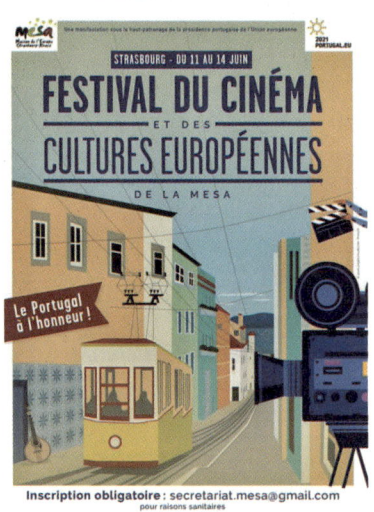

스트라스부르에 소재한 유럽의 집Maison de l'Europe이 주최하는 페스티벌로 축제, 파두fado, 오페라, 영화, 시 등이 프로그램을 구성하고 있다. 포르투갈을 집중 소개한 2021년 행사는 라쿠엘 프레이레Raquel Freire와 발레리 미토Valérie Mitteaux의 영화〈드리모크라시Dreamocracy〉를 대상으로 한 토론회, 파두와 기타 연주회, 라인국립오페라Opéra national du Rhin의 합창 공연, 아나 로차 데 수사Ana Rocha de Sousa 감독의 영화〈리슨Listen〉시사회, 루이스 필리페 카스트로 멘데스Luis Filipe Castro Mendes의 저서『인도의 전설들Légendes de l'Inde』사인회, 유럽 문화를 다룬 시 낭송회, 후안 멘돈사João Mendonza의 파두 공연, 마노엘 데 올리베이라Manoel de Oliveira의 영화〈금발 소녀의 기벽Singularités d'une jeune fille blonde〉2009 상영 등으로 이루어졌다.

스트라스부르 거리극축제
FARSe - Festival de la Rue de Strasbourg _8월 23~25일(2024)

유럽 광역시인 스트라스부르의 도심 전역에서 여름에 열리는 거리극 축제로 모두에게 무료로 개방된다. 공공장소에서 거리극, 광대극, 서커스 등 오늘날의 예술 장르들이 복합적이고도 전문적인 방식으로 자신의 정체성을 보여준다. 원래 8월 15일 전후해 스트라스부르 거리들에서 열리던 '거리의 예술Les Arts dans la rue' 축제가 수년 전부터 FARSe에게 자리를 양보했다. 이름은 바뀌었지만, 뮐루즈에서 열리는 'Festival

@Pokaa

Scènes de rue'를 본받아 무료로 거리 공연들을 제공한다는 원칙을 고수하고 있다. 2023년의 주제는 '포함되기(S')inclure'. 관객들을 공연 속에 포함시키는 이 행사는 개방과 호기심, 만남이 어우러지는 축제로 30여 개의 공연단체와 150명 예술가가 참가했다. 가족들을 위한 공연은 토요일과 일요일 아침에 편성되어 있다. 케 데 바틀리에Quai des Bateliers, 클레베르 광장 Place Kléber, 샤토 광장 Place du Château, 카테드랄 광장 Place de la Cathédrale, 구텐베르크 광장 Place Gutenberg 등을 비롯한 스트라스부르의 스무 군데가 행사 장소다. FARSe 빌리지가 들어서는 생토마 광장 Place Saint-Thomas 으로부터 걸어서 15분 이내 거리에 행사 장소가 밀집해 있다. 자원봉사자 수는 80명. 오후 공연은 15시부터 22시까지 열린다. 외국 공연단체에도 문호를 개방하기 시작했다.

스트라스부르 유럽판타스틱영화제

FEFFS, Festival européen du film fantastique de Strasbourg   _9월 26일~10월 5일(제18회, 2025)

2008년에 제1회 행사가 열린 유럽판타스틱영화제는 이전 해에 Films du Spectre

@strasbourgfestival.com

협회가 처음 개최한 '스펙트르 영화제 Spectre Film Festival'로부터 시작되었다. 매년 9월에 스트라스부르에서 열린다. 공포영화와 SF영화, 스릴러물, 블랙 코미디를 비롯한 판타스틱 장르에 할애된 영화제다. 2013년부터는 비디오게임과 가상현실에도 세션을 할애하고 있다. Indie Game Contest, VR Film Corner 등이 그 일환으로 생겨난 행사다. 영화 유산에 대한 애착을 보이면서 다양한 회고전도 마련하고 있다.

영화제는 독립영화, 스튜디오 영화, 작가주의 영화, 틈새 영화들을 다루고 있는데, 거기에 감독과 영화인들의 마스터클래스, 콘퍼런스, 아틀리에와 전시회, 좀비 워크 zombie walk, 축제 빌리지 Village du Festival 등 다양한 행사를 더하고 있다. 4,000명 정도가 참가하는 야외 상영 이외에도 독창적인 행사도 진행한다. 2016년 시립수영장에서의 〈죠스 Dents de la Mer〉 상영 등이 그런 행사다. 2024년에 70편의 장편영화, 41편의 단편영화를 포함, 123편의 영화를 상영했고 2만 명 관객을 끌어들였다.

역사

2006년에 'Films du Spectre' 협회는 영국의 전설적인 스튜디오인 Hammer Film Productions가 제작한 영화들을 대상으로 해머 영화제(Hammer Film Festival)를 개최한다. 장소는 스트라스부르에 소재한 Star et Star Saint-Exupéry 영화관.

해머 영화제가 성공을 거두자 협회는 2007년에 Spectre Film Festival을 개최하기에 이르는데, 영화제는 1950년대부터 1980년대 사이의 SF 황금시대를 다룬 영화들을 관객들에게 보여주고자 했다. 2007년 행사에서는 3D 영화들을 상영했는데, 잭 아놀드(Jack Arnold)가 만든 〈검은 늪지대의 생명체(The Creature From The Black Lagoon)〉도 포함되어 있다. 2008년은 영화제가 유럽 판타스틱영화제협회(EFFFF, European Fantastic Film Festivals Federation)에 가입하면서 Festival

Européen du Film Fantastique de Strasbourg란 명칭을 처음 사용한 해이기도 하다. 레이 해리하우젠(Ray Harryhausen)의 영화 회고전을 포함한 영화제 기간에 관객들은 유럽 장편영화와 단편영화들을 대상으로 한 최초의 경쟁 부문을 만날 수 있었다.

뮈지카 페스티벌 Festival Musica _9월 19일~10월 5일(제43회, 2025)

바랭Bas-Rhin 데파르트망 스트라스부르에서 매년 가을에 열리는 행사로 'Festival international des musiques d'aujourd'hui'의 준말이다. 모리스 플뢰레Maurice Fleuret 와 자크 랑Jack Lang 의 주도로 만들어졌으며, 집행위원장은 에믈리 드 종Emelie De Jong, 총감독은 스테판 로트Stéphane Roth 가 맡고 있다. 현대음악과 실험음악을 대상으로 한다. 축제의 목표는 20세기의 가장 중요한 작품들을 새로운 세대의 음악인들을 통해 소개하는 데 있다. 공연장에 따라 15,000명에서 18,000명을 수용할 수 있다.

@visit.alsace

역사

Musica는 국제적으로 가장 중요한 현대음악제 중 하나로, 20세기 초부터 현대에 이르는 다양한 세대의 작곡가들을 통해 음악 창작 분야의 파노라마를 보여주는 행사다. 1982년에 열린 제1회 행사 때에는 '전위음악의 아버지'라 불리는 프랑스-미국 작곡가인 에드가르 바레즈(Edgard Varèse)의 전 작품이 연주되기도 했다. 축제를 통해 전후의 아방가르드 작곡가들 작품이 많이 소개되었는데, 루치아노 베리오(Luciano Berio), 피에르 불레즈(Pierre Boulez), 존 케이지(John Cage), 클라우스 후버(Klaus Huber), 리게티 죄르지(György Ligeti), 프랑수아-베르나르 마슈(François-Bernard Mâche), 루이지 노노(Luigi Nono), 스티브 라이히(Steve Reich), 카를하인츠 슈톡하우젠(Karlheinz Stockhausen), 야니스 제나키스(Iannis Xenakis) 등이 그에 해당하는 아티스트였다. 더 나중의 세대를 대표하는 음악가들은 조르주 아페르기스(Georges Aperghis), 파스칼 뒤사팽(Pascal Dusapin), 제라르 그리제(Gérard Grisey), 조나단 하비(Jonathan Harvey), 미카엘 자렐(Michael Jarrell), 필립 마누리(Philippe

Manoury), 트리스탕 뮈라이유(Tristan Murail), 카이야 사리아호(Kaija Saariaho) 등이 있다.

페스티벌은 피에르 불레즈, 앙상블 앵테르콩탕포랭(Ensemble intercontemporain), 아르디티 콰르텟(Quatuor Arditti), 앙상블 악상튀스(Ensemble Accentus), 페테르 외트뵈시(Peter Eötvös), 피에르-로랑 에마르(Pierre-Laurent Aimard) 같이 세계적으로 이름난 현대음악 연주자들, 라디오프랑스 필하모니 오케스트라(Orchestre Philharmonique de Radio France), 파리 오케스트라(Orchestre de Paris), 바덴바덴 & 프라이부르크 SWR 심포니 오케스트라(Orchestre symphonique de la SWR de Baden-Baden et Fribourg-en-Brisgau), BBC 심포니 오케스트라(BBC Symphony Orchestra) 같이 국제적으로 권위 있는 연주단체들을 맞아들이고 있다.

크리스마스 마켓 Marché de Noël _12월(매년)

바랭 Bas-Rhin 데파르트망 스트라스부르의 브로글리 광장 Place Broglie 에서 열리는 'Christkindelmärkt 우리말로는 '아기 예수 마켓''은 프랑스에서 역사가 가장 깊은 크리스마스 마켓이자 가장 이름난 마켓이다. 전통은 무려 1570년까지 거슬러 올라간다. 약 3백 개에 달하는 크리스마스 샬레가 도시 곳곳에 세워지며, 성당 근처 거리들은 화려하게 조명을 넣고 장식된다. 다양한 장인들이 자신들이 만든 수공예품을 팔러오며, 알자스 지방의 요리들도 마련된다. 클레베르 광장 Place Kléber 에 세워지는 거대한 트리와 테마별 마켓도 둘러보면 좋다.

시스트롱 Sisteron [Provence-Alpes-Côte d'Azur]

성채의 밤 Les Nuits de la Citadelle _7월 18일~8월 12일(제70회, 2025)

축제가 1928년에 처음 시작되었기에 프랑스에서 두 번째로 오래된 축제로 꼽힌다. 아티스트이자 시인이었던 마르셀 프로방스 Marcel Provence 는 자신의 '산악예술 세 번째 시즌 IIIe Saison d'art alpin' 장소로 시스트롱을 선택한다. 첫 시즌의 장소는 디뉴 Digne, 두 번째 시즌의 장소는 무스티에 Moustiers 였다. 야외극장이 만들어지는데 성채 북쪽 면, 프로방스 백작들의 거대한 성벽을 배경으로 한 장소였다. 프랑스 연극계의 거물이었던 앙투안 발페트레 Antoine Balpêtré 와 협력한 후 마르셀 프로방스는 〈르 시드 Le

Cid)를 무대에 올린다. 프랑스에서 탄생한 최초 축제 중 하나이자, 오랑주Orange 페스티벌과 더불어 지역에서 생겨난 첫 축제 중 하나가 되었다. 그 후 12년 동안 1년에 두 차례 공연의 리듬으로 걸작들이 상연된다. 1930년의 〈오이디푸스 왕(Edipe Roi)〉을 필두로 한 〈브리타니쿠스Britannicus〉,〈페드라Phèdre〉,〈에르나니Hernani〉,〈뤼 블라Ruy Blas〉,〈시라노 드 베르주락Cyrano de Bergerac〉 등이 그런 작품들이다. 이차 세계대전 기간에 성채는 감옥으로 사용되고, 1944년 8월에 도시는 폭격을 당하기도 했

@Nuits de la Citadelle

다. 생채기를 봉합하기까지에는 오랜 시간이 걸린다.

하지만 1956년에 극장이 다시 문을 열면서 예전의 위상을 되찾는다. 1960년에는 ATM Arts, Théâtre, Monuments 이라는 협회가 창설되면서 성채를 비롯한 시스트롱 문화유산 수호와 '성채의 밤 Nuits de la Citadelle '으로 개명된 축제 개최를 목표로 삼는다. 에드비주 푀이예르Edwige Feuillère, 마리아 카사레스Maria Casarès, 장 데샹Jean Deschamps, 다니엘 소라노Daniel Sorano, 바바라 헨드릭스Barbara Hendricks 등 기라성 같은 아티스트들이 축제를 찾았다. 1974년에는 무용을, 2024년에는 서커스를 도입했다. 시타델 극장Théâtre de la Citadelle, 생도미니크 수도원Cloître Saint-Dominique, 노트르담 데 퐁피에 대성당Cathédrale Notre-Dame des Pommiers 등이 주요 공연 장소다.

아네르 Anères [Occitanie]

무성영화 및 말하는 피아노 축제 Festival cinéma muet et piano parlant
_6월 4~8일(제25회, 2025)

1998년에 오트피레네 Hautes-Pyrénées 데파르트망의 작은 마을 아네르에서 처음 시작된 영화제로 수요일부터 성신강림축일 Pentecôte 월요일 전 일요일까지 5일간 열린다. 아네르는 툴루즈에서 열차로 1시간 거리, 생고텡 Saint-Gaudens 과 타르브 Tarbes 사이에 자리하고 있다. 무성영화를 대상으로 하며, 영화제가 시작된 이후 480편의 무성영화 장편과 단편가 상영되었고 250명의 다양한 음악인이 참가했다. 아네르의 인구는 150명에 불과하지만, 각 상영회를 찾는 관객수는 평균 300명 이상에 달한다. 거대한 돼지저금통에 기부하는 형태로 영화제에 참석할 수 있다. 축제가 열리는 장소는 '살 데 페트 Salle des Fêtes'란 별명이 붙었으며 450명 수용이 가능한 영화관, 초대형 가설무대, 생피에르 성당 Église Saint-Pierre, 청년 홀 Salle jeune 등이다. 최근에는 환경 보호에도 적극적으로 참여하는 중이다.

▎역사

1998년 8월 22일에 르뮈메냉그 협회(Association Remue-Méninges)는 시네바스트랭그 협회(Association Ciné-Bastringue)를 아네르로 초대한 후 1920년대의 미국 뷔를레스크 영화 걸작 중 하나이자 버스터 키튼(Buster Keaton)이 연출한 〈항해자(La Croisière du Navigator)〉 야외 시사회를 가졌다. 시사회를 찾은 사람은 100여 명에 달했다. 행사의 성공에 힘입어 두 협회는 1999년에 행사를 재개하기로 합의하며, 그로 인해 아네르 페스티벌(Festival d'Anères)이 태동한다.

아네르 축제는 무성영화에 음악을 곁들이는 방식을 채택하고 있다. 영화와 음악을 매치시키면서 독특한 이벤트로 만들고자 하는 계획의 일환이다. 또 아틀리에가 수년 전부터 만들어진 후 아마추어 음악인들을 한자리에 모으는 역할을 담당하고 있다. 뿐만 아니라 아네르 페스티벌은 자신만의 '무성 문화'를 확산시키는 노력을 기울인다. 그에 따라 병원, 요양원, 학교 등에서도 음악을 곁들인 무성영화 상영이 이루어지고 있다.

아노네 Annonay [Auvergne-Rhône-Alpes]

라르 드 랑볼 L'Art de l'Envol _7월 4~6일(2025)

@Annonay

1783년 6월 4일 아노네 시는 놀라운 풍경을 선사했다. 더운 공기를 주입한 열기구가 하늘로 올라가는 장면이었다. 발명가는 조제프Joseph 와 에티엔 몽골피에Étienne Montgolfier 형제. 그때부터 매년 아노네 시는 데오마 공원Parc de Déomas에서 몽골피에 형제를 기리는 행사를 열고 있다. 30여 개의 알록달록한 열기구들을 하늘로 올려보내는 이벤트다. 축제의 옛 이름은 '몽골피아드Montgolfiades'였다. 일요일 아침에는 첫 열기구의 비상을 재현하는 행사를 연다. 놓치지 말 것. 2006 아노네 프랑스 챔피언십 대회가 열린 후 행사 전체가 L'Art de l'Envol이란 호칭으로 통일되었다.

아라미 Aramits [Nouvelle-Aquitaine]

목동 축제 Fête des Bergers _9월 18~21일(제43회, 2025)

피레네 서부 누벨아키텐 레지옹 베아른 Béarn 지역 바레투 계곡 Vallée dde Barétous 의 작은 마을 아라미에서 40년째 열리고 있는 축제. '베아른 일대에 대한 시선 Vue sur le pays de Béarn'이란 부제가 붙어있다. 여름에 떠났던 가축들이 되돌아오는 것을 기념하는 행사다. 목동들의 개 경연대회, 피레네 전통 소리와의 만남, 치즈 경연대회와 시식, 퍼레이드 등으로 프로그램이 구성되어 있다.

아라스 Arras [Hauts-de-France]

메인 스퀘어 페스티벌 Main Square Festival _7월 4~6일(제19회, 2025)

프랑스 북부 파드칼레 Pas-de-Calais 데파르트망의 역사유적인 보방 성채 Citadelle Vauban 에서 열리는 행사로, 매년 100,000명 이상의 음악 마니아들이 운집한다. 아라스 시를 홍보할 목적으로 2004년에 처음 만든 메인 스퀘어 페스티벌은 해가 갈수록 점점 더 풍요로워지며, 세계적인 스타와 프랑스의 주목할 만한 신인들이 동시에 출연하는 프로그램으로 프랑스와 전 세계에서 가장 중요한 페스티벌 중 하나가 되었다. 팝과 록 음악에 할애된 행사이며, 7월 첫째 주 주말에 열린다. 같은 시기에 벨포르에서 열리는 외로케엔 드 벨포르Eurockéennes de Belfort 페스티벌과 경쟁하고 있다. 주 무대는 2004년부터 2009년까지 그랑플라스Grand'Place, 2010년부터는 보방 성채.

세계적으로 유명한 록 음악의 대가들이 이곳을 찾는데, 2017년에 참가한 주요 아티스트들은 레니 크라비츠, 뮤즈, 샤카 퐁크, 퍼렐 윌리엄스Pharrell Williams, 2018년 아티스트들은 메이저 레이저Major Lazor, 라디오헤드Radiohead, 시스템 오브 어 다운System of a Down 등. 2021년 행사는 취소된 대신 2022년 7월로 연기되었다.

▌역사

2004년 아라스 시는 대규모의 문화행사를 개최하면서 도시에 역동성을 불어넣고자 했다. 그에 따라 첫 축제가 France Leduc Productions 주최로 2004년 7월에 열린다. 가장 주요한 뮤지션은 영국 그룹 플라시보(Placebo)로, 1만 명 앞에서 공연했다. 2006년에는 디페쉬 모드(Depeche Mode)와 뮤즈(Muse)가 이틀에 걸쳐 45,000명의 관객을 끌어들였다. 그 후 이 축제는 발전을 거듭하며 프랑스의 주요 음악 행사가 되었다. France Leduc Productions과 Live Nation의 협력에 빚진 바가 크다. 2018년에는 디페쉬 모드가 가장 중요한 참가 뮤지션이었다.

▌공연장

■ 그랑플라스(Grand'Place)

메인스퀘어 페스티벌의 성공은 부분적으로 7년 동안 페스티벌을 연 장소인 그랑플라스 덕분이었다. 그랑플라스는 유럽에서도 유일한 건축공간으로, 플랑드르 지방 바로크 스타일로 1백여 개 이상의 전면이 줄지어 있는 건축물이다. 이 역사적인 장소는 매일 3만 명 정도를 수용할 수 있었다. 메인스퀘어 페스티벌은 이 장소에서 뮤즈, 콜드플레이(Coldplay), 디페쉬 모드, 라디오헤드, 플라시보 같은 세계적인 그룹들을 맞이했다.

■ 아라스 성채(Citadelle d'Arras)

2010년부터 메인스퀘어 페스티벌은 군사건축가 보방(Vauban)이 17세기에 설계했던 아라스 성채 중심에서 개최되고 있다. 유네스코 세계문화유산에 등재된 이 장소는 페스티벌의 수용 능력을 4만 명으로 증대시켰다. 이 장소에서 2010년 처음 열린 페스티벌은 블랙 아이드 피스, 펄 잼, 다비드 게타, 핑크, 람슈타인, 프린스 같은 그룹들을 받아들이며, 그로 인해 3일간 10만 명 이상의 축제 참가자들을 맞이했다.

제26회 아라스 영화제 Arras Film Festival _11월 7~16일(2025)

프랑스 국내외 영화의 시사회, 주제별 회고전, 시네콘서트, 영화인과의 만남, 어린이들을 위한 특별 프로그램 등으로 구성된 아라스 영화제는 매년 배우, 감독, 제작자 등 권위 있는 초대객들이 배석한 가운데 열리는 11월 행사다. 신작 영화와 고전영화 소개, 영화인과 관객의 만남, 미발표 유럽영화 상영에 중점을 두고 있다. 2022년에는 총 120편의 장편이 출품되었는데, 그중 80편이 미개봉작이었다. 34,000명 이상이 영화제를 찾는다. 상영 장소는 아라스 카지노 Casino d'Arras 와 메가라마 Mégarama 영화관들이다.

테루아르 와인과 지역농산물전시회 Salon Les Vins de Terroir et Produits Régionaux _4월 25~27일(제54회, 2025)

@La Voix du Nord

아라스 북동쪽에 소재한 생로랑블랑지 Saint-Laurent-Blangy 코뮌의 아르투아 엑스포 Artois Expo 에서 열린다. 와인과 테루아르 제품을 좋아하는 사람이라면 놓칠 수 없는 행사. 프랑스 전역에서 찾아온 150명 이상의 전시자를 만날 수 있다. 행사 방문객은 여러 테루아르의 특성에 대한 지식을 쌓을 수 있다. 또 프랑스 여러 지역의 대표 음식과 지역적 특성에 대해서도 공부하게 된다.

아르줄레스쉬르메르 Argelès-sur-Mer [Occitanie]

레 데페를랑트 쉬드 드 프랑스 Les Déferlantes Sud de France _7월 5~8일(제13회, 2019)

2015년에 Les Déferlantes Sud de France로 이름이 바뀐 '레 데페를랑트 다르줄레스 Les Déferlantes d'Argelès'는 2007년부터 2019년까지 아르줄레스쉬르메르 Argelès-sur-Mer에서, 그리고 2021년부터는 세레 Céret에서, 또 2023년부터는 르 바르카레스 Le Barcarès에서 매년 7월에 열리는 다세대 음악 축제다. 3~4일간 지속된다.

팝과 록, 랩 음악에 할애된 축제로 2007년에 발미 성 공원 Parc du Château de Valmy에서 처음 열렸다. 산과 바다를 동시에 끼고 있으며 포도밭 자락에 놓인 아르줄레스쉬르메르에서 열리던 축제는 음악을 통해 사랑과 공유의 정신을 제대로 맛보게 해준 바 있다. 코로나19로 인해 Les Déferlantes 페스티벌은 제14회 2020년 축제를 취소했다. 2021년 행사는 7월 7일부터 10일까지 세레 Céret에 위치한 9ha 넓이의 오비리 성 Château d'Aubiry으로 장소를 옮겨 열렸는데 페르피냥 Perpignan에서 13분 떨어진 장소다. 벤 하퍼 Ben Harper, 소프라노 Soprano, 앙젤 Angel, 장-루이 오베르 Jean-Louis Aubert, SUM 41, 심플 마인즈 Simple Minds 등이 공연했다.

아르카숑 Arcachon [Nouvelle-Aquitaine]

아르카숑 카당스 페스티벌 Festival Cadences d'Arcachon _9월 17~22일(제22회, 2024)

아르카숑 일대, 지역의 12개 마을에서 열리는 문화 및 예술 행사로 다양한 형태의 무용이 무대에 오른다. 2023년에는 프랑스 국내외 17개의 무용단이 선을 보였다. 열띤 분위기 속에서 교감과 공유의 시간을 가질 수 있다. 2023년에는 안무가인 동시에 무용수인 마리-클로드 피에트라갈라 Marie-Claude Pietragalla가 자신의 무용단 '테아트르 뒤 코르 Théâtre du corps'와 함께 〈지젤 Giselle(s)〉을 통해 여성에게 가해진 폭력, 사랑과 배반의 현대적 버전을 선보였고, 스페인 안무가인 라파엘라 카라스코 Rafaela Carrasco는 〈녹

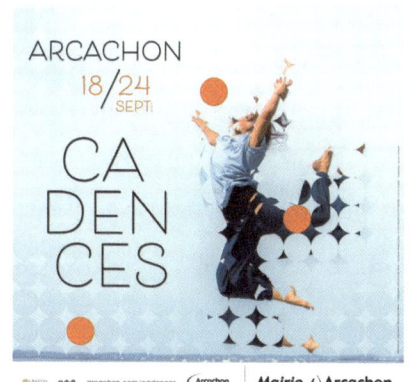
@JDS

투르나 Nocturna 〉 공연을 통해 여성의 힘을 보여주었다. 에르베 쿠비 Hervé Koubi 역시 〈솔 인빅투스 Sol Invictus 〉를 프랑스에서 초연한다. 그 외에도 베아트리스 마생 Béatrice Massin, 무라드 메르주키 Mourad Merzouki 등의 대가가 이 축제를 찾았다.

공연장 대부분은 아르카숑 만 Bassin d'Arcachon 혹은 그 주변에 자리하고 있다[라 테스트 드 뷔슈 La Teste de Buch, 비가노스 Biganos, 랑통 Lanton, 레주캅페레 Lège-Cap-Ferret 등]. 조금 멀리 떨어진 공연장들은 라카노 Lacanau, 르 부스카 Le Bouscat, 마르슈프림 Marcheprime 등지에서 만날 수 있다.

아르케스낭 Arc-et-Senans [Bourgogne-Franche-Comté]

살린 루아얄 정원축제 Festival des jardins de la Saline royale
_6월 2일~10월 20일(제26회, 2024)

@fykmag.com

2001년부터 20여 개의 교육기관과 협력해 개최하는 축제로 정원사를 꿈꾸는 어린이들을 대상으로 하는 교육적 성격의 행사다. 계몽주의 시대의 건축가 클로드 니콜라 르두 Claude Nicolas Ledoux 1736-1806 의 작품으로 1982년 유네스코 세계문화유산에 등재된 왕립제염공장 Saline royale 의 정원에서 열린다. 매년 예술적 창조와 정원의 다양성을 결합한 새 주제를 선택하면서 정원과 세상을 잇는다. '독서가이자 산책자 lecteurpromeneur'는 행사장 곳곳에 설치된 작은 무당벌레들의 안내를 받으며 상상력을 키우게 된다. 정원 모습은 열대, 사막, 이상한 동물들이 사는 새로운 지구, 동화 속의 식물들이 자라나는 유토피아 등 다양한 풍경을 하고 있다. 이벤트, 공연, 어린이들을 위한 아틀리에, 야간 산책 등이 프로그램의 주 내용이다. 2020년의 주제는 '서커스는 천국의 향수다 Le Cirque c'est la nostalgie du paradis '였다. 2022년부터 축제는 세르클 이망스Cercle Immense, '거대한 원'이라는 의미로 개최 장소를 옮겼다. 각각 400m² 넓이의 9개 정원으로 구성된 장소다.

아르파종 Arpajon [Ile-de-France]

강낭콩 장터 Foire aux haricots _9월 13~15일(제102회, 2024)

매년 9월 세 번째 주말에 열리는 이 축제는 시장, 얼음 조각, 팡파르, 무용, 식도락 부스, 개 전시회 등을 열며 규모를 늘려나가는 중이다. 농업에 한정해 1922년에 처음 만들어진 축제인 이 행사를 매년 350명의 전시자, 15만 명 정도의 방문객이 찾고 있다. 자동차 전시회, 펀페어, 하우스와 정원 전시회, 벼룩시장 등도 같이 열린다. 2022년에 100주년을 맞이했다. 2024년의 초청 국가는 포르투갈.

@Ville d'Arpajon

아를 Arles [Provence-Alpes-Côte d'Azur]

아를 국제상통전시회 Salon international des satonniers à Arles
_11월 16일(2024)~1월 12일(2025)

부슈뒤론Bouches-du-Rhône 데파르트망 아를에서 1958년부터 개최되고 있는 전시회로, 생트로핌 수도원Cloître Saint-Trophime 실내 공간에서 열리고 있다. 프로방스와 인접 지역의 가장 뛰어난 상통santon, 장식용 채색 자기 인형 장인들이 만든 제품들을 전시한다. 크리스마스 구유, 직업의 재현에서부터 유목 생활을 거쳐 가족의 삶에 이르기까지 지방의 대표적인 풍경들이 상통 속에 담겨있다.

아를 부활절 페리아 Feria de Pâques à Arles _4월 18~21일(2025)

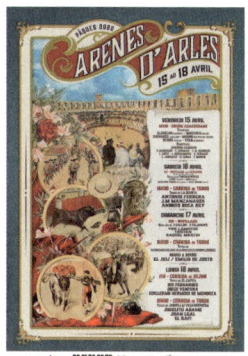

이 페리아feria 는 프랑스에서 투우와 관련된 템포라다temporada, 시즌가 시작됨을 알리는 행사다. 5만 명의 아피시오나도aficionado, 투우 애호가들과 30만 명의 방문객이 페리아를 찾으며, 오래된 도시 아를은 차량 통행이 금지되는 장소로 변한다. 거리에서는 오케스트라 음악이 울려 퍼지고, 보데가bodega 에서는 술이 차고 넘친다. 코리다corridas 와 엔시에로encierros 행사 외에도 에스파스 토로Espace Toro 에서는 전시회를 개최하며, 남프랑스에서의 투우 전통을 다룬 이벤트와 콘퍼런스도 열린다.

가르디앙 축제 Fête des Gardians _5월 8일(2024)

카마르그Camargue 에서 온 가르디앙gardians, 카마르그 지방의 마소 지키는 사람과 아를 여성들이 전통의상을 입고 순례 행진을 벌이는 축제. 카마르그 사람들을 한데 모으는 축제로 가르디앙 조합이 개최한다.

가르디앙 동업조합Confrérie des gardians 은 카마르그에 소재한 단체로, 루이 12세Louis

XII 치하인 1512년에 창설되었다. 지금도 활동 중인 가장 오래된 조합이다. 수호성인으로 생조르주 Saint Georges 를 모시고 있다. 아를에 소재한 노트르담드라마조르 성당 Église Notre-Dame-de-la-Major 에서 용을 쓰러뜨리는 조르주 성인의 채색조각을 만나

볼 수 있다. 동업조합은 프로방스 지방에 프랑스 왕국에 배속된 지 얼마 지나지 않아 창설되었는데, 프랑스와 이탈리아 사이의 전쟁이 준비되고 있을 때 가르디앙들이 기사 騎士 로서 최적의 인물들이었기 때문이다. 하지만 왕실 군대에 징집되는 일을 피하기 위해 그들은 조합을 결성했고, 시간이 흐르며 동업조합은 가르디앙들 보호를 책임지게 된다.

이전에는 생조르주를 위해 4월 23일 열리다가 1984년부터 매년 5월 1일에 열리고 있다. 이날 조합이 창설되었기 때문이다. 여러 행사가 프로그램을 구성하고 있는데, 아침에는 포럼 광장 Place du Forum 에서 작가 프레데릭 미스트랄 Frédéric Mistral 을 기리는 가르디앙과 아를 여성의 행진, 기사와 말들을 축복하는 미사가 진행되고, 아침이 끝날 무렵에는 축성한 빵을 당국에 전달하는 행사가 열린다. 오후가 끝날 때면 아를의 아레나에서 카마르그 경기, 가르디앙들의 시범, 아브리바도 abrivado, 조합 소속 여성들의 패션쇼가 펼쳐진다.

아를의 페굴라도 Pégoulado à Arles _6월 28일(2024)

대중적이고도 민속적 색채의 시가행진. 사람들이 흰 레이스가 달린 숄과 머리쓰개를 걸친 아를 여인 Arlésiennes 에 대해 자주 언급하지만, 정작 우리는 그 모습을 단지 민속축제 때에만 볼 수 있을 따름이다. 아를 여인들의 의상은 20세기 초부터 시작되었

@Sortir en région PACA

는데, 옷의 착용 과정이 아주 복잡하기에 준비 시간이 오래 걸리고 많은 핀과 리본이 필요하다. 6월의 마지막 금요일 혹은 7월의 첫 금요일에 열린다.

아를 사진전시회 Rencontres de la photographie d'Arles _7월 1일~9월 29일(제55회, 2024)

부슈뒤론 Bouche-du-Rhône 데파르트망의 아를에서 열리는 세계 최대 규모의 사진 축제로, 1970년에 시작된 후 2024년에 제55회를 맞이했다. 축제가 열릴 때 반 고흐의 도시 아를은 거대한 사진관으로 변모한다. 도시 전역의 역사유적에서 열리는 40개 이상의 전시회를 통해 아를 사진 축제는 매년 여름 전 세계 사진 문화유산을 알리는 동시에 현대적 예술 창조의 한 부분을 담당하고 있다. 이름이 알려진 작가들은 자신의 작품 세계를 소개하고, 상대적으로 신인 작가들은 자신의 이름을 알리는 도약대로 삼는 축제이기도 하다. 행사가 열리는 약 3개월 동안 수백 명의 예술가가 거리와 실내에서 전시를 열기에 전 세계의 사진 애호가들이 아를을 찾는다. 축제는 오랫동안 주변적인 예술로 간주되던 사진이라는 장르를 예술의 주요 파트로 편입시키는데 결정적으로 기여했다.

2022년에는 '퍼포먼스', '실험', '출현', '탐험' 및 '재해석' 등 다섯 개 주제로 축제가 구성되었다.

레 쉬드 페스티벌 Festival Les Suds _7월 14~20일(제30회, 2025)

@www.suds-arles.com

로마제국 도시 아를과 아를 인근의 여러 코뮌은 1996년부터 남프랑스 음악과 세계의 음악을 소재로 여름 최고의 음악 행사를 열고 있다. 생마르탱드크로 Saint-Martin-de-Crau, 불봉 Boulbon, 샤토르나르Châteaurenard, 퐁비에이유Fontvieille, 타라스콩Tarascon, 생레미드프로방스Saint-Rémy-de-Provence 등이 축제에 동참하는 마을들이다. 프로그램을 채우는 행사들로는 60개의 콘서트와 음악적 만남, 주교관 뜰에서 열리는 '소중한 순간들Moments Précieux', 고대극장Théâtre Antique에서 열리는 '남쪽 저녁Soirées Suds', 40여 개의 연수 프로그램과 노래, 무용, 음악 방면의 마스터클래스가 있다. 6만 명 정도가 축제를 찾고 있다. 2025년에 Les Suds 축제는 30주년을 맞이했다.

별과의 만남 Rencontre avec les étoiles _7월 24~29일(제1회, 2012)

'사진과의 만남Rencontres de la photo', '레 쉬드 아 아를Les Suds à Arles', '에스칼 뒤 카르고Escales du Cargo' 등 굴지의 이벤트에 이어 아를의 여름이 고대극장Théâtre antique 에서 마련한 영화제. 많은 감독과 배우, 관객이 축제를 찾으면서 대성공을 거둔 2012년 7월 24일 첫날 저녁 22  시에는 파트리스 르콩트Patrice Leconte 가 제작한 애니메이션 〈장난감 가게Le Magasin de jouets〉가 상영되었다. 7월 29일까지 대형화면에서 차례로 상영된 영화들은 조아생 라포스Joachim Lafosse 의 〈이성을 잃다 A perdre la raison〉, 알랭 레네Alain Resnais 의 〈당신은 아직 아무것도 보지 못했다Vous n'avez encore rien vu〉, 카린 타르디외Carine Tardieu 의 〈나에게서 온 편지Du vent dans mes mollets〉, 파트릭 밀Patrick Mille 과 쥐스틴 레비Justine Levy 의 〈나쁜 딸Mauvaise Fille〉, 미카엘 하네케Michael Haneke 의 〈아무르Amour〉였다.

아를라트 페스티벌 Festival Arelate _8월 18~23일(제19회, 2025)

2007년부터 아를Arles 에서 열리고 있는 '아를라트, 아를에서의 로마제국 데이Arelate, journées romaines d'Arles' 페스티벌은 로마제국시대의 유산이 여전히 풍성하고 오늘날에도 일상생활과 밀접하게 연결되어 있는 도시 아를에서 영감을 얻고 있다. 축제는 역사적 엄격성과 발견의 즐거움을 추구하며, 도시의 고대 문화유산을 부각하는 방식을 채택한다. 고품질의 다채로운 프로그램은 대부분 무료이며, 지역의 자원을 최대

한 활용한다. 놀이와 교육적 성격을 동시에 갖춘 프로그램은 유네스코 세계문화유산에 등재된 아를의 문화재와 고대아를도립박물관 Musée départemental Arles antique 을 제대로 맛보게 해준다. 매일 저녁 열리는 페플룸 영화제 Festival du Film Peplum 는 고대극장에 설치된 스크린으로 축제 참가자들을 초대하는 반면 극의 형식을 갖춘 방문, 거리 공연, 로마제국 병영, 그리고 검투사들의 결투, 마차들의 경주 같은 재현 행사들이 낮의 프로그램을 구성한다. 고고학자, 역사가 및 전문가들은 이 시대에 대한 지식을 넓히는 데 도움을 제공하고 있다. 축제는 시작할 때부터 성공을 거듭하고 있는 중이다.

2021년에는 8월 15-16일에 생레미드프로방스 St-Rémy-de-Provence 에서 제5회 만화 포럼이, 8월 16-22일에는 아를에서 페플룸 영화제가 아를라트 축제의 부대행사로 열렸다.

아를뢰 Arleux [Hauts-de-France]

훈제마늘 장터 Foire à l'Ail Fumé _8월 31일~9월 2일(제63회, 2024)

아를뢰 훈제마늘 장터 Foire à l'ail fumé d'Arleux 는 지역 산물을 좋아하는 사람들을 매혹시키는 대중 축제다. 2023년에 '유럽 식도락 지방 Région européenne de la gastronomie' 으로 선정된 오드프랑스 Hauts-de-France 에 어울리는 축제로, 오래전부터 마을에서 재배해온 훈제마늘을 1962년부터 9월의 첫 번째 일요일을 전후해 경축한다. 훈제마늘은 약용 재료로도 효능을 인정받고 있다. 2월에 심고 8월에 수확한다. 훈제와 마늘 엮기에 대해서는 마을이 특별한 노하우를 보유하고 있다.

매년 성공을 거듭하고 있으며, 약 6만 명이 찾는다. 주말 이틀 동안 마을 수프 시식 행사에서 소비되는 수프의 양은 5천 리터에 달한다. 이외에도 마늘 엮기 경연대회, 마을 홍보대사인 거인들의 행진, 훈제마늘 조합의 축성식, 마늘여왕 선발대회, 콘서트, 펀페어 등 재미있는 행사가 많다.

아미앵 Amiens [Hauts-de-France]

습지 페스티벌 Festival des Hortillonnages _5월 23일~10월 12일(제16회, 2025)

솜 Somme 데파르트망의 아미앵에서 개최되면서 예술과 자연을 혼합시키고 있는 이 페스티벌은 조형 예술가들과 조경사들의 프로젝트를 공간 속에 담아낸 행사다. 축제는 위협받고 있는 문화유산인 습지를 보호하는 동시에 젊은 예술가들의 창작을 지원하는 것을 소명으로 삼고 있다.

아미엥 만화제 Rendez-vous de la Bande Dessinée d'Amiens _6월(제28회, 2025)

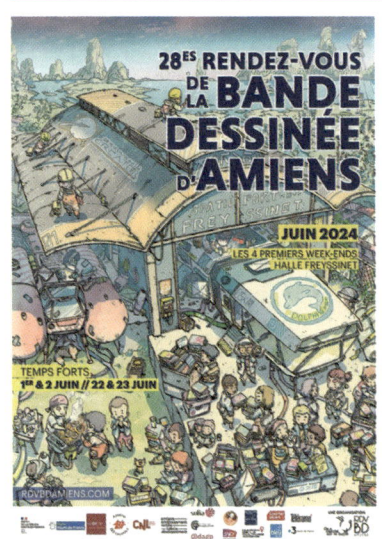

6월의 첫 4개 주말 동안 열리는 행사로, 프랑스어권에서 열리는 주요 만화제 중 하나다. 1996년부터 매년 6월에 개최되고 있다. 아미엥 소재 프레시네 홀 Halle Freyssinet 에서 10시부터 18시까지 개최된다. 무료 행사.

축제의 발단은 1995년 4월. 9명의 만화 애호가들이 '만화 위를 걸었어 On a marché sur la bulle' 협회를 만들었는데, 피카르디 Picardie 지방에서 만화와 만화가들을 홍보하는 것을 목적으로 삼았다. 그들을 다음 해 6월부터 축제를 개최하기로 결심하며, 그 축제에 'Rendez-vous de la bande dessinée d'Amiens'란 명칭을 부여했다. 협회의 로고를 만들어낸 인물은 1995년 9월의 첫 초청자였던 도미니크 젤리 Dominique Gelli 다. 축제를 만든 사람 중 한 명이 새로 오픈한 '빌 앙 스톡 Bulle en Stock'으로 1995년 12월 훌리오 리베라 Julio Ribera 를 초청한 후 개최가 본격화한다. 2012년에 3만 명 이상이 방문하면서 프랑스에서 가장 많은 사람이 찾는 만화제 중 하나가 되었다. 2018년부터 프레시네 홀에서 열리고 있는데 공간의 면적은 8000m²에 달한다.

아미엥 국제영화제 Festival international du film d'Amiens _11월 15~23일(제44회, 2024)

1980년에 처음 만들어진 국제영화제로 대상은 황금일각수상 Licorne d'Or. 매년 11월에 9일간 열린다. 종합영화제인 아미엥 국제영화제는 장편, 중편, 단편, 다큐멘터리, 픽션, 애니메이션 구분 없이 300편 내외의 영화를 상영하며, 전 세계에서 찾아온 350명의 영화 관계자, 65,000명 내외의 관객이 방문한다. 프랑스에서 열리는 5대 영화제 중 하나다.

@fifam.fr/

▍역사

행사를 처음 도모한 사람들은 영화를 애호했던 대학생들이었다. 다소 전투적인 영화를 좋아했던 그들은 상업적인 영화관의 프로그램 편성에 염증을 느끼면서 대학 캠퍼스 내의 시네클럽을 활성화하고 싶어 했다. 그들은 '영화-투쟁(Ciné-luttes)'이란 협회를 운영하고, 수년 전부터 지역에서 영화 비평잡지를 발간하고 있었다. 『시네크리티크(Ciné-critique)』의 발간과 더불어 장-피에르 가르시아(Jean-Pierre Garcia), 장-피에르 마르코스(Jean-Pierre Marcos), 장-피에르 베르종(Jean-Pierre Bergeon), 질 라프레보트(Gilles Laprévotte) 같은 이름들이 아미엥 문화계에 알려지기 시작한다.

2011년에 제31회 FIFAM이 끝난 후 파비엥 가페즈(Fabien Gaffez)는 장-피에르 가르시아를 뒤이어 예술감독이 되었으며, 2017년에 아누슈카 드 앙드라드(Annouchka de Andrade)가 새로운 예술감독에 임명되었다.

▍상의 종류

3개의 공식 경쟁 부문에 대해 10여 개의 상이 폐막식 때 시상된다.
- **장편영화 국제 경쟁 부분** : 시청각 분야의 전문가들이 여러 개의 상을, 영화제에 참석한 관객들이 1개의 상을 수여한다.
  * 장편영화 그랑프리 – 황금일각수상
  * 장편영화 심사위원특별상(2012년부터 시상하지 않고 있음)
  * 아미엥 시 상
  * 여우주연상
  * 남우주연상
  * 최우수장편영화 관객상 : 경쟁 부문에 진출한 각 영화의 상영이 끝나면 투표용지가 관객들에게 배부된다.
  * 장편영화 시그니스(Signis)상 : 퀄리티와 주제가 뛰어난 영화에 수여하는 상

* 유럽 경쟁 부분 – 유럽 청년작가 단편영화상
* 페미스(Fémis)상 : 페미스에서 교육을 받은 영화 전문가들로 구성된 심사위원들이 선정한다.
* 일각수(Licorne) 어린이상 : 아미엥 소재 라 오투아 고등학교(Lycée de La Hotoie) 재학생들이 시상한다.
* 아미엥 구치소상 : 2명의 수감자가 각자 시상한다. 경쟁 부문에 진출한 단편영화 전부는 비디오 형태로 아미엥 구치소 내부에서 상영한다.
* 단편영화 시그니스상
* 중편영화 프랑스 경쟁 부문 : 2010년에 제정된 상으로, 최우수 프랑스 중편영화를 보급하기 위해 만든 상이다. 30–59분 길이의 작품을 대상으로 한다.
* 명예 황금일각수상 : 주요 업적을 남긴 영화계 인물에게 시상한다.

▌황금일각수상(Licorne d'Or) 수상작

연도 〈영화제목〉, 감독(국적)
1980 〈오케이 미스터(OK Mister)〉, 파르비즈 키미아비(Parviz Kimiavi)(이란)
1982 〈일요일의 아이들(Les Enfants du Dimanche/Sonntagskinder)〉, 마이클 버호벤(Michael Verhoeven)(독일)
1983 〈버닝 언 일루젼(Burning an Illusion)〉, 메넬리크 샤바즈(Menelik Shabazz)(영국)
1984 〈타인들의 용기(Le Courage des autres)〉, 크리스티앙 리샤르(Christian Richard)(부르키나파소)
1985 〈바통 루주(Bâton Rouge)〉, 라시드 부샤레브(Rachid Bouchareb)(프랑스)
1986 〈달의 어두운 면(L'Homme dans la lune/Manden i månen)〉, 에리크 클라우젠(Erik Clausen)(덴마크)
1987 〈할리우드 셔플(Hollywood Shuffle)〉, 로버트 타운센드(Robert Townsend)(미국)
1988 〈알 칼라—성채(La Citadelle/El kalaa)〉, 모하메드 추이크(Mohammed Chouikh)(알제리)
1989 〈잃어버린 몸(Corps perdus)〉, 에두아르도 데 그레고리오(Eduardo de Gregorio)(아르헨티나)
1990 〈길의 끝에서(Au bout de la voie)〉, 디누 타나세(Dinu Tanase)(루마니아)
1991 〈벤자민의 여자(La femme de Benjamin/La mujer de Benjamín)〉, 카를로스 카레라(Carlos Carrera)(멕시코)

1992 〈달콤 쌉싸름한 초콜릿(Les Épices de la passion/Como agua para chocolate)〉, 알폰소 아라우(Alfonso Arau)(멕시코)

1993 〈수평선 자락(Le Fil de l'horizon/O Fio do Horizonte)〉, 페르난도 로페스(Fernando Lopes)(포르투갈)

1994 〈눈에서(Ils sont venus de la neige/Ap'to Hioni)〉, 소티리스 고리차스(Sotíris Gorítsas)(그리스)

1995 〈겉으로는 너를 좋아해(Visiblement je vous aime)〉, 장-미셸 카레(Jean-Michel Carré)(프랑스)

1996 〈그림 속 나의 마을(Le Village de mes rêves/Eno nakano bokuno mura)〉, 히가시 요이치(Yōichi Higashi)(일본)

1997 〈수자쿠(Suzaku/Moe no suzaku)〉, 카와세 나오미(Naomi Kawase)(일본)

1998 〈바하 캘리포니아 : 시간의 한계(Bajo California: El límite del tiempo)〉, 카를로스 볼라도(Carlos Bolado)(멕시코)

1999 〈보름달의 죽음(Mort un jour de pleine lune/Purahanda Kaluwara)〉, 프라산나 비타나게(Prasanna Vithanage)(스리랑카/일본)

2000 〈시간의 최대!(Time's up!)〉, 세실리아 바리가(Cecilia Barriga)(스페인)

2001 〈오틸리아 라우다(Otilia Rauda)〉, 다나 로트버그(Dana Rotberg)(멕시코/스페인)

2002 〈라치다(Rachida)〉, 야미나 바시르-추이크(Yamina Bachir-Chouikh)(알제리)

2003 〈송 포 어 래기 보이(Song for a Raggy Boy)〉, 에이슬링 월시(Aisling Walsh)(아일랜드)

2004 〈물소 지킴이(Gardien de buffles/Mùa len trâu)〉, 응우옌 보 응이엠 민(Nguyễn Võ Nghiêm Minh)(베트남)

2005 〈기다림(Attente/Intizar)〉, 라시드 마샤라위(Rashid Masharawi)(팔레스타인/프랑스)

2006 〈열 척의 카누(10 canoës, 150 lances et 3 épouses/Ten Canoes)〉, 롤프 드 히어(Rolf de Heer)(호주)

2007 〈에즈라(Ezra)〉, 카를로스 볼라도(Carlos Bolado)(멕시코)

2008 〈테자(Teza)〉, 하일레 게리마(Haile Gerima)(에티오피아)

2009 〈셜리 아담스(Shirley Adams)〉, 올리버 헤르마누스(Oliver Hermanus)(남아프리카공화국)

2010 〈우리들의 외국 여인(Notre étrangère)〉, 사라 부야인(Sarah Bouyain)(프랑스/부르키나파소)

2011 〈두메산골에서(Au cul du loup)〉, 피에르 뒤퀼로(Pierre Duculot)(벨기에)

2012 〈오프라인(Offline)〉, 페터르 몬사르트(Peter Monsaert)(벨기에)

2013 〈하모니 레슨(Leçons d'harmonie/Uroki Garmonii)〉, 에미르 바이가진(Emir Baigazin)(카자흐스탄/독일/프랑스)

2014 〈어거스트 윈즈(Ventos de Agosto)〉, 가브리엘 마스카로(Gabriel Mascaro)(en)(브라질)

2015 〈매직 마운틴(La Montagne magique)〉, 안카 다미안(Anca Damian)(루마니아/폴란드/프랑스)

2016 〈만달레이로 가는 길(Adieu Mandalay)〉, 미디 지(Midi Z, 趙德胤)(대만/미얀마/프랑스/독일)

2017 〈와지브(Wajib)〉, 안느마리 자시르(Annemarie Jacir)(팔레스타인/프랑스)

2018 〈레토(L'Été)〉, 키릴 세레브레니코프(Kirill Serebrennikov)(러시아/프랑스)

2019 〈너는 스무살에 죽을 거야(Tu mourras à 20 ans)〉, 암자스 아부 알랄라(Amjad Abu Alala)(이집트)

아비뇽 Avignon [Provence-Alpes-Côte d'Azur]

프로방스 리본축제 Le Ruban de Provence/Lou Rivan de Prouvenço _3월 16일(제100회, 2024)

@Ville d'Avignon

프로방스 지방의 문화를 경축하는 행사로 2024년에 100회를 맞이했다. 이날 하루 동안 방문객들은 아름다운 전통 복장의 퍼레이드와 만남의 장을 즐길 수 있다. 생베네제 다리 Pont Saint-Bénézet 에서부터 레퓌블리크 거리 Rue de la République 에 이르기까지 아비뇽 거리들을 전통 무용, 의상, 음악이 채운다. 아를의 여인들 Arlésiennes, 파랑돌 무용 farandoles, 갈루베 galoubets, 프로방스 지방의 세 구멍짜리 피리, 탕부랭 tambourins, 남프랑스의 민속춤, 기사와 사륜마차를 만나게 된다. 특히 레퓌블리크 거리에서는 토요일 오후에 프로방스 지방 의상을 입은 수백 명의 사람이 시가행진을 벌인다. 오르공 Orgon, 카바이용 Cavaillon, 그라브송 Graveson, 생질뒤가르 Saint-Gilles-du-Gard 등지에서 아비뇽을 찾은 '나시운 가르디아노 Nacioun Gardiano' 소속의 남녀노소가 벌이는 행사다. '나시운 가르디아노'는 아를과 카마르그 Camargue 지방의 관습, 전통, 의상을 유지하고 기리며, 오크어 langue d'Oc 사용을 독려하고, 이 지방 출신의 노벨문학상 수상자 프레데릭 미스트랄Frédéric Mistral이 작품속에 담아낸 펠리브리주félibrige, 1854년 프로방스어와 기타 남프랑스 사투리의 보존·부흥을 위해 프레데릭 미스트랄 등 7인 작가로 결성된 문학단체 정신을 계승하는 것을 목적으로 내세운 단체다.

아비뇽 페스티벌 Festival d'Avignon _7월 5~20일(제79회, 2025)

1947년 이후 보클뤼즈Vaucluse 데파르트망 아비뇽에서 매년 열리고 있는 페스티벌로, 연극 방면으로 프랑스에서 가장 규모가 큰 축제다. 〈리어왕Le Roi Lear〉, 〈갑자기 밤이Soudain la nuit〉, 〈리처드 3세Richard III〉 등의 연극을 관람할 수 있을 뿐만 아니라, 전시회와 무용 공연도 맛볼 수 있다. 7월에 3주에 걸쳐 열리며, 날짜는 매년 조금씩 차이가 난다. 작은 교회에서부터 2,000석의 관중석이 있는 교황청까지 아비뇽 시내 전체가 축제의 장으로 변한다.

론 강 좌측에 자리 잡은 아비뇽은 거대한 성벽으로 둘러싸여 도시 전체의 분위기가 안정적이며 아늑한 느낌을 준다. 이곳은 이미 11, 12세기부터 남부 프랑스의 교통 요충지로서 지역상업 중심지였고, 1309-1377년까지 7대에 거쳐 교황이 프랑스에 거주하게 되는 세기적 사건인 '아비뇽 유수'로도 유명하다. 교황청은 당시 교황의 정치적 위상을 나타내듯 종교적 건축물이라기보다는 오히려 요새 같은 느낌을 준다. 건물은 베네딕트 12세Benedictus XII 의 단조로운 옛 궁전1334-1342 과 클레멘스 6세Clement VI의 플랑부아양 양식의 새 궁전1342-1352 으로 나뉘며, 벽을 따라 50m가 넘는 10개의 탑이 웅장함을 보여준다.

　무엇보다도 이 도시는 수많은 프랑스 축제를 양산하는 시발점이 된 아비뇽 연극제로 유명하다. 아비뇽 연극제는 연극인 장 빌라르Jean Vilar가 1947년 최초로 개최한 연극축제로, 초창기에는 국립민중극단TNP, Théâtre National Populaire만의 공연을 위한 특권적 장소였는데 1966년부터 다른 극단뿐 아니라 춤, 음악, 영화에 이르는 다양한 장르에까지 개방되기 시작했다. 1947년 9월 처음 개최될 당시만 해도 수수한 '연극주간'에 불과하고 4천8백 명의 관객을 불러 모으는데 그쳤던 아비뇽 페스티벌은 그 후 숱한 외국 극단들을 초대하고 외국 언론사들이 취재 경쟁을 벌이면서 전 세계에서 가장 유명한 연극제가 되었다. 빌라르는 기존의 부르주아를 위한 연극을 반대하면서 모든 사람에게 개방된 연극, 모든 다양한 예술적 장르에 접근할 수 있는 연극 공연을 염두에 두었는데, 오늘날까지 그의 정신은 면면히 이어지고 있다. 장 빌라르의 목표는 당시까지 파리의 연극무대에 올려지던 연극들과는 다른 작품들을 가지고 젊고 주의 깊은 새로운 관중과 만나는 데 있었다. "집단예술인 연극에 밀실이 아닌 다른 장소를 부여할 것. 지하실이나 살롱에서 질식하고 있는 예술에 생기를 불어넣을 것. 건축과 극시劇詩를 화해시킬 것"이 빌라르의 지상 명제였다. 1948년부터 이 행사는 개최 일시를 9월에서 7월로 옮겼으며, 행사 기간은 2주간으로 확대되었다가 현재의 3주간으로 고정되었다.

　1947년에 무대에 오른 연극의 배역 중 하나는 갓 데뷔한 잔 모로Jeanne Moreau에게 돌아갔다. 아비뇽 시는 당시 27세이던 모리스 클라벨Maurice Clavel의 작품 〈정오의 테라스La Terrasse de midi〉에 공간을 제공했는데, 빌라르는 그 외에도 클로델의 작품 〈토비와 사라Tobie et Sara〉와 셰익스피어의 작품 〈리처드 2세〉를 무대에 올린다. 그는 연극을 과감하게 광장으로 끌고 나와 총체적인 예술형식을 구축하면서 연극 자체뿐만이 아니라 문화 향유에 목말라 하던 수많은 대중의 문화적 갈증을 해소시켜주었던 것이다. 1947년 9월 시작된 첫 페스티벌부터 프로그램은 보편적 리스트에서 잘 알려지지 않은 작품들과 현대작품들을 동시에 포함시켰다. 다음 해부터 행사는 '아비뇽 페스티벌'이라는 이름을 갖게 되며, 매년 7월 개최가 결정된다.

　1951년에 빌라르는 국립민중극단의 단장을 맡게 된다. 아비뇽은 장 빌라르가 샤이오 궁 Palais de Chaillot, TNP의 파리 소재지에서 주도하는 문화정책의 실험실 역할을 하게 되었다. 그에 따라 페스티벌도 TNP처럼 연극 실험의 장으로 변하기 시작했다. 1963년 조르주 윌송 Georges Wilson 이 TNP 단장직을 맡게 된 이후에도 TNP 극단은 1967년까지 아비뇽 페스티벌에 계속 참가했다. 1968년 여름의 아비뇽 축제는 5월의 파리에서처럼 바리케이드가 구축되는 모습을 목격하지는 않았지만 항의의 대상이 되며, '문화의 슈퍼마켓'이라는 딱지가 붙게 되었다. 하지만 1969년부터 영화와 음악, 음악극 및 조형예술에 문호를 개방하면서 아비뇽은 더욱 많은 방문객을 받아들인다. 1970년대 중반부터는 새로운 공간들이 문호를 개방하면서 연중 내내 극단들이 상주할 수 있게 되었다. 뒤이어 페스티벌의 조직위원장을 맡았던 베르나르 페브르 다르시에 Bernard Faivre d'Arcier, 알랭 크롱베크 Alain Crombecque 는 페스티벌을 통해 현대적 인프라를 구축하는 데 주력했고, 축제를 만방에 알리기 위해 애썼다. 스타급 배우와 연극인을 초청하는 것도 소홀히 하지 않았다. 1985년에 상연된 피터 브룩 Peter Brook 의 〈마하바라타 Mahabharata 〉, 1987년에 앙투안 비테즈 Antoine Vitez 가 무대에 올린 〈비단신Soulier de satin〉은 대표적인 작품들이다. 1988년에는 파트리스 셰로Patrice Chéreau 의 〈햄릿Hamlet〉이, 1995년에는 몰리에르의 〈타르튀프Tartuffe〉가 관객들을 열광시켰다. 아리안 므누슈킨이 이끄는 태양극단은 독실한 위선가 타르튀프를 1990년대의 종교적 광신주의라는 문맥 속에 위치시킴으로써 관객들에게 충격을 제공한다.

세계인의 종합 예술축제라는 이름에 걸맞게 아비뇽 축제는 크게 '인In'과 '오프Off' 두 개의 카테고리로 운영된다. 주최 측에서 초청한 극단들의 공연과 전시회, 토론회 등으로 구성된 In 페스티벌이라면, 정해진 형식을 뛰어넘는 자유분방함과 기발한 창의력이 돋보이는 무대가 Off 페스티벌이다. 보통 Off는 노천극장에서 이뤄지는데 실험적인 연극에서부터 민속 음악, 재즈에 이르기까지 다양한 형식의 공연이 펼쳐진다. 페스티벌 In은 수백 개의 참가 희망팀으로부터 신청을 받아 예술국이 프로그램을 선정하는데, 축제가 시작되기 18개월 전부터 작품 선정이 시작된다. 프랑스 정부와 여러 문화단체의 공식 지원을 받아 제작된 것이거나 주최 측의 심사 결과에 따라 선정된 후 초청된 작품이라 예술성과 작품성을 인정받은 작품들의 공연이라고 볼 수 있다. 반면 페스티벌 Off는 주최 측에서 작품을 선정하는 절차가 없다. 따라서 Off에서 공연하기 위해서는 어떤 극단이라도 그들의 작품을 공연할 장소가 있다면 축제 기간 중 아비뇽에 와서 얼마든지 공연할 수 있다. 아비뇽 축제의 진정한 의미를 살려주는 것은 Off 공연이라고 볼 수 있다. 회를 거듭할수록 Off 공연에 대한 관심이 점증하고 있는데, 그 이유는 프로와 아마추어가 자유롭게 참여하여 관중들에게 대단히 많은 선택의 여지를 제공하면서 축제 분위기를 한껏 고조시키기 때문이다. 공연작품도 일인극이나 대형 공연, 마임, 춤, 인형극, 서커스 등 무대예술과 관계된 것이면 어떤 것도 가능하다.

아비뇽 연극제는 연극에서 출발하였고 지금도 연극이 가장 중요한 분야이기는 하다. 그러나 1964년부터 그 영역을 다른 예술 분야에까지 넓혀나갔고, 몇 년 전부터는 시詩, 미술 및 연극사 전시회, 영화와 비디오아트에 이르기까지 문호를 개방했다. 반면 클래식 음악이나 오페라는 아비뇽에서 가까운 도시들, 예컨대 오랑주나 엑상프로방스 등에서 이 분야를 전문적으로 하는 축제들이 열리고 있기 때문에 프로그램으로 선택하지는 않는다.

축제의 성공은 지방에서도 문화가 활성화될 수 있음을 보여주는 계기가 되었다. 1950년대와 1960년대에 프랑스 전역에서 생겨난 지방 축제들은 모두 아비뇽을 모델로 삼고 있다. 그 이전까지 파리의 이름으로 억눌려있던 지방의 다양한 정체성이 아비뇽 연극제 이후부터 빛을 발하기 시작했던 것이다.

아스파렝 Hasparren [Nouvelle-Aquitaine]

레엥고 아스파렝 Lehengo Hazparne _8월 10일(제22회, 2025)

1900년 바스크 지방의 민중 축제를 재현한 중요 행사다. 당시 의상을 입고 음악을 곁들여 재현하는 바스크 지방 결혼식, 지방 복장을 한 사람들의 시가행진, 'Agur Jaunak 신사들 안녕이라는 의미'을 비롯한 바스크 지방의 대표적인 노래와 춤, 반다banda,

펠로타 경기, 무도회, 장인들의 시범 등 다양한 내용을 선보인다. 행사가 열릴 때 도심의 차량 통행은 전면 금지된다. 자신들의 뿌리를 되찾고 전통을 이어가려는 바스크 지방의 염원을 담아내면서 지역 사람들의 자부심을 관광 시즌에 보여주려는 의도도 당당하게 드러내고 있다.

1971년에 자크 쿠메Jacques Coumet의 독창적인 아이디어를 바탕으로, 1900년 어느 날의 분위기를 재현하는 이 행사가 태어났다. 그에 따라 조직위원회가 만들어지며, 현재도 이어지는 여러 행사가 프로그램에 담겼다. 성공은 즉각적이었고, 마을 사람들은 장롱 속에서 잠자던 전통의상을 꺼내며 행사를 적극 돕기 시작했다. 재현 행사는 아침나절에 바스크 전통 결혼식을 중심으로 이루어지는데, 결혼식을 올리는 사람들은 시장과 사제 앞에 차례로 서게 된다. 또 아침에 장인들이 거리를 메우며, 방문객들에게 옛 직업을 소개하는 시범 기회를 가진다.

1971년부터 1975년까지 다섯 번의 행사가 열렸고, 십여 년 동안 축제가 열리지 않다가 1987년부터 1999년까지 총 8번의 Lehengo Hazparne가 다시 열렸다. 그 후 8년 동안 축제가 열리지 않다가 2007, 2009, 2011, 2013, 2015, 2017, 2019, 2022년 8월에 행사가 개최되었다. 2024년 올림픽 개최로 인하여 제22회 행사는 2025년 8월 10일 일요일에 열렸다.

아작시오 Ajaccio [Corse]

스페인 및 라틴아메리카 영화제 Festival de cinéma espagnol et latino-américain
_4월 12~19일(제26회, 2024)

@Ville d'Ajaccio

이 영화제는 스페인어권 관객들에게서 이미 성공을 거둔 스페인과 남미 영화들을 만나게 해주는 것이 목적이다. 청소년을 등장시키거나 청소년들이 제작한 영화, 사회에 대해 이야기하는 영화를 선호한다. 대부분의 영화는 프랑스에서 미개봉한 작품들이다. 때맞추어 열리는 콘퍼런스들은 작품들에 대한 이해를 돕는다. 픽션과 다큐멘터리를 망라한 20여 편의 영화가 오리지널 버전, 프랑스어 자막 형태로 상영된다. 감독 및 배우들과의 토론, 상을 수여하는 공식 경쟁 부문 행사도 열린다. 행사 장소는 에스파스 디아망 Espace Diamant 이다.

나폴레옹 데이 Journées napoléoniennes _8월 13~15일(2024)

'나폴레옹 데이'는 성모승천절 Assomption 의 종교 행사를 보완하고 있다. 전시회, 제국

@Corse Net Infos

시대의 무용과 음악, 공식 세리머니, 당시 제복을 입고 진행하는 군사 의식의 재현이 프로그램을 이룬다. 제국 호위병들의 교대식, 소규모 교전, 군사 야영지, 북소리에 맞춰 진행하는 행진, 군대의 시가행진 등이 나폴레옹 군대가 있던 시대로의 여행을 가능하게 해준다. 2019년에 아작시오는 1769년에 출생한 나폴레옹 1세Napoléon Ier 의 탄생 250년을 경축한 바 있다. 2개의 특별한 저녁 행사가 열렸는데, 그중 하나는 2019년 8월 13일 21시에 생나폴레옹Saint-Napoléon 을 주제로 한 샤를드골 광장Place Charles-de-Gaulle 에서의 행사고, 다른 하나는 2019년 8월 14일 21시부터 카존 야외극장Théâtre de verdure du Casone 에서 펼쳐진 전투의 재현이었다.

루메 빛나는 역사 축제 Festival Lume Histoires lumineuses _10월 20~22일(제2회, 2022)

1769년에 아작시오에서 출생한 나폴레옹 보나파르트Napoléon Bonaparte 가 탄생 250주년을 맞이했던 2019년에 그의 고향 아작시오는 제1회 'Lume Histoires' 축제를 열었다. 나폴레옹이 남긴 기념비적인 건물들의 외벽에 영상을 쏘면서 아작시오의 문화유산을 기리는 것이 목적이었다. 음악과 공연 퍼포먼스도 곁들여졌다. 2019년 행사는 나폴레옹 1세의 삶과 관련된 상징적인 장소들에서 진행되었는데, 나폴레옹의

집 Maison Bonaparte, 포슈 광장 Place Foch, 제국 예배당 Chapelle impériale, 페슈 왕궁 겸 미술관 Palais-musée Fesch 등이 그런 건물들이었다. 3일에 걸쳐 19시부터 22시 30분까지 15분마다 3개의 장소에서는 건물 외벽에 3D 비디오가 투사되었고, 포슈 광장에서는 인터랙티브 형태의 3D 영상이 선보였다. 아이들은 '버저'를 이용해 외벽의 색깔을 바꿀 수 있었다. 2019년 첫 행사가 끝난 후 'Lume Histoires' 축제는 매년 새 주제를 내세우며 계속하기로 결정되었지만, 에너지 위기 때문에 2022년 행사는 2023년으로 연기된다.

아젱 Agen [Nouvelle-Aquitaine]

그랑 프뤼노 쇼 Grand Pruneau Show _8월 29~30일(2025)

2005년부터 로테가론 Lot-et-Garonne 데파르트망의 아젱에서 8월 말에 열리는 축제. 아젱은 툴루즈 Toulouse 에서 북서쪽으로 100km 떨어져 있다. 무료 콘서트, 꽃마차 행진인 '자두 퍼레이드 Pruneau Parade', 거리극 공연을 혼합한 축제로, 매년 6만5천 명이 찾는다. 참가자들은 이 마을의 이름을 빛낸 특산물인 자두를 상징하는 자주색 머플러를 착용하기도 한다. 아젱 상인들이 지나다니던 중심 도로인 코르니에르 거리 Rue des Cornières 의 아케이드에서 지역 먹거리를 파는 시장이 열리는데, 무료로 나눠주는 뜨거운 자두를 맛볼 수 있다. 행사를 찾았던 뮤지션은 쥘리앙 페레타 Julian Perretta, 비아네 Vianney, 질베르 몽타녜 Gilbert Montagné, 자즈 Zaz, 놀웬 르루아 Nolwenn Leroy, 미셸 퓌갱 Michel Fugain 등.

안시 Annecy [Auvergne-Rhône-Alpes]

베네치아 카니발 Carnaval vénitien _3월 7~9일(제28회, 2025)

오트사부아 Haute-Savoie 데파르트망에 자리하고 있으며 '알프스의 베네치아 Venise des Alpes'란 별명이 붙은 안시는 세레니시모 Sérénissime, '국가, 귀인에 대한 존칭'으로, 베네치아에 따라 붙는 별명을 본떠 운하를 활용한 카니발을 개최한다. 얼굴에 가면을 쓰고 베네치아 카니발 풍 의상을 입은 500여 명의 인물이 운하를 따라 이 오래된 도시의 거리들을 화려하게 장식한다. 축제에서는 팡파르와 음악, 꽃마차가 없는 대신 신비스러운 분위기가 감돈다.

국제 애니메이션영화제 Festival international du Film d'Animation _6월 8~14일(2025)

만화영화에 관심을 가진 사람들에게는 세계 최대의 축제다. 1960년에 피에르 바르

@CNC

뱅Pierre Barbin이 처음 만들었다. 매년 6월 초에 오트사부아Haute-Savoie 지방 안시에서 열린다. 초창기에 2년에 한 번씩 열리던 이 영화제는 1997년부터 매년 열리기 시작했다. CITIA가 영화를 주관하고 있다. 최고상은 '크리스탈Cristal'상.

원칙

영화제는 핸드드로운, 컷아웃, 클레이 애니메이션, 스톱 모션, 3D 등 다양한 테크닉을 구사하는 만화영화들을 공식 선정한다. 카테고리들은 장편영화(Longs métrages), 단편영화(Courts métrages), TV 및 주문형 영화(Films de télévision et de commande), 연구 목적의 영화(Films de fin d'études)로 나뉜다.

영화제는 애니메이션 분야에서는 중요한 만남의 장이다. 경쟁 부문과 병행해서 세계 초연, 회고전, 오마주, 영화와 작가를 중심으로 한 만남, 사인회, 전시회, 매일 저녁 파키에(Pâquier)에서의 야외 상영 등 부대행사가 많다.

같은 시기에 국제애니메이션필름마켓(Marché international du film d'animation)이 1986년부터 안시에서 함께 열리고 있다.

역사

1960년대부터 사부아 지방에는 활발한 활동을 벌이던 시네클럽이 존재했다. '영화의 날(Journées du cinéma)' 행사팀과 연계해 활동하던 그들은 안시에서 '국제애니메이션영화의 날(JICA, Journées internationales du cinéma d'animation)'을 만들어내는 데 성공한다. 피에르 바르뱅, 앙드레 마르탱(André Martin), 미셸 보셰(Michel Boschet)가 창립 멤버들이었다. 1956년에 시네클럽의 지도자들은 칸 영화제에 참석한 후 영화제 주행사와는 별도로 제1회 JICA 행사를 개최한다. 칸 영화제 중에 개최된 애니메이션의 날 행사는 주목을 끌지 못했지만, 두 팀의 만남은 향후 안시 애니메이션페스티벌을 낳은 단초가 된다.

1968년 영화제는 그 해의 많은 다른 축제들처럼 5월 사태 때문에 중단되었다. 1971년에 주최측과 국제애니메이션영화협회(ASIFA, Association internationale du film d'animation) 사이의 토론은 출품된 영화들의 선발방식에 대해 논의했다. 1975년까지 영화제는 전문가들, 외국 영화인들, 관객들, 가입 회원들로부터 높은 참가율을 기록했다. 컴퓨터를 이용해 만든 이미지들의 등장은 전통적으로 작업하던 영화인들과 가장 현대적인 방식을 추구하던 예술가들을 분열시켰다. 1970년대 말이 되면서 방향을 수정하고 미래를 지향해야 한다는 점이 명확해졌다.

1982년에는 3개 목표가 총회에 제시된다. 애니메이션 영화 발전에 기여할 것, 국제적인 차원의 문화행사를 안시 시에 보장할 것, 안시 시, 레지옹 및 프랑스를 위한 문화 활동 수단으로 자리 잡을 것이 새 목표였다. 목표들의 책임은 장-뤽 시베라스(Jean-Luc Xiberras)가 담당하게 된다.

1983년 행사는 봉리외(Bonlieu) 문화센터에서 열렸는데, 서로 다른 여러 형태 필름의 동시 상영이 가능해진다. 그와 병행해 영화 마켓이 선을 보이고, 주제별로 몇몇 콘퍼런스가 개최된다. 애니메이션 영화의 모든 기능, 모든 기술에 문호를 개방한 이 행사는 대성공을 거두었다. 주문형 영화에 경쟁 부문을 신설했고, 1985년에는 TV용 영화들에도 경쟁 부문을 도입했다.

1985년에는 국제애니메이션영화마켓(MIFA, Marché international du film d'animation)이 열리면서 영화제를 보조하는 역할을 담당했다. 미국 스튜디오들은 점점 더 안시 영화제에 진출하며, 1987년에는 워너브라더스 사에 대한 오마주 행사가 열린다. 1989년에는 Walt Disney Pictures 사의 대규모 사절단이 처음으로 안시를 찾았다. 1983년에서 1997년까지 영화인 참가자 수는 1983년에 900명에서 1997년에 4,300명까지 늘어나며, 출품된 필름 숫자도 386편에서 1,271편으로 증가했다. 1990년대 말이 되면서 영화제를 찾는 저널리스트만도 300명 이상에 달했다. 1983년부터 거둔 행사의 성공은 문화와 경제 방면 전문가들이 점점 더 이 영화제를 찾게 만들고 있다.

1993년에는 파키에(Pâquier)가 소재한 야외에 대형화면이 설치된다.

1997년에 행정위원회가 여러 가지 이유 때문에 영화제를 연례 행사로 변경하기로 결정했다. 제작 편수가 늘어나고, 선정에 어려움이 있으며, 다른 행사들과 경쟁해야 하고, 매년 마켓이 열리는 것이 필요하며, 영화제를 운영하는 상설조직이 필요하게 된 것이 그 이유들이다. 그 후 안시는 애니메이션 영화제 분야에서 국제적인 리더 위상을 공고히 한다.

2000년대에 안시 페스티벌은 급성장했다. 세계 초연 행사가 늘어나면서 미디어가 행사를 취급하는 일이 잦아졌다. 프랑스와 많은 유럽 국가도 애니메이션 제작에 뛰어든다.

2006년에는 '움직이는 이미지의 도시(Cité de l'image en mouvement)' CITIA가 신설된다. 이 프로젝트는 문화, 경제, 교육이라는 3개 축을 중심으로 가동되었는데, 지역적인 차원에서 다양한 활동들이 마련되었다. 애니메이션 영화들에 대한 상설 전시회, 예술교육 방식의 발전, 고블랭(Gobelins) 학교와 더불어 고등교육기관의 설립, 영상학교, 새로운 매체와 내용에 할애된 행사의 신설, 포럼 블랑(Forum Blanc), 디지털 작품 지원기금 가동 등이 행사의 일환이다.

공식 시상 부문
- 장편영화 부문 : 장편영화 크리스탈상(Cristal du long métrage), 심사위원상(Prix du jury), 심사위원특별상(Mention du jury), 관객상(Prix du public)
- 단편영화 부문 : 단편영화 크리스탈상(Cristal du court métrage), 심사위원상(Prix du jury), 심사위원특별상(Mention du jury), 관객상(Prix du public), 처녀작 장-뤽 시베라스상(Prix Jean-Luc Xiberras de la première œuvre), 오프리미트 영화상(Prix du film Off-limits)
- TV 영화 및 주문형 영화 부문 : TV 제작 크리스탈상(Cristal pour une production TV), 주문형 영화 크리스탈상(Cristal pour un film de commande), TV 시리즈물 심사위원상(Prix du jury pour une série TV), 특별 TV 심사위원상(Prix du jury pour un spécial TV), 심사위원상(Prix du jury)
- 연구 목적의 영화 부문 : 연구 목적 영화 크리스탈상(Cristal du film de fin d'études), 심사위원상(Prix du jury), 심사위원특별상(Mention du jury)

수상작 리스트
안시 크리스탈상(장편영화)

연도 | 〈제목〉 | 감독 | 국가

1985년 | 〈영웅적인 시간(Daliás idök)〉 | 조제프 게메스(József Gémes) | 헝가리
1987년 | 〈바람이 불 때(Quand souffle le vent)(When the Wind Blows)〉 | 지미 T. 무라카미(Jimmy T. Murakami) | 영국
1989년 | 〈앨리스(Alice Něco z Alenky)〉 | 얀 슈반크마이에르(Jan Švankmajer) | 체코공화국
1991년 | 〈로빈슨과 일행(Robinson et compagnie)〉 | 자크 콜롱바(Jacques Colombat) | 프랑스
1993년 | 〈붉은 돼지(Porco Rosso)(Kurenai no buta)〉 | 미야자키 하야오(Hayao Miyazaki) | 일본
1995년 | 〈폼포코 너구리 대작전(Pompoko Heisei)(tanuki gassen Pompoko)〉 | 다카하타 이사오(Isao Takahata) | 일본
1997년 | 〈제임스와 거대한 복숭아(James and the Giant Peach)〉 | 헨리 셀릭(Henry Selick) | 미국
1998년 | 〈난 이상한 사람과 결혼했다(I married a strange person!)〉 | 빌 플림턴(Bill Plympton) | 미국
1999년 | 〈키리쿠와 마녀(Kirikou et la Sorcière)〉 | 미셸 오슬로(Michel Ocelot) | 프랑스
2000년 | 장편영화 수상작 없음
2001년 | 〈뮤턴트 에일리언(Mutant Aliens)〉 | 빌 플림턴(Bill Plympton) | 미국
2002년 | 〈마리이야기〉 | 이성강 | 한국
2003년 | 〈맥덜(My Life as McDull)〉 | 토 유엔(Toe Yuen) | 홍콩
2004년 | 〈오세암〉 | 성백엽 | 한국
2005년 | 〈디스트릭트(Nyócker!)〉 | 아론 가우더(Aron Gauder) | 헝가리
2006년 | 〈르네상스(Renaissance)〉 | 크리스티앙 볼크만(Christian Volckman) | 프랑스, 영국, 룩셈부르크

2007년 | 〈프리 지미(Slipp Jimmy fri)〉 | 크리스토퍼 닐센(Christopher Nielsen) | 노르웨이, 영국
2008년 | 〈블루스를 부르는 시타(Sita Sings the Blues)〉 | 니나 패일리(Nina Paley) | 미국
2009년 | 공동 수상 : 〈메리와 맥스(Mary et Max)〉 | 아담 엘리엇(Adam Elliot) | 호주
         공동 수상 : 〈코렐라인 : 비밀의 문(Coraline)〉 | 헨리 셀릭(Henry Selick) | 미국
2010년 | 〈판타스틱 Mr. 폭스(Fantastic Mr. Fox)〉 | 웨스 앤더슨(Wes Anderson) | 미국
2011년 | 〈랍비의 고양이〉(Le Chat du rabbin)〉 | 앙투안 들르스보(Antoine Delesvaux)와 조안 스파르(Joann Sfar) | 프랑스
2012년 | 〈나의 저승길 이야기, 크룰릭 - 나의 죽음에 대하여(Le Voyage de monsieur Crulic)〉 | 〈Crulic - Drumul Spre〉 | 안카 다미안(Dincolo Anca Damian)(루마니아) | 폴란드, 루마니아
2013년 | 〈리우 2096(Rio 2096: A Story of Love and Fury)(Uma História de Amor e Fúria)〉 | 루이즈 볼로네지(Luiz Bolognesi) | 브라질
2014년 | 〈보인 앤 더 월드(Le Garçon et le Monde, O Menino e o Mundo)〉 | 알레 아브레우(Alê Abreu) | 브라질
2015년 | 〈아브릴과 조작된 세계(Avril et le Monde truqué)〉 | 프랑크 에킨시(Franck Ekinci)와 크리스티앙 데마르(Christian Desmares) | 프랑스, 캐나다, 벨기에
2016년 | 〈내 이름은 꾸제트(Ma vie de Courgette)〉 | 클로드 바라스(Claude Barras) | 스위스, 프랑스
2017년 | 〈새벽을 알리는 루의 노래(Lou et l'Île aux sirènes, Yoake tsugeru lu no uta)〉 | 유아사 마사아키(Masaaki Yuasa) | 일본

안시 풍경축제 Festival Annecy Paysages _7월 5일~9월 28일(제8회, 2025)

@http://www.annecy-ville.fr

현대예술에 할애된 축제. '녹티뷜Noctibules', '데앙뷜Déambules' 축제를 차례로 이어받은 이 야외 축제는 안시의 상징적인 장소들을 방문하게 만든다. 여정의 곳곳에서 대단한 예술작품들을 만날 수 있는데, 스트리트아트 프레스코, 거대한 그네, 착시현상을 불러일으키는 섬, 새들의 도시 등 독창적이고도 멋진 작품들이 여름 내내 안시를 화려하게 장식한다. 전 세계의 예술가 40여 명이 작품을 선보이며, 대부분의 작품은 봉리외Bonlieu, 옛 감옥, 유럽 정원Jardins de l'Europe 등 걸어서 갈 수 있는 거리에 설치되어 있다. 2022년에는 32개 작품을 선을 보였는데, 처음으로 그중 4개가 앱으로 볼 수 있는 디지털 작품이었다.

호수 축제 Fête du Lac _8월 2일(제92회, 2025)

@Lac Annecy Tourisme

'호수 축제Fête du Lac'는 군주들의 방문을 환영하면서 16세기부터 열리던 해상 공연과 불꽃놀이에서 출발하여 나중에는 사부아Savoie 지방이 프랑스에 병합된 날인 1860년 8월 29일 다음날 나폴레옹 3세와 외제니Eugénie 황후를 기리며 베네치아에서 열린 성대한 축제를 이어받고 있는 행사다. 안시 건축가 이냐스 모네Ignace Monnet가 탁월한 재능을 발휘한 호숫가에서 열리는 이 행사는 10년에 1번 혹은 2번씩 모습을 바꾸어왔고, 매혹적인 야간 행사들로 많은 사랑을 받는다.

1895년 8월 25일 안시 관광청은 이 행사를 매년 열리는 최초의 대규모 베네치아 축제로 만들고자 했으나, 행사를 변모시키기에는 너무 비용이 많이 드는 것으로 결론짓는다. 하지만 1905년부터 음악과 농업 콩쿠르, 공식 방문, 종교 행사, 보트 경기 및 기타 체육 행사들이 채색 장식 선박 경연대회, 야간 조명, 불꽃놀이를 매년 동시에 여는 명분으로 작용하기 시작했다. 1924년에 관광청의 주도하에 야간 축제는 독립적인 공연으로 열리게 된다. 다음해인 1925년 새로 결성된 축제위원회는 이 행사를 '감탄을 사는 가장 아름다운 불꽃놀이'로 만들려는 야망을 품기 시작했고, 그때부터 '호수 축제'라는 이름을 내세우기 시작했다. 2024년에는 올림픽 개최로 인하여 열리지 않는다. 제92회 행사는 2025년 8월 2일 토요일 19시부터 23시까지 열렸다.

안시 이탈리아영화제 Festival du cinéma italien à Annecy _10월 11~14일(제41회, 2024)

1983년부터 알프스 너머 지역인 이탈리아 영화를 대상으로 한 축제로 작가주의 영화, 대중영화, 장르 영화, 다큐멘터리, 픽션, 새로운 형태의 영화들을 묶는 대담한 편성을 하고 있다. 예술팀과의 만남, 이탈리아 영화계에서 가장 독창적이었던 아티스트

@Ecran Total

들에 대한 오마주도 곁들인다. 경쟁 부문은 떠오르는 배우들을 찾아내고 있다. 시즌을 빛낸 대표 영화들은 초대 형식으로 소개된다. 세르지오 레오네상 Prix Sergio Leone 은 이탈리아에서는 재능을 인정받았지만 프랑스에서는 잘 알려지지 않은 감독에게 수여된다. 예산 문제 때문에 2023년 행사는 열리지 못했다.

알파주의 귀환 축제 Le Retour des Alpages _10월 11일(제52회, 2025)

10월이 되면 많은 가축이 하계 방목 기간을 끝내고 농장으로 되돌아온다. 1973년부터 '알프스의 베네치아 Venise des Alpes' 안시에서는 이러한 귀환을 축하하는 민속축제를 매년 열고 있다. 오트사부아 Haute-Savoie 데파르트망에서 가장 중요한 행사 중 하나로 자리를 잡은 이 이벤트는 '하계 방목에서의 귀환 Retour des Alpages 혹은 Descente des Alpages'으로 불리기도 하는데, 안시 도심에서 10월 2번째 주 토요일에 개최하면서 여름의 끝

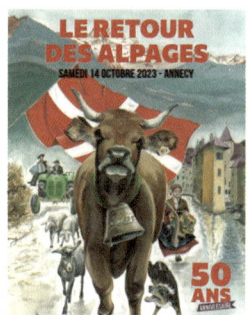
@ODS radio

@hotelannecy.com

을 알린다. 2020년과 2021년에는 코로나19로 인해 열리지 못했다. 약 8만 명에서 10만 명이 시가행진을 참관하며, 소, 양, 염소, 나귀, 말, 거위를 비롯한 여러 종류의 동물들은 전통 복장을 한 목동들과 함께 지나간다. 민속 그룹과 지역 합창단, 특히 알프스 호른을 연주하는 단체도 축제에 참가하고 있다. 행사는 09시부터 18시까지 열린다. 주 무대는 프랑수아 드 망통 광장 Place François de Menthon, 생트클레르 거리 Rue Sainte-Claire. 동물들의 행진은 14시 30분에 시작되는데, 행렬의 길이만도 2.5km에 달한다.

알베르빌 Albertville [Auvergne-Rhône-Alpes]

르 그랑 비부악 Le Grand Bivouac _10월 14~20일(제23회, 2024)

다큐멘터리 영화와 책에 할애된 페스티벌로, 동계올림픽을 개최했던 도시 알베르빌에서 열린다. 2002년 이후 매년 10월에 열리고 있다. 현대사회를 살아가는 개인과 사회 문제, 세상의 여러 갈등을 밀접하게 연계시킨다. 매년 39,000명 정도가 축제를 찾고 있다. 프로그램은 전 세계에서 제작되는 주요 다큐멘터리 상영, 도서전, 작가와의 만남, 대담과 토론, 전시회, 여행전시회, 콘서트와 공연, 수공예 상품 시장 등으로 구성된다. 넓이가 5,000m²에 달하는 '빌리지village'가 여행, 세계 각국 민족과 문화를 소개하는 공간으로 활용된다. 영화감독, 르포 작가, 과학자, 탐험가, 가이드. 작가, 아티스트가 행사에 초대되고 있다.

©grandbivouac.com

알비 Albi [Occitanie]

주말을 그녀들과 Un Week-end avec Elles _4월 4~7일(제17회, 2024)

타른Tarn 데파르트망의 7개 장소에서 4월에 열리는 축제로 콘서트, 공연, 스탠드업, 전시, 아틀리에, 스테이지, 강좌, 영화 상영, 식사 등이 행사를 채우고 있다. 다양한 프로그램을 통해 여성에게 경의를 표하는 축제다. 알비의 메종 드 라 뮤지크Maison de la Musique 와 세니트Scénith, 로트렉Lautrec 의 카레 플룸Café Plùm, 레스퀴르달비주아Lescure-d'Albigeois 의 코뮈날 홀Salle Communale, 카스트르Castres 의 레 자틀리에Les Ateliers 등에서 열린다.

알비 Albi 외 [Occitanie]

퀼튀르 바르 바르 축제 Festival Culture Bar Bars _11월 26~30일(제22회, 2025)

@bar-bars.com

퀼튀르 바르 바르 축제는 음악의 축제Fête de la musique 다음으로 규모가 큰 전국적인 문화 이벤트로 프랑스 전역에서 매년 11월 마지막 주말에 열린다. Culture Bar-Bars는 해마다 다양하고도 독립적이며 풍부한 예술 프로그램을 제공하기 위해 애쓰고 있다. 2019년에 215개 장소에서 총 700개의 이벤트가 열렸는데, 행사를 찾은 사람들은 155,000명에 달한다. 다양한 스타일의 음악인, 그래피스트, 비디오아티스트, 퍼포머, 배우들을 만날 수 있다. 코로나19로 인해 제19회를 맞이한 2020년에 축제는 '축제 권리 삼부회États Généraux du Droit à la Fête'로 변신했다.

전국카페문화연합Fédération nationale des Cafés Cultures 으로서의 '바르바르 문화집단Collectif Culture Bar-Bars'은 400개 이상의 장소를 결집시켰다. 문화를 만들어내는 주체자로서의 그들은 프랑스 도시와 시골에서 연극, 콘서트를 만들어내고, 작품과 관객 사이의 만남을 주선한다. 요한 제바스티안 바흐Jean-Sébastien Bach 부터 레미 킬미스터Lemmy Kilmister 까지 모두 카페가 마련하는 무대의 대상이다. 마르세유, 디낭, 브장송, 브레스트, 님, 툴루즈, 보르도, 몽펠리에, 렌, 낭트, 앙제, 로리앙, 반, 릴, 클레르몽페랑, 알비, 파리, 몽토방, 푸아티에, 리모주 등 거의 모든 도시가 이 문화제에 동참하고 있다.

알자스 Alsace 지방 [Grand-Est]

알자스의 크리스마스 Noël en Alsace _11월 말~크리스마스(매년)

알자스 지방에서의 크리스마스 시즌은 축제와 문화, 놀이에 관련된 수많은 행사가 열리는 중요한 시기이다. 유럽 최대 규모인 스트라스부르의 크리스마스 마켓이 가장 유명하다. 일루미네이션과 장식, 소희극 saynète 과 가장행렬, 노래와 동화 시연, 사람들이 재현하는 아기 예수 구유, 요리 강습 등이 마련된다. 양념 빵과 브레델 bredele 도 이 시기의 분위기를 돋우는 재료들이다.

알프 뒤에즈 Alpe d'Huez [Auvergne-Rhône-Alpes]

알프 뒤에즈 페스티벌 Festival de l'Alpe d'Huez/Festival international du Film de Comédie _1월 13~19일(제28회, 2025)

알프 뒤에즈 페스티벌은 1997년에 처음 만들어진 영화제로, 코미디를 주제로 내세운 유럽 유일의 영화제다. 비록 늘 걸맞는 위상을 누리고 있지 못할지라도 코미디는 영화에서 가장 대중적인 장르다. 매년 1월 셋째 주에 이제르 Isère 데파르트망의 스키장에서 열리며, 장편과 단편영화를 자유로이 드나들며 무료로 감상하는 형태를 하고 있다. 상영회는 하루 종일 알프 뒤에즈의 스포츠 및 국제전시장 Palais des Sports & des Congrès 에서 열린다. 축제 분위기에서 매년 열리는데 언론, 영화 전문가들, 파트너들이 연초에 모이는 중요한 문화행사가 되었다.

영화제를 찾는 관객도 최근 15,000명을 넘어서며 중요한 역할을 수행하고 있는데, 그 숫자는 지속적으로 늘어나고 있다.

경쟁 부문과 비경쟁 부문으로 나뉜 공식 선정 영화들은 영화 제작팀이 배석한 가운데 프랑스 최초 상영이라는 형태로 시사회를 연다. 하지만 국제적인 명성을 얻고 있거나 작품성이 뛰어난 외국 코미디 작품들도 프랑스 대중에게 처음 선을 보인다.

대중적인 이 영화제는 많은 코미디 작품들을 먼저 발견하는 기회가 되었는데, 그 후 박스오피스에 이름을 올린 영화들이 많다. 〈알로, 슈티 Bienvenue chez les Ch'tis〉, 〈주노 Juno〉, 〈미트 더 엘리자베스 La Première Étoile〉, 〈반짝이는 모든 것 Tout ce qui brille〉, 〈하트 브레이커 L'Arnacœur〉, 〈Mr. 스타벅 Starbuck〉, 〈더 길디드 케이지 La Cage Dorée〉, 〈베이비 시팅 Babysitting〉, 〈대디 오어 마미 Papa ou Maman〉 등이 그런 영화들이다.

공식 프로그램, 시간표, 부대행사, '100% cinéma' 프로그램은 매년 초에 일반에게 공개된다. 이 영화제가 내건 콘셉트, 비정형적인 독특한 마인드 덕분에 알프 뒤에즈 영화제는 '프랑스에서 가장 중요한 영화행사 Top 5'에 포함되는 영광을 누리고 있다.

앙굴렘 Angoulême [Nouvelle-Aquitaine]

앙굴렘 국제만화페스티벌 Festival international de la bande dessinée d'Angoulême
_1월 29일~2월 2일(제52회, 2025)

@Casterman

1974년에 처음 만들어진 만화제로 매년 20만 명이 방문한다. 전 세계의 만화와 애니메이션들을 한자리에서 만나볼 수 있는 유럽 최대 만화축제로, 통상 앙굴렘 페스티벌로도 불리며, 이 만화제와 더불어 앙굴렘 시는 제9의 예술인 만화의 성지로 등극했다. 도시 전체가 축제의 장으로 변모하여 광장과 거리 곳곳에서 콘서트, 만화 전시, 영상 상영 등이 펼쳐진다. 프랑스어권의 주요 문화제인 동시에 명성과 문화적 파급 효과 측면에서는 유럽에서 규모가 가장 큰 만화제다. 매년 1월에 열리며, 프랑스어권의 주요 만화가들이 참석한 가운데 전시회와 토론회, 만남의 장과 헌정 사인회를 두루 마련하고 있다. '신진만화작가관pavillon jeunes talents'은 미래의 만화 쪽 아티스트들을 받아들인다.

한 작가의 작품 세계 전체를 대상으로 시상하는 '앙굴렘 시 그랑프리Grand Prix de la ville d'Angoulême', 이전 해에 출판된 앨범을 대상으로 한 '황금야수상Fauve d'or'을 위시한 여러 상이 수여된다.

▌역사

간헐적인 어려움(1973~1980년)에도 불구하고 급속한 성장을 이룩한 축제다. 경제가 기울어가던 산업도시 앙굴렘은 1970년대 이전까지만 해도 만화와 아무런 관련이 없었다. 이 시기에 만화는 성인들에 맞는 이미지를 갖기 시작했고, 주요 미디어들은 만화에 대해 언급하기 시작한다. 만화에 할애된 첫 전시회들이 열리기 시작한 것도 이 시기다.

1972년 말에 시 자문역이자 만화를 애호하던 프랑시스 그루(Francis Groux)는 클로드 몰리테르니(Claude Moliterni)를 초청한 후 '1천만 개의 이미지 : 만화의 황금시대(Dix millions d'images : l'âge d'or de la BD)'란 전시회를 연다. 전시회는 성공을 거두며, 그루는 다음해에 당시 부시장이던 장 마르디키안(Jean Mardikian)이 개최한 보름 동안의 문학 행사 일환으로 목요일과 토요일 이틀 동안 여러 만화가를 초대했다. 그로부터 만화에 할애된 두 차례의 수요일 행사가 도입되며, 저명한 만화가들이 행사를 열기 위해 앙굴렘을 찾았다.

1973년에 제1회 전국만화축제가 툴루즈(Toulouse)에서 열리며, 일부 성공을 거둔다. 앙굴렘의 성공이 예견되는 순간이었다. 그루는 몰리테르니에게 다음해에 당시로서는 유럽에서 가장 규모가 컸던 이탈리아의 뤼크(Lucques) 만화페스티벌과 유사한 만화제를 열자고 제안했다.

'국제만화제(Salon international de la bande dessinée)'라고 명명된 제1회 앙굴렘 페스티벌은 1974년 1월 25일부터 27일까지 앙굴렘 미술관의 사용하지 않는 건물 일부에서 열린다. 조직위원장은 그루가, 사무총장은 마르디키안이 맡았다. 위고 프라트(Hugo Pratt)를 위시해 번 호가스(Burne Hogarth), 하비 커츠먼(Harvey Kurtzman), 모리스 틸리외(Maurice Tillieux), 앙드레 프랑캥(André Franquin), 클레르 브레테셰르(Claire Bretécher), 고틀리브(Gotlib), 프레드(Fred), 티벳(Tibet), 페요(Peyo), 로바(Roba), 장 지로(Jean Giraud) 등의 만화가들이 참석했다. 첫 행사는 즉각 성공을 거두면서 1만 명의 방문객을 맞아들였다.

해가 흐르며, 축제는 '종종 적절한 선택(choix souvent judicieux)'을 배가시켰다. 모든 종류의 만화에 문호를 개방하고, 활동을 분산시켰으며, 국제회의와 콘퍼런스를 늘린 것들이 그것이다. 1976년부터 매 만화제는 하나의 주제를 갖게 되었으나, 주제가 너무 협소하거나 광범위하여 그다지 성공을 거두지 못했다. 1977년 행사에는 에르제(Hergé)가 참석해 조직위원장 직을 맡았다.

1977년에 시의 조직이 개편되자 보조금이 끊겼다. 만화제는 생존을 걱정했지만, 만화 애호가이자 탈산업화로 인해 고통을 받는 앙굴렘의 이미지를 개선하고자 하던 의원 겸 시장인 장-미셸 부슈롱(Jean-Michel Boucheron)이 1979년부터 만화제를 전적으로 지원한다.

▎전문화

1981년에 부슈롱은 이 축제가 아마추어리즘을 뛰어넘기를 원했고, 앙굴렘 시가 만화를 넘어서서 '프랑스 이미지를 보여주는 항구적인 수도(capitale permanente de l'image en France)'가 되기를 소망했다. 1982년에는 만화학교와 자료센터인 '만화의 집(Maison de la bande dessinée)'이 오픈한다. 같은 해 7월에 만화의 시립도서관 의무납본 관련법이 제정된다. 1983년 5월에는 시립미술관이 생토강 갤러리(Galerie Saint-Ogan)를 오픈하는데, 이곳에서 지난 십여 년간 미술관이 구매한 만화 도판들을 전시할 수 있게 되었다. 1984년 행사에서는 자크 랑(Jack Lang) 문화부장관이 국립만화센터(Centre national de la bande dessinée et de l'image)의 창설을 알렸다. 기관은 박물관인 동시에 미디어테크, 연구소 기능을 동시에 수행하게 된다. 장기적인 경제효과도 나타나기 시작했다. 1983년에 만화영화와 비디오를 제작하는 회사가 설립되면서 3백 개의 일자리를 만들어내게 된다.

전문화와 더불어 예산도 증액되었다. 참가하는 출판사 숫자는 늘어났고, 콘퍼런스와 대담 같은 행사는 줄어들었다. 1975년에 20번이었던 회의 숫자는 1984년에 2번으로 급감했다. 전시회 숫자는 20여 개로 그다지 변동이 없었다.

▎축성

1988년에 자크 글레나(Jacques Glénat)는 만화제를 그르노블로 옮기자는 피에르 파스칼(Pierre Pascal)을 지지한다. 그곳에 자신이 운영하는 출판사가 있었기 때문이다. 앙굴렘에서 축제가 없어지는 것을 걱정한 부슈롱 시장은 1989년 행사 예산을 증액하기로 결정했다. 1989년에 부슈롱의 뒤를 이은 조르주 샤반(Georges Chavanes)은 프랑시스 그루의 항의에도 불구하고 앙굴렘과 그르노블이 만화제를 교대로 열기를 제안하면서 논란에 종지부를 찍었다. 앙굴렘 만화제 예산은 그에 따라 반으로 줄어들었다.

1996년에 국제만화제(Salon international de la bande dessinée)는 이름을 바꿔 '국제만화페스티벌(FIBD, Festival international de la bande dessinée)'이 되었다.

▎시상 부문

제1회 행사부터 앙굴렘 축제는 만화가들에게 상을 주었다. 상들의 명칭은 여러 차례 바뀌었지만, 보다 실험적인 성격의 엘리트주의적 작품들과 대중들이 선호하는 만화들을 구분하면서 균형을 유지하고 있다. 이러한 정책이 만화의 가독률을 떨어뜨리고 특히 판매 차원에서 영향력을 제한했음에도, 대규모 영화제를 본 딴 상의 수여는 만화제의 격을 높이는데 결정적으로 기여했다.

가장 유명한 상은 앙굴렘 시 그랑프리(Grand prix de la ville d'Angoulême)로, 한 작가의 작품 전체에 대해 수여하는 상이다. 국제축제라는 성격에도 불구하고 대부분의 경우 불어권 작가가 상을 받았다. 2013년부터 이 시스템은 점진적으로 포기되었고, 대신 프랑스어로 앨범을 출간한 만화가들 전체가 투표하는 방식으로 대체하게 된다.

앨범에 시상하는 상들은 다양한 심사위원들이 시상한다. 주요 상들은 만화 전문가들로 구성된 '대(大)심사위원단(Grand Jury)'이 수여한다. 2015년부터, 그리고 빌 워터슨(Bill Watterson)이 만화제를 찾는 것을 거부한 후 방식은 바뀐다. 대심사위원단은 30여 종의 앨범을 공식적으로 선정한 후 수상작을 고르고, 문화유산에 해당하는 앨범들을 특별 선정한다. 조직위원회가 정한 선정위원회가 리스트를 작성한다. 2015년에 시상한 주요 분야는 다음과 같다 :

- 가장 권위가 있는 황금야수상(Fauve d'or)
- 심사위원특별상(Prix spécial du jury)
- 시리즈물상(Prix de la série)
- 젊은 작가나 데뷔작에 수여하는 신인상(Prix Révélation)
- 재출간된 앨범에 주는 문화유산상(Prix du patrimoine)

변화

초창기에는 7개 상이 프랑스와 외국의 데생작가, 시나리오작가, 출판인들에게 수여되었다. 1976년부터 1978년까지 4개의 새로운 상이 프랑스와 외국의 사실주의적이고 코믹한 최고 작품들에 상을 주기 위해 도입되었다. 하지만 이 상들은 1979년과 1980년에는 수여되지 않는다.

1981년에 만화제가 개편되면서 상들의 이름은 'Alfred'로 바뀌었다. 알랭 생토강(Alain Saint-Ogan)의 작품 『지그와 퓌스(Zig et Puce)』에 등장하는 펭귄 이름에서 따온 것이다. 1989년에는 상 제목이 'Alph-Art'로 개명된다. 에르제(Hergé)의 미완성 작품인 『Tintin et l'Alph-Art』에서 따온 명칭이다. 2002년에는 프랑스 만화와 외국 만화를 구분해 최우수 앨범상을 수여하던 방식을 폐지했다.

2004년부터 2006년까지는 단순히 'Prix'로 부르던 상에 2008년과 2009년에는 'Essentiels'이라는 명칭을 부여한다.

2007년에 루이스 트론하임(Lewis Trondheim) 조직위원장은 만화제의 새 마스코트가 된 '야수(Fauve)' 이름을 사용한다. 그에 따라 최우수앨범에 주는 상은 2008년부터 '황금야수상(Fauve d'or)'으로 명명되었다. 그 후 2010년부터 모든 공식 상은 '앙굴렘 야수(Fauves d'Angoulême)'상이 되었다.

1973년부터 국제만화제와 같은 시기에 앙굴렘 국제기독교만화페스티벌(Festival international de la BD chrétienne d'Angoulême) 행사가 열리고 있다.

메티스 음악제 Festival Musiques Métisses _6월 5~7일(제49회, 2025)

@Musiques Métisses

메티스 음악제는 1976년 앙굴렘에서 크리스티앙 무세 Christian Mousset 의 주도 아래 처음 생겨난 월드뮤직 축제다. 조직위원장은 올리비에 카즈나브 Olivier Cazenave 가 맡았다. 매년 5월 성신강림축일 Pentecôte 이 있는 주말에 열리는데 전 세계의 아티스트들이 콘서트를 갖기 위해 이곳을 찾는다. 축제 참가자 수는 6만 명 이상.

동일한 이름을 가진 협회가 주관하는 Festival Musiques Métisses d'Angoulême 은 본래의 콘셉트로부터 상당히 변모했다. 처음에 'Jazz en France'라는 이름을 내세우면서 프랑스와 유럽의 재즈와 즉흥 음악을 대상으로 했던 이 축제는 얼마 지나지 않아 아프리카, 카리브해, 남미, 인도양 쪽에서 생산하는 대중음악을 포함시키기 시작했다. 프랑스 해외지방과 해외영토들인 DOM-TOM의 예술가들이 선을 보이기 시작한 것도 그때이다. 'Musiques Métisses'란 표현이 처음 사용되기 시작한 시기는 1985년부터.

선구자 역할을 담당하면서 이 축제는 월드뮤직에서 상당한 비중을 차지하는 남반부 음악의 다양성과 풍요로움을 소개하는 데 주력했고, 유럽과 미국이 현대성을 독점하고 있다는 편견과 싸워나갔다. 오늘날 세계적인 명성을 얻고 있는 많은 아티스트들이 앙굴렘 무대에 섰는데, 대표적인 음악가들로는 살리프 케이타 Salif Keïta, 조니 클레그 Johnny Clegg, 봉가 Bonga, 칼레드 Khaled, 셰브 마미 Cheb Mami, 꼼빠이 세군도 Compay Segundo, 셀리아 크루즈 Celia Cruz, 티토 푸엔테 Tito Puente, 다니엘 와로 Danyel

Waro, 로키아 트라오레Rokia Traoré, 카사브Kassav, 두두 은디아예 로즈Doudou N'diaye Rose, 이스마엘 로Ismaël Lo, 팔 프레트Fal Frett, 엘리다 알메이다Elida Almeida 등을 들 수 있다.

또한 축제는 프랑스 본토의 뮤지션들이 이민자들의 음악과 만나며 생겨나는 모든 종류의 음악을 부각시키는 데 공헌했다. 프랑스 사회의 변화에 발맞춰 다양성과 문화적 융화를 옹호한다. 예술가들의 왕래를 돕고, 교환과 만남, 창작의 장을 마련하면서 음악의 색깔을 풍요롭게 하는데 기여하며, 떠오르는 젊은 예술가들이 경력을 쌓을 수 있도록 도와준다. 전문가의 관점에서 보자면, 이 페스티벌은 유럽 쪽의 월드뮤직 전문가들이 최초로 네트워크를 구축하는 것을 가능하게 해주었고, 남반부 쪽 전문가들이 대두하는 것을 도와주었다. 그에 따라 축적된 노하우는 나중에 일본, 미국, 캐나다, 아프리카, 브라질로 수출된다. 2010년에 브라질의 살바도르 데 바히아Salvador de Bahia에서 개최된 'Musicas Mestiças'가 그 좋은 사례다.

30여 년 사이에 '뮈지크 메티스Musiques Métisses'는 남반부의 아티스트, 전 세계의 전문가들에게 놓쳐서 안 될 행사로 부각되었다. 매년 프랑스와 외국의 많은 프로그래머들이 새로운 재능을 찾아내고 공연 계약을 맺기 위해 축제를 방문한다.

2015년 12월 22일에 앙굴렘 시와 데파르트망이 행사 지원을 철회하면서 14만 유로가 부족해 축제는 사라질 뻔한 위기를 겪기도 했다. 하지만 앙굴렘에 소재한 음악 쪽의 복합문화시설인 라 네프La Nef 덕분에 살아남는 데 성공했고, La Nef는 행사가 열릴 수 있는 새로운 공간을 제공했다. 2016년부터 축제는 이 시설을 중심으로 열리고 있다.

제18회 프랑코포니 영화제 FFA, Festival du film francophone _8월 25〜30일(2025)

2008년에 '발루아 왕조의 도시Cité des Valois' 앙굴렘에서 처음 만들어진 행사로 매년 8월에 열린다. 프랑스어권에서 만들어진 영화를 대상으로 하고 있다. 영화제를 처음 만들어낸 마리-프랑스 브리에르Marie-France Brière와 도미니크 베스나르Dominique Besnehard의 열정에 힘입어 축제는 전문가와 시네필들을 열광시키는 중이다. 과거와

현재 영화들을 다룰 뿐 아니라 미래의 재능 많은 영화인을 발굴하는 데 기여하고 있다.

2021년의 개막작은 마르탱 부르불롱Martin Bourboulon 의 영화 〈에펠Eiffel〉로, 유럽에서 처음으로 앙굴렘 극장Théâtre d'Angoulême 과 CGR에서 상영되었다. 심사위원장은 배우이자 감독인 니콜 가르시아Nicole Garcia 가 맡았다. 2021년에 집중적으로 소개한 국가는 알제리다. 경쟁 부문, 한 예술가에 대한 포커스, 인터뷰, 단편영화 상영, 시사회, 2개의 콘서트로 프로그램이 이루어진다.

앙굴렘 가스트로노마드 축제Gastronomades à Angoulême
_11월 29일~12월 1일(제30회, 2024)

오늘의 제품과 요리에 전념하는 주말 행사인 가스트로노마드Les Gastronomades 축제는 주최자들에 의해 '식도락 소통 전시회Salon de la communication gastronomique' 및 '맛의 국제축제Festival international des saveurs'로도 불린다. 발견에 대한 동일한 열망으로 생산자, 장인, 요리사, 견습생, 전문가, 요리 애호가가 이 축제에 모이며, 요리 문화와 예술 문화의 융합을 겨냥한다. 생산지의 지역 특산물 소개, 요리 전시회와 관련 도서전, 요리 시식과 강좌, 경연 등을 통해 지역의 식도락을 여러 방식으로 경험할 수 있다. 최근에는 세계 각 지역의 요리 문화에 대해서도 문호를 열고 있다. 무료 입장. 2019년에 '가스트로노마드'는 '에스파스 카라Espace Carat'에서도 처음 열렸다.

앙다르 Andard [Pays de la Loire]

록과 암소 Du Rock et des Vaches _10월 12~13일(제24회, 2024)

팝과 록 음악에 할애된 축제. 페이 드 라 루아르Pays de la Loire 레지옹 멘에루아르Maine-et-Loire 데파르트망 소재 앙다르에서 1999년에 시작되었다. 공연장은 잔 드 라발 콘서트홀Salle Jeanne de Laval. 2017년에는 Babylon Circus, SOOM T ft DUB4, Didier Super, Loopsinacoustik & Friends, Calonners Rock Steady 등의 뮤지션이 참가했다. 일요일에는 저글링, 분장, 게임 등의 이벤트도 열린다.

앙다이 Hendaye [Nouvelle-Aquitaine]

쉬피롱 축제 Fête du Chipiron _7월 13일(2025)

프랑스 남서부 피레네자틀랑티크Pyrénées-Atlantiques 데파르트망에서 매년 7월 13일에 열리는 행사로, 반다bandas 순회 콘서트, 바스크 지방 음악 연주, 스페인식 '뿔이 불타는 황소toros de fuego', 불꽃놀이 등이 이어지는 동안 작은 낙지의 일종인 '쉬피롱chipiron'을 다양한 소스와 함께 맛볼 수 있다. 낮 동안에는 페탕크pétanque 시합, 트레킹, 다양한 장르의 민속 공연을 즐길 수 있다.

바스크 축제 Fête Basque _8월 10일(2024)

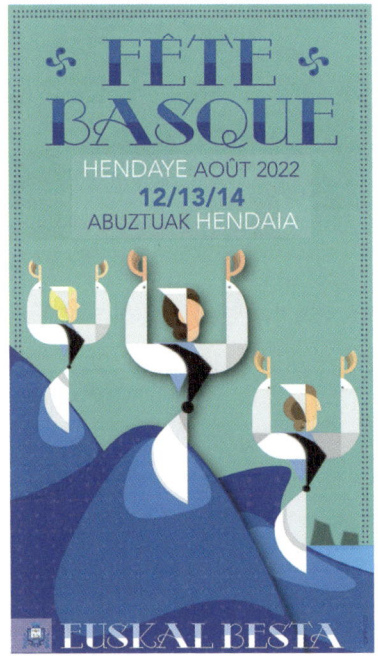

앙다이 Hendaye 에서 열리는 가장 중요한 행사로, 1930년부터는 일요일에 기마행렬이 선을 보인다. 축제를 연장하고 여러 협회를 참가시키기 위해 금요일과 토요일에는 '히리 베스타 Hiri Besta' 행사가 만들어졌다. 축제를 상징하는 색은 푸른색과 흰색이다.

'히리 베스타'의 주요 행사로는 개막식, 카네타 포구 Port de Caneta 에서 열리는 정어리 축제, 사르파이 반다 Zarpai Banda 행진, 히리 베스타 달리기 경주, 무도회, 알가스텔루 사하르 Halles Gaztelu Zahar 에서 열리는 식도락 시장, 생뱅상 성당 Église Saint-Vincent 에서의 장엄미사, 펠로타 경기 등이 있다. 이 외에도 바스크 지방의 민속 공놀이, 커플 행진, 꽃마차 행진, 불꽃놀이 등 풍성한 프로그램이 마련된다.

앙데르노스레뱅 Andernos-les-Bains [Nouvelle-Aquitaine]

오두막 축제 Cabanes en fête _12월 2일(2023)

보르도 서쪽으로 50km 정도 떨어진 아르카숑 만 Bassin d'Arcachon 의 항구가 앙데르노스 Andernos. 이곳의 45채 오두막집과 아틀리에에 굴 양식업자, 포도 재배자, 식당 운영자, 예술가, 자원봉사자 등 400여 명에 가까운 지역 사람들이 모여 굴을 테마로 삼은 식도락 축제를 벌인다. 아르카숑 만에서 양식한 굴, 앙트르되메르 Entre-deux-Mers

와인, 해물 타파스tapas, 스페인식의 다양한 앙트레 모음는 이날을 빛내는 주메뉴들이다. 6명의 미슐랭 스타 셰프들이 굴 요리와 와인을 함께 선보이며 '별들의 무대piste aux étoiles'에서 자신들의 실력을 뽐낸다.

항구에서는 오케스트라와 팡파르가 음악을 연주하고, 뱃사람들 노래와 바스크

@Le Bonbon

지방 노래가 울려 퍼지며. 화가와 사진작가들은 전시회를 연다. 노로 젓는 보트 경기도 열린다. 축제는 불꽃놀이로 마무리된다. 2만 명 정도가 행사를 찾고 있다.

앙드레지외부테옹 Andrézieux-Bouthéon [Auvergne-Rhône-Alpes]

국제마술축제 Festival international de Magie/Festival des Dauphins magiques
_3월 14~19일(제14회, 2022)

앙드레지외부테옹 코뮌의 테아트르 뒤 파르크Théâtre du Parc에서 2년마다 열리는 페스티벌. 2022년 3월 14일에서 19일까지 열렸다. 국제적으로 이름난 마술가들이 참가하여 행사의 명성을 드높여주고 있다. 앙드레지외부테옹 코뮌이 재정과 기술 지원을 도맡고 있다.

1995년 마리즈 리베르생Maryse Liversain과 그녀의 팀이 시작했고, 1999년에는 그녀의 파트너이자 복화술사인 미셸 드제네프Michel Dejeneffe가 합류하여 수년에 걸쳐

국제적인 축제로 발전했던 이 마술축제는 14회 대회를 마지막으로 막을 내렸다.

가을 호박 및 맛 축제 Fête de la Courge et Saveurs d'Automne _10월 11~12일(제26회, 2025)

코로나로 중단되었던 행사가 2022년부터 재개되었다. 부테옹 성 Château de Bouthéon 의 정원에서 열리는 축제에는 60여 명의 호박 생산업자가 참가한다. 신데렐라의 마차, 할로윈의 잭오랜턴 같은 호박 모티브의 작품이나 창의적인 호박요리를 선보이는 등 호박을 주제로 삼아 다양한 상상력을 발휘하는 행사다. 아주 오래전부터 루아르 Loire 강가에서는 호박을 재배해왔으며 재배지로서의 명성이 드높았다. 주말을 이용해 약 2만 명의 사람이 행사를 찾는다. 토요일에는 14시부터 19시까지, 일요일에는 10시부터 18시까지 축제가 열린다. 참가비는 없다.

앙디이 Andilly [Auvergne-Rhône-Alpes]

앙디이 중세축제 Les Grandes Médiévales d'Andilly _5월 31일~6월 1일(2025)

오트사부아 Haute-Savoie 데파르트망에 소재한 마을 앙디이에서 개최되는 행사다. '프티 페이 Petit Pays, '작은 고장'이라는 뜻 '라는 별칭을 가지고 있는 이곳은 인구가 1000명이 채 안되는 작은 마을이며 안시 Annecy 와 스위스 제네바 사이에 자리하고 있다. 축제 기간 동안 산타클로스와 엘프, 기사와 마녀 등 상상 속의 인물들이 가득한 동화 같은 장소가 된다.

앙디이 중세축제Les Grandes Médiévales d'Andilly는 매년 5월 물랭 숲Forêt de Moulins 에서 열린다. 1996년 첫 행사가 개최되었고, 2010년대부터는 유럽에서 열리는 주요 중세축제 중 하나가 되었다. 7백 년 전으로 되돌아가 중세를 맛보게 해주는 이벤트성 축제다.

1982년에 처음 만들어진 앙디이 루아지르Andilly Loisirs 는 1901년 협회법에 따라 결성된 단체로, 마을 주민들에게 다양한 축제와 행사를 제공하는 것을 목적으로 삼았다. 1996년에 처음 시작된 중세축제는 확장을 거듭했고, 오늘날 대규모 행사를 개최할 수 있는 정도까지 단체의 역량이 쌓였다.

@Le Grand Parc d'Andilly Eté/Hiver

문화 주체로 확실히 자리 잡은 앙디이 루아지르는 2006년에 '프티 페이'란 이름을 내세우며 협회의 주요 행사들을 한데 모으기로 결정을 내렸다. 프티 페이는 자신의 왕국을 세 곳에 세우는데, '퀴르Cure'와 '물랭 숲' 두 곳은 앙디이 코뮌에 위치해 있으며 세 번째 장소는 시옹 산Mont Sion 영지에 자리한 생블레즈Saint-Blaise 코뮌에 있다.

계절에 따라 앙디이 프티 페이에서는 4개의 세계와 만날 수 있는데, 매년 이곳을 찾는 사람 수만도 17만 명 이상에 달한다.

- 보통 5월과 6월에 걸쳐 5일 동안 열리는 앙디이 중세축제
- 여름 동안 관광객들을 맞이하는 앙디이 허수아비공원(Parc des Epouvantails d'Andilly)
- 산타클로스 농가(Hameau du Père Noël), 연중 무휴.
- 여름에 열리는 '투 프티 페이(Tout Petit Pays)'

앙베르 Ambert [Auvergne-Rhône-Alpes]

앙베르 월드페스티벌 World Festival Ambert _7월 17~19일(2025)

쥘 로맹 Jules Romains 의 소설 『친구들 Les Copains』로부터 얻은 영감을 발전시킨 행사로, 콘서트, 무용, 영화, 거리극, 전시회 등과 시가행진을 통해 세계의 문화와 각국 음악을 알게 해주는 축제다. 매해 하나의 주제를 선택하며 15개 전후의 국가들이 참가한다. 2022년의 참가 국가와 지역들은 스페인, 우즈베키스탄, 프랑스, 폴란드, 아르메니아, 타히티 등. 앙베르 소재 발 도르 여가센터 Base de loisirs Val Dore 에서 열린다. 2022년에는 '앙베르 잡 Ambert Job'이라는 행사를 추가한 후 축제 참가자들이 지역 직업 채용자들과 만날 수 있도록 해주었다.

앙부아즈 Amboise [Centre-Val de Loire]

아반티 라 무지카 페스티벌 Festival Avanti la Musica _6월 11~26일(2022)

앙부아즈 성 Château d'Amboise 에서의 연극, 음악, 무용을 통해 이전 시대의 이탈리아와 현대 이탈리아를 조명하는 행사로 샤를 8세 Charles VIII 가 이탈리아 군사 원정에서 돌아왔을 때의 왕실 분위기를 재현한다. 식도락 시장, 토요일 저녁 정원에서의 산책과 콘서트, 앙부아즈 거리에서의 퍼레이드, 오후와 저녁 시간에 열리는 성에서의 이탈리아 음악 콘서트, 이탈리아 연극 공연, 왕실 뜰에서의 '코메디아 델라르

테commedia dell'arte' 방식의 연극, 클래식 콘서트 등이 주요 행사 내용이다.

시대별 크리스마스 Noël au fil des siècles _12월~1월(매년)

매년 앙부아즈 성 Château d'Amboise 이 아주 오래된 크리스마스 전통을 다루는 행사. 예수의 출생이 르네상스부터 19세기까지 어떻게 그려져 왔는지를 보여준다. 사회의 모습에 따라 의상과 장식, 노래와 음악이 변화해 온 과정을 알 수 있다. '파스토

@Class Tourisme

리pastori'라 불리는 전통적인 대형 상통으로 구성되며 회의실에 설치되는 나폴리식 구유를 놓치지 말아야 한다. 아이들을 위해 크리스마스 장식과 크리스마스 케이크 만들기 강좌도 열린다. 전나무, 대림절 왕관, 식도락 의상, 옛 장난감 같은 크리스마스 전통에 대해서도 공부할 수 있다.

앙브로네 Ambronay [Auvergne-Rhône-Alpes]

앙브로네 바로크 음악제 Festival de musique baroque d'Ambronay
_9월 13일~10월 6일(제45회, 2024)

고대음악과 바로크 음악에 할애된 축제로, 엥Ain 데파르트망 앙브로네에서 1980년에 처음 개최된 이후 매년 9-10월 넷째 주 주말에 열린다. 바로크 음악을 다루는 축제 중에서는 가장 중요한 행사로 꼽힌다. 창시자 이름은 알랭 브뤼네Alain Brunet. 2003년에 처음 만들어진 앙브로네 문화센터 Centre Culturel de Rencontre d'Ambronay 와 밀접한 관련을 맺고 있다. 오늘날 세계적인 명성을 얻고 있는 레오나르도 가르시아 알라르콘Leonardo García Alarcón 도 오라토리오 〈그리스도의 수난 La Passione di Gesu 〉을 의뢰한 이 축제를 통해 유럽과 처음 만났다.

@radiofrance.fr

▌음악 프로그램

축제의 주요 임무 중 하나는 녹음이다. Auvidis 음반사에서 발매되던 초창기에는 음악가이자 합창대 지휘자인 호르디 사발(Jordi Savall)이 앙브로네 페스티벌 공연 녹음 작업에 깊이 관여하기도 했다. 2005년부터 축제는 자체 라벨을 내건 상품들을 제작하고 있다.

▌콘서트 장소

공연이 열리는 주공간은 음향효과가 뛰어난 건물로 유명한 노트르담 당브로네 수도원(Abbaye Notre-Dame d'Ambronay)이다. 일부 콘서트들은 앙브로네 마을 바깥에서 열린다. 부르캉브레스 극장(Théâtre de Bourg-en-Bresse), 마찬가지로 부르캉브레스에 소재한 브루 왕립수도원(Monastère royal de Brou), 몽뤼엘(Montluel) 소재 오귀스탱 극장(Théâtre des Augustins), 리옹의 생마르탱 데네 사원(Basilique Saint-Martin d'Ainay), 벨레(Belley)의 생장 대성당(Cathédrale Saint-Jean) 등이 그에 해당하는 장소들이다.

▌역사

- 2010년 : 젊은 세대를 축하한 해다. 참가자들은 마르코 멘코보니(Marco Menconboni), 칸타르 론타노(Cantar Lontano), 파비오 비온디(Fabio Biondi), 만프레도 크래머(Manfredo Kraemer), 장-크리스토프 스피노지(Jean-Christophe Spinosi), 조프루아 주르댕(Geoffroy Jourdain), 레 크리 드 파리(Les Cris de Paris), 아마릴리스 앙상블(Ensemble Amarillis), 엠마뉘엘 바르동(Emmanuel Bardon), 칸티쿰 노붐(Canticum Novum), 세바스티앙 데랭(Sébastien d'Hérin), 레오

나르도 가르시아 알라르콘(Leonardo García Alarcón) 등.
- **2009년** : 30주년을 맞이한 해로, 바로크 음악에 할애했다. 윌리엄 크리스티(William Christie)가 헨델의 〈수산나(Susanna)〉를 지휘했다.

앙제 Angers [Pays de la Loire]

프르미에 플랑 페스티벌 Festival Premiers Plans _1월 18~26일(제37회, 2025)

@alca-nouvelle-aquitaine.fr

1989년에 클로드-에릭 푸아루Claude-Éric Poiroux의 주도로 창설된 행사로, 매년 1월에 10일에 걸쳐 유럽영화 쪽의 재능 있는 젊은 영화인들이 만나는 기회다. 페이 드 라 루아르Pays de la Loire 레지옹 멘에루아르Maine-et-Loire 데파르트망의 도시 앙제에서 열린다. 유럽에서 영화를 처음 제작하는 신인감독들을 대상으로 한 이 행사에서는 매년 1백여 편의 작품들이 경쟁 부문에서 자웅을 겨룬다. 경쟁 부문과 병행해서 영화사상 위대한 작품들을 재발견하는 기회도 마련하고 있다. 2011년부터 영화제는 베이징 퍼스트 필름 페스티벌Beijing First Film Festival 과 협력 관계를 구축하고 있다. 2013년에 영화제를 찾은 관객 수는 7만 명 정도이며, 꾸준히 관객이 늘고 있다.

유럽 영화의 다양성을 부각시켜 신규 관객층을 만들어내고, 회고전을 통해 영화의 역사와 문화유산을 발견하게 만들며, 시나리오 작가들과 신인 감독들을 발굴하고 지원하는 것에 영화제의 목표를 두고 있다. 주요 영화제로 자리 잡은 이 행사는 아르노 데스플레생Arnaud Desplechin, 프랑수아 오종François Ozon, 마티외 아말릭Mathieu Amalric, 닉 파크Nick Park, 파티 아킨Fatih Akin, 마테오 가로네Matteo Garrone, 누리 빌주 세일랑Nuri Bilge Ceylan 같은 여러 영화인을 발굴해내는데 기여했다.

잔 모로(Jeanne Moreau)

2003년 1월에 심사위원장을 맡았던 잔 모로는 축제를 자주 방문하는 단골이 되었는데, 그녀는 매년 젊은 감독들을 만나고 그들을 지원하기 위해 이곳을 찾는다. 축제의 대모가 된 잔 모로는 2005년에 '앙제 아틀리에(Ateliers d'Angers)'를 창설한 후, 장편영화 감독을 지망하는 젊은 유럽 영화인들을 매년 20여 명씩 지원하고 있다. 일부 프로그램에는 일반인도 청강생 자격으로 참석할 수 있다.

역사

- 제1회 영화제는 1989년 1월 20일부터 29일까지 열렸다. 집행위원장은 테오 앙겔로풀로스(Théo Angelopoulos)》
- 2007년에 피에르 파올로 파솔리니(Pier Paolo Pasolini) 회고전과 영국 애니메이션을 특집으로 다뤘다.
- 20주년을 맞이한 2008년에는 알랭 레네(Alain Resnais) 회고전, 잔 모로(Jeanne Moreau) 특집 행사가 열렸다.
- 2009년에는 루이스 뷔뉴엘(Luis Buñuel) 회고전, 유럽 감독들이 제작한 미국 장편영화, 미래의 도시들 특집.
- 2010년에는 기욤 드파르디외(Guillaume Depardieu)와 자크 바라티에(Jacques Baratier) 오마주 행사, 장-피에르 멜빌(Jean-Pierre Melville) 회고전, 영화 속의 공포 특집.
- 2011년에는 이자벨 카레(Isabelle Carré), 브루노 간즈(Bruno Ganz), 개리 바르딘(Garri Bardine) 오마주 행사, 바르베 슈뢰더(Barbet Schroeder) 회고전, 영화 속의 뷔를레스크(burlesque au cinéma), 전후 영화 특집.
- 2012년에는 자크 감블랭(Jacques Gamblin), 호르헤 셈프룬(Jorge Semprún), 앨런 클라크(Alan Clarke) 오마주 행사, 장-뤽 고다르(Jean-Luc Godard) 회고전, 영화 속의 무용 특집.
- 2013년에는 존 부어맨(John Boorman), 마르첼로 마스트로얀니(Marcello Mastroianni), 드니 라방(Denis Lavant), 클로드 밀러(Claude Miller) 오마주 행사, 노동 세계에 대한 회고전, 잡지『포지티프(Positif)』60주년 기념행사.
- 2014년에는 로베르 브레송(Robert Bresson), 라스 폰 트리에(Lars von Trier), 파트리스 셰로(Patrice Chéreau), 보 와이더버그(Bo Widerberg), 드니 포달리데스(Denis Podalydès) 오마주 행사, 변모(Métamorphose)에 대한 회고전. 이 해에 관객 수는 73,000명, 상영된 영화 숫자는 255편이었다.
- 2015년에는 베르트랑 블리에(Bertrand Blier), 디노 리시(Dino Risi), 지리 바르타(Jiri Barta) 오마주 행

사, 루벤 외스트룬트(Ruben Östlund), 앨리스 로르바셔(Alice Rohrwacher)에 대한 포커스, 비밀(Secret)을 주제로 한 회고전.
- 2017년 1월에 1백여 편의 장편 및 단편영화들이 시내 여러 곳에서 상영되었는데, 주 상영 장소는 카트르상쿠 시네마(Cinéma des 400 Coups)와 그랑 테아트르(Grand Théâtre)였다.
- 2018년 제30회를 맞은 영화제에는 85,000편의 작품이 출품되었다.
- 2021년에는 코로나19 팬데믹으로 인한 건강상의 이유로 처음으로 대중 상영 없이 진행된다. 극장 상영은 물론 배우와 감독과의 만남도 금지되었다. 벨기에 영화감독 샹탈 아케르만(Chantal Akerman)에 대한 회고전.
- 2022년에는 Covid-19 팬데믹과 관련된 건강 상황으로 인해 행사의 최대 수용 인원은 2,000명으로 한정되었다. 행사는 컨벤션 센터, 그랜드 극장, 400m² 규모의 경기장 등 도시의 4개 장소에서 진행되었다.

아프리카 영화제 Festival cinémas d'Afrique _5월 12~18일(제20회, 2025)

Festival Cinémas d'Afrique는 아프리카 대륙의 문화적 풍요로움을 알리려는 의도에서 태동했다. 1987년 아프리카 영화를 사랑하는 사람들이 결성한 '토후 보후 Tohu Bohu' 협회의 주도로 출발했는데, 1992년부터 앙제 시가 지원을 시작하면서 행사 주최는 앙제 아프리카영화 Cinémas d'Afrique Angers 협회가 맡게 된다. 당시 앙제 시장이던 장 모니에 Jean Monnier 는 앙제 시와 말리의 수도인 바마코 Bamako 시와의 자매결연에 깊숙이 관여하던 인물이었고, 축제에 대한 지원은 아프리카와의 교류를 강화하려는 정책의 일환이었다.

@cinemasdafrique.asso.fr

협회의 목표는 아프리카 문화와 영화를 알리는 것이다. 현재는 아프리카 문화를 프랑스에 알리기 위한 '아프리카 영화와 문화 Cinémas et Cultures d'Afrique' 행사를 2년에 1번씩 개최하고 있으며, 남아프리카의 케이프타운 Cap 에서 북아프리카의 알제 Alger 에 이르는 아프리카 대륙의 영화인들이 제작한 장편과 단편영화들을 선정 소개하고 있다. 영화인, 인류학자, 저널리스트들이 축제에 관여 중이다.

레 자크로슈-쾨르 Les Accroches-Coeurs _9월 14〜15일(제24회, 2024)

@Angers Info

거리극 축제인 '레 자크로슈-쾨르'는 1999년부터 매년 여름이 끝날 무렵 멘에루아르Maine-et-Loire 데파르트망의 앙제에서, 보다 정확하게는 멘Maine 강 양쪽에서 열리고 있다. 3일 동안 거리극과 야외 문화예술 프로그램으로 채워진다. 무료 행사이며, 모두에게 열린 대중적 축제를 지향하고 있다. '영국 분위기ambiance britannique', '요한계시록apocalypse', '천사와 악마anges et démons' 등 매년 바뀌는 주제에 따라 분위기가 조성되며 총 95개에 달하는 마술 공연이나 서커스, 오페라, 무용, 연극, 팡파레, 콘서트, 무도회 등이 거리 곳곳에서 연이어 선보인다. 시간이 흐르며 이 축제는 앙주Anjou 지역에서 가장 인기 있는 행사가 되었고, 매년 수천 명이 축제를 찾는다.

앙트레그쉬르볼란 Antraigues-sur-Volane [Auvergne-Rhône-Alpes]

밤 축제 Fête de la Châtaigne - Castagnades d'automne _10월 26~27일(제31회, 2024)

@ardeche-guide.com

밤나무밭을 거닐며 식사를 하고 이야기를 나눌 수 있는 11km의 산책 코스, 밤과 과일을 비롯한 지역 특산물과 수공예품을 파는 시장, 베소 성당 Église de Vesseaux 에서의 성가 콘서트, 생산업자들과 상인들의 시가행진, 아크로바트, 전시회 등이 밤의 고장인 앙트레그쉬르볼란 마을을 이틀 동안 가득 채우는 행사다. 생밤을 맛보기도 하고, 굽거나 요리로 즐기면서 아르데슈의 가을을 함께 경축하는 이벤트다.

앙티브 Antibes [Provence-Alpes-Côte d'Azur]

앙티브 아트 페어 Antibes Art Fair – Art moderne, contemporain et design _4월 12~21일(제53회, 2025)

@Antibes Juan-les-Pins

'앙티브 골동품 및 현대예술 전시회 Salon d'antiquités, art moderne et art contemporain'라고도 불리는 이 행사는 파리 다음으로 규모가 큰 프랑스 골동품 전시회이자 유럽 굴지의 예술행사 중 하나다. 골동품과 중고 물품, 옛 보석, 현대 예술품, 디자인 가구, 빈티지 상품을 좋아하는 전문가들과 애호가들이 전시회를 찾고 있다. 전시 공간은 3,500m²이며, 2만 명 이상이 참가한다. 또 이 행사는 코트다쥐르 Côte d'Azur 지방의 여름 시즌 행사가 열리는 기폭제 역할을 한다. 비에이유앙티브Vieil-Antibes 입구 쪽의 프레 오 페쇠르 광장Esplanade du Pré aux Pêcheurs 에서 열린다.

프랑스 국내외 90명 작가가 선정되어 전시되는데, 참여 작가 숫자가 많고 작품의 질이 높아 유럽의 주요 이벤트로 자리 잡았다. 매년 20,000명이 넘는 미술 애호가와 수집가가 한자리에 모인다. 현대미술, 보석, 디자인 및 빈티지 가구, 오래된 그림 등 전시된 모든 분야에서 진정성, 아름다움, 희귀성, 독창성을 추구하는 이벤트다.

앙티브 종교예술제 Festival d'Art Sacré d'Antibes _7월 23일~9월 22일(제33회, 2024)

@Petites Affiches des Alpes Maritimes

코트다쥐르 지방에서 가장 역사가 오래된 페스티벌 중 하나로 종교음악을 주제로 내세운 행사다. 앙티브의 소중한 문화자산인 앙티브 대성당Cathédrale d'Antibes, 생 베르나르댕 예배당Chapelle Saint-Bernardin, 노트르담 드 라 가루프 예배당Chapelle Notre-Dame de la Garoupe 내부에서 오케스트라, 솔리스트들이 체임버 뮤직과 성가를 들려준다. 잘 알려지지 않은 음악을 발견할 수 있는 기회이기도 하다. 2024년에는 헨델, 바흐, 생상스, 포레, 라벨, 헨리 퍼셀Henry Purcell, 레베카 클라크Rebecca Clarke, 장-미셸 다마즈Jean-Michel Damase, 아밀카레 폰키엘리Amilcare Ponchielli 등의 음악이 연주되었다.

에그르푀이유쉬르멘Aigrefeuille-sur-Maine [Pays de la Loire]

록 앙 멘Rock en Maine _10월 18일(제12회, 2025)

유럽의 켈트 음악 무대에서 라이브 공연으로 유명한 켈틱 포크 그룹인 셀킬트Celkilt, 브르타뉴 지방 코트다르모르Côtes-d'Armor 데파르트망 출신 그룹인 22 롱 리프스22

Longs Riffs, 펑크-록을 포크와 혼합하는 흥미로운 그룹인 손즈 오브 오플래허티Sons of O'Flaherty, 스빈켈스Svinkels, 디디에 슈퍼Didier Super의 사촌 격인 베타블록Betablock, 아일랜드 록을 연주하는 낭트 그룹인 더 그리닝즈The Greenings, 에그르푀이유에서 활동하는 17세 나이 소년들로 구성된 시즈Seeds 등이 그동안 이 축제를 찾았다. 공연장은 리샤르디에르 콘서트홀Salle des Richardières이며, 레스토랑과 바가 현장에서 운영된다.

에루빌생클레르 Hérouville-Saint-Clair [Normandie]

보르가르 페스티벌 Festival Beauregard _7월 2~6일(제17회, 2025)

노르망디Normandie 지방 캉Caen 근교 에루빌생클레르에서 열리는 축제. 모두가 즐기는 가든파티 형태의 보르가르 축제는 캉 인근의 보르가르 성Château de Beauregard의 드넓은 정원에서 열리며, 록, 팝, 일렉트로, 인디 음악 등의 다양한 장르를 망라하면서 유쾌한 분위기를 선사한다. 유럽의 주요 대안 페스티벌 중 하나로 간주된다. 7월 첫 번째 주말의 금, 토, 일요일에 개최된다. 4일 동안 2개 무대에서 공연이 열린다.

@sortiraparis.com

2009년 제1회 행사는 에루빌에 소재한 빅 밴드 카페Big Band Café 뮤직홀을 운영하는 폴 랑주아Paul Langeois와 커뮤니케이션 에이전시 카페 크렘Kafé Crème 대표 파트릭 시몽Patrick Simon의 주도로 태동했다. 에루빌생클레르 시가 지원한 첫 행사를 찾은 사람 숫자는 2만 명이었다. 당시까지 캉 생활권에서 열리는 축제는 디지털과 관련된 'Nordik Impakt' 음악제 하나뿐이었다. 그 후 피닉스, 플라시보, 이기 팝, 이브라힘 말루프Ibrahim Maalouf, 위베르-펠릭스 티에펜Hubert-Félix Thiéfaine, 미카, 자지Zazie, 스트로마이, 카트린 랭제 등의 프랑스 국내외의 그룹들이 참가하면서 노르망디를 떠들썩하게 만들었다. 코로나19로 인해 2020년 7월 2일부터 5일까지 열리기로 되어 있던 행사가 취소되었고, PNL, 메트로니미, 카트린 랭제, SUM 41 등이 공연을 가질 예정이었던 2021년 축제도 취소되었다.

축제를 대중화시키기 위해 가상의 인물인 존 보르가르John Beauregard 가 이때 처음 생겨났는데, 마케팅을 위해 만들어진 그의 모습은 지금까지 제작된 모든 포스터에서 찾아볼 수 있다. 페스티벌 장소로부터 10분 이내에 있는 캠핑장에 텐트를 치는 것이 좋다. 2009년 약 2만 명이던 방문자 수는 2016년에 약 9만 명으로 늘었고 개최일수도 3-4일로 조정되었다.

에마르그 Aimargues [Occitanie]

봉헌 축제 Fête Votive _7월 13〜21일(2024)

미디Midi 지방의 마을들에서 열리는 '봉헌 축제'는 해당 마을의 수호성인을 기리는 행사다. '수호성인 축제Fête patronale'라고도 불린다. 축제는 랑그독Languedoc, 프로방스Provence 지방에서 종교적인 목적으로부터 시작되었다. 지금은 들판에서의 고된 작업이 끝나고 첫 수확을 맞이하기 전의 기쁨을 공유하는 의미가 크다. 일반적으로 여름철에 열리며 퍼레이드, 야외 연회, 불꽃놀이, 펀페어, 페탕크 경기, 야간 무도회, 무료복권 추첨 등으로 채워진다. 프로방스의 부슈뒤론Bouches-du-Rhône, 바르Var, 드롬 프로방살Drôme provençale, 아르데슈Ardèche, 보클뤼즈Vaucluse, 알프드오트프로방스Alpes-de-Haute-Provence, 그리고 랑그독의 가르Gard, 에로Hérault, 오트가론Haute-Garonne, 타른Tarn, 로트Lot, 로테가론Lot-et-Garonne, 아베롱Aveyron, 로제르Lozère, 캉

@Office de tourisme de Vauvert et Petite Camargue

탈Cantal, 코레즈Corrèze, 도르도뉴Dordogne 등의 데파르트망들에서 이 전통을 이어가고 있다. 마을마다 개최 날짜가 다르기에, 인근 마을의 젊은이들은 무리를 이룬 후 걸어서 축제 장소를 찾아간다.

카마르그Camargue 지방의 황소와 말을 경축하는 에마르그 봉헌 축제의 2024년 행사는 프레 데 드무아젤Prés Des Demoiselles에서의 점심, 아브리바도abrivado와 반디도bandido, 쥘 페리 대로Boulevard Jules Ferry에 들어선 시장, 카마르그식 경주, 음악 행사 등으로 구성되어 있다.

에브뢰 Évreux [Normandie]

에브뢰 록 페스티벌 Rock in Evreux _6월 27~28일(2025)

외르Eure 데파르트망 에브뢰나바르 경마장Hippodrome d'Evreux-Navarre에서 열리는 100% 록 음악 축제로, 강렬한 에너지와 기억에 남는 멜로디가 함께 어우러져 잊지

@rockinevreux.org

못할 순간을 만들어낸다. 2022년에 축제를 찾은 인원은 39,600명, 2024년의 방문자는 25,526명이었다. 노르망디 록 Normandy Rock 협회가 주관하고 있다. 2025년에는 신세대의 떠오르는 DJ가 참여해 축제 분위기를 뜨겁게 달구었다.

에비앙레뱅 Évian-les-Bains [Auvergne-Rhône-Alpes]

에비앙 음악제 Rencontres musicales d'Évian _6월 25일~7월 5일(2025)

오트사부아 Haute-Savoie 데파르트망 에비앙레뱅에서 열리는 실내음악제로 브람스, 쇼스타코비치, 쇼팽 등이 주요 프로그램이다. 1976년에 오케스트라 지휘자인 세르주 제나케르 Serge Zehnacker 와 당시 여행 업무 담당국장이었던 로베르 라살 Robert Lassalle 이 다논 Danone 그룹 사장이었던 앙투안 리부 Antoine Riboud 의 후원하에 처음 만들었다. 유명 첼로 연주자 므스티슬라프 로스트로포비치 Mstislav Rostropovich 가 오랫동안 축제에 관여했다. 그랑주 오 락 Grange au Lac 과 에비앙 리조트 내부에 있는 카지노 극장 Théâtre du Casino 에서 콘서트가 열린다.

처음에 이 축제에는 '국경 없는 젊은 음악인들 Jeunes Musiciens sans Frontières '이라는 이

름이 붙었다. 1985년에 앙투안 리부와 가까운 친구였던 므스티슬라프 로스트로포비치가 축제위원장으로 임명되면서 국제무대에서 가장 유명한 음악인들을 초청하기 시작했고, 그로 인해 축제는 중요성을 띠게 되었다. 1977년에 세르주 제나케르는 그 유명한 현악 콰르텟 국제 콩쿠르Concours international de quatuor à cordes를 만들었다. 1988년부터 알랭 뫼니에Alain Meunier가 축제 지휘를 맡으면서 에비앙을 떠나 보르도에서 개최된다. 1993년에 앙투안 리부는 므스티슬라프 로스트로포비치에게 축제의 격에 어울리는 공간을 선물하는데, '그랑주 오 락'이 그것이다. 파트릭 부생Patrick Bouchain이 건축을 담당한 이 건물은 탁월한 음향시설을 보유했는데, 에비앙 리조트 파크 내의 루아얄 호텔Hôtel Royal과 에르미타주 호텔Hôtel Ermitage 사이에 자리를 잡고 있다.

초기의 세르주 제나케르와 에르베 코르 드 발마레트Hervé Corre de Valmalète에 뒤이어 파블로 카잘스Pablo Casals의 미망인이었던 마르타 카잘스 이스토민Marta Casals Istomin이 1991년부터 축제의 운영을 맡게 되며, 로스트로포비치의 딸인 엘레나 로스트로포비치Elena Rostropovich가 1998년부터 그녀를 대신하게 된다. 하지만 므스티슬라프 로스트로포비치가 조직위원장 자리를 떠나면서 축제는 중단되었다. 2001년에 'Rencontres musicales'은 'Les Escales Musicales'에 자리를 양보하는데, 오케스트라 지휘자인 로랑스 달Laurence Dale의 주도 아래 새 축제는 12년 동안 에비앙을 뜨겁게 달구었다.

2000년대 초에 여러 해 동안 중단되었다가 축제는 2014년에 재개되었다. 새 버전은 체임버 뮤직, 솔로 리사이틀에 할애되면서 2014년 7월에 열렸다. 이와 함께 페스티벌 오프, 마스터클래스, 콘퍼런스들도 함께 열린다.

에스탱 Estaing [Occitanie]

생플뢰레 축제 Fête de la Saint-Fleuret _7월 5~6일(2025)

@Centre Presse Aveyron

19세기부터 7월의 첫 일요일에 열리는 전통 축제로 모든 마을 주민이 성당의 수호성인인 생플뢰레 Saint Fleuret 의 성유물을 기리는 역사적 순례 행진에 참여한다. 전날인 토요일 저녁에는 성유물을 보관하고 있는 감실龕室이 행사를 위해 특별히 열리며, 팡파르, 펀페어, 민속 공연, 디스코 무도회가 종교 행사를 뒤잇는다. 로트Lot 제방에서 불꽃놀이를 쏘아올리며 축제는 끝이 난다.

에스플레트 Espelette [Nouvelle-Aquitaine]

고추 축제 Fête du piment _10월 26일(2025)

@www.espelette-paysbasque.com

피레네자틀랑티크 Pyrénées-Atalantiques 데파르트망의 에스플레트 마을에서 1968년부터 열리는 행사로, 바스크 지방에서 열리는 행사 중 가장 아름다운 축제 중 하나다. 고추 재배자들이 에스플레트의 명물인 고추를 소개하고, 마을의 레스토랑들은 고추가 들어간 요리를 내놓는다. 바스크어로 진행하는 고추 축성 미사를 드리고 난 다음에는 조합원들의 순례 행진이 이어진다. 반다 bandas 콘서트와 바스크 지방의 전통 놀이, 요리와 관련된 시장과 전원에서의 대규모 향연도 열린다. 거리에서는 음식과 공예품 장터가, 마을에서는 에스펠레트 고추를 식별하는 무료 행사가 열린다.

에타플쉬르메르 Étaples-sur-Mer [Hauts-de-France]

왕청어 축제 Fête du hareng roi _11월 16~17일(제31회, 2024)

왕청어 축제는 유럽에서 가장 경이로운 청어 어업을 경축하는 행사다. 11월에 청어가 걸프 스트림 Gulf Stream 을 거슬러 북해까지 올라가면서 오팔 해안 Côte d'Opale 에 도착하기 때문이다. 이 시기에 많은 항구가 청어를 주제로 내세운 거대한 축제를 연다. 에

@Pas-de-Calais Tourisme

타플쉬르메르 축제는 주말을 이용해 1만 명 가까운 사람들이 찾는다. 민속 음악과 뱃사람들의 노래를 들으며 청어를 맛보기 위해서다. 켈트 전통을 공유하는 유럽의 각 항구에서 온 음악 연주단체들이 저녁 시간을 즐겁게 만들어주며, 지역 사람들은 전통의상을 꺼내 입는다.

에페르네 Épernay [Grand-Est]

아비 드 뤼미에르 Habits de lumière _12월 12~14일(제25회, 2025)

@be.france.fr

에페르네에서 유명한 샹파뉴 대로 Avenue de Champagne 가 샹파뉴 방식의 라이프스타일, 다시 말해 식도락, 와인, 관광 유산을 경축하는 축제다. 대로는 거리 공연의 배경이 된다. 축제의 피크 타임은 금요일과 토요일 저녁 행사, 시청 건물을 장식하는 비디오 매핑, 거리를 가로지르는 자동차 퍼레이드 등이다. 식도락에 할애된 토요일에는 지역의 최고 셰프 10명이 선별한 와인에 맞는 요리를 선보이고, 최고의 제빵사를 선발하는 '프티 파티시에 P'tits Pâtissiers' 콩쿠르, 요리와 와인을 매치시키는 방법을 배우는 강습이 열린다. 불꽃놀이를 곁들인 저녁의 음악 행사는 밤늦게까지 이어진다. 일요일에는 35년 이상 된 4백여 대의 옛 자동차가 퍼레이드를 벌인다. 화려한 조명으로 장식한 샹파뉴 대로에는 곳곳에 샴페인 바가 들어선다. 5만 명 정도가 축제를 찾는다.

에피날 Épinal [Grand-Est]

레 지마지날 Les Imaginales _5월 22~25일(제24회, 2025)

@imaginales.fr

'상상세계축제 Festival des mondes imaginaires'라는 부제가 붙어있다. 에피날 이미지박물관 Musée de l'image à Epinal이 소재한 도시 에피날의 쿠르 공원 Parc du Cours에서 4일간 전시회가 열린다. 프랑스와 전 세계 11만 점 이상의 이미지를 소장, 전시하는 이미지박물관이 소재해 있기에 '이미지의 수도 capitale de l'image'로 불리는 도시가 에피날이다. 2002

년부터 시작된 이 행사는 판타지 장르를 다루는 문학도서와 일러스트레이션 작품을 전시하기에 관련 분야에서는 프랑스에서 가장 유명한 축제다. 환상과 전설, 모험, SF와 역사 등 다양한 소재를 담아내며 3백 명 이상의 작가와 일러스트레이터가 참가한다. 공원 내 복합문화공간인 에스파스 쿠르 Espace Cours 에서는 건축과 유토피아 전시회, 공연과 영화 상영, 작가와의 만남과 토론회, 콘퍼런스, 원탁회의, 문학 카페가 열린다. 모두에게 무료로 개방되는 행사다. 프랑스 전역과 인근 국가에서 45,000명 이상이 축제를 찾는다.

뤼 에 시 페스티벌 Festival Rues et Cies _6월 14~16일(제40회, 2024)

@epinal.fr

봄이 끝날 무렵이면 광대와 마리오네트의 공연, 마임, 저글링, 곡예, 현대무용, 뷔를레스크 연극, 마술 등 100여 개의 거리극이 선보인다. 10여 개의 전문단체가 참가하며 고정된 장소에서의 공연과 거리 순회공연이 병행되고 있다. 웃음과 감동을 선사하며 예술과 관객의 진정한 교감을 가능하게 하는 다양하고 풍요로운 축제다. 여름에 뮐루즈 Mulhouse 에서 열리는 '거리 풍경들 축제 Scènes de rues '를 본떠 모든 공연은 무료다. 축제를 찾은 사람들은 거리를 산책하기만 하면 된다.

엑상프로방스 Aix-en-Provence [Provence-Alpes-Côte d'Azur]

엑상프로방스 카니발 Carnaval d'Aix-en-Provence _2월 22일(제17회, 2025)

그리스-로마와 기독교 시대부터 비롯된 전통인 카니발, 혹은 '마르디 그라 Mardi-Gras ' 행사는 16세기부터 엑상프로방스에서 등장하기 시작했다. 이 지역의 카니발이 본격적으로 예술의 형태를 띠기 시작한 시기는 시의 문화 담당 부서가 행사 주최를 맡

기 시작한 2007년이다. 예술감독이 매년 주제를 정하고, 음악과 거리극에 관련된 전문단체들의 참가를 조율한다. 엑상프로방스의 막스 쥐브날 대로Avenue Max Juvenal 의 프랑수아 튀르팽 로터리Rond-point François Turpin 와 레지옹 도뇌르 교차로Carrefour de la Légion d'Honneur 사이에서 열린다. 2019년에는 직조공의 카라반caravane des tisserands 을 주제로 니켈 크롬 극단Compagnie Nickel Chrome 이 2018년 행사의 스타였던 '구근球根 남작Baron des bulbes' 스토리를 이어갔다. 전설 속의 동물들인 '물소', '나르는 사슴', '채색 염소'를 뒤따라 직조공 견습생들이 마을로 들어오는 형태다. 세노그래피무대연출 는 티에리 피에라Thierry Pierras 가 담당했다. 공중에서 묘기를 벌이는 폐막 이벤트는 그라트 시엘 극단Compagnie Gratte Ciel 과 라나 고르가니Rana Gorgani 의 무용수들이 맡았다.

엑상프로방스 페스티벌 Festival d'Aix-en-Provence _7월 4~21일(제77회, 2025)

부슈뒤론Bouches-du-Rhône 데파르트망의 엑상프로방스에서 1948년부터 매년 여름 열리고 있는 오페라와 클래식 음악제로, 모차르트의 오페라들을 특별히 선호하는 유럽 최대의 음악 행사 중 하나다. 처음에는

옛 대주교관의 야외 마당에서 열리던 공연은 오늘날 여러 장소로 흩어졌다. 대주교관 극장Théâtre de l'Archevêché, 2007년에 건립된 그랑 테아트르 드 프로방스GTP, Grand Théâtre de Provence, 테아트르 뒤 죄드 폼Théâtre du Jeu-de-Paume, 메니에 도페드 저택Hôtel Maynier d'Oppède 등이 주요 행사 공간이다.

성공에 힘입어 이 축제는 2012년에 영국 런던에서 열리는 '21 Opera Awards'에서 3개 상을 받았다. 엑상프로방스 페스티벌은 오페라 에우로파Opera Europa 와 RESEO의 멤버이기도 한데, RESEO는 '오페라와 무용 보급을 위한 유럽 네트워크Réseau européen pour la sensibilisation à l'opéra et à la danse'의 준말이다. 또한 이 축제는 ENOA 오페라 아카데미 유럽 네트워크, European Network of Opera Academies 를 만들어내기도 했다.

▎공연 장소

축제의 중심은 1948년 창립 이래 행사의 상징적인 장소인 대주교관 극장이다. 원래 깊이 7m, 너비 12m의 작은 무대에서 밤이 되면 야외 공연이 열렸는데, 공연장은 축제에 대한 특별한 명예를 부여했다. 그런 다음 스탠드와 무대 프레임을 설치하면서 안뜰이 개조되었다.

시간이 흐르면서 축제는 더 이상 대주교구 뜰에만 국한되지 않았다. 또한, 도시 곳곳의 카트르 도팽 광장(Place des Quatre-Dauphins), 포럼 데 카르되르(Forum des Cardeurs), 생트 빅투아르 산(Montagne Sainte-Victoire) 자락 등에서 콘서트와 공연이 열렸다. 2007년 6월부터는 축제를 위해 건설된 그랑 테아트르 드 프로방스(GTP)에서 일부 공연이 개최되었다. 2007년 7월 GTP 개관 기념 공연작품은 리하르트 바그너(Richard Wagner)의 〈발퀴레(Die Walküre)〉였다. 공연장이 발전하면서 축제는 초창기에 비해 덜 엘리트주의적인 것으로 여겨지기 시작했고, 더 폭넓은 대중이 프로그램에 접근할 수 있게 되었다.

엑상프로방스 상통 시장Foire aux santons d'Aix-en-Provence
_11월 15일~12월 31일(제90회, 2024)

로통드 광장Place de la Rotonde 에서 열리는 행사. 엑상프로방스에서 열리는 행사 중 가장 큰 규모의 연례 행사로, 이 행사는 원래 생트바르브 마켓Marché de la Sainte-Barbe 으로

@www.aixenprovence.fr/La-foire-aux-santons

불렸다. 이 마켓에 장-바티스트 푸크Jean-Baptiste Fouque 와 그의 아들 폴Paul 이 1934년 12월에 처음으로 상통 부스를 연 것이 기원이 되었고 시간이 흐르면서 다른 상통 제조업자들이 동참하면서 Foire aux Santons d'Aix-en-Provence로 불리는 상통 시장이 매년 열리게 되었다. 다양한 상통 인형과 그 제조 노하우를 모두 접할 수 있는 행사로, 크리스마스 구유를 채울 수 있는 멋진 제품들을 만나볼 수 있다.

축제 개막은 10시에 생장 바티스트 뒤 포부르 성당Église Saint-Jean Baptiste du Faubourg 에서 상통 제조인들의 미사로 시작하며, 뒤이어 11시 30분에 Foire aux Santons 축성식이 세잔 광장Esplanade Cézanne 에서 열린다.

라 브라바드 칼랑달 La Bravade calendale _ 12월 15일(2024)

프로방스 지방의 음악과 춤을 결합한 행사로 연말 행사 중 놓치면 안 되는 이벤트로 자리 잡은 엑스의 축제. 기원은 앙주의 샤를 1세Charles 1ᵉʳ d'Anjou 가 통치하던 13세기, 그가 동생 생 루이Saint Louis 왕과 함께 십자군 원정에서 돌아온 1256년경까지 거슬러 올라간다. 축제와 'estrambord 사치, 소음'를 좋아하는 프로방스 사람들은 그들을 맞이하던 날을 기념하며 순례 행진, 음악, 놀이와 춤으로 채워진 행사를 이어가기로 했다. 오늘날의 모습은 18세기 엑상프로방스의 전통에 입각해 1970년대에 만들어졌으며, 한동안 중단되었다가 축제와 관광에 더 치중한 외양을 갖추고 2004년에 재개되었다. 오전 10시부터 시청 쪽으로의 시가행진이 시작되며, 오후에는 미라보 거리Cours Mirabeau 와 샤를드골 광장Place du Général de Gaulle 에서 본격적인 브라바드 행사

@La Provence

가 열린다. 참가 그룹들은 우정과 우애, 평화의 의미를 관객들에게 전한다. 축제는 장관을 이루는 대규모 파랑돌 farandole, 프랑스의 프로방스 지방에서 옛날부터 전승되어 온 민속무곡과 그 무도 민속춤 행사로 끝난다.

엑스레뱅 Aix-les-Bains [Auvergne-Rhône-Alpes]

뮈질락 Musilac _7월 9~12일(제21회, 2025)

@musilac.com

사부아 Savoie 지방 엑스레뱅의 아름다운 부르제 호숫가 Lac du Bourget 에서 열리며, 2002년에 처음 만들어졌다. 론알프 Rhône-Alpes 지방에서 열리는 가장 큰 규모의 팝과 록 음악 축제로, 라이브 음악을 즐기기에는 최적의 장소에서 열리는 행사다. Musilac 축제는 ZZ Top 2010, The Prodigy 2009, 미카 2008년과 2010년, 뮤즈 2007, 이기 팝 & 스투지스 Iggy Pop & The Stooges 2005, 디페쉬 모드 2018 같은 세계적인 뮤지션들이 참가하며 점차 이름을 알리면서 다른 행사들로부터 존경과 부러움의 대상이 되었다.

여름 동안 열리는 이벤트 중 가장 청량감을 주는 이 축제에서는 콘서트 사이에 호수에 뛰어들 수도 있고, 샹보트 고개Col de la Chambotte에 올라간 후 벨베데르 레스토랑Restaurant du Belvédère 테라스에서 시원한 바람과 함께 전망을 즐길 수 있으며, 호수 상류에 위치한 작은 마을 샤나즈Chanaz에 들러 전원 분위기를 맛볼 수도 있다. '시원한 바캉스vacances à la fraîche'를 더욱 즐기려면 페스티벌에 마련된 공식 캠핑장에 텐트를 치는 것이 좋다. 점증하는 관객들과의 교류, 축제가 열리는 장소를 아끼고 보존하려는 노력, 연대의 강조 등을 통해 축제는 단순한 음악 행사에 그치기를 거부한다. 프랑스 국내외의 유명 아티스트들이 참가한다. 7월 중순경에 열리며, 매해 날짜가 조금씩 다르다.

코로나19로 인해 2020년 행사에 이어 2021년 7월 8일부터 11일까지 열리기로 예정되어있던 제20회 축제도 취소되었다.

엑스레뱅 리리크 페스티벌 Festival Lyrique d'Aix-les-Bains _7월 14~20일(제36회, 2025)

2023년까지 '오페레타 페스티벌Festival de l'opérette'로 불렸던 행사로, 축제의 역사는 1988년부터 시작된다. 오페라 페스티벌의 설립자인 피에르 시빌Pierre Sybil은 작품 〈슈발 블랑 여관L'Auberge du Cheval Blanc〉을 그르노블과 샹베리Chambéry가 공동으로 무대에 올리기를 제안하였으나, 샹베리에서 공연이 이루어지지 않자 인접 도시인 엑스레뱅으로 시선을 돌렸다. 당시 엑스레뱅의 시장은 다음 해부터 축제를 열자고 피에르 시빌에게 제안했다. 온천 도시인 엑스레뱅을 찾는 관광객들 중 오페레타의 관람수요가 충분히 있으리라고 판단했기

@https://www.festivalaixlyrique.fr/

때문이었다. 그렇게 축제가 탄생한 지 약 36년이 지났는데, 현재 모든 공연은 엑스레뱅에 소재한 카지노 그랑 세르클Casino Grand Cercle 무대에서 열리고 있다.

2023년은 오페라의 먼 사촌인 오페레타 예술을 전문으로 하는 프랑스의 마지막 페스티벌 중 하나인 '오페레타 페스티벌'이 갱신되는 해이다. 제34회부터 행사 이름이 '리리크 페스티벌Festival Lyrique'로 개명되면서 축제는 새로운 기획팀, 새로운 아티스트 팀과 함께 더욱 신선하고 다양한 프로그램으로 야심 차게 거듭나는데, 새로운 연극, 야외 뮤지컬 콘서트, 오펜바흐의 뛰어난 작품들이 한여름 밤을 아름답게 장식한다.

역대 프로그램

- 제1회(1989) : 〈미소 짓는 나라(Le Pays du Sourire)〉, 〈베로니크(Véronique)〉, 〈앙고 부인의 딸(La Fille de Madame Angot)〉
- 제2회(1990) : 〈박쥐(La Chauve-Souris)〉, 〈아름다운 엘렌(La Belle-Hélène)〉, 〈곡예사들(Les Saltimbanques)〉
- 제3회(1991) : 〈파리인의 생활(La Vie Parisienne)〉, 〈연대의 딸(La Fille du Régiment)〉, 〈크리스마스 장미(Rose de Noël)〉
- 제4회(1992) : 〈유쾌한 과부(La Veuve Joyeuse)〉, 〈비엔나의 기질(Sang Viennois)〉, 〈슈발 블랑 여관(L'Auberge du Cheval Blanc)〉
- 제5회(1993) : 〈비엔나 왈츠(Valses de Vienne)〉, 〈카느비에르 대로 중 하나(Un de la Canebière)〉, 〈마드리드 왕자(Le Prince de Madrid)〉
- 제6회(1994) : 〈오페레타에서 샹송까지(De l'Opérette à la chanson)〉, 〈차르다스 공주(Princesse Czardas)〉, 〈제국의 바이올렛(Violettes Impériales)〉
- 제7회(1995) : 〈헬로 돌리(Hello Dolly)〉, 〈페리콜(La Périchole)〉, 〈멕시코 가수(Le Chanteur de Mexico)〉
- 제8회(1996) : 〈카딕스의 처녀(La Belle de Cadix)〉, 〈미소 짓는 나라〉, 〈수도원의 총사들(Les Mousquetaires au Couvent)〉
- 제9회(1997) : 〈꽃길(La Route Fleurie)〉, 〈백 명의 처녀들(Les Cent Vierges)〉, 〈안달루시아(Andalousie)〉
- 제10회(1998) : 〈지중해(Méditerranée)〉, 〈피피(Phi-Phi)〉, 〈3개의 왈츠(Trois Valses)〉, 〈파리인의 생활〉
- 제11회(1999) : 〈유쾌한 과부〉, 〈코르느비유의 종(Les Cloches de Corneville)〉, 〈마드모아젤 니투세(Mam'zelle Nitouche)〉
- 제12회(2000) : 〈군악대장의 딸(La Fille du Tambour Major)〉, 〈왈츠의 꿈(Rêve de Valse)〉, 〈옛날 옛적에 프란시스 로페스의 오페레타가(Il était une fois les opérettes de Francis Lopez)(몽타주)〉, 〈발라라이카(Balalaïka)〉

- 제13회(2001) : 〈집시(Gipsy)〉, 〈앙고 부인의 딸〉, 〈자메이카에서(A La Jamaique)〉, 〈차르다스 공주〉
- 제14회(2002) : 〈오페라/오페레타 갈라쇼(Grande Soirée Lyrique : Opéra/Opérette)〉, 〈박쥐〉, 〈젤로스탱 대공비(La Grande Duchesse de Gérolstein)〉, 〈미스터 카니발(Monsieur Carnaval)〉
- 제15회(2003) : 〈위송 부인의 장미숲(Le Rosier de Madame Husson)〉, 〈비엔나 왈츠〉, 〈푸른 수염(Barbe Bleue)〉, 〈멕시코 가수〉
- 제16회(2004) : 〈비엔나 갈라쇼(Gala Viennois)〉, 〈아름다운 엘렌〉, 〈곡예사들〉, 〈안달루시아〉
- 제17회(2005) : 〈'카페 콘서트에서 오페레타까지' 갈라쇼(Gala "Du caf'conc' à l'opérette")〉, 〈비엔나의 기질〉, 〈지옥의 오르페우스(Orphée aux enfers)〉, 〈마드리드 왕자〉
- 제18회(2006) : 〈페리콜〉, 〈빅토리아와 기병(Victoria et son hussard)〉, 〈입술은 안돼요(Pas sur la bouche)〉, 〈카딕스의 처녀〉
- 제19회(2007) : 〈바타클랑과 슈플뢰리 씨(Ba-ta-clan et Monsieur Choufleuri)〉, 〈제국의 바이올렛〉, 〈파리에서의 4일〉, 〈슈발 블랑 여관〉
- 제20회(2008) : 〈수도원의 총사들〉, 〈3개의 왈츠〉, 〈꽃길〉, 〈파리인의 생활〉
- 제21회(2009) : 〈천재들의 갈라쇼 : 모차르트/오펜바흐(Gala des génies : Mozart/Offenbach)〉, 〈지중해〉, 〈이그나스(Ignace)〉, 〈유쾌한 과부〉
- 제22회(2010) : 〈프랑스 오페레타와 오페라 갈라쇼(Gala/Opérette et Opéra français)〉, 〈비엔나 왈츠〉, 〈카느비에르 대로 중 하나〉, 〈군악대장의 딸〉
- 제23회(2011) : 〈그랜드 뮤지컬 갈라쇼(Grand Gala Comédie musicale)〉, 〈미스터 카니발〉, 〈박쥐〉, 〈멕시코 가수〉
- 제24회(2012) : 〈그랜드 비엔나 갈라쇼(Grand Gala viennois)〉, 〈프루프루레뱅(Frou-frou-les-bains)〉, 〈베로니크〉, 〈안달루시아〉
- 제25회(2013) : 〈카르멘(Carmen)〉, 〈로페스의 왕자 루이스 마리아노(Luis Mariano, Prince de Lopez)〉, 〈젤로스탱 대공비〉
- 제26회(2014) : 〈위대한 목소리 갈라쇼(Gala lyrique : Les grandes voix)〉, 〈카딕스의 처녀〉, 〈천국에서(Là-haut)〉, 〈앙고 부인의 딸〉
- 제27회(2015) : 〈'누가 오페레타를 훔쳤나?' 갈라쇼(Gala : "Qui a volé l'opérette")〉, 〈아름다운 엘렌〉, 〈마드리드 왕자〉
- 제28회(2016) : 〈오페레타의 놀라운 역사(Les Folles histoires de l'Opérette)〉, 〈꽃길〉, 〈슈발 블랑 여관〉
- 제29회(2017) : 〈그것이 파리(Ça, c'est Paris)〉, 〈파리인의 생활〉, 〈파리에서의 4일(Quatre jours à Paris)〉

엑스레뱅 리비에라 데 잘프 낭만의 밤 Nuits Romantiques Aix-les-Bains Riviera des Alpes
_9월 28일~10월 5일(제29회, 2024)

매년 9월 말에서 10월 초, 역사적이고도 상징적인 장소에서 열리는 클래식 음악 축

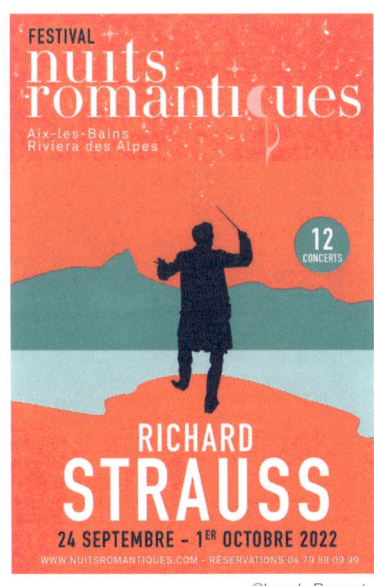

@Lac du Bourget

제. 옛 이름은 '부르제 호수에서의 낭만의 밤 Nuits romantiques du Lac du Bourget'이었다. 산으로 에워싸이고 야생의 자연 사이에 놓인 사부아 Savoie 지방의 부르제 호수 Lac du Bourget 주변은 낭만주의 음악을 빛내기에 걸맞는 곳이다. 이곳은 알퐁스 드 라마르틴 Alphonse de Lamartine 이 『명상시집 Méditations poétiques』1820 속에서 예찬한 장소이기도 하다. 매년 19-20세기의 낭만주의 작곡가를 선정하여 프로그램을 편성한다. 2024년 축제에서는 독일의 낭만파 작곡가이자 연주자인 로베르트 슈만과 클라라 슈만을 집중 조명했다.

매년 축제는 작곡가를 프로그램의 중심에 놓고, 주요 작품뿐만 아니라 덜 알려진 작품을 통해 작곡가를 발견할 수 있는 기회를 대중에게 제공한다. 또 모든 청중, 아마추어와 초보자에게 고품질의 낭만주의 음악 프로그램을 선사하고 재능 있는 젊은 연주자를 육성하는 데 중점을 둔다. 매 행사는 오케스트라 콘서트, 저명한 솔리스트의 독주회, 보다 친숙한 공연, 듀엣 및 4중주를 결합하고 있다.

콘서트는 주로 엑스레뱅의 앙드레 그로장 문화 및 컨퍼런스 센터 Centre culturel et des congrès André-Grosjean 와 카지노 그랑 세르클 Casino Grand Cercle, 생피에르드퀴르티유 Saint-Pierre-de-Curtille 의 그랑주 바틀리에르 도트콩브 Grange batelière d'Hautecombe 에서 열린다. 샹베리 Chambéry 에 소재한 카라마뉴 성 Château de Caramagne 과 샤를 뒬랭 극장 Théâtre Charles Dullin 에서 공연이 개최되기도 했다.

엑시되이유 Excideuil [Nouvelle-Aquitaine]

엑시되이유 라 발라다 페스티벌 La Balada à Excideuil _6월 10~11일(제20회, 2017)

@sudouest.fr

그린 페리고르 Périgord vert 지역의 엑시되이유 마을에서 열리는 옛 축제. 'Balada'는 옥시타니어로 '마을축제 fête au village'를 가리킨다. 2년마다 한 번씩 홀수 해에 열리며, 엑시되이유 스포르 루아지르 Excideuil sport loisirs 가 주최한다. 옥시타니의 문화유산을 보존하기 위한 행사로 전통춤과 놀이, 옥시타니 지방의 이야기와 음악, 무도회 등으로 프로그램을 채우고 있다.

널빤지에 꿰인 큰 통에 올라탄 채로 끈을 당기며 앞으로 나아가는 경기인 로데오 바리콘 ròdeò-barricon, 달걀 경주, 나무에 매달린 큰 공을 이용해 1m 높이의 핀들을 쓰러뜨리는 게임인 데킬라두르 desquilhadour, 활쏘기, 보물 따먹기, 카사 카카우 cassa cacau, 호두 까는 기구로 인형을 쓰러뜨리는 놀이 등 다양한 체험들이 참가자들과 구경꾼들을 즐겁게 해준다. 아페리티프와 콘서트도 축제를 흥겹게 만드는 데 일조한다.

엔 데파르트망 Département de l'Aisne [Hauts-de-France]

헬멧도 없고 무기도 없이 Sans casque et sans arme _4월 16일(2024)

1917년 4월 16일은 슈맹 데 담 Chemin des Dames 공세가 시작된 날이다. 해마다 이 날 엔 Aisne 데파르트망은 제1차 세계대전에 참전하여 전사하거나 부상당하고, 실종된 모든 자를 국적 구분 없이 추모하는 행사를 연다. 1914년부터 1918년까지 슈맹 데 담 지역에서 싸운 병사들 숫자는 120만 명에 달한다. 2008년부터 시작된 이 행사는 격전이 벌어졌던 장소인 슈맹 데 담을 비롯한 비극의 장소들을 기억하고 재발견하는 계기가 되고 있다. 참가자들은 크라온 Craonne, 보마레 숲 Bois de Beaumarais, 비외 크라온 Vieux Craonne, 칼리포르니 고원 Plateau de Californie 등을 걷게 된다. 8km에 달하는 행진은 4월 16일 오전 5시 45분에 크라온에서 시작되며 3시간 동안 진행된다. 참가자는 운동화와 손전등을 구비하는 것이 좋다.

오댕쿠르 Audincourt [Bourgogne-Franche-Comté]

블러디 위크엔드 국제판타스틱영화제 Bloody Week-end, festival international du film fantastique _5월 24~25일(제16회, 2025)

2009년에 창설된 Bloody Week-end는 판타스틱 영화와 장르 영화를 다루는 국제영화제로 프랑슈콩테 Franche-Comté 지방에서 열리는 주요 영화제 중 하나다. 주말을 이용해 단편영화 경

쟁 부문, 주제별 콘퍼런스, 회고전과 전시회, 감독 및 배우와의 만남, 공연 등 다양한 이벤트가 마련된다. 이 장르를 처음 접하는 사람들도 회화, 조각, 분장, 사진, 문학, 만화, 특수효과와 같은 다양한 예술 형태를 통해 환상이라는 주제에 입문할 수 있다. 약 70명 내외의 관련 분야 아티스트들을 만나볼 수 있는 기회이기도 하다. 데생 대회, 독서와 동화 구연 등 어린이들을 위한 프로그램들도 마련된다. 행사장은 에스파스 자피Espace Japy. 제15회 2024년 행사가 6월 22-23일 양일간 발랑티니Valentigney 소재 시트 데 롱진Site des Longines 에서 열렸지만, 2025년 행사는 예산상의 이유로 개최되지 못했다.

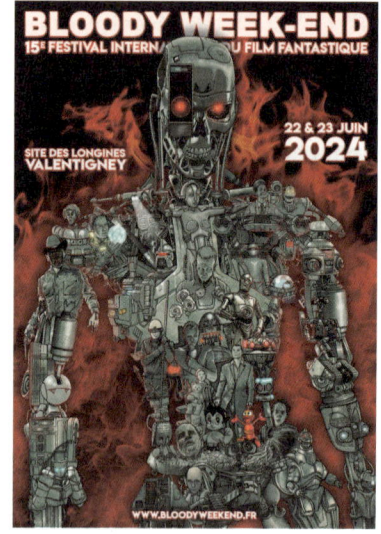

@bloodyweekend.fr/festival/presentation

오 드 가론 Hauts de Garonne [Nouvelle-Aquitaine]

오 드 가론 페스티벌 Festival des Hauts de Garonne _7월 4~12일(2024)

1993년부터 보르도 외곽 지역에 소재한 4개 코뮌인 스농Cenon, 로르몽Lormont, 플루아락Floirac, 바생Bassens이 개최하고 있는 축제로, 월드뮤직에 특화되어 있다. 7월 초에 야외나 문화유산으로 지정된 공원에서 열리고 있다. 지롱드 지방 도의회Conseil Général de la Gironde 로부터 '여름 무대Scènes d'été' 라벨을 부여받았다.

오랑주 Orange [Provence-Alpes-Côte d'Azur]

코레지 도랑주 Chorégies d'Orange _6월 13일~7월 25일(제153회, 2025)

엑상프로방스의 성악제와 더불어 프로방스의 여름을 가장 화려하게 빛내는 행사가 '코레지 도랑주', 우리식으로 편하게 바꾼 이름이 '오랑주 페스티벌'이다.

프로방스 지방의 한 축을 이루는 데파르트망이 보클뤼즈 Vaucluse 이며, 보클뤼즈에 소재한 도시 오랑주의 고대극장 Théâtre Antique 에서 매년 6월부터 8월까지 열리고 있는 축제가 '코레지 도랑주'다. 오페라와 클래식 음악 방면으로 특화된 축제로서 주요 공연은 7월에 집중 편성된다. 대중적인 오페라 두 작품을 2회차씩 공연하며, 공영 TV에서도 종종 중계를 담당하고 있다.

1825년부터 복원이 시작된 고대극장은 이미 1860년대가 되자 여름 공연을 올리기에 부족함이 없었는데, 1869년부터 '로마제국 축제 Fêtes romaines '란 이름을 내세우며 행사를 시작했다. 그로 인해 오랑주 페스티벌은 오늘날 프랑스에서 가장 오래된 페스티벌로 인정된다. 이 축제는 야외극을 최초로 복원시킨 행사이기도 했으며, 19세기에 음악에 한정되던 영역을 연극으로까지 확장하면서 축제의 원칙을 바꾼 희귀한 사례로 분류되기도 했다. 현재의 페스티벌 형태 모습을 갖추게 된 것은 1971년 이후다. 1971년을 기준으로 할 경우 2025년에 54회를 맞이한다. 그러나 페스티벌은 시간이 흘러도 초창기의 독창성을 간직하는 데 성공했다. 그리스어의 '코레오스choreos, '합창'의 의미'에서 가져온 축제 이름에서 알 수 있듯 '코레지 도랑주'는 축제를 그리스 및 라틴 전통에 훌륭하게 연계시키고 있다. 매년 공연이 열리는 장소인 고대극장은 완벽하게 보존된 공간으로, 공연장 수

용 인원은 8천6백 명 내외. 서기 1세기에 건축된 로마제국시대의 극장은 베로나의 아레나와 더불어 여름에 가장 멋진 공연이 올라가는 장소로 이름이 나 있다. 높이가 37미터에 달하는 공연장의 벽은 무대장식가들이 다양하게 활용할 수 있는 좋은 배경을 이룰뿐더러 야외에서 열리는 공연에 어울리는 최적의 음향효과를 낳고 있다. 아쉽게도 야외극장은 축제를 날씨에 의존하게 만들고 있다. 천둥 번개가 치거나 연습이 부족한 경우 공연이 마지막 순간에 취소되기 때문이다.

프랑스에서 가장 장엄한 무대라 그런지 '코레지 도랑주' 무대에 올라가는 작품들 중에서는 대작이 많다. 집중적으로 소개되는 음악가들은 역시 베르디, 푸치니, 바그너 등 대작 오페라를 작곡한 이들이다. 1968년 이후 이 축제를 통해 소개된 주요작품들로는 베르디의 〈아이다〉1968, 1976, 1983, 1991, 1995, 2001, 2006, 2011, 2017, 〈나부코〉1982, 1989, 1994, 1998, 2004, 2014, 〈일 트로바토레〉1972, 1981, 1992, 2007, 2015, 〈오델로〉1975, 1993, 2003, 2014, 〈돈 카를로〉1984, 1990, 2001, 〈라 트라비아타〉1993, 1999, 2003, 2009, 2016, 〈리골레토〉1980, 1995, 2001, 2011, 2017, 구노의 〈파우스트〉1969, 1990, 2008, 비제의 〈카르멘〉1984, 1992, 1998, 2004, 2008, 2015, 푸치니의 〈토스카〉1994, 2000, 2010, 〈라보엠〉2005, 2012, 〈투란도트〉1979, 1983, 1997, 2012, 〈나비부인〉2007, 2016 등이 있다. 바그너의 작품들 중에는 〈탄호이저〉1986, 〈니벨룽

의 반지〉1988, 〈트리스탄과 이졸데〉1973, 1997, 〈발키리〉1975, 〈로엔그린〉1976, 〈파르지팔〉1979, 〈방랑하는 네덜란드인〉1980, 1987, 2013 등이 무대에 올랐다. 벨리니의 〈노르마〉1974, 1999 도 '코레지 도랑주'와 인연을 맺은 작품으로 꼽힌다. 2024년은 푸치니 사후 100주년이 되는 해로서, 7월 22일 폐막 무대에서 오페라 〈토스카〉를 상연했다.

1982년부터 2016년까지는 레몽 뒤뷔페Raymond Duffaut 가 지휘를, 티에리 마리아니Thierry Mariani 가 축제 조직위원장을 맡으면서 국제적으로 가장 유명한 성악 관련 축제로 등극시키는 데 성공했다. 2016년부터 장-루이 그랭다Jean-Louis Grinda 가 조직위원장을 맡고 있다. 전 세계의 음악애호가들이 이 축제를 찾기에 150주년을 맞이한 2019년에는 티켓 확보 경쟁이 치열했다.

수입의 80%가 티켓 판매로 채워지기에 오랑주 페스티벌의 재정 자립도는 매우 높은 편이다. 나머지 차액은 국가와 지방자치단체가 지원한다. 대부분의 해에 이 축제는 15% 정도의 예산만을 외부에서 수혈하고 있는데, 엑상프로방스와 아비뇽 축제들이 예산의 45%를 외부에서 충당하고 있는데 비하면 이 축제가 얼마나 호응을 얻고 있는지 알 수 있다. 1년 총예산은 6백만 유로에 육박하며, 적자액은 150만 유로

를 상회한다. 상당 부분 메세나의 도움을 받는 엑상프로방스 성악페스티벌Festival d'arts lyrique d'Aix-en-Provence을 본받아 수익모델을 개선해야 한다는 목소리도 점차 높아지고 있다.

역사

1869년 8월 21일 지방농업 경진대회가 있던 날 펠릭스 리페르(Félix Ripert), 알퐁스 베르나르(Alphonse Bernard), 앙토니 레알(Antony Réal)의 주도로 첫 '로마제국 축제(fêtes romaines)'가 열렸고, 7,000–8,000명의 사람들이 행사에 참석했다. 행사가 성공을 거두자 이 이벤트는 여러 번 모습을 바꾸었고, 1902년부터 '코레지(Chorégies)'라는 축제가 매년 개최되기 시작한다. 콘서트, 발레, 오페라, 비극, 희극 등이 3일 저녁 연이어 소개되는 방식이었다. 당시 가장 위대한 아티스트들이었던 알베르 랑베르(Albert Lambert), 실뱅 무네-쉴리(Silvain Mounet-Sully), 사라 베르나르(Sarah Bernhardt), 마

들렌 로슈(Madeleine Roch), 잔 델베르(Jeanne Delvair), 쥘리아 바르테(Julia Barthet), 카롤린 스공-베베르(Caroline Segond-Weber), 장 마레(Jean Marais), 마들렌 르노(Madeleine Renaud), 장-루이 바로(Jean-Louis Barrault) 등이 이 전설적인 무대에 선다. 오늘날 오랑주 축제는 세계적인 아티스트들이 출연하는 국제적인 성악제로 자리매김하고 있다.

오랑주 로마제국 축제 Fête romaine à Orange _10월 23~24일(2021)

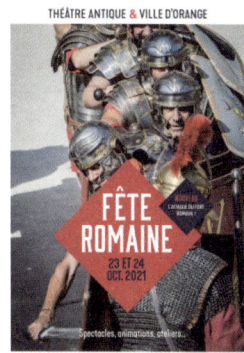
@Culturespaces

갈로로마 시대의 고대도시와 공공장소를 재현하기 위해 로마인들이 주말을 이용해 오랑주의 고대극장 Théâtre antique 을 찾는 설정으로, 번성했던 시대로의 여행을 가능하게 해주는 이벤트다. 1백여 명의 출연진이 재현에 참가한다. 이틀 동안 로마제국 군대와 만나면서 당시 무기 조작법도 공부할 수 있다. 황제의 행렬과 궁정 모습 관람, 검투사들의 대결, 무용 공연, 모자이크 실습 아틀리에도 프로그램에 들어있다. 2020년에는 토요일 저녁 20시 30분에 출연진 전원이 횃불을 들고 행진하는 행사가 추가되었다.

오를레앙 Orléans [Centre-Val de Loire]

잔 다르크 축제 Fêtes de Jeanne d'Arc/Fêtes johanniques _4월 29일~5월 8일(제596회, 2025)

오를레앙 시가 매년 개최하는 잔 다르크 Jeanne d'Arc 축제는 영국인들의 수중에 있던 도시를 해방시킨 잔 다르크를 기리기 위해 1429년부터 이어지고 있다. 오를레앙 사람들의 문화생활에서 중요한 행사이자 프랑스에서 가장 오래된 전통 행사 중 하나다. 현재 프랑스 무형문화유산으로 지정되어 있다. 신의 음성에 따라 '오를레앙의 처녀 Pucelle d'Orléans' 잔 다르크는 백년전쟁으로 파괴된 오를레앙을 1429년 5월 8일 해

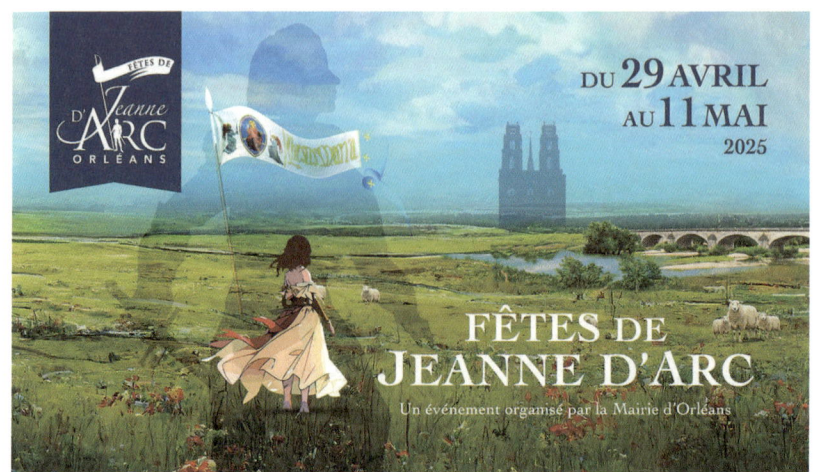

@orleansjeannedarc.fr

방시키면서 국민적 영웅이 되었다. 오를레앙의 해방자는 매년 약 10일간의 축제를 통해 기념된다.

 프로그램 속에는 중세 관련 행사가 많다. 검을 하사하는 의식과 잔 다르크의 오를레앙 입성 재현, 캄포 산토 Campo Santo 에서의 무료 공연, 잔 다르크 서사시를 연상시키는 기마행렬을 마르트루아 광장 Place du Martroi 에서 재현하기, 깃발 수여 의식 재현, 생트크루아 대성당 Cathédrale Sainte-Croix 에서의 빛과 소리의 공연 등이 잔 다르크 축제를 빛내는 내용이다.

루아르 페스티벌 Festival de Loire _9월 24~28일(제13회, 2025)

2003년부터 루아레 Loiret 데파르트망의 오를레앙 시가 시작한 행사로 2년마다 한 번씩 9월 말에 열린다. 200척의 전통 배와 7백 명 이상의 수부가 참석하는 이벤트로, 약 75만 명이 축제를 찾고 있다. 배들이 운집해 강과 옛날 해상 운항의 전통을 기리

@La République du Centre

고 있다. 하천 운수업과 관련된 생활과 직업을 중심으로 다양한 행사가 열린다. 상트르-발 드 루아르 Centre-Val de Loire 레지옹의 수공예와 식도락도 선을 보이며, 저녁에는 거리극들이 부두를 흥겹게 만든다. 통상 대규모 공연이 하루의 마지막을 장식한다. 배에 탑승해 강을 둘러보는 프로그램도 많다. 매번의 행사에서는 초청국을 선정하는데, 2015년의 초청국은 폴란드, 2017년의 초청국은 스페인, 2019년의 초청국은 영국이었다. 2023년 축제에서는 캐나다의 세인트로렌 강과 바스크 지방의 선원들을 대상으로 한 행사가 열렸다.

오리냑 Aurignac [Occitanie]

오리냑 수 프레시옹 Aurignac Sous Pression _10월 5~6일(제13회, 2024)

@www.aurignacsouspression.fr

오트가론 Haute-Garonne 데파르트망, 타르브 Tarbes 와 툴루즈 Toulouse 중간에 있는 작은 마을인 오리냑에서 열리는 옥토버페스트 Oktoberfest. 'Aurignac Sous Pression'은 맥주 애호가들뿐만 아니라 모터사이클 Harley-Davidson, Indian, Victory 등과 클래식카, 음악을 좋아하는 사람들을 한자리에 모으고 있다. 미디피레네 Midi-Pyrénées 지방 전역에서 찾아온 양조업자들이 캘리포니아 IPA를 포함한 수십 종류의 수제 맥주를 선보이고 판매한다. 매년 다른 행선지로의 식도락 여행도 즐길 수 있다. 예약은 필수다. 음악을 듣고 춤을 추며, 백여 대의 할리 퍼레이드도 감상할 수 있다. 매년 세계의 한 지역이나 주제가 주목을 받으며, 특히 음악과 제공되는 식사를 통해 주제가 강조된다. 2024년의 주제는 '¡Viva España!'였다.

오리약 Aurillac [Auvergne-Rhône-Alpes]

구도 구르망 Goudots Gourmands _7월 5~7일(제28회, 2024)

예전에 'Européennes du goût d'Aurillac'라 불리던 행사가 'Goudots Gourmands'로 개명했다. 오베르뉴 지역에서 열리는 최고의 식도락 및 문화 축제다. 오리약 여름의 시작을 알리는 구도 구르망 페스티벌은 축제 분위기 속에서 지역 산업을 진흥하고 지역의 이미지를 개발하는 것을 목표로 한다. 캉탈 Cantal 지방에서 식도락 시장이 열릴 때면 프랑스와 유럽 전역에서 찾아온 생산자들은 지역의 제품을 소개하고 자신들의 일부 노하우를 전해주었다. 토산품시장, 식도락 관련 행사, 아이들을 위한 이벤트, 시식, 요리 강좌, 주제별 식사, 아마추어 요리사 선발대회, 트레킹, 콘서트 등이 프로그램을 채운다. 2020년의 테마는 '쉽고도 빠르게 Facile et rapide'였다.

관광청이 주관하는 전통적인 구도 구르망 경연대회에서는 캉탈 지역 전문가가 만든 특산품을 대중이 맛보고 카테고리별로 평가한다. 2024년에는 2개의 특별한 시장도 열렸는데, 플레이버 마켓 marché des saveurs 과 시음 및 테이크아웃 시장 marché dégustation et vente à emporter 이 그것들이다. 다양한 요리와 다른 지역의 요리를 선택할 수 있는 케이터링 매장, 콘서트, 어린이를 위한 놀이공간 등도 축제 프로그램을 채우고 있다.

국제 거리극 페스티벌 Festival international de théâtre de rue _8월 20~23일(제38회, 2025)

8월 셋째 주 수요일부터 캉탈 Cantal 지방 오리약 마을의 거리들에서 4일간 열린다. 1986년에 미셸 크레스팽 Michel Crespin 이 처음 만든 제1회 행사는 8월 마지막 주에 열렸다. 현재 페스티벌은 장-마리 송지 Jean-Marie Songy 가 책임을 맡고 있으며, 공식 프로그램에 편성된 극단들은 캉탈의 여러 마을에서 사전에 공연한다.

유럽에서 가장 중요한 거리극 축제로 인정되고 있는 이 축제는 밤낮을 가리지 않

@Vincent Muteau

고 수백 개의 공연을 제공한다. 마법과 발견, 예술적 표현, 음악이 혼재하는 공간이기도 하다.

전적으로 거리예술에 할애된 오리약 페스티벌은 2022년에 35주년을 맞이했다. 13만 명이 나흘간 이 축제를 찾았는데, 마을 내 100여 개의 장소에서 공연이 열렸다. 공식 프로그램을 구성하는 초청단체는 15-20편 정도의 거리극을 선보이며, 그중 일부는 유료다. 관람객은 뷔를레스크, 서커스, 거리극, 콩트 등 장르별로 분류된 무수한 공연을 즐길 수 있다. 반면 에스노 어번 쇼ethno urban show, 시네-마리오네트ciné-marionnettes, 새 마술magie nouvelle, 홀로그램 비디오hologramme vidéo, 외치는 인간crieur 등 일부 공연들은 장르 분류가 불가능할 정도다.

축제가 시작되기 전 보름 동안은 '사전 행사Préalables'란 이름을 내걸고 축제 참가 극단들이 캉탈 각 마을에서 리허설을 공개한다. 연중 나머지 기간에 일부 극단들은 노셀Naucelles의 사전에 마련된 공간에서 작업하는데, '르 파라플뤼Le Parapluie'가 문화부로부터 국립거리극센터라는 호칭을 부여받은 최초 단체가 되었다.

오바뉴 Aubagne [Provence-Alpes-Côte d'Azur]

뉘 플라멩카스 Nuits Flamencas _7월 4~7일(제9회, 2024)

Nuits Flamencas는 마르셀 파뇰Marcel Pagnol의 고향인 오바뉴와 인근 지역의 여러 마을을 플라멩코의 열정적인 리듬으로 물들이는 행사다. 이 국제적 규모의 상징적 이벤트에서는 플라멩코계의 유명 인사들을 집중 조명하고 새로운 세대의 아티스트들에게 무대를 제공하는데, 전형적인 안달루시아 분위기 속에서 진행된다. 플라멩코의 상징적 인물인 후안 카르모나Juan Carmona가 예술감독을 맡으면서 전통과 현대 사이에서 풍부하고 다양한 프로그램을 보장했다.

2024년 하이라이트로는 라울 로시오Raul Rosillo의 영화 〈안토니오 카날레스, 바일라오르Antonio Canales, bailaor〉 상영을 계기로 안토니오 카날레스Antonio Canales 무용수를 만난 것, 〈피에스타 플라멩카Fiesta Flamenca〉 공연에 출연한 벨렌 레페스Belen Lepez 와의 만남, 댄스, 노래, 현대미술을 혼합한 〈자르댕 임푸로Jardin Impuro〉를 선보인 안드레스 마린Andres Marin 공연단, 헤레스 페스티벌Festival de Jerez 과 세비야 비엔날레Bienal de Sevilla 에서 빛을 발한 상징적인 댄서 카리메 아마야Karime Amaya 등을 들 수 있다.

Nuits Flamencas의 특징 중 하나는 자유로운 성격으로, 문화적 접근성, 사회적 포용 및 다양성 증진을 목표로 삼는다. 그러기에 축제는 젊은이, 학생, 가족, 은퇴자 등 누구나 뛰어난 품질의 쇼를 관람하고 독특한 순간을 경험할 수 있는 자리다. 2024

년에는 플라멩코 나이트가 메트로폴리스 전역으로 확장된다. 광역권의 다른 마을인 라 펜쉬르위본 La Penne-sur-Huveaune 과 제므노스 Gémenos 에서도 개최되기 때문이다.

오베르네 Obernai [Grand-Est]

와인 축제 Fête du Vin _8월 13~18일(제54회, 2024)

@Tourisme Obernai

오베르뉴 양조인협회가 개최하는 행사로 지역의 5개 도멘 domaines 이 생산하는 와인을 선보인다. 현장에서 맛을 볼 수도 있고, 와인을 구매할 수도 있다. 저발포성 샴페인, 와인, 라임, 사탕수수 등을 재료로 포도 재배업자들이 제조하는 칵테일은 오베르네 협동조합이 만들어내는 특산물이기도 하다. 매일 10시부터 20시까지 마르셰 광장 Place du Marché 에서 개최된다.

오베르빌리에 Aubervillers [Ile-de-France]

월드뮤직 도시들 Villes des Musiques du monde _10월 12일~11월 11일(제28회, 2024)

1달에 걸쳐 센생드니 Seine-Saint-Denis 데파르트망의 여러 도시가 개최하는 월드뮤직 축제로 콘서트, 창작, 음악인과의 만남, 무도회, 배틀, 청년 관객들을 대상으로 한 공연, 음악 무용 요리 강좌, 대담, 토론회, 영화 상영 등을 통해 음악의 대양 속에 빠져들게 만든다. 2021년의 주제는 '우아한 프랑스 Douce France'. 2021년에는 라 카라반 파스 La

@www.villesdesmusiquesdumonde.com

Caravane Passe, 록 더 카스바 Rock the Casbah, 쾨르 포르튀에르 Cœur portuaire, 뒤 리피피 당 라 갈락시 Du Rififi dans la Galaxie, 아라트 킬로 Arat Kilo, 바이테아니 Vaiteani, 산 살바도르 San Salvador 등의 음악인이 참여했다. 시네콘서트, 힙합을 주제로 한 전시회도 열린다.

오베르쉬르와즈 Auvers-sur-Oise [Île-de-France]

오베르쉬르와즈 페스티벌 Festival d'Auvers-sur-Oise _ 3월 22일~9월 18일(제44회, 2025)

오베르쉬르와즈 페스티벌은 오베르쉬르와즈에서 열리는 여름 클래식 음악축제다. 1981년에 처음 만들어진 행사로 젊음과 혁신을 콘셉트로 내걸고 있다. 로스트로포비치 Rostropovitch, 리히터 Richter, 치프라 Cziffra, 바바라 헨드릭스 Barbara Hendricks

@www.youtube.com/watch?v=RLTQTEu2mk4

등 축제를 거쳐 간 인물들은 수없이 많다. 유럽 굴지의 음악 축제 중 하나로 실내음악과 오페라 쪽에서 가장 전도유망한 음악가와 연주자들이 모이는 장이기도 하다.

축제는 1981년 당시 오베르의 사제였던 미셸 드미시 Michel Demissy 의 추진으로 음악학자이자 피아니스트인 파스칼 에스캉드 Pascal Escande 에 의해 만들어졌다. 축제가 공식적으로 창설되기 전에 1979년부터는 매년 2개의 행사가 개최되었는데, 이 음악 이벤트는 죄르지 치프라 György Cziffra, 스비아토슬라프 리히테르 Sviatoslav Richter, 모리스 앙드레Maurice André, 바바라 헨드릭스, 므스티슬라브 로스트로포비치 등에 출연한 뛰어난 프로그램 덕분에 유럽 수준에서 빠르게 확고한 명성을 얻었다.

축제는 시작 이래로 젊은 재능을 부각시키고 예술적 혁신을 촉진하고자 하는 열망을 특징으로 해왔다. 예를 들어 1989년에 처음으로 엘렌 그리모Hélène Grimaud에게 주요 무대를 제공했고, 10년 후에는 드니 마추이예프Denis Matsouïev에게 무대를 할애했다. 또 혁신 측면에서 축제는 1987년 이래 조형예술과 음악을 결합한 선구자 역할을 해왔다.

축제가 열리는 장소들로는 오베르쉬르와즈 소재 노트르담드라송프시옹 성당Église Notre-Dame-de-l'Assomption 과 오베르쉬르와즈 성Château d'Auvers-sur-Oise, 메리쉬르와즈Méry-sur-Oise 소재 라 뤼시올La Luciole, 생드니 성당Église Saint-Denis 등이다.

오브락 Aubrac [Occitanie]

오브락 암소의 트랑쥐망스 축제 Fête de la Vache Aubrac en Transhumance
_5월 25일 전후(제43회, 2024)

@hotel-lion-or.com

매년 5월 25일에서 가장 가까운 일요일에 열린다. 이때는 시골에 꽃들이 만발하고 오브락 품종의 암소 무리가 혹독한 겨울을 보낸 후 축사에서 나와 오브락 고원Plateau de l'Aubrac으로 올라가는 시기다. 일부 짐승들은 트럭에 실어 옮긴다. 계절에 따른 목축들의 이동을 프랑스어로 '트랑쥐망스transhumance'라 부른다. 일요일에는 형형색색의 축제가 열린다. 암소들은 목에 방울을 달고, 깃발과 꽃다발, 노간주나무와 호랑가시나무 가지, 삼색기 등을 몸과 뿔에 걸친다. 이 행사는 오브락 소 품종 선발협회UPRA, Association pour la sélection de la race bovine d'Aubrac의 창설과 더불어 오브락

순종을 지켜나가는데 기여했다. 축제와 병행해 오브락 테루아르 전시회Salon du terroir Aubrac도 열린다. 행사를 통해 목축업자를 만나 그들과 이 품종의 사육방식에 대해 대화를 나눌 수 있다.

포토브락 페스티벌 Festival Phot'Aubrac _9월 18〜21일(제23회, 2024)

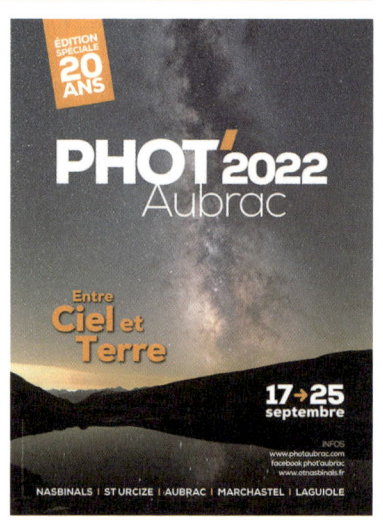

포토브락 페스티벌은 매년 9월 중순에 로제르Lozère, 아베롱Aveyron 및 캉탈Cantal 데파르트망들의 마을들인 나스비날Nasbinals, 오브락Aubrac, 마르샤스텔Marchastel, 생튀르시즈Saint-Urcize, 라기올Laguiole 등 15개 내외의 장소에서 열린다. 일반인들이 평소 접근 불가능한 상징적인 장소들에서 50-60개의 사진전이 열리며 입장은 무료다. 행사 초반에는 전시장 외부에서 전시회가 열리며, 후반에 외부와 내부 전시회가 동시에 개최된다. 저녁에는 대형 가설 천막에서 영화 상영과 콘퍼런스가 열리며 식사가 뒤를 잇는다. 사진작가들과 관객, 지역주민들과의 만남이 축제를 흥겹게 만든다. 주로 농부와 사육자들로 구성된 80명의 지역주민 자원봉사자들이 축제를 돕고 있다. 4일간 축제를 찾는 사람들은 25,000명 내외. 2012년부터 매년 주제를 선정하고 있는데, 2022년의 주제는 '하늘과 땅 사이Entre ciel et terre', 2023년의 주제는 '사막과 물 사이De désert et d'eau, 2024년의 주제는 '생명의 땅Terre de vies'이었다.

오세르 Auxerre [Bourgogne-Franche-Comté]

욘 음악과 영화 국제페스티벌 Festival international musique et cinéma de l'Yonne
_11월 12~16일(제9회, 2008)

Festival international musique & cinéma 는 2000년부터 2008년까지 욘Yonne 도의회가 음악과 영화를 대상으로 개최했던 행사다. 11월 중순에 오세르, 상스Sens, 투시Toucy, 아발롱Avallon, 토네르Tonnerre 등지에서 열렸다. 영화 상영, 콘서트, 콘퍼런스, 마스터클래스를 통해 영화음악을 기리는 방식을 채택했다. '제7의 예술 모차르트상Prix Mozart du 7e Art' 등의 여러 표현을 사용하다가 대상 명칭이 '황금열쇠상Clef d'Or'으로 정해졌다. 심사위원은 작곡가, 연출가, 배우로 구성된다.

▌콘서트

행사의 연륜이 쌓이면서 유명 작곡가들이 자신의 작품을 직접 지휘하고 해석하기 위해 행사장을 찾기 시작했다. 연도별로는 다음과 같다.

2000년 : 블라디미르 코즈마(Vladimir Cosma)
2001년 : 랄로 쉬프린(Lalo Schifrin)
2002년 : 고란 브레고비치(Goran Bregovic), 클로드 볼링(Claude Bolling)
2003년 : 모리스 자르(Maurice Jarre)
2004년 : 미셸 르그랑(Michel Legrand)
2005년 : 프랑시스 레이(Francis Lai), 에릭 세라(Eric Serra)
2006년 : 엔니오 모리코네(Ennio Morricone)
2007년 : 존 배리(John Barry)

2008년 : 마이클 니만(Michael Nyman), 클로드 볼링, 로랑 프티지라르(Laurent Petitgirard)

▌음악 콘퍼런스

음악감독 스테판 르루주(Stéphane Lerouge)가 주도하는 음악 콘퍼런스에는 작곡가뿐만 아니라 영화감독도 초대되었다. 초대자들 면면은 다음과 같다.

2004년 : 파트리스 르콩트(Patrice Leconte), 브뤼노 쿨레(Bruno Coulais), 크리스토프 바라티에(Christophe Barratier)
2005년 : 로베르 오셍(Robert Hossein), 프란시스 레이
2006년 : 알렉상드르 데스플라(Alexandre Desplat), 필립 사르드(Philippe Sarde)
2007년 : 에릭 드마르샹(Eric Demarsan), 기욤 니클루(Guillaume Nicloux), 브뤼노 쿨레, 알랭 코르노(Alain Corneau)
2008년 : 필립 롬비(Philippe Rombi)

이들 외에도 클로드 를루슈Claude Lelouch, 장-폴 라프노Jean-Paul Rappeneau, 베르트랑 타베르니에Bertrand Tavernier, 프랑시스 위스테르Francis Huster 등 기라성같은 영화인들이 오세르를 방문했다.

오소 계곡 Vallée d'Ossau /라룅 Laruns [Nouvelle-Aquitaine]

푸르탈레 축제 Fête du Pourtalet _9월 1일(제4회, 2024)

오소 계곡에서의 목동들 이야기에서부터 푸르탈레 고개 Col du Pourtalet에 자리한 불소 광산에서의 채굴에 이르기까지 아네우 원곡 Cirque d'Anéou은 특별한 스토리를 지닌 장소다. 이날 국경을 맞댄 프랑스 쪽의 오소 계곡 Vallée d'Ossau과 스페인 쪽의 테나 Tena 계곡이 함께 행사를 벌인다. 만남과 교류의 시간을 통해 목축산업의 활기찬 현장과 피레네 지방의 목가적인 분위기를 제대로 맛볼 수 있다. 치즈 제조, 양

@guide-bearn-pyrenees.com

떼몰이 개들의 시범, 길마를 등에 얹은 아네우 고원 Plateau d'Anéou 의 나귀, 양과 암소들의 행진, 국경에서 아페리티프를 들며 행하는 프랑스와 스페인 양치기들의 우정 교환, 양치기들을 담아낸 사진전, 전통음악 연주 등이 행사를 이룬다. 등산화를 착용하는 것이 좋으며, 축제에 참가하기 위해서는 관광안내소에 먼저 등록해야 한다. 무료 행사이며, 9시부터 19시까지 개최된다.

오슈 Auch [Occitanie]

에클라 드 부아 페스티벌 Festival Éclats de Voix _6월 10~15일(제28회, 2025)

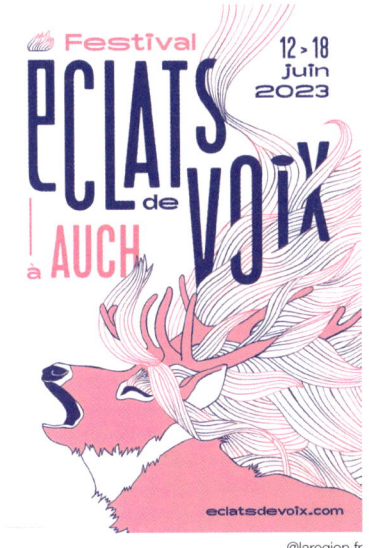

축제는 초창기에 내세운 구호 '독창성, 탁월함, 절충주의'를 여전히 지켜나가고 있다. 프랑스에서 가장 작은 무대 중 하나인 오슈 테아트르 Théâtre d'Auch 에 '가장 아름다운 목소리'와 '모든 목소리를 좋아하는 애호가들'을 집결시키는 이 행사는 1991년 10월에 시작되었다. 그 해에 옥스퍼드의 뉴 칼리지 합창단 Chœur du New College d'Oxford 을 맞이했던 것이다. 그때부터 아름다운 호칭 'Éclats de Voix'를 내세운 시즌이 시작되었고, 스타일과 예술교육을 조화롭게 융합한 행사가 이어진다. 1998년 5월에 행사는 10일 낮, 10일 밤 동안 열리면서 오슈를 근거지로 삼은 진정한 축제로 거듭난다. 하지만 제르스 Gers 데파르트망과 툴루즈 Toulouse 쪽으로 이름을 알리면서도 세상을 향해 열린 태도, 친환경적 자세를 잃지 않았다. 오늘날 축제는 절충주의를 강조하면서 성악, 클래식과 바로크 음악, 재즈 보컬, 샹송 등 여러 장르를 동시에 불러 모으고 있다. 젊은 아티스트들에게도 충분히 기회를 부여하는 축제다.

시르카 서커스 축제 Circa/Festival du cirque actuel _10월 18~26일(제37회, 2024)

축제는 서커스, 음악, 무용, 디지털 아트 및 연극의 만남으로 구성되며, 이 모든 장르가 무대에서 공연된다. Circa는 서커스 분야의 최근 창작 동향을 보여주는 교차로 역할을 자임한다. 매년 10여 일 동안 15-20개의 유럽 굴지의 전문극단이 약 80회의 공연을 가진다. 다양성 측면에서 분류 불가능한 작품들이 많이 포함되어 있다. 아티스트들과의 만남, 전시회 등도 프로그램을 보완한다. '별 속의 텐트 Tente dans les Étoiles'는 차와 음식을 즐길 수 있는 공간이다.

@sceneweb.fr

오툉 Autun [Bourgogne-Franche-Comté]

로마제국 데이 Journées romaines _8월 3~4일(제18회, 2024)

갈로로마시대로의 여행을 가능하게 해주는 축제로 교육적인 동시에 유희적인 방식으로 프랑스 문명의 기저를 이해하게 해준다. 검투사들의 공연, 로마제국 군대의 작전에 대한 재구성, 기마대, 장인들의 시범, 인터랙티브 아틀리에 요리, 음악, 대장간, 광주리 제조, 도예소 등가 프로그램을 구성한다. 모든 오브제, 의상, 전시는 비석, 기념물, 프레

@Légion VIII Augusta

스코, 모자이크, 고대 문서 및 유럽에서 발견된 고고학적 탐사 결과의 산물이다.

오트루아르 Haute-Loire 데파르트망 [Auvergne-Rhône-Alpes]

국제열기구대회 Rassemblement international de montgolfière _11월 7~9일(제43회, 2025)

@www.lepuyenvelay.fr

프랑스에서 개최되는 비슷한 테마의 행사 중 유일하게 한 해의 마지막에 열리는 이 이벤트를 위해 전 세계 열기구 팀들이 오트루아르 데파르트망에 집결한다. 기상 조건이 양호하다는 조건 아래서다. 폴리냐 성채 Forteresse de Polignac 와 생비달 성채 Forteresse de Saint Vidal, 루아르 강 위의 라부트 성 Château de Lavoûte, 부셰 호수 Lac du Bouchet, 아를랑드 성 Château d'Arlempdes, 루아르 계곡 Vallée de la Loire 등의 장관을 하늘에서 감상할 수 있다.

오팔 해안 Côte d'Opale [Hauts-de-France]

코트 도팔 페스티벌 Festival de la Côte d'Opale _7월 10~13일(2025)

@www.festival-cotedopale.fr

50여 년 전인 1976년부터 프랑스 북부 노르파드칼레 Nord-Pas-de-Calais 지역의 연안에서 열리고 있는 축제. 이 축제는 장소를 바꿔 불로뉴쉬르메르 Boulogne-sur-Mer 와 인근의 2개 새 도시들인 단 Dannes 과 우트로 Outreau 에서 열린다. 프랑스를 비롯한 세계 유명 가수들의 공연을 만날 수 있는 축제다. 록, 샹송, 대중음악과 클래식 음악까지 아우르면서 새로운 뮤지션의 발굴에 힘쓰고 있다. 2021년에는 비아네Vianney, 2022년에는 베로니크 상송Véronique Sanson, 쥘리앙 도레Julien Doré가 콘서트를 가진 바 있다.

올누아에므리 Aulnoye-Aymeries [Hauts-de-France]

비밀의 밤 Les Nuits Secrètes _7월 11~13일(2025)

현대음악을 대상으로 하는 이 축제는 15년 전부터 7월 마지막 주말이나 8월 첫 주 주말에 프랑스 노르Nord 데파르트망 모뵈주Maubeuge 근처의 올누아에므리라는 작은 마을에서 열리고 있다. 날짜는 매년 조금씩 달라진다. 관람객들은 성당과 같이 예기치 않은 장소에서 열리는 콘서트를 찾아가는데, 공연의 아티스트를 마지막 순간에야 알게 되는 비밀스러운 여정은 축제의 독창성을 보여준다. 2025년의 라인업도 아주 화려하다. 래퍼인 담소Damso, 프랑스에서 현재 가장 '핫'한 가수인 자오 드 사가장Zaho de Sagazan, 그리고 상타Santa가 그들이다. 참가 아티스트는 70명 이상.

@www.wegow.com

@weo.fr

옹플뢰르 Honfleur [Normandie]

바닷사람 축제 Fête des marins _6월 7~9일(제164회, 2025)

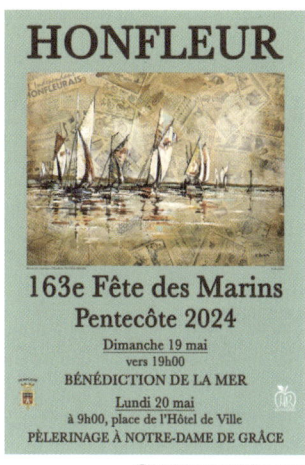
@www.honfleur-infos.com

1861년부터 매년 옹플뢰르 시는 성신강림축일 Pentecôte 주말에 항구 앞에서 바다를 축성하는 행사를 벌인다. 어부들과 배 관련 업무에 종사하는 사람들이 종이 장미로 배를 장식한 후 원을 만든다. 또 바다에서 목숨을 잃은 사람들을 기리는 꽃다발을 비행기에서 떨어뜨린다. 다음날 9시에는 시청사에서 코트 드 그라스 예배당 Chapelle de la Côte de Grâce 까지 순례 행진이 있으며, 예배당에서는 야외에서 미사를 올린다. 전시회와 콘서트도 열린다.

새우와 어업 축제 Fête de la crevette et de la pêche _10월 12~13일(제29회, 2024)

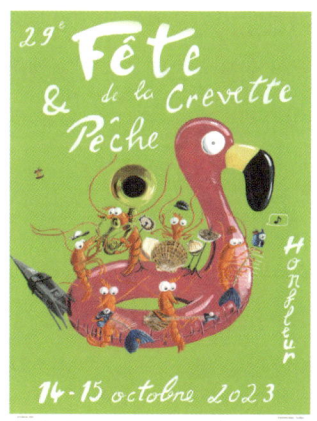
@ville-honfleur.com

칼바도스 Calvados 데파르트망 소재 옹플뢰르에서 지역 전통 어업의 주요 어종인 '프티트 그리즈 petite grise' 새우를 홍보하는 행사다. 프티트 그리즈는 옹플뢰르 쪽 전통 어업의 주요 어종이었다. 오래된 선구 船具 전시, 기중기를 이용한 하역과 큰 통 비우기 등 옛 기술 시범, 어시장, 뱃사람들의 노래 합창과 콘서트, 해적 마을 재현, 그리즈 새우 시식 등 재미있는 행사들이 프로그램을 구성한다. 피크 타임은 일요일 오후에 열리는 새우껍질 벗기기 콩쿠르. 최대 2분 안에 가장 많은 새우 껍질을 벗기는 경기다.

러시아 영화제 Festival du cinéma russe _11월 23~28일(제29회, 2021)

옹플뢰르 러시아영화제는 축제의 친구들 협회Association des Amis du Festival 가 옹플뢰르 시, 칼바도스 데파르트망, 노르망디 레지옹의 지원을 받아 개최하는 행사다. 1993년부터 시작된 행사로 매년 11월 말에 열린다. 러시아 영화에 할애된 영화제 중에서는 가장 규모가 크다. 처음 두 번의 행사는 1993년과 1994년에 생라파엘Saint-Raphaël 에서 개최되었고, 제3회 행사인 1995년부터 옹플뢰르에서 진행되고 있다. 경쟁 부문에 진출한 영화감독과 배우들이 초청된다.

행사를 만들어낸 2명의 인물은 옹플뢰르 출신의 시인인 그레구아르 브레냉Grégoire Brainin 1933-2016, 일명 무아노Moineau 와 모스크바 출신의 블라디미르 보레프Vladimir Borev 였다. 자신이 1960년대에 살았던 생라파엘에서 러시아영화제를 만들어낸 후 옹플뢰르로 옮긴 인물이 그레구아르 브레냉이다. 그는 6회 축제까지 관여했다. 그 후 프랑수아즈 슈네르브Françoise Schnerb 가 주재하는 '축제의 친구들 협회'가 행사를 맡게 된 후 2017년 제25회 축제 프로그램이 18세기의 러시아 범선을 복제한 '슈탄다르트Shtandart' 호 위에서 발표되었다.

그러나 최근 러시아의 우크라이나 침공은 문화적으로도 영향을 끼쳤다. 2022년은 러시아 영화제와 협회가 30주년을 맞는 중요한 해였으나 그해 2월 28일에 열린 총회에서 협회 회원들과 자원봉사자들은 11월로 예정되어 있던 영화제 개최를 취소하고 협회 활동도 중단하기로 만장일치로 결정했다. 전쟁으로 인하여 많은 인명이 살상되고 수백만 명의 사람들이 추방당하는 상황에서 러시아 관련 행사 취소는 도덕적으로나 현실적으로 불가피한 결정이었다.

연도별 대상 수상작

1995 : 〈지젤스 매니아(La Folie de Gisèle/Мания Жизели)〉, 알렉세이 우치텔(Aleksei Outchitel) 감독
1996 : 〈대통령과 아내(Le Président et sa femme/Президент и его женщина)〉, 엘레나 라이스카야(Elena Raiskaia) 감독
1997 : 〈차레비치 알렉세이(Le Tsarévitch Alexis/Царевич Алексей)〉, 비탈리 멜니코프(Vitali Melnikov) 감독
1998 : 〈심부름꾼을 보낸다면(Si on envoyait le coursier/Не послать ли нам… гонца?)〉, 발레리 치코프(Valeri Tchikov) 감독
1999 : 〈천국의 천사(Des anges au paradis/Ангелы в раю)〉, 에브구에니 룬긴(Evgueni Lounguine) 감독
2000 : 〈은둔자들(Reclus/Затворник)〉, 에고르 콘찰로프스키(Egor Kontchalovski) 감독
2001 : 〈늙은 노파(Les Vieilles Rosses/Старые клячи)〉, 엘다르 리아자노프(Eldar Riazanov) 감독
2002 : 〈즈베즈다(L'Étoile/Звезда)〉, 니콜라이 레베데프(Nikolaï Lebedev) 감독
2003 : 〈뻐꾸기(Le Coucou/Кукушка)〉, 알렉산드르 로고즈킨(Alexandre Rogojkine) 감독
2004 : 〈드라이버 포 베라(Un chauffeur pour Véra/Водитель для Веры)〉, 파벨 추크라이(Pavel Tchoukhraï) 감독
2005 : 〈이탈리언(L'Italien/Итальянец)〉, 안드레이 크라브추크(Andreï Kravtchouk) 감독
2006 : 〈파 프롬 선셋 불러바드(Loin de Sunset Boulevard/Далеко от Сансет-бульвара)〉, 이고르 미나이에프(Igor Minaiev) 감독
2007 : 〈아지트브리게이드 "적을 이길!"(Brigade 《Tue l'ennemi!》/Агитбригада 《Бей врага!》)〉, 비탈리 멜니코프(Vitali Melnikov) 감독
2008 : 〈와일드필드(Champ sauvage/Дикое поле)〉, 미하일 칼라토지시빌리(Mikhaïl Kalatozichvili) 감독
2009 : 〈어떤 전쟁(Une guerre/Одна война)〉, 베라 글레고레바(Vera Glagoleva) 감독
2010 : 〈생존(L'Affrontement/Край)〉, 알렉세이 우치텔(Aleksei Outchitel) 감독
2011 : 〈그로모제카(Gromozeka/Громозека)〉, 블라디미르 코트(Vladimir Kott) 감독
2012 : 〈디스 이즈 왓 해픈스 투 미(Voilà ce qui m'arrive/Со мною вот что происходит)〉, 빅토르 샤미로프(Viktor Chamirov) 감독
2013 : 〈지리학자가 지구를 마셨다(Le géographe a bu son globe/Географ глобус пропил)〉, 알렉산드르 벨레딘스키(Alexandre Veledinski) 감독
2014 : 〈커렉션스 클래스(Classe à part/Класс коррекции)〉, 이반 트베르도프스키(Ivan Tverdovski) 감독
2015 : 공동수상. 〈14살의 첫사랑(14 ans, premier amour/14+)〉, 안드레이 자이체프(Andreï Zaïtsev) 과 〈노 코멘트(Sans commentaire/No comment)〉, 아르템 템니코프(Artem Temnikov) 감독
2016 : 〈래그 유니온(Rag Union/Тряпичный союз)〉, 미하일 메스테츠키(Mikhaïl Mestetski) 감독
2017 : 〈어리드미어(Arythmie)〉, 보리스 흘레브니코프(Boris Khlebnikov) 감독
2018 : 〈모두를 놀라게 한 남자(L'Homme qui a surpris tout le monde/Человек, который удивил всех)〉, 나탈리아 메르쿨로바(Natalia Merkoulova)와 알렉세이 추포프(Alexei Tchoupov) 감독
2019 : 〈더 펜슬(Un simple crayon/Простой карандаш)〉, 나탈리아 나자로바(Natalia Nazarova) 감독

2021 : 〈꼭 쥐었던 주먹 풀기(Les Poings desserrés/Разжимая кулаки)〉, 키라 코발렌코(Kira Kovalenko) 감독

외르트 Hoerdt [Grand-Est]

외르트 카니발 Carnaval de Hoerdt _3월 4일(제73회, 2025)

1999년에 결성된 헤르파제나흐트 카니발 협회Association Carnavalesque Herrefasenacht가 카발카드cavalcade 전통을 지키며 마르디 그라Mardi Gras 날 외르트에서 매년 개최하는 카니발이다. 스트라스부르 지역의 수천 명 주민이 이 행사를 열렬히 기다리는데, 통상 스트라스부르 카니발Carnaval de Strasbourg이 열리기 며칠 전 주중에 외르트에서 흥겨운 시가행진이 벌어지기 때문이다. 이전 주말에는 미스 카니발 선발대회, 어린이들을 위한 카니발 행사가 열리기도 한다.

알자스 지방에서 가장 유명한 카니발 중 하나인 외르트 카니발은 1950년대에 만들어졌다. 이미 1920-1930년대에 축제 차량 시가행진을 벌였던 전통을 이어가기로 한 것이다. 주최 측은 마르디 그라 날을 축제 날로 잡은 후 행사 이름을 'Herrefasenacht'라 명명했다. 2000년에 축제는 50주년을 맞이했다.

위제스 Uzès [Occitanie]

음악의 밤 Nuits musicales _11월 16일[2024]~3월 29일(제53회, 2025)

@Les Nuits Musicales d'Uzès

@uzes.fr

고대음악과 바로크 음악의 멋진 음악적 여정이 1970년부터 대공의 도시 위제스에서 펼쳐진다. 바로크 음악뿐만 아니라 고전주의와 낭만주의 시대의 음악, 전통음악, 피아노 콘서트도 함께 다루며, 필수적인 레퍼토리와 미발표 음악들을 함께 다루고 있다. 이 지역에서 열리는 여름의 주요 행사 중 하나이며 콘서트는 대성당, 공작령, 옛 주교관 등 역사적 의미가 깃든 다양한 장소에서 열린다. 겨울과 봄 시즌으로 개최 시기를 변경한 2024-25년 행사는 롱브리에르 L'Ombrière 문화센터에서 6개 콘서트를 열었다.

이브리쉬르센 Ivry-sur-Seine [ile-de-France]

마른 페스티벌 Festival de Marne _9월 27일~10월 19일(제38회, 2024)

@festivaldemarne.org

마른 페스티벌은 1987년에 만들어진 음악제로, 페스티발 드 마른 협회 Association Festival de Marne 가 운영한다. 샹송 창작을 지원하고, 다양한 예술과 연관된 공연들을 만들어내며 대중화하는 목적을 내세우고 있다. 50여 개의 공연을 즐길 수 있는 축제에 매년 3만 명 이상의 관객이 찾는다.

  10월 중 발드마른 지역의 30여 개 공연장에서 3주간의 공연이 열리는 것 외에도 마른 페스티벌은 연중 내내 제도권 밖의 젊은 아티스트들을 지원하고 있다. 이러한 노력은 2007년에 '독립음악인 이니셔티브의 날 JIMI, Journée des Initiatives Musicales Indépendantes'을 만들어냈고, 이 행사를 통해 포럼, 콘서트, 만남의 장을 가진다.

이수아르 Issoire [Auvergne-Rhône-Alpes]

날개와 화산 Ailes et Volcans _10월 4~6일(2024)

@www.facebook.com/cervolix63

예전에는 '세르볼릭스 Cervolix'라 불리던 항공 축제가 이수아르 비행장에서 열리는데, 수백 개의 연, 열기구, 프랑스 공군곡예단 Patrouille de France, 공군의 '볼티지 Voltige 팀, 중항공기들, 최정예 조종사와 공중 곡예사들이 숨을 멎게 하는 장관을 선사한다. 또 이수아르 비행장에서 가까운 라보르 산업지구 ZI Lavaur의 3,000m² 면적 위에서는 비행기의 세계를 다룬 전시회가 열린다. 박물관이나 개인이 소장하고 있던 부품이나 모형 등이 전시되며, 항공 분야의 전문가들이 콘퍼런스를 열면서 자신들의 지식을 공개한다. 비행 시뮬레이션, 가상현실 체험 등도 축제를 구성하는 프로그램이다.

이스트르 Istres [Provence-Alpes-Côte-d'Azur]

이스트르의 밤 Les Nuits d'Istres _7월 8~11일(제32회, 2025)

역사유적에 등재된 그리냥 관館 Pavillon de Grignan의 팔리오 디스트르 Palio d'Istres, 그리고 올리비에 연못 Étang de l'Olivier의 가장자리에서 열리는 축제로 옛 이름은 '에스티발 Estivales'이었다. 소나무 아래에서 샹송, 펑크, 소울, 재즈, 레게 등 다양한 음악 스타일을 즐기면서 멋진 저녁 시간을 보낼 수 있다. 사전 예약은 필수.

제라르메 Gérardmer [Grand-Est]

제라르메 국제판타스틱영화제

Festival international du film fantastique de Gérardmer/Fantastic'Arts _1월 29일~2월 2일(제32회, 2025)

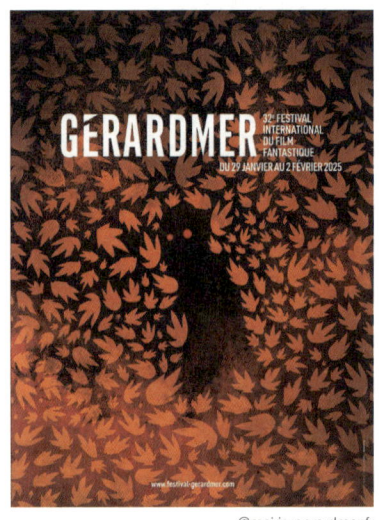

@mairie-gerardmer.fr

1994년에 개막한 국제영화제로 로렌Lorraine 지방의 보주Vosges 산맥 속 마을 제라르메Gérardmer에서 4일간 열린다. 아보리아즈 국제판타스틱영화제 Festival international du film fantastique d'Avoriaz를 뒤잇고 있으며, 1996년까지는 '판타스티카 Fantastica'로 불리다가 '판타스틱아즈Fantastic'Arts'로 개명되었다. 영화가 아닌 다른 형태의 예술들에 대해서도 문호를 개방하기 위함이었다. 그에 따라 데생 그리기와 판타스틱 단편소설 쓰기 콩쿠르도 열리며, 스테인드글라스 장식에 대해서도 시상한다. 2009년 행사부터 '제라르메 판타스틱영화제'라는 타이틀을 쓰기 시작했다. 장편 및 단편영화 상영, 하나의 영화나 영화인에게 할애된 밤, 비디오 상영 등 다양한 형태의 프로그램이 축제를 구성한다.

총 7개의 상을 시상하는데 종류는 다음과 같다 :

- 단편영화상(Prix du Court-Métrage) : 전문가들로 구성된 단편영화 심사위원단이 선정
- 로렌 지방 청소년심사위원상(Prix du Jury Jeunes de la Région Lorraine) : 로렌 지방 12명의 고등학생으로 구성된 청소년 심사위원들이 선정
- 관객상(Prix du Public) : 상영 후 관객들의 투표로 뽑는 상
- 비평가상(Prix de la Critique) : 6명의 저널리스트로 구성된 비평가 심사위원들이 선정
- 시피 심사위원상(Prix du Jury Syfy) : 시피(Syfy) 채널의 5명 시청자로 구성된 심사위원단이 선정
- 심사위원상(Prix du Jury) : 장편영화 심사위원단이 선정. 경쟁 중이던 2개 영화가 공동으로 수상하는 경우도 많다.

- **대상**(Grand Prix) : 마찬가지로 장편영화 심사위원단이 선정

영화제 그랑프리 수상작

연도 | 〈영화 제목〉 | 감독 | 국적
1994년 | 〈백발마녀전(La Mariée aux cheveux blancs | Jiang-Hu, Between Love And Glory)〉 | 우인태(Ronny Yu) 감독 | 홍콩
1995년 | 〈천상의 피조물(Créatures célestes | Heavenly Creatures)〉 | 피터 잭슨(Peter Jackson) 감독 | 뉴질랜드
1996년 | 〈야수의 날(Le Jour de la bête | El Dia de la Bestia)〉 | 알렉스 드 라 이글레시아(Alex de la Iglesia) 감독 | 스페인
1997년 | 〈스크림(Scream)〉 | 웨스 크레이븐(Wes Craven) 감독 | 미국
1998년 | 〈파리의 늑대 인간(Le Loup-garou de Paris | An American Werewolf In Paris)〉 | 앤소닌 월러(Anthony Waller) 감독 | 미국, 영국, 룩셈부르크, 네덜란드, 프랑스
1999년 | 〈큐브(Cube)〉 | 빈센조 나탈리(Vincenzo Natali) 감독 | 캐나다
2000년 | 〈스터 오브 에코(Hypnose | Stir Of Echoes)〉 | 데이빗 코엡(David Koepp) 감독 | 미국
2001년 | 〈사랑에 빠진 토머스(Thomas est amoureux)〉 | 피에르-폴 렌데르(Pierre-Paul Renders) 감독 | 벨기에
2002년 | 〈파우스트 5.0(Fausto 5.0)〉 | 알렉스 올레(Alex Ollé), 이시드로 오르티즈(Isidro Ortiz), 카를로스 파드리사(Carlos Padrissa) 감독 | 스페인
2003년 | 〈다크 워터(Dark Water | Honogurai mizu no soko kara)〉 | 나카타 히데오(Hideo Nakata) 감독 | 일본
2004년 | 〈장화, 홍련(Deux Sœurs | Janghwa, Hongryeon)〉 | 김지운(Kim Jee-woon) 감독 | 한국
2005년 | 〈트러블(Trouble)〉 | 해리 클레븐(Harry Cleven) 감독 | 벨기에
2006년 | 〈이졸레이션(Isolation)〉 | 빌리 오브라이언(Billy O'Brien) 감독 | 아일랜드, 영국
2007년 | 〈성가신 남자(Norway of Life | Den brysomme mannen)〉 | 옌스 리엔(Jens Lien) 감독 | 노르웨이
2008년 | 〈오퍼나지: 비밀의 계단(L'Orphelinat | El Orfanato)〉 | 후안 안토니오 바요나(Juan Antonio Bayona) 감독 | 스페인, 멕시코
2009년 | 〈렛 미 인(Morse | Låt den rätte komma in, Let The Right One In)〉 | 토마스 알프레드슨(Tomas Alfredson) 감독 | 스웨덴
2010년 | 〈더 도어(The Door | Die Tür)〉 | 안노 사울(Anno Saul) 감독 | 독일
2011년 | 〈김복남 살인 사건의 전말(Blood Island | Bedevilled)〉 | 장철수(Jang Cheolsoo) 감독 | 한국
2012년 | 〈베이비콜(Babycall)〉 | 폴 슬레타우네(Pal Sletaune) 감독 | 노르웨이
2013년 | 〈마마(Mama)〉 | 안드레스 무시에티(Andrés Muschietti) 감독 | 스페인, 캐나다
2014년 | 〈미스 좀비(Miss Zombie)〉 | 사부(Sabu) 감독 | 일본
2015년 | 〈팔로우(It Follows)〉 | 데이비드 로버트 미첼(David Robert Mitchell) 감독 | 미국

2016년	〈본 토마호크(Bone Tomahawk)〉	S. 크레이그 잴러(S. Craig Zahler) 감독	미국
2017년	〈로우(Raw)〉	쥘리아 뒤쿠르노(Julia Ducournau) 감독	프랑스, 벨기에
2018년	〈베스와 베라(Ghostland)〉	파스칼 로지에(Pascal Laugier) 감독	프랑스, 캐나다
2019년	〈퍼핏 마스터: 더 리틀리스트 라이크(Puppet Master: The Littlest Reich)〉	손뉘 라구나(Sonny Laguna), 토미 비클룬드(Tommy Wiklund) 감독	미국, 영국
2020년	〈세인트 모드(Saint Maud)〉	로즈 글래스(Rose Glass) 감독	영국
2021년	〈포제서(Possessor)〉	브랜든 크로넨버그(Brandon Cronenberg) 감독	캐나다

황수선화 축제 Fêtes des Jonquilles _4월 4~6일(제51회, 2025)

@Le Lorrain

'jonquille'는 노란색 수선화 narcisse jaune 를 지칭하는 단어다. 노란 수선화 축제는 수선화가 만개하는 4월경 로렌 지방에서 2년에 한 번씩 열리는 행사다. 제라르메 시민들은 이 꽃으로 장식한 마차로 시가행진을 벌이면서 마을의 상징 중 하나를 드높인다.

축제는 지역 산업을 활성화하려는 폴 엘벨 Paul Elbel 의 아이디어에서 비롯되었다. 제라르메 모터사이클 동호회가 행사를 주도하던 축제의 첫 버전은 1935년 4월 22일에 열렸다. 축제를 기리는 노래는 레옹 모니에 Léon Monnier 가 지었는데, 생디에데보주 Saint-Dié-des-Vosges 출신인 그는 『레스트 레퓌블리캥 L'Est républicain』 신문의 기자였다.

제라르메는 수천 명의 관광객을 맞이하기 시작하나, 1963년에는 '황수선화 여왕'으로 선출된 여성이 회사에서 해고되는 에피소드도 있었다. 사장이 "무도회의 신데렐라와 우리 회사 사원이 동시에 될 수 없다"며 이 대회를 '음란한 노출'로 간주하였기 때문이다.

20-30대의 꽃마차 행렬이 퍼레이드를 벌이는 황수선화 축제는 일요일에 열리지만 전날부터 본격적으로 시작된다. 마차의 프레임을 생화로 장식하는 작업에는 누구나

참여할 수 있다. 개화를 늦추는 꽃샘추위로 인해 부족해진 꽃을 수입하는 경우도 있는데, 2013년에는 30여 대의 꽃마차 장식에 필요한 250만 송이 중 150만 송이를 네덜란드에서 수입했다.

제르고비 Gergovie [Auvergne-Rhône-Alpes]

제르고비 고원에서의 아르베르니알 축제 Arverniales sur le plateau de Gergovie
_7월 20~21일(제20회, 2024)

©legrandcercleceltique.fr

아르베르니알 축제 Les Arverniales 는 오베르뉴 Auvergne 레지옹 제르고비 요새도시 Oppidum de Gergovie 에서 열리는 '갈리아 지방 고고학축제 archéofête gauloise'로 자신을 소개하고 있다. 참가자들은 역사극을 중심으로 한 기원전 1세기의 분위기 속으로 빠져 들어간다. 갈리아식의 전통 향연에서부터 검투사들의 시합에 이르는 많은 이벤트가 갈로로마시대의 일상을 재현한다. 아르베른 베르생제토릭스 Arverne

Vercingétorix가 로마제국 침입자들에게 치명적인 패배를 안겼던 제르고비 고원Plateau de Gergovie에서는 높이가 26m에 달하는 거대한 베르생제토릭스 동상이 승리를 기념하고 있다. 1900년에 제작된 작품이다. 개최 20주년을 맞이한 2022년에는 아르베르니알 축제가 취소된 대신 2022년 7월 23일과 24일에는 제르고비 고원 위에서 제르고비 박물관Musée de Gergovie과의 협력하에 '고고학축제archéofête'가 열렸다. 제르고비 고원이 이런 유형의 이벤트를 개최하기에는 너무 제한적이었기 때문에 아르베르니알 축제는 개최 장소를 옮겼는데, 라 로슈블랑슈 스포츠 단지Complexe sportif de La Roche-Blanche가 새 장소였다. 따라서 2024년 축제는 주최 측이 참석 인원을 예상하고 향후 대회에 맞춰 조직을 조정하기 위한 시험대 역할을 수행했다.

주엘Jouels [Occitanie]

멜론 축제Fête du Melon _8월 30~31일(제55회, 2024)

@Centre Presse Aveyron

아베롱Aveyron 데파르트망의 작은 마을 주엘은 9월 첫 주말에 이 지역의 수호성인 생 루Saint Loup를 기리는 행사를 연다. 세대별로 다양한 행사가 있는데, 젊은이들을 위해서는 '록의 밤 Nuits du rock' 행사가, 시니어 계층을 위해서는 아베롱 아코디언 페스티벌 Festival d'accordéon de l'Aveyron이, 모든 가족을 위해서는 멜론 축제가 3일간 열린다. 음악 행사가 끝난 후에는 소의 내장 요리를 메인으로 하는 특별한 식사가 이어진다. 토산품시장이 열린 다음에는 신선한 뮈스카Muscat 나 호두 와인에 적신 멜론을 맛본다.

쥐앙레팽 Juan-les-Pins [Provence-Alpes-Côte-d'Azur]

쥐앙레팽 재즈 페스티벌 Festival Jazz à Juan-les-Pins _7월 10~20일(제64회, 2025)

@www.jazzajuan.com

1960년 7월 7일에 자크 수플레Jacques Souplet가 자크 허베이Jacques Hebey와 협력해 처음 시작한 재즈 페스티벌은 유럽에서 가장 오래되었으며, 권위 있는 장르 음악 축제 중 하나로 자리매김했다. 재즈계에서 이름난 연주자들이 굴드 소나무숲pinède Gould 속의 아름다운 무대를 찾아와 쥐앙의 밤을 빛냈는데 1960년대의 디지 질렙시Dizzy Gillespie, 엘라 피츠제럴드Ella Fitzgerald, 듀크 엘링턴Duke Ellington, 마할리아 잭슨Mahalia Jackson, 마일스 데이비스Miles Davis, 니나 시몬Nina Simone, 1970년대의 마빈 피터슨Marvin Peterson, 머디 워터스Muddy Waters, 프레디 킹Freddy King, 1990년대의 디 디 브리지워터Dee Dee Bridgewater, 2000년대의 키스 자렛Keith Jarrett 등이 그런 인물들이다. 쥐앙의 밤을 열광하게 만든 색소폰 주자들도 많다. 전통적인 재즈에서 현대적인 작품에 이르기까지 재즈의 모든 경향을 대표하는 15회 내외의 콘서트가 열린다. 쥐앙레팽 만에서는 불꽃놀이를 벌인다. 유럽 재즈 페스티벌의 맏형격인 이 축제는 2020년에 60주년을 경축했다.

지공다스 Gigondas [Provence-Alpes-Côte d'Azur]

지공다스 오페라의 밤 Soirées lyriques de Gigondas _8월 6,8,10일(제25회, 2017)

매년 8월 첫 주 보클뤼즈 Vaucluse 데파르트망 지공다스의 야외극장 Théâtre de Verdure 에서 열리는 오페라 축제. 1993년에 니스 오페라극장의 제작감독이었던 폴-에밀 푸르니 Paul-Emile Fourny, 지공다스 시장이었던 롤랑 고댕 Roland Gaudin, 지공다스 시 문화 담당 자문역이었던 크리스티앙 메프르 Christian Meffre 가 야외극장을 활성화하는 차원에서 시작한 축제다. 2010년에는 〈돈 조반니 Don Giovanni 〉가, 2012년에는 〈마술피리 La flûte enchantée 〉가, 2013년에는 〈코지 판 투테 Cosi Fan Tutte 〉가 상연되는 등 특히 모차르트의 오페라들을 무대에 자주 올렸다. 초창기부터 오페라 쪽의 신인들을 찾아내고 독려하며 프로그램을 풍성하게 만들며 재능이 뛰어난 예술가들이 참여하는 공연을 일반에게 제공하는 것에 축제의 큰 방향을 두었다. 2017년까지 열렸다.

카레 Carhaix [Bretagne]

낡은 쟁기 페스티벌 Festival des Vieilles Charrues/Gouel an Erer Kozh _7월 17~20일(제33회, 2025)

@vieillescharrues.asso.fr

1992년 피니스테르Finistère 데파르트망 카레플루게르Carhaix-Plouguer에서 처음 만들어진 축제인 '낡은 쟁기 페스티벌'은 프랑스에서 관객 동원 규모가 제일 큰 축제 중 하나가 되면서 브르타뉴 사람들이 매우 큰 자부심을 지니고 있는 축제다. 2023년에는 하루 7만 명씩 5일간의 개최기간 동안 약 35만 명의 관람객과 7천여 명의 자원봉사자가 참여했다. 7월 중순을 전후해 4일간 열리며, 날짜가 매년 조금씩 바뀐다. 무대 숫자가 많고 공연하는 뮤지션들이 많기에 해마다 이 축제를 찾는 사람들이 점점 늘어나고 있다. 1997년의 제임스 브라운James Brown에서 딥 퍼플, 뉴 오더, 이기 팝, 패티 스미스, 아케이드 파이어를 거쳐 2009년의 브루스 스프링스틴에 이르기까지 세계적인 뮤지션들이 축제를 빛냈다. 그 유명한 케람푸일 목초지Prairie de Kerampuil에서 120개 이상의 공연이 무대에 오른다. 축제가 수용하는 음악 종류도 다양하다. 모든 계층이 골고루 즐길 수 있는 축제를 지향하기 때문이다. 불꽃놀이와 페스트노즈Fest-noz도 축제로 사람들을 끌어들이는 주요한 요인이 되고 있다.

축제를 주관하는 단체는 낡은 쟁기 협회Association Les Vieilles Charrues로, 수익금 일

@dieci.com

부를 브르타뉴 지방 문화를 활성화하는 데 투입하고 있다. 케람푸일 성Château de Kerampuil 복원, 디완Diwan 고등학교 내 글렌모르 센터Espace Glenmor 건립, 크레이즈 브레이즈의 기억Les Mémoires du Kreiz Breizh 협회 지원 등이 대표적인 사례들이다.

축제는 다양한 행사도 열고 있다. 크리스마스 공연인 '거리의 쟁기Les Charrues dans la rue'도 개최하며, 1996년부터 2013년까지 프랑스 서부지역 젊은 아티스트들의 도약대인 '청년 쟁기Jeunes Charrues'도 축제 기간에 운영했다. 선발된 10개 그룹은 축제 무대 위에서 공연을 가졌다. 2014년에 이 행사는 '쟁기 라벨Label Charrues'로 대치되었는데, 선발된 그룹이나 아티스트들은 공연을 하고, 축제 파트너들이 소재한 장소를 돌며, 전문가들이 마련한 레지던스에 입주하는 혜택을 누린다.

카르뱅 Carvin [Hauts-de-France]

레 제클렉티크 페스티벌 Festival Les Éclectiques, les arts de la rue et du cirque
_7월 13~14일(제17회, 2022)

1999년에 카르뱅에서 최초의 저글링 컨벤션이 열린 후 매년 이 장소에서 관련 축제를 개최하는 계획이 구체화된다. 2004년에 부 뒤 몽드 서커스Cirque du Bout du Monde는 유럽 차원의 저글링 컨벤션을 개최하자고

@Carvin.fr

카르뱅 시에 제안하며, 그에 따라 전 세계에서 4,500명의 저글러들이 카르뱅을 찾는다. 축제는 유럽 컨벤션이 끝난 후 태동했다. 서커스와 거리극을 주제로 한 연극, 서커스, 음악, 무용과 관련된 독창적이고도 낯선 문화 이벤트를 제공하는 것이 축제의 목적이었다. 20여 개의 공연과 아틀리에, 퍼레이드와 불꽃놀이가 매년 성황리에 진행되었으나 축제는 2022년에 막을 내렸다.

카르카손 Carcassonne [Occitanie]

카르카손 페스티벌 Festival de Carcassonne _6월 27일~7월 31일(2025)

@Carcassonne

유네스코 세계문화유산에 등재된 오드 Aude 데파르트망 중세도시 한복판에서 열리는 카르카손 페스티벌은 1달 동안 장르를 뛰어넘어 프랑스 국내외의 아티스트들을 등장시키고 있다. 레 비에이유 카나이유 Les Vieilles Canailles, Trust, Europe, Pixies, 쥘리앙 도레, 조니 알리데이 Johnny Hallyday, 파트릭 브뤼엘, 소프라노, 야니크 노아 등이

2017년 행사에 참가했다. 콘서트 말고도 연극, 오페라, 무용 등 다양한 형태의 공연을 즐길 수 있다. 보통 7월 초에 시작하며, 매년 날짜가 조금씩 달라진다. 150개 이상의 콘서트가 열리는데 그중 100개가 무료다.

카르카손 페리아 Feria de Carcassonne _8월 29일~9월 1일(제16회, 2024)

여름 시즌을 마무리하며 카르카손 시가 매년 8월 마지막 주에 마련하는 행사다. 축제가 열리는 4일 동안 스페인의 분위기를 담은 행사들이 바르베스 대로 Boulevard Barbès 를 중심으로 매일 저녁 열린다. 코리다 corrida 와 노빌라다 novillada 를 좋아하는 카르카손 시민들이 가장 기다리는 행사 중 하나다. 카르카손 아레나에서 투우를 즐기고, 거리에서는 반다 bandas 연주를 들으며, 보데가 bodegas 가 마련된 야외에서 술을 마시고, 무용 공연과 콘서트를 즐길 수 있다. 페리아가 열리는 중심 장소는 앙드레 셰니에 광장 Square André Chénier 으로, 이곳에 페리아 캠프 campo de feria, 협회들 부스, 공연무대, 간이식당 등이 설치된다.

외노비데오 영화제 Festival de film Œnovidéo _5월 28~31일(제27회, 2020)

포도나무와 와인에 대한 다큐멘터리 및 픽션 영화, 사진을 소재로 하는 축제. 와인 생산지역을 영화 및 사진에 대한 열정과 연결하는 Oenovidéo는 영화 및 사진이라는 매체를 통해 포도나무와 와인을 다루는 가장 오래된 축제다. 영화 상영, 사진전, 조형예술 전시회, 공연, 포도밭 산책 그리고 미네르부아 Minervois 와 카르카손 중세도시의 역사 및 와인 문화유산에 오마주를 표하는 여러 이벤트로 프로그램을 편성했다. 2018년에 25주년을 맞이했던 행사는 현재 더 이상 열리지 않고 있다.

카르팡트라 Carpentras [Provence-Alpes-Côte d'Azur]

점토 상통 시장 및 점토 크리스마스 Marché aux santons d'argile et Noël d'argile
_12월 10~24일 사이(매년)

보클뤼즈Vaucluse 지방 카르팡트라 마을에서 열리는 이 프로그램은 프로방스알프코트다쥐르PACA 레지옹에서 열리는 가장 큰 지역축제 중 하나다. 상통santon, 프로방스 지방에서 성탄절 때 구유에 놓는 장식용 채색 인형 마켓, 프로방스 지방의 구유와 액세서리, 식도락 관련 시장, 사륜마차 타기 등 프로방스의 모든 크리스마스 전통을 만나볼 수 있다. 프로방스 전통 스타일로 제작된 초대형 점토 구유가 관광사무소 앞에 설치된다.

카마르그 Camargue [Provence-Alpes-Côte d'Azur]

카마르그 및 론 삼각주 페스티벌 Festival de la Camargue et du Delta du Rhône
_5월 8~12일(제16회, 2024)

남프랑스 자연의 보고寶庫이자 유네스코 생물권보존지역으로 지정된 카마르그 전역에서 5월에 열리는 축제. 축제의 성격과 지역의 이점을 살려 야외에서 진행된다. 지역의 동식물학자와 조류학자, 환경전문가가 동반하는 100여 개 이상의 생태 탐방 코스가 준비되며, 평소 일반에게는 공개하지 않는 장소를 개방한다. 카마르그의 습지, 새의 마을 Village de l'Oiseau, 론 Rhône 강 지역의 예술, 문화, 식도락을 즐길 수 있는 기회로 탐방, 콘퍼런스, 실습 아틀리에, 영화 상영과 공연, 전시회 등을 만나볼 수 있다. '페를 드 카마르그 Perle de Camargue, '카마르그의 진주'라는 뜻'로도 불리는 이 축제를 통해 '바이오 Bio' 타이틀을 획득한 프로방스알프코트다쥐르 지역 특산품인 굴도 만나볼 수 있다. 비게라 늪 Marais du Vigueirat에서는 희귀 왜가리종인 알락해오라기도 관찰한다. 2023년에는 바람에 따라 달라지는 강의 풍경을 담은 공연 〈데리브 DéRIVES〉가 상연되었다.

카바이용 Cavaillon [Provence-Alpes-Côte d'Azur]

멜론 페리아 Féria du Melon _7월 5~6일(2024)

프로방스 지방의 마을이자 멜론의 본고장으로 알려진 카바이용은 멜론을 축하하는 행사를 벌인다. 멜론 시장, 거리에서의 멜론 시식, 선술집에서의 춤, 거리에 황소들을 푸는 아브리바도 abrivados, 야생마들의 행진, 페리아 참석자들이 춤을 추고 술을 마시는 장소인 보데가 bodegas, 재즈 음

@rove.me

악을 들으며 벌이는 향연, 풀밭 위에서의 식사 등 다채로운 프로그램이 축제를 풍요롭게 한다. 또 전시회를 통해 서적, 그림, 기록보관소 자료, 요리 레시피 등 멜론과 관련된 모든 것이 이틀 동안 전시된다.

카발레르쉬르메르 Cavalaire-sur-Mer [Provence-Alpes-Côte-d'Azur]

트라고 페스티벌 Festival des Tragos _7월 1일~8월 31일(제48회, 2025)

@www.tragos.fr

야외의 별빛 아래서 즐기는 유머러스한 연극제로 아마추어, 프로 극단들이 일반 대중을 상대로 한 작품들을 무대에 올린다. 정통 고전, 상업용 오락극인 불르바르 연극, 새로운 창작극까지 여러 취향에 맞는 작품을 편성한다. 프랑스에서 가장 오래된 연극제 중 하나로, 1968년에 생겨난 아마추어 극단인 '콩파니 드 트라고 Compagnie de Tragos'의 주도로 매년 열리면서 점차 전문성을 갖추기 시작했다. 최근 '주목할 만한 장소 Site remarquable'로 선정된 파르디공 야외극장 Théâtre de verdure de Pardigon 에서 개최된다. 2011년에는 영화배우 리샤르 보랭제 Richard Bohringer 가 축제를 찾았다.

카부르 Cabourg [Normandie]

카부르 낭만영화제 Festival du film romantique de Cabourg _6월 11~15일(제39회, 2025)

로맨틱 영화를 다루는 영화제로 '낭만의 날들 Journées romantiques'이라고도 불린다. 매년 6월 노르망디의 해수욕장에서 진행된다. 1983년에 공자그 생 브리 Gonzague Saint Bris 가 독창적이면서도 서정적인 분위기의 영화제를 만들어내면서 시작되었다. 대상을 차지한 영화에게는 소설가 마르셀 프루스트 Marcel Proust 의 작품 제목에서 착안한 '황금백조상 Swann d'or'을 수여한다. 트로피는 서로 뒤얽혀 부리를 맞대고 있는 두 마

리의 백조 형상을 표현하고 있다. 영화제는 낭만 세계를 다룬 다양한 세션을 마련하고 있다. '첫 만남 Premiers Rendez-Vous' 세션은 스크린에 처음 등장하는 신인 배우들을 집중 조명하며, '파노라마 Panorama'는 그 해의 낭만적인 영화들을 시사회 형태로 보여준다. 음악을 다룬 영화들, 관능미를 추구하는 세션도 있다. '메리디앙 드 라무르 Le Méridien de l'Amour' 세션을 통해서는 어느 곳에서든, 어떤 언어로든 존재하는 사랑의 보편성을 상징하는 작품들을 레드 카펫이 놓인 마르셀 프루스트 산책로 Promenade Marcel Proust에서 즐길 수 있다. 바닥에 박힌 104개 못과 5개 기둥으로 구성된 작품은 5개 대륙을 상징하며, 사랑을 표현하는 말이 전세계 104개 공식 언어로 쓰여 있다.

카셀 Cassel [Hauts-de-France]

겨울 카니발 Carnaval d'hiver _마르디 그라(매년)

2013년에 프랑스 무형문화유산 목록에 등재된 카셀 카니발은 두 개의 카니발로 구성되어 있는데, 첫 번째는 '겨울 카니발'로 사순절에 들어가기 전날인 참회의 화요일인 마르디 그라 Mardi gras 주말에, 그리고 '여름 카니발'은 부활절 월요일에 열린다. 두 카니발 중에서 겨울 카니발은 지역적 성격이 강해 거의 카셀 출신 사람들만 볼 수 있는 반면, 여름 카니발은 플랑드르 Flandre 와 됭케르크에서 매우 인기가 있기에 훨씬

@www.carnavaldecassel.fr

많은 사람이 모인다. 1960년대에 마르디 그라 날짜는 전주 일요일로 바뀌었는데, 그로 인해 더 많은 사람이 축제에 참가할 수 있게 되었다.

카셀의 카니발은 두 가지 축을 중심으로 진행된다. 아침에는 북소리로 깨어나고, 그다음 오후에는 아를르캥Arlequins, 뢰즈 파파Reuze Papa 와 뢰즈 마망Reuze Maman 거인들이 모습을 드러내며, 저녁에는 랑트레 트리옹팔Rentrée triomphale 행사가 열린다. 됭케르크Dunkerque 나 바이욀Bailleul 의 카니발과는 달리 공동체 특유의 민속 전통과 가족적인 분위기가 두드러진다.

여름 카니발 Carnaval d'été _부활절 월요일(매년)

@www.carnavaldecassel.fr

1901년 악천후가 마르디 그라 축제를 방해하자 다음 해부터 두 번의 카니발을 열기로 하면서 여름의 카니발이 생겨났다. 겨울 카니발과는 달리 부활절 월요일 하루만 열린다. 이 지역에서 가장 인기 있고 매력적인 축제로 간주된다. 축제를 위해 초대된 외부 그룹들이 시가행진을 벌이다가 17시가 되면 뢰즈 파파와 뢰즈 마마가 선을 보인다. 전설에 따르면 협곡을 메우기 위해 흙덩이를 옮기던 카셀의 거인들인 뢰즈 파파와 뢰즈 마마가 서로 다투

다가 흙을 떨어뜨린 곳에서 '카셀 산Mont Cassel'이 생겨났다고 한다. 22시에는 폭죽과 햇불 속에서 거인들이 다시 등장한다. '카셀의 거인들'은 2000년에 역사유적에 지정되었다.

카스텔노다리 Castelnaudary [Occitanie]

카술레 페스티벌 Fête du cassoulet _8월 21~24일(제24회, 2025)

카술레cassoulet 는 프랑스 랑그독Langeudoc 지방의 전통 요리로 이 지역의 전통 식기인 카솔cassole 에 조리한 콩 스튜를 말한다. 카술레의 수도인 카스텔노다리 마을이 랑그독 지방의 음악과 식도락을 소개하고 카술레 시식, 거리극, 미디 운하Canal du Midi 에서의 수상 이벤트, 반다bandas 를 곁들여 카술레를 홍보하는 행사. 7만 명 이상이 찾는 축제다. 콘서트는 레퓌블리크 광장Place de la République 과 베르됭 광장Place de Verdun 에서 열린다.

@CASTELNAUDARY

카스트르 Castres [Occitanie]

레 젝스트라바당스 Les Extravadanses _7월 5~12일(제18회, 2019)

무용과 관련된 공연, 강좌와 전시회를 여는 행사. 20여 개의 공연이 열리며, 모든 공연이 무료다. 힙합 댄스, 네오클래식, 살사, 옥시타니 무용, 모던 재즈, 모빌 댄싱, 폴 댄스, 플라멩코, 하늘에서 펼치는 고

@guide-festivals.eu

전 발레 등 온갖 형태의 무용을 즐길 수 있다. 2019년에는 팡플뤼르 브라스 밴드Les Fanflures Brass Band의 힙합 댄스, 툴루즈 카피톨 발레단Ballet du Capitole de Toulouse의 칸타타 〈내 피부에 보내는 백만 번의 키스A million kisses to my skin〉, 헤르모사 살사 공연단Salsa Hermosa의 살사, 라 피스트 아 당수아르 무용단Compagnie La Piste à dansoire의 모빌 댄싱, 댄스 스튜디오Dance studio의 폴 댄스 공연 등이 열렸다.

아 포르테 드 뤼À portée de rue _7월 15~18일(제19회, 2024)

베토벤에서부터 리스트, 뵈메Böhme를 거쳐 드뷔시에 이르기까지 고전음악의 대가들에게 경의를 표하며, 모두가 클래식 음악에 더욱 가깝게 다가가도록 하는 행사다. 공연 장소는 카스트르의 노트르담 드 라 플라테 성당Église Notre-Dame de la Platé 광장과 카스트르 시청사Hôtel de Ville de Castres. 8개의 야외 콘서트가 열리며 모든 공연이 무료다. 2024년에는 생상스Saint-Saëns, 바르톡Bartok, 브리튼Britten, 모차르트, 베버, 이베리아 반도 및 라틴아메리카 음악, 스페인 음악 등이 프로그램을 구성했다.

세상의 색 축제Festival Couleurs du Monde _8월 1~12일(2024)

세계 전통악기와 민속음악의 발견, 축제를 위해 여러 나라에서 초청된 민속무용단이 선을 보인다. 매일 저녁 2천 명 이상이 5월 1일 광장Place du 1ᵉʳ-Mai에서 열리는 무료 야외 공연을 관람한다. 하이라이트 공연은 1만 명에 육박하는 관광객을 불러모으고 있다. 2024년에는 브라질, 볼리비아, 네팔,

멕시코, 카자흐스탄, 보스니아 헤르체고비나, 탄자니아, 누벨칼레도니Nouvelle-Calédonie, 뉴칼레도니아, 왈리스 푸투나Wallis et Futuna 를 초청했다.

카스트르 크리스마스 마켓 Marché de Noël à Castres _12월 6〜31일(2024)

5,000m²의 면적 위에서 열리는 크리스마스 마켓은 옥시타니 레지옹과 미디피레네Midi-Pyrénées 데파르트망에서 열리는 가장 아름다운 행사 중 하나로 꼽힌다. 매년 8만 명 이상의 관광객이 찾아와 마법의 숲, 수공예품으로 가득 찬 마을을 즐기고 있다. 40여 채의 샬레Chalet, 오두막 부스가 세워지는 주 무대는 장-조레스 광장Place Jean-Jaurès과 피에르-파브르 광장Place Pierre-Fabre. 뱅쇼, 구운 밤과 알리고[aligot, 감자 퓌레purée 와 치즈를 주성분으로 해서 만든 음식]를 크리스마스 분위기 속에서 맛볼 수 있다.

카시스 Cassis [Provence-Alpes-Côte d'Azur]

카시스 스타 포도 수확 Les Vendanges Étoilées de Cassis _9월 26~28일(제13회, 2025)

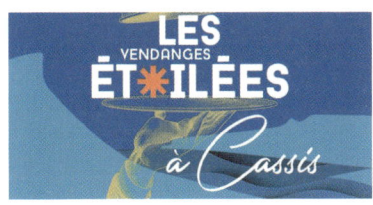

AOC 카시스 와인과 지역의 식도락을 홍보하는 축제. 목가적인 분위기의 마을 카시스에서 미슐랭 스타 셰프와 MOF Meilleurs Ouvriers de France, 프랑스 전문가 컨테스트 수상 요리사들을 초대해 요리와 페이스트리 시연과 강좌, 시식 행사를 개최한다. 주요 장소는 바라뇽 광장 Place Baragnon, 샤를드골 광장 Esplanade Charles De Gaulle, 클레망소 광장 Place Clémenceau 등이다. 공예품 및 먹거리 시장도 열린다. 송로버섯, 캐비어, 푸아그라, 치즈, 마카롱, 푸타르그 poutargue, 남프랑스에서 만나볼 수 있는 어란젓의 일종 등을 구입할 수 있다.

카자르 Cajarc [Occitanie]

아프리카자르 Africajarc _7월 17~20일(제26회, 2025)

아프리카 Afrique 와 카자르 Cajarc 단어가 합성된 '아프리카자르 Africajarc'는 아프리카 문화에 할애된 축제로 1999년부터 매년 7월 세 번째 주에 열리고 있다. 2022년에 이 행사는 프랑스에서 아프리카 문화를 다루는 가장 중요한 행사 중 하나로 인정받았다. 아프리카 대륙 및 아프리카 이주공동체의 대변인을 자처하면서 관용의 정신을 전파하고, 개방 정신과 아프리카에 대한 이해를 강조한다. '아프리카 문화로의 초대 invitation aux cultures d'Afrique'를 슬로건으로 내세우면서 음악, 문학, 동화, 조형예술, 영화 등 여러 분야의 아프리카 문화를 소개한다. 미디피레네Midi-Pyrénées 데파르트망의 로트 계곡Vallée du Lot 마을인 카자르에서 열린다. 카오르Cahors 와 피작Figeac 사이에 자리하고 있다. 매년 2만 명 정도가 축제를 찾는데, 가족 단위의 방문객이 많다. 2023년에는 중앙아프리카의 차드Tchad 를 집중 소개했다. 자원봉사자 수는 2백 명 이상에 달한다. 안전과 기술 관련 비용이 급증하면서 몇 년 동안 재정적인 어려움을 겪었지만 파트너십과 메세나 형태로 해결하고 있다.

칸 Cannes [Provence-Alpes-Côte d'Azur]

칸세리 Canneseries _4월 24~29일(제8회, 2025)

2018년에 처음 만들어진 행사로 세계 각국에서 제작된 시리즈물을 대상으로 시상하는 행사다. 대상은 '최우수시리즈상Prix de la meilleure série'. 6일간 열리며, 프랑스에서 상영되지 않은 프랑스 및 해외 시리즈 작품 중에서 공식 선정한다. 신인 작가들을 발굴하고, 기성작가들을 기리며, 많은 만남의 장을 마련하면서 관객들과의 교감을 두

텁게 하는 것이 목적이다.

칸 시장이 된 다비드 리스나르David Lisnard가 2014년 선거에 출마하면서 내세운 공약 중 하나가 TV 시리즈물을 대상으로 하는 대규모 국제행사를 마련하겠다는 것이었고, 그에 따라 극도로 독창적이고도 새로운 시리즈 장르를 부각하려는 축제가 강구된다. 2017년 1월에 축제 개최가 확정되며, Canal Plus TV의 지원을 받아 행사 이름이 'Canneseries'로 정해졌다. 제1회 행사는 2018년 4월에 MIPTV Marché International des Programmes de Télévision, TV 프로그램 국제견본시장와 동시에 열렸다.

칸 국제영화제 Festival international du Film de Cannes _5월 13~24일(제78회, 2025)

@Cannes La Croisette

이탈리아의 베니스 국제영화제, 독일의 베를린 국제영화제와 더불어 '세계 3대 영화제'로 불린다. 매년 5월 쪽빛 지중해가 눈부신 프랑스 남부 휴양도시 칸에서 열린다. 무솔리니 치하에서 정치적 목적으로 창설된 베니스 국제영화제에 대항할 목적으로 생겨난 영화제이기도 하다. 초대 개막 예정일도 베니스 국제영화제와 같은 날인 9월 1일로 정했다. 칸 영화제는 정치에 영향을 받지 않는 예술을 모토로 내세우면서 예술성이 뛰어난 영화를 품에 안기 시작했다. 영화제의 성장에는 프랑스 정부의 전폭적인 지원이 크게 기여했다. 1946년에 창설된 프랑스 문화부 산하의 국립영화센터CNC, Centre National de la Cinématographie가 칸 영화제를 주관하는데, CNC는 국내의 문화체육관광부 산하 영화진흥위원회와 유사한 기관으로 재정자율권을 지니며 프랑스 영화산업을 총괄하는 기구다. CNC에 따르면 2016년 칸 영화제 예산은 약 2000만 유로약 263억5000만원이었는데, 이 중 CNC가 절반인 1000만 유로약 131억7000만

원를 제공했고, 나머지 절반은 기부와 스폰서 등에 의존했다.

기원

1938년 프랑스의 예술부 관리 필립 에를랑제(Philippe Erlanger)는 제6회 베니스 영화제를 관람하고 돌아와 당시 예술부장관이었던 장 제이(Jean Zay)에게 국제영화제를 조직하자는 내용의 보고서를 제출한다. 프랑스 정부의 주도로 최초의 칸 영화제가 1939년에 막을 올리려 했지만, 개막 당일에 독일이 폴란드를 침공하는 바람에 무기한 연기된다. 이후 칸 영화제는 종전 후인 1946년에 제1회가 정식으로 개최되었다.

시상

칸 국제영화제는 크게 공식 부문과 비공식 부문으로 나뉜다. 공식 부문에는 경쟁/비경쟁/주목할 만한 시선 등이 있다. 경쟁 부문에 오른 20편 내외의 후보작 중에서 선정된 최우수 작품에는 '황금종려상'이 수여된다. 비공식 부문에는 크게 비평가주간과 감독주간이 포함된다. 비평가주간은 프랑스비평가협회가, 감독주간은 프랑스감독협회가 선정한다.

칸 영화제에서는 영화 사업자들을 위한 '필름 마켓(Marché du Film)'도 동시에 열린다. 1959년부터 운영된 칸의 필름 마켓은 세계 최대 규모로 1만2천 명 이상의 전문가가 참여하고 1,400편 이상의 영화가 거래된다.

한국 영화 수상작

한국 영화가 칸 영화제에서 처음 수상한 해는 2002년으로 임권택 감독의 〈취화선(Ivre de femmes et de peinture)〉이 최우수감독상을 받았다. 그의 99번째 영화였으며, 수상 후 4편의 영화를 더 제작했다. 2004년에는 박찬욱 감독의 〈올드보이(Old Boy)〉가 그랑프리를 수상하면서 한국 영화를 국제적으로 알리는 데 기여한다. 다음으로는 전도연이 송강호와 호흡을 맞췄던 영화 〈밀양(Secret Sunshine)〉으로 2007년에 최우수여우주연상을 수상한다. 2009년에는 칸영화제에서 이미 대상을 받았던 박찬욱 감독이 〈박쥐(Thirst, ceci est mon sang)〉로 심사위원상을 받았다. 2010년에는 이창동 감독의 〈시(Poetry)〉가 시나리오상을, 2016년에는 박찬욱 감독의 〈아가씨(Mademoiselle)〉가 최우수예술감독상을 받았다.

가장 최근 수상작은 2019년 〈기생충〉으로 최우수작품상인 황금종려상을 수상했다.

칸 국제불꽃놀이축제 Festival international d'art pyrotechnique à Cannes
_7월 4,14,22일, 8월 5,15,24일(2025)

@RécréaNice

아름다운 칸 해변을 무대로 삼는 불꽃놀이 콩쿠르. 매년 새로운 배경 음악을 선정하고 해안과 선상에서 불꽃을 쏘아 올린다. 2024년 7월의 참가국은 스페인, 벨기에, 이탈리아이며 8월에는 영국, 캐나다, 중국이 참가했다.

칼레 Calais [Hauts-de-France]

르 뱅 데칼레 Le Bain Décalais _1월 1일(매년)

역동적인 한 해를 시작하기 위해 1월 1일에 칼레 바다에 뛰어드는 이색적인 이벤트. 수영복을 입거나 분장을 하고 모인 참가자들은 11시 02분에 칼레 해변에서 무료로 참가 등록을 한 후 음악으로 몸을 풀고 12시 02분에 입수한다. 참가자들에게는 증서가 수여되며, 랄렉상드라 L'Alexandra 레스토랑이 양파 수프를 제공한다. 약 4백 명이 물에 뛰어든다.

칼렌자나 Calenzana [Corse]

칼렌자나 축제 Rencontres de Calenzana _8월 17~24일(제25회, 2025)

축제는 코르시카 섬의 칼렌자나와 인근의 아름다운 마을들에서 열린다. 공연 수준이 매우 높고 무대의 열기가 압도적이다. 고전음악과 현대음악, 바로크 음악과 낭만주의 음악 그리고 코르시카 전통음악인 폴리포니 Polyphony 를 훌륭하게 조화시킨다. 교육을 위한 콘퍼런스와 마스터클래스도 준비된다. 2020년에는 행사 20주년을 맞아 첫 겨울 시즌 행사로 2월 13일부터 18일까지 '앵베르날 Invernale'을 개최했는데 월드뮤직을 중심으로 하는 6개의 강좌

@https://rencontresdecalenzana.fr/

를 포함해 성악과 전통음악 아카데미, 4차례의 야간 콘서트가 진행되었다. 이 별도의 겨울 행사는 2025년 2월 14일부터 20일까지 열렸다.

칼비 Calvi [Corse]

칼비 온 더 록스 Calvi on the Rocks _7월 4~7일(제20회, 2024)

코르시카의 여름을 장식하는 음악 행사로, 일렉트로 음악 분야에서 국제적으로 이름난 음악인들을 내세우면서 젊고도 감각적인 분위기를 유지하고 있다. 때로는 하우스뮤직, 테크노, 얼터너티브 음악 분

야의 정상급 아티스트들도 이곳을 찾는다. 해변과 야외극장 Théâtre de Verdure 사이, 성채와 항구 사이에서 낮에는 태양과 바다를, 밤에는 축제를 즐기는 6일간의 매혹적인 여정이다. 잊을 수 없는 추억을 만들어 줄 라이브 공연은 저녁 20시에 시작하여 다음 날 새벽 02시까지 이어지는데 성채 자락의 야외극장에서 열린다.

칼비 다성음악과의 만남 Rencontres de chants polyphoniques de Calvi
_9월 16~20일(제37회, 2025)

오트코르스 Haute-Corse 데파르트망의 칼비에서 열리는 국제행사에서는 축제의 주최 그룹이자 코르시카 음악의 전설인 그룹 '아 필레타 A Filletta' 외에도 코르시카의 합창단과 솔리스트를 비롯한 프랑스 국내외의 폴리포니 그룹들이 공연한다. 문화적인 동시에 대중적인 축제는 매년 큰 성공을 거두고 있다. 몽골, 이누이트, 티베트, 아프리카, 쿠바, 사르데냐에 이르기까지 전 세계에서 찾아온 폴리포니 단체들은 행사를 통해 '다양성 속에서의 정체성'에 대한 의미와 가치를 표현한다.

캉 Caen [Normandie]

캉 국제 장터 Foire internationale de Caen _9월 19~28일(제79회, 2025)
현실을 잠시 잊고 먼 곳으로 떠나기를 꿈꾸는 사람들을 위한 이벤트가 캉 종합전시장 Parc des Expositions de Caen 에서 열흘간 열린다. 프로그램을 채우는 쇼핑, 공연, 음악과 춤, 다양한 이벤트는 해가 흐르며 더욱 풍성해지고 있다. '캉 노르딕 Caen Nordic'

전시회를 통해서는 덴마크, 에스토니아, 핀란드, 아이슬란드, 리투아니아, 라트비아, 노르웨이, 스웨덴 8개 나라를 소개했다. 플레이모빌 Playmobil 전시회, 복권, 바이킹 빌리지 village Viking, '식도락의 해 Année de la Gastronomie' 행사, 노르망디 특산품 시장

@www.caen-evenements.com

과 맥주 선술집, '해양관 Pavillon de la Mer', '스포츠 빌리지 Village des Sports', 동물과의 만남, 가상현실 체험, 서구 중세 역사와 문화를 익힐 수 있는 브라지 아틀리에 Atelier de Bragi, 보석 만들기 체험 아틀리에 등 종합박람회에 걸맞는 다채로운 프로그램이 마련되어 있다. 2022년의 주제는 '바이킹', 2024년의 주제는 '캐나다'였다.

NDK 페스티벌 Festival NDK _10월 8~18일(제4회, 2024)

매년 캉 Caen 에서 프랑스 전자공학의 첨단기술을 보여주던 '노르딕 임팩트 Nördik Impakt'를 새 버전으로 만든 행사. 여러 공연장이나 바에서 열리는 저녁 무대들은 1주일간 도시 곳곳을 채우며, 종합전시장 Parc des expositions 에서 마무리된다.

❙ Nördik Impakt

1999년부터 시작된 축제는 매년 11월에 열렸다. 전자공학과 관련된 문화(음악, 비디오, 멀티미디어 퍼포먼스, 무용, 조형예술, 장식 등)를 부각시키는 데 주력한다. 프로그래머들은 국제적으로 이름난 아티스트들과 지역의 젊은 예술가들을 이어주는 무대를 마련한다.

❙ 축제의 진행

2008년 이전의 폐막 행사는 캉 종합전시장 공원에서 밤 9시부터 다음날 오전 8시까지 열렸다. 행사를 찾은 축제 참가자들은 여러 공연장으로 분산되었고, 각각의 공연장들은 서로 다른 분위기로 장식되었다. 대형 스크린이 설치된 벽면은 비디오 아티스트들의 영상예술을 보여주는 공간으로 활용되었다. 2008년의 폐막 행사는 캉의 공연장인 르 카르고(Le Cargö)에서 열렸으며 세 가지 느낌의 전자공학적 테마를 조화시켜 연출했다. 12,000석을 갖춘 거대한 캉 국제전시장과는 달리 1,500석 규모의 Le Cargö로 행사 장소가 변경되면서, 상업적 규모 변화로 인한 관중 수용력과 더불어 노르망디 지역 그 이상을 아우르면서도 독창성을 지켜나갈 수 있을지 자문해보는 계기가 되었다. 이후 다음해인 2009년 행사에서는 다시 종합전시장 공원을 사용하게 되었고, 인근의 제니트(Zénith) 공연장도 함께 빌렸다. 또 도심의 지하 주차장, 민영아파트(Nördik Appart)에서도 저녁 공연이 열리면서 축제는 흥행가도를 달리게 되었다. 2010년의 축제는 약 2만 명의 인파를 모으는 데 성공하였으며, 폐막 행사에만 8천 명 이상이 참가했다.

캉칼 Cancale [Bretagne]

캉칼 해양축제 Fête maritime de Cancale _ 9월 27~29일(2024)

ABC Association de la Bisquine Cancalaise, bisquine은 영불해협에서 사용하는 어선을 지칭하는 단어. 캉칼 어선협회는 2017년 6월에 창립 30주년을 기념했다. 라 울La Houle 항구는 전통 배들을 맞이하며 다양한 이벤트를 연다. 약 50여 척의 배들이 참가하는데 그중에는 라 폴린La Pauline, 안 두르쥐넬An Durzunel, 라 그랑비예즈La Granvillaise 어선, 돛을 단 쾌속선cotres auriques, 경주용 보트yoles 등이 들어있다. 배의 입항과 출항을 보여주는 그랜드 퍼레이드, 승선 체험, 선박 관련 콘퍼런스, 게임이나 코스프레, 전시회와 콘서트 등이 라 울 항구의 모래사장에서 펼쳐진다.

캥페르 Quimper [Bretagne]

코르누아이유 페스티벌 Festival de Cornouaille _7월 18~21일(제101회, 2024)

매년 여름 피니스테르Finistère 데파르트망 캥페르의 역사지구에서 열리는 이 이벤트는 브르타뉴 지방에서 열리는 가장 규모가 큰 축제 중 하나로, 브르타뉴 문화의 전통과 현대성에 경의를 표하는 행사다. 1923년에 시작된 축제는 브르타뉴 민중문화를 전파하고 월드뮤직에 문호를 개방한다. 축제의 형태는 콩카르노Concarneau, 캥페르, 퐁타벤Pont-Aven 의 여인들이 전통의상을 입고 자랑스럽게 거리를 행진하던 초창기 풍경에서 조금씩 변하며 발전해왔다. 브르타뉴 지방의 전통축제인 페스트

@Festival de Cornouaille

노즈Fest-noz, 뱃사람들의 노래, 전시회와 콘서트, 거리 공연, 브르타뉴 민속의상 전시 등으로 풍성하게 꾸려진다. 축제는 일요일 아침 전통의상을 입은 민속공연 그룹들이 거리를 행진하면서 마무리된다. 4천 명 이상의 아티스트가 150개가 넘는 공연을 열며, 15만 명 이상이 축제를 찾는다. 자원봉사자 숫자는 1천 명. 심플 마인즈Simple Minds, 존 바에즈Joan Baez, 세자리아 에보라Césaria Évora 같은 세계 굴지의 가수들이 이 축제를 찾을 정도로 오늘날 축제의 명성은 브르타뉴 지방에만 국한되지 않으며 지역적 한계를 훨씬 넘어서고 있다.

캥페를레 Quimperlé [Bretagne]

레 리아 페스티벌 Festival Les Rias _8월 27~31일(제15회, 2024)

남브르타뉴 Bretagne Sud 소재 캥페를레 지역과 르 푸르노 국립거리극예술센터 Centre National des Arts de la Rue Le Fourneau 가 마련하는 거리극 축제. 2024년에는 아르자노 Arzano, 바이 Baye, 클로아르카르노에 Clohars-Carnoët, 모엘랑쉬르메르 Moëlan-sur-Mer, 케리엥 Querrien, 캥페를레 Quimperlé, 스카에르 Scaër, 트레메벤 Tréméven 의 8개 지방자치단체에서 무용과 서커스, 연극과 음악회, 코미디와 뮤지컬 쇼 등 25개의 공연을 개최했다.

케투 Quettehou [Normandie]

여행 축제 Festival du voyage _11월 16~17일(제11회, 2024)

망슈 Manche 데파르트망 주민들과 여행을 좋아하는 사람들이 꼭 찾아야 할 축제. 누구나 여행과 모험에 관련된 최신자료를 얻고 여정을 구상할 수 있도록 기획되었다. 축제는 예술, 영화, 음악, 문학, 식도락과 관련된 여행, 생태 및 환경과 관련된 문제까지 폭넓게 관심을 가진다. 여행 부스 설치, 사진전, 영화 상영, 미니 콘서트 등이 프로그램을 구성한다. 2024년에 집중적으로 소개된 국가는 네팔이다.

코냑 Cognac [Nouvelle-Aquitaine]

블루스 파시옹 페스티벌 Festival Blues Passions _7월 2~5일(제31회, 2025)

@bluespassions.com

아프로아메리칸 음악에 할애된 음악제. 1994년부터 샤랑트Charente 지방 코냑에서 매년 7월 초에 개최된다. 코냑 공원Jardin Public de Cognac, 프랑수아 1세 광장Place François 1er 및 시내 거리에서 여러 콘서트를 유/무료로 관람할 수 있다. 저녁 콘서트들은 정원 내의 테아트르 드 라 나튀르Théâtre de la Nature에서 열린다. 2024년에 테아트르 드 라 나튀르에서 공연을 가진 아티스트들은 Chrissy Hynde, Gloria Gaynor, Deep Purple, Yodelice, Delgres, Fatoumata Diawara 등이었다.

코냑 축제 Fête du Cognac _7월 24~26일(제19회, 2025)

샤랑트Charente 지방 코냑의 프랑수아 1세 광장Place François 1er 과 부근에서 열리는 코냑 페스티벌은 고장의 특산품을 지키고 싶었던 지역 청년 농부들의 아이디어에서부터 출발했다. 코냑Cognac, 샤랑트 피노Pineau 같은 브랜디, 샤랑트 지방의 와인과 지

@Destination Cognac

역에서 생산되는 미식 제품들을 중심으로 한 대규모 행사를 도모하였고, 성공을 거둔 행사가 계속 이어지고 있다. 축제장 한가운데는 거대한 코냑 바가 설치된다. 피노 멜론melons au pineau, 돼지고기, 마렌올레롱 굴huitres Marennes-Oléron, 양식 홍합, 달팽이, 치즈, 디저트, 샤랑트 지방 와인으로 식사를 즐길 수 있다. 매일 저녁 무료 콘서트 행사가 열린다.

코냑 유럽문학제 Littératures européennes Cognac _11월 12~17일(제37회, 2024)

@Littératures Européennes Cognac

코냑 출신으로 프랑스의 경제학자이자 외교관으로 활약한 장 모네Jean Monnet 1888-1979 탄생 100주년인 1988년에 만들어진 현대유럽문학 행사. 유럽문학을 홍보하고 작가와 독자의 만남과 대화의 장을 마련하는 것이 목적이다. 2018년에 30주년을 맞이했다. LEC Littératures Européennes Cognac 협회를 통해 연중 내내 다양한 문화 활동과 독서 장려 운동이 벌어지는데 특히 매년 11월

세 번째 주말, 목요일부터 일요일까지 열리는 LEC 페스티벌에서는 전시회, 낭독회와 토론회, 영화 상영, 일러스트레이션 강좌 등이 개최된다. 2019년에는 네덜란드와 플랑드르 문학, 2022년에는 포르투갈 문학, 2024년에는 아일랜드 문학을 집중적으로 다뤘다. 2025년의 향유 대상은 스위스 문학.

코르드쉬르시엘 Cordes-sur-Ciel [Occitanie]

코르드쉬르시엘 페스티벌 Festival Cordes sur Ciel _7월 19~25일(제53회, 2024)

@www.festivalcordessurciel.com/

유럽 문화유산을 간직한 명소인 타른Tarn 데파르트망 코르드쉬르시엘에서 국제적인 명성의 아티스트들이 초청되어 실내악 콘서트를 연다. 1971년부터 시작되었으며, 처음에는 'Musique sur Ciel'로 불렸으나 나중에 'Festival Cordes sur Ciel'로 개명되었다. 연주 프로그램은 중세부터 현재까지 전 시대를 망라하며, 다채로움과 풍요로움으로 호평받고 있다. 전시회, 현악기 강좌, 마스터클래스가 프로그램을 보완하고 있으며, 매년 한 명의 작곡가를 선정해 초대한다. 2024년은 북유럽 음악을 주제로 하며 리투아니아 작곡가 Justina Repečkaitė가 초청되었다.

콜로브리에르 Collobrières [Provence-Alpes-Côte d'Azur]

분수 축제 Fête des fontaines _8월 18일(2024)

@Office de Tourisme duLavandou

1891년 이 마을에 물이 들어오기 시작한 것을 축하하기 위한 행사다. 미사와 순례 행진을 거행한 후 리베라시옹 광장 Place de la Libération 에서 콜로브리에르 마을의 해방을 경축한다. 토요일 저녁에는 횃불 행진을 벌이고 일요일에는 시청사 광장에서 대형 아이올리 Aïoli, 마늘과 올리브유를 이용해 만든 요리를 함께 나눈다.

밤 축제 Fêtes de la Châtaigne _10월 13, 20, 27일(제41회, 2024)

@FDM Provence

남프랑스 콜로브리에르 마을에서 열리는 밤 수확 축제로, 지역 상품 시장, 지역 먹거리 시장, 음악 이벤트, 수공예 시장 등 다양한 행사가 열린다. 10월 중 마지막 3번의 일요일마다 열리며 생산업자, 장인, 아티스트들이 한자리에 모여 자신들의 노하우를 선보인다. 모르 산지 Massif des Maures 의 농촌 마을인 콜로브리에르의 경제활동을 지원하는 것을 목표로 삼는다. 2023년에는 매 회차를 '요리의 날 journée culinaire', '국제적인 날 Journée internationale', '장인들의 날 Journée des artisans'로 정해 각 주제에 맞는 행사를 준비했다. 행사는 10시부터 18시까지 열렸다.

콜롱브 Colombes [Ile-de-France]

버찌 축제 Fête de la Cerise _6월 3~4일(제27회, 2023)

옛날 전통을 이어가고 있는 생산자들과 제과업자들의 축제다. 콜롱브 평원 Plaine de Colombes 은 포도밭 외에도 버찌나무가 울창하게 우거졌던 지역이었기 때문에 이곳에서 버찌를 테마로 한 축제가 이어진다. 음악 행사, 미니 농장, 미니 펀페어, 장인들의 전시회 등이 열린다. 주 행사장은 시청 앞과 레퓌블리크 광장 Place de la République 이다.

@Ville de Colombes

콜리우르 Collioure [Occitanie]

생장 축제 Fête de la Saint-Jean _6월 23일(2024)

콜리우르 및 카탈루냐 지방 전체에서 열리는 유명한 축제가 '생장 축제'. 카탈루냐 지방에서는 'Focs de la Sant Joan'으로 부른다. 매년 6월 23일에 열리는데, 생장 축제의 기원은 태양 숭배와 관련을 맺고 있다. 이교도들은 태양에 대한 의식을 하짓날에 치렀는데, 가톨릭교회가 이 의식을 세례자 요한 축제 fête de Jean-le-Baptiste 로 변모시키면서 기독교화시켰다. 축제에는 늘

@Collioure Côte Vermeille

대규모 환희의 불 행사가 따른다. 파리에서는 전통적으로 그레브 광장 Place de Grève, 현재의 시청 광장에서 생장 장작더미에 프랑스 국왕이 점화했다. 스칸디나비아 국가들, 벨기에, 스페인, 캐나다 등지에서도 오늘날 이 축제가 열리고 있다.

매년 6월 22일 카탈루냐 지방의 마을들은 카니구 봉우리 Pic du Canigou 의 십자가에 작은 포도덩굴 묶음을 올리고, 페르피냥 Perpignan 청년단 소속의 세 사람이 피레네 조리앙탈 Pyrénées-Orientales 데파르트망 수도 페르피냥의 상징적인 유적인 카스티예 le Castillet 에서부터 '카니구의 불꽃 flamme du Canigou '을 운반한다. 불꽃은 카탈루냐 지역의 각 마을로 배달되며, 6월 23일 22시에 모든 마을은 이 불꽃으로 장작더미에 불을 붙인다.

축제는 카니구의 불꽃이 콜리우르 마을에 도착하는 15시 15분경부터 시작되며, 보라마르 해변 Plage du Boramar 에서 장작더미 불이 꺼지는 자정을 전후해 끝이 난다. 저녁 동안에는 아페리티프, 수호 화초 부케인 '라말레 Ramallets ' 판매, 노래와 카탈루냐 무용 행사가 이어진다.

생뱅상 축제 Fêtes de Saint-Vincent _8월 14~18일(2024)

©Alain Vilacèque

카탈루냐 배들의 해상 순례 행진, 콘서트, 반다 bandas , 무도회, 사르단 sardanes, 카탈루냐 지방의 무용, 해상 창 시합, 거리극 등이 5일 동안 '화가들의 도시 Cité des peintres ' 콜리우르의 거리를 채운다. 콜리우르 만 Baie de Collioure 에서 8월 16일 저녁에 쏘아 올리는 불꽃놀이도 장관이다.

콜리우르 마을의 전설에 따르면, 도시의 수호성인인 뱅상 Vincent 은 마을의 어부였다고 한다. 루이 13세 Louis XIII 군대가 스페인인들과 맞섰던 1642년 전쟁 때 성유물을 잃어버리자 콜리우르 사람들은 자신들의 성인을 위한 새로운 기념물을 요구하게 된다. 그들의 소원은 1700년 4월 19일에 성사되었다. 콜리우르 대학위원회가 8월 16일 새 성물 聖物을 공식적으로 수령한다고 선포한 것이다. 8월 16일 아침에 성물은 생뱅상 섬 Îlot Saint-Vincent 의 예배당까지 운반되었고, 밤이 되자 바다 위에서 불을 밝히고 음악과 춤을 곁들인 성물 호위 순례 행진이 열렸다. 그것이 최초의 생뱅상 축제 풍경이었다. 혹자는 1701년 8월 16일을 기원으로 잡기도 한다. 이미 3백 년 이상 동안 존재해오면서 축제는 콜리우르의 중요한 행사가 되었다. 매년 8월 14일부터 18일까지 5일간 열린다.

정교분리가 시행되기 이전인 1904년까지 바다 위에서의 순례 행진 전통이 열리다가 그 후 해상 창시합, 배 장식 콩쿠르, 워터폴로, 수영, 배 경주, 다이빙, 심지어 오리들의 경주 같은 온갖 종류의 수상 경기 등으로 대치되었다. 2012년까지 생뱅상 축제 동안에 콜리우르 아레나에서 투우 경기가 열렸기에 축제 이름은 '페리아 Feria'로 변하기도 했다. 하지만 수 세기 동안 자신의 정체성을 잃지 않은 축제가 부활하면서 콜리우르의 전통을 이어가고 있다.

콜마르 Colmar [Grand-Est]

콜마르의 봄 축제 Colmar fête le printemps _4월 4~27일(2025)

오랭 Haut-Rhin 데파르트망에 소재한 콜마르가 활기차게 봄을 맞이하는 축제. 강변에 있는 랑시엔두안 광장 Place de l'Ancienne-Douane 과 교회 근처의 도미니캥 광장 Place des Dominicains 등 시내의 중심 두 곳에서 부활절 시장이 열린다. 나무로 만든 오두막 모양의 샬레에서 수공예 제품과 알자스

지방 음식을 판매하며, 옛 세관 건물인 코이퓌스Koïfhus에서 전시와 판매를 진행한다. 장식품, 식물, 미용제품, 의류, 보석, 장난감, 알자스 맥주, 초콜릿, 누가, 알자스 화이트와인, 마카롱, 잼 등 지역의 거의 모든 물건을 만날 수 있다. 시장과 전시/판매 장소 사이를 오가는 여정은 콜마르 시의 건축문화유산을 재발견하는 기회가 되기도 한다. 거리에서는 달걀 찾기, 가이드 투어, 거리 공연, 야외 콘서트 등 다양하고도 흥미로운 행사가 열린다. 3주 동안 도시가 부활절과 봄의 색상으로 장식되기에 혼자, 커플 또는 가족과 함께 방문할 만한 아름다운 행사다.

국제클래식음악제 Festival international de musique classique _7월 5~14일(제34회, 2024)

@fr.wikipedia.org

프랑스에서 열리는 가장 큰 규모의 클래식 음악제 중 하나로, 『뉴욕 타임스The New York Times』가 세계 클래식 음악 축제 Top 10에 포함했던 행사다. 30여 년 전부터 클래식 음악의 다양성을 존중하는 전통을 이어오고 있는 멋진 축제로, 이 축제를 표현하는 단어들로 '예술적 격조'와 '독창성'을 든다. 피아니스트와 바이올리니스트들이 콜마르의 역사적인 공간들인 코이퓌스Koïfhus 15세기 후반에 건축된 옛 세관 건물, 생피에르 예배당Chapelle Saint-Pierre, 생마티외 성당Église Saint-Matthieu 같은 공간들에서 연주하는데,

약 20여 개의 콘서트가 마련되고 있다. 매년 하나의 악기, 하나의 국가, 하나의 문화에 주제를 할애하면서 모든 레퍼토리에 문호를 개방하고 있다. 아울러 한 명의 위대한 음악인에게 오마주를 표시하는데, 2019년에는 이탈리아 지휘자 클라우디오 아바도Claudio Abaddo가 선정된 바 있다. 2018년에 축제는 30주년을 맞이했다. 러시아와 우크라이나 사이의 전쟁 격화 이슈로 조직위원회는 2022년의 축제 개최를 거부하기도 했다. 블라디미르 스피바코프Vladimir Spivakov는 1989년부터 32년간 이 축제의 예술감독을 맡았으며 2022년부터 새로운 시즌을 맞이했다. 제32회를 맞이한 2022년의 오마주 대상은 이스라엘 바이올리니스트 이브리 지틀리스Ivry Gitlis 1922-2020였다.

콜마르 와인 장터 Foire aux Vins de Colmar/Foire aux vins d'Alsace
_7월 25일~8월 3일(제76회, 2025)

알자스 와인을 빛내는 행사. 약어로 FAV라고 부르는 Foire aux Vins de Colmar 행사는 여름에 알자스를 찾는다면 꼭 들러야 하는 이벤트다. 알자스 와인 제조자뿐 아니라 콘서트 애호가들을 위한 축제의 장이다. 10일 동안 같은 장소에서 음악 축제와 와인 장터를 동시에 연다. 또 민속 행사, 공연과 이벤트 등 다양한 풍경을 즐길 수 있다. 행사가 열리는 장소는 콜마르 종합전시장Parc Expo de Colmar. 장터의 규모 차원에서는 파리, 마르세유 다음으로 세 번째로 크다.

@foire-colmar.com

▌역사

제2차 세계대전이 끝난 직후의 알자스 경제는 상황이 심각했다. 지역이 보유하고 있는 유일

한 부(富)는 포도밭이 전부였다. 콜마르 상공회의소, 콜마르 시, 와인 생산업자들의 주도로 1948년에 처음 만들어진 것이 알자스 와인 지역장터(Foire Régionale des Vins d'Alsace)였다. 관광과 민속을 전면에 내세운 행사는 재빨리 모습을 바꾼다. 농업을 촉진하려던 창구 역할을 맡았던 시장은 지방색과 축제의 성격을 보존하면서도 일반적인 성격의 시장으로 탈바꿈했다. 1957년에 또다시 성격을 바꾸는데, 뮤직홀과 샹송 쪽의 거장들이 공연을 위해 축제장을 찾았기 때문이다. 그에 따라 콜마르 와인 시장은 여름의 가장 중요한 행사 중 하나로 자리를 잡게 된다. 1968년까지 도심에서 열리던 행사는 안전상의 문제로 도심에서 벗어나 도시 북쪽에 위치하고 거대한 야외극장을 갖춘 종합전시장으로 무대를 옮겼다. 하지만 1979년 행사 도중 일어난 화재로 인해 전시장 대부분이 불타버렸다. 다시 지은 새 종합전시장 덕분에 찾는 사람이 많아지고 새로운 콘서트 프로그램이 마련되면서 행사는 더욱 도약한다.

2000년에는 '조개(La Coquille)'라는 별명이 붙은 야외극장이 준공되었다. LA의 할리우드 볼(Hollywood Bowl)처럼 10,000명을 수용할 수 있는 최신식 대규모 공연장이 오픈한 것이다. 2006년에는 기존의 10일에서 행사 기간이 하루 더 늘어났고 25만 명 이상이 종합전시장을 찾으며 방문자 신기록을 달성했다. 2009년에는 야외극장에 지붕이 설치되었으며, 2017년에는 와인시장이 70주년을 맞이했다.

축제의 '백야(Nuit Blanche)' 프로그램은 그랑테스트 레지옹과 알자스에서 열리는 가장 큰 일렉트로 음악 행사다. 야외극장(Théâtre de Plein Air)의 대형천막 아래 수많은 클러버들을 불러모으고 있다.

국제관광전 SITV, Salon international du tourisme _11월 7~9일(제40회, 2025)

@www.facebook.com/salon.sitv

오랭Haut-Rhin 데파르트망 콜마르에서 열리는 SITV는 그랑테스트Grand-Est 쪽에서 열리는 가장 규모가 큰 관광전시회인 동시에 프랑스에서 열리는 가장 중요한 관광전시회 Top 10에 들어가는 행사다. 늦가을에 열리기에 겨울 여행을 계획하는 많은 사람이 이 행사를 찾고 있다. 300명 이상의 전시자가 부스를 오픈하는데, 그들의 국적은 20개국 이상이다. 방문객은 25,000명 내외.

콩동 Condom [Occitanie]

반다스 이 페냐스 페스티벌 Festival des Bandas y Peñas _5월 9~11일(제52회, 2025)

반다스 이 페냐스 페스티벌은 트럼펫 트롬본 튜바 등의 금관악기, 색소폰 클라리넷 피콜로 등의 목관악기, 큰북 작은북 심벌즈 등의 타악기로 구성된 순회 팡파르를 집결해놓은 행사다. 반다의 역할은 축제 행사, 페리아 férias 와 투우 경기 corridas 분위기를 돋우는 데 있다. 주말에는 반다 콩쿠르가 열린다. 최고의 반다들에게는 일요일 18시에 상이 주어진다. 행사는 거리, 보데가 bodégas, 카페, 콩동 협회들 부스, 축제 시상대, 수도원 등 다양한 장소에서 열리며, 도심은 폐쇄된다. 콩동의 스포츠협회들 부스는 패스트푸드와 음료수를 제공한다. 식당에서는 '엑셀랑스 제르스 Excellence Gers' 협회가 선정한 지역 특산물인 푸아그라, 말리거나 구운 오리 가슴살 요리, 비고르 Bigorre 흑돼지, 농가에서 만든 치즈, 과일주스 등을 만나볼 수 있다.

콩브랑슈에에플뤼슈 Comberanche-et-Épeluche [Nouvelle-Aquitaine]

수상 축제 Fête nautique _8월 23~26일(제100회, 2024)

리베락 Ribérac 옆에 자리한 이 작은 마을에서 꼭 찾아야 할 이벤트. 1924년에 시작된

@Kidiklik Limousin

이 행사는 2024년 8월에 100회를 맞이했다. 주말의 행사 프로그램은 수상 놀이로 시작해 꽃으로 장식한 배들의 퍼레이드와 불꽃놀이로 채워진다. 토요일부터 월요일까지 3일에 걸쳐 펀페어, 개러지 세일, 말을 타고 하는 트레킹, 페탕크 시합도 열린다.

콩슈아누슈 Conches-en-Ouche [Normandie]

사과, 시드르와 치즈 축제 Fête de la pomme, du cidre et du fromage _10월 27일(2024)

@leguidedufromage.com

1986년부터 노르망디의 살아있는 유산과 정체성을 춤과 노래를 통해 영속시키고 있는 행사. 노르망디는 사과와 시드르의 고장이기도 하다. 축제는 이 지방의 특산물인 사과를 필두로 시드르, 치즈를 비롯한 지역 농산품을 홍보하는 행사로, 노르망디 향토박물관 Musée du Terroir normand이 보존실과 전시실, 과수원을 일반에게 개방하여 옛날식 타작이나 시드르 제조 공정 참관, 증류기와 제빵 오븐 작동 관람, 암소 관리와 버터 제조 체험 프로그램 등을 제공한다. 오후에는 시가행진이 열린다. 프티 부숑Petits bouchons 회전목마, 가축몰이, 마차나 조랑말 타기, 페달 차량, 나무 놀이 등 독특하고 친환경적인 다양한 이벤트도 프로그램에 들어있다. 2022년의 주제는 '옛 축제들Les Fêtes d'antan'.

콩카르노 Concarneau [Bretagne]

푸른 그물 페스티벌 Festival des Filets Bleus _8월 13~17일(제103회, 2025)

어부들에게 도움을 제공하기 위해 1905년에 처음 만들어진 '푸른 그물 페스티벌'은 프랑스와 브르타뉴 지역에서 가장 역사가 깊은 축제이기도 하다. 전통적으로 8월의 두 번째 주말에 콩카르노에서 열린다. 바다의 역사와 밀접한 관련을 맺고 있기에 콩카르노 시의 주요한 문화유산 일부를 이루고 있다.

▌역사

수 세기 동안 콩카르노는 정어리 조업으로 경제를 지탱하고 있었다. 1902년 이후 정어리들이 더 이상 브르타뉴 해역에서 잡히지 않게 되면서 어업과 수산물가공업에 의존하고 있던 지역 경제가 흔들리고 각 가정에는 비극이 시작되었다. 상황을 지켜보던 당시 공장주이자 시장 루이-마리-사뮈엘 빌레트 드 빌로슈(Louis-Marie-Samuel Billette de Villeroche)는 뱃사람들과 그들의 가족을 위한 자선 축제를 열자고 제안한다. 축제 수익금은 가장 불우한 사람들에게 지원하기로 했는데, 페스티벌은 이러한 연대의 원칙을 지금도 이어나가고 있다. 음유시인인 테오도르 보트렐(Théodore Botrel)이 퐁타벤(Pont-Aven)에서 개최한 '가시양골담초꽃 축제(Fête des Fleurs d'Ajonc)'에서 영감을 받은 루이-마리-사뮈엘 빌레트 드 빌로슈는 자선 축제를 준비할 임시위원회를 구성했다.

가수 알베르 라리외(Albert Larrieu)는 콩카르노와 지역 어부들을 노래한 여러 곡을 발표하였고 그중 한 곡은 푸른 그물 페스티벌의 공식 노래로 지정되었다. 예술작품 경매시장도 열리며 판매대금은 어부들과 그 가족에게 돌아갔다. 첫 축제는 1905년 9월 10일에 열렸다. 폴린 르 바콩(Pauline Le Bacon)은 최초의 '푸른 그물 여왕(Reine des Filets Bleus)'에 등극했다. 공장노동자 중에서 선발되는 '푸른 그물 여왕'은 지역의 홍보대사 역할을 맡는다.

축제 프로그램

■ 콘서트
축제는 음악과 춤, 공연을 통해 브르타뉴 문화를 소개한다. 브르타뉴 음악을 우선시하는 콘서트는 매년 켈트 음악을 연주하는 그룹을 초대하고 있다.

■ 선발대회
'푸른 그물 여왕'은 도시간 자매결연, 브르타뉴 예술이나 전통과 관련된 여러 행사에서 콩카르노를 대표하는 홍보대사로 활약한다. 처음에는 통조림 공장의 노동자 중에서 후보를 고르고 공장의 동료들이 지명하여 선출하는 방식이었다. 지금은 콩카르노나 트레권(Trégunc), 멜그벤(Melgven) 등의 인접 마을에 거주하는 17세 이상의 여성이면 누구나 여왕 후보가 될 수 있다.

■ 부대행사
시가행진이 일요일 아침에 열린다. 참가자들은 브르타뉴 전역에서 오며, 전통 복장을 하고 참석한다. 켈트 연주단체들과 바가두(bagadoù)들도 대(大)퍼레이드에 참석한다. 하루 내내 다양한 행사가 벌어지는데 거리극, 게임, 직업의 발견 등이 그에 해당한다.

■ 축제의 끝
축제는 일요일 저녁에 페스트노즈(Fest-noz, '밤의 축제'라는 의미)와 함께 끝난다. '뉠 부두(Quai Nul)'에서는 불꽃놀이를 벌인다.

책과 바다 축제 Festival Livre & Mer _11월 8~11일(제39회, 2024)

@livremer.org

콩카르노의 카르노 부두 Quai Carnot 에서 열리는 해양도서 축제. 연안 주민들, 뱃사람을 비롯한 어업 종사자, 바다를 연구하는 학자들과 해양 스포츠맨 등 바다를 무대로 삼아 생활하는 모든 사람을 모으는 자리다. 통상 50여 명의 작가가 참가한다. '앙리-크펠렉 책과 바다상 Prix Livre & Mer Henri-Queffélec', '콩카르노 시 아름다운 해양도서상 Prix du beau livre maritime Ville de Concarneau', '만화 속의 바다상 Prix Mer en Bulles'을 시상하며, 그 외에도 전시회, 영화 상영, 문학 콘퍼런스, 학술행사 등의 다채로운 부대 행사가 문화예술센터Centre des Arts et de la Culture, 시립도서관, 어업박물관 Musée de la Pêche, 마리나리움 Marinarium, 부두에 정박한 해군 소속 선박들 등 여러 장소에서 열린다.

콩크 Conques [Occitanie]

콩크 음악제 Les Rencontres musicales de Conques _8월 8~12일(제42회, 2024)

@leguidedesfestivals.com

자연과 문화유산 속에서 열리는 콘서트를 통해 세상의 다양한 목소리를 들려주는 축제다. 장 프랑수아 지젤 Jean-François Zygel이 현재 예술 고문을 맡고 있는 놓칠 수 없는 음악 이벤트로, 매일 오전 10시 30분부터 오후 10시 30분까지 콩크의 매혹적인 풍경을 배경으로 풍부하고 다양한 프로그램을 제공한다. 월드뮤직과 하이브리드 예술 퍼포먼스, 건축과 자연, 식도락을 포함한 콩크의 문화유산이 만나는 무대이다. 또 이 축제에서는 세계적으로 유명한 예술인, 온갖 배경의 보컬 그룹 및 연주단체가 콩크에 모여 친근한 분위기 속에서 워크숍, 콘서트를 번갈아가며 진행한다.

2021년 행사에서는 2개의 시기, 2개의 음악 세계, 2개의 분위기로 나누어 주제를 상반되게 이끌어가는 독특한 컨셉을 시도하기도 했다. 첫 주에는 수도원의 엄숙한 분위기 속의 순수하고도 강인한 목소리에 귀 기울이며, 두 번째 주에는 야생의 목소리를 통해 낯선 세계로 인도한다. 상세 프로그램은 다음과 같다.

- '레 젤레망(Les Éléments) **실내합창단** : 아카펠라를 노래하는 피레네 지방의 폴리포니 합창단이다. 옥시타니, 카탈루냐, 아라곤, 바스크 지역의 옛 다성음악들을 들려준다.
- **앙드레 마누키안**(André Manouukian)**과 모신 카와**(Mosin Kawa) **듀엣** : 피아니스트인 앙드레 마누키안과 인도 악기 타블라(tabla) 연주자인 모신 카와가 동양으로 관객들을 인도한다.
- **페르시아–잉카 듀엣**(Duo Perse–Inca) : 이란과 페루의 음악 전통을 각자 견지한 쇼완 타바콜(Showan Tavakol)과 페데리코 타라조나(Federico Tarazona) 두 뮤지션의 만남으로 태동했다. 해묵은 두 개 세계의 전통이 만나고 있다.
- **레 자르댕 이브르**(Les Jardins ivres) : 와인과 포도밭, 꿈과 창조적인 도취라는 주제를 통해 특이한 경험을 맛보게 해준다.
- **콘스탄티노플**(Constantinople), **몬구눌 온다르**(Mongunool Ondar), **다를렌 기주미나그**(Darlene Gijuminag), **키아누슈 칼릴리안**(Kianoush Khalilian) : 시간과 공간의 거리를 뛰어넘어 음악과 전통을 이어가는 음악인들이 자연 속에서 들려주는 콘서트
- **레 샹퇴르 두아조**(Les Chanteurs d'oiseaux) : 새 소리를 흉내 내는 특이한 합창단
- **마르크 모이용 앙상블**(Ensemble Marc Mauillon) : 초로 밝힌 수도원에서 신비스러운 분위기 가운데 맛보는 '테네브라에 옥시타니에아'(Tenebrae Occitaniea)' 프로젝트. '라디오 프랑스 옥시타니 몽펠리에'(Festival Radio France Occitanie Montpellier)' 축제의 한 행사이기도 하다.
- **나자니 트리오**(Trio Nazani) : 아르메니아의 목소리를 들려주는 여성 3인조. 종교음악과 대중음악을 동시에 노래한다.
- **그랭드라부아 앙상블**(Ensemble Graindelavoix) : 벨기에의 유명 합창단으로 '소리의 대성당(cathédrales sonores)'이란 별명이 붙어있다.
- **르 게테르 & 뱅시안 데스프레 무용단**(Compagnie Le Guetteur & Vinciane Despret) : 르 게테르 무용단장인 뤽 페통(Luc Petton)이 자신의 작품 〈그런 식으로 밤이(Ainsi la nuit)〉 일부를 보여준다.
- **아 필레타**(A Filetta)**와 콘스탄티노플 앙상블**(Ensemble Constantinople) : 코르시카의 6명 가수가 키야 타바시안(Kiya Tabassian)의 3현 세타르(setâr)로 훈련된 4명의 콘스탄티노플 앙상블 소속 솔리스트와 협연한다.

콩폴랑스 Confolens [Nouvelle-Aquitaine]

콩폴랑스 페스티벌 Festival de Confolens _8월 11~17일(제67회, 2025)

1958년 처음 생겨난 민속 페스티벌이다. 매년 8월에 샤랑트Charente 지방에 소재한 콩폴랑스에서 열리며, 5대륙에서 찾아온 무용수들과 뮤지션들을 만날 수 있는 기회다.

칸이 영화로, 아비뇽이 연극으로 특화된 것처럼 콩폴랑스는 전 세계의 민간 전통 및 예술 분야에 주력하고 있다. 1958년 당시 콩폴랑스 고등학교에서 교편을 잡고 있던 앙리 데자피 Henri Dézaphie 와 오귀스트-자크 루지에 Auguste-Jacques Rougier 가 처음 만든 페스티벌이다. 매년 360명 이상의 자원봉사자가 축제 조직에 참가하는데, 그들이 없으면 축제의 운영이 불가능하다.

매년 콩폴랑스는 전 세계 민속무용의 성지이자 월드뮤직 및 춤의 교차로로 자리매김하고 있다. 6일간 열리는 행사에 지금까지 참가한 아티스트들도 450명이 넘으며, 10만 명 이상의 방문객이 축제를 찾는다. 전 세계적으로 이름난 무용단뿐만 아니라 중앙아프리카의 피그미족, 아프리카의 줄루족, 캄차카반도의 에스키모들도 선을 보이며, 월드뮤직 쪽으로 명성이 자자한 투레 쿤다 Touré Kunda, 카사브 Kassav, 칼레드 Khaled, 마누 디방고, 트리 얀 Tri Yann, 조니 클레그, 포델 Faudel, 베르나르 라빌리에 Bernard Lavilliers, 이 무브리니 I Muvrini, 지미 클리프 Jimmy Cliff, 엔리코 마시아스 Enrico Macias 등이 축제를 찾았던 뮤지션들이다.

민속무용을 우선순위에서 빼면서 국가가 보조금을 중단했음에도 불구하고, 농촌의 정서를 대변하는 이 페스티벌은 여전히 존속 중이다. 타자와의 만남을 중시하는 축제의 정신은 대화와 관용, 연대의 가치를 담아내고 있다.

콩피에뉴 Compiègne [Hauts-de-France]

역사에 미친 사람들 Fous d'Histoire _11월 15일(제10회, 2025)

2006년 'Historissimo'로 시작한 이 행사는 2년 뒤 'Fous d'Histoire'라 개명한다. 파리

@histoire-vivante.org

북서쪽으로 25km 정도 떨어진 퐁투아즈에서 열리던 이 축제의 별칭은 'Festival du spectacle historique'. 2016년부터는 행사 장소를 파리 북동쪽으로 약 80km에 위치한 콩피에뉴 Compiègne 로 옮겼으며, 2020년에는 코로나19로 인하여 행사가 취소되었다. 콩피에뉴는 백년전쟁 시기인 1430년 5월-11월 초에 부르고뉴 군대가 샤를 7세에 충성을 바치는 콩피에뉴를 포위 공격하면서 벌어진 전투에 참여했던 잔 다르크가 생포된 장소이자, 1918년 11월 11일 파리 시간 오전 11시에 제1차 세계대전 종결 당시 객차 내에서 '콩피에뉴 휴전 협정'이 체결되었던 역사적인 장소다. 역사를 주제로 펼치는 다양한 이벤트, 음악이나 무용, 연극과 거리극, 수공업 시연, 동물 공연 등을 한자리에 모았다.

쿠르쇨쉬르메르 Courseulles-sur-Mer [Normandie]

아카디아 주간 La Semaine acadienne _8월 7~15일(제20회, 2025)

아카디아 주간 축제는 나크르 해안 Côte de Nacre 과 아카디아 Acadie 에서 열리는 주요 여름 행사로, 1944년 6월 6일 노르망디 해변에 상륙한 수천 명의 아카디아 병사들을

@Actu.fr

기리기 위해 만들어졌다. 또 행사는 아카디아 지방 문화의 역동성을 보여준다. 아카디아는 17-18세기에 북미 북동부 캐나다 의 프랑스령 식민지였다. 지금의 노바스코샤를 중심으로 미국의 메인 Maine 주, 캐나다 퀘벡주 일부와 연해주들을 포괄하는 지역 개념이었던 것으로 여겨진다.

프랑스에서는 쿠르쇨쉬르메르 Courseulles-sur-Mer 를 비롯해 나크르 해안에 면한 칼바도스 Calvados 데파르트망 코뮌들인 뤽쉬르메르 Luc-sur-mer, 두브르라델리브랑드 Douvres-la-Délivrande, 카르피케 Carpiquet, 베니쉬르메르 Beny-sur-Mer, 베르니에르쉬르메르 Bernières-sur-Mer 에서 열린다. 1주일 동안 컨트리 무용 강습, 콘서트, 아틀리에, 1940년대의 옛 자동차 시가행진, 제2차 세계대전 동안의 캐나다인 역할에 관련된 영화 상영, 컨트리 무도회 등 다양한 무료 행사들이 열린다. 생토뱅 Saint-Aubin 과 쿠르쇨쉬르메르 소재 주노 비치 센터 Centre Juno Beach 사이의 도보 역사 탐사, 뉴브런즈윅 Nouveau-Brunswick 주의 노스 쇼어 연대 North Shore Regiment 가 밟았던 행군 여정을 따라 쿠르쇨쉬르메르에서 카르피케까지 자전거로 가는 역사 탐사 등의 야외 행사도 열린다. 아카디아인들의 국경일인 8월 15일에는 아카디아인들을 축복하는 미사가 열린다. 2천 명 이상이 동시에 한껏 소리를 지르는 행사도 열리는데 이것은 캐나다 뉴브런즈윅 주 도시 카라켓 Caraquet 지역축제 중 저항과 자부심을 표현하기 위한 'Tintamarre'라는 이름의 전통적인 퍼포먼스에 대한 오마주다.

쿠르슈벨 Courchevel [Auvergne-Rhône-Alpes]

쿠르슈벨 1850 불꽃놀이 축제 Festival d'Art Pyrotechnique - Courchevel 1850
_2월 13일(제21회, 2025)

@My provence tours

2003년에 만들어진 축제로 매년 겨울 전 세계의 불꽃놀이 아티스트들이 5개의 그랜드 쇼 형태로 실력을 겨루는데, 각 불꽃놀이가 있기 전에는 스키학교 강사들이 함께 햇불을 들고 트랙을 내려오는 장관을 연출했던 행사였다. 2025년에 행사는 포맷을 바꿔, 프랑스 사회를 기리는 '빛의 나라 프랑스 France, pays des lumières'란 콘셉트를 내세우고 있다. 19시에 햇불을 든 하강, 19시 30분에 ART EMOTIONS 사가 진행하는 불꽃놀이 이벤트가 열린다.

쿠탕스 Coutances [Normandie]

야자나무 아래서의 재즈 페스티벌 Jazz sous les pommiers _5월 24~31일(제44회, 2025)

@www.tourisme-coutances.fr

매년 5월 예수승천절 Ascension 을 전후한 시기에 노르망디 레지옹 망슈 Manche 데파르트망 남쪽에서 8일간 열린다. 이 지역의 문화행사 중 매우 중요한 이벤트로 꼽힌다. 재즈의 모든 트렌드를 커버하고 장르의 혼합을 시도하는 풍성한 프로그램이 자랑이다. 따라서 소울, 일렉트로, 월드뮤직 등도 만나볼 수 있다. 콘서트, 즉흥연주, 거리극 등 다양한 장르가 선을 보이며 6만 명 이상이 찾는 페스티벌이다. 15개의 장소와 7개 공연장 콘서트홀, 극장, 대성당, 영화관, 학교 강당, 해변 에서 60회 이상의 콘서트가 열리며, 재즈를 축하하기 위해 50가지 이상의 이벤트도 마련된다. 최근에는 통신과 운송, 쓰레기 처리 측면에서 친환경 조치를 강화하고 있다.

퀴지옹 Cuzion [Centre-Val de Loire]

마법에 걸린 보뉘 Bonnu en sorcellerie _10월 20일(제28회, 2024)

@unidivers.fr

마을의 수호성인 생뤽Saint Luc을 기리는 날에 이어 퀴지옹에서는 아주 오래전부터 10월의 일요일마다 보뉘 축제Fête de Bonnu가 개최되었다. 하지만 지난 세기 말부터 더 이상 열리지 않았는데, 순례 행진이 사라지고 펀페어도 마을을 찾지 않았기 때문이다. 이에 마을은 종교단체에 의뢰해 미사와 순례 행진이 진행되는 새로운 생뤽 축일을 도모했고, 다른 한편으로는 마법을 내세운 이교도 축제를 구상했다. 기획은 성공했고 개최 첫해부터 사람들이 몰려들기 시작했다. 매년 수천 명의 방문객이 찾아와 보뉘 거리의 신비와 공포를 체험한다. 마녀들의 축제는 매년 밀교와 연금술로 관심을 끌고, 악마의 비밀스러운 음료나 블랙푸딩 등 먹거리에도 공들이며 점점 확대되고 있다. 지역 상품과 수공예 제품을 파는 시장도 함께 열린다.

크레테이유 Créteil [Île-de-France]

국제여성영화제 Festival international du film de femmes _4월 4~12일(제47회, 2025)

약어로 AFIFF라고도 부르는 크레테이유 국제여성영화제는 여성 감독들이 제작한 영화를 집중 조명하는 행사다. 영화 상영은 주로 크레테이유 예술문화의 집Maison des arts et de la culture de Créteil에서 열린다.

축제의 기원

1979년에 시작된 이 축제는 여성감독들에게 호의적이지 않던 분위기에서 태동했다. 영화제는 신인 여성감독들이 처음 만드는 작품의 제작과 극장 상영을 지원하는 것을 목표로 삼았다. 당시 유럽 여성감독들의 숫자는 2%에 불과했는데, 2008년에 그 수는 12%로 늘어났다. 현재 프랑스의 여성감독 수는 15-20%에 달하는 것으로 추산된다. 역사적이고도 예술적이며 동시에 사회학적인 이러한 변화를 본능적으로 감지한 자키 뷔에(Jackie Buet)와 엘리자베트 트레아르(Elisabeth Tréhard)가 페스티벌의 창시자들이다.

축제의 진행

열흘에 걸쳐 열리는 영화제는 150편 내외의 영화를 내걸며 영화뿐만 아니라 각 감독의 취향과 철학에 따라 영화를 제작하는 방식을 함께 보여준다. 예술문화의 집에서의 상영은 정오에 시작하며, 밤 12시 반에 끝난다. 3개의 영화관에서 영화 상영과 토론회, 만남의 장이 이루어진다.

- 매년 경쟁 부문에서는 50편의 미발표 작품이 소개된다. 10편의 장편 픽션영화, 10편의 장편 다큐멘터리, 30편의 단편영화가 서로 경쟁한다.
- 주제 혹은 지역별 세션 : 초기부터 영화제는 영화계에서 일하는 여성들의 작업을 부각시키는 세션을 마련했다. 매년 세계의 한 지역이나 한 국가, 혹은 하나의 직업을 소개하는 세션 역시 마련되고 있다.
- 자화상 : 영화계의 '스타'를 만날 기회를 제공하는 세션이다. 한 여배우나 여성감독에게 영화제는 약 10편의 영화를 선정하도록 요구하는데, 거기에 응해 영화제를 찾은 배우나 감독들 중에는 샤를로트 램플링(Charlotte Rampling), 쥘리에트 비노슈(Juliette Binoche), 카트린 드뇌브(Catherine Deneuve), 잔 모로(Jeanne Moreau), 이렌 파파스(Irène Papas), 제인 버킨(Jane Birkin), 아녜스 바르다(Agnès Varda), 카트린 브레이야(Catherine Breillat), 나탈리 바이(Nathalie Baye), 마가레테 폰 트로타(Margarethe von Trotta), 도미니크 블랑(Dominique Blanc), 마리아 슈나이더(Maria Schneider), 캐롤 부케(Carole Bouquet), 모니카 비티(Monica Vitti) 등의 세계적인 스타들이 많다.
- 오마주 혹은 화이트 카드(carte blanche) : 영화제가 여성감독들을 대상으로 초기부터 마련한 깜짝 파티. 루스 베커만(Ruth Beckermann), 미라 네어(Mira Nair), 마리아 클로나리(María Klonari), 카테리나 토마다키(Katerina Thomadaki) 등이 이 세션을 찾았다.
- 포럼 : 영화제의 모든 주제는 포럼에서 토의된다. 포럼은 진정한 만남의 장이자 토론과

교환이 이루어지는 자리다. 매년 영화제는 5개의 거대한 만남을 주선하는데 여성감독, 작가, 저널리스트, 연구자들이 자리를 함께하고 있다.

- **크레테이유 여성 비디오**(Vidéos Femmes de Créteil) : 지역의 이민자 여성을 대상으로 한 활동의 테두리 내에서 마르틴 델퐁(Martine Delpon)이 주도하는 세션. 매년 페스티벌이 열리기 전 영화 제작 강습이 열리며, 하나의 주제를 정해 1분짜리 영화를 제작하는 과정을 실습한다. 제작된 모든 영화는 '1분 비디오(Vidéos une Minute)' 특별 상영 시간에 소개된다.
- **씨앗 영화광**(Graine de Cinéphage) : 1990년부터 영화제는 중고등학생들이 영화의 이면을 들여다볼 기회를 만들고 있다. 페스티벌 조직위원회는 그들에게 영화제에 참가할 기회를 열흘 동안 제공하는데, 아침에는 아틀리에가 열린다. 이를 통해 저널리즘, 영화 제작을 익히거나 음향, 장식, 의상 등 영화 관련 직업에 대해 공부할 수 있다. 강습이 끝나면 학생들은 영화나 르포르타주, 신문을 제작하게 된다.

▍심사위원대상(Grand prix du Jury)(장편 픽션영화) 수상작

2004 : 〈테이크 마이 아이스(Te doy mis ojos)〉, 이시아르 볼레인(Iciar Bollain) 감독(스페인)
2005 : 〈세펫(Sepet)〉, 야스민 아흐마드(Yasmin Ahmad) 감독(말레이시아)
2006 : 〈세비녜(Sévigné)〉, 마르타 발레트보-콜(Marta Balletbò-Coll) 감독(스페인)
2007 : 〈당신의 물고기는 안녕하십니까?(今天的魚怎麼樣?/How is Your Fish Today?)〉, 구오 샤오루(Guo Xiaolu) 감독(중국/영국)
2008 : 〈Khoon bâzi(Mainline)〉, 락샨 바니 에테마드(Rakhshan Bani-Etemad)와 모흐센 압돌바합 (Mohsen Abdolvahab) 감독(이란)
2009 : 〈견우와 직녀(Niu Lang Zhi Nu/Knitting)〉, 인리찬(Yin Lichuan) 감독(중국)
2010 : 〈Pudana - Last of the line〉, 아나스타샤 라프수이(Anastasia Lapsui)와 마르쿠 레무스 칼리오(Markku Lehmuskallio) 감독(핀란드)
2011 : 〈미싱 맨(Missing man)〉, 안나 펜첸코(Anna Fenchencko) 감독(러시아)
2012 : 〈보이지 않는(Invisible)〉, 미할 아비아드(Michal Aviad) 감독(이스라엘/독일)
2013 : 〈헤멜(Hemel)〉, 사샤 폴락(Sacha Polak) 감독(네덜란드)
2014 : 〈예스터데이 네버 엔즈(Ayer no termina nunca)〉, 이자벨 코이젯트(Isabel Coixet) 감독(스페인)
2015 : 〈Objects in mirror〉, 나르제스 아비아르(Narges Abyar) 감독(이란)

▍최우수 장편 픽션영화 관객상(Prix du Public Meilleur long métrage fiction)

2004 : 〈테이크 마이 아이스〉, 이시아르 볼레인(Iciar Bollain) 감독(스페인)
2005 : 〈브라더스(Brødre)(Brothers/Frères)〉, 수사네 비르(Susanne Bier) 감독(덴마크)
2006 : 〈Both〉, 리셋 브라셀로스(Lissett Bracellos) 감독(미국/페루)
2007 : 〈Shoot The Messenger〉, 엔고지 온우라(Ngozi Onwurah) 감독(영국)
2008 : 〈Sakli Yüzler(Hidden Faces)〉, 한단 이펙치(Handan Ipekçi) 감독(튀르키예/독일)
2009 : 〈El patio de mi carcel〉, 벨렌 마시아스(Bélen Macias) 감독(스페인)

2010 : 〈그녀가 떠날 때(When We leave)〉, 페오 알라다크(Feo Aladag) 감독(독일)
2011 : 〈루(Lou)〉, 벨린다 차이코(Belinda Chayko) 감독(오스트리아)
2012 : 〈마르가리타(Margarita)〉, 로리 콜버트(Laurie Colbert)와 도미니크 카르도나(Dominique Cardona) 감독(캐나다)
2013 : 〈인샬라(Inch'Allah)〉, 아나이스 바르보-라발레트(Anaïs Barbeau-Lavalette) 감독(파키스탄/프랑스)
2014 : 〈몸과 재산(Corps et biens)〉, 타이시아 이구멘체바(Taïsia Igumentseva) 감독(러시아)
2015 : 〈딸아(Dukhtar)〉, 아피아 나다니엘(Afia Nathaniel) 감독(캐나다/미국/노르웨이)

크로종 반도 Presqu'île de Crozon [Bretagne]

세상의 끝 축제 Festival du Bout du monde _8월 1~3일(제25회, 2025)

@www.festivaldubout dumonde.com

국제적인 성격의 축제. 피니스테르Finistère 데파르트망 끝, 바다에 면한 자연공원에서 열리는 이 페스티벌은 월드뮤직과 메티스 음악musiques métissées 을 하나로 묶는 교차로 역할을 수행하고 있다. 독특한 프로그램과 분위기 덕분에 점점 더 명성을 얻고 있다. 지구 반대편에서 날아온 음악 그룹이 유명 가수와 어깨를 맞대는 특이한 축제는 문화 사이의 차이, 세대 간의 차이를 뛰어넘는 중요한 역할을 담당한다.

2025년 25회째를 맞는 축제는 대가와 발견해야 할 신인들에게 골고루 기회를 부여하고 있다. 프로그램을 채운 면면들도 화려하다. 이브라힘 말루프Ibrahim Maalouf ,

아요Ayo, 알틴 귄Altin Gün, 요델리스Yodelice, 플라비아 코엘로Flavia Coehlo, 루즈밀라 카르피오Luzmila Carpio 등이 참가한다.

클라마르 Clamart [Île-de-France]

레 프티 푸아 페스티벌 Fête des Petits pois _6월 1일(2024)

@Ville de Clamart

2002년부터 열리고 있는 거리예술 축제는 1960년대까지 완두콩밭이 이곳 클라마르 전역에 산재했다는 사실을 상기시켜준다. 1969년 당시 시장이었던 장 퐁트노Jean Fonteneau가 창설했으며 지금은 연간 10만 명의 방문객이 찾는 문화행사 중 하나가 된 이 축제는 2002년부터 '클라마르 완두콩 축제'라 부른다. 매년 6월이면 도시 거리에 곡예사와 대형 인형극단들이 한자리에 모여 거리극 공연, 시르카시아 연극 등 여러 문화행사를 펼친다. 행사가 주로 열리는 장소들은 시청 광장인 모리스-귄스부르 광장Place Maurice-Gunsbourg, 장-조레스 거리Rue Jean-Jaurès, 프랑수아-미테랑 미디어테크Médiathèque François-Mitterrand 앞뜰, 메종 블랑슈 공원Parc Maison-Blanche 등. 토요일 저녁 윈느벨 경기장Stade Hunebelle에서는 불꽃놀이가 열린다.

2023년부터 매년 한 국가를 주목하여 세계 문화를 기념하고 있다. 2023년에는 인도 문화를 다루었으며, 2024년에는 멕시코 문화를 대상으로 했다.

클레게렉 Cléguérec [Bretagne]

클레그 페스티벌 Festival de Kleg _5월 9∼11일(제38회, 2025)

'클레그 페스티벌 Festival de Kleg'과 '엔 아르웬 페스티벌 Festival En Arwen' 2개 이름으로 불리며 매년 여름 중부 브르타뉴 지방을 춤추게 만드는 행사. 클레게렉은 모르비앙 Morbihan 데파르트망의 퐁티비 Pontivy 근처에 자리한 마을. 브르타뉴 지방과 타 지역의 전통음악, 현대의 일렉트로 댄스 장르를 결합시킨 행사로 유명하다. 젊은이들이 참석하는 페스트노즈 Fest-noz 인 '프레쉬노즈 Fresh-Noz' 행사도 열린다.

클레르몽페랑 Clermont-Ferrand [Auvergne-Rhône-Alpes]

비니돔 전시회 Salon Vinidôme à Clermont-Ferrand _1월 31일∼2월 3일(제33회, 2025)

프랑스의 5대 와인 전시회 중 하나로 꼽히는 행사로 '프랑스 중부에서 열리는 그랑

크뤼 와인 전시회Le grand cru des salons des vins en centre France'란 별명이 붙어 있다. 한겨울에 와인을 만날 수 있는 예외적인 행사다. 450명의 생산업자, 와인 전문가, 식도락 분야의 전문가, 장인이 참가해 자신의 열정과 창작물을 공유하며, 53,000명 이상이 그랑 알 도베르뉴Grande Halle d'Auvergne에서 열리는 이 이벤트를 찾는다. 미식가라면 꼭 들러야 할 곳으로 시음, 회의, 엔터테인먼트 등이 준비된다.

국제단편영화제 Festival international du court-métrage _1월 31일~2월 9일(제47회, 2025)

©clermont-filmfest.com

1982년 처음 만들어진 단편영화제로 8-9일간 열린다. 주요 상은 국내부문 그랑프리Grand Prix national 와 국제부문 그랑프리Grand Prix international. 오늘날 단편영화에 할애된 영화제 중에서는 세계에서 가장 중요한 행사 중 하나다. 핀란드의 탐페레 영화제, 독일의 오버하우젠 영화제와 함께 세계 3대 단편영화제로 꼽힌다. 관객 수2024년에 166,000명로만 보아도 프랑스에서는 칸 영화제 다음으로 두 번째로 큰 영화제다. 연중 내내 다양한 프로젝트를 진행하고 있다.

▎역사

1979년부터 1981년 사이에 클레르몽페랑 대학영화서클CCUC, Cercle cinématographique universitaire de

Clermont-Ferrand)은 단편영화주간을 개최했다. 행사가 성공을 거두자, '단편영화를 구하라(Sauve qui peut le court métrage)' 협회가 1981년 8월 4일에 결성되며, 단편영화를 부각시키기 위한 대규모 행사를 열기로 한다. 그에 따라 1982년에 영화제가 공식적으로 탄생했다. 경쟁 부문과는 별도로 주제별 세션도 마련된다. 규모가 급격히 커지고 자원봉사자들이 합류하면서 영화제는 체계적인 조직을 갖추게 되었다.

1986년에는 영화제 관계자들을 대상으로 한 제1회 단편영화 마켓이 열리면서 영화제에 경제적인 이익을 가져다주었다. 이러한 분위기가 이어지며 2009년에 '유로 커넥션(Euro Connection)'이 만들어지는데, 이 조직은 공동제작 형태로 단편영화 제작 프로젝트를 추진 중인 유럽 제작자, 배급자, 투자자들 사이에 만남의 장으로 기능했다.

1988년에 국제영화제로 거듭나며 성공 가도를 달린다. 1989년에 약 3만 명이었던 관객 수는 1995년에 10만 명을 넘어섰다. 행사와 병행해 오베르뉴 영화협회(Commission du Film Auvergne)가 1997년에 설립되며, 지역에서의 촬영을 지원한다. 2002년에는 디지털 분야 경쟁 부문이 추가되었다. 보다 나중에 이 부문은 'Labo'란 이름을 띠면서 디지털 영화뿐만 아니라 탁월한 실험적 양상을 띤 영화까지 대상으로 하게 된다. 영화제의 '연구(recherche)' 세션과 비슷한 성격을 띠었다.

클레르몽 단편영화제는 2009년 12월 22일 스페인 마드리드에서 열린 FILMAD Awards 행사에서 세계최우수영화제(Meilleur Festival International)상을 수상했다.

▌페스티벌

매년 영화제는 전 세계에서 제작한 8,200편(2025년 기준) 이상의 단편영화를 받고 있다. 그중 1,700편 정도가 프랑스 작품이다. 경쟁 부분 출품작은 170편 정도다.

영화제는 15개 이상의 장소에서 진행되며, 특히 클레르몽 문화의 집(Maison de la Culture de Clermont-Ferrand)이 중심 역할을 하고 있다. 3개의 경쟁 부문을 두고 있는데, 프랑스 국내작품, 외국작품, Labo가 그것들이다.

▌단편영화 마켓

영화제와 병행해서 매년 5일에 걸쳐 단편영화 마켓(Marché du Film Court)이 열린다. 감독, 제작자, 배급자, 구매자, 영화학교, 국내 기관 등 단편영화와 관련된 모든 전문가가 한 장소에 모이는 드문 기회. 전 세계에 찾아온 100여 개 이상의 기관들도 자국에서 제작한 단편영화들을 마켓 부스에 전시한다.

▌라 주테(La Jetée)

2000년에 페스티벌 사무국은 '라 주테(La Jetée)'라는 특별한 장소에 입주했다. 장소 이름은 크리스 마르케(Chris Marker) 감독이 만든 영화 〈라제떼(La Jetée)〉에서 따온 것이었다. 건물에는 오베르뉴 영화협회와 단편영화자료센터(Centre de Documentation cinématographique spécifique au court métrage)도 입주했는데, 자료센터가 보관 중인 영화만도 10만 점이 넘는다.

▌발견

페스티벌은 나중에 장편영화 제작에 뛰어든 많은 감독을 만나게 해주고 있다.

- **세드릭 클라피슈**(Cédric Klapisch) : 〈수송 중(In transit)〉으로 1987년 심사위원특별상 수상, 1990년에는 〈나를 움직이는 것(Ce qui me meut)〉으로 다시 심사위원특별상 수상.
- **브뤼노 포달리데스**(Bruno Podalydès) : 〈베르사유의 밤(Versailles rive-gauche)〉으로 1992년에 관객상 수상. 이 영화는 1993년에 세자르상 최우수단편영화상(César du meilleur court-métrage)을 받기도 했다.
- **장-피에르 죄네**(Jean-Pierre Jeunet) : 1990년에 〈쓸모없는 것들(Foutaises)〉로 관객상과 프레스상을 수상.
- **얀 쿠넹**(Jan Kounen) : 1994년에 〈비브로보이(Vibroboy)〉로 연구상 수상.
- **에릭 종카**(Érick Zonca) : 1995년에 〈영원한(Éternelles)〉으로 그랑프리 수상.
- **자비에 지아놀리**(Xavier Giannoli) : 단편영화 〈로고라마(Logorama)〉는 최우수단편영화 오스카상 수상.

▌회고전

매년 이 영화제는 비경쟁 부문의 2개 회고전을 연다. 첫 회고전은 한 국가의 영화들을 대상으로 하며, 다른 회고전은 하나의 주제를 중심으로 꾸미고 있다.

연도 | 국가 | 주제
2006년 : 영국 | 크리스마스
2007년 : 벨기에 | 슈퍼히어로우
2008년 : 동남아시아 | 개
2009년 : 네덜란드 | 뮤지컬
2010년 : 모로코 | 좀비
2011년 : 뉴질랜드 | 콩트
2012년 : 쿠바 | 파리
2013년 : 인도 | 상상의 미립자
2014년 : 미국 | 탈출
2015년 : 중국 | 자전거
2016년 : 스웨덴 | 공간
2017년 : 콜롬비아 | 블랙 유머
2018년 : 스위스 | 음식물

여행수첩의 만남 축제 Rendez-vous du carnet de voyage _11월 14~16일(제25회, 2025)

클레르몽페랑의 컨벤션 전시센터인 폴리돔 Polydome에서 열리는 이 축제는 여행기와 관련된 자료들을 천여 점 이상 전시한다. 작가, 일러스트레이터, 사진작가, 여행 리포

터 등이 참여한다. 인간의 경험적 시야에서 바라보는 다양한 형태의 여행들을 보여주면서 타자와의 만남, 타 문화에 대한 존중, 서로의 차이를 이야기하며 지평을 넓히는 소중한 자리다. 여행 전문 작가나 그림 작가로서의 역량을 테스트해볼 수 있는 아틀리에도 일반에게 공개된다.

클리송 Clisson [Pays de la Loire]

마스카라드 드 클리송 Mascarades de Clisson _5월 25~26일(제6회, 2024)

주말 이틀 동안 의상을 입은 130명의 캐릭터들이 베네치아 카니발의 분위기를 연출하여 이탈리아 문화의 풍요로움을 발견하게 만든다. 무료 전시회와 콘서트, 퍼레이드와 거리 공연, 전통 무도회, 자크 드미 광장 Place Jacques Demy 의 시장 등으로 프로그램이 구성된다. 2024년에는 이탈리아 자동차 전시와 길이 11m, 무게가 600kg 나가는 베네치아 곤돌라를 빌려와 세브르 Sèvre 강에 띄우는 행사가 추가되었다. 25,000에서 28,000명 정도가 축제를 찾은 것으로 추산되는데, 2023년에 비해 20%가 늘어난 수치다. 클리송 코뮌이 부담한 액수는 38,000유로였다.

헬페스트 페스티벌 Festival Hellfest _6월 19~22일(제18회, 2025)

@hellfest.fr

루아르아틀랑티크 Loire-Atlantique 데파르트망 낭트 근처 클리송에서 6월 셋째 주 주말에 열리는 헬페스트 페스티벌은 프랑스에서 메탈 음악, 하드 록 hard rock 방면으로 가장 규모가 큰 축제다. 다른 이름은 'Hellfest Summer Open Air'. 매년 날짜는 조금씩 달라진다. 2002년부터 2005년까지 페이 드 라 루아르 Pays de la Loire 레지옹의 여러 장소에서 열렸던 '퓌리페스트 Furyfest' 행사를 2006년에 이어받았고, 몇 년 만에 많은 사람이 찾는 행사로 자리매김한다. 2006년에 벵자맹 바르보 Benjamin Barbaud 와 요안 르 느베 Yoann Le Nevé 가 새롭게 시작한 이 축제는 클리송의 발 드 무안 스포츠단지 Complexe sportif du Val de Moine 에서 열린다. 키스, 건스 앤 로지스 Guns N'Roses, 머틀리 크루 Mötley Crüe 처럼 메탈 음악과 하드 록 영역에서 세계적으로 인정받는 정통 실력파 그룹들을 매년 끌어들이고 있으며, 메탈 metal, 하드 록, 펑크 록 punk rock, 펑크 하드코어 punk hardcore, 그라인드코어 grindcore, 스토너 stoner, 스래쉬 메탈 thrash metal, 데스 메탈 death metal, 글램 메탈 glam metal, 블랙 메탈 black metal 등 모든 종류의 메탈 음악이 이 축제를 통해 선보인다. 첫 행사에서 2만여 명이었던 참가자는 2016년에는 약 16만 명으로 늘어났다. 프랑스에서 가장 중요한 축제 중 하나가 되었고 특히 메탈 음악 분야에서는 유럽에서 아주 중요한 축제 중 하나이자 프랑스에서 가장 큰 행사다. 현재 Hellfest Productions이 행사를 주관하고 있다. 2020년과 2021년의 행사는 코로나로 취소되어 열리지 않았다.

행사가 커지면서 2006년에는 2개였던 무대가 2007년에 3개, 2009년에 4개로 늘어났으며, 2012년부터는 신인들의 등용문인 Metal Corner를 포함해 7개로 확장되었다. 2017년에는 8번째 무대인 Kult가 만들어졌다. 프로그램은 2개의 주 무대에서 열리는 하드 록, 헤비 메탈 및 얼터너티브 메탈에 집중되어 있으나, 나머지 무대들은 보다 특별한 스타일의 메탈 음악을 올리고 있다.

- 메인스테이지 1(Mainstage 1) : 헤비 메탈, 하드 록
- 메인스테이지 2(Mainstage 2) : 얼터너티브 메탈, 뉴 메탈(nu metal), 메탈코어(metalcore), 스래쉬 메탈
- 알타(The Altar) : 데스 메탈, 그라인드코어
- 템플(The Temple) : 블랙 메탈, 포크 메탈(folk metal), 바이킹 메탈(Viking metal)
- 밸리(The Valley) : 둠 메탈(Doom metal), 스토너 록(stoner rock), 슬러지 메탈(sludge metal), 포스트–메탈(post-metal)
- 워존(The Warzone) : 펑크 하드코어, 펑크 록, 메탈코어, 크러스트 펑크(crust punk)
- 메탈 코너(Metal Corner) : DJ's, 트렘플린 록(tremplin rock)
- 컬트(The Kult) : 〈The Voice of Hell〉 행사가 열린다. 〈The Voice〉 프로를 패러디한 무대로 신인들을 발굴하는 또 다른 공간이다.

역사

■ 시작

낭트 지역에서 하드코어와 펑크 콘서트를 개최할 목적으로 클리송에서 CLS CREW 협회가 2000년에 탄생한다. 아르칸젤(Arkangel), 포이즌 더 웰(Poison the Well) 같은 그룹들을 초대한 지역 내 콘서트들이 성공을 거두자 2002년 6월에 제1회 'Furyfest' 페스티벌이 개최되었다. 다음해 축제는 이틀로 기간이 늘어났고, 7천 명의 인파가 시크 오브 잇 올(Sick of It All)과 유스 오브 투데이(Youth of Today)의 공연을 보기 위해 찾아왔다. 클리송에는 장소가 부족해 르제(Rezé) 소재의 트로카르디에르 홀(Halle de la Trocardière)로 옮겨 개최했다. MAN.IN.FEST 협회가 새로 생겨나면

서 축제 주최가 바뀌었고, 2003년 축제는 3만 유로의 수익을 거두었다. 2004년에는 르망(Le Mans)으로 장소를 옮겨 르망 24시(24 Heures) 서키트 홀에서 열렸다. 슬립낫과 소울플라이(Soulfly) 공연을 보기 위해 2만 명 이상이 찾았다. 하지만 적자를 보자 주최 측은 2005년부터 축제 운영을 외부에 맡긴다. 이 해에는 슬레이어(Slayer), 모터헤드, 앤스랙스(Anthrax) 콘서트를 보러 3일간 3만 명이 르망을 찾았으나, 재정 적자가 더욱 늘어나며 축제는 중단되었다.

■ 창조와 도약

하지만 FuryFest의 옛 멤버들이었던 벵자맹 바르보와 요안 르 느베에 의해 축제는 새롭게 정비된다. 그들은 '낡은 쟁기 페스티벌 정신을 따르는 작은 규모의 축제(petit festival dans l'esprit des Vieilles Charrues)'를 표방했다. 하지만 클리송 시의 지원 거부가 염려되어 하드 록 장르에 대해서 사전 언급하지는 않았다. '헬페스트(Hellfest)'라는 새로운 이름을 붙인 행사는 2006년 6월 야외에서 처음 열렸고, 3일 동안 22,000명이 찾으며 모터헤드, 아포칼립티카(Apocalyptica), 데드 케네디스(Dead Kennedys) 등의 콘서트를 즐겼다. 첫 헬페스트 행사는 20만 유로의 적자를 기록했으나, 다음해에도 행사가 열렸다.

전년의 적자 때문에 2007년 행사는 예산이 줄고 궂은 날씨 속에서 치러졌지만 슬레이어, 메가데스(Megadeth)가 포함된 프로그램을 찾아 4만 명의 관객이 방문했다. 2008년에는 직원 충원과 공간 확충으로 축제 운영 조직을 재정비했으며, 지방자치단체의 지원을 받아 다년간의 파트너십 계약을 체결할 수 있었다. 2009년에는 마릴린 맨슨이 출연하여 6만 명이 찾는다. 다음 해에는 키스, 데프톤스(Deftones), 앨리스 쿠퍼 등이 공연하며 7만 명이 페스티벌을 찾았고, 3년 사이에 새 축제는 전국적으로 유명세를 획득한다. 하지만 축제 콘셉트 때문에 보수 정치권과 종교계로부터 행사에 대한 비판이 쏟아져 나오기 시작한다. 크리스틴 부탱(Christine Boutin)은 '죽음의 문화(la culture de la mort)'라고, 필립 드 빌리에(Philippe de Villiers)는 '악마주의(satanisme)'라고 비난했지만 시간이 흐르며 비판은 줄어들었다.

2012년에 축제 공간은 14ha에서 21ha로 늘어났고, 하루 수용 관객도 35,000명으로 확대되었다. 무대 숫자도 4개에서 6개로 늘어났다. 머틀리 크루, 레너드 스키너드(Lynyrd Skynyrd), 건스 앤 로지스 등이 공연하면서 상징적인 10만 관객 장벽이 깨졌다. 2013년 ZZ Top, 키스 등의 그룹이 관객 증대에 기여했고, 2014년에는 아이언 메이든, 에어로스미스(Aerosmith), 딥 퍼플 등의 세계적인 그룹이 공연하면서 무려 15만 명의 관객을 동원하는 데 성공한다.

■ 파급효과

15만 명이 찾았던 2014년의 방문자 수는 주민 숫자(8천여 명)보다 18배나 많은 셈이었다. 낭트 인근지역 호텔의 숙박 수용 인원은 2,200명으로, 축제 기간의 예약은 빠르게 마감된다. 경제적 효과는 반경 30km 전후까지 미치고 있다. 특히 맥주(14만 리터, 2023년)와 뮈스카데(muscadet) 와인(1만 리터, 2023년) 소비량이 축제의 덕을 집중적으로 보고 있다.

■ 관객 수

2013년 관객 10만 명의 장벽을 돌파하며 유럽 메탈 축제 중 관객 동원 규모로 두 번째 자리를 차지했다. 프랑스 음악축제 중에서는 '낡은 쟁기'(Vieilles Charrues) 페스티벌과 '솔리데이즈'(Solidays) 다음인 3위에 등극했다. 2014년 제9회 행사 이후로 헬페스트 페스티벌은 3일간 15만 명이 찾는다. 하루에만 5만 명이 찾는 셈이다. 2022년 제15회 행사를 찾은 유료 관객만도 무려 42만 명에 달한다.

키브롱 Quiberon [Bretagne]

프레스킬 브레이즈 페스티벌 Festival Presqu'île Breizh _10월 24~26일(제10회, 2025)

@presquilebreizh.bzh

모르비앙Morbihan 데파르트망의 키브롱 반도Presqu'île de Quiberon 와 그 인근의 섬들에서 열리는 축제로, 키브롱에서 열리는 가장 큰 가을 행사다. 연주 실력이 뛰어난 백파이프 연주단체, 1천 명의 연주자와 무용수가 참가한다. 2022년의 관람객 수는 2만 명 정도. 모두에게 열린 무료 행사다. 카르낙Carnac, 오레Auray, 반Vannes, 캥페르Quimper, 낭트Nantes, 로리앙Lorient, 브레스트Brest 등지에서 활동하는 바가드Bagad, 켈트 음악 연주단체, 켈트 그룹, 아일랜드 및 스페인의 아스투리아스에서 찾아온 외국 그룹들이 참여하는 민속 축제다.

타라스콩 Tarascon [Provence-Alpes-Côte-d'Azur]

타라스크 축제 Fêtes de la Tarasque _6월 28일~7월 1일(2024)

@Frequence-Sud

생트마르트Sainte Marthe 와 그녀가 쓰러뜨린 괴물 타라스크Tarasque를 기념하는 행사다. 6월 마지막 주말에 열리면서 프로방스 지방의 전통을 기리는 시가행진에는 8백명 가까운 사람들이 참가한다. 마을을 공포에 떨게 한 전설적인 괴물 타라스크는 축제를 벌이는 거리에 모습을 나타내는데, 타르타랭Tartarin 을 동반하고 있다. 작가 알퐁스 도데Alphonse Daudet 가 상상해낸 유명한 포수다. 카마르그Camargue 전통을 표현해내는 축제이기에 카마르그 마을도 아레나에서 황소들의 경주를 벌이는 등 자신들의 자랑거리인 말과 황소를 기리는데, 저녁에는 콘서트와 불꽃놀이가 열린다.

타라스콩의 '타라스크 축제'는 2005년 11월 25일에 유네스코에 의해 인류 구전 및 무형문화유산의 일부로 등재되면서 '벨기에와 프랑스의 거인과 용 행렬'의 총체를 구성하고 있다. 2019년에는 프랑스 무형문화유산에 등재되었다.

타르브 Tarbes [Occitanie]

타르바 엔 칸타 폴리포니 페스티벌 Festival de Polyphonies Tarba en Canta _6월 3~8일(제25회, 2025)

프랑스의 코르시카, 불가리아, 이탈리아의 사르데냐의 폴리포니 [Polyphonies, 다성음악

多聲音樂]가 세계적으로 유명하지만, 비고르Bigorre가 속한 피레네 폴리포니도 베아른Béarn, 페이 바스크Pays Basque의 폴리포니와 더불어 남부 유럽 폴리포니의 오랜 전통을 보유하고 있다. 다만 덜 알려져 있을 뿐이다. 타르브Tarbes 시는 비고르와 오트 피레네Hautes-Pyrénées의 수도로 지역 관광청, 도의회 등과 협력하여 국제 폴리포니 축제를 개최하고 있다. 이 분야의 세계적인 그룹과 꾸준한 교류를 시도하고 있으며 복스 비게리Vox Bigerri, 쾨르 드 팜Chœur de Femmes 등 지역 음악인들의 노력 덕분에 이 음악은 더욱 존재를 알리고 있다. 툴루즈 콩세르바투아르의 전통음악 교수이자 복스 비게리 음악감독인 파스칼 코몽Pascal Caumont이 예술감독을 맡았다.

타르브 시장을 도는 순회 콘서트, 칸테라스cantèras, 아페로 콘서트apéros-concerts, 학생들을 위한 프로젝트인 Mainats en Canta, 콘퍼런스, 마스터클래스 등 다양한 프로그램이 축제를 구성한다.

탄 Thann [Grand-Est]

세 그루 전나무 화장火葬 Crémation des trois sapins _6월 30일(2024)

매년 6월 30일 저녁 탄의 조프르 광장Place Joffre에서 거행하는 행사로, 환희에 찬 군

@ville-thann.fr

@ville-thann.fr

중 앞에서 3개의 전나무를 불태우는 의식이다. 이날 낮 동안에는 '파스타 파티pasta party'가 열리고, '탄 친구들의 박물관Musée des Amis de Thann'이 문을 연다. 그외에도 콘서트, 스포츠 시연, 크뤼 와인 시음 등으로 구성된다. 저녁 행사는 생티에보Saint-Thiébaut 대성당에서 열리는 장엄한 예배를 조프르 광장에 설치한 대형화면으로 중계하면서 시작된다. 그런 다음 수도원 앞뜰에서 마을의 수호성인인 티에보 성인Saint Thiébaut 조각상을 앞세운 야간 횃불 행렬이 시작되며, 탄 시장이 주재하는 3개 전나무의 화장火葬이 이루어진다. 마지막을 장식하는 행사는 공연과 불꽃놀이.

절반은 이교도적이고 절반은 종교적인 이 전통 축제는 탄 시의 전설과 관련을 맺고 있다. 1161년 6월 30일에 당시 이탈리아 옴브리아 주 구비오Gubbio의 주교인 티에보 성인은 잠자리에 들기 전에 전나무 옆에 막대기를 심었다. 막대기는 뿌리를 내렸고, 전나무는 3개의 빛으로 밝혀진다. 그러자 그 장소에 예배당과 탄 마을이 생겼다고 한다. 3개 전나무의 화장 축제는 1458년까지 거슬러 올라간다. 당시 순례자들과 상인들은 탄으로 달려와 6월 30일부터 7월 3일까지 4일간 축제를 벌였다고 전해진다. 오늘날에는 이 이벤트를 기념하기 위해 1만 명 정도가 탄을 찾고 있다.

토농레뱅 Thonon-les-Bains [Auvergne-Rhône-Alpes]

거리예술제 Festival L'Art dans la rue _5월 10일~7월 13일(제6회, 2025)

토농의 거리에서 만나볼 수 있는 도시예술art urbain 축제. 주최 측에서 제공하는 규격 캔버스에 제안된 주제를 자유롭고 예술적으로 해석한 작품을 만들어 출품한다. 2025년에는 아마추어와 숙련된 아티스트 모두 '새의 초상화를 그리다Pour faire le portrait d'un oiseau'라는 시적 주제에서 영감을 받아 작품을 만들어야 한다. 이 분야의 선구자이자 최고 아티스트인 에르네스트 피뇽-에르네스트Ernest Pignon-Ernest가 2022년 10월 15일부터 12월 17일까지 전시회를 열면서 이 마을에서 개최하는 축제에 의미를 보태기도 했다.

토로네 수도원 Abbaye du Thoronet [Provence-Alpes-Côte d'Azur]

타자의 목소리 Les Voix de l'Autre _6월 10~11일(제2회, 2023)

'문화는 타자와의 만남'이라는 정신 아래 축제는 음악을 통해 지중해 주변의 문명과 민족, 종교간의 대화를 들여다본다. 토로네 수도원의 참나무 아래, 혹은 시토회 수도원 건물에서 열린다. 2022년에는 이탈리아, 시리아, 기니, 알제리 등지의 음악이 소개되었는데, 축제에 참가한 음악인들은 칸조니에레 그레카니코 살렌티노Canzoniere Grecanico Salentino, 피에르스 파치니Piers Faccini, 복스 클라만티스Vox Clamantis, 크리스틴 자예드Christine Zayed, 제네 쿠야테Djene Kouyate, 카우타르 메지티Kawthar

@Route Des Festivals

Meziti, 루시 안투네스Lucie Antunes, 말리크 지아드Malik Ziad 등이었다.

2023년에는 두 개의 음악 공연 사이에 방문객이 수도원의 다양한 건물과 공간을 산책하는 형태의 프로그램도 마련했다. 예배당, 기숙사, 식당, 회랑에는 아프리카, 근동, 마그레브에서 온 사람들의 고대 및 현대 이주 경로가 표현되어 있다. 페스티벌의 예술감독인 피에르스 파치니Piers Faccini가 2023년에 초대한 음악인들은 알제리의 다중 악기 연주자 말리크 지아드, 알제리 가수이자 유대-스페인, 아랍-안달루시아 레퍼토리 전문가인 모나 부셰박Mona Boutchebak, 아프로-마그레브 그나와Gnawa 음악의 모로코 거장인 아딜 아미니Adil Amini, 미크로코스모스 합창단Chœur Mikrokosmos 등이 있다.

투르 Tours [Centre-Val de Loire]

가을 콘서트 축제 Festival Concerts d'automne _10월 10~20일(제9회, 2024)

@Festival Concerts d'automne

10월의 두 번째 주말에 열리는 음악제로 문화 교류와 도시의 품격 고양을 목표로 하고 있다. 2016년에 처음 만들어졌으며 짧은 역사에도 불구하고 세계적인 명성의 음악가들이 축제에 참가하고 있다. 투르 시의 여러 장소에서 열리는데, 그랑 테아트르Grand Théâtre, 생쥘리앙 성당Église Saint-Julien, 노트르담라리슈 성당Église Notre-Dame-la-Riche, 팔레 데 콩그레Palais des Congrès의 프랑수아 1세 오디토리움Auditorium François 1ᵉʳ, 오케겜 콘서트홀Salle Ockeghem, 시네마 스튀디오Cinéma Studio 등이 행사장으로 활용된다. 또 매년 '아파르테apartés'라 불리는 페스티벌 오프Off가 프로그램을 보완한다. 2020년에는 쇼팽, 베토벤, 바흐, 페르골레지, 몬테베르디 등의 음악이 연주되었다. 2022년에는 '17세기의 토스카'로 불리는 오페라 작품 〈아모레 시칠리아노Amore Siciliano〉가 레오나르도 가르시아 알라르콘Leonardo García Alarcón 과 카펠라 메디테라네아Cappella Mediterranea 에 의해 무대에 올려진 후 격찬을 받은 바 있다.

투르농쉬르론 Tournon-sur-Rhône [Auvergne-Rhône-Alpes]

양파 장터 Foire aux oignons _8월 29일(제714회, 2024)

@www.ardeche-hermitage.com

매년 8월 29일이 되면 투르농Tournon 의 유명 특산품인 양파와 마늘을 홍보하는 축제가 열린다. 1천 명 이상의 상인이 참가하며 토산품과 전통 재료를 취급하는 시장과 가축 시장도 함께 열린다. 최초 시작은 무려 1309년까지 거슬러 올라가기에 이 거대하고 맛깔스러운 행사를 통해 옛 생활상과 분위기를 떠올리기도 한다.

1308년에 비비에 주교Évêque de Viviers 는 프랑스 국왕인 필리프 르 벨Philippe le Bel 과 계약을 맺고 아르데슈의 비바레Vivarais 땅을 프랑스에 합병했다. 그를 축하하기 위해 다음 해에는 생쥘리앙드브리우드Saint-Julien-de-Brioude 다음날인 8월 29일에 장터가 열린다. 160년 후에 이를 공식화한 인물은 루이 11세Louis XI 다. 현재의 성당에는 생쥘리앙Saint-Julien 이라는 이름이 주어졌다. 축제는 20세기 초에 '투르농 양파 장터Foire à l'oignon de Tournon '로 불렸다.

투르쿠앵 Tourcoing [Hauts-de-France]

투르쿠앵 재즈 페스티벌 Tourcoing Jazz Festival _10월 11~18일(제39회, 2025)

@tourcoing-jazz-festival.com

오드프랑스 레지옹에서 열리는 가장 큰 재즈 축제. 1986년부터 시작해 제34회를 맞이한 2020년에는 스테파노 디 바티스타 Stefano Di Battista가 개막작으로 〈모어 모리코네 More Morricone〉란 공연을, 토마 뒤트롱 Thomas Dutronc이 폐막 공연을 맡았다. 그 외에도 아요 Ayo, 로베르토 폰세카 Roberto Fonseca, 후안 카르모나 Juan Carmona, 로랑 드 빌드 Laurent de Wilde, 레이 레마 Ray Lema, 리차드 갈리아노 Richard Galliano, 브래드 멜다우 Brad Mehldau 등이 축제에 참가하고 있다.

투르쿠앵 노르파드칼레 거인 포럼 Forum des Géants du Nord-Pas-de-Calais à Tourcoing _11~12월(매년)

@La Voix du Nord

릴 LIlle 근처 투르쿠앵에서 열리는 이 행사에는 수천 명의 사람들이 참석한다. 주말을 이용해 '아브레 대공 Duc d'Havré'을 위시한 거인들이 '프랑스 북부 거인들의 수도'인 투르쿠앵 거리를 누빈다. Forum des Géants du Nord-Pas-de-Calais는 Week-end Géant을 이어받은 행사. 요란한 팡파르에 맞춰 5백 명의 자원봉사자가 퍼레이드를 벌인다. 인상 깊고 즐길 거리가 가득한 이벤트다.

툴롱 Toulon [Provence-Alpes-Côte d'Azur]

레이드 사이드 오브 더 문 페스티벌 Festival Rade Side of the Moon
_7월 20~26일(제11회, 2025)

2015년부터 개최된 일렉트로 음악 페스티벌. 축제 이름은 핑크 플로이드 Pink Floyd 의 노래 'The Dark Side of the Moon'을 연상시킨다. 지역의 정체성과 새로운 발견 사이의 조화를 모색하는 취지에 맞추어 지역의 음악인이 대거 참여하며, 팝, 록, 일렉트로 음악에 주안점을 두고 있다. 도미니크 A Dominique A, 디오니소스 Dionysos, 아르튀르 H Arthur H, 라 그랑드 소피, 루 두알롱 Lou Doillon 등 유명 뮤지션들이 찾으면서 축제는 더욱 탄탄하게 자리를 잡는다.

콘서트 기간 중에는 영화 프로그램도 진행되며, 3세 이상 어린이를 위한 스탬프와 잉크 워크숍도 제공된다. 14세 이상 어린이를 대상으로는 실크스크린 인쇄 창작 과정 소개 강좌가 마련된다.

국제스크린음악제 Festival international des musiques d'écran _11월 2~10일(제18회, 2024)

@Frequence-Sud

툴롱 광역권의 7개 코뮌에서 열리는 국제영화제 'FiMé'는 시네콘서트 ciné-concert 형식으로 영화가 상영되는 동안 라이브 음악을 연주하며 음악과 영화의 교차, 오늘날의 음악과 고전 무성영화와의 만남을 표현해낸다. 참가하는 도시와 마을은 라 가르드 La Garde, 라 발레트 뒤 바르 La Valette du Var, 툴롱, 이예르 Hyères, 프라데 Pradet 등. 영화가 발명된 해인 1895년부터 1920년대

말 사이에 제작된 작품들이 소개된다. 고전영화뿐만 아니라 제7의 예술인 영화를 다룬 위대한 음악가와 작곡가를 발견하는 기회이기도 하다.

툴루즈 Toulouse [Occitanie]

바이올렛 축제 Fête de la violette _2월 22~23일(2025)

©Toulouse tourisme

'핑크빛 도시 Ville rose' 툴루즈를 상징하는 꽃은 바이올렛이다. 툴루즈 시청은 매년 카피톨 광장 Place du Capitole 에서 이 꽃을 주제로 기획한 여러 행사들을 개최한다. 시장에서는 생화는 물론이고 화장품, 향수나 방향제, 인테리어 소품이나 식재료 등 바이올렛과 관련된 모든 제품을 판매한다. 유명한 툴루즈 바이올렛 사탕 bonbons à la violette 도 이곳에서 구입할 수 있다.

엑스트렘 시네마 페스티벌 Festival Extrême cinéma _2월 16~24일(제25회, 2024)

오트가론Haute-Garonne 데파르트망 툴루즈의 시네마테크Cinémathèque 가 개최하는 이 도발적이면서도 탐구적인 영화제에서는 공포영화, 판타지, 추리영화, SF영화 등 장르 영화뿐만 아니라 독특한 오브제, 엉뚱한 실험, 신원 불명의 영상물, 잊혀진 고전 작품들, 이상한 실험영화들이 서로 뒤섞이거나 융합된다. 온갖 종류의 도발적인 영화도 만날 수 있다. 예측할 수 없는 만큼 당혹스럽고, 기발한 만큼 환상적인 작품들이 즐비하다. 회고전에서부터 시작하여 '논스톱의 밤', 시네콘서트를 거쳐 특별 상영회에 이르기까지 1주일에 걸쳐 다양한 영화들을 소개한다.

@lacinemathequedetoulouse.com

민족과 음악 영화제 PMC, Festival Peuples et Musiques au Cinéma _5월 24~26일(제25회, 2024)

툴루즈 소재 에스캄비아르Escambiar 협회가 2000년에 처음 시작한 행사. 노래와 무용을 다루는 아틀리에를 개설해 아티스트의 매니지먼트사와 예술 지도를 담당하고, 젊은 관객들을 위한 작품을 창작하며, 타국 음악가들과의 교류를 주선하고 있는 이 협회는 세계 민족음악 자료센터를 운영한다. 특히 브라질 북동부, 프랑스 옥시타니, 벵갈 지방의 바울족Bauls 등의 음악과 세계 악기에 관한 자료를 다수 보유 중이다.

음악을 통해 세상의 풍요로움을 맛보게 하는 역할을 하는 이 축제에서는 픽션과 다큐멘터리 영화들을 통해 세계의 민족들을 조명하고 그들이 만들어낸 음악을 감상한다. 주로 툴루즈 시네마테크 Cinémathèque de Toulouse 와 카브 포에지 Cave Poésie 에서 상영되며, 매 회차 상영이 끝나면 민족음악학자, 인류학자, 영화제작자, 감독과 배우, 음악인 같은 특별 초대자가 배석한 가운데 토론회를 가진다. 음악 이벤트, 부스, 콘서트 등 다양한 행사도 열린다.

툴루즈 레 조르그 국제축제 Festival international Toulouse les Orgues
_10월 1~12일(제30회, 2025)

@www.culture31.com

파이프오르간을 이용한 클래식 음악제로 1996년에 미셸 부바르 Michel Bouvard, 얀-빌렘 얀센 Jan-Willem Jansen 에 의해 창설되었다. 매년 10월에 고급 파이프오르간이 소재한 툴루즈와 미디피레네 Midi-Pyrénées 지역의 여러 장소에서 열리며, 이와 병행해 국제파이프오르간콩쿠르 Concours international d'Orgue 도 열린다. 연주 스타일과 악기 형태에 따라 3개 상을 시상하는 이벤트다.

▌역사

툴루즈는 유럽 파이프오르간의 수도라 불러도 과언이 아니다. 이 도시에만 시대를 망라하는 온갖 스타일의 파이프오르간이 30대나 있으며, 그중 12대는 역사유적으로 지정되어 있다. 또 툴루즈가 소재한 옥시타니 레지옹은 프랑스에서 가장 많은 500대 파이프오르간을 구비한 지역인 동시에 역사적으로 파이프오르간 제조로 이름난 가문을 배출한 지역이기도 하다. 그렇기에 파이프오르간과 관련된 많은 예술 활동이 이 지역에서 시작되었다. 파이프오르간 상급 클래스(CRR와 isdaT), 툴루즈 레 조르그(Toulouse les Orgues) 국제페스티벌, 자비에르 다라스(Xavier Darasse) 파이프오르간 콩쿠르, 콘서트 시즌이 모두 툴루즈에서 시작되었다. 1996년부터 '툴루즈 레 조르그' 협회는 축제와 콩쿠르를 시작하며 이러한 문화유산을 활성화한다.

▌행사

미디피레네 지역에는 370대의 파이프오르간이 있다. 그중 최고의 품질을 자랑하는 것은 아리스티드 카바이예–콜(Aristide Cavaillé-Coll)이 지은 생세르냉 사원(Basilique Saint-Sernin)이 보유하고 있다. 그 외에도 노트르담 드 라 도라드 사원(Basilique Notre-Dame de la Daurade), 생제롬 성당(Église St-Jérôme)의 대(大)파이프오르간이 유명하다.

축제는 12일간 지속되며, 축제 기간에 파이프오르간 리사이틀, 기악 및 성악 연주회, 발레, 미사, 지역 문화유산을 돌아보는 투어가 마련된다.

▎자비에르 다라스 국제 콩쿠르

툴루즈 레 조르그 페스티벌의 일환으로 열린다. 유명 오르가니스트인 자비에르 다라스(Xavier Darasse)가 1981년에 창시했다. 1981년부터 1998년까지는 2–3년마다 특정 주제를 중심으로 콩쿠르가 열렸다. 2002년부터 3년에 한 번씩 열리고 있으며, 참가자는 1시간의 콘서트를 치르게 된다. 준결선에 12명, 결선에는 4명의 참가자가 진출한다.

재즈 쉬르 송 31 Jazz sur son 31 _10월 9~20일(제38회, 2024)

Festival Jazz sur son 31은 매년 10월 툴루즈와 오트가론 Haute-Garonne 데파르트망 전역에서 다양한 형태로 열린다. 오트가론 도의회가 주관하며, 오트가론 지역의 문화 시즌을 여는 주요 행사로 자리 잡고 있다. 2024년에는 오트가론의 36개 코뮌에서 총 48개 행사가 열렸는데, 그중 33개가 무료 콘서트였다. 유료 티켓 가격도 대부분 저렴한 편이다. 16개의 문화행사도 열렸다. 행사를 맞이해 데파르트망의 주요 공연장들은 재즈 클럽으로 변신한다. 그동안 휴그 콜트맨 Hugh Coltman, 벤 롱클 소울 Ben l'Oncle Soul, 아비샤이 코헨 Avishai Cohen, 로랑 쿨롱드르 트리오 Laurent Coulondre Trio 등 프랑스 국내외에서 찾아온 그룹과 아티스트들이 무대에 올랐다.

무용과 검은 대륙 축제 Festival Danses et Continents Noirs
_10월 19일~11월 17일(제26회, 2024)

제임스 카를레스 무용센터 CCJC, Centre Chorégraphique James Carlès 가 유럽지역 무용과 안무의 독창적인 경향을 선보이는 이벤트. 계급적 구분이 없이, 주로 19세기 이후 서구에

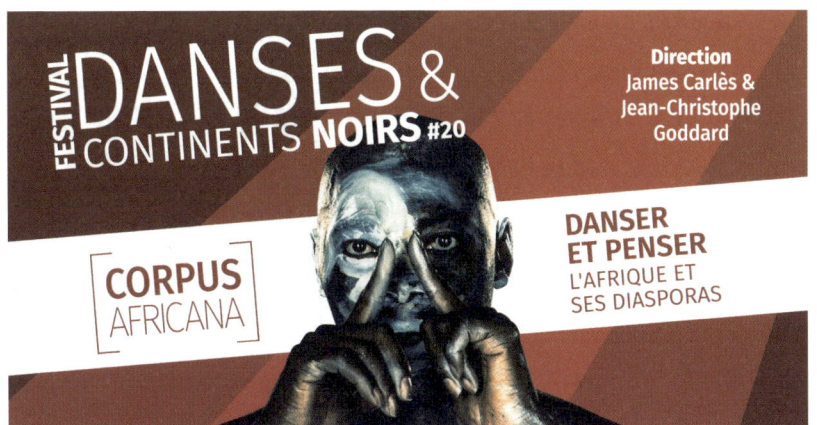

안착한 아프리카 디아스포라의 문화유산을 위주로 세상의 다양한 춤을 도시와 공연, 현대사회와 연계시켜 고민하는 장이기도 하다. 행사 성격은 '트랜스모던'으로 정의된다. 현재 툴루즈의 문화행사 중 아주 중요한 이벤트로 자리매김했다. 행사는 안무이론, 콘셉트, 방법론와 정치담론, 지정학, 지배 체계를 묶고 있다.

툴 Tulle [Nouvelle-Aquitaine]

나전螺鈿의 밤 Les Nuits de Nacre _6월 28~30일(제36회, 2024)

모젱Maugein 아코디언의 제조로 유명한 툴 마을에서 4일간 열리는 페스티벌. 콘서트, 공연, 전시회 등의 다채로운 프로그램과 전자음악, 힙합, 월드뮤직, 재즈, 전통음악, 뮈제트 등 다양한 종류의 음악을 선보인다. 콘서트 숫자는 90회 내외. 음악과의 만남, 앨범 출시, 마을에서의 '오프Off' 행사, 무도회를 수반한 갈라쇼 등 다양한 부대행사를 동시에 도모하고 있다. 코레즈Corrèze 데파르트망의 중요한 문화행사로 1988년부터 시작되어 2024년에 36회를 맞이했다. 아코디언 제조 공방 이름은

'Manufacture d'Accordéons Maugein'.

1982년에 알렉상드르 쥐앙Alexandre Juan이 처음 만든 '국제 아코디언 축제Rencontres internationales de l'accordéon'가 1988년에 '나전의 밤'으로 이름을 바꿨다. 이후 축제는 '전국 아코디언의 도시Pôle National de l'Accordéon'로서의 마을 정체성과 이미지를 강화하고 있다.

2003년 5월부터 축제의 조직은 '라 시테 드 라코르데옹La Cité de l'Accordéon'이 맡고 있는데 튈, 코레즈, 리무쟁 지역의 아코디언 생산 관리와 판매 활성화를 담당하고 있는 협회다. 모든 취향과 모든 연령대에 맞는 프로그램으로 채워진 새 에디션을 준비 중이기에 2025년에는 축제가 열리지 않는다.

트레기에 Tréguier [Bretagne]

생이브 대★순례제 Grand Pardon de Saint-Yves _5월 3번째 일요일, 5월 18일(2025)

코트다르모르Côte-d'Armor 데파르트망에서 열리는 이 행사는 브르타뉴에서 열리는 가장 정열적인 순례제 중 하나다. 트레기에의 수호성인이자 법조계 사람들의 수호성인, 그리고 가난한 자들의 보호자였던 이브 성인Saint-Yves을 담은 성골함이 행진한다. 생이브는 오랫동안 성직자들의 재판관이었는데, 이 지역에서는 통합과 선의의 상징으로 자리 잡았기에 상당히 많은 인파가 순례 행진에 동참하고 있다.

트렐라제 Trélazé [Pays de la Loire]

트렐라제 여름 축제 Festival estival de Trélazé _6월 21일~7월 19일(제28회, 2024)

@arenaloiretrelaze.fr

멘에루아르 Maine-et-Loire 데파르트망의 마을 트렐라제 소재 비수아르 공원 Parc du Vissoir 에서 열린다. 1996년에 시작되었으며, 편향되지 않고 무료이며 대중적이고자 하는 초심을 이어가는 행사다. 2022년부터는 REEVE 협회와 함께 환경 문제에 적극적으로 협조하는 노력을 시작했다. 2018년 2월에는 페스티벌 어워즈 Festival Awards 시상식에서 최고의 무료 축제 Meilleur Festival Gratuit 3등상을 받았다. 2019년에 축제를 찾은 관객만도 26만 명에 달한다. 파트너십을 체결한 그룹들이 70% 이상을 재정 지원하는 특별한 축제다. 팝, 랩, 블루스, 일렉트로 등 모든 음악 장르를 만날 수 있다. 코로나19로 인해 아레나 루아르 Arena Loire 에서 열리기로 했던 제25회 행사가 취소되었고, 2022년에 제26회 행사가 비수아르 공원에서 열렸다.

트루아 Troyes [Grand-Est]

햄 장터 Foire au Jambon _3월말 혹은 4월초(매년), 3월 28일(2024)

@https://www.foireaujambon.fr/

트루아에서 열리는 햄 축제는 매년 부활절에 앞선 목요일인 성 목요일 Jeudi saint 에 열리는 시장으로 사순절이 끝남을 경축하기 위해 중세부터 지금까지 매년 개최되고 있다. 오브 Aube 데파르트망에서 가장 중요한 행사로, 레알 Les Halles 시장 광장과 생레미 광장 Place Saint-Remy 에서 09시부터 19시까지 진행된다. 예전에는 '비계와 햄 축제 Foire au lard et au jambon'라고 불리기도 했다. 2024년에는 햄 축제의 역사적 기원을 강조했다. 중고쇠붙이장터 Foire à la ferraille médiévale 를 부각시키기 위해 옛 직업들이 시범을 벌이는 이벤트가 마련되었고, 트루아의 프뤼넬 기사단 동업조합 Confrérie des chevaliers de la Prunelle 의 시가행진, 질다스 Gildas 가 이끄는 음악 행사도 열렸다.

축제 프로그램에는 시장 상인뿐만 아니라 외부에서 돼지고기 제품을 전문으로 하는 전시업체가 제공하는 시식, 판매 및 케이터링이 포함된다. 공용 식사 공간의 천막 아래에서는 조리된 음식, 달콤하고 짭짤한 간식, 다양한 음료를 즐길 수 있다. 푸드트럭도 가동된다.

샹파뉴의 밤 Nuits de Champagne _10월 20~26일(제38회, 2024)

@troyeslachampagne.com

트루아 시, 샹파뉴아르덴Champagne-Ardenne 지방의회, 피에르-마리 보카르Pierre-Marie Boccard, 현재 페스티벌의 대표 등의 주도로 1988년 처음 만들어진 행사로 오브Aube 데파르트망의 트루아에서 만성절Toussaint 방학 첫 주에 열린다. 프랑스어권 국가들의 유명 아티스트들이 다수 참가하면서 트루아 시와 샹파뉴 지방에 격조를 부여하고 있다. 1993년부터 1명의 가수나 그룹을 초청해 축제의 상징으로 삼으며, 20여 개의 야간 콘서트를 편성하여 르 퀴브Le Cube, 에스파스 아르장스Espace Argence, 테아트르 드 샹파뉴Théâtre de Champagne 등 도시 내 여러 문화공간에서 펼친다. 초청된 아티스트의 음악으로 개막과 폐막 행사도 장식한다. 폐막 공연의 이름은 '그랑 코랄Grand Choral'.

또 축제는 '고등학교에서 노래 짓기J'écris des chansons dans mon lycée' 아틀리에를 열며, 지역 고등학생들에게 5일간 작사 강좌를 실시한다. 트루아의 바bar 들은 '페스티벌 오프 오프 오프Off Off Off'를 통해 콘서트를 연다. 3만 명 정도가 축제를 찾고 있다.

티레 Thiré [Pays de la Loire]

윌리엄 크리스티의 정원에서 축제 Festival Dans les Jardins de William Christie
_8월 24~31일(2024)

@Les Arts Florissants

2012년부터 매년 여름 레 자르 플로리상Les Arts Florissants 과 방데Vendée 데파르트망은 음악의 즐거움과 정원의 아름다움을 연계시킨 음악 행사를 열고 있다. 방데 데파르트망 소재 티레 마을에 있는 윌리엄 크리스티William Christie 의 정원에서 열리는 이 축제는 지역의 주요 행사로 자리 잡았다. 신록과 숲의 향기, 음악이 한데 어우러지는 근사한 여름날의 축제를 찾아오는 사람은 1만 명이 넘으며, 참가하는 음악인도 1백 명이 넘는다. 콘서트 오페라, 음악 산책, 아틀리에 만남의 장 등 100개 이상의 행사가 열린다. 2023년에는 퍼셀Purcell 의 〈요정의 여왕The Fairy Queen 〉, 몽동빌Mondonville 의 〈 티통과 오로르Titon et l'Aurore 〉 등이 소개되었다.

티에르 Thiers [Auvergne-Rhône-Alpes]

쿠텔리아 전시회 Salon Coutellia/Festival international du couteau d'Art et de Tradition
_5월 17~18일(2025)

@www.offrir-international.com

티에르 예술과 전통 칼 국제전시회는 5백 년 이상 이어진 전통을 계승하는 예술 칼 제조인들이 국제적인 만남을 갖는 행사다. 2,500m^2에 달하는 전시장에 20여 개 국가에서 찾아온 230명 내외의 칼 제조인들은 자신들의 명품을 뽐낸다. 칼을 직접 만들고 조립하는 시범도 보여준다. 훌륭한 제품은 때로는 엄청나게 비싸기도 하지만, 이곳에서는 비교적 다양한 가격대의 제품을 만날 수 있다. 칼에 열광하는 사람들은 쿠테 드 티에 동업조합 Confrérie du Couté de Tié 의 도움을 받아 자신의 칼을 직접 만들어볼 수도 있다. 5천 명 이상이 축제를 찾는다.

파리 Paris [Ile-de-France]

내일의 서커스 국제페스티벌 Festival Mondial du Cirque de Demain
_1월 23〜26일 (제44회, 2025)

'내일의 서커스Cirque de Demain' 페스티벌은 페닉스 서커스극장Cirque Phénix에서 열리는 서커스 축제. 1977년 도미니크 모클레르Dominique Mauclair 1929-2017가 비영리 목적을 띤 조직이었던 '라 피스트La Piste'를 위해 고안하고 실행에 옮긴 행사다.

@https://www.cirquedemain.paris/

▎ 라 피스트(La Piste)

라 피스트는 은퇴했거나 부상으로 인해 재정적 어려움을 겪고 있는 서커스 아티스트들을 지원하기 위해 1927년에 처음 만들어졌다. 1947부터 1976년까지 루이 메를랭(Louis Merlin)(1901-1976)이 회장을 맡았는데, 그는 프랑스 라디오 방송계의 선구자였고 서커스를 사랑하는 인물이자 인간관계가 탁월한 사람이었다. 1958년부터 라 피스트가 기금을 조성한 중요한 행사는 도미니크 모클레르가 제작한 '라 피스트 갈라(Gala de la Piste)였는데, 전 세계 주요 서커스 아티스트들을 부각시키는 행사였다. 1976년에 라 피스트는 프랑스 서커스 아티스트들이 겪는 은퇴나 사회보장 등의 문제 대부분을 해결하기에 이른다. 루이 메를랭은 조직이 또 다른 가치에 집중하기를 원했고, 모클레르는 미래의 젊은 서커스 아티스트들을 위한 국제 서커스페스티벌을 열자고 제안했다. 최초의 서커스학교가 2년 전 문을 열었으며, 유망한 신예 아티스트들이 대중 앞에서 자신들의 재능을 보여줄 공간이 필요하다는 점을 강조하며 프로젝트가 시작되었다.

루이 메를랭은 프로젝트가 성사되는 모습을 보지 못했다. 예기치 않게 1976년 말에 사망했기 때문이다. 최초의 페스티벌은 제19회 라 피스트 갈라가 열리는 때를 이용하여 1977년 1월 5일 파리의 Cirque d'Hiver-Bouglione에서 열렸다. 첫 우승자는 콜롬비아의 젊은 삼인조 그룹인 더 위 게츠(The Wee Gets)였다.

제2회 페스티벌은 같은 해인 1977년 11월에 열렸고, '내일의 서커스(Le Cirque de Demain)'라는 이름을 얻게 된다. 하지만 여전히 라 피스트 갈라와 연계되어 있었다. 1979년 6월에 열린 제3회 축제는 파리의 2개 서커스학교 중 하나에서 열렸다. 이때부터 축제는 자신만의 색깔을 갖게 되며 금, 은, 동메달을 시상하기 시작했다. 1982년에 페스티벌은 '내일의 서커스 국제페스티벌'이라는 새 이름을 갖게 된다.

1988년에 페스티벌은 원래 개최지였던 Cirque d'Hiver-Bouglione로 되돌아온다. 그 후 2006년까지 매년 이 장소에서 열리다가 2007년부터 거대한 Cirque Phénix de Pacherie에 둥지를 튼다.

매년 전 세계의 서커스 에이전트와 제작자들은 차세대의 주자를 찾아내기 위해 파리에 모인다. 축제가 끊임없이 새롭게 정의되어 왔기에, 시간이 흐르며 이 축제는 새로운 서커스 아티스트들에게 세계에서 가장 큰 시장이 되었다.

설날 퍼레이드 Défilés du Nouvel An chinois _1월 29일(2025)

@France 3 Régions - Franceinfo

우리의 구정에 해당하는 날, 파리 제13구 아시아 거리에서는 호랑이가 등장하는 시가행진과 거대한 채색 용이 거리를 누비는 용춤을 통해 신년맞이를 축하한다. 다른 아시아 거리가 조성된 파리 제18구 벨빌 Belleville 거리에서도 퍼레이드 행사가 열린다.

농업전시회 Salon de l'agriculture _2월 22일~3월 2일(2025)

@Deplacements Pros

파리 서남쪽 경계에 자리한 포르트 드 베르사유 Porte de Versailles 종합전시장 Parc des Expositions 에서 매년 열리는 농업 관련 전시회. 농장 경영, 토산품 생산과 작업 방식, 정원 가꾸기 등 농업 강국 프랑스의 농경산업과 농촌 문화유산을 만나보기에 이상적인 행사다. 프랑스 각 레지옹 및 해외 영토 DOM-TOM 의 특산품을 구경하고 향토 음식을 맛보기에도 좋다. 많은 사람이 찾는 도심에서의 행사지만 농촌의 분위기를 재현하고 있다. 말과 소, 양 등의 가축들과 더불어 개, 고양이 등의 반려동물도 선보인다. 이 박람회는 동물, 식료품, 경작과 식목 분야, 농업 서비스와 직업 등 4개의 분야로 나뉜다. 특히 농업 관련 직종들의 다양성을 제대로 체험해볼 수 있다.

국제관광전 Salon mondial du tourisme _ 3월 13~16일(제48회, 2025)

포르트 드 베르사유 종합전시장에서 열리는 국제 여행박람회. 해마다 10만 명 이상이 찾고 있는 '세상에서 가장 큰 프랑스 여행사'에는 17,000m²에 달하는 면적에 약 570개 내외의 부스가 들어서며, 300개 이상의 여행상품이 소개된다. 외국 관광청, 프랑스 관광사무소, 투어 오퍼레이터 tour-opérateurs 와 여행사, 크루즈 관계자 등 여행 산업에 관련된 모두가 참여하는 대규모 행사다. 전시회와 사인회, 장인들의 공예품, 시식 코너, 공연, 어린이들을 위한 부스 등 다양한 부대행사도 마련된다.

@www.destination-salons.com

시네마 뒤 레엘 Cinéma du réel _ 3월 21~30일(제47회, 2025)

1978년부터 파리의 퐁피두 센터 Centre Pompidou 및 파리 교외의 영화관에서 열리고 있는 대규모 다큐멘터리 영화제. 미개봉된 외국 영화 150여 편을 선보인다. 대가들 작품과 신진 감독 작품들이 섞여 있다. 영화인과 관객들의 만남, 토론회, 아틀리에 등의 행사가 열린다. 이 영화제는 1975년에 크레테이유 Créteil 소재 예술과 문화의 집 Maison des arts et de la culture 에서 자크 빌르몽 Jacques Willemont 과 『앵팍트 Impact』 잡지가 '인간이 인간을 바라보다 L'homme

@Cinéma du réel

regarde l'homme'란 이름으로 처음 개최했다가 1978년부터 퐁피두 센터로 개최 장소를 옮겼다. 1979년에는 장 루슈Jean Rouch 와 장-미셸 아르노Jean-Michel Arnold 가 관여하면서 이름을 Cinéma du réel로 바꾸게 된다.

뢰이이 잔디밭에서의 펀페어 푸아르 뒤 트론Foire du Trône sur la Pelouse de Reuilly
_3월 말에서 5월 말까지(매년)

파리에서 열리는 가장 유명한 펀페어funfair, 프랑스어로는 'fête foraine'. 뱅센 숲Bois de Vincennes 의 유서 깊은 뢰이이 잔디밭Pelouse de Reuilly에서 두 달간 열린다. 회전목마와 사격장, 아이스크림이나 솜사탕 등 가족들이 함께 즐길 수 있는 다양한 종류의 오락거리와 놀이기구, 먹거리가 풍성하다.

아트 파리 아트페어Art Paris _4월 3~6일(제27회, 2025)

아트 파리 아트페어Art Paris _4월 9~12일 (제28회, 2026)
아트 파리 아트페어Art Paris _4월 1~4일 (제29회, 2027)

@artparis.com

매년 봄 파리에서 열리는 현대미술제. 전 세계 20여 개국에서 찾아온 150여 현대미술 갤러리의 주요 작품들을 만나볼 수 있다. 매년 파리의 주요 전시 공간인 그랑 팔레Grand Palais에서 개최되었지만, 보수공사가 진행 중이던 2024년 행사는 에펠 탑 옆에 마련된 임시 전시장인 '그랑팔레 에페메르Grand Palais éphémère '에서 열렸다. 2024년의 방문객은 69,575명이었고, 25개국에서 찾아온 136명의 전시자가 900명 이상의 아티스트를 소개했다. 참여업체는 외국

@Art Paris

갤러리 40%, 프랑스 갤러리 60%로 구성되었고, 처음 아트 파리를 찾은 갤러리 비율은 30%였다.

  2025년에는 아트 파리가 본당과 발코니의 공간을 완벽하게 리노베이션한 그랑 팔레로 되돌아간다. 25개국에서 온 170개 전시자를 맞이하고, 주제별 플랫폼, 전시회, 시상 및 컨퍼런스로 구성된 야심 찬 프로그램을 제공하며, 초대된 수집가와 미술 전문가를 대상으로 파리 여러 기관에서 열리는 31개 회의와 VIP 프로그램을 제공한다. 또 2025년에는 새로운 주제별 플랫폼, 전시회, 상품이 추가된다. 새로운 요소로는 아트 파리 선정위원회 위원이자 독립 전시 큐레이터인 마크 도나디외Marc Donnadieu가 선정한 Promesses 부문의 그랑 팔레 본당 남쪽 발코니 배치인데, 이 행사에는 개관한 지 10년 이하의 갤러리 25개가 참여한다. 일반 부문과 '젊은 갤러리를 위한 약속' 세션에서는 26개의 단독 전시회를 통해 현대 또는 신진 작가의 작품을 깊이 있게 만나볼 수 있다.

  모든 매체에 개방된 포괄적 박람회인 아트 파리는 현대장식 및 산업예술 국제박람회 100주년을 기념하는 해인 2025년에 현대 디자인과 장식예술에 더 많은 관심을 할애했다. '프렌치 디자인 아트 에디션French Design Art Edition'이 바로 그 세션이다.

파리 국제도서전 Festival du Livre de Paris _4월 11~13일(2025)

파리 서남쪽 경계에 자리한 포르트 드 베르사유 종합전시장에서 열리다가 다시 원래 장소인 그랑 팔레Grand Palais로 복귀하는 국제도서전. 책에 할애된 행사로는 프랑스 최대 규모를 자랑한다. 450개 이상의 출판사가 참가한다. 프랑스 출판계의 동향을 파악할 수 있는 이 대규모 행사는 1981년에 처음 만들어졌다. 사인회, 토론회, 원탁회의, 라디오 및 TV 프로 녹음과 녹화 등 다양한 행사가 열린다. 2020년에는 코로나19로 인해 행사가 취소되었다.

파리 박람회 Foire de Paris _4월 30일~5월 11일(2025)

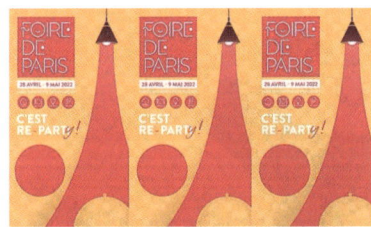

@Foire de Paris

매년 70만 명 이상이 찾는 파리 국제 엑스포로 각 주제에 맞는 제품의 전시와 판매가 함께 진행된다. 건축과 실내 인테리어 트렌드, 미식의 세계, 패션과 미용 등을 포함한 거의 모든 분야의 최신 제품들과 소비 동향을 접할 수 있다. 가장 독창적인 발명품과 기술 혁신 분야의 주요 제품에 대해서는 레핀 콩쿠르concours Lépine를 통해 대상을 선정하고 시상한다.

파리 박람회 2025에서는 다양한 분야의 1,250개 이상의 전시자가 모여 다양한 발견과 혁신을 선보인다. 각 부스에서는 매력적인 시연과 독특한 제품을 테스트해 볼 수 있다. '집과 생활 공간'에서는 주방부터 욕실, 수영장까지 걸치는 새 제품을 테스트하고 전문가의 지원을 받을 수 있다. '공예와 세계 문화' 코너에는 지구 곳곳을 여행하면서 전 세계의 문화, 미식, 음악 유산을 만날 수 있다. '웰빙' 코너에서는 피트니스, 스파, 마사지, 뷰티 등을 갖춘 웰빙 구역에서 자신을 돌보는 새로운 방법을 만날 수 있고, '패션과 액세서리' 코너에서는 올해의 새로운 트렌드를 발견할 수 있다. '여가와 실생활' 세션에서는 워크숍과 어린이를 위한 활동, 요리 시연 등 여가를 전문으로 하는 많은 전시자를 만날 수 있으며, '와인과 미식' 코너에서는 전통음식과 지역 특산품을 맛볼 수 있다. 새로운 요리법을 발견하고 다양한 종류의 와인을 시음하는 데 셰프와 생산자가 도움을 준다.

파리 프린지 페스티벌 Paris Fringe Festival _5월(매년)

@parisfringe.org

영어로 진행되는 최초의 국제연극제. 문자 그대로 '여백의, 열외의 en marge'의 의미를 지니는 '프린지 fringe' 개념을 도입한 이 페스티벌은 '공식 페스티벌들과 제도들을 벗어난 en marge des festivals officiels et des institutions' 페스티벌이라는 의미를 담아내고 있는데, 5대륙에 걸쳐 확산되고 있다. 에딘버러, 아비뇽, 뉴욕, 시드니, 암스테르담, 프라하에 이어 파리에서도 첫 프린지 페스티벌이 열리게 된 것이다.

그다지 빠른 것은 아니다. 문화의 세계 수도이자 무수한 극장들, 온갖 종류의 예술을 추구하는 거대한 국제공동체를 보유한 '빛의 도시Ville Lumière' 파리가 왜 늦어졌을까? 때로는 '문화보호주의protectionnisme culturel'와 동의어로 쓰이는 '문화적 예외exception culturelle' 개념 때문일 것이다. 이러한 한계를 극복하기 위해 마련된 파리 프린지 페스티벌은 지구상의 많은 예술가가 프랑스 수도 파리에서 독창적인 창작물을 발표하고, 연극을 중심으로 자신들 생각을 교환할 수 있는 새로운 플랫폼을 만들기 위해 마련된 행사이다. 제1회 행사는 2016년 5월 23일부터 29까지 파리 제9구에서 열렸다. '레 푀 드 라 랑프Les Feux de la Rampe' 같이 위치가 좋은 극장들뿐만 아니라 바나 무허가 술집lavomatic 같은 대안적인 장소에서 동시에 열렸다. 2016년에는 영어만 선택되었으며, 자막은 제공되지 않았다. 프랑스인들보다는 영어를 구사하는 관광객과 거주민들을 위한 이벤트라 할 수 있다.

장 루슈 국제영화제 Festival international Jean Rouch _5월 2〜9일(제43회, 2024)

@www.ird.fr

영화인이자 민속학자인 장 루슈Jean Rouch가 1982년 3월 8일 처음 만든 국제영화제로, 파리의 케 브랑리-자크 시라크 박물관Musée du Quai Branly - Jacques Chirac 과 인류박물관Musée de l'Homme, 생드니 라 플렌Saint-Denis La Plaine의 MSH Paris Nord 등지에서 열린다. 중요한 민속학 연구와 관련된 영화들을 소개한다. 통상 5월 상반기에 십여 일에 걸쳐 열리며, 나머지 시기에도 상영회 등을 통해 다양한 행사를 열고 있다. 장 루슈는 이 영화제가 점점 더 다큐멘터리 쪽으로 기우는 '시네마 뒤 레엘Cinéma du Réel' 행사를 보완하는 이벤트가 되기를 소망했다. 매년 민속학영화위원회CFE, Comité du film ethnographique가 주관하는 이 행사는 인문과학과 사회과학 방면으로 할애되면서 인간 사회의 사회적 및 문화적 변화, 인간과 환경의 관계를 고찰하는 유럽 다큐멘터리 영화제 가운데 가장 중요한 행사 중 하나로 꼽힌다. 주요 상은 나누크-장 루슈 대상Grand prix Nanook-Jean Rouch이다.

영화제의 기원은 1947년에 앙드레 루아-구랑André Leroi-Gourhan이 인류박물관에서 개최한 제1차 민속학영화 국제대회까지 거슬러 올라간다. 1952년 12월 23일에는 클로드 레비-스트로스Claude Lévi-Strauss, 에드가 모랭Edgar Morin, 장 루슈, 앙드레 루아-구랑을 비롯한 많은 인류학자와 영화인들이 회합을 가진 후 민속학영화위원회가 태동한다. 이러한 시도에 힘입어 1979년에 민속학과 사회학과 관련된 영화들의 국제행사인 '시네마 뒤 레엘'이 생겨났다. 영화제의 목적은 민속학 영화와 다큐멘터리를 소개하는 데 두었다. 하지만 민속학 영화를 소홀히 하고 다큐멘터리 영화를 너무 중시하는 마리-크리스틴 나바셸Marie-Christine de Navacelle을 장 루슈가 비판하게 된다. 1982년 3월 8일 장 루슈는 민속학영화위원회와 고등과학원CNRS의 도움을 받아 인류박물관에서 제1회 '민속학영화 결산Bilan du film ethnographique' 행사를 개최했다. 영화제는 점점 유명해졌고, 문화통신부의 지원을 받으며 1987년에 마리오 루스폴리상Prix Mario Ruspoli을 만들어내기에 이른다. 장 루슈는 22년간 축제 조직위원장을 맡다가 2004년에 숨졌다. 현재의 영화제 이름으로 바뀐 해는 2008년이다. 매년 영화제는 70편 내외의 다큐멘터리를 상영한다. 첫 행사 이후 그동안 상영된 다큐멘터리는 2천 편을 상회한다. 2023년에는 케 브랑리-자크 시라크 박물관에서 경쟁 부문 영화 공식 선정, 창작 아틀리에, 특별 시사회가, 인류박물관에서는 2023년 수상작 상영회가, MSH Paris Nord에서는 마스터클래스, 다큐멘터리 콘서트, 주제별 원탁회의가 열렸다.

위 러브 그린 페스티벌 Festival We love Green _5월 31일~6월 2일(2024)
2011년부터 파리 동남부 외곽의 뱅센 숲Bois de Vincennes에서 매년 열리고 있는 축제.

@welovegreen.fr

물을 사용하지 않는 화장실, 무공해 음식, 재생 가능한 무대 기술 등을 생태 프로젝트 전면에 내세우면서 음악을 곁들이고 있다. 팝과 록, 일렉트로 음악과 뱅센 숲의 자연환경을 섬세하게 연결하는 이 축제는 성공을 거듭하고 있다. 10주년을 맞이한 2021년에 고릴라즈Gorillaz, 도자 캣Doja Cat, 마시브 아탁Massive Attack, HS Hamza et SCH, 앙젤, 배드 버니Bad Bunny, 카트린 랭제, 폼Pomme, 니노Ninho 등의 뮤지션이 참가했다.

파리 팔라제토 브루 제인 페스티벌 Festival Palazzetto Bru Zane Paris
_6월 3~26일(제11회, 2024)

팔라제토 브루 제인 – 프랑스 낭만주의 음악센터Palazzetto Bru Zane - Centre de musique romantique française는 프랑스 낭만주의 음악 보급을 겨냥하는 조직으로 2009년 10월 3일 이탈리아의 베네치아에서 처음 개소했다. 잘 알려지지 않은 작품들과 잊혀진 작곡가들을 발굴한다는 차원에서 베르사유 바로크 음악센터Centre de musique baroque de Versailles 와 임무가 비슷하다. 베네치아의 산 폴로San Polo 지구에 들어서 있는데, 건물은 에르베 니케Hervé Niquet 의 조언에 따라 브루 파운데이션Fondation Bru이 복원한 17세기 궁전이다. 100석에 달하는 콘서트홀을 구비하고 있으며 연주회, 심포지움, 콘퍼런스를 열고 있다.

이 센터가 파리에서 2020년에 개최했던 제8회 축제는 루이-주베 아테네 테아트르Athénée Théâtre Louis-Jouvet 와 협력하면서 성악과 실내음악 사이의 균형을 시도했다.

또 사망 100주년을 맞이한 생상스도 주요 프로그램을 차지했다. 공연 장소는 루브르 박물관의 오디토리움Auditorium, 테아트르 데 샹젤리제Théâtre des Champs-Élysées, 라디오 프랑스 오디토리움Auditorium de Radio France 등 다양하다.

파리 쇼팽 페스티벌 Festival Chopin à Paris _6월 22일~7월 7일(제39회, 2024)

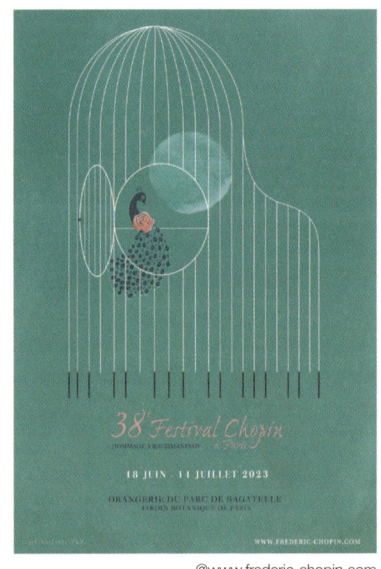

@www.frederic-chopin.com

1983년에 엘리자베트 파르망티에Élisabeth Parmentier의 주도로 창설된 클래식 음악제로, 젊은 예술가들이 폴란드 출신 뮤지션 쇼팽의 음악을 해석해내며 그에게 경의를 표하는 행사다. 바가텔 공원Parc de Bagatelle 내의 오랑주리Orangerie에서 열리는데, 방문객들은 야간 공연을 관람한 후 야외 정원을 산책할 수 있다. 파리 시, 바가텔 공원과 성의 친구들 협회Association des Amis du parc et du château de Bagatelle 가 재정 지원하는 이 행사를 매년 10만 명 이상이 찾고 있으며, France 3, La Cinquième 및 France Europe Média TV사들이 생중계한다. 2017년의 주제는 '피아노, 열정과 전수Le Piano, Passion et Transmission'로, 피아노의 대가들이 초대한 젊은 피아노 연주자들을 부각시키는 것이 목적이었다.

솔리데이즈 Solidays _6월 27~29일(제27회, 2025)

1999년에 에이즈 퇴치 협회들을 지원할 목적으로 처음 만들어진 페스티벌이다. 파리 제16구에 소재한 롱샹 경마장Hippodrome de Longchamp에서 열린다. 통상 6월 말에 개최되는데 매년 날짜는 조금씩 달라진다. 최근에는 행사마다 수백만 유로를 모으고 있으며, 수익금은 '에이즈 연대Solidarité Sida' 협회에 전달된다. 매년 팝, 록, 인디, 힙합, 일

렉트로 등 모든 장르에 걸친 150명 이상 아티스트들의 공연을 17만 명의 방문객이 찾기에 프랑스에서 가장 중요한 페스티벌 중 하나로 꼽힌다. 2017년에 참가한 뮤지션들은 Archive, Birdy Nam Nam, Kungs, Wax Taylor, Vald, La Femme, Petit Biscuit, IAM, Yael Naïm, Lilly Wood & The Prick, Zebda 등. 2025년에는 Lamomali, Matthieu Chedid, Damso, Kalash, Gims, SCH, Zaho de Sagazan 등이 참여한다.

프낙 라이브 페스티벌 Festival FNAC Live _6월 26~28일(2024)

@L'Humanité

텅 빈 거리, 뜨거운 태양, 느리게 운행하는 교통이 여름의 대표적인 파리 풍경이다. 2010년부터 '프낙 라이브' 축제는 바캉스를 떠나지 못한 사람들을 미소 짓게 만들고 있다. 2016년에 10만 명의 사람들이 파리 제4구 시청 앞 광장에 모여 100% 무료 공연들을 즐겼다. 2017년에 참가한 뮤지션들은 벵자맹 비올레Benjamin Biolay, 더 피루에츠The Pirouettes, 카시우스Cassius, 쥘리앙 클레르Julien Clerc, 쥘리앙 도레, 알뱅 드 라 시몬Albin de la Simone, 트리니다드 토바고 출신의 Calypso Rose 등.

여름의 운하 L'Été du Canal : l'Ourcq en fête _7월 6일~8월 11일(2024)

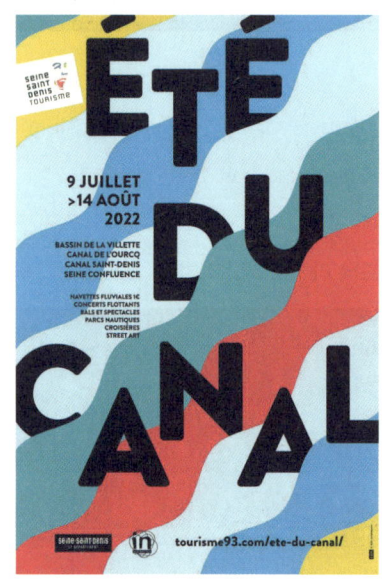

@Franceinfo

파리의 빌레트 수조Bassin de la Villette에서 센생드니Seine-Saint-Denis까지 잇는 우르크 운하Canal de l'Ourcq와 생드니 운하Canal de Saint-Denis에서 열리는 이 축제는 일드프랑스 지방에서 열리는 가장 큰 여름 축제 중 하나다. 강변의 이벤트, 점심 식사와 아페리티프가 제공되는 유람선 투어, 스트리트 아트, 콘서트와 무도회, 열린 공간에서 열리는 현대미술 전시 등이 물을 주제로 내세운 풍요로운 프로그램을 구성한다. 강둑과 강변에서도 라 빌레트 야외영화제Cinéma en plein air de La Villette, '접시에서 스크린으로De l'assiette à l'écran' 유람선 등 흥미로운 행사가 열린다. 2017년에 10주년을 맞이했다.

롤라팔루자 페스티벌 Lollapalooza _7월 18~20일(제6회, 2025)

대안음악이 미국에서 붐을 이루던 1990년대 초에 최고의 록밴드로 손꼽히던 제인스 어딕션Jane's Addiction의 보컬리스트인 페리 패럴Perry Farrell이 시작한 축제로 미국의 수출품이기도 하다. 축제는 그 후 아르헨티나, 브라질, 칠레 등 라틴아메리카로 퍼졌고, 유럽에서는 2015년 베를린 버전이 탄생한다. 롱샹 경마장Hippodrome de Longchamp에서 열린 2017년 축제에는 이매진 드래곤즈Imagine Dragons, 라나 델 레이Lana Del Ray, 레

@www.sortiraparis.com

드 핫 칠리 페퍼스 Red Hot Chili Peppers 등이 공연을 가졌다. 주최 측에서 2024년 여름에는 행사가 열리지 않는다고 발표했으며, 2025년 7월 페스티벌이 다시 열렸다. 축제 장소는 변함없이 파리 롱샹 경마장. 2025년의 라인업은 올리비아 로드리고 Olivia Rodrigo, 다비드 게타 David Guetta, 저스틴 팀버레이크 Justin Timberlake, 벤슨 분 Benson Boone, 맥클모어 Macklemore 등.

빌레트 야외영화제 Cinéma en plein air de la Villette _7월 16일~8월 23일(제35회, 2025)

매년 여름 파리 동북쪽의 빌레트 공원 Parc de la Villette 에서 열리는 행사다. 위대한 남녀들의 여정을 다룬 영화들을 상영한다는 취지 아래 서스펜스, 모험, 감동, 유머, 교감을 다룬 30여 편의 영화들을 보여주는 이벤트다. 초대형 화면의 크기는 600m^2. 별을 보며 함께 웃고, 울고, 꿈꾸며, 전율하는 감동을 맛볼 수 있다. 2021년에 상영된 영화들은 소피아 코폴라 Sofia Coppola, 팀 버튼 Tim Burton, 제인 캠피온 Jane Campion,

미야자키 하야오 Hayao Miyazaki, 베르트랑 타베르니에 Bertrand Tavernier, 마틴 스콜세즈 Martin Scorsese, 안 퐁텐 Anne Fontaine 감독 등의 작품들이었다. 2021년에는 나폴레옹 사후 200주년을 맞이했기에 7월 18일 아벨 강스 Abel Gance의 1935년 영화 〈나폴레옹 Napoléon Bonaparte〉이 편성되었다. 이틀은 어린이 관객들을 대상으로 하는데, 2021년 상영작은 〈파리의 딜릴리〉7월 17일 와 〈바람이 분다〉7월 24일. 야외영화제가 시작되기 전에 유람선을 타고 우르크 운하 Canal de l'Ourcq를 둘러보는 '여름의 운하 L'Eté du canal'란 프로그램도 마련되었다. '자르댕 21 Jardin 21'에서는 매주 수요일마다 19시부터 가든파티를 연다.

수요일부터 일요일까지 19시부터 입장할 수 있으며 영화 상영 시각은 날짜에 따라 21시 30분부터 22시 30분까지 달라진다. 지하철 포르트 드 팡탱 Porte de Pantin 역에서 내리면 된다. 칼이나 가위 같은 뾰족한 물건, 유리병은 지참이 금지되며, 모든 영화는 오리지널 버전에 자막이 달린 형태로 상영된다. 2024년에는 빌레트 야외영화제가 파리올림픽 때문에 열리지 않았다. 2025년에는 20여 회의 저녁 행사가 열린다.

매년 여름 이 축제는 프랑스와 세계 각국의 고전영화를 감상하거나 재발견하기 위해 찾아오는 수천 명의 관객을 맞이한다. 일반 대중에게 잘 알려지지 않은 영화들도 대형 스크린에 상영된다. 입장은 무료. 덱체어를 임대하는 것도 가능하다.

야외오페라 페스티벌 Opéra en Plein Air _6월 25일~9월 25일(제20회, 2021)

2001년에 시작해 2021년에 20주년을 맞이한 성악제로, 대중적인 오페라가 전통적인 공연장을 빠져나와 더 많은 관중을 만나고 경쾌한 분위기를 만들어내는 것이 목적이다. 6월부터 9월까지 한 작품을 가지고 프랑스 명소들을 돌며 순회공연을 갖는 형태를 취하고 있다. 2021년 작품은 자코모 푸치니 Giacomo Puccini의 〈나비부인 Madame Butterfly〉과 〈피콜라 오페라 Piccola Opéra〉. 〈나비부인〉은 1904년부터 세계에서 가장 유명한 오페라 중 하나가 된 작품으로, 한 미국 장교와 결혼했다가 아이와 함께 버려지는 젊은 게이샤 이야기를 담은 내용이다. 연출은 올리비에 데보르드 Olivier Desbordes가, 음악감독은 도미니크 트로텡 Dominique Trottein이 맡았다.

2021년 공연 장소로 선정된 곳들은 수도권이다. 〈나비부인〉이 소 도립영지 Domaine départemental de Sceaux 6월 11-12일, 샹쉬르마른 성과 공원 Château et parcs de Champs-sur-Marne 6월 18-19일, 생제르맹앙레 국립영지 Domaine national de Saint-Germain-en-Laye 7월 2-3일, 뱅센 성 Château de Vincennes 7월 9-10일, 앵발리드 Hôtel national des Invalides 9월 1-4일에서 행사를 가지며, 〈피콜라 오페라〉는 같은 장소에서 하루를 택해 16시에 공연한다.

공연 길이는 막간 휴식 시간을 포함 2시간 30분. 6월에는 19시 45분에 공연이 시작하며, 7월과 9월에는 20시 45분에 시작한다. 빌리지 village의 오픈은 각각 18시와 18시 30분이다. 공연이 시작되기 전 허기와 목마름을 달랠 수 있도록 빌리지에서는 바와 푸드트럭을 운영한다. 2022년에는 행사가 열리지 않았고 2023년 행사도 연기되었다. 현재 개최 여부는 미정.

파리로 공연 장소를 한정시킨 버전은 샹 드 마르스 Champs de Mars나 라 빌레트 공원 Parc de la Villette 같이 도시의 상징적인 장소에 설치된 무대에서 진행된다. 누구나 친근하고 접근하기 쉬운 환경에서 오페라를 새롭게 재발견할 수 있는 기회를 제공하며, 이를 통해 파리는 야외 서정음악의 메카로 자리매김했다.

역사

2001년부터 2019년까지 이 이벤트를 체험한 관객은 774,800명에 달한다.

연도	〈작품명〉	연출	관객 수
2001	〈리골레토(RIGOLETTO)〉	Jean-Philippe Delavault	7,600명
2002	〈돈 조반니(DON GIOVANNI)〉	Gérard Corbiau	54,600명

2003	〈피가로의 결혼(LES NOCES DE FIGARO)〉	Alain Sachs	39,200명
2004	〈라보엠(LA BOHÈME)〉	Maurizio Scaparro	36,400명
2005	〈라 트라비아타(LA TRAVIATA)〉	Henry-Jean Servat	44,800명
2006	〈마술피리(LA FLÛTE ENCHANTÉE)〉	Caroline Huppert	45,200명
2007	〈세비야의 이발사(LE BARBIER DE SÉVILLE)〉	Julia Migenes	42,000명
2008	〈호프만의 이야기(LES CONTES D'HOFFMAN)〉	Julie Depardieu & Stephan Druet	45,000명
2009	〈리골레토(RIGOLETTO)〉	Francis Perrin	49,000명
2010	〈카르멘(CARMEN)〉	Patrick Poivre d'Arvor	55,000명
2011	〈나비부인(MADAME BUTTERFLY)〉	Christophe Malavoy	50,000명
2012	〈아이다(AÏDA)〉	Elie Chouraqui	46,000명
2013	〈마술피리(LA FLÛTE ENCHANTÉE)〉	Francis Huster & Steve Suissa	45,000명
2014	〈돈 조반니(DON GIOVANNI)〉	Patrick Poivre d'Arvor & Manon Savary	45,000명
2015	〈라 트라비아타(LA TRAVIATA)〉	Arielle Dombasle	45,000명
2016	〈라보엠(LA BOHÈME)〉	Jacques Attali	39,000명
2017	〈피가로의 결혼(LES NOCES DE FIGARO)〉	Julie Gayet & Ken Higelin	22,000명
2018	〈카르멘(CARMEN)〉	Radu Mihaileanu	38,000명
2019	〈토스카(TOSCA)〉	Agnès Jaoui	26,000명

파리 가을축제 Festival d'automne _9월 7일(2024)~1월 30일(2025)

1972년 미셸 기Michel Guy가 퐁피두 대통령의 지원을 받아 창설한 종합예술제. 조형예술, 연극, 무용, 오페라, 영화, 음악, 문학, 시각예술, 퍼포먼스 등 예술 장르와 관련된 다양한 행사가 파리의 유명 박물관과 공연장에서 동시다발적으로 개최된다. 베를린, 비엔나, 암스테르담 등에서도 유사

@www.radiofrance.fr

한 행사를 개최하고 있다. 2024년 축제에서는 파리와 일드프랑스의 58개 장소에서

약 100명의 아티스트가 함께한다. 이탈리아 작곡가인 클라라 라노타Clara Lanotta, 레바논 예술가 리나 마즈달라니에Lina Majdalanie 와 라비흐 므루에Rabih Mroué 에게 할애된 프로그램도 들어있다.

레트랑주 페스티벌 L'Étrange Festival _9월 3~15일(제30회, 2024)

@etrangefestival.com

1993년 처음 시작된 행사로, 장르 영화를 대상으로 파리의 포럼 데 이마주Forum des images 에서 9월 상순에 매년 12일간 열린다. 풍성하지만 정작 관객에게는 다가갈 기회가 적은 영화들을 대상으로 하는데, 비정형적이고 독특한 희귀 영화, 미발표 영화들을 접할 수 있는 좋은 기회가 되고 있다. 판타스틱 영화에서 비극에 이르기까지, 호러물에서 다큐멘터리, 아동물에 이르기까지 다양한 영화들이 소개된다. 영화 프로그램 편성은 어떤 주제에 포커스를 맞추느냐에 따라 매년 달라진다. 2004년부터는 '레트랑주 뮤지크L'Étrange Musique '라 불리는 콘서트도 열고 있다. 주제와 관련된 전시회도 파리의 여러 갤러리에서 동시에 개최한다. 마르크 카로Marc Caro, 장-피에르 모키Jean-Pierre Mocky, 샤를로트 램플링Charlotte Rampling, 얀 쿠넨Jan Kounen, 알레한드로 조도로프스키Alejandro Jodorowsky, 가스파르 노에Gaspar Noé 같은 유명 영화인들이 축제를 찾았다. 1995년부터는 스트라스부르, 캉, 낭트, 리옹 같은 지방 도시들에서 개최되고 있다.

피콕 소사이어티 페스티벌 Peacock Society Festival _7월 13~14일(제11회, 2022)

파리에서 가장 넓은 숲인 파르크 플로랄 Parc Floral de Paris 을 일렉트로 음악이 뜨겁게 달구는 축제로 유명 건축가 빅토르 발타르 Victor Baltard 가 설계한 2개의 거대한 창고 내부에서 이틀 동안 열렸다. 유명 아티스트들이 무대에 올라 다음 날 아침 7시까지 스탠딩 콘서트를 이어가는 형태를 띠고 있고, 창고 바깥에서는 작은 공연들이 열리며, 원기를 북돋울 바와 푸드트럭도 운영된다. 플로랄 공원과 공원 내 창고에서는 2013년부터 2019년까지, 그 이후에는 발드마른 Val-de-Marne 소재 슈아지 공원 Parc de Choisy 의 야외 공연장에서 진행되고 있다.

@ra.co/promoters/39092

사진전시회 Salon de la Photo _10월 10~13일(제27회, 2024)

파리 19구 빌레트의 그랑드 알 Grande Halle de la Villette / 211 Avenue Jean Jaurès 에서 열리는 사진전으로, 사진 분야 전문가들과 아마추어들이 서로 만나는 중요한 행사. 거대한 공간 안에서 모든 종류의 카메라, 상상 가능한 온갖 종류의 액세서리를 만나볼 수 있다. 만남의 장, 이벤트, 콘퍼런스와 콩쿠르 등이 프로그램을 채운다.

@www.lesalondelaphoto.com

몽마르트르 포도수확축제 Fêtes des vendanges de Montmartre _10월 9~13일(제91회, 2024)

몽마르트르 포도수확축제는 1934년부터 매년 10월 두 번째 주말에 클로 몽마르트르 Clos Montmartre 에서 수확된 포도의 도착을 축하하는 행사로, 파리 제18구 시청이 주관하고 상인, 예술가, 협회, 학교 등 지역 이해 관계자들이 참가한다. 행사를 후원하는 유명인사도 초대된다. 매년 약 50만 명 정도가 행사를 찾고 있으며 전시회, 콘

@fetedesvendangesdemontmartre.com

서트, 장인이 만든 와인 시음 등 다양한 행사가 분위기를 돋운다.

몽마르트르 언덕에 달린 클로 몽마르트르 와인밭 vignoble du Clos Montmartre 은 파리 북쪽에서 경작하던 포도에 대한 추억을 되살리는 장소다. 몽마르트르 수도원의 여성들은 12세기부터 최초의 포도나무를 심고 와인 생산을 발전시켰다. 언덕이 도시화되고 주택이 들어서기 전까지 이 지역의 4분의 3이 포도나무로 뒤덮여 있었다. 포도밭은 1928년에 완전히 사라졌다가 1933년에 부동산 사업을 막고 솔 거리 Rue des Saules 와 생뱅상 거리 Rue Saint-Vincent 모퉁이에 위치한 땅을 보존하기 위해 1933년에 다시 생겨났다. 몽마르트르 자유공동체 Commune Libre de Montmartre 시장인 피에르 라브릭 Pierre Labric, 몽마르트르 공화국 République de Montmartre 창립자들인 장-루이 포랭 Jean-Louis Forain, 프랑시스크 풀보 Francisque Poulbot, 아돌프 빌레트 Adolphe Willette, 역사 및 고고학 협회 르 비외 몽마르트르 Le Vieux Montmartre 회장인 빅토르 페로 Victor Perrot 의 운동과 노력 덕분에 지역에서 기부한 포도나무가 다시 심어진 것이다.

1934년부터는 미스팅게트 Mistinguett 와 페르낭델 Fernandel 의 후원으로 몽마르트르 언덕에서 포도나무 축제가 열렸고, 그 후 10월 두 번째 주말마다 언덕에서는 와인 전통을 기념하고 포도원에서 새로운 빈티지 와인의 출시를 환영하는 행사를 열고 있다. 2008년부터 포도수확축제는 18구의 모든 지구로 확대되었다. 그에 따라 지역 관계자와 지역 내 문화시설, 학교, 레저센터, 협회, 상인, 장인들이 참여하는 전통이 생겨났다. 2012년 행사부터 18구 주민들은 몽마르트르 축제에 배우로 참여하고 있다. 방문자 수로 따져 이 행사는 파리 플라주 Paris-Plage 와 백야 축제 Nuit Blanche 에 이어

세 번째 규모의 파리 행사가 되었다.

마마 뮤직 앤 컨벤션 MaMA Music & Convention _10월 16~18일(제15회, 2024)

3일 동안 음악과 시장이 혼재해 열리는 행사. 4,300명의 음악 종사자들이 운집하며, 15개 무대에서 120개 콘서트가 열리는 대규모 이벤트다. 총감독은 페르난도 라데이로-마르케스 Fernando Ladeiro-Marques. 파리에서는 2010년부터 열리고 있다. 전통적인 음악 축제와는 별로 상관이 없이 전문가들과 관객을 동시에 겨냥한 하이브리드 축제 형태를 하고 있다. 그러기에 미국 텍사스 주 오스틴 Austin 에서 3월에 열리면서 음악, 영화, 게임, 콘퍼런스 등이 주를 이루는 'SXSW South By Southwest' 축제의 프랑스판이라 불린다. 세계 5위의 음악시장을 형성하고 있는 프랑스에 비슷한 형태의 음악축제가 없는 현실에 착안한 축제로, 유사한 행사로는 위의 SXSW 말고도 영국의 브라이튼 Brighton 에서 열리는 'The Great Escape', 네덜란드의 그로닝겐 Groeningen 에서 열리는 'Eurosonic' 등이 거론된다.

행사는 음악인들이 '가상현실로 표현한 음악 Musique en réalité virtuelle', '세상을 생각하는 노래 La chanson pour penser le monde', '디지털시대를 맞이한 예술가들의 투쟁 La bataille des artistes à l'ère digitale' 등의 제목 아래 음악산업의 미래를 고민하는 동시에 대중들에게 콘서트를 개방하는 형태를 취하고 있다. 시간이 흐르며 Mama는 중요한 음악행사로 자리 잡으면서 레 지노상Les Innocents, 제이 제이 요한슨Jay Jay Johanson, 아론Aaron 같은 아티스트가 참가하기에 이르렀으며, 주최 측은 패스 시스템을 도입하면서 관객들이 15개 무대를 효과적으로 즐길 수 있도록 배려하고 있다.

아트 바젤 파리 Paris+ par Art Basel/Art Basel Paris _10월 22~26일(제4회, 2025)

@www.kuraarte.com.br

파리에 상륙한 세계적인 아트페어인 '아트 바젤 파리'는 매년 10월에 열리던 현대미술박람회인 피악FIAC을 대체하는 행사로, 'Paris+ par Art Basel'이라는 이름으로 2022년 처음 개최되었다. 현대미술 애호가라면 필히 방문해야 할 행사다. 2025년에는 42개 나라와 지역에서 온 195개 갤러리가 참가하기에 미술계의 새로운 동향을 참관하고 다양한 예술 세계를 만날 수 있다. 그중 64개는 프랑스에 공간을 두고 있으며, 회화와 비디오부터 조각, 설치물, 사진, 디지털 아트에 이르기까지 다양한 고품질의 예술 작품을 선보인다. 개인전을 선보이는 젊은 아티스트도 'Emergence' 부문의 16개 갤러리로부터 지원을 받는다. Art Basel Paris의 목표는 패션, 디자인, 영화, 음악과 같은 다른 프랑스 문화산업과의 교량을 구축하여 파리의 문화생활에서 대표적인 이벤트를 만드는 것이다. 미우 미우Miu Miu의 지원으로 모든 사람이 참여할 수 있는 무료 전시 및 설치 프로그램도 도심에서 진행된다. 행사는 이에나 궁Palais d'Iéna, 앵스튀티 드 프랑스Institut de France 앞마당, 보자르 드 파리Beaux-Arts de Paris - Chapelle des Petits-Augustins, 방돔 광장Place Vendôme, 그리고 프티 팔레Petit Palais 와 팔레루아얄 Palais-Royal 국립부지를 포함한 다섯 개의 새로운 장소에서 열린다.

생제르맹데프레 코스 Parcours Saint-Germain-des-Prés _10월 18~29일(제20회, 2022)

파리 센 강 좌안 생제르맹데프레 구역의 특징적인 예술 공간을 둘러보는 행사로 부티크, 카페, 레스토랑, 상점, 호텔, 서점, 아틀리에 등 일상의 공간들이 현대예술 전시장으로 변한다. 지성과 학술의 중심지인 이 지역에 대해 애정을 갖도록 하는 것이 행사의 목적이다.

parisjetaime.com

피악(국제현대예술제) FIAC, Foire internationale d'Art Contemporain _10월 20~24일(제47회, 2021)

20여 개국에서 200개 이상의 화랑이 참가하는 현대미술 시장. 비슷한 형태로 파리에서 열리는 행사 중 가장 규모가 크다. 국제 미술계에서는 아주 중요한 행사로 인식되고 있다. 그랑 팔레 Grand Palais 와 프티 팔레 Petit Palais 에서 열리며, 루브르 박물관의 쿠르 카레 Cour Carrée 에서도 열린다. 현대미술과 관련된 다양한 작품들을 만나볼 수 있는 기회이기도 하다. 피악 FIAC 은 2022년부터 '아트 바젤 파리 Paris+ par Art Basel'로 대체된다.

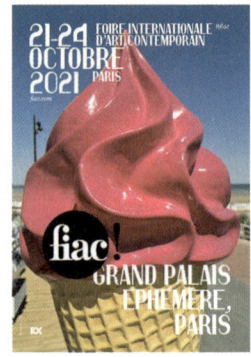

@www.leparisien.fr

월드스톡 Worldstock _10월 22~28일(제6회, 2018)

WorldStock은 2013년부터 시작된 월드뮤직 페스티벌이다. 음악을 통해 세상의 연대를 만들어내려는 목적으로 생겨난 이 축제는 아일랜드 속담처럼 '아직 만나보지 못한 타자'를 향해 손을 내미는 방식을 지향한다. 2018년에 열린 제6회 행사는 부프 뒤 노르 극장 Théâtre des Bouffes du Nord, 뉴 모닝 New Morning, 게테 리리크 Gaîté Lyrique, 라 콜

@www.facebook.com/WorldStockFestival

로니La Colonie 등지에서 진행되었다. 팔레스타인을 지지하는 차원에서 이 지역의 음악인인 트리오 주브란Trio Joubran 과 레바논의 마르셀 칼리페Marcel Khalifé 가 참가했다. 그 외에도 인도 출신 가수인 수쉴라 라만Susheela Raman, 카보베르데 가수인 마이라 안드라데Mayra Andrade, 한국 작곡가이자 가수인 박지하Park Jiha, 인도와 파키스탄의 수피음악을 들려주는 가장 위대한 그룹 중 하나인 파나피알라Fanna-Fi-Allah 등이 무대에 올랐다.

파리 한국영화제 FFCP, Festival du film coréen à Paris _10월 29일~11월 5일(제19회, 2024)

@www.facebook.com/FFCPCinema

파리 제8구 샹젤리제Champs-Élysées 거리 129번지의 퓌블리시스 시네마Publicis Cinémas 에서 2006년부터 시작한 한국영화제. '한불영화제Festival franco-coréen du film'로 불리다가 공식 명칭을 변경했다. 10월과 11월 사이에 7일간 열린다. 한국 문화를 다루는 프랑스 내 주요 이벤트 중 하나다. '현대한국영화의 풍경Paysage du cinéma coréen contemporain', '고전영화Classiques', '숏컷Shortcuts', '내일의 한국영화인 초상Portrait du cinéaste coréen de demain'이라는 4개 세션으로 나눈 후 시대와 장르를 아우르는 50여 편의 한국 영화들을 상영하고 있다. 특별상영, 회고전, 마스터클래스를 통해 매년 한국 배우, 감독과 제작자가 초청된다. 해마다 14,000명 정도가 영화제를 찾고 있다.

초콜릿 전시회 Salon du Chocolat _10월 29일~11월 2일(2025)

@www.salon-du-chocolat.com

파리의 관문인 포르트 드 베르사유 Porte de Versailles 국제전시장에서 열리며 전시 면적만도 2만m²에 달하는 세계에서 가장 규모가 큰 초콜릿 전시회다. 독일, 벨기에, 캐나다, 일본, 러시아, 스위스, 시리아, 코트디부아르, 베네수엘라 등 전 세계 60개국 500여 명의 초콜릿 제조·생산업자가 참가해 전통적인 노하우와 트렌디한 신기술을 선보인다. 제조법 시연을 포함해 주니어 아틀리에, 초콜릿 의상 패션쇼, 미스 초콜릿 선발대회 등 모두가 함께 즐길 수 있는 이벤트가 풍성하다.

피치포크 뮤직 페스티벌 Pitchfork Music Festival _11월 4~10일(2024)

피치포크 뮤직 페스티벌은 피치포크 미디어 Pitchfork Media 가 주관하는 행사로 매년 7월 말에 3일에 걸쳐 미국 시카고의 유니언 파크 Union Park 에서 열린다. 2011년부터 이 페스티벌의 프랑스 버전이 빌레트의 그랑드 알 Grande halle 에서 열리고 열리고 있다. 통상 금, 토, 일요일 3일간 열리는데, 얼터너티브 록, 힙합, 일렉트로, 댄스뮤직, 하드코어 펑크, 익스페리멘털 펑크, 재즈 등을 대상으로 한다. 2024년에는 열 군데 장소에서 80명의 아티스트가 참가했다.

르 그랑 테이스팅 파리 Festival des Grands Vins/Le Grand Tasting Paris _11월 29~30일(2024)

@winegeek.fr

매년 겨울에 파리의 루브르 박물관은 '최고의 와인 페스티벌'을 개최한다. 프랑스의 권위 있는 와인 가이드인 베탄에 데소브 Bettane et Desseauve 가 출품 와인을 선정하며, 선정된 와인을 주최 측인 그랑 테이스팅 Grand Tasting 이 수락하는 형식을 취하고 있다. 400명 이상의 와인메이커가 참가해 가장 유명한 와인부터 가장 비밀스러운 와인까지 다양한 와인을 선보이는데, 해외에서 수입한 와인도 약 50종에 이른다. 행사에서는 전문가가 진행하는 시음 세션이 개최되고, 다양한 포도 품종과 그에 맞는 요리를 결합하는 미식 워크숍도 진행된다.

레 쟁록 페스티벌 Festival Les Inrocks _3월 4~8일(제36회, 2025)

Les Inrocks 페스티벌은 1988년에 프랑스 문화 잡지『레 쟁로큅티블Les Inrockuptibles』이 처음 시작했다. 팝, 뉴웨이브, 록, 개러지, 일렉트로 등의 다양한 음악을 수용하는 축제다. 프로그램은 록 음악 부문의 신성들과 유명한 기성그룹을 독립 무대와 대안 공연에서 교차시킨다. 20회 이상 열리며 축제는 점차 명성을 얻으면서 현재 파리, 릴, 툴루즈, 낭트 등을 순회하고 있다.『레 쟁로큅티블』이 그동안 선정해 무대에 세운 뮤지션들은 뱃 포 래쉬스Bat for Lashes, 에보니 본스Ebony Bones, 소프트 팩The Soft Pack, 팅팅스The Ting Tings, 마리나 앤 더 다이아몬즈Marina and the Diamonds, LCD 사운드시스템LCD Soundsystem, 비위치드 핸즈The Bewitched Hands, 스피리추얼라이즈드Spiritualized, 일렉트릭 게스트Electric Guest, 더 백신스The Vaccines 등이 있다. 2021년에는 파리의 올랭피아L'Olympia / 28 Boulevard des Capucines, 75009 Paris에서 개최되었는데, 라 팜La Femme, 옐Yelle, 칠리 곤잘레스Chilly Gonzales, 보니 바난Bonnie Banane이 축제 무대에 섰다. 2020년에는 코로나19로 인해 행사가 취소되었다.

파트리모니오 Patrimonio [Corse]

기타의 밤 Nuits de la guitare _7월 19~26일(제34회, 2025)

파트리모니오 야외극장 Théâtre de Verdure Patrimonio 에서 열리는 이 행사는 기타 연주 분야에서 세계적인 거장들을 소개하는 특징을 지닌다. 재즈, 블루스, 플라멩코, 마누슈 manouche, 록, 집시음악, 탱고, 클래식 음악 등을 기타로 해석해내는 세계적인 연

@Rove.me

주자들을 만날 수 있는 기회다. 코르시카 음악도 비중 있게 다룬다. 콘서트는 21시 30분에 시작한다.

코르시카 농촌 가을축제 Festival d'automne de la ruralité en Corse _9월~12월(매년)

@festivaledautunnudiaruralita.com

코르시카 섬의 무형문화유산을 재발견하기 위한 예술적 만남과 교류. 생마르탱 Saint-Martin 의 날을 맞아 아 카펠라 A Cappella 협회는 코르시카의 시골로 들어가 계절에 따라 영향을 받는 생산자들, 농부들, 장인들의 삶을 그려내기 시작했다. 콘퍼런스와 토론회, 식도락과 와인에 관련된 만남, 코르시카 노래와 월드뮤직에 할애된 콘서트 등이 프로그램을 구성하고 있다. 코르시카에서 가을에 열리는 드문 행사 중 하나다.

팔스부르 Phalsbourg [Grand-Est]

푸아그라 지역축제 Fête régionale du foie gras _12월 14~15일, 21~22일(제28회, 2024)

아름 광장 Place d'Armes 에 만들어진 총면적 1,000m² 이상의 초대형 가설무대 안에서 열리는 식도락 축제. 푸아그라를 필두로 크리스마스 가금류, 달팽이, 트뤼프 송로버섯, 꿀 등 지역 산물들이 소개된다. 로렌과 알자스 지방의 상인들이 참가하며, 요리 시범도 이루어진다.

팽폴 Paimpol [Bretagne]

팽폴 내 사랑 축제 Festival Paimpol Mon Amour _2월 13~16일(2025)

@festival-paimpol-mon-amour.fr

팽폴 내 사랑 축제 Festival Paimpol Mon Amour 협회는 모든 형태의 지역 문화와 예술을 강조하고 지역 협회들에 도움을 제공하면서 연대와 공유의 정신을 지원하기 위해 만들어진 단체다.

2022년에는 2월 11일에 사랑, 나눔, 연대를 주제로 한 영화 상영, 디너 공연이 열렸고 2월 12일에는 나폴리식 파티와 브뤼노 마르탱 Bruno Martins 과 질 레이몽 Gilles Raymond 의 공연이, 2월 13일에 트레고르 블루스 밴드 Tregor Blues Band 공연이 열렸다. 행사에 맞춰 1월 15일부터 2월 12일까지 약 한 달간 애니메이션 〈그물코의 마법 La

Magie des Maillons)이 상영되기도 했다. 2023년 프로그램에는 2월 9일의 두 차례의 영화 상영, 2월 10일의 디너 공연, 2월 11일의 브라질 파티와 2월 12일의 트레고르 블루스 밴드 공연이 들어있다.

뱃사람 노래와 세계 바다음악 축제

Festival du Chant de Marin et des Musiques des Mers du Monde _8월 8~10일(제16회, 2025)

@paimpol-festival.bzh

팽폴 뱃사람 노래 축제브르타뉴어로는 Gouel kan ar vartoloded 는 코트다르모르Côtes-d'Armor 데파르트망 팽폴에서 2년마다 열리는 국제 음악 행사다. 월드뮤직, 브르타뉴 음악, 뱃사람들의 노래, 팡파르, 바가두bagadoù 등의 다채로운 음악, 160개 그룹과 2천 명의 뮤지션, 400회의 콘서트, 200척의 옛 선박, 15만 명 이상의 방문객으로 풍성하게 채워진다. 1989년에 처음 만들어진 이 바닷가 행사는 초창기에 선원들 노래와 각국에서 건너온 옛날 배들, 낡은 선구船具에 할애되었고, 이후 바다를 노래하는 음악을 대표할 수 있는 하나의 대륙 혹은 지방을 주제로 내세우고 있다.

1989년과 1991년에는 팽폴 소재 협회 ADEPAR가 주관했으며, 1997년부터는 팽폴 마을이 지원하는 뱃사람 노래 페스티벌 협회가 책임지고 있다. 2007년에 '팽폴 뱃사람 노래 축제Festival du chant de marin'라 다시 이름 붙인다. 2009년 8월 7일부터 9일까지 20주년 기념 행사를 가졌다.

1997년부터 축제는 2년에 한 번씩 홀수 해에 열린다. 하지만 연중 내내 두아르느네 해양축제Fêtes maritimes de Douarnenez, 퀘벡의 생장포르졸리Saint-Jean-Port-Joli에서 열리는 수부 노래 축제와 긴밀한 연대를 유지하고 있으며, 전 세계에서 열리는 여러 종류의 전통 혹은 현대음악 페스티벌과도 적극적으로 교류하고 있다.

▍축제의 정신 : 바다의 구전전통에 대한 오마주

뱃사람들의 노래는 부두나 선상에서 선원들의 수작업에 리듬을 부여하고 행동을 일치시키기 위해 생겨났다. 오늘날에는 바다와 음악을 연결하는 중요한 문화유산이 되었다. 지중해와 동유럽, 아메리카에 걸쳐 있는 뱃노래들은 여행과 발견, 난파와 영웅, 사랑과 우정을 담아낸 특별한 모험과 관련을 맺으며 구전되어 왔다.

매회 팽폴 페스티벌은 뱃사람들에게 경의를 표하는데, 그들을 기리는 노래는 구전전통과 그 노래들을 열정적으로 채집하는 사람들의 노력을 통해 전통을 이어가는 중이다.

▍팽폴과 페스티벌

15세기 초부터 포르투갈의 무역으로 인해 유럽인들은 대구의 맛에 눈을 뜨게 된다. 이 생선에 대한 소비가 늘어나고 먼바다에서 조업하는 배들이 급격히 늘어나게 되면서 프랑스 어부들은 국왕에게 어획량의 10%를 상납해야 했다. 브르타뉴에서는 이 규정이 팽폴 소재 보포르 수도원(Abbaye de Beauport)의 사제들과 브레아 섬(Île de Bréhat) 주민들 사이에 맺어진 추징세액 승인 협약 속에 기재되기도 했다.

팽폴은 19세기 말과 20세기 초 아이슬란드 해역에서 대구를 잡는 주요 항구 중 하나로 이름을 알리게 된다. 작가 피에르 로티(Pierre Loti)가 작품 『아이슬란드 어부(Pêcheur d'Islande)』 속에서 그려낸 풍경처럼 80여 척의 스쿠너선이 매년 대구를 잡으러 출항했다.

코트다르모르(Côtes-d'Armor) 해양 역사에서 중요한 자리를 차지하고 있는 팽폴 항구의 부두는 1842년에 처음 건설되었다. 1878년에는 최초의 저수조(bassin)가 옛 브레아(Bréhat) 성채에서 나온 돌들로 건축되었다. 두 번째 저수조는 1902년에 만들어졌으며 현재는 요트항으로 기능하고 있다. 팽폴 구시가지와 작은 항구는 목조 건물들과 선주들이 운영하는 호텔, 지역 특산물을 판매하는 가게 등으로 채워지며 특색있는 분위기를 만들어낸다.

▍시민축제

팽폴 축제는 친환경을 중시하면서 카레(Carhaix)의 '낡은 쟁기 페스티벌(Vieilles Charrues de Carhaix)', 로리앙의 '인터켈트페스티벌(Festival interceltique de Lorient)', 렌(Rennes)의 '해질 무렵(Tombées de la nuit)' 페스티벌 및 '트랑스뮈지칼(Transmusicales de Rennes)' 등 브르타뉴 지역의 다른 축제들과의 협력 아래 'Agenda 21'을 운영 중이다. 1992년 리우 회의에서 채택한 이 어젠다는 지속 가능한 발전의 원칙을 새로운 생산방식에 적용하는 프로그램이다. 팽폴 페스티벌은 친환경 재료로 요리하고, 쓰레기를 분리수거하며, 재생용지를 사용하고, 장애자들을 배려한 시스템을 구축하는 등 가장 모범적인 모습을 보이고 있다.

축제는 브르타뉴 언어와 문화를 홍보하는 기회이기도 하다. 공식 웹사이트는 프랑스어와 브르타뉴어 2개 언어로 운영 중이며, 브르타뉴 음악에 상당한 공간을 할애하고 있다. 빌리지 부스에서는 지역 음악인들이 만든 상품을 판매한다. 팽폴 페스티벌은 브르타뉴 축제 중 최초로 브르타뉴어 협회(Office de la langue bretonne)가 수여하는 타이틀인 'Ya d'ar Brezhoneg(최고 수준)' 라벨을 획득했다.

▍프로그램

2009년 8월 7-9일 : 아메리카 음악, 브르타뉴 노래와 춤, 바가두, 페스트노즈, 청소년 프로그램, 거리극과 애니메이션

2011년 8월 12-14일 : 켈트 음악, 브르타뉴 노래와 춤, 뱃사람들의 노래, 월드뮤직, 바가두, 팡파르, 거리 음악가들, 페스트노즈, 청소년 프로그램, 바다 이야기와 문학

2013년 : 6개의 음악 무대로 구성되었는데, 대(大)무대(Stan Hugill), 미셸 토네르(Michel Tonnerre) 카바레, 펭풀(Pempoull) 무대, 미셸 팽(Michel Pinc) 무대, 펍 기네스(Pub Guinness) 및 페드론(Fée de l'Aulne) 무대 설치 선박이 그것들이다.

2017년 8월 11-13일 : '동양으로 가는 길(routes de l'Orient)'이라는 주제 아래 6개의 음악공연, 이야기 및 콘퍼런스를 마련하여 하나의 무대를 구성했다. 매일 부두에서는 다양한 행사가 열렸고 상인들은 부스를 설치했다. 카사브(Kassav), 칼립소 로즈(Calypso Rose), 불르바르 데 제르(Boulevard des Airs) 등의 공연, 그리고 전설적인 그룹인 말리코른(Malicorne) 그룹의 마지막 콘서트, 알란 스티벨(Alan Stivell), 질 세르바(Gilles Servat), 프레르 모르방(Frères Morvan) 등 브르타뉴의 대표적인 뮤지션들이 참가한 콘서트로 절정을 장식했다.

▍배

팽폴 페스티벌은 전통 의장(艤裝, gréements)을 선보인다. 항구에는 나무로 제작하던 시절의 선박들 수백 척이 정박하며, 배들에는 다양한 연령층의 뱃사람 천여 명이 타고 있다. 그들은 축제가 시작되기 전날 '승조원 식사(repas des équipages)'에 참여하고, 매일 아침 축제의 시작을 알리는 뱃고동 소리를 낸다. 팽폴, 코트다르모르(Côtes-d'Armor), 캉칼(Cancale), 그랑빌(Granville), 생말로, 로케모(Locquémeau), 다우에(Dahouet)에서 항해해 온 브르타뉴 지방의 다양한 선박들, 됭케르크(Dunkerque)에서 라로셸(La Rochelle)에 이르는 프랑스 연안의 배들, 노르망디에서 가까운 영국 섬들의 배들, 영국 남쪽 지방의 배들뿐만 아니라 네덜란드나 독일, 아일랜드의 일부 배들도 행사에 참가하고 있다.

▍역사 : 음악을 통한 세계여행

2003년 : 지중해에 면한 국가들 음악(마그레브, 코르시카, 사르데냐, 이탈리아, 이집트, 프로방스). 참가 뮤지션들은 이디르(Idir), 아 필레타(A Filetta), 에릭 마르샹(Erik Marchand) 등.

- 2005년 : 동유럽 음악들과 세상의 바다 음악들. 사해에서 발트해까지(폴란드, 에스토니아, 루마니아, 몽골, 보스니아 헤르체고비나, 슬로베니아, 스페인–안달루시아와 갈리시아, 불가리아, 라트비아, 아이슬란드, 영국, 캐나다, 벨기에, 네덜란드). 참가 뮤지션들은 고란 브레고비치, 로나 하트너(Rona Hartner), 드네즈 프리장(Denez Prigent), 카를로스 누녜스(Carlos Núñez) 등.
- 2007년 : 아프리카와 세상의 바다들(남아공, 세네갈, 말리, 나이지리아, 카보베르데, 튀니지, 에티오피아, 니제르, 튀르키예, 사하라, 베냉, 코트디부아르, 영국, 폴란드, 건지섬, 아일랜드, 미국). 참가 뮤지션들은 단 아르 브라즈, 로키아 트라오레, 이스마엘 로(Ismaël Lô), 세운 쿠티(Seun Kuti), 투레 쿤다, 조니 클레그 등.
- 2009년 : 아메리카 대륙
- 2011년 : 켈트 음악

페레이르 Péreyres [Auvergne-Rhône-Alpes]

블루베리 축제 Fête de la myrtille _7월 28일(2024)

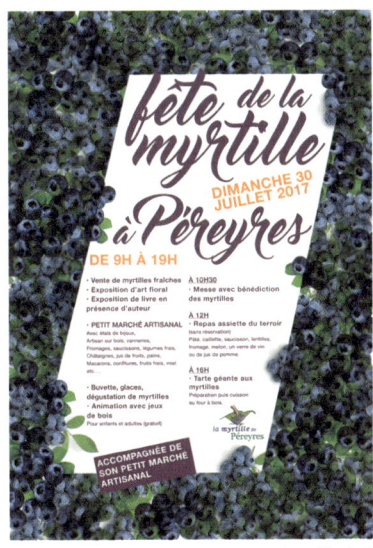

lamyrtilleraie.fr

아르데슈 Ardèche 데파르트르망의 이 작은 마을에서는 신선한 블루베리를 판매하고 꽃 전시회를 연다. 블루베리가 생레지 성당 Église Saint-Régis 에서 먼저 축성된 후 시청사 앞에서 아페리티프와 민속 공연을 곁들인 식사를 나눈다. 벌집도 전시되며 자기류, 광주리 제품, 꿀, 염소와 양 치즈, 소시지, 와인 등을 파는 시장도 열린다. 점심 식사 후에는 거대한 블루베리 파이를 만든 후 나무 가마에서 굽는다. 블루베리를 시식하며 축제는 끝이 난다. 아이들은 조랑말이나 마차를 타고 즐길 수 있다.

2024년 행사는 7월 28일 일요일 오전 9시부터 오후 7시까지.

페로스기렉 Perros-Guirec [Bretagne]

수국의 도시 축제 Festival de la Cité des Hortensias _7월 25~27일(제37회, 2025)

'수국의 도시 축제'의 2023년 부제는 '땅과 바다 De terre et de mer'로 프랑스 리브르 광장 Place de la France libre에서 3일 동안 열렸다. 콘서트, 전통음악, 뱃사람 노래, 시가행진, 브르타뉴 춤 등이 주요 프로그램이다.

@Ville de Perros-Guirec

2023년의 축제 첫째 날에는 17시부터 뱃사람 노래를 부르는 지역 단체들과 함께 전통무용과 노래 행사를 열었다. 둘째 날에는 식사와 브르타뉴 전통놀이, 브르타뉴 춤이 진행된다. 마지막 날은 오전 11시부터 도심의 시가행진이 시작되고, 14시 30분에 전통무용과 음악 공연이 이어진 후 페스트노즈로 끝이 났다.

페르피냥 Perpignan [Occitanie]

종교음악제 Festival de musique sacrée _4월 4~17일(제39회, 2025)

1987년에 만들어진 이 축제는 훌륭한 프로그램 덕분에 부활절 시기의 가장 중요한 행사 중 하나가 되었다. 리날도 알레산드리니 Rinaldo Alessandrini, 파이즈 알리 파이즈 Faiz Ali Faiz, 제임스 바우만 James Bowman, 마리 케이루즈 수녀 Sœur Marie Keyrouz, 호세 반 담 José Van Dam, 미구엘 포베다 Miguel Poveda, 아루나 사이람 Aruna Saïram, 레오나르도 가르시아 알라르콘 Leonardo García Alarcón 같은 세계적인 음악가들이 이 축제를 찾은 바 있다.

바로크 음악, 클래식 음악, 현대음악, 월드뮤직 등으로 총 29개 프로그램이 편성되며 대부분의 공연은 무료. 희귀하고도 탁월한 작품들을 소개하는 '주옥 콘서트Concerts florilège', 독창성과 보편성을 추구하는 '모자이크 콘서트Concerts mosaïque', 예술적 교차와 지식의 전수를 도모하는 '성좌Constellations', 그리고 '콘서트 아틀리에', '디지털 아틀리에', '음악 발라드' 등 다양한 세션으로 나뉜다. 그 외에도 아카펠라, 5대륙의 종교음악, 플라멩코, 두둑과 아르메니아 음악, 르네상스 시대부터 현재에 이르는 성가들, 월드뮤직 등 다채로운 음악들이 보름 동안 축제를 빛낸다.

페르피냥의 산크 순례 행진 Procession de la Sanch à Perpignan et dans les Pyrénées-Orientales
_4월 18일(제67회, 2025)

페르피냥의 산크 순례 행진 Procession de la Sanch 은 프랑스에서도 유일한 행사다. 성 금요일수난일 15시부터 18시까지 'caparutxes'라 불리는 고해자들은 튜닉을 입고 뾰족한 검은색 복면을 하며 예수의 십자가를 들고서 시가행진을 벌인다. 출발지와 도착지는 생자크 성당Église Saint-Jacques 으로 도시를 돌며 순례 행진을 한다. 생장바티스트 대성당Cathédrale Saint-Jean-Baptiste 을 거치며, 페르피냥 광장들에서 멈춘다. 기도와 시편

@diocèse de Perpignan-Elne

영창, 묵상으로 채워진 풍경은 그리스도의 수난을 상징한다. 아주 멋진 행사이니만큼 무슨 일이 있더라도 놓치지 말 것. 콜리우르Collioure에서는 순례 행진이 성금요일 21시에 시작된다. 레지도르Regidor, 선두에 나서 행렬을 이끄는 사람 는 뾰족한 두건과 전통적인 붉은색 튜닉을 걸친다. 그 뒤를 십자가를 든 검은색 복면의 고해자들이 뒤따른다. 아를쉬르테크Arles-sur-Tech에서도 순례 행진 행사가 열린다.

이미지를 위한 비자 Visa pour l'image _ 8월 30일~9월 14일(제37회, 2025)

포토저널리즘 쪽으로 특화된 축제로 프랑스와 외국 신문에서 한 해 동안 보도한 최고의 이미지들을 30여 개의 전시회를 통해 선보인다. 교육적 효과가 탁월한 이 축제는 현재성을 갖는 자료 전시, 저녁 연회 및

@Tourisme Occitanie

캄포산토Campo-Santo에서의 야외 영화 상영 등의 행사도 곁들인다. 수많은 종류의 취재담이 만남의 장, 원탁회의, 국제회의장Palais des Congrès에서의 학술회의 등을 통해 소개되기도 한다. 'World Photo Press' 콩쿠르 시상도 하고 있다.

페른레퐁텐 Pernes-les-Fontaines [Provence-Alpes-Côte d'Azur]

퐁타르 Font'Arts _8월 2∼4일(제26회, 2024)

매년 퐁타르 축제는 연극, 서커스, 음악, 무용, 마술, 불꽃쇼, 마리오네트, 구연동화 등 공연예술 장르를 수용하면서 거리극을 활성화하고 있다. 3일 동안 거리와 공원, 광장 어디에서든 수준 높은 공연을 무료로 즐길 수 있다.

거리극으로 유명한 오리약 Aurillac, 샬롱 Chalon 축제들과 마찬가지로 공연 스케줄을 미리 공지하지만, 퐁타르는 프로그램북을 매우 저렴한 가격 2022년에는 3유로에 판매함으로써 공연 장소와 시간을 알리기도 한다. 주최 측의 수입원은 프로그램 판매와 주류 판매부스 운영이 전부다. 이를 통해 확보한 수입으로 공연 예술가와 관계자 초청을 지원하고 있다. 관객들은 프로그램 구입을 통해 114개 공연 2022년 기준을 무료로 볼 수 있고, 어린이들은 아틀리에에 참가할 수 있다.

프로방스 의상 축제 Costumes de Provence en fête _9월 3일(제7회, 2023)

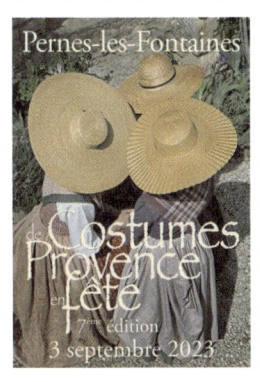

1백여 벌에 달하는 프로방스 지방 의상을 만날 수 있는 기회, 코스튐 콩타댕 콘서바토리 Conservatoire du Costume Comtadin 프로방스 전통의상 보존 박물관의 기획 전시가 2년마다 한 번씩 시청사 정원에서 열린다. 참가하는 각 그룹은 10시 30분과 15시에 열리는 두 차례의 패션쇼를 통해 자신들 의상을 소개한다. 옛 직물, 의상과 액세서리로 특화된 골동품 시장도 아리스티드 브리앙 광장 Place Aristide Briand 에서 하루종일 열린다.

페른레퐁텐 문화유산축제 La Fête du patrimoine _9월 20~22일(제11회, 2024)

4년에 한 번씩 열리는 축제. 1980년부터 페른에서 열리는 상징적인 행사로, 2016년 이후 8년간 열리지 않다가 2024년에 재개된 행사다. 마을과 주민 전체가 옛 분위기를 되살리고 자기 뿌리를 찾는 데 동참한다. '프로방스의 거인 Géant de Provence' 방투산 Mont Ventoux 자락에 소재한 이 마을 사람들 개개인 속에 굳건히 뿌리박은 전통과 노하우 유산을 다시 체험해보는 기회가 되고 있다. 성벽 안은 20세기 초의 마을 모습을 충실히 재현하며 시간을 거슬러 올라간다. 광장과 유적들은 걷거나 말을 타고, 혹은 자전거를 타고 둘러볼 수 있다. 마을의 옛 중심지에서는 주민들이 전통 의상을 하고서 옛 기계나 도구들을 소개한다.

페리고르 Périgord 지방 [Nouvelle-Aquitaine]

성 축제 Châteaux en Fête _4월 13~28일(제4회, 2024)

페리고르 지방에 산재한 1001개 성들 중 일부에서 축제가 열린다. 문화, 교육, 스포츠, 식도락을 크고 작은 고성과 저택에서 즐길 수 있다. 전시회, 공연, 빛과 소리의 행사, 콘서트, 향연, 촛불을 곁들인 저녁 식사, 성주의 가이드, 콘퍼런스 등 다양한 프로그램이 마련된다.

2024년에는 비롱 성 Château de Biron, 부르데이유 성 Château de Bourdeilles, 코마르크

성Château de Commarque, 페늘롱 성Château de Fénelon, 몽바지약 성Château de Monbazillac, 퓌마르탱 성Château de Puymartin, 에리냑Eyrignac 과 정원 등이 축제에 참가한 대표적인 성들이다.

페리고르 베르 바로크 여정Itinéraire baroque en Périgord Vert
_7월 26일~8월 3일(제14회, 2025)

@Guide du Perigord

아키텐Aquitaine 지방 페리고르 베르그린 페리고르의 로마제국시대 건축물에서 매년 열리는 바로크 음악제. 탁월한 예술감독이자 오르간과 클라브생 연주자, 암스테르담 바로크 오케스트라 및 합창단Amsterdam Baroque Orchestra and Choir 지휘자인 톤 쿠프만Ton Koopman 이 2002년에 만들어낸 축제다. 페르골레지Pergolèse, 바흐Bach, 텔레만Telemann, 헨델Haendel, 쿠프랭Couperin, 라모Rameau, 몬테베르디Monterverdi 등 바로크 음악의 거장들 음악이 연주된다.

페리고르 누아르 페스티벌Festival du Périgord noir _8월 4~17일(제43회, 2024)

아키텐Aquitaine 지방 페리고르 누아르블랙 페리고르에서 1983년부터 열리는 행사로 라스코Lascaux 와 레 제지Les Eyzies 사이의 베제르 계곡Vallée de la Vézère 의 아름다운 성당들에서 열린다. 국제적인 명성을 얻고 있는 유명 가수들과 신예들이 한자리에 모이는 축제로, 단순히 바로크와 클래식 음악제를 넘어서서 예외적으로 뛰어난 지역의 건축문화유산을 만나는 기회이기도 하

다. 누벨아키텐 레지옹에서 열리는 가장 큰 클래식 음악제 중 하나로 인정받고 있으며, 매년 20여 개의 콘서트를 청중들에게 선사하고 있다.

페리괴 Périgueux [Nouvelle-Aquitaine]

미모스 마임 축제 Mimos/Festival international des arts du mime _ 7월 3~7일(제41회, 2024)

페리괴의 광장 미술관 공원 거리들과 도시 외곽, 로디세 L'Odyssée, 르 팔라스 Le Palace, 라 비지타시옹 La Visitation 등의 공연장에서 열리는 국제 마임 축제. 1983년 지네트 Ginette 와 폴 텔리에 Paul Tellier 가 시작했다. 매년 7월 말에서 8월 초 사이에 통상 6일간 열린다. 샹슬라드 Chancelade 와 쿨루니 엑스샤미에 Coulounieix-Chamiers 같은 페리괴

인근 마을들도 페스티벌 일부를 개최한 적이 있다. Mimos는 런던 다음으로 세계 두 번째 규모의 국제 마임 축제이기도 하다. 마임, 마리오네트, 안무, 언어가 배제된 뷔를레스크 고전, 감동적인 어릿광대극 등 다양한 형태의 공연이 무대에 오르며 몸짓이 갖는 보편성이 문화와 언어를 극복할 수 있다는 사실을 보여준다. 날씨를 고려해 7월 말에 열리던 행사는 7월 초로 앞당겨졌다.

신포니아 앙 페리고르 Sinfonia en Périgord _8월 19~31일(제33회, 2024)

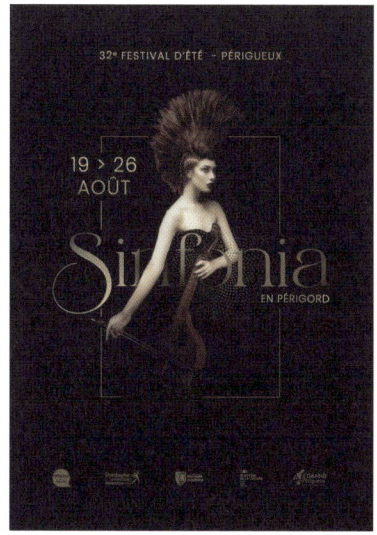

'신포니아 앙 페리고르Sinfonia en Périgord' 페스티벌은 르네상스와 바로크시대 음악에 할애된 행사로, 1990년에 미셸Michel과 다비드 테오도리드David Théodorides가 만든 축제다. 매년 8월 말에 개최되며 샹슬라드Chancelade, 생장드콜Saint-Jean-de-Côle, 브랑톰Brantôme, 소르주Sorges, 망작쉬르베른Manzac-sur-Vern, 아고낙Agonac 소재 수도원들, 페리괴의 성당이나 박물관 같은 도르도뉴Dordogne 지역의 유서 깊은 명소들에서 열린다.

국제적으로 이름난 프랑스 국내외의 바로크 단체들을 초청하는데 레 자르 플로리상Les Arts Florissants, 파트리시아 프티봉Patricia Petibon, 필립 자루스키Philippe Jaroussky, 르 콩세르 스피리튀엘Le Concert Spirituel 등 쟁쟁한 유명 가수 및 연주단체가 이곳을 거쳐 갔다. 젊은 예술가들을 발굴하는 장으로서도 훌륭한 역할을 하기에 많은 신진 음악가들이 '젊은 재능Jeunes Talents' 세션에 참가하고 있다.

2013년에는 4,200명의 관객이 축제를 찾았으며, 그 숫자는 계속 늘어나고 있다. 바로크 음악 쪽에서 주요한 행사로 자리 잡은 이 축제는 2021년에 제30회 행사를 8월 21일부터 28일까지 열었다. 르 콩세르 스필리튀엘, 메트리즈 드 라디오 프랑스Maîtrise de Radio France, 오펠리 가이야르Ophélie Gaillard, 라 샤펠 레나La Chapelle Rhénane, 아에데스 앙상블Ensemble Aedes 등의 당대 최고 그룹들이 바흐Bach의 〈성요한 수난곡Passion Selon St Jean〉, 몬테베르디Monteverdi의 〈만도晚禱, Vêpres〉, 비발디Vivaldi의 〈성모 마리아의 송가Magnificat〉 같은 걸작 음악들, 새로운 바로크 음악 레퍼토리를 해석해내는 자리였다.

페리괴 푸아그라 및 송로버섯 시장 Marchés au gras et aux truffes à Périgueux
_11월 초~3월 중순(매년)

해마다 11월 초에서 3월 중순까지 매주 수요일과 토요일 08시부터 12시까지 생루이 광장 Place Saint-Louis 에서 열리는 페리괴 시장 축제에 페리고르 Périgord 전역에서 약 30명의 푸아그라 생산자가 모여든다. 미식 조합, 유명 셰프와 생산 장인들이 춤과 오케스트라가 어우러지는 민속적인 분위기 속에서 따뜻하고 활기찬 만남의 자리를 가진다. 미식가라면 푸아그라, 콩피 confit [지방에 구운 고기를 기본으로 하는 가스코뉴 Gascogne 지방의 특식], 오리 가슴살 요리로 진열대가 가득 채워진 이곳의 시장을

@www.caruso24.net

좋아하지 않을 수 없다. 요리 시범, 시식 행사, 음악 공연 등이 곁들여지며 최고의 푸아그라 제품을 시상하기도 한다.

페삭 Pessac [Nouvelle-Aquitaine]

국제역사영화제 Festival international du film d'histoire _11월 19~25일(제34회, 2024)

지롱드 Gironde 데파르트망 보르도 Bordeaux 남쪽 교외에 자리한 페삭에서 1990년에 만들어진 영화제로 매년 역사를 전공하는 전문가와 아마추어들이 찾고 있다. 페삭 역사영화제는 과거의 이야기와 영상 이미지를 결합하려는 문화적인 관심사를 충실히 대변하고 있다. 매년 다른 주제를 택하고 있으며, 영화 상영 외에도 역사가 및 영화인과의 토론, 콘퍼런스, 문학 카페 등이 영화제를 채우는 주요 행사들이다. 역사영

화제협회Association du Festival du film d'histoire / 7 rue des Poilus, 33600 Pessac 가 주관하며, 역사 잡지『리스투아르L'Histoire』와 파트너십을 맺고 있다. 축제가 열리는 장소들은 제5공화국 광장Place de la Ve République 의 대형천막, 장-외스타슈 영화관Cinéma Jean-Eustache 의 펠리니Fellini 홀. 픽션과 다큐멘터리 2개 부문에 대해 시상한다.

■ 연도별 행사 주제
1990년 : 식민지들의 시대(Le Temps des colonies)
1991년 : 냉전(La Guerre froide)
1992년 : 여성 권력자(La Femme au pouvoir)
1993년 : 반군과 저항군(Révoltés et Résistants)
1994년 : 우리들의 1960년대(Nos années 1960)
1995년 : 이민자들(Les Émigrants)
1996년 : 돈(L'Argent)
1997년 : 신들과 인간들(Des dieux et des hommes)
1998년 : 시대의 결산(Bilan du siècle)
1999년 : 행복(Le Bonheur)
2000년 : 미국의 권력(Le Pouvoir américain)

2001년 : 법의 이름으로(Au nom de la loi)
2002년 : 인간과 바다(L'Homme et la Mer)
2003년 : 광신도들(Les Fanatiques)
2004년 : 미디어와 민주주의, 진실의 속임수(Médias et Démocratie, les ruses de la vérité)
2005년 : 유럽, 열정의 역사(Europe, histoire d'une passion)
2006년 : 부드러운 프랑스(Douce France)
2007년 : 자유, 소중한 자유(Liberté, liberté chérie)
2008년 : 1914–1919, 전쟁과 평화(1914–1919 : La Guerre et la Paix)
2009년 : 옛날 옛적에 공산주의가(Il était une fois le communisme)
2010년 : 식민지들의 종말(La Fin des colonies)
2011년 : 권력의 정복(La Conquête du pouvoir)
2012년 : 1970년대(Les Années 70)
2013년 : 인도와 중국(L'Inde et la Chine)
2014년 : 독일(L'Allemagne)
2016년 : 그런 근동(Un si Proche-Orient)
　　* 2015년 11월에 열릴 예정이던 행사가 파리에서 일어난 테러 사건 때문에 안전 문제로 연기
2016년 : 문화와 자유(Culture et Liberté)
2017년 : 소 브리티시!(So British!)
2019년 : 불의 땅 남아메리카(Amérique latine, terres de feu)
2021년 : 19세기, 전속력으로 전진!(Le XIXe siècle, à toute vapeur!)
2022년 : 남성-여성, 꽤나 스토리가 있네(Masculin-Féminin, toute une histoire)
2023년 : 우리들의 지구(Notre Terre)
2025년 : 스페인 포르투갈(Espagne Portugal)

페캉 Fécamp [Normandie]

페캉 그랑테스칼 Fécamp Grand'Escale _5월 8~12일(제2회, 2024)

2022년부터 모습을 달리해 노르망디에서 새롭게 열리는 국제해양축제로, '높은 절벽의 고장Pays des hautes falaises' 페캉의 아름다운 자연을 배경으로 삼고 있다. 노르망디, 브르타뉴, 북유럽 전역에서 바다를 건너온 크고 작은 1백여 척의 옛날 배들이 페캉 항구에 정박한다. 이 선박 중 3분의 2가 매일 항구를 드나들기에 페캉, 이포르Yport,

@www.campinglebrevedent.com

에트르타 Etretat 사이의 장소들에서 배가 오가는 장관을 감상할 수 있다.

 부둣가에서 전시회, 콘서트 및 다양한 이벤트가 열리며, 프랑스와 유럽 해양문화유산의 일부를 이루는 배들에 시승해보는 것이 가능하다. 원양어업으로 이름난 페캉은 자신만의 구전전통, 노래, 음식을 보유하고 있다. 제3회 행사는 2028년에 열린다.

펠르롤 Pailherols [Auvergne-Rhône-Alpes]

전통 치즈 축제 Fête des fromages de tradition _6월 1~2일(제24회, 2024)

오리약 Aurillac 에서 동쪽으로 20km 떨어진 캉탈산 Monts du Cantal 위의 마을 펠르롤에서 열리는 향토 축제는 오베르뉴 지방에서 생산하는 5개의 AOP 등급 치즈와 프랑스 다른 지방에서 생산하는 치즈들을 만나게 해준다. 식도락 축제를 넘어선 지역의 민속축제 성격이 강하다. 토요일에는 제품 전시와 시식 코너, 캉탈과 살레르 Salers 치즈 제조공장을 방문하는 '롱드 데 뷔롱 Ronde des Burons' 이벤트가, 일요일에는 토산품 시장, 가축 행진, 타스트 푸름 동업조합 Confrérie des Tastes Fourmes 의 신규회원 환영 행사, 젖짜기 체험 등이 준비된다.

지방별 축제 [ㅍ] 745

펠르탱 Felletin [Nouvelle-Aquitaine]

국립 모직물의 날 Journées nationales de la laine _10월 25~27일(2024)

@Tourisme Creuse Limousin

오뷔송 Aubusson 남쪽으로 10분 거리에 자리하고 있는 태피스트리의 요람인 펠르탱 Felletin 마을은 지역 문화유산을 기리는 의미에서 프랑스 양모 생산업자들의 인상적인 만남을 주선하고 있다. 크리에이터 전시회에는 천연섬유, 양품류 제조, 매트리스 제조 분야의 130명 이상이 참가한다. 태피스트리 및 양모 방적 아틀리에 방문, 만남, 양모 작업 시범과 입문 강좌 등도 마련된다. 유네스코 무형문화유산에 등재된 오뷔송 태피스트리의 고장에서 멋진 주말을 보낼 수 있는 이벤트다.

펠리산 Pélissanne [Provence-Alpes-Côte d'Azur]

꿀 축제 Fête du Miel _10월 13일(제3회, 2024)

펠리산 시 Ville de Pélissanne 가 프로방스 관광청 및 프로방스 양봉가조합 Syndicat des Apiculteurs de Provence 과 파트너십을 체결한 후 개최하고 있다. 2022년에 10월에 제1회

@Ville de Pélissanne

행사가 열렸다. 벌과 꿀을 주제로 하는 이 행사는 프로방스 지방의 양봉산업에 대해 알 수 있는 기회로, 전문 양봉업자들이 자신들의 제품을 소개하고 질문에 답한다. 지역의 다른 산업인 라벤더 재배, 올리브유와 치즈 생산 등에 종사하는 사람들도 만날 수 있다. 영화토론회, 사진전 등도 열리며 꿀을 넣은 다양한 요리 체험, 꿀 추출 시범, 꿀 시식 등의 관련 행사가 프로그램을 더욱 다채롭게 만들어준다.

포 Pau

비아르네 카니발 Carnaval Biarnés _ 2월 27일~3월 2일(2025)

비아르네 카니발은 매년 베아른 Béarn 지역의 여러 코뮌에서 열리는 카니발로 포 Pau 의 에다스 지구 Quartier du Hédas 에서 끝난다. 이 카니발은 프랑스 본토에서 열리는 가장 중요한 5개 카니발 중 하나로 인정되며, 피레네 지역의 카니발 전통을 이어가는 행사로 유명하다. 사회의 쇠락과 모순을 대표하는 카니발의 왕 'Sent Pançard', Sent Pançard의 부인이자 외양을 통해 사순절의 영속성을 상징하는 'Carronha', 고기와 와인이 없는 금욕의 시기를 나타내는 'Quarèsma 사순절', 육체를 유혹하고 봄의 귀환을 알리는 'L'ors 곰', Sent Pançard의 하느님인 'Sent Porquin', 질서와 규율을 나타내는 인물들인 'Los gendarmas 헌병들', Sent Pançard의 법정을 그려낸 'La cort 법정'가 축제를 구성하는 인물과 풍경들이다.

2004년부터 비아르네 카니발은 Sent Pançard가 은신처를 찾아낸 아라곤 Aragon 지역의 안소 Ansó 가 배경이다. 그런 다음 그는 베아른 지역의 여러 장소를 정복한 후 포

@La République des Pyrénées

에 도착한다. 카니발은 '곰의 밤 nueit de l'ors'에 곰들이 깨어나고 사냥꾼들이 도착하면서 시작된다. 다음 행사는 'Pantalonada'로, 포의 유력자들이 Sent Pançard가 도시로 들어오지 못하도록 Sèga 바리케이트를 쌓는 이벤트다. Pançard 왕은 승리를 거두며, 거리에서 시가행진이 열리기 전에 마을의 열쇠가 그에게 전달된다. 이어지는 행사에서 Sent Pançard는 재판에서 유죄 판결을 받고, 화형을 선고받은 그는 아라곤 지역에서 도주한다. 그의 초상화를 불태우는 행사가 축제의 마지막을 장식한다.

포에서 열리는 마지막 행사는 약 5만 명이 참관한다. 행사에는 5백 명의 음악인과 4백 명의 자원봉사자가 동원되고 있다.

포르바르카레스 Port-Barcarès [Occitanie]

엘렉트로비치 뮤직 페스티벌 EMF, Electrobeach Music Festival _7월 12~14일(제10회, 2025)

피레네조리앙탈 Pyrénées-Orientales 데파르트망에 소재한 포르바르카레스 Port-Barcarès 에

@france-voyage.com

서 2009년에 만들어진 페스티벌로, 이름 그대로 일렉트로 음악에 할애된 행사다. 지중해 쪽 해수욕장을 끼고 있는 마을 이름은 카탈루냐어로 'El Barcarès'. 일렉트로 음악 방면으로는 프랑스에서 규모가 가장 크다. 2016년에 17만 관객을 돌파하며 '낡은 쟁기 Vielles Charrues 페스티벌'과 '솔리데이즈 Solidays'에 버금가는 규모가 되었다. 이 작은 마을에 떨어지는 수익금도 상당하다. 2016년 기준으로 2,400만 유로. 세계 최고의 DJ들을 이곳에서 만날 수 있다. 7월 중순에 열리며, 매해 날짜는 조금씩 다르다.

▌3일간의 광란

3일 동안 리디아 (Lydia) 해변은 거대한 댄스 무대로 변신한다. DJ들과 축제 참가자들은 완벽하게 교감하며 서로 가족처럼 여기기에 'EMF 가족'이란 표현까지 생겨났다. 'EMF 가족'들은 오래전부터 축제 참가를 준비하기에 캠핑장, 호텔, Airbnb 등의 예약은 일찍 마감된다. 축제 시작 보름 전부터 리디아 해변 인근에서의 숙박은 아예 불가능하기에 페르피냥 (Perpignan)까지 가야 할 정도다.

▌삼색기를 내건 축제

국경일인 7월 14일을 포함해 열리는 이 축제는 해가 흐르며 더욱 프랑스적 정체성을 강조하고 있다. 프랑스 공군 곡예편대가 축제장 위를 날고, 바르카레스 시장이 연설하는 장면은 이제 흔한 풍경이 되었다.

포르앙베생위펭 Port-en-Bessin-Huppain [Normandie]

구 뒤 라르주 페스티벌 Festival Le Goût du Large
_11월 9~10일(2024)

@Normandie Tourisme

'Le Goût du Large' 축제는 가리비coquille Saint-Jacques 및 해산물을 대상으로 한 축제다. 동시에 축제는 유럽 뱃사람들의 노래를 한자리에 모으고, 경매장을 마련하면서 어부라는 직업을 부각시키기도 한다. 해묵은 선구船具들도 전시하며, 트롤선에 타보고 조선소도 방문할 수 있다. 그물 수선 작업, 걸어서 잡아당기면 저절로 죄어지는 해양용 밧줄 매듭을 만드는 시범을 구경하는 것도 가능하다. 셍고르 문화원Centre culturel Senghor 은 포르앙베생Port-en-Bessin 의 바다와 관련된 전통을 알 수 있도록 포구 방문 프로그램을 마련하기도 한다. 또 이 축제는 식도락을 중시한다. 가리비를 재료로 한 독창적인 메뉴를 선보이며, 마을의 여러 레스토랑도 조개를 넣은 특별 요리를 마련한다. 5만 명이 행사를 찾고 있다.

포르토베키오 Porto-Vecchio [Corse]

꿈의 축제 Scen'è sonniu/Festival du rêve _4월 25~28일(제23회, 2024)

매년 4월이 되면 코르시카 섬은 '포르토베키오 꿈의 축제'와 함께 거리극의 색깔로

@Visit Corsica

물든다. 이탈리아, 스위스, 스페인, 코르시카를 비롯한 여러 국가와 지역 공연단들이 전통과 현대를 아우른 거리극, 서커스, 마리오네트, 음악, 현대무용 공연을 선보인다. 포르토베키오 항구에 있는 리에주 공장 야외극장 Théâtre de Plein Air de l'Usine à Liège 을 찾는 관객 숫자는 6천 명 내외. 모든 공연이 무료다.

정치영화제 Festival du film politique _10월 24~27일(제8회, 2024)

@Gites-corsica

2017년에 처음 만들어진 국제영화제로 정치 이슈를 다루거나 정치적 상상력이 돋보이는 영화를 다룬다. 영화제를 만들어 낸 인물들은 카를 제로 Karl Zéro, 제롬 파올리 Jérôme Paoli, 데이지 데라타 Daisy d'Errata, 안 카트린 망데즈 Anne Catherine Mendez. 수상작품에는 작은 나폴레옹 반신상이 수여된다.

제1회 행사의 경쟁 부문 본선에는 김기덕 감독의 〈그물 Entre deux rives〉을 포함해 니콜라 부크리프 Nicolas Boukhrief 감독의 〈메이드 인 프랑스 Made in France〉, 타릭 살레 Tarik Saleh 감독의 〈카이로 컨피덴셜 Le Caire - Confidentiel〉, 라울 펙 Raoul Peck 감독의 〈청년 마르크스 Le Jeune Mark〉, 안나리타 잠브라노 Annarita Zambrano 감독의 〈전쟁 이후 Après la guerre〉, 뤼카스 벨보 Lucas Belvaux 감독의 〈우리 집에서 Chez nous〉 등 6개 작품이 올랐고, 〈그물〉이 대상을 받았다.

포르트 뒤 솔레이유 Portes du Soleil [Auvergne-Rhône-Alpes]

록 더 피스트 Rock the Pistes _3월 16~22일(2025)

포르트 뒤 솔레이유 Portes du Soleil 는 프랑스와 스위스에 걸친 샤블레 산지 山地 Massif du Chablais 경사면에 자리한 12개 활강코스를 갖춘 스키장이다. 길이가 650km에 달하기에 전 세계에서 가장 규모가 큰 스키장 중 하나로 꼽힌다. 축제가 열릴 때 스키장은 거대한 규모의 '스노우 댄스 플로어'로 변신하며, 주최 측은 특이한 팝과 록 음악 페스티벌을 개최한다. 프랑스어권과 세계에서 이름난 팝과 록 최고의 무대를 이곳에서 즐길 수 있다.

@medium.com

포르티라뉴 Portiragnes [Occitanie]

카날리시모 페스티벌 Festival CanalissimÔ _7월 3~6일(제16회, 2025)

랑그독루시용 Languedoc-Roussillon 지방의 포르티라뉴 마을은 유네스코 세계문화유산에 등재된 장소와 지역문화유산을 부각시키기 위해 미디 운하 Canal du Midi 주변에서 식사, 음악 공연과 연극, 거리극, 서커스 등을 선보인다. 모든 행사는 무료로 진행되며, 인근 마을 사람들과 관광객을 불러 모으고 있다.

@canalissimo.fr

퐁 뒤 가르 Pont du Gard [Occitanie]

가시덤불 축제 Garrigue en fête _3월 31일~4월 1일(2025)

고대로마제국 시대의 이 명소에서는 새싹이 돋는 부활절 시기에 다시 태동하는 자연을 경축한다. 목가적 분위기의 지중해 풍경을 배경으로 낮잠을 연상시키는 음악, 뮤지컬과 거리극 등이 선보인다. 페달을 밟는 목마, 나무로 하는 놀이 등 매년 새로운 프로그램도 추가되고 있다. 토산품과 시즌 음식을 파는 전통시장도 열리며, 점심 때 녹색 참나무 아래서 농장 피크닉을 즐기는 유명한 행사, 부활절 월요일에 계란 찾기를 하는 이벤트도 곁들인다. 식물학자, 화가, 동화 구연 작가, 박물학자와의 만남도 마련된다. 봄의 색과 맛을 제대로 느낄 수 있는 축제다.

퐁 라베 Pont-L'Abbé [Bretagne]

자수를 놓는 여인들 축제 Festival des Brodeuses _7월 10~13일(제71회, 2025)

반세기 이전부터 브르타뉴 지방에서 열리는 여름 축제의 한 축을 이루는 행사. 4일에 걸쳐 열리는 가족적 분위기의 이 축제는 브르타뉴 지방의 전통 모자인 비구덴 bigouden 과 전통의상을 강조하는 행사로, 외국의 민속 전통에도 문호를 개방하고 있다. 음악과 무용이 주를 이루는 행사를 매년 3만 명 이상이 찾고 있다. 브르타뉴 전통음악 연주단인 바가두 bagadoù 와 켈트 음악을 즐기게 해주며, 거대한 폐막식 때

@kerlaz.com

는 '자수의 여왕 Reine des Brodeuses'을 기린다.

　1954년 처음 만들어진 이 축제는 프랑스에서 가장 오래된 전통축제 중 하나이기도 하다. 1909년부터 시작된 '자수의 여왕' 선발대회가 축제의 기원이었다. 대회는 당시 섬유산업이 번성하던 퐁라베 시의 수많은 자수 공방을 움직이는 계기가 되었다. 아틀리에에서 일하는 직공 중에서 여왕이 선발되었기에 자수라는 직업 전체를 대내외적으로 알리는 기회였기 때문이다. 이후 축제는 진정성을 갖춘 전통 행사로 자리매김한다. 거리와 무대에서는 1,200벌 이상의 의상을 만나볼 수 있다.

　일요일은 행사가 절정을 이루는 날이다. 브르타뉴식 미사를 거행한 후 30여 개 이상의 켈트 음악 연주단과 바가두가 참가하는 시가 퍼레이드가 열린다. 많은 어린이도 비구덴 복장을 하고서 퍼레이드에 동참한다. 브르타뉴 지방의 모든 의상과 헤어 스타일을 만날 수 있다.

　낮 동안에 생로랑 숲 Bois St-Laurent 인근의 강변에서는 무용, 노래, 음악, 여왕 선발대회가 이어진다. 지방 음식과 해산물을 맛볼 수도 있고, 탁월한 자수 작품들과 미용사들을 만날 수도 있다. 밤에는 페스트노즈 Fest-noz로 불리는 야간 축제가 열린다. 많은 공연, 콩쿠르, 콘퍼런스, 실습이 프로그램에 편성되어 있다. 퐁라베 성의 지하 박물관에서는 일주일 내내 자수 작품과 의상 전시회가 열린다. 1995년에 축제는 '프랑스에서 세 번째로 아름다운 전통축제 Troisième plus belle fête traditionnelle de France'로 선정되었고, '프랑스 예술 유지 그랑프리상 Grand Prix National du Maintien de L'Art en France'을 수상했다.

퐁레베크 Pont-l'Évêque [Normandie]

치즈 축제 Fête du fromage _5월 8~11일(제41회, 2025)

@leguidedufromage.com

칼바도스Calvados 데파르트망 퐁레베크 마을에서 열리는 유명한 치즈 축제다. 코로나19로 인해 2년간 열리지 않다가 재개되었다. 이곳에서 생산하는 정사각형의 치즈는 마을의 이름을 따서 Pont-l'évêque라 불린다. 식도락 행사와 와인, 스파클링 와인 전시회를 열어 치즈를 홍보하는데, 100개의 업체가 드라도르 공원Parc du Drap-d'Or에서 열리는 총면적 1,300m² 규모의 토산품시장에 참가한다. 노르망디에서 생산하는 4대 치즈인 퐁레베크pont-l'évêque, 카망베르camembert, 리바로livarot, 뇌샤텔neufchâtel 협동조합 부스에서 시식해보는 것을 빠뜨리지 말 것.

퐁비에이유 Fontvieille [Provence-Alpes-Côte d'Azur]

알퐁스 도데 축제 Fête Alphonse Daudet _8월 11일(2024)

작가 알퐁스 도데가 부슈뒤론Bouches-du-Rhône 데파르트망에 소재한 퐁비에이유에서 살았던 적이 없지만 『풍차 방앗간 편지Lettres de mon moulin』라는 작품을 쓴 덕분에 이 고장 사람으로 간주되곤 한다. 8월의 두 번째 일요일에 열리는 축제에서는 프로방스어로 거행되는 몽토방 성Château de Montauban 정원의 미사, 홀에서 벌이는 전통 행사, 마을 거리에서 전통의상을 입고 진행하는 페굴라도pégoulado, 아레나에서의 공연 등이 마련된다.

퐁스코르프 Pont-Scorff [Bretagne]

연어 축제 Festival Saumon _7월 4~6일(제29회, 2025)

미니 콘서트, 페스트노즈, 어른과 아이를 위한 학술과 오락 행사, 카누와 카약 강습, 플라이 낚시 시범, 불꽃 공연 등이 브르

@www.festival-bretagne.fr

타뉴 레지옹 로리앙 지역의 작은 마을인 퐁스코르프를 축제로 들뜨게 만든다. 행사는 연어에 관한 모든 지식을 습득할 수 있기에 축제인 동시에 교육적인 의미도 크다. 멋진 생튀르쇼 저택 Manoir de Saint-Urchaud 을 비롯한 2개 장소에서 3일 동안 열리며, 모든 행사는 무료다. '스코르비퐁텡 Scorvipontains' 자원봉사자들이 축제 운영을 돕는다.

퐁타벤 Pont-Aven [Bretagne]

가시양골담초꽃 축제 Fête des fleurs d'ajonc _8월 3~4일(2024)

미사, 꽃마차와 전통의상 퍼레이드, 바가두 bagadoù 를 곁들인 이 축제는 브르타뉴에서 가장 오래된 민속제다. 음유시인이자 샹송 가수인 테오도르 보트렐 Théodore Botrel 이 브르타뉴 지방을 부각시키기 위해 1905년에 만들어낸 행사로, 노래 '팽폴 여인 La Paimpolaise'과 브르타뉴의 민속적인 이미지는 그에게 어느 정도 빚지고 있다. 축제 수익금은 불우이웃에게 기부한다. 매년 8월 첫 번째 일요일에 열린다.

@Aux fils d'Arts - Overblog

퐁텐 Fontaine [Auvergne-Rhône-Alpes]

그르노블 알프 메트로폴 재즈 페스티벌 Grenoble Alpes Métropole Jazz Festival
_9월 27일~10월 13일(제20회, 2024)

@www.jazzclubdegrenoble.fr

매년 10월 보름 동안 열리는 재즈 페스티벌로 여러 콘서트홀과의 협력 아래 이제르Isère 데파르트망 그르노블 광역권 일대에서 열린다. 2024년에 20회를 맞이한 행사로 그르노블 재즈클럽Jazz Club de Grenoble이 주최하고 있으며, 재즈클럽의 자원봉사자 및 축제에 참가하는 공간의 인력에게서 많은 도움을 받고 있다. 2024년에는 잔 미샤르Jeanne Michard, 마리옹 랑팔Marion Rampal, 피에르-프랑수아 블랑샤르Pierre-François Blanchard 같은 프랑스 재즈계의 거장들, 쿠바 알제리 폴란드 같은 타국의 재즈 음악, 지역의 재즈 등 3개 축을 중심으로 프로그램이 구성되었다.

퐁텐블로 Fontainebleau [Ile-de-France]

예술사축제 Festival de l'histoire de l'art _5월 31일~6월 2일(제13회, 2024)

@www.chateaudefontainebleau.fr

새로운 예술사를 가르쳐야 하는 필요에 따라 생겨난 축제로 퐁텐블로 성Château de Fontainebleau에서 시작되었다. 교육적 성격의 아틀리에, 콘퍼런스, 토론회, 자료 전시회, 예술 도서 및 잡지 전시회, 예술영화 상영 등이 프로그램을 이룬다. 더 많은 전문가를 참여시키고 일반인들이 예술사에 더욱 관심을 가지도록 하는 것이 축제의 목적이다. 2019년 행사는 북유럽의 인종들과 국가들을 대상으로 했다. 2024년의 대상 국가는 멕시코, 주제는 스포츠다.

퐁토드메르 Pont-Audemer [Normandie]

마스카레 페스티벌 Festival des Mascarets _6월 29일~7월 13일(제28회, 2024)

매년 7월의 첫 보름 동안 열리는 축제로 퐁토드메르 시의 여름 시즌이 시작됨을 알리는 행사다. 다양한 형태의 문화가 서로 어우러지는 축제의 이름은 센Seine 강과 릴Risle 하천을 거슬러 올라가 퐁토드메르까지 도달하는 파도의 명칭에서 따왔다. '마스카레mascaret, 만조 때 강어귀에 생기는 높은 파도'는 밀물의 파동에 의해 강이나 하천 수위가 갑자기 상승하는 현상을 지칭한다. 퐁트드메르 시와 마을의 협회들이 협력하여 만들어낸 이 행사는 언론이 크게 다루면서 레지옹 바깥으로도 이름을 알리고 있다. 다양한 음악 장르를 아우르는 콘서트, 공연, 거리극, 놀이, 스포츠 행사, 예술품 시장Masc'Art 등이 프로그램을 채운다. 축제는 토요일에 플라스틱 오리들의 경주로부터 시작된다.

퐁투아즈 Pontoise [Île-de-France]

퐁투아즈 바로크 축제 Festival Baroque de Pontoise _9월 28일~12월 13일(제39회, 2024), 1월 10일~5월 24일(2025)

음악, 연극, 무용, 조형예술, 영화 등 다양한 장르를 아우르며 바로크 예술과 관련된 주제를 다루는 축제. 1986년에 노트르담 파이프오르간의 친구들Les Amis de l'Orgue Notre-Dame이란 협회가 결성되며, 2013년에 협회 이름을 'Festival Baroque de Pontoise/AOND'로 개명한다. 2018년에는 파스칼 베르탱Pascal Bertin이 예술감독으로 임명되었다. 발두아즈Val-d'Oise 데파르트망의 여러 장소에서 1년에 15차례 만남을 갖는다. 20여 개의 콘서트와 공연으로 편성되는 축제다. 행사마다 약 180명 정도의

@www.festivalbaroque-pontoise.fr

아티스트가 참가한다. 축제를 찾는 사람 숫자는 평균 5,000명 내외. 문화 교류를 활성화하고 잊혀진 아티스트와 작품들을 부각시키는 것이 목적이다. 행사 장소는 생마클루 대성당 Cathédrale Saint-Maclou, 노트르담 성당 Église Notre-Dame, 루아얄 유토피아 Royal Utopia 영화관, 돔 드 퐁투아즈 Dôme de Pontoise, 생투앙로몬 Saint-Ouen-l'Aumône 소재 랭프레뷔 문화센터 Centre culturel L'Imprévu, 주이르무티에 문화원 Centre culturel de Jouy-le-Moutier, 에느리 Ennery 소재 생토뱅 성당 Église Saint-Aubin, 세르주 Cergy 소재 생크리스토프 성당 Église Saint-Christophe 등이다.

퐁트네르콩트 Fontenay-le-Comte [Pays de la Loire]

레 뉘 쿠르트 Les Nuits Courtes _10월 24~26일(제7회, 2024)

매년 4만 개 정도의 공연을 지원하는 Spedidam Société de perception et de distribution des droits des artistes-interprètes 예술가저작권협회는 'Spedidam 네트워크 Réseau Spedidam'라는 라벨을 통해 신예 아티스트를 비롯해 다양한 경력을 가진 모든 세대의 예술가를 부각시키고, 최상의 조건에서 작업할 수 있는 기회를 제공한다. 이러한 활동은 예술의 발전, 네트워크의 강화, 문화다양성, 미학적 실천의 민주화, 문화정책의 수립에 크게 기여하고 있다. Les Nuits Courtes 축제는 이러한 'Spedidam 네트워크'의 일환으로 기획되었다. 2019년에는 프랑스 전역에서 14개 페스티벌이 이 네트워크에 배속되었다. 그리고 각 행사에서는 하나의 제작팀이 지역협회와 함께하면서 전국적인 규모의 행사로 만들기 위해 노력하고 있다. 2019년 기준으로 'Spedidam 네트워크' 라벨이 붙은 14개 축제는 다음과 같다. 괄호 안은 데파르트망 고유번호

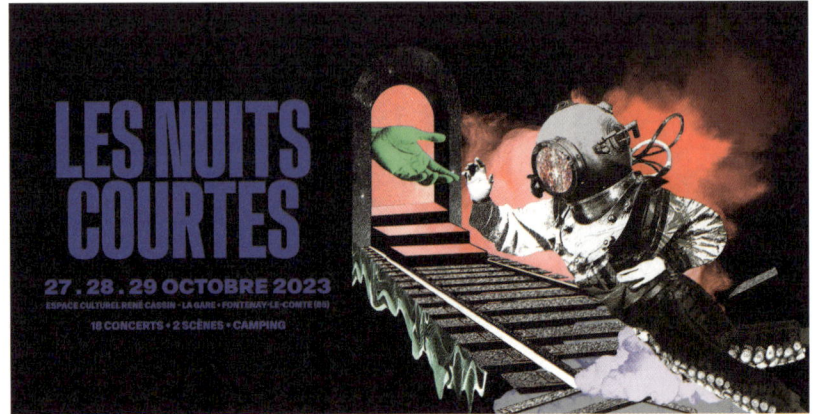

@www.lesnuitscourtes.com

1. 카스텔사라쟁(Castelsarrasin)(82)에서 열리는 'Grain de Sel'
2. 압트(Apt)(84)에서 열리는 'Luberon Music Festival'
3. 라 페르테수주아르(La Ferté-sous-Jouarre)(77)에서 열리는 'Ferté Jazz'
4. 볼피사임(Wolfisheim)(67)에서 열리는 'Wolfi Jazz'
5. 오트랑(Autrans)(38)에서 열리는 'Vercors Music Festival'
6. 스그레(Segré)(49)에서 열리는 'Saveurs Jazz Festival'
7. 생뤼뱅데종슈레(Saint-Lubin-des-Joncherets)(28)에서 열리는 'Music en Avre'
8. 쉬르제르(Surgères)(17)에서 열리는 'Surgères Brass Festival'
9. 아르장통쉬르크뢰즈(Argenton-sur-Creuse)(36)에서 열리는 'Festival Debussy'
10. 알베르빌(Albertville)(73)에서 열리는 'Albertville Jazz Festival'
11. 몽모리용(Montmorillon)(86)에서 열리는 'Festival des Lumières'
12. 망트라졸리(Mantes-la-Jolie)(78)에서 열리는 'Eole Factory Festival'
13. 리무(Limoux)(11)에서 열리는 'Les Bulles Sonores'
14. 퐁트네르콩트(Fontenay-le-Comte)(85)에서 열리는 'Les Nuits Courtes'

대중음악에 할애된 축제가 열리는 장소는 퐁트네르콩트 소재 에스파스 르네-카생Espace René-Cassin 내부의 라 그랑드 센La Grande Scène이며, 다른 콘서트들은 가설무대에서 열린다.

퐁프루아드 수도원 Abbaye de Fontfroide [Occitanie]

음악과 역사 축제 Festival Musique et Histoire _7월 15~18일(제18회, 2024)

@Institut Ramon Llull

음악과 역사 협회 Association Musique et Histoire 가 2006년부터 시작하였으며, 예술감독인 호르디 사발 Jordi Savall 의 지휘 아래 '문화간 대화 Dialogue Interculturel'를 시도하는 이벤트다. 카탈루냐 지방의 마에스트로인 호르디 사발과 그가 이끄는 앙상블인 '헤스페리온 XXI Hespèrion XXI, 카탈루냐 레이알 합창단 Capella Reial de Catalunya, 콩세르 데 나시옹 Concert des Nations, 카탈루냐 국립합창단 Capella Nacional de Catalunya, 전 세계에서 찾아온 초청 음악인 등이 참가한다. 2023년 축제는 역사가 기억했거나 혹은 잊어버린 여주인공과 뮤즈를 음악을 통해 기리는 행사였는데, 대상은 잔 다르크 Jeanne d'Arc 부터 아프가니스탄, 이란, 시리아, 팔레스타인 여성들에 걸쳐 있었다. 음악은 비발디의 〈뮤즈 Les Muses 〉, 파니 멘델스존 Fanny Mendelssohn 작품 등이 연주되었다. 자유와 평등의 가치들을 수호하기 위해 싸웠고, 또 싸우고 있는 여성들에게 경의를 표한 자리이기도 했다.

푸르크 Fourques [Occitanie]

말 장터 Foire aux chevaux _9월 1일(제51회, 2024)

폴 리카르 투우클럽Club Taurin Paul Ricard이 개최한 이래 푸르크에서 50년 이상 이어져 오고 있는 행사다. 매년 9월 첫째 주 일요일에 열린다. 아를Arles 지방에서 수천 년의 역사를 가진 동물인 말을 테마로 이전 세대의 풍습을 모두가 함께 즐기는 것이 이벤트의 목적이다. 13시에 시작되는 시가행진에는 당시 의상을 입은 8백 명 내외의 사람들과 말들이 참가한다. 말 시장, 지역 생산품 시장, 옛 장난감 전시회와 회화전 등도 열린다.

푸아 Foix [Occitanie]

레지스탕스 페스티벌 Festival Résistances _7월 4~12일(제29회, 2025)

1997년에 카트린 뒤뷔송Catherine Dubuisson과 마르크 사라시노Marc Saracino가 함께 만든 행사로 현재 9일 동안 열리고 있다. 참여적 성격이 강한 픽션과 다큐멘터리, 예술

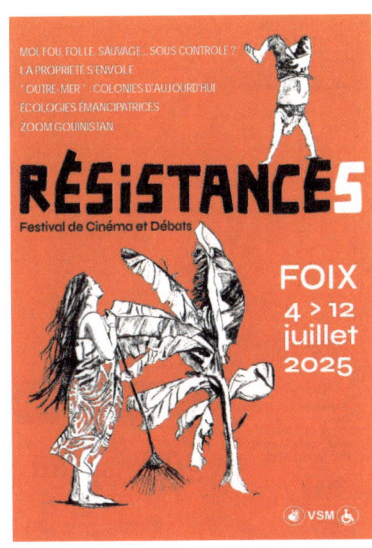

@festival-resistances.fr

영화와 실험영화를 소개하는 비경쟁 국제영화제로 감독과 관객과의 만남에도 큰 비중을 두고 있다. 아리에주 Ariège 데파르트망의 푸아에서 열리는데, 지역 내 가장 중요한 문화행사 중 하나이자 영화 장르에서의 반反문화를 다루는 프랑스 내 주요 행사로 자리잡아 가는 중이다. 영화제의 성격은 '저항의 오랜 전통'을 가진 지역의 특성을 반영하고 있다. 카타리파부터 '처녀들의 전쟁 Guerre des Demoiselles'을 거쳐 '레티라다 게릴라 Guerilleros de la Retirada'에 이르기까지 아리에주 산악지방의 주민들은 늘 중앙 권력과 공식 종교에 대항했던 인물들이다. 축제는 거의 상영된 적이 없는 참여적 성격의 영화들을 소개하고, 세상에 대한 새로운 시선을 확보하는 것을 목적으로 내세운다. 그를 위해 사회적인 문제와 지리를 고려한 여러 주제를 선택한 후 100여 편의 영화 상영과 토론회를 가진다. 일부 상영은 야외에서 이루어지며, 콘퍼런스, 시네카페, 청소년 대상 행사, 비디오 제작 강습이 프로그램을 보완하고 있다.

푸주롤생발베르 Fougerolles-Saint-Valbert [Bourgogne-Franche-Comté]

버찌 축제 Fête des cerises _6월 29일(제57회, 2024)

오트손 Haute-Saône 데파르트망 보주 계곡 자연공원 Parc naturel du ballon des Vosges 내에 소재한 이 작은 마을에서는 매년 7월 첫 번째 주말이 되면 지역 특산물인 버찌 축제를 연다. 오트손 지방에서는 뤽쇠이유 Luxeuil 에서 열리는 '플뤼랄리 축제 Festival des Pluralies'와 더불어 가장 대중적인 행사 중 하나다. 행사에서는 푸주롤 버찌와 더불어 2010년부터 원산지증명AOC 등급을 부여받은 브랜디인 '푸주롤 키르시kirsch de Fougerolles'를 만나볼 수 있다. 지역에서는 35,000명 이상이 버찌와 버찌술 생산에 종사한다. '키르시와 버찌의 수도'라는 별명을 가진 푸주롤은 '맛의 명승지Site remarquable du goût'라는 호칭도 부여받았다. 18세기부터 마을에서 생산 중인 키르시와 키르시 시럽 속에 담근 작은 야생 버찌인 '그로틴griottines'을 맛볼 수 있다. 토요일 저녁에 푸주롤 축제 위원회는 1년 동안 마을과 키르시를 대표할 미스 버찌Miss Cerise를 선발한다. 선발된

여성은 자기 몸무게만큼의 버찌를 선물로 받는다. 일요일에는 민속공연, 전통음악 연주, 꽃마차 행렬 등이 열린다. 잼, 리큐어, 과자 등 버찌 관련 제품들을 구매할 수도 있다. 오트손 지역에서는 가장 대중적인 이벤트 중 하나다.

프라드 Prades [Occitanie]

파블로 카잘스 음악제 Festival Pablo Casals _7월 28일~8월 8일(2025)

카탈루냐 출신의 첼리스트이자 오케스트라 지휘자인 파블로 카잘스Pablo Casals가 피레네조리앙탈Pyrénées-Orientales 데파르트망 소재 프라드에서 1950년 처음 시작한 페스티벌. 매년 7월말에서 8월 중순 사이에 1만 명 이상의 호기심 많은 음악애호가가 이 지방의 아름다운 종교유적들에서 열리는 콘서트를 찾는다. 카니구Canigou 자락의 생미셸 드 쿡사 수도원Abbaye Saint-Michel de Cuxa, 세라본 소수도원Prieuré de Serrabone, 마르스볼 소수도원Prieuré de Marcevol, 생마르탱 뒤 카니구 수도원Abbaye Saint-Martin du

@prades-festival-casals.com

Canigou 등이 축제가 열리는 대표적 건물들이다. 콘서트들은 예외적인 장소에서 열리기도 하는데, 코르네일라드콩플랑 Corneilla-de-Conflent 에 위치한 카날레트 동굴 Grotte des Canalettes 등이 그런 장소들이다. 축제가 열리는 마을들은 프라드 말고도 아르부솔 Arboussols, 불다몽 Boule-d'Amont, 카스테이유 Casteil, 세레 Céret, 코달레 Codalet, 몰리그레뱅 Molitg-les-Bains, 페르피냥 Perpignan, 튀이르 Thuir, 베르네레뱅 Vernet-les-Bains, 빌프랑슈드콩플랑 Villefranche-de-Conflent, 생기옘르데제르 Saint-Guilhem-le-Désert 등이 있다.

뮤지션들은 바흐에서 슈베르트를 거쳐 모차르트에 이르기까지 거장들의 실내음악을 연주하기도 하고, 고전이나 현대음악 중 덜 알려진 음악을 들려주기도 한다. 축제는 학생들을 대상으로 한 작곡 콩쿠르, 콘퍼런스, 아티스트들과의 만남, 영화 상영 등 다양한 부대행사도 마련하고 있다.

역사

스페인 국경 인근에 위치한 도시 프라드는 제2차 세계대전 이전 파블로 카잘스가 거주했던 마을이었다. 프랑코주의자들이 승리한 스페인 내전(1936–1939) 이후 카잘스가 카탈루냐 지방을 고집하면서도 스페인에서 더는 살고 싶어 하지 않았기 때문이다. 그는 항의의 표시로 대중 앞에 서는 것을 거부했다. 세계대전이 끝나면서 그 역시 오랜 침묵을 끝냈다. 전 세계 음악애호가들로부터 요청을 받았던 것이다. 사람들은 바흐 사망 200주년을 기념하던 해인 1950년에 카잘스에게 연주를 부탁했다. 그가 거절을 거듭하자 카잘스의 친구였던 바이올리니스트 알렉산더 슈나이더(Alexander Schneider)는 프라드에서의 연주를 부탁하며, 카잘스는 마침내 수락한다. 당대 최고의 연주가들인 클라라 하스킬(Clara Haskil), 미에치슬라프 호로초프스키(Mieczysław Horszowski), 아이작 스턴(Isaac Stern), 마르셀 타뷔토(Marcel Tabuteau), 요제프 시게티(Joseph Szigeti), 루돌프 제르킨(Rudolf Serkin), 폴 토르틀리에(Paul Tortelier) 등이 프라드를 찾았고, 그를 통해 프라드 페스티벌은 처음 빛을 보게 된다. 그 후 전 세계 실내음악의 최고 연주자들이 이곳을 찾고 있다. 파블로 카잘스 역시 90세 나이에 자신의 오라토리오 작품 〈구유(El Pessebre, La Crèche)〉를 지휘하면서 행사에 참석했다. 작품은 전쟁 중 자신의 친구인 호안 알라베드라(Joan Alavedra)의 시에 음악을 붙인 것이었다.

1976년에 바이올리니스트인 프레드 무치올리(Fred Muccioli)의 제안에 따라 프라드 음악원(Académie de musique de Prades)이 개교하며, 실내음악을 전공하는 다재다능한 학생들을 맞이하고 있다. 2005년에는 국제작곡콩쿠르(Concours International de Composition)가 생겨났다. 독일 작곡가 토르스텐 엔케(Thorsten Encke)가 자신의 작품 〈스트링 콰르텟(String Quartet)〉(2004)으로 수상했다. 2번째 콩쿠르는 2007년 4월 14일에 열렸는데, 김희윤(Hee Yun KIM)의 작품 〈1 pour Mémoire de Dong-Hak〉이 상을 받았다. 플루트, 클라리넷, 바이올린, 첼로 및 피아노를 위한 5중주곡이었다.

프랑슈콩테 Franche-Comté 지방 [Bourgogne-Franche-Comté]

프랑슈콩테에서의 멋진 12월 Incroyable Décembre en Franche-Comté
_11월 말부터 크리스마스까지(매년)

@www.facebook.com/incroyabledecembre2012

프랑슈콩테 지역 전체가 크리스마스의 마법에 동참하는 시기다. 브장송 Besançon 에서는 나무로 만든 오두막 주위에서 지역의 전통 방식으로 'Féerie de Noël'이라는 축하 행사를 벌이며, 가장 전형적인 크리스마스 축제 중 하나로 여겨지는 몽벨리아르 Montbéliard 의 'Les Lumières de Noël'에서는 빛의 축제가 시가 행진과 더불어 열린다. 보주 자연공원에서의 스키와 썰매를 즐길 수 있는 벨포르 Belfort 는 활강의 즐거움을 선사하며, 뤽쇠이유레뱅 Luxeuil-les-Bains 에서는 크리스마스 만찬과 요리 강좌를 열면서 식도락 쪽으로 행사를 특화시키고 있다. 무아랑앙몽타뉴 Moirans-en-Montagne

마을은 장난감 분야에서 자신이 보유하고 있는 노하우를 경축하는 기회를 가진다.

프로방스 Provence 지방 [Provence-Alpes-Côte d'Azur]

프로방스의 크리스마스 Noël en Provence _10월 초부터 4월 말까지(매년)

@Slow Provence

오래 전부터 전해져 내려온 유일한 상통 santon 제조 노하우를 보유하고 있는 메종 푸크 Maison Fouque 에서는 100% 프로방스 특산품을 만들어낸다. 이 가게는 매년 새로운 전시를 통해 제조 기술을 선보이며, 프로방스 특유의 크리스마스 분위기를 연출한다. 거대한 프로방스 구유 장식과 상통들은 이 시기에 즐길 수 있는 '13개의 디저트 13 desserts'와 어우러지며 프로방스 지역의 크리스마스를 더욱 특별하게 만들어준다.

프로뱅 Provins [Île-de-France]

프로뱅 식도락 전시회 Salon de la gastronomie à Provins _2월 6일(2024)

센에마른Seine-et-Marne 데파르트망 프로뱅에서는 매년 2월 첫 주 주말에 40여 명의 생산자가 생-타율Saint Ayoul 스포츠문화센터에서 프로뱅에서 생산하는 와인, 치즈, 초콜릿, 꿀, 달팽이 등 지역 특산물로 만든 음식들을 소개한다. '풀밭의 도전Le Défi en herbe' 콩쿠르는 허브로 최고의 요리를 만들어낸 사람에게 시상하는 행사다.

@actu.fr

프로뱅 중세축제 Les Médiévales de Provins _6월 14~15일(제40회, 2025)

2001년 유네스코 세계문화유산에 등재된 프로뱅 중세도시Cité médiévale de Provins 는 1984년부터 프로뱅 중세축제를 열고 있다. 중세축제로는 유럽에서 열리는 가장 큰 행사 중 하나로서 중세로의 잊지 못할 여행을 떠나게 해준다. 2017년의 주제는 '중세의 빛과 색Lumières et Couleurs du Moyen Âge', 2018년에 열린 제35회 행사의 주제는 '인간과 짐승Des Hommes et des Bêtes', 2022년 주제는 '건축가들Les Bâtisseurs'이었다. 축제를 통해 12~13세기에 프로뱅에서 열리던 샹파뉴Champagne 지방의 노천시장도 체험

@Les Médiévales de Provins

할 수 있는데, 당시 이 시장은 유럽 전역에서 프로뱅을 찾은 상인들에게 필수적인 만남의 장이었다. 대형 천막을 설치한 후 공예가들과 장인들이 만든 예술품, 보석, 의상,

악기 등을 전시하며, 성벽 아래에는 진지를 지어 당시의 생활상을 체험하게 해준다.

이틀 동안 방문객들은 시간과 공간을 거슬러 올라가 유럽 전역에서 찾아온 음유 시인, 트루바두르, 곡예사, 저글러들을 만나며 중세 분위기를 맛보게 된다. 마상 경기, 게임, 창 시합, 음악, 무용, 전설, 거리 공연뿐만 아니라 축제를 유명하게 만든 샤텔 광장Place du Châtel에서의 전통적인 대무도회와 중세음악 콘서트토요일 밤, 중세 복장을 한 5백 명 이상의 참가자가 벌이는 시가행진일요일을 구경할 수 있다.

시간의 빛 Les Lueurs du Temps _7월 1일~8월 5일(2025)

@provins.net

몽환적인 분위기에서 중세도시 프로뱅을 만날 수 있는 축제로 시내의 거리와 가게, 망루와 광장들은 중세 분위기를 연출하기 위해 설치된 수많은 촛불로 아름답게 빛난다. 중세 의상을 입은 배우들이 거리를 활보하면서 불을 다루는 저글러들과 함께 방문객을 놀라게 하며, 빛과 어둠 사이에서 중세도시를 발견할 수 있도록 횃불을 들고 도시를 돌아보는 행사도 준비된다. 샤텔 광장Place du Châtel이 거리극과 무료 음악 행사가 열리는 중심지다. 정원과 테라스에 조명을 넣기에 프로뱅 장미원에서는 낭만적인 분위기를 느낄 수 있다. 생장 문Porte Saint-Jean 근처의 성벽 아래서는 말을 이용한 묘기 행진, 스턴트, 말 조련을 선보이는 〈불의 갈기Crins de feu〉라는 야간 공연을 만날 수 있다.

추수 축제 Fête de la moisson _8월 26~27일(제51회, 2023)

프랑스에서 가장 오래되고 규모가 큰 추수감사제. 이름과는 달리 축제는 들판이 아니라 도심의 거리에서 열리는 프랑스 유일의 추수 관련 행사다. 밀로 장식한 꽃마차 퍼레이드부터 시작하며 민속무용, 팡파르, 트랙터 및 옛 농업 차량 행진이 이어진다. 옛날 방식의 타작 시범, 거리 공연 역시 옛 분위기를 돋운다. 제2차 세계대전이 끝나면서부터 열리기 시작한 축제로, 한동안 열리지 않다가 이 도시의 한 협회의 주도로 1970년부터 다시 열리기 시작했다. 2022년에 50주년을 맞이했다. 2024년에는 파리 올림픽으로 인해 축제가 열리지 않았다.

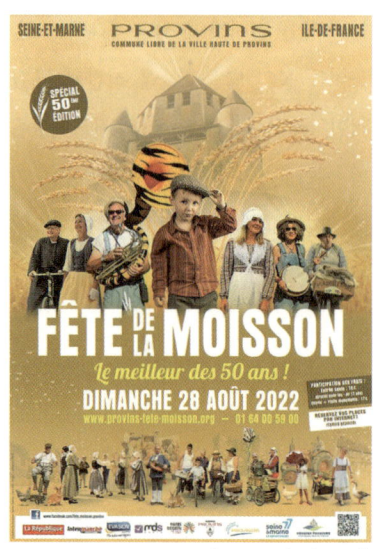

@www.provins-fete-mois

플로락 Florac [Occitanie]

수프 축제 Festival de la soupe _10월 25〜26일(2024)

로제르Lozère 데파르트망, 세벤 국립공원 Parc National des Cévennes 중심부에 있는 플로락 마을에서 가을에 열리는 축제로 2001년에 처음 생겨났다. 미식과 예술을 탐험하는 행사가 넘쳐나는 이틀을 보내며 지역 주민과 관광객이 즐거운 기분을 만끽할 수 있다. 농산물 시장, 팡파르 속에서 먹는 '아페리수프 apérisoupes', 콘서트, 무도회, 거리 공연, 어린이를 위한 놀거리, 트레킹, 유명한 수프 경연대회 Concours de la Soupe 가 프로그램에 포함되어 있다. 축제는 무도회로 끝난다.

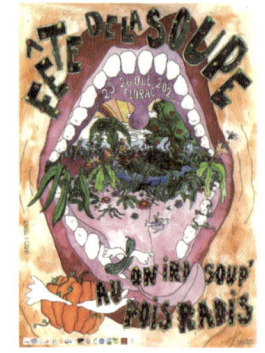

플로제베 Plozévet [Bretagne]

플로제베 몽디알포크 페스티벌 Festival Mondial'Folk de Plozévet _8월 20~24일(제41회, 2025)

@destination-paysbigouden.com

브르타뉴 민속음악, 월드뮤직, 무용에 할애된 축제로 브르타뉴 비구덴 일대Pays Bigouden의 작은 마을 플로제베에서 1974년부터 열리고 있다. 1주일 동안 5개 대륙 10여 개 국가에서 찾아온 약 800명의 아티스트들이 공연한다. 갈라 공연, 시가행진, 콘서트, 페스트노즈, 아페리티프 콘서트, 어부들이 마련하는 저녁 식사, 수공예 시장, 전시회, 춤과 노래 스테이지 등이 다양한 행사가 마련된다.

'비니우 축제Fête des biniou'라 처음 명명된 이 민속축제는 25명의 자원봉사자와 함께 시작되었다. 행사는 시작하자마자 브르타뉴 지방에서 열리는 가장 아름다운 축제 중 하나라는 찬사를 받았다. 1980년에는 에스파스 조르주-르-바이유Espace Georges-Le-Bail[현재의 아벨-드로 문화원Centre culturel Avel-Dro]에 대형천막이 설치되며, 1983년에는 조직위원회가 폴란드 그룹에 문호를 개방하면서 '국제민속제Festival International de Folklore'라는 타이틀을 내걸기 시작했다. 1991년에는 조명 분수대를 무대로 삼아 야외극을 시작했고, 2년 후에는 케르겔렌 홀Salle de Kerguelen이라는 체육관에서 연극 공연이 열린다. 1997년부터는 월드뮤직에도 문을 열면서 축제 이름이 Mondial'folk로 바뀌었고, 록 켈트 음악을 연주하는 그룹들인 EV, 레드 카델Red Cardell, 더 울프 톤스The Wolfe Tones가 공연했다. 연이어 1998년에는 또 다른 록 켈트 음악을 연주하는 마트마타Matmatah, 랑주 베르L'Ange Vert가, 1999년에는 더 더블리너스The Dubliners가 무대에 오른다. 2006년에 공연은 아벨-드로 홀Salle Avel-Dro에서 열리며, 에스파스 쥘-페리Espace Jules-Ferry 와 'Off' 무료홀이 아벨-드로 홀을 보완한다. 현재 협회 소속 200명 이상의 자원봉사자가 매년 30,000명 내외가 찾는 축제를 돕고 있다.

플뢰랑스 Fleurance [Occitanie]

천문학 축제 Festival d'astronomie _8월 2~9일(제34회, 2024)

제르스Gers 데파르트망 플뢰랑스의 여름 하늘을 관찰하는 이벤트로 과학, 콘퍼런스, 아틀리에, 야간 관찰, 전시회, 가족들을 위한 행사가 줄지어 이어진다. 밤이 되면 오프Off 페스티벌을 통해 횃불 행진 등 지역의 전통 행사가 펼쳐진다. 2020년에 축제가 30주년을 맞이했다.

축제의 하이라이트는 '관찰의 밤Soirées d'observation'. 콘퍼런스, 수업, 워크숍으로 바쁜 하루를 보낸 후 마음을 진정시키고서 가장 아름다운 장비를 이용해 하늘의 아름다움, 밤의 세계, 밤의 소음과 냄새, 신비에 빠져드는 행사다. 페름 데 제투알Ferme des Étoiles, '별들의 농장'과 아모 데 제투알Hameau des Étoiles, '별들의 농가'에서 진행된다.

플루가스텔다울라스 Plougastel-Daoulas [Bretagne]

딸기 축제 Fête des Fraises _6월 8일(제83회, 2025)

피니스테르 Finistère 데파르트망에 소재한 플루가스텔다울라스는 맛있는 딸기를 생산하는 고장이다. 딸기 시식을 비롯해 딸기와 관련된 여러 체험과 프로그램을 준비한다. 2022년 축제에서는 1980년대를 추억하며 바가두 bagadoù 전통 연주와 꽃마차 행진, 가장행렬이 열렸다. 그 외 프로그램은 무용과 수호성인 경배 행사. 2020년과 2021년에는 코로나19로 인해 축제가 열리지 못했다. 축제는 9시 30분에 케이크, 잼과 딸기 시식으로 시작되며, 무용과 음악 공연이 뒤따른다. 꽃마차 퍼레이드는 13시 30분에 릴라 거리 Rue des lilas 를 출발해 생피에르 학교 École Saint-Pierre 까지 행진한다.

피브락 Pibrac [Nouvelle-Aquitaine]

피레니심 페스티벌 Festival Pyrénicimes _11월 25~30일(제17회, 2025)

툴루즈에서 서쪽으로 15km 떨어진 '곰의 고장 Pays de l'Ours' 피브락에서 2009년부터 열리는 축제로, '산과 자연 축제 Festival Montagne & Nature'란 부제가 붙어있다. 다양한 형태로 표현된 산과 야생의 자연을 마을 곳곳에서 만날 수 있다. 영화 상영 및 토론, 콘퍼런스, 전시, 식도락 부스 설치, 공예품 전시, 서커스, 스포츠 시범 등이 축제 프로그램이다. 피레네 지방의 곰에 대해 더 알 수 있는 다양한 행사도 열린다. 축제가 내세우는 콘셉트는 '화기애애한 분위기 속에서 숨 막힐 듯한 풍경, 강렬한 순간, 독특한 만남paysages à couper le souffle, des moments forts et des rencontres inédites en toute convivialité'을 방문객들에게 제공하는 것.

피작 Figeac [Occitanie]

피작 극장 축제 Festival de Théâtre à Figeac _7월 20~28일(2024)

마르셀 마레샬Marcel Maréchal이 유명 극단인 트레토 드 프랑스Tréteaux de France와 함께 조직하는 축제로, 미디피레네 지역의 창작물과 주요 프랑스 작품들을 뒤섞는 특징을 띤다. 트레토 드 프랑스 극작센터Centre dramatique des Tréteaux de France의 새

@DireLot

로운 창작물들을 중심으로 한 대중극 페스티벌의 프로그램은 미디피레네Midi-Pyrénées 지방의 전문 극단에 비중을 두면서도 무명 작가들의 작품을 알리는 데 크게 기여하고 있다. 로트Lot 지방 피작의 야외에 설치된 대형 가설무대에서 공연이 열린다. 주요 행사 장소들은 퓌 뜰Cour du Puy, 에크리튀르 정원Jardin des Écritures, 샹폴리옹 광장Place Champollion, 피작 거리들이다.

테마로 보는 프랑스 축제

빛과 소리
중세 축제
먹거리 축제

프랑스의
주요 '빛과 소리 Son et Lumière' 행사들

    프랑스의 여름은 빛과 소리로 채워진다고 해도 지나치지 않을 정도로 무수한 빛과 소리의 공연 즉 '송 에 뤼미에르 Son et Lumière'가 주요 유적과 건물을 뒤덮고, 이런저런 테마를 내세운 공연을 통해 역사의 의미를 부각시킨다. 퓌뒤푸 Puy du Fou 에서 열리는 '시네세니 Cinéscénie'가 대표적인 공연인데, 통상 역사유적에서 진행하는 야간 공연을 지칭하는 빛과 소리의 공연은 특수조명, 미리 녹음한 음악과 스토리텔링이 결합한 형태를 하고 있다. 프랑스 전역에서 개최하는 이런 공연들은 상당히 많다. 세계적인 성공을 거둔 후 다른 나라로 수출까지 하고 있는 퓌뒤푸를 필두로, 빛과 소리가 다루는 주제들은 카타리파, 르네상스, 제2차 세계대전 등 다채로운 역사와 연관된다.

    확대한 의미에서 이 개념은 빛과 소리를 탁월하게 결합한 여러 형태의 이벤트를 통칭하기도 한다. 특히 7월 14일 대혁명 기념일에 파리에서 열리는 행사, 12월 초 리옹에서 열리는 세계적으로 이름난 '빛의 축제 Fête des Lumières', 아름다운 호수를 활용한 '안시 호수축제 Fête du Lac d'Annecy'도 넓은 의미의 '송 에 뤼미에르'다.

    프랑스 전역에서 열리며 수많은 감동을 자아내고 있는 대표적인 빛과 소리의 공연을 레지옹별로 살펴보자. 가나다순

---

1. 퓌뒤푸와 같이 '제도'로 화한 공간에 대해서는 프랑스문화 3부작 제1권인 〈나의 프랑스〉 pp.223-230, 제2권인 〈프랑스 지방문화〉 pp.476-479를 별도로 참조할 것.

그랑테스트

〈화염에서 빛으로〉 Des flammes à la lumière

날짜 : 6월 중순에서 7월 말까지
주소 : Carrière d'Haudainville, 55100 Verdun

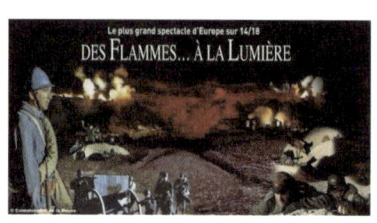

제1차 세계대전, 보다 구체적으로는 1916년 베르됭 전투에 대한 역사적인 회상을 다룬 공연이다. 베르됭 전투 80주년을 맞이한 1996년에 처음 시작된 이 공연은 6월에서 7월에 걸쳐 열리며, 지역협회인 코네상스 드 라 뫼즈 Connaissance de la Meuse 가 주관한다. 공연 장소는 뫼즈 Meuse 데파르트망 소재 베르됭에서 남쪽으로 수km 떨어진 옛 오댕빌 채석장 Carrière d'Haudainville 부지, 2,400명까지 수용 가능하다.

공연은 프랑스, 벨기에, 독일 국적을 가진 세 젊은이가 베르됭에서 만나 벨 에포크 시대부터 휴전에 이르는 시기에 대한 추억을 나누는 내용이다. 250명의 배우를 포함한 550명의 자원봉사자, 1,000개의 프로젝터, 900벌의 의상, 40km의 케이블, 2ha의 무대, 특수효과, 거대한 이미지 투사 등이 동원된다. 금요일과 토요일 저녁에 공연이 열린다.

낭시 Nancy 의 〈생니콜라 축제〉 Fêtes de Saint Nicolas

날짜 : 12월 초
주소 : 낭시 전역

로렌 지방의 중심 도시인 낭시에서는 도시의 수호성인이자 지역을 상징하는 인물인 생니콜라 Saint Nicolas 를 기리는 행사를 개최한다. 생니콜라는 푸에타르 신부 Père Fouettard 를 대동하고 로렌 대공들의 도시 낭시를 방문해 아이들에게 사탕과 빵을 나눠준다. 겨울에 열리는 이 행사를 위해 낭시에서는 60채 정도의 샬레를 지어 생니콜

라 마을과 식도락 거리를 만들고, 거리극과 퍼레이드를 벌이며, 역 앞에 스케이트장을 조성하고, 스타니슬라스 광장 Place Stanislas 에 크리스마스트리를 세운다. 또 광장에서는 매일 저녁 건물 벽면에 영상을 투사하고, 주말에는 시가행진을 벌인다. 약 20만 명이 생니콜라 축제에 참가하는데, 낭시에서 생니콜라를 기리는 전통은 1909년까지 거슬러 올라간다. 2022년의 주제는 '유리와 빛 verre & lumières'.

낭시의 스타니슬라스 광장 Place Stanislas

날짜 : 6월-9월
주소 : Place Stanislas, 54000 Nancy

로렌 Lorraine 대공들의 수도였던 낭시의 역사를 빛과 소리로 풀어내는 행사. 2022년 행사는 6월 17일부터 9월 11일까지 열렸다. 주제는 '아름다운 계절 La Belle Saison'. EDF의 지원을 받아 AV Extended 사가 제작했다.

뇌샤토 Neufchâteau 에서 열리는
〈이미지의 방주, 잔 다르크의 서약 L'Arche aux images, le testament de Jehanne〉

날짜 : 12월 중순-1월 말
주소 : Église Saint-Nicolas, Rue Saint-Nicolas, Neufchâteau

부아 슈뉘 사원 Basilique du Bois Chenu 은 1412년 잔 다르크가 태어난 고향인 동레미라퓌셀 Domrémy-la-Pucelle 에서 1km 정도 떨어진 곳의 성당으로 전적으로 잔 다르크의 생애에 할애된 장소다. 작은 지하 납골당, 성녀 잔 다르크의 삶을 그려낸 거대한 그림들이 장식하고 있는 중앙 홀 등이 특징이다. 아주 아름다운 모자이크가 중앙 홀 천장을 장식하고 있기에, 결혼식을 올리려는 사람들이 많이 찾는다. 이곳에서 잔의 목소리와 빛 Voix et Lumière de Jeanne 협회가 개최하는 빛과 소리의 행사가 〈이미지의 방주, 잔 다르크의 서약〉으로, 잔 다르크 이야기와 현대 역사를 혼합한 형태를 하고 있다. 2020년 공연은 코로나19로 인해 취소되었다. 7년에 걸쳐 부아 슈뉘 사원에서 열리면서 7만 명 정도를 동원했던 행사는 2021년부터 장소를 옮겨 보주 Vosges 데파르트망 뇌샤토의 생니콜라 성당 Église Saint-Nicolas 에서 열리고 있다.

제라르메 Gérardmer 에서 열리는 〈호수의 선경 Féerie du lac〉

날짜 : 8월
주소 : Lac de Gérardmer, 88400 Gérardmer

매년 8월 14일 밤에 여러 이벤트와 조명을 곁들인 공연은 음악과 함께 호수 위로 쏘아 올리는 불꽃놀이로 피날레를 장식한다. 누구나 자유로이 입장할 수 있으며, 좌석만이 유료다. 공연은 22시에 시작하며,

30분간 지속된다. 늘 수천 명의 사람들을 제라르메 호수 기슭으로 끌어들이던 이 행사는 '보안상의 이유'로 2024년에 열리지 못했다.

에페르네 Epernay 에서 열리는 〈빛의 의상 Habits de Lumière〉

날짜 : 12월 중순, 3일간
주소 : 에페르네 전역

@Habits de Lumière Epernay

매년 12월 중순에 샹파뉴 Champagne 데파르트망 중심도시 에페르네에서 열리는 행사. 축제 분위기 속에서 이 지역의 음식 문화유산을 기리기 위해 만든 이벤트다. 3일 동안 도시는 빛으로 치장하는데, 그중 백미가 불꽃놀이와 샹파뉴 대로 Avenue de Champagne 에서 열리는 퍼레이드다. 유명 셰프의 요리 시범, 와인 강좌, 치즈를 비롯한 지역 특산물 시식이 곁들여진다. 2022년에 열린 22회 행사는 6만 명이 찾았다.

티옹부아 성 Château de Thillombois 에서의 〈놀라운 발라드 La Balade Merveilleuse〉

날짜 : 9월 셋째, 넷째 주 토요일과 일요일
주소 : Château de Thillombois, 1 Rue du Château, 55260 Thillombois

@eTerritoire

티옹부아 성은 뫼즈 Meuse 데파르트망 티옹부아에 자리한 르네상스 시대 성이다. 43ha 면적의 영국식 공원이 딸려 있다. 19세기에 상당히 개조되었으며, 1995년 3월 6일에 역사유적에 등재되었다. 바르르뒥 Bar-le-Duc 과 베르됭 Verdun 에서 차로 25분 걸리며, 뫼즈 TGV역에서는 15km 떨어져 있다.

'La Balade Merveilleuse'는 독창적인 빛과 소리로 채워진 분위기에서 정원을 산책하는 이벤트로 시와 동화, 놀라움을 선사한다. 빛 조형물, 레이저 효과, 춤추는 분수 등 즐길 거리가 많으며, 비디오 매핑 기술로 성의 전면을 아름답게 장식하면서 여정을 마친다. 정원에서의 산책은 '소리가 나는 섬ile sonore', '신비의 아치arche mystérieuse', '숲의 사람들peuple de la forêt', '마법의 나무arbre enchanté', '동물들의 군무ronde des animaux' 등의 그림으로 채워진다. 1.5km에 달하는 산책로는 19시 45분부터 23시까지 이용할 수 있다.

스당 성채Château fort de Sedan 와 〈에몽의 네 아들들4 fils Aymon〉

날짜 : 2024년 4월부터
주소 : Château Fort de Sedan, Cour du château, 08200 Sedan

2024년 4월부터 프랑스 북부 아르덴Ardennes 지방의 스당 성채의 지하 공간을 채운 새 세노그래피scénographie. 빛과 소리의 이머시브 전시 주제는 아르덴 지방의 유명 전설인 '에몽의 네 아들들4 fils Aymon'이다. 바야르 말cheval Bayard, 모지 마법사magicien Maugis 와 더불어 방문객들을 환상의 세계 속으로 안내한다. 샤를마뉴의 친구이자 봉

신이었던 에몽 대공 Duc Aymon의 네 아들들인 르노 Renaud, 알라르 Allard, 리샤르 Richard, 기샤르 Guichard 이야기를 다루고 있다.

전설에 따르면 네 명의 아들들은 샤를마뉴 Charlemagne 황제의 궁전에서 살고 있었는데, 장기를 두다가 벌어진 다툼 끝에 르노가 황제의 조카인 '베르톨레 Bertolai'를 죽이면서 형제들은 황제의 분노를 피해 함께 도망칠 수밖에 없었다. 그들은 바야르 말을 타고 아르덴 숲에 몸을 숨긴다. 사촌인 마법사 모지의 도움을 받아 그들은 계곡이 내려다보이는 바위 위에 몽트소르 Montessor 성을 건설한다. 하지만 샤를마뉴는 곧 그들의 은신처를 알게 되고, 막강한 숫자의 군대를 보내 성을 포위한다. 에몽의 네 아들들은 지하통로를 통해 성을 빠져나온 후 아버지에게로 되돌아간다. 그런 다음 가스코뉴 Gascogne 지방으로 떠나 그곳에서 이봉 Yvon 왕이 베주 Bèges 영주와 싸우는 것을 돕는다.

모지가 제공한 프로베르주 Froberge 검 덕분에 르노는 영웅적인 승리를 거둔다. 이봉 왕은 그에게 승리에 대한 보상으로 몽토방 성 Château de Montauban을 하사한다. 샤를마뉴는 형제들에게 평화를 맺자고 제안했지만 그것은 계략이었다. 네 형제는 매복한 병사들의 공격을 받아 치명적인 부상을 당했는데, 다행히 마법사 모지가 달려와 그들의 상처를 치료해준다.

모지는 숲 깊숙한 곳에서 은거하며 폭력의 무익함을 성찰하기 시작한다. 전쟁에 지친 샤를마뉴는 마침내 네 형제와 평화를 체결하며 두 가지 조건을 제시했다. 바야르 말을 넘겨주고, 르노가 예루살렘 순례를 떠나라는 것이었다. 바야르 말은 목에 커다란 맷돌이 달린 채 뫼즈 Meuse 강에 던져지지만 마법의 힘으로 살아나 숲으로 도망칠 수 있었다. 르노는 순례에서 되돌아온 직후 쾰른 대성당의 건축에 동참하였는데, 쾰른의 벽돌공들은 그를 죽인 후 라인 강에 던져버렸다.

노르망디

루앙의 〈빛의 대성당 Cathédrale de Lumière 〉_(제12회, 2024)

날짜 : 5월 말부터 9월 말까지 매일 저녁
주소 : Place de la Cathédrale, 76000 Rouen

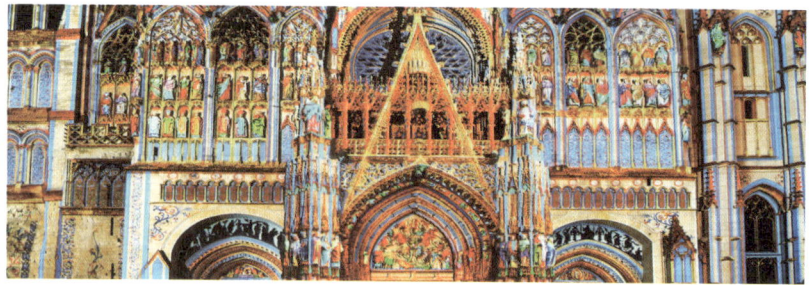

빛과 소리의 공연을 통해 루앙 시의 역사유산을 부각시키기 위한 이벤트로, 루앙 노트르담 대성당 Cathédrale Notre-Dame de Rouen 을 배경으로 여름 동안 열린다.

잔 다르크, 인상파, 정복자 윌리엄 Guillaume Le Conquérant, 바이킹, 위대한 항해자들을 주제로 내세운 행사를 열었던 루앙 광역시 Métropole de Rouen 는 2023년에 '빛과의 만남 Rendez-vous avec la lumière'이라는 주제를 채택했다. 시각적 효과를 극대화하기 위해 최근 프로젝터 숫자는 10개에서 17개로 늘어났다. 날짜에 따라 투사 시간이 달라지니 미리 확인하는 것이 좋다. 2023년에 '빛의 대성당'은 '빛과의 만남'과 해상 진출을 다룬 '새로운 세계'라는 두 가지 테마로 진행되었다. 스마트폰을 이용해 관객들이 일루미네이션 쇼에 동참하는 것도 가능하다.

몽생미셸Mont-Saint-Michel 에서 열리는 〈수도원의 밤 Les Nocturnes de l'abbaye 〉

날짜 : 7월 5일–8월 31일(2024)
주소 : Abbaye de Mont-Saint-Michel, 50170 Mont-Saint-Michel

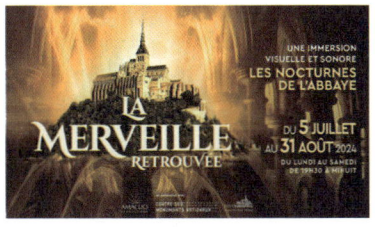

1979년에 유네스코 세계문화유산에 등재된 프랑스의 대표적인 명소인 몽생미셸은 여름 내내 조명을 밝히고, 1시간에 걸친 공연을 통해 자신의 역사를 보여준다. 수도원의 친숙한 실루엣은 새로운 방식의 투사投射 테크놀로지, 빛과 소리, 설치작품 덕분에 더욱 독창적으로 다가온다. 시간과 공간을 뛰어넘어 몽생미셸을 채운 예술과 역사를 만나는 기회이기도 하다. 브뤼노 셀리에Bruno Seillier가 고안한 2020년의 제3회 행사에는 '바다와 하늘 사이Entre mer et ciel'란 제목이 붙었는데, 공연이 진행되는 동안 수도원은 바다 세계와 빛의 세계를 잇는 가교 역할을 담당했다. 2024년의 주제는 '되찾은 경이La Merveille retrouvée'.

일요일을 제외한 매일 19시 30분부터 자정까지. 입장 마감은 23시다. 어둠이 내려앉은 수도원 내부를 구경하면서 중세 베네딕토회 수도사들의 역사, 몽생미셸의 역사와 환경, 건축에 대해 공부할 수 있다. 행사가 시작된 이후 이 공연을 찾은 인원은 25만 명 이상에 달한다. 2012년부터 행사를 담당한 주체는 아마클리오 프로덕션즈Amaclio Productions. 역사와 문학에 관심이 많은 프랑수아 니콜라François Nicolas 와 연출가이자 시나리오 작가인 브뤼노 셀리에가 만든 회사다.

르망 Le Mans 의 〈키메라의 밤 La Nuit des Chimères 〉_(제8회, 2024)

날짜 : 7월 5일–9월 8일(2024)
주소 : 르망 시의 성벽, 대성당, 거리

'플랜태저넛 왕가의 도시Cité Plantagenêt'인 르망 시가 2016년에 처음 시도한 이후 다양한 주제로 찾아오는 이벤트. 2020년에는 『어린 왕자Le Petit Prince』의 저자이자 탄

생 120주년을 맞이한 앙투안 드 생텍쥐페리 Antoine de Saint-Exupéry 를, 2021년에는 라퐁텐 La Fontaine 의 『우화집 Fables』을 주제로 했다. 르망 출신의 사진작가이자 비디오 아티스트인 니콜라 부트뤼슈 Nicolas Boutruche 가 만들어낸 작품이다. 팝업 pop-up 북 형태로 라퐁텐의 유명한 우화들을 상기시켜준다.

또한 2005년부터 니콜라 부트뤼슈의 또 다른 작품인 〈음악가 천사들의 프레스코 Fresque des Anges musiciens 〉가 대성당의 전면을 장식하고 있다.

누벨아키텐

〈브리디에 역사 프레스코 Fresque historique de Bridiers 〉

날짜 : 8월 2–5일(2024)
주소 : Site de la Tour de Bridiers, 23300 La Souterraine

리무쟁 Limousin 데파르트망의 브리디에에서 매년 열리는 이 축제는 늪지대와 초지, 숲, 12세기 망루로 에워싸인 야외공간에서 진행된다. 빛의 마술, 초대형 이미지, 음

악, 불꽃놀이, 말, 영화를 혼용한 형태다. 500명의 출연진과 자원봉사자, 2,500벌 이상의 의상이 요구되는 행사다. 계단식 좌석 수는 2천 석. 기사들을 비롯해 수레, 당시의 탈것, 불꽃놀이, 특수효과가 5ha에 달하는 중세 유적을 채운다. 선사시대부터 1945년까지 브리디에를 스치고 지나간 6,000년 역사를 다루는데, 네안데르탈인들의 이동, 로마제국의 지배, 바쿠스 축제, 1396년부터 1421년까지 예루살렘 성요한 구호기사단 Hospitaliers de l'ordre de Saint-Jean de Jérusalem 을 이끈 필리베르 드 나이약 Philibert de Naillac 의 서사시, 구호기사단에게 잡힌 튀르키예 젬 왕자 Prince Zizim 의 유배, 미국 독립전쟁에 참전한 에르미온 Hermione 호에의 탑승, 1917년의 참호, 좌와 우의 이데올로기가 격돌하던 1936년 여름, 1945년의 해방과 승리 등 매년 주제를 달리하는 수많은 이야기가 등장한다.

카스티용 Castillon 에서 열리는 〈카스티용 전투 La Bataille de Castillon 〉 공연

날짜 : 7월 18일–8월 17일(2024)
주소 : Château de Castegens, 33350 Belvès-de-Castillon

벨베스 드 카스티용 Belvès de Castillon 의 카스트장 성 Château Castegens 자락의 7ha 야외무대에서 2시간 동안 펼쳐지는 공연으로, 실제 카스티용 전투가 벌어졌던 장소와 가까운 거리에 있다. 아키텐 Aquitaine 지방에서 열리는 공연 중 가장 규모가 크다. 600명의 자원봉사자, 400명의 바타이외 batailleux, 공연에 참가하는 출연진 전체를 지칭하는 카스티용 용어, 50마리의 말이 대규모 역사극에 동참하고 있다. 스턴트와 특수효과, 불꽃놀이 효과를 이용한 공연은 관객들을 중세 속으로 몰입하게 만든다. 포도 수확, 사냥, 시장 등 중세의 일상을 재현하는 장면들도 삽입되어 있다. 공연을 찾은 관람객들은 이 기회를 통해 지역의 와인과 관련된 문화유산도 무료로 둘러볼 수 있으며 와인 무료 시음도 가능하다.

공연은 1453년 7월 17일에 실제로 벌어졌던 카스티용 전투를 바탕으로 제작한 것인데, 영국이 아키텐 지방을 300년 동안 지배한 것을 마감한 전투였다. 이 전투로 백년전쟁은 끝이 난다.

푸아티에Poitiers 노트르담라그랑드Notre-Dame-la-Grande 성당에서 열리는 〈폴리크로미Polychromies〉

날짜 : 7월-8월
주소 : Église Notre-Dame-la-Grande, Place Charles de Gaulle, 86000 Poitiers

6월 21일부터 문화유산의 날9월 셋째 주말 까지, 그리고 연말 축제가 열릴 때 푸아티에Poitiers에 소재한 노트르담라그랑드 성당의 전면은 화려한 조명의 옷을 입는다. 시기에 따라 다르지만 21시 30분부터 22시 45분 사이에 열리는 이 공연을 통해 사람들은 중세 때처럼 화려한 색깔로 치장한 성당을 즐길 수 있다.

바자스Bazas에서 열리는 〈기억의 길Le Chemin des Mémoires〉

날짜 : 8월 둘째 주
주소 : Site de La Brèche, 33430 Bazas

120명의 등장인물, 말과 마차가 이 거대한 역사 프레스코를 구성한다. 공연은 1시간 30분에 걸쳐 로마제국의 갈리아 정복부터 1942년 제2차 세계대전까지의 시기를 그려내고 있다. 바자스 주민들이 직접 엑스트라 연기, 기술, 무대 장식, 의상 제작 등을 맡으며 공연에 참가한다. 내용은 1914년 8월 프랑스가 조국을 수호하라고 국민들에게 호소하는 장면으로부터 막이 오른다. 라 글로리La Glory 방앗간 주인인 장Jean에게도 조국을 지키기 위해 떠나야 할 시간이 다가오자 장은 저녁에 어머니에게 작별 인사를 드리고, 어머니는 장에게 바자스의 역사를 들려주기 시작한다. 바자스의 Les Trouvadours du troisième millénaire 협회가 연출을 맡고 있다. 공연은 22시에 시작한다.

비아리츠Biarritz의 《환상적인 밤Nuit féerique》

날짜 : 8월 15일
주소 : Grande Plage de Biarritz

@Sud Ouest

매년 8월 15일에 비아리츠의 그랑드 플라주Grande Plage는 불꽃의 마법으로 가득 찬다. 거의 25분 동안 10여 개의 프레스코와 화염 다발이 비아리츠 하늘을 형형색색으로 물들인다. 22시 30분부터 펼쳐지는 이 불꽃놀이는 아키텐Aquitaine 지역에서 가장 아름다운 행사 중 하나로 정평이 나 있다. 바스타 바위Rocher du Basta에서 그랑 플라주 방향으로 불꽃을 쏜다.

보르도 '빛의 수조 Bassins des Lumières'에서의 빛과 소리 공연

날짜 : 2024년 2월 16일부터 2025년 1월 5일까지
주소 : Impasse Brown de Colstoun 33300 Bordeaux

보르도 잠수함 기지는 독일인들이 제2차 세계대전 기간 중에 건설했다. 퀼튀레스파스 Culturespaces 사가 대규모 이머시브 전시를 열면서 이곳은 프랑스에서 가장 거대한 디지털 예술센터가 되었고 공간은 새로운 의미를 부여받았다.

1940년 6월 말부터 독일군의 수중에 들어간 보르도는 여러 전략적 이점이 있었다. 대서양이 가깝고, 접안 시설이 있으며, 적국인 영국으로부터 멀리 떨어진 장점을 가지고 있었던 것이다. 보르도 북쪽의 바칼랑 부두지구 quartier portuaire de Bacalan 는 1940년 9월 1일 이탈리아 잠수함 기지로 처음 선택된다. 부두를 따라 위장망이 설치되었는데 이는 연합군 전투기로부터 32대의 잠수함을 숨기기 위함이었다.

1941년 9월 대서양 연안에서 프랑스의 다섯 번째 잠수함 기지 공사가 시작되었다. 6,500명 가량의 상당한 인력이 필요했는데, 당시 투입된 노동력의 3분의 2 이상은 투옥되어 있던 스페인 공화주의자들이었다. 19개월의 공사 끝에 1943년 5월 13일에 마침내 탄생한 보르도 잠수함 기지의 위용은 대단했다. 총면적은 45,000m², 길이는

235m였으며, 사용된 콘크리트의 양이 무려 60만m³에 달했다. 대형 잠수함 U-Boat 15척이 정박할 수 있는 거대한 시설이었다. 하지만 이 잠수함 기지는 연합군의 주요 표적이 되었고, 독일군은 1944년 8월 26일에 이 기지를 최종 포기하기에 이른다. 거의 완벽한 상태의 기지는 1945년 6월 6일 보르도 자치항구 Port autonome de Bordeaux 에 위탁되었다.

1999년 여름부터 이 공간은 사진전, 음악 행사, 이머시브 전시 등을 여는 복합문화공간으로 개조되며, 퀼튀레스파스가 4개의 수조에 대한 운영 책임을 맡으면서 세상에서 가장 큰 디지털 예술센터를 자처하는 '빛의 수조 Bassins des Lumières'가 생겨났다. 높이 12m, 길이 110m, 폭이 22m에 달하는 4개의 거대한 수조에 담긴 물 위에 작품을 반영하는 형식을 띤다. 예술사를 장식한 위대한 예술가들과 현대 창작물들을 주제로 삼는다. 최근의 공연들로는 〈베르메르에서 반 고흐까지 : 네덜란드의 거장들 De Vermeer à Van Gogh : Les Maîtres hollandais 〉과 〈색의 건축가 몬드리안 Mondrian, l'architecte des couleurs 〉 등이 있다.

부르고뉴프랑슈콩테

생파르조 성 Château de Saint-Fargeau 에서의 역사극 Spectacle historique

날짜 : 7월 12일-8월 24일(2024)
주소 : Le Château, 89170 Saint-Fargeau

매년 여름 욘 Yonne 데파르트망에 소재한 생파르조 성의 정원에서는 유럽에서 가장 규모가 큰 역사극 중 하나를 무대에 올린다. 중세부터 시작해 제2차 세계대전이 끝나며 미군이 도착하는 순간까지 약 10세기에 걸쳐 성과 마을이 위치한 퓌자이 Puisaye 지역에 얽혀있는 역사를 보여준다. 드넓은 야외에서 벌어지는 공연은 빛과 소리를 곁들인 10여 개의 장면으로 구성되는데 잔 다르크의 서사시, 기사들의 결투, 대혁명, 미군의 퓌자이 방문 등이 프로그램을 구성하고 있다. 지역의 자원봉사자 600명 이상이

출연하며, 50명의 기수와 50마리의 말들, 6천 벌의 의상이 동원된다. 매년 3만 명 정도가 공연을 찾고 있다. 공연 길이는 2시간 정도. 금요일과 토요일 저녁 22시부터 시작한다. 2020년에 성은 역사극을 시작한 지 40주년을 맞이했다.

오툉 Autun 에서 열리는
〈아우구스토두눔, 그림자와 빛 사이〉 Augustodunum, Entre Ombres et Lumières

날짜 : 7월 24, 27, 31일, 8월 2, 3, 7, 9, 10일(2024)
주소 : 10 Impasse du Clos Jovet, 71400 Autun

오툉의 고대로마극장에서 열리는 빛과 소리의 역사극은 관객들을 갈로로마시대로 여행하게 만든다. 고대 켈트 민족의 성직자 계급인 드루이드였던 디비시아쿠스 Druide Diviciacus 가 율리우스 카이사르의 갈리아 정복을 도왔던 비브락트 Bibracte 전투에 관한 파란만장한 스토리, 아우구스토두눔[Augustodunum : 오툉 Autun 의 갈라

로마시대 명칭, 로마의 초대 황제 이름에서 유래]의 로마인들, 초창기의 부르고뉴 등 이 지역에 관련된 1천 년의 역사가 400m² 크기의 초대형 화면 위에서 펼쳐진다. 무대 위에서는 300명에 가까운 출연진이 검투사들의 결투, 전차 경주 등 과거의 장면들을 재현한다. 특수효과, 불꽃놀이, 빛의 마술들이 덧붙여지며 부르고뉴 지방의 여름 밤을 화려하게 달구는 행사다. 연출은 장-클로드 보두앵Jean-Claude Baudoin이 맡았다. 공연은 22시에 시작한다. 코로나19로 인해 2020년 행사는 취소되었다. 부르고뉴 지방의 이 장엄한 역사극은 2022년에 〈아우구스토두눔, 시간의 문Augustodunum, Les Portes du temps〉이란 이름으로 재탄생한다. 2024년에는 좌석 예매율이 전년도 보다 680%나 급증하며, 2,000석 전 좌석이 공연을 2개월 이상 앞둔 시점에서 매진되는 흥행을 보였다.

로니레세테클뤼즈Rogny-les-Sept-Écluses에서의 불꽃놀이

날짜 : 7월 마지막 토요일
주소 : Site des Sept-Écluses, 89220 Rogny-les-Sept-Écluses

음악과 불꽃놀이 테크닉을 결합시킨 공연으로 욘Yonne 데파르트망에서 벌어지는 가장 큰 불꽃놀이 행사다. 세테클뤼즈Sept-Écluses에 소재한 역사적인 수로에서 거행한다. 브리아르 운하Canal de Briare를 가로지르는 마을인 로니Rogny에 만들어진 이 수로는 앙리 4세의 프로젝트로 시작되었는데, 1642년에 낙차가 34m에 달하는 거대한 물계단escalier d'eau을 서서히 내려오는 방식으로 루아르 강에서 센 강까지의 선박 운항에 처음으로 성공하고, 이후 도시 사이의 내륙 수로 운송에 기여하게 된다. 불꽃 축제는 세계적인 명성을 얻으며 매년 2만 명 이상의 관객을 운하의 제방 위로 초대한다. 화약 제조업자 라크루아-뤼지에리Lacroix-Ruggierie가 기획한다. 행사는 20시부터 아이들을 위한 프로그램으로 시작되며, 켈트 음악이 연주된다. 불꽃 공연은 22시 45분에 시작한다.

브르타뉴

〈봉르포 빛과 소리의 공연 Son et Lumière de Bon-Repos〉

날짜 : 7월 31일, 8월 2, 3, 7, 9, 10일(2024)
주소 : Abbaye de Bon-Repos, 22570 Bon-Repos-sur-Blavet

코트다르모르 Côtes-d'Armor 데파르트망 중심에 소재한 봉르포 수도원 Abbaye de Bon-Repos 은 상트르 브르타뉴 Centre Bretagne 지방의 시간을 거슬러 올라가는 역사적인 프레스코화의 무대가 된다. 400명 이상의 등장인물, 수백 대의 수레와 마차, 30명의 기수가 마법 같은 시간 여행을 선사한다. 2ha의 무대에서 2시간에 걸쳐 생생하게 되살아나는 역사 프레스코는 석기시대부터 기마 수렵 Chasse à Courre 을 거쳐 재상 콜베르 Colbert 의 개혁에까지 이르며, 여러 시대를 담은 다양한 장면으로 구성된다. 갈리아

마을과 코노모르 성Château de Conomor이 무대의 경계가 된다. 수도원 건물 전면에 거대한 이미지를 투사하고, 횃불을 든 퇴장으로 마무리하며 소리와 빛이 조화를 이루는 품격 있는 공연은 끝이 난다.

⟨카르낙Carnac 거석 유적을 밝히는 스케다노즈Skedanoz : Les Nuits scintillantes des Mégalithes⟩

날짜 : 8월 19, 20, 21, 22, 26, 27일(2024)
주소 : Lieu-dit le Ménec, 56340 Carnac

@carnactourism.co.uk

밤이 내리면 신석기시대의 보물인 3천 개 선돌로 채워진 메넥 열석列石 Alignements du Ménec은 빛과 소리로 치장한다. 공연은 매우 시적詩的이고, 색채가 아주 화려하다. 2024년에는 총 6차례 열렸다. 연출은 크리스티앙 살레스Christian Salès가 맡았고, 빛, 소리, 선조들의 이야기로 구성된다. 매년 2만 명 가까운 사람들이 이 이벤트를 찾고 있다.

상트르-발 드 루아르

〈빛의 샤르트르Chartres en lumières〉_(제21회, 2024)

날짜 : 4월 13일(2024)–1월 5일(2025)
주소 : 샤르트르 도심

샤르트르Chartres 시에서 매년 4월부터 다음 해 1월까지 열리는 예술 행사. 매일 해가 질 무렵부터 새벽 1시까지 10월 1일부터는 22시 30분까지 도시의 상징적인 장소 24곳을 빛으로 장식한다. 2022년에는 몽테스코 호텔 Hôtel Montescot 이 리스트에 추가되었다. 연간 100만여 명이 찾으며 프랑스에서 가장 규모가 큰 빛과 소리의 행사 중 하나가 되었다.

상블랑세Semblançay 에서 열리는 〈세노페에리Scénoféerie de Semblançay〉

날짜 : 7월 6일–8월 17일(2024)
주소 : Salle de spectacles à Semblançay, 37360 Semblançay

앵드르에루아르Indre-et-Loire 데파르트망 투르Tours 시 북쪽으로 15km 떨어진 상블랑

세에서 1989년부터 열리는 공연이다. 1시간 45분 길이의 이 공연은 투렌Touraine 지방의 역사를 총체적으로 묘사한다. '세노페에리'라는 명칭은 문자 그대로 무대를 뜻하는 'scène'과 환상의 세계, 몽환극夢幻劇을 의미하는 'féerie'를 결합한 표현이다. 2019년에 30주년을 맞이했으며, 이미 관람한 사람이 25만 8천 명에 달한다. 배우와 스턴트맨, 투사 역할의 450명과 기수 40명이 어우러져 프랑수아 1세의 재정감독관이었던 자크 드 본Jacques de Beaune 영지 공원의 무대에 오른 후 갈로로마시대에서부터 프랑스 대혁명에 이르는 장면들을 재현한다. 22시 30분에 시작한다.

블루아 왕립성 Château royal de Blois 에서 열리는 빛과 소리의 공연

날짜 : 3월 30-31일, 4월 6일-9월 22일(6월 21일과 7월 13일 제외)
+만성절 기간(10월 19일-11월 2일)(2024) 매일 저녁
주소 : Château Royal de Blois, 6 Place du Château, 41000 Blois

샤토 드 라 루아르 지역에 소재한 블루아 왕립성이 새로운 기술을 이용해 1992년부터 자신의 역사를 그려낸 빛과 소리의 축제를 열기 시작한 지도 30년이 넘는다. 해가 지고 나면 이머시브 특수효과와 거대한 투사가 웅장하게 건축된 성을 배경으로 모습을 드러낸다. 사랑과 비극, 비밀이 차례로 혹은 동시에 4개의 면을 360°로 채운다. 45분 길이의 공연 동안 관객들은 사기꾼 티보의 성채Citadelle de Thibault 에서부터 루이 12세Louis XII 가 축제를 벌이던 장소, 프랑수아 1세François Iᵉʳ 의 르네상스 성을 거쳐 가스통 도를레앙Gaston d'Orléans 에 이르기까지 1천 년에 걸쳐 블루아가 체험한 격동의 역사를 만나볼 수 있다. 잔 다르크, 롱사르Ronsard, 앙리 3세Henri III 가 기즈 대공Duc de

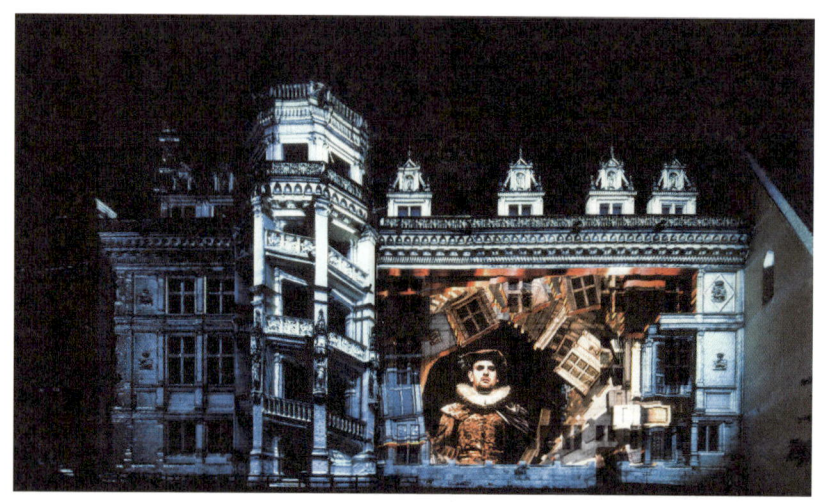

Guise를 대상으로 꾸민 살인 음모도 예외일 수 없다. 한마디로 프랑스사가 모두 들어있는 것이다.

4월과 9월에는 22시, 5-8월은 22시 30분, 10-11월은 19시 15분에 이벤트가 시작한다.

앙부아즈 왕립성 Château royal d'Amboise 에서 열리는 〈앙부아즈의 예언 La Prophétie d'Amboise 〉

날짜 : 7월–8월, 매주 수요일과 토요일
주소 : Château Royal d'Amboise, Montée de l'Emir Abd–el–Kader, 37400 Amboise

샤토 드 라 루아르 지역에 소재한 앙부아즈 왕립성에서 7월과 8월에 열리는 공연. 39년 동안 열리던 〈왕의 궁전에서 À la cour du roy 〉는 〈앙부아즈의 예언〉에 자리를 내주게 되었는데 새로운 공연 시나리오는 루이즈 드 사부아 Louise de Savoie 라는 인물 을 중심으로 전개된다. 40년의 시간 동안 공연은 조명, 불꽃놀이, 무용 등을 보완하

면서 점점 더 몸집을 키워왔다. 총연출을 담당한 인물은 작곡가 다미엥 퐁텐Damien Fontaine으로, 리옹 빛의 축제를 위해 만들어낸 작품들로 잘 알려져 있다. 역사극에 들어가는 20여 개의 장면은 250명 이상의 자원봉사자들이 담당한다. 공연 시작은 22시 30분이지만, 8월에는 22시에 시작한다. 매년 15,000명 정도가 공연을 관람하고 있다.

〈솔로뉴의 밤 Nuits de Sologne 〉

날짜 : 매년 9월 첫째 주 토요일(2024년 9월 7일)
주소 : Parc Équestre Fédéral, 41600 Lamotte-Beuvron

상트르Centre 지역에서 열리는 가장 큰 불꽃놀이 행사로 누앙르퓌즐리에Nouan-le-Fuzelier에서 열리다가 2021년부터 라모트뵈브롱Lamotte-Beuvron에 소재한 프랑스 승마협회 승마공원 Parc Équestre Fédéral de la Fédération Française d'Équitation에서 열리고 있다. 식사를 포함한 이벤트가 공연 이전에 마련된다. 불꽃놀이 기술과 음악이 결합한 형태로, 아서 왕의 신화, 전설의 도시 이스Ys 등 서사적이고 동화적인 스토리를 담아낸다. 사냥 나팔 소리, 팡파르, 반다banda, 프랑스 남서부의 축제 때 등장하는 악대 곡조에 맞춰 무려 5톤 정도의 화약을 하늘로 쏜다. 매년 1만 5,000명 정도가 행사를 찾고 있다.

부르주Bourges 의 〈빛의 밤 Les Nuits Lumière 〉

날짜 : 5월 3일-9월 21일(2024)
주소 : 부르주 전역

5월, 6월, 9월은 목요일부터 토요일까지, 7월과 8월은 매일 저녁 열리는 행사로 도시 전역을 푸른색 조명으로 물들인다. 1999년 12월 31일에서 2000년 1월 1일로 넘어가는 날에 시작된 밀레니엄 이벤트로, 해가 진 다음부터 조명으로 빛나는 부르주의 역사 명소들을 감상할 수 있다. 부르주의 생테티엔 대성당 Cathédrale Saint-Etienne 주위 약 2km의 거리를 산책하는 기분으로 둘러볼 수 있다. 갈로로마 성벽 Rempart gallo-romain, 랄르망 저택 Hôtel Lallemant, 에스테브 박물관 Musée Estève, 자크 쾨르 궁 Palais Jacques Cœur, 옛 대주교관 Ancien Archevêché, 오텔 데 포스트 Hôtel des Postes, 오브룅 Aubrun 샵 등의 멋진 장소들에 빛이 투사된다.

오드프랑스

생로랑블랑지 Saint-Laurent-Blangy 에서 열리는 《역사의 광채 Éclats d'histoire》

날짜 : 9월 6–7일, 9월 13–14일, 20–21일(2019)
주소 : Parc d'Immercourt, Rue de Versailles, 62223 Saint-Laurent-Blangy

프랑스 북부 노르파드칼레 Nord-Pas-de-Calais 데파르트망의 자연 속에서 펼쳐지는 놀랍고도 생생한 공연. 생로랑블랑지 Saint-Laurent-Blangy 에 소재한 이메르쿠르 공원 Parc d'Immercourt 의 숲 속 야외무대 면적만도 2.5ha에 달한다. 20× 10m의 대형 화면에 이미지가 투사되며 화려한 조명과 다차원의 음향이 덧입혀진다. 옛 의상을 입은 450명의 등장인물은 서커스, 연극, 무용, 음악에 최신 디지털 연출을 곁들인 새로운 스펙타클의 시대로 관객들을 초대한다. '역사

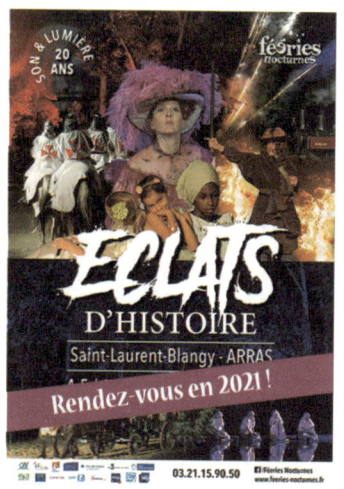

의 광채'란 제목이 붙은 공연은 선사시대부터 2차대전 종전에 이르기까지 오드프랑스Hauts-de-France 레지옹의 역사와 관련된 다양한 에피소드를 담아내는 동시에 지역의 의상, 직업, 기술에 대한 오마주를 보여준다. 2018년에 시작된 이 행사는 코로나19 팬데믹으로 인하여 2020년부터 2023년까지 연이어 4년간 공연이 취소되었다.

아미엥Amiens 의 〈크로마Chroma〉 공연

날짜 : 7월–12월(매년)
주소 : 30 Place Notre Dame, 80000 Amiens

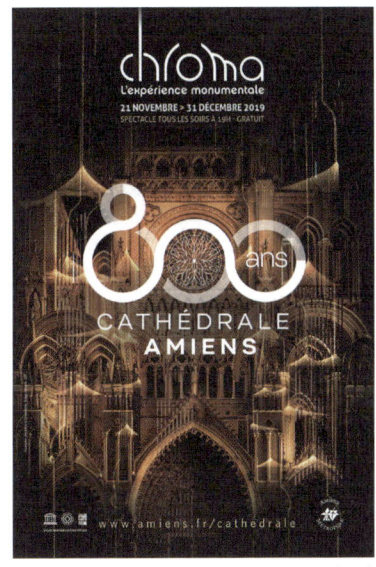

amiens.fr

피카르디 지방 아미엥의 노트르담 대성당Cathédrale Notre-Dame 은 2020년에 건립 800주년을 맞이했다. 고딕 건축의 백미인 이 건물은 중세에 지어진 가장 큰 대성당 중 하나이자 프랑스에서 가장 규모가 큰 성당 중 하나로 꼽힌다. 유네스코 세계문화유산에도 등재되어 있다.

이 성당의 서쪽 면에 투사하는 디지털 이미지 공연에는 '크로마'라는 이름이 붙었다. 약 50분 동안 이어지는 빛의 마술은 성인과 사도들, 아기천사, 가고일Gargouille, 키메라를 부각시키며 고딕 건축물을 치장하고 있는 미적 요소를 강조한다. 오색찬란한 크로마 공연을 관람한 누적 관객 수는 2백만 명에 육박한다. 공연 시각은 2024년을 기준으로 7월에는 22시 30분, 8월에는 22시, 9월에는 21시 45분 시작이며, 12월에는 19시에 시작한다. 2024년에 크로마 공연은 7월 14일부터 9월 22일까지, 그리고 크리스마스 마켓이 열리는 동안 선보였다.

아이이쉬르누아 Ailly-sur-Noye 에서 열리는 빛과 소리의 공연 〈땅의 숨결 Le Souffle de la Terre 〉

날짜 : 8월 23일–9월 21일(2024)
주소 : Espace Pierre Normand, chemin d'Altforweiler, 80250 Ailly-sur-Noye

@80.agendaculturel.fr

피카르디 지방의 역사를 훑는 '땅의 숨결' 공연에는 주제별 의상을 입은 3천여 명의 등장인물과 45명의 기수가 등장한다. 4ha에 걸친 야외무대에서 90분 동안 피카르디 지방의 2천 년 역사가 장엄하게 펼쳐진다. 하나의 거대한 프레스코화가 된 이 공연에는 초대형 투사, 특수효과, 물과 빛의 교향악, 불꽃놀이가 곁들여진다. 피카르디의 정체성과 역사를 확인하게 해주는 공연이다. 금요일과 토요일 21시 30분에 시작한다. 예약 필수.

〈보베 : 영원한 대성당 Beauvais : la cathédrale infinie 〉

날짜 : 매년 6월 말–9월
주소 : Rue Saint-Pierre, 60000 Beauvais

피카르디 지방 보베의 생피에르 대성당 Cathédrale Saint-Pierre de Beauvais 외벽에 투사되는 아름다운 작품은 아직도 끝나지 않은 예외적인 운명을 지닌 이 대성당에 대한 오마

주다. 착시를 불러일으키는 전통적 영상 기법이 신기술과 만나면서 시간을 거슬러 올라가는 여행을 가능하게 해준다. 공연 길이는 약 30분. 2020년의 행사는 코로나 19로 인해 취소되었으며, 2012년에 시작한 이 행사는 2019년 제8회 공연을 마지막으로 막을 내렸다

샹티이 성 Château de Chantilly 에서 열리는 〈보물들의 바위 Le Rocher des trésors〉

날짜 : 9월 15–18일(2022)
주소 : Château de Chantilly, Route Nationale 324, 60500 Chantilly

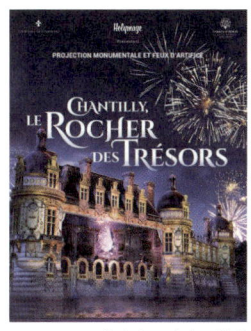

©chateaudechantilly.fr

동영상 투사, 배역, 말, 음악, 불꽃놀이가 함께하는 빛과 소리 이벤트. 태양왕 루이 14세를 위해 프랑수아 바텔 François Vatel 이 350년 전에 마련한 성대한 축제에 이르기까지 샹티이 성이 거쳐온 역사를 되돌아본다. 19시 30분부터 입장할 수 있으며, 21시 30분에 공연이 시작된다. 공연의 길이는 1시간. 2021년에 행사를 찾은 숫자는 15,000명.

오베르뉴론알프

〈안시 호수축제 Fête du Lac d'Annecy〉

날짜 : 매년 8월 첫 번째 토요일
주소 : Lac d'Annecy, 84 Avenue Gambetta, 74000 Annecy

알프스 산맥 자락 안시 Annecy 의 호수 풍광을 배경으로 세계에서 가장 아름답기로 정

@www.moveonmag.com

평이 난 불꽃놀이가 펼쳐진다. 1860년 나폴레옹 3세와 황후 외제니Eugénie는 사부아Savoie 공국이 프랑스에 병합된 것을 축하하는 자리에 초대받았다. 안시에서 열린 이 축하연은 황제를 격조 높게 맞아들이기 위해 호수를 배경으로 베네치아 방식의 야간 이벤트를 기획했다. 이후 매년 8월의 첫 번째 토요일마다 성대한 호수축제가 열리게 되었고, 20만 명 이상이 방문하고 있다. 이 축제는 창공에서도 형형색색의 불꽃 공연을 보여준다. 길이가 500m 이상인 호숫가의 알비니 만의 여러 장소에 배치된 뗏목에서 불꽃을 쏘며, 분수와 프로젝터, 수상 분수에서도 화려한 빛의 물줄기를 뿜어낸다. 무엇보다도 음악이 더해지면서 아름다움의 정점을 찍는다. 안시는 매년 새로운 주제를 선정하고 세계적인 불꽃놀이 전문 아티스트에게 행사 기획을 위임하고 있다.

〈그리냥 야간 축제 Fêtes nocturnes à Grignan〉

날짜 : 6월 27일–8월 24일(2024)
주소 : Château de Grignan, 23 Rue Montant au Château, 26230 Grignan

드롬Drôme 데파르트망에 있는 그리냥 성은 궁전으로 변신하면서 르네상스 시대를

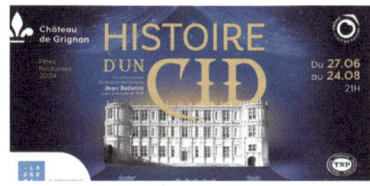

@chateaux-ladrome.fr

재현한다. 드롬 지방에서 열리는 공연 중 놓쳐서는 안 되는 행사인 이 야간 축제는 도시의 정원과 테라스들에서도 음악, 연극, 무용 등 여러 공연을 마련하고 있다.

르 퓌앙블레 Le Puy-en-Velay 에서 열리는 〈퓌 드 뤼미에르 Puy de lumières〉

날짜 : 7월 5일–9월 10일(2024)
주소 : 르 퓌앙블레 전역

@lesgonesenbalade.over-blog.com

여름 내내 매일 해가 지고 나면 르 퓌앙블레에 소재한 극장, 시청사, 대성당, 생탈렉시스 예배당 Chapelle Saint-Alexis, 생미셸 데기유 바위 Rocher Saint-Michel d'Aiguilhe, 크로자티에 박물관 Musée Crozatier, 미디어테크, 유서 깊은 브리브샤랑삭 다리 Pont Brives-Charensac 등 여러 유적은 빛으로 서로 연결된다.

〈빛의 호텔 Hôtel des Lumières〉

날짜 : 7월 1일–8월 31일(2024), 7월 14일과 8월 15일에는 휴관
주소 : Hôtel des Lumières, 2 Rue Bec de Lièvre, 43000 Le Puy-en-Velay

르 퓌앙블레에 소재한 오텔디외 Hôtel-Dieu 예배당은 여름 동안 '빛의 호텔 Hôtel des Lumières'로 변신한다. 예전에 순례자들과 병자들을 맞아들이는 공간이었던 오텔디외는 2011년 건축가 장-미셸 빌모트 Jean-Michel Wilmotte 의 손에 의해 전시회와 회의를 여는 장소로 개조되었다. 건물의 4층에는

2개의 거대한 전시 공간이 들어서 있다. 루브르 박물관과 파트너십을 체결한 후 대규모 전시회를 열던 장소였는데, 바로 이 공간이 첨단기술을 활용한 디지털 아트센터로 변모했다. 건물은 산티아고 데 콤포스텔라 순례길의 출발지로 유네스코 세계문화유산에 지정된 오텔디외 대성당Cathédrale Hôtel-Dieu 단지의 일부를 구성하고 있다.

2020년 7월 17일부터 시작된 오텔디외 전시회는 '빛의 호텔'이라는 타이틀을 내세우며 2개 전시회를 열었다. 제목들은 '지구의 중심으로의 여행Voyage jusqu'au cœur de la Terre', '인상파 화가들의 빛. 세잔, 모네, 반 고흐, 시슬레를 중심으로Lumières Impressionnistes, autour de Cézanne, Monet, Van Gogh, Sisley'. 그 외에도 '콤포스텔라, 빛의 예배당Compostela la Chapelle de Lumières', '빛을 넣은 레지옹의 대성당들Les Cathédrales de la Région en Lumières' 등의 이머시브 전시도 만날 수 있었다. 2022년에 열린 2개의 주요 이머시브 전시 중 하나는 자유를 찾아 떠나는 모험을, 다른 하나는 레오나르도 다빈치Léonard de Vinci의 작품 세계를 다뤘다.

옥시타니

퐁 뒤 가르Pont du Gard 의 〈다리의 장관Féeries du Pont 〉

날짜 : 6월 29일–9월 1일(2024)
주소 : 400 Route du Pont du Gard, 30210 Vers–Pont–du–Gard

@objectifgard.com

가르Gard 지방 소재 로마시대 유적인 가르 다리에서 열리는 빛과 불의 대규모 향연. 하나의 이미지를 다른 이미지로 변형시키는 최신 디지털 시각효과인 모핑 기법을 이용해 마법 같은 장면을 연출하고, 세계적으로 이름난 불꽃놀이 전문가들이 만들어내는 빛의 구성과 연계시킨다. 공연의 목적은 이 장소의 위태로움과 미적 가치를 강조하는 동시에 지역 문화유산에 대한 경의를 표하는 데 있다.

플라냑Flagnac 에서 열리는 〈어제 한 마을이Hier un village 〉

날짜 : 7월 26–27일, 8월 1–3일, 8–9일(2024)
주소 : Le Bourg, 12300 Flagnac

아베롱Aveyron 데파르트망의 플라냑 마을에서 1982년부터 열리고 있는 빛과 소리의 공연. 로트 계곡Vallée du Lot 주변에서 실제 일어난 20세기 초 역사를 감동적으로 그려내고 있다. 7세부터 77세까지 다양한 연령층의 배우 300여 명과 600명 이상의 자원봉사자가 참가하는데, 매년 여름 2만 명 이상이 공연을 찾고 있다. 마을의 인구는 1,000명에 불과하다. 600개의 프로젝터가 동원된 비디오 매핑으로 성이 불타고, 눈이 내리며 밀이 자라는 등의 특수효과 이미지를 만들어낸다. 공연 시작 시각은 22시 15분.

@hierunvillage.com

카르카손 백작령 성 Château Comtal de Carcassonne 의 〈역사의 재방문자들 Les Revisiteurs de l'Histoire 〉

날짜 : 7월 15일–9월 8일(2024)
주소 : Château Comtal, 11000 Carcassonne

새로운 프로젝션 기술이 카르카손의 또 하나의 명물인 백작령 성 Château Comtal 을 부각시키는 공연이다. 2020년까지 이 행사에는 '살아있는 돌들의 도시 La Cité des pierres vivantes'라는 이름이 붙어 있었다. 제4회 행사인 2021년부터는 세계적인 영상 연출가인 마르탱 아르노 Martin Arnaud 가 〈역사의 재방문자들 Les Revisiteurs de l'Histoire 〉이라는 이머시브 공연을 선보였다. 매일 저녁 19시에서 자정까지 웅장한 비디오 매핑의 환상적이고 시적인 여정을 통해 관객

들을 카르카손 성과 성벽을 복원한 비올레-르-뒥 Viollet-Le-Duc 의 건축에 동참하게 만들고, 52개 탑에 숨은 비밀을 알려준다. 길이는 45분. 제작은 아마클리오 프로덕션즈 Amaclio Productions 가 담당했다. 누적 관객은 9만 명이 넘는다.

카르카손 Carcassonne 의 〈도시의 화염 Embrasement de la cité〉

날짜 : 7월 14일
주소 : Cité de Carcassonne, 1 Rue Viollet le Duc, 11000 Carcassonne

@Tourisme Grand Carcassonne

성벽에 넣는 조명과 불꽃놀이를 통해 도시가 체험한 역사 속의 사건에 의미를 부여한다. 1898년 7월 14일 카르카손에는 문학과 예술, 정치 분야에서 가장 뛰어난 명성을 지닌 자들인 '가스코뉴 생도들 Cadets de Gascogne'이 도착한다. 밤이 되자 도시 전체는 그들의 방문을 경축하는 불꽃놀이를 벌였고, 그 후 매년 7월 14일이 되면 22시 30분부터 불꽃놀이 행사를 반복하고 있다. 행사는 세계적인 명성을 얻고 있다. 도시는 푸른색, 흰색, 노란색, 녹색, 붉은색, 황금색으로 조명을 넣으며, 25분 동안 거대한 불꽃을 하늘로 쏘아 올린다. 매년 70만 명 이상이 불꽃놀이를 찾고 있다.

〈역사의 땅 푸아 Foix Terre d'Histoire〉

날짜 : 8월 1–3일, 7–10일, 14–15일, 20–22일(2024)
주소 : Théâtre de Verdure de l'Espinet, 09000 Foix

푸아에서 비슷한 행사가 열리기 시작한 해는 1957년. 이 해에 아리에주Ariège 도청과 도의회의 요청에 따라 최초의 빛과 소리의 공연Son et Lumière이 푸아에 만들어졌다. 푸아 성에서 열리던 공연은 그 후 야외의 에스피네 지구Quartier de L'Espinet로 무대를 옮기게 된다.

1979년에는 여름 시즌 푸아 시를 활성화하기 위한 목적으로 COPAF 협회가 만들어지고, 현지인들과 관광객들을 위해 푸아 중세축제Journées Médiévales de Foix를 기획했다. 1982년에는 최초의 야간 공연 '전설의 밤La Nuit des Légendes'이 샹 드 마르스Champ de Mars에서 열렸다. 1987년에는 에스피네 극장Théatre de l'Espinet이 문을 연다. 시간이 흐르며 공연의 제목과 내용은 바뀌었다. 〈옛날 옛적에 아리에주에 푸아가Il était une Foix l'Ariège〉, 〈아리에주의 역사와 전설Histoires et Légendes d'Ariège〉, 〈시간의 흐름에 따른 아리에주L'Ariège au fil du temps〉, 〈시간의 탐험자들Les Explorateurs du temps〉, 〈카타리파의 비밀Le Secret des Cathares〉 등이 그간 무대에 오른 공연 제목들이다. 협회는 매년 '역사의 땅 푸아' 공연을 관장하며, 대본과 연출은 아가트 루미외Agathe Roumieu가 맡고 있다. 가족이 함께 즐길 수 있는 스토리를 다루며, 2백 명에 달하는 배우, 무희, 저글러들이 아리에주 역사로 채워진 감동적인 이야기를 재현한다. 2022년에는 방틸로 극단Compagnie Ventil'Oh이 함께했다.

〈신들의 도시 님 Nîmes, Cité des Dieux 〉

날짜 : 8월 8,9,11,12,13,15일(2022)
주소 : Boulevard des Arènes, 30000 Nîmes

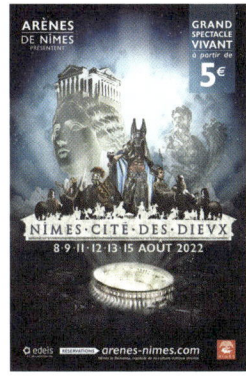

2천 년이 넘는 역사를 지닌 로마제국 도시가 님Nîmes이다. 그리스인, 켈트인, 게르마니아인, 이집트인 등 여러 민족이 남부 갈리아 지방 도시 님에 발자취를 남겼는데, 서로 다른 문명들은 자신만의 신을 섬기고 있었다. 시간이 흐르며 디오니소스Dionysos, 나마스Namas, 보탄Wotan, 주피터Jupiter, 이시스Isis는 인간과 대화를 나누고, 서로 동맹을 맺거나 적대적인 관계가 되기도 한다.

님 아레나Arènes de Nîmes에서 배우, 곡예사를 포함 2백 명 이상의 등장인물들이 출연하는 공연이 특수효과와 비디오 매핑을 곁들이면서 고대 신화 속으로 관객들을 이끈다. 공연은 21시 30분부터 23시까지.

〈아레나와 시간의 열쇠 Arena et les clés du temps 〉

날짜 : 8월 6,7,9,12,13,14일(2024)
주소 : Boulevard des Arènes, 30000 Nîmes

〈신들의 도시 님Nîmes, Cité des Dieux 〉에 뒤이어 2023년에 새로 마련된 이 이벤트는 로마제국시대의 님Nîmes 역사를 조망한다. 총 6회의 공연에서 200여 명에 달하는 등장인물이 서커스, 스턴트, 말을 이용한 퍼포먼스 등을 보여주고, 비디오 매핑과 특수효과 등을 동원해 최고치의 공연예술을 선보인다. 21시 30분에 시작하며, 배우들과 직업 스턴트맨 외에도 님 지역의 자원봉사자 다수가 출연한다. 고대, 종교전쟁, 프랑스 대혁명 등의 7개 장면으로 공연을 구성했고, 아레나의 수호자gardien des Arènes와 그의 딸 아레나Arena라는 두 명의 인물을 중심으로 이야기가 전개된다.

일드프랑스

〈프로뱅 빛과 소리의 축제Son et lumière de Provins〉

날짜 : 6월 금요일과 토요일(2022년에는 6월 17, 18, 24, 25일)
주소 : Couvent des Cordelières, Route de Nanteuil, 77160 Provins

코르딜리에르 수도원Couvent des Cordelières에서 열리는 이 야간 역사극은 중세 프로뱅에 대한 프레스코를 그려내고 있다. 20개의 장면으로 구성된 작품으로 중세시대의 삶, 특히 샹파뉴의 티보 4세Thibaut le Chansonnier 시대를 그려내고 있다. 평민, 농부, 부르주아, 종교인, 기사들이 종교 축제를 열거나 시합을 벌이는 일상이 등장

@www.mjcprovins.fr

하고, 성에서의 생활, 십자군 원정, 5월의 축제, 광인 축제, 샹파뉴 장터, 매 사냥 등이 옛날 모습 그대로 재현된다. 1982년부터 열리고 있는 공연에는 프로뱅 지역의 배우와 자원봉사자 300명 이상이 참여하고 있다.

베르사유 궁 정원에서 열리는 〈야간 대형분수쇼Les Grandes Eaux Nocturnes〉

날짜 : 6월 7일부터 9월 20일(2025) 매주 토요일과 7월 14일, 8월 15일
주소 : Château de Versailles, Place d'Armes, 78000 Versailles

이블린Yvelines 소재 베르사유 궁전에서 열리는 행사. 륄리Lully에서 샤르팡티에Charpentier, 글루크Gluck에서 라모Rameau에 이르는 바로크 음악을 들으며 유명하고

@www.chateauversailles-spectacles.fr

도 신비한 작은 숲, 꽃과 건축미의 조합, 넵튠 Neptune 분수와 조각으로 이름난 궁전을 즐기는 행사다. 멜로디가 대리석과 황금으로 만들어진 조각에 생명을 부여하기에 관람객들은 마치 루이 14세 시대로 되돌아간 느낌을 받는다. 산책에 소요되는 시간은 2시간 반이다. 마지막은 Groupe F의 화약 전문가들이 하늘로 쏘아올리는 화려한 불꽃놀이로 마무리된다. 2025년 행사의 날짜별 특징은 다음과 같다.

- 6월 7일과 14일(토) : Grandes Eaux Nocturnes 티켓을 구입한 사람들은 바로크 시대 의상을 착용할 수 있다.
- 7월 14일(월) : 대혁명 기념일. 티켓 별도 구입.
- 8월 15일(금) : 야간 불꽃쇼 Nocturnes de Feu. 티켓 별도 구입.
- 9월 20일(토) : 야간 일렉트로쇼 Nocturnes Electro. 티켓 별도 구입.

⟨생클루 불꽃축제⟩ Le Grand feu de Saint-Cloud

날짜 : 9월 초

주소 : Domaine national de Saint-Cloud, 1 Avenue de la Grille d'Honneur, 92210 Saint-Cloud

@les-pleins-feux.fr

매년 9월 초에 파리 서쪽 오드센 Hauts-de-Seine 데파르트망 소재 생클루 공원 Parc de Saint-Cloud의 밤하늘이 호화롭게 빛난다. 유럽에서 가장 규모가 큰 불꽃놀이로 매년 주제를 달리하여 약 2시간 동안 펼쳐진다.

모Meaux의 역사극 Spectacle historique

날짜 : 6월 7, 8, 14, 15, 28, 29일, 7월 5, 6, 12일(2024)
주소 : Place Charles-de-Gaulle, Cité épiscopale, 77100 Meaux

모 역사지구를 차지하고 있는 주교도시Cité épiscopale 정원에서 열리는 행사로 2천 년의 역사를 75분에 걸쳐 보여준다. 자원봉사자 수는 5백 명. 동원되는 의상의 숫자만도 2,500벌에 달한다. 특수효과, 레이저를 비롯한 다양한 기술을 동원해 역사에 대한 멋진 프레스코를 그려낸다. 무용과 음악, 시가 어우러진 마법의 공연이다. 2022년에 40주년을 맞이했다.

@www.agglo-paysdemeaux.fr/

파리

〈앵발리드에서의 밤 La Nuit aux Invalides〉

날짜 : 7월 16일-9월 7일(2022)
주소 : Esplanade des Invalides - Grille d'honneur, 129 Rue de Grenelle, 75007 Paris

2012년부터 해마다 파리의 여름을 장식하는 기념비적인 빛과 소리의 쇼는 프랑스와 파리 역사 일부를 다룬다. 매년 행사가 100만 명 이상을 모으며 대성공을 거두었기에 공연은 프랑스 역사의 중심 장소인 앵발리드의 뜰을 여전히 사용하고 있다. 해가 지면 4D 레이저 프로젝션 기술을 동원하여 360°로 감상할 수 있는 영상을 건물 벽면에 투사한다. 뛰어난 기술로 프랑스 역사의 핵심으로 뛰어들기에 몰입감 넘치는 경험을 해볼 수 있다. 공연은 7월에 22시 30분, 8월과 9월에 22시에 시작한다. 빛과 소리의 이벤트 길이는 50분으로, 몰입감을 선사한다. 2020년에는 '태초에Au commencement'라는 제목으로 이 전설적인 기념물의 건립 350주년을 이야기했고, 나폴레옹 사망 200주년을 기념한 2022년 제10회의 주제는 '나폴레옹, 독수리의 비

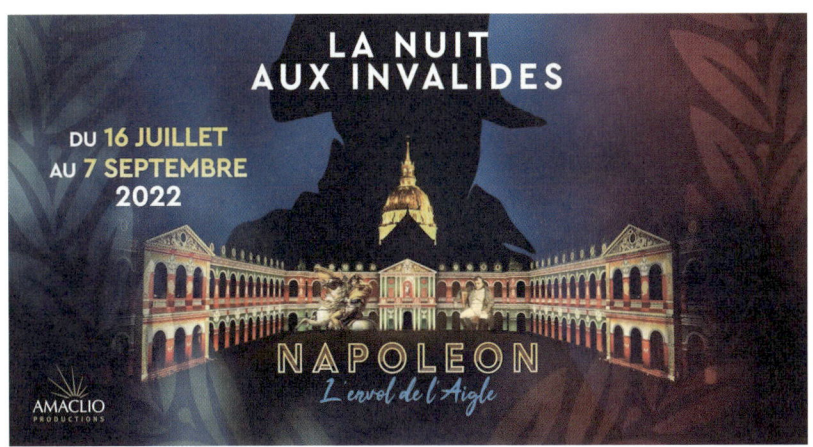

@lanuitauxinvalides.fr/en

상 Napoléon : L'envol de l'Aigle '. 2023년에는 예외적으로 행사가 열리지 않았다. 공연이 끝난 후에는 1천 개의 초로 밝힌 돔 성당 Église du Dôme 까지 야간 산책을 할 수 있다. 야간 산책을 디자인한 사람은 브루노 세일리에 Bruno Seillier. 황제의 무덤 주변에 있는 보방 Vauban, 리요테 Lyautey, 포슈 Foch, 레글롱 l'Aiglon(나폴레옹 2세) 등 여러 인물을 만나는 시적이고 마법 같은 여행이 가능하다.

〈아우라 앵발리드 AURA Invalides 〉

날짜 : 연중 내내

주소 : Invalides, 129 Rue de Grenelle, 75007 Paris

@aura-invalides.com

파리의 앵발리드 Invalides 의 상징이 된 60m 높이의 황금빛 돔 예배당 Dôme des Invalides 내부에서 열리는 빛과 소리의 공연이자 디지털 쇼다. 길이는 50분. 빛과 오케스트라 음악, 그리고 비디오 매핑이 3세기 이상 파리의 하늘을 밝게 비춘 웅장한 건축물과 만나는 기념비적인 작품이다. 상영날짜에 따라 19시에서 22시 30분 사이의 다양

한 시각에 하루에 한두 차례 공연이 열리므로 사전에 반드시 확인이 필요하다. 회당 490명이 입장할 수 있다. 길이는 50분.

공연은 세 부분으로 나뉜다. 첫 파트는 돔 지붕의 건축과 관련된 내용을 다루면서 비율의 조화, 쥘 아르두앵 망사르 Jules Hardouin Mansart 건축가의 천재적 재능 등을 보여준다. 두 번째 파트는 집단기억에 관련된 내용으로 쿠폴 둥근 지붕의 외부를 일컫는 돔의 안쪽인 지붕 내부과 관련된 파편화된 역사를 병렬적으로 보여준다. 세 번째 파트는 '여기 그리고 지금 ici et maintenant'이라는 제목을 내세운다.

〈빛의 심장 파리 Paris, Coeur de Lumières〉

날짜 : 10월 16일–11월 23일(2024)
주소 : Église Saint-Sulpice, Place Saint-Sulpice, 75006 Paris

파리에서 열리는 대규모의 이머시브 공연. 유럽에서 가장 유명한 멀티미디어 공연 연출가 중 한 명인 다미엥 퐁텐 Damien Fontaine이 제작한 쇼를 통해 생쉴피스 성당 Église Saint-Sulpice의 매혹적인 역사를 감상

한다. 30명의 직업배우와 120명의 자원봉사자가 참여한다. 1915년에 역사유적으로 지정된 성당 건축물을 고려한 이머시브 비디오 매핑 시스템은 프롱드 난 La Fronde 부터 프랑스 대혁명까지 이르는 시기를 여행하게 해준다. 2024년에는 11월 1일과 2일

을 제외하고 월요일부터 토요일까지 19시와 21시에 공연이 열렸다. 공연의 길이는 1시간 30분.

페이 드 라 루아르

트랑스쉬르에르드르 Trans-sur-Erdre 에서의 〈밤에는 자유를 Dans la nuit, Liberté 〉

날짜 : 8월 22, 23, 24, 25, 29, 30, 31일, 9월 6, 9일(2024)
주소 : La Harie, 44440 Trans-sur-Erdre

@www.radiofrance.fr

1976년부터 매년 여름 루아르아틀랑티크 Loire-Atlantique 데파르트망 트랑스쉬르에르드르 Trans-sur-Erdre 소재 테이유 다리 Pont du Theil 인근의 7ha 공간에서 2시간 15분 동안 제2차 세계대전을 다루는 공연. 1940년대 이 지역에서 실제로 일어났던 크고 작은 이야기들을 소재로 하고 있다. 레지스탕스, 시골에서의 생활, 미군에 의한 프랑스 해방 장면 등이 등장한다. 청소년을 포함, 300여 명의 자원봉사자가 무대에 오른다. 공연의 창작과 제작은 이 마을 소재 트랑스미시옹 Transmission 협회가 담당하는데, 1972년에 테이유 다리를 보수한 후 자원봉사 활동을 활발하게 벌이는 단체다. 50년 전부터 프랑스 역사, 율리우스 카이사르, 나폴레옹, 프랑스 대혁명, 제2차 세계대전 당시의 레지스탕스 같은 주제들을 무대에 올린 바 있다.

소뮈르 성 Château de Saumur 에서 열리는 빛과 소리의 공연
〈앙주 대공들의 보물 Le Trésor des Ducs d'Anjou 〉

날짜 : 7월 15일-8월 15일(2018)
주소 : Château de Saumur, 49408 Saumur

매년 7월과 8월 소뮈르 성은 빛과 소리의 공연이 열리는 무대가 된다. 풀크-네

라Foulques-Nerra, 욜란드 다라공Yolande d'Aragon, 르네 왕Roi René 등의 왕과 왕비뿐 아니라 이 지방의 역사를 장식한 잔 다르크, 아키텐의 엘레오노르Aliénor d'Aquitaine, 블랑슈 드 카스티야Blanche De Castille, 생루이Saint-Louis, 뒤플레시스 모르네Duplessis Mornay 등이 등장한다. 모든 시대에 걸친 비극과 감동, 유머가 매혹적으로 펼쳐지는 공연이다. 150명의 배우, 말을 다루는 스턴트맨, 특수효과, 대형화면 투사 등이 무대를 장식한다. 낮에는 어린이들을 위한 행사도 마련된다. 1주일에 3번, 목, 금, 토에 야간 공연이 열린다.

〈**퓌뒤푸 시네세니**Cinéscénie du Puy du Fou〉

날짜 : 6월 1,8일, 6월 14일–9월 14일 매주 금요일과 토요일, 7월 26일과 9월 13일 제외(2024)
주소 : Puy du Fou, 85590 Les Epesses

1978년에 처음 시작된 퓌뒤푸 공연은 40여 년째 변신 중이다. 관객들은 야외에서 벌어지는 이 거대한 드라마에 벅찬 감동을 받는다. 호수, 성, 풍차가 있는 약 23ha의 공간에서 1,400명의 자원봉사자 배우들이 방데 지방 한 가문의 역사를 재현해내고

있다. 특수효과, 3D 영상과 드론, 분수와 불꽃놀이 등으로 매년 새로움이 더해지고, 180마리의 말들이 연출하는 기마행렬, 3만여 벌의 의상, 광활한 마을 풍경의 재현 등 장대한 스케일로 관람객들을 압도하며 세계 최고의 공연 중 하나로 인정 받고 있다. 초연 이래로 이 공연을 관람한 누적 관객 숫자는 1,300만 명에 달한다. 6월부터 9월 중순까지 금요일과 토요일에 시네세니를 만날 수 있다. 객석의 규모는 약 13,000여 석, 공연의 길이는 1시간 40분이다. 예약 필수. 테마파크인 그랑 파르크 Grand Parc 에 입장하려면 따로 티켓을 구입해야 한다.

〈**도깨비불의 밤** La Nuit des Feux Follets 〉_(제2회, 2022)

날짜 : 9월 16일(2022)
주소 : Puy du Fou, 85590 Les Epesses

@ticketmaster.fr

2007년 첫 행사 이후 15년 만에 퓌뒤푸가 개최하는 국제 불꽃놀이 경연대회로, 호주의 Howard & sons, 중국의 Hunan Liuyang, 포르투갈의 Grupo Luso 팀이 경쟁했던 2022년에는 포르투갈 팀이 우승을 차지했다. 프랑스의 퓌뒤푸 팀 역시 마지막에 자신들이 준비한 공연을 보여준다. 2007년에 열렸던 첫 행사가 내세운 '국제 불꽃놀이 페스티벌' 콘셉트를 이어받고 있다. 시네세니 Cinéscénie 가 열리는 23ha의 광대한 공간에서 50여 명의 화약 전문가들이 2.4톤의 화약을 쏘아 올린다. '단 하루만 열리는 프랑스 최대의 불꽃놀이 행사'로 규정된다. 22시부터 각 팀은 15분간의 음악 공연을 선보이며, 관객 일부로 구성된 심사위원단이 평가한다. 약 13,000명의 관객이 참가한다. 악천후에는 행사가 연기된다.

프로방스알프코트다쥐르/옥시타니

〈카마르그에서의 어느 날 밤의 꿈〉 Songe d'une Nuit en Camargue

날짜 : 7월 15일(2024)
주소 : Saintes-Maries-de-la-Mer - marais Route de Cacharel

매년 여름 열리는 '말 박람회 Féria du Cheval' 기간 중 하루 동안 빛과 소리의 축제가 펼쳐진다. 100마리 이상의 말, 황소, 가르디앙 전통 복장을 한 아를 여인들이 등장한다. 티에리 펠르그랭 Thierry Pellegrin 이 2004년부터 시작한 공연이 자연 한가운데서 펼쳐진다. 6ha 면적의 늪지대에서 열리는

@www.frequence-sud.fr

이 공연은 무료로 관람할 수 있으며 밤 10시부터 시작해 75분간 진행된다.

오랑주 Orange 고대극장의 〈소리 오디세이 L'Odyssée Sonore 〉

날짜 : 3월 29일-12월 30일(2024, 총 90차례 공연)
주소 : Théâtre antique d'Orange, Rue Madeleine Roch, 84100 Orange

2천 년 전부터 서구에서 가장 보존이 잘 된 이 멋진 장소를 최신 이머시브 공연 기술

@Midi Magic

을 통해 새롭게 발견하는 기회다. 방문객은 신화 속 인물들을 만나게 되고, 놀랍고도 환상적인 풍경을 접하게 된다. 세계 최초로 소개되는 기념비적인 비디오 매핑은 신과 여신들의 장식, 형태, 얼굴 등을 표현하며, 전적으로 AI를 활용해 연출한다. 25대의 비디오 매핑 프로젝터가 고대극장의 벽과 바닥, 계단에 이미지들을 투사한다. 5000m²의 공간에서 250명까지 동시 수용이 가능하며 고성능의 헤드폰을 착용하고 즐길 수 있다. 소리를 통한 감동을 연구하는 'Life Design Sonore'가 공연 제작에 참가했다. 길이는 45분. 7세부터 입장이 가능하다. 공연을 미리 예약하는 것이 좋다.

프랑스의 주요 중세축제와 역사 관련 이벤트들

역사를 뜻깊게 기념하고 간직하는 프랑스에서는 지역마다 수많은 중세축제 fête médiévale가 열린다. 일반적으로 중세의 생활상 재현, 전통시장, 거리 행사 즉석 공연, 음악 연주 등, 기마 시합 같은 공연, 도시나 마을의 역사와 관련된 사건 재현 등으로 구성되며, 전문 공연기획사나 역사 재현을 목적으로 결성된 협회가 주최한다. 일차적인 목적은 관객들에게 즐거움을 제공하는 데 있다. 하지만 축제들이 재구성하는 시기는 엄밀하게 중세에만 한정되는 것은 아니다. '르네상스 축제 fête renaissance'란 표현이 의미하는 바와 같이 일부 축제들은 중세 이후와 관련을 맺고 있고, 다른 축제들은 바이킹 시대, 혹은 그와 반대로 18세기의 해적들을 다루기도 한다. 또 다른 행사들은 시간을 자유롭게 넘나들며 여러 시대를 관통하고 있으며, 일부 축제들은 판타지 세계 혹은 상상 속의 피조물과 관련된 주제를 택하기도 한다. 이 모두가 고단한 현실로부터 잠시나마 일탈하고자 하는 의지의 발로인 것은 틀림없다. 물론 중세시대와 관련된 시장과 축제에 대한 비판은 있다. 생태박물관이나 역사박물관이 교육적 효과를 위해 엄격한 기준을 지키고 있듯 이 축제들 역시 가능한 한 역사를 충실히 재현해야 한다는 요구다.

다양한 생각에도 불구하고 중세축제는 통상 날씨가 좋은 봄, 가을과 여름 바캉스 기간을 최대한 활용해 방문자들을 먼 역사 속으로 끌어들이고 있다. 전국적으로 백여 개 이상의 중세축제가 존재한다. 프랑스 유적들이 온전하게 존재하기 때문이며,

---

1. 일부 중세축제들은 본문에서도 다루고 있다.

기사와 공주, 영웅과 거대한 전투, 전설과 신화 등 과거에 대한 여전한 관심과 끝없는 호기심이 어우러진 덕분이기도 할 것이다. 주요 중세축제와 역사 관련 이벤트들을 월별로 알아보자.

5월

루앙 Rouen 의 '잔 다르크 축제 Fêtes Jeanne d'Arc '[Normandie]

날짜 : 5월 9–11일(2024)
주소 : 루앙시 전역

오를리앙 출신의 영웅 잔 다르크에게 바치는 오마주 행사. 흰빛의 옷으로 갈아입은 루앙 시가 중세 분위기로 바뀌는 날이다. 공식 세리머니, 잔 다르크 시가행진, 영화 상영, 주제별 장소 방문 등으로 프로그램을 마련한다. 중세시장, 중세 공연 전문단체의 공연, 퍼레이드, 어린이 대상 행사 등 다양한 이벤트를 통해 루앙의 중세 문화유산을 재발견하게 된다. 2023년 관람객 수는 15만 명이었다.

가톨릭교회가 잔 다르크를 성인으로 지정하고 '잔 다르크와 애국주의 국민 축제Fête nationale de Jeanne d'Arc et du patriotisme'를 법으로 제정했던 1920년 7월 10일을 경축한다. 2020년 잔 다르크 축제는 코로나19로 인해 취소되었다.

스당Sedan의 '스당 중세축제Festival médiéval de Sedan'[Grand-Est] _(제28회, 2025)

날짜 : 5월 17-18일(2025)
주소 : Château Fort de Sedan, Cour du Château, 08200 Unité urbaine de Sedan

@Château fort de Sedan

샹파뉴아르덴Champagne-Ardenne 데파르트망의 주요 행사인 스당 중세축제는 1996년에 처음 생긴 역사 관련 이벤트로 중세 야영지, 공연, 음악, 시가행진, 노점, 거리극, 중세 직업 시범, 창 시합 등 기사들의 경기, 게임 등을 결합한 축제다. 매년 5월의 어느 주말에 스당에서 열린다. 축제는 스당 시가 자신의 문화유산에 대한 관광을 진흥할 목적으로 추진되었다. 행사는 대중적인 성공을 거두었는데 평균 유료 입장객 숫자는 14,000명 내외다. 샹파뉴아르덴 지역민뿐 아니라 인근 국가의 사람들도 찾고 있다. 중세 역사와 상상계를 중심으로 전개되는 이 행사에는 지역은 많은 협회가 참여하고 있기도 하다. 자원봉사자 숫자는 4백 명 내외다. 밤에는 횃불로 불을 밝힌 성을 방문해볼 수 있다. 2024년에는 게르만 출신 영주 드 라 마르크de La Marck 가문에 의해 1424년 건설이 시작되어 유럽에서 가장 큰 요새가 된 스당 성표면적 35,000m² 축조 600주년을 경축하는 이벤트를 기획하여 축제에 의미를 더했다.

스뮈르아녹수아Semur-en-Auxois의 중세축제 '재발견의 시간Le Temps des retrouvailles'
[Bourgogne-Franche-Comté] _(제22회, 2024)

날짜 : 5월 4–5일(2024)
주소 : 스뮈르아녹수아 전역

2000년부터 스뮈르Semur에서 열리는 중세축제로, 주말을 이용해 3만 명 이상이 이 부르고뉴 마을을 찾는다. 음악과 연극, 옛날 직업 시연과 전투 시범, 주점 등이 선보인다. 옛 성탑과 아르망송 계곡Vallée de l'Armançon을 내려다보는 프로므나드 뒤 랑파르Promenade du Rempart 사이를 오가는 분장한 인물들이 축제 분위기를 흥겹게 만들고 있다.

지조Gisors의 '지조르, 라 레장데르Gisors, La Légendaire'[Normandie]

날짜 : 5월 18–19일(2024)
주소 : Parc du Château de Gisors, Place Blanmont, 27140 Gisors

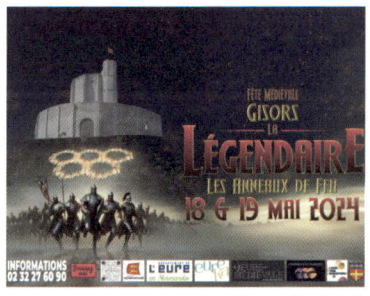
@www.ville-gisors.fr

2024년에는 '불의 반지Les Anneaux de feu'란 주제로 지조르 성에서 기사, 궁사, 트루바두르와 함께하는 가족 축제가 열리고, 거리에서는 시가행진, 중세 시장, 문화유산 방문 행사 등이 펼쳐졌다. 중세 놀이, 마상 시합, 중세 야영지 체험, 전투 시범, 거위를 이용한 말 조련, 저글링, 음악 연주 등 주말에 열리는 다양한 공연과 행사를 통해 중세의 여러 면면을 들여다볼 수 있다.

살스 성채 Forteresse de Salses 에서 열리는 '레 지스토리아드 Les Historiades' [Occitanie]

날짜 : 5월 13–14일 (2023)
주소 : Le Portichol, 66600 Salses-le-Château

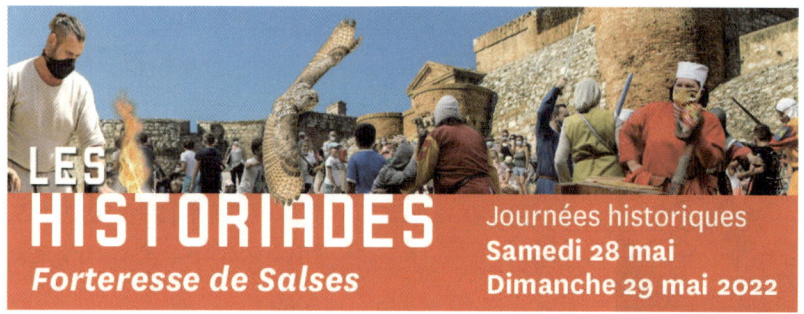

중세 유적 한가운데서 13세기부터 17세기까지의 역사를 체험해볼 수 있는 행사다. 역사 재현, 공연, 중세의 삶과 공예를 중심으로 한 인터랙티브 아틀리에 등 다양한 이벤트가 마련된다. 저글링과 아크로바트, '리옹 드 플랑드르 컴퍼니 Compagnie du Lion de Flandre'의 음악 연주, 중세 건축사를 공부하는 아틀리에, 오상캄 대장간 Forge de l'Osencame 의 시범 등 흥미로운 내용을 끊임없이 추가하는 중이다.

앙디이 Andilly 그랜드파크 Grand Parc 의 중세축제 Grandes Médiévales [Auvergne-Rhône-Alpes]

날짜 : 5월 31일, 6월 1,7,8,9일 (2025)
주소 : 374 Chemin des Rottets, 74350 Andilly

기사들을 최초로 묘사한 12세기의 프랑스 시인 크레티엥 드 트루아 Chrétien de Troyes 의 세계관으로 막 들어온 듯한 느낌을 주는 이벤트. 앙디이 숲의 한가운데에서 즐기는 이 축제는 15ha의 방대한 공간에서 열린다. 500명의 아티스트, 1,000여 명의 등장인물은 동화적이고도 믿기 어려운 서사시를 맛보게 해준다. 20시간 이상에 달하는 공연들은 마상 창시합, 공중 곡예, 맹금류 조련, 결투, 마술, 음악, 이야기 구연 등 모든 영역에 걸쳐 있다. 또 농가, 기적의 궁전, 바이킹들의 야영지 등을 거닐며 5세기부터

@www.laverpilliere.fr

15세기까지의 다양한 세계를 체험해볼 수 있다. 거리에서는 트루바두르, 곡예사, 마법사, 군인, 상인들을 만나게 된다.

6월

리옹의 '르네상스 축제' Fête Renaissance [Auvergne-Rhône-Alpes]

날짜 : 5월 25-26일(2024)
주소 : 리옹 구시가지 전역

1995년부터 리옹 시 축제조직위원회 Comité des Fêtes de la ville de Lyon, 별칭 페농 컴퍼니 Compagnie des Pennons 가 5월에 개최하는 행사다. 매년 주제를 달리하면서 르네상스 시대에 리옹에서 일어난 사건들을 대상으로 한 역사 이벤트를 이어가고 있다. 예를 들어 마리 드 메디치 Marie de Médicis 와 앙리 4세 Henri IV 의 결혼, 1515년 프랑수아 1세 François 1er 의 리옹 방문, 1478년 최초의 도서 인쇄 등이 그런 주제들이다. 리옹 극단들이 제작한 연극, 소희극, 게임과 무도회, 트루바두르, 중세 장터, 검 대결, 아틀리에, 페농 pennons, 중세 기사가 창끝에 매달았던 삼각기 의 시가행진 등이 생폴 Saint-Paul, 생조르주 Saint-Georges, 생장 Saint-Jean 사이의 리옹 구시가지 전역에서 열린다. 역사에 관심이 많은 사람이 만나는 자리인 르네상스 축제는 매년 15,000명 정도의 방문객을 맞이하고 있다.

프로뱅 중세축제 Les Médiévales de Provins [Île-de-France]

날짜 : 6월 14-15일(2025)
주소 : Cité médiévale de Provins, 77160 Provins

2001년에 유네스코 인류무형문화유산에 등재된 축제로 2025년에 제40회를 맞이했다. 시트, 가죽, 칼붙이 제품 수공업이 일찍부터 발달했던 이 도시는 전 유럽에서 유명한 '샹파뉴 시장 Foires de Champagne'이 열리던 곳이었기에 수많은 상인이 찾는 마을이었다. 유럽에서 중세 유적이 가장 잘 보존된 도시인 프로뱅에서는 연중 내내 중세와 관련된 행사가 열리지만, 중세축제가 열리는 시기를 전후한 5월과 6월에 역사와 공연을 좋아하는 사람들이 이곳을 찾아 역사의 다양한 재구성, 트루바두르

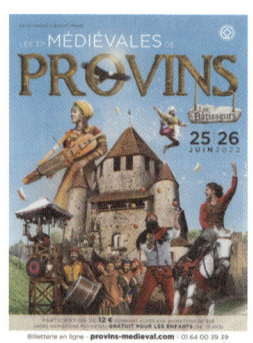

@provins-medieval.com

와 음유시인들의 공연, 춤과 노래의 쇼, 게임, 경기 등을 즐긴다.

게랑드 중세축제 Fête médiévale à Guérande [Pays de la Loire]

날짜 : 6월 7-8일(2025)
주소 : Cité Médiévale, 44350 Guérande

@Ville de Guérande

페이 드 라 루아르 Pays de la Loire 레지옹의 게랑드에서 열리는 축제. 게랑드 중세축제의 기원은 성벽 내에서 전통시장이 열리고 중세 장터가 서던 시기인 14-15세기까지 거슬러 올라간다. 장이 열릴 때면 중세 시절의 막사가 세워지고, 선술집이 오픈하며, 마상 공연과 음악, 연극, 저글링, 어린이들을 위한 공연이 개최되었다. 2천 명 이상이 중세 복장을 하고 행사에 참여해 일요일 아침에 시가행진을 벌인다. 조직위원회는 게랑드 마을의 역사에 관심이 지대한 사람들로 구성되어 있다. 말, 저글러, 음악가, 트루바두르, 곡예사와 광대 등도 시가행진에 동참한다. 2024년에는 4만 명 이상이 축제를 찾았다.

두르당 중세축제 Fête médiévale à Dourdan [Île-de-France]

날짜 : 5월 31일–6월 1일(2025)
주소 : Place Général de Gaulle, 91410 Dourdan

매년 두르당 역사지구는 방문객들을 과거로 안내한다. 극단 배우들은 성의 안뜰에 야영지를 만든다. 중세 식사가 제공되며, 장인들은 수공예품을 판매한다. 합창과 동화 구연도 프로그램에 들어있다. 주말을 이용해 중세 복장으로 분장하고 마을을 방문해볼 수 있다.

디구안 성 Château de Digoine 의 〈스펙타클 1900 Spectacle 1900 〉[Bourgogne-Franche-Comté]

날짜 : 6월 10일–7월 16일(2023)
주소 : Château et les Jardins de Digoine, 71430 Palinges

남南부르고뉴에 자리한 디구안 성은 18세기의 대표적인 건축물이다. 역사유적으로 지정된 이곳의 장미원은 유명하다. 이 성에서 첼리스트 자크 오펜바흐 Jacques Offenbach 와 배우 사라 베르나르 Sarah Bernhardt 가 공연을 가지곤 했다. 역사를 되살리는 의미에서 디구안 성은 2022년에 1900년의 역사 속으로 들어가는 〈스펙타클 1900〉을 개최했고, 약 15,000명의 관객이 찾으며 성공을 거둔다. 행사에서는 사라 베르나르 배역을 만나고, 사교계 인사들과 대화를 나누어 볼 수 있다. 평소 일반에게 개방되지 않는 성이 1시간 동안 열린다. 이머시브 공연에는 5백 명 이상의 자원봉사자가 참여한다. 2022년과 2023년 두 번의 여름에 열린 〈스펙타클 1900〉은 디

구안 성 소유주의 의사에 따라 2024년부터 새로운 공연으로 대체된다. 새 공연 장소는 생보네드주Saint-Bonnet-de-Joux 소재 쇼몽 성Château de Chaumont 의 에퀴리Écuries.

7월

'도시의 문지기들Les Gardiens de la Cité'[Occitanie]

날짜 : 7월 1–20일(2021)
주소 : Château comtal de Carcassonne

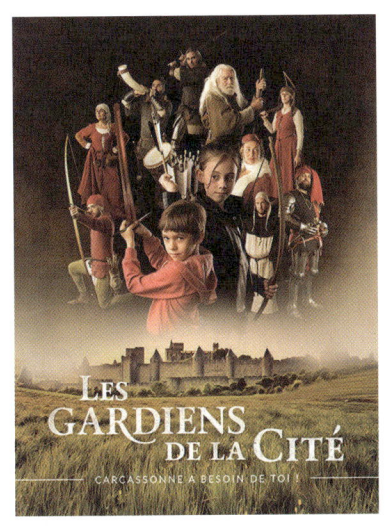

카르카손 백작령 성채 자락에서 열리는 이 축제는 14세기 말 아모리 드 보포르Amaury de Beaufort 장교가 도시 수비대에 지원한 신참 군인들을 맞이하는 내용을 담고 있다. 어린이들은 이곳에서 병영 생활을 체험한 후 검과 활을 다루는 법을 익힌다. 또 중세 음악을 맛볼 수도 있고, 장인들의 노하우를 전수받기도 한다. 아틀리에는 하루 종일 운영된다. 공연과 콘서트가 각각 하루에 세 차례씩 열리며 가족이 함께 즐길 수 있는 분위기 속에서 기억에 남을 순간을 여름 내내 제공한다. 하지만 코로나 확산으로 인해 이 이벤트는 2021년 7월에 종료되었다.

'환상의 몽환극 Féerie fantastique'[Grand-Est] _(제1회, 2024)

날짜 : 7월 6–7일(2024)

주소 : Château des Comtes de Bryas, Rue du Château, 08170 Fumay

프랑스 동부의 퓌메Fumay 마을에 소재한 '브리야 백작들의 성Château des Comtes de Bryas'에서 이틀간 열리는 중세축제로 수공업 장인들, 트루바두르, 서예와 활쏘기 시범, 나무를 이용한 놀이, 전설 구연 행사, 차력사들, 염소와 포니 등을 만나볼 수 있다.

코르드쉬르시엘 Cordes-sur-Ciel 의 '그랑 포코니에 중세축제 Fêtes médiévales du Grand Fauconnier'[Occitanie]

날짜 : 7월 13–14일(2024)

주소 : 2 Rue des Jardins, 81170 Cordes–sur–Ciel

그랑 포코니에 중세축제는 코르드쉬르시엘 마을이 생겨난 지 750주년이 되던 1971년부터 시작되었다. 중세로 되돌아간 마을 시민들이 용맹한 기사, 우아한 귀부인, 평민, 곡예사, 트루바두르, 목수 등으로 변신한다. 중세 의상을 입고 참가하는 시가 행진, 중세음식 재현과 대만찬, 장터 행사, 야외 주둔지에서의 활쏘기 대회 등이 열리며, 멋진 불 공연이 축제를 마무리한다. 맹금류 공연, 노래와 이야기도 프로그램의 일부이다. 모르다뉴 계곡 Vallée de Mordagne 을 지켜내기 위해 조성된 코르드쉬르시엘이

@www.tourisme-occitanie.com

무려 8백 년 전인 1221년에 세워진 마을이기에 축제의 전통 역시 역사만큼이나 유구

하다. 2022년에 이 마을은 800주년 기념행사 '코르드 2022 Cordes 2022'를 치렀다. 그 외에도 캠프 설치, 시가행진, 횃불을 든 야간 퍼레이드, 아이들을 위한 다양한 행사가 프로그램을 채우고 있다. 선술집, 시가행진, 콘서트, 만찬 등의 행사도 관광객들의 흥을 돋운다.

디낭 성벽축제 Fêtes des Remparts de Dinan [Bretagne]

날짜 : 7월 19-20일(2025)
주소 : Boulevard André Aubert, 22100 Dinan

@golfedumorbihan56.com

유럽에서 가장 큰 중세축제 중 하나로, 멋진 디낭의 중세 성채에서 2년에 한 번씩 7월 세 번째 주말에 열린다. 1982년에 시작되었으며, 시간이 흐르며 점점 많은 사람이 찾는 중이다. 4개의 테마별 행사를 즐길 수 있는 거대한 중세마을과 노점들이 들어서는데, 방문객은 기마 창시합, 재주를 뽐내는 경기를 즐길 수 있다. 거리 행진, 공연, 아틀리에, 공예품 제작 시범 등의 부대 행사도 열린다. 2002년부터 주제를 정하기 시작했고 이에 따라 버전마다 프로그램이 바뀐다. 2002년 첫 주제였던 '중세예술'을 시작으로 '비단길2004', '중세 이야기와 전설2006', '중세 건축가들2008', '중세의 공포2010'가 차례로 진행되었다. 이후 '왕자의 기쁨과 민중의 환희2012', '발명과 발견2014', '중세를 영육으로 체험하기2016', '중세, 천년의 역사2018'로 계속되며 중세를 향한 시선을 확장해 왔다. 700명 이상의 배우, 130명의 장인, 약 500명의 자원봉사자가 투입된 제40회 행사는 5년만인 2023년 7월 22-23일 주말 동안 11만 명 이상의 방문자를 맞아들이며 성대하게 열렸다.

바이외 중세축제 Les Médiévales de Bayeux [Normandie] _(제38회, 2025)

날짜 : 6월 27-29일(2025)
주소 : Hôtel du Doyen, 11 rue Lambert Leforestier, 14400 Bayeux

바이외 시가 주말을 이용해 대성당 마당과 거리에서 펼치는 축제로 바이킹, 카롤링거 왕조, 노르만족과 색슨족의 일상을 풍성한 프로그램을 통해 재현한다. 프로뱅Provins, 디낭Dinan에 이어 세 번째로 규모가 큰 중세축제다. 대성당 주위로는 150명 이상의 프랑스와 유럽 공예품 상인들이 집결한 중세시장이, 드골 광장Place de Gaulle에서는 중세를 다룬 작품들을 모은 도서전Salon du livre médiéval이 열린다. 대성당에서는 일요일 10시에 중세 미사를 올린다. 거리극과 공연 음악, 저글링, 기사와 장인 등,

@patrimoine-normand.com

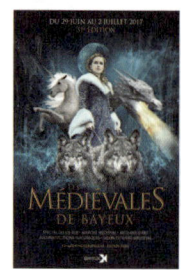 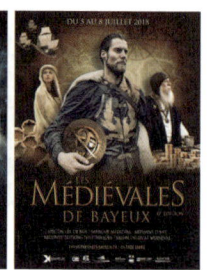
@www.bayeux.fr

야영 체험, 20여 개의 극단과 3백여 명의 배우들이 출연하는 역사극, 중세 의상 퍼레이드, 전투 시범 등 프로그램이 다양하고 풍성하다. 여름 시즌의 주요 행사로 매년 5만 명 이상의 관람객을 불러모으고 있다.

몽타네르 중세축제 Médiévales de Montaner [Nouvelle-Aquitaine] _(제22회, 2024)

날짜 : 7월 13–14일(2024)
주소 : 1 Résidences des Tilleuls, 64460 Montaner

@medievalesdemontaner.com

페이 바스크 Pays basque 와 베아른 Béarn 지역의 정서를 담아내는 몽타네르 Montaner 중세축제는 매년 7월 두 번째 주말에 개최된다. 기사들의 시합, 마상 경기, 매 조련 공연, 중세시장, 음악가와 마술사들이 벌이는 거리 이벤트, 옛날 직업 강습 및 시범 등이 프로그램을 구성한다. 토요일 저녁에는 장엄한 불꽃놀이 공연이 성의 마당을 뜨겁게 달군다. 2025년 행사는 조직상의 불확실성 때문에 열리지 못했다.

마슈쿨 중세축제 Les Médiévales à Machecoul [Pays de la Loire]

날짜 : 7월 17,18,19,24,25,26일(2025)
주소 : Abbaye de la Chaume, Machecoul

@www.loireavelo.fr

루아르아틀랑티크 Loire-Atlantique 데파르트망 소재 마슈쿨 성 Château de Machecoul 에서 영주 질 드 레 Gilles de Rais 가 살던 시기인 15세기를 그려낸다. 그의 존재는 『푸른 수염 Barbe bleue』의 저자 샤를 페로 Charles Perrault 에게 영감을 주었음이 틀림없다. 약 3백 명의 등장인물이 출연한다. 30여 년 전부터 숌 수도원 Abbaye de la Chaume 에서 시작된 마슈쿨 중세축제는 오랫동안 무대에 올린 〈금을 만드는 사람 질 드 레 Gilles de Rais et le faiseur d'or〉 같은 영주와 관련된 이야기에서 탈피하여 2023년에 처음으로 코미디극인 〈수도원은 수도사를 만들어내지 않는다 L'abbaye ne fait pas le moine 〉를 1주일간 상연하기도 했다. 이 연극은 1453년 자녀들의 운명을 좌우한 권위주의적 아버지인 선술집 주인 가족의 이야기를 다루고 있다. 또 수도원에서는 온갖 소동이 난무하는 와중에 누군가는 수도승으로 위장하여 이 수도원에 들어가야만 하는 상황을 유쾌하게 그려낸다. 110명의 배우가 무대에 오른다.

8월

수비니의 '중세 장터 – 트루바두르와 어릿광대 축제 Foire Médiévale de Souvigny / Festival des troubadours et saltimbanques'[Auvergne-Rhône-Alpes] _(제30회, 2025)

날짜 : 8월 2–10일(2025)
주소 : La Verrerie, 2 Route de Montmarault, 03210 Souvigny

코로나19로 인해 열리지 못하던 수비니 중세 장터 Foire Médiévale de Souvigny 가 2022년에 다시 열렸다. 거리 공연, 트루바두르와 어릿광대, 수공예 장인의 시범, 마상시합, 기사들의 야영지, 카바레, 떠돌이 상인, 가장무도회, 화덕의 연기, 선술집과 주막 분위기를 만날 수 있는 흥겨운 행사다. 매년 20여 개의 공연단체가 공연 전문가 및 아티스트들과 함께한다. 뜰에서는 매일 저녁 불쇼를 관람할 수 있다. 중세 의상을 차려입고 만찬을 드는 이벤트도 마련하고 있다. 축제를 준비하는 자원봉사자들을 수비니에서는 '메디에볼 Médiévole'이라 부른다.

브로셀리앙드 중세축제 Médiévales de Brocéliande [Bretagne]

날짜 : 8월 3-4일(2024)

주소 : Château de Comper-en-Brocéliande, 56430 Concoret

@mediefest.org

콩페르 성은 브르타뉴 지방 콩코레 Concoret 마을 동쪽으로 3km 떨어진 곳에 자리하고 있다. 팽퐁 숲 Forêt de Paimpont 이 가까이 있기도 하다. 아서 왕의 전설을 계승하고 홍보하는 협회인 아서왕 상상계센터 Centre de l'imaginaire arthurien 와 협력해 개최하는 행사로 관련 공연과 콘서트, 게임, 아틀리에, 중세 텐트, 시장, 식당 등이 행사장을 채운다.

크레브쾨르아노주 성 중세축제

Le Moyen Âge en Fête au Château de Crèvecœur-en-Auge [Normandie]

날짜 : 7월 13-30일(2024)

주소 : Vieux Château, 14340 Mézidon Vallée d'Auge

@petitfute.com

활쏘기 체험과 체스, 트릭트랙, 알케르크 alquerque 전략게임 등의 보드게임, 음악, 저글링, 구연동화, 시 낭송회 등 다양한 프로그램이 축제를 채운다. 글쓰기와 낭독, 명상 같은 체험 프로그램도 있으며, 아이들은 가죽과 천으로 직접 장난감을 만들어볼 수도 있다. 수공예 시범, 중세 음식도 만나볼 수 있다.

폴리냑 중세축제 Festival médiéval de Polignac [Auvergne-Rhône-Alpes]

날짜 : 8월 5-7일(2022)

주소 : 폴리냑 성채

르 퓌앙블레 Le Puy-en-Velay 에서 불과 1km, 5분 거리 떨어신 오트루아르 Haute-Loire 데파르트망의 폴리냑 성채는 인상적인 풍경을 선사하면서 방문, 전시, 공연 등 여러 이벤

@auvergnerhonealpes-tourisme.com

트를 마련한다. 멋진 경치로 인해 조르주 상드George Sand는 이 성채를 자기 소설 중 하나인 『빌르메르 후작Le Marquis de Villemer』의 무대로 삼았고, 작가이자 최초의 역사유적 조사관이었던 프로스페르 메리메Prosper Mérimée는 1840년에 성채를 역사유적으로 지정한다. 불꽃 공연, 콘서트, 저글링, 중세 체험 아틀리에, 중세 활쏘기, 나무를 이용한 게임, 중세시장 등 다양한 행사가 열린다. 폴리냑 마을과 성채에서 열리기로 되었던 2022년 중세축제는 가뭄으로 인해 행사가 취소되었고, 그 후에도 열리지 않고 있다.

페이르페르튀즈Peyrepertuse의 중세축제 Les Médiévales [Occitanie] _(제14회, 2021)

날짜 : 8월 9-10일(2023)
주소 : 8 Chemin du Fort, 11350 Duilhac-sous-Peyrepertuse

매년 8월 카타리파 역사가 얽힌 오드Aude 데파르트망의 뒬락수페이르페르튀즈Duilhac-sous-Peyrepertuse 마을과 페이르페르튀즈 성채에서 이틀 동안 열린다. 수많은 아티스트와 수공예 작가들이 자신들의 재능을 보여주며, 중세를 다루는 유럽 최고의 극단들도 이곳을 찾는다. 검투, 공연, 콘서트, 매 훈련 등 다양한 프로그램으로 이루어져 있으며 기사, 장인, 트루바두르, 곡예사들도 거리에서

만날 수 있다. 매 길들이기 시범이 유명하다.

틸 영주들의 중세축제 Médiévale des Seigneurs de Thil [Bourgogne] _(제15회, 2024)

날짜 : 8월 10-11일(2024)
주소 : Forteresse de Thil, 1 Chemin de Thil, 21390 Vic-sous-Thil

@mediefest.org

부르고뉴프랑스콩테 레지옹 코트도르 Côte-d'Or 데파르트망에 소재한 틸 성 Château de Thil 유적지에서 열리는 행사. 틸 성은 중세시대에 지역의 가장 뛰어난 요새였다. 현재 프랑스에서 가장 오래된 성채로, 성은 정기적으로 확장되며 개조되면서 영주들의 거처이자 방어적 기능의 기지 역할을 담당했다. 성 정상에서는 모르방 Morvan 과 옥수아 Auxois 쪽으로의 멋진 경관이 펼쳐진다. 디종 Dijon 에서 차로 1시간 걸린다. 3일간 열리는 중세축제에서 예술가, 장인, 상인, 중세 야영지 등을 만날 수 있다.

생소뵈르르비콩트 중세축제 Fête médiévale de Saint-Sauveur-le-Vicomte [Normandie] _(제11회, 2024)

날짜 : 8월 14-15일(2024)
주소 : Château de Saint-Sauveur-le-Vicomte, 50390 Saint-Sauveur-le-Vicomte

유서 깊은 성에서 열리는 대규모 행사. 야외 미사, 옛날 게임, 야영지 체험, 중세 음악 콘서트, 연극 등을 비롯한 많은 프로그램이 하루 내내 이어진다. 지방의 장인들

이 만든 공예품과 토산물들을 파는 시장도 열린다.

몽플랑캥Monflanquin의 중세축제 Fêtes Médiévales [Nouvelle-Aquitaine] _(제32회, 2024)

날짜 : 8월 15-16일(2024)
주소 : Bastide, 47150 Monflanquin

@La Dépêche

@mediefest.org

로테가론Lot-et-Garonne 데파르트망의 성곽 도시인 몽플랑캥 마을 안에서는 중세로 돌아간 듯한 착각을 불러일으키는 축제가 열린다. 돼지와 닭들이 거리에서 달리고, 트루바두르들이 노래하고 춤추며, 아티스트들과 갑옷을 입은 기사들도 중세 복장을 하고서 거리를 배회한다. 행사는 풍성한 만찬으로 마무리된다. 서예, 돌 자르기 등의 강습에도 참여할 수 있다. 캅 델 페슈Cap Del Pech에서의 기사들 시합, 불을 내뿜는 공연 등은 감동을 보장한다. 30주년을 맞이한 2022년 행사는 3일간 열리면서 13개 공연단체가 이벤트에 참여했다. 그 유명한 트루바두르이자 가이드인 '사기꾼 자누이유Janouille la fripouille'는 방문객들에게 마을의 크고 작은 이야기들을 들려준다.

에그모르트 생루이 중세축제 Fête médiéval de la Saint-Louis [Occitanie] _(제36회, 2024)

날짜 : 8월 22–24일(2025)
주소 : 에그모르트 일대

주말을 이용해 남프랑스 에그모르트 Aigues-Mortes 성벽 안에서 열리는 행사. 이틀 동안 시가행진, 중세시장, 중세 야영지 체험, 저글링, 깃발 던지기, 기사들 시합과 퍼레이드, 거리극, 선술집 등의 행사와 장소가 마련되며, 에그모르트 성채를 건설한 루이 9세 Louis IX 국왕의 방문을 주제로 한 대규모 공연을 선보이면서 마무리한다. 일명 '성왕 루이 Saint-Louis'가 제7차 십자군 원정을 위해 에그모르트를 방문한 날짜는 1248년 8월 25일이었는데 당시 군수품과 말, 병사들을 실은 배가 무려 700척에 달했다고 한다.

9월

르 퓌앙블레 Le Puy-en-Velay 의 '새의 왕 축제' Fête du Roi de l'Oiseau [Auvergne-Rhône-Alpes] _(제40회, 2025)

날짜 : 9월 17–21일(2025)
주소 : 르 퓌앙블레 전역

오트루아르 Haute-Loire 데파르트망 소재 르 퓌앙블레의 풍요로운 문화유산은 이 축제에 특별한 차원을 부여하고 있다. 르퓌 사람들은 5일 동안 16세기의 르네상스 시

@pavaneries.canalblog.com

대를 제대로 체험한다. '새의 왕 르네상스 축제Fêtes Renaissance du Roi de l'Oiseau' 혹은 '새의 왕 축제Fête du Roi de l'Oiseau'는 역사 속으로 빠져 들어갈 수많은 기회를 제공한다. 일상생활의 정경들, 상인과 군인들의 야영지, 공연, 무도회, 곡예, 음악 연주, 중세 장터, 활쏘기 경연대회, 새의 왕 시가행진, 마상 시합, 펜싱 시합 등 행사 프로그램도 매우 다채롭다.

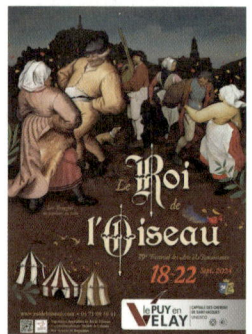

@www.roideloiseau.com

르 퓌앙블레에 새를 대상으로 삼는 오락거리가 처음 등장한 해는 1524년. 이보다 훨씬 이전에 샤를 5세Charles V 가 만들어낸 경기는 '파페가이Papegai, 옥시타니어로 'Papagai'라 지칭하는 이 단어는 '앵무새'를 의미한다'라는 헝겊 새를 사냥용 총이나 화살로 맞추는 방식이었다. 경기는 성신강림축일Pentecôte 월요일에 열렸다. 우승한 자는 1년 동안 '새의 왕'으로 선포되며, 열쇠를 받는다. 또 칼을 착용할 수 있었고, 화승총 부대의 지휘관 자격을 얻었다.

1986년에 이 축제는 장-루이 로크플랑Jean-Louis Roqueplan 과 에르베 마르시야Hervé Marcillat 가 이끄는 알로다 극단Troupe Théâtre de l'Alauda 에 의해 재탄생했다. 새로운 행사는 연극, 음악, 무용 등 르네상스 시대의 예술을 기리는 방식을 택했다. 매년 여름이 끝나갈 때마다 10만 명 정도의 관람객이 르 퓌앙블레를 찾는다. 축제에 참여하는 약

6천 명의 주민들은 5일 동안 중세 의상을 정성껏 갖춰 입은 채 먹고 마시고 거리를 활보하며, 방문객들이 역사 속 분위기에 젖어들게 해준다. 풍성한 프로그램과 활발한 협회들의 참여 덕분에 유럽에서 가장 중요한 역사축제 중 하나로 인정받고 있다.

리보빌레 Ribeauvillé 의 '피페르다이 바이올린 연주자 축제' Fête des Ménétriers/Pfifferdaj [Grand-Est]

날짜 : 9월 6–8일(2025)
주소 : Rues de Ribeauvillé, 68150 Ribeauvillé

@www.ribeauville.fr

피페르다이 바이올린 연주자 축제는 언론이 자주 취급하는 축제로 알자스 지방에서 가장 오래된 행사다. 리보피에르 Ribeaupierre 영주들과 그들이 보호하는 바이올린 연주자들, 또 음유시인과 악사, 곡예사 등 관련 직종에 종사하는 사람들 사이의 관계를 축하하는 이벤트다. 수백 명의 음악가와 트루바두르는 14세기부터 이어져 내려온 축제의 명성을 드높이고 있다. 매년 주제를 달리하면서 1,500명 정도의 인물들이 마차와 더불어 시가행진을 벌인다. 2만 명 내외가 이 축제를 참관하러 리보빌레를 찾고 있다. 중세 장터, 거리 행사, 대중무도회, 토요일 저녁의 식사 등이 프로그램을 보완한다. 입장권은 행사 시작 전날까지 축제위원회에서 사전 판매한다. 일요일 14시 30분 레퓌블리크 광장 Place de la République 에서 출발하는 시가행진의 2024년 주제는 '리보피에르 게임 Les Jeux des Ribeaupierre'이다. 600년 이상의 전통을 자랑하는 이 축제의 공식 음악은 'Het Esch Pfifferdaj'.

10월

님의 '로마제국 데이' Les Journées Romaines de Nîmes [Occitanie]

날짜 : 4월 25–27일(2025)

주소 : Arènes de Nîmes, Boulevard des Arènes, 30000 Nîmes

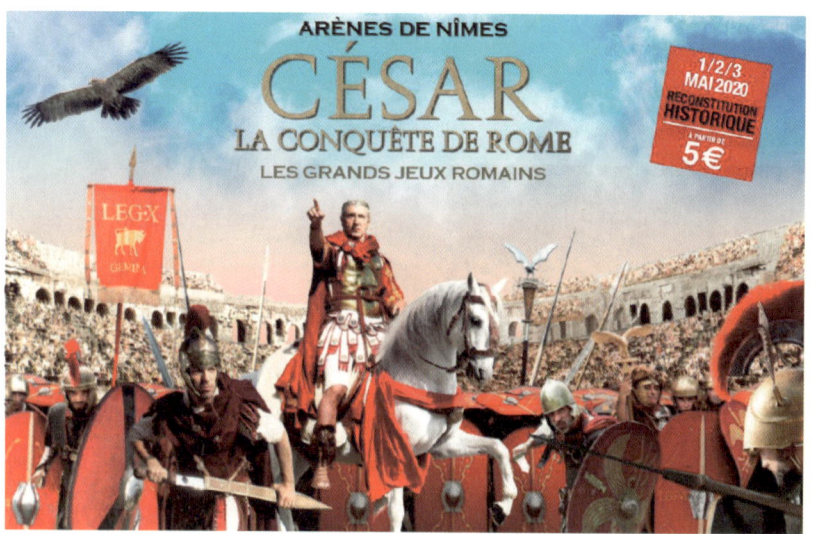

@www.frequence-sud.fr

고대 유럽을 재현하는 행사 중에서 규모가 가장 큰 남프랑스 님Nîmes에서의 축제. '님 로마제국 그랜드게임Grands jeux romains de Nîmes'으로 불리던 행사다. 매년 주제를 달리한 인상적인 공연을 선보이며 고대사에 관심이 많은 관객을 열광시키고 있다. 10주년을 맞이한 2020년의 주제는 '카이사르, 로마의 정복César. La Conquête de Rome' 이었다. 레보드프로방스Les Baux-de-Provence의 '빛의 채석장Carrières de Lumières'처럼 퀼 튀레스파스Culturespaces사가 축제 주관 및 운영을 맡고 있다. 스파르타쿠스, 클레오파트라, 한니발 그리고 로마제국의 가장 상징적인 인물인 율리우스 카이사르를 가장 비중 있게 다룬다. 통상 5월 초에 열리던 이 행사는 코로나19로 인하여 2020년 10월 23–25일 개최로 연기되었다가 취소되었다. 2024년의 주제는 '게르마니쿠스와 야만인들의 분노 Germanicus et la colère barbare ', 2025년의 주제는 '로물루스, 로마의 탄생 Romulus, la naissance de Rome '이다.

라 시오타 La Ciotat 에서 열리는 '1720년, 프로방스 지방의 흑사병 1720, la peste en Provence '
[Provence-Alpes-Côte d'Azur]

날짜 : 8월 26–27일(2022)
주소 : Place Evariste Gras, 13600 La Ciotat

@1720tricentenaire.eu

2002년에 처음 만들어진 행사로 처음 명칭은 'Il était une fois 1720'이었다. 축제는 1720년의 해상도시를 역사적으로 재현한다. 1720년은 프로방스 지방까지 덮쳤던 끔찍한 질병인 페스트로부터 도시를 지키기 위해 시민들이 적극적으로 대처해 격리 조치를 취했고 그 덕에 큰 재앙을 피할 수 있었던 해다. 2010년까지는 구항과 도심에서 행사가 펼쳐지다가 현재는 해변가 도로에서 열리고 있다. 부르주아와 걸인, 농부, 어부와 해적들이 라 시오타에서 방문객을 맞이한다. 1,000명의 출연진이 당시의 복장을 하고 등장하며, 유럽과 지중해 쪽 국가들도 참가한다. 독창적인 연출은 축제의 주체들인 자원봉사자 등장인물들, 아마추어 예술가들, 공연 전문가들을 결합시키며 시너지 효과를 내고 있다. 2020년과 2021년에는 코로나19로 인해 축제가 열리지 않았다. 20주년을 맞이한 2022년에는 8월 26일과 27일 19시 구항 소재 바다극장에서 '1720년, 프로방스 지방의 흑사병 1720, la peste en Provence '이란 역사극으로, 2023년 10월 14일과 15일에는 '1720년을 축하합시다 Festoyons 1720 '라는 이벤트로 행사 20주년을 경축했다. 2025년의 주제도 '1720년, 프로방스 지방의 흑사병'.

크레미외 중세축제 Médiévales de Crémieu [Auvergne-Rhône-Alpes]

날짜 : 9월 14–15일(2024)
주소 : 38460 Crémieu

리옹에서 동쪽으로 40km 떨어진 이제르Isère 데파르트망 마을인 크레미외는 개성이 강한 중세마을이다. 이곳에서 열리는 중세축제를 매년 수만 명이 찾는다. 중세 의상 시가행진. 무용과 마술, 저글링과 차력 등의 거리 공연, 무기와 방패 전시회, 만찬 등 재미있는 행사들로 채워진다. 곡예사들과 배우들이 연기하는 공연, 퍼레이드, 기사들의 시합도 들어있다. 매와 곰을 조련하는 시범도 있다. 성당에서는 콘서트가 열린다.

@Class Tourisme

페르피냥Perpignan 의 '중세 트로바드Trobades médiévales' [Occitanie]

날짜 : 10월 14일(2023)
주소 : 페르피냥 일대

페르피냥 중세축제는 마요르카 왕국의 옛 도심, 캉포 산토Campo Santo, 비르아켕 광장Square Bir-Hakeim 및 가게들에서 열린다. 행사를 위해 특별 제작한 의상을 입고 분장한 약 250명의 인물들이 도심 거리를 행진한다. 방문객들은 마상 공연, 창 시합, 트루바두르 공연을 관람하고, 무기와 갑옷들을 구경할 수 있으며 서예, 스테인드글라스, 채색 장식 등을 감상할 수 있다. 비르아켕 광장에는 중세 야영지가 만들어지며 시합장, 옛 직업 아틀리에가 들어선다. 반면 캉포 산토에는 음악가, 미술가, 트루바두르가 진을 치는 아틀리에와 중세시장이 만들어진다. 13세기와 14세기를 체험해볼 수 있다.

브리콩트로베르의 중세축제 Médiévale à Brie-Comte-Robert [Île-de-France] _(제25회, 2024)

날짜 : 10월 4-5일(2025)
주소 : 77170 Brie-Comte-Robert

@Brie-Comte-Robert

센에마른 Seine-et-Marne 데파르트망에 소재한 브리콩트로베르 마을은 매년 10월의 첫 주말에 중세로 되돌아간다. 프랑스뿐만 아니라 유럽 전역으로부터 이틀 동안 25,000명 이상의 사람들이 이 축제에 모여든다. 거리극과 트루바두르 공연이 열리고 군사 야영지 재현, 말 타는 법과 무기 조작을 가르쳐주기도 한다. 불을 내뿜는 차력사, 저글러, 긴 장대를 타는 사람들도 등장하며 노점과 선술집의 흥겨운 분위기도 옛 정취를 한껏 돋운다. 일요일에는 중세 시가행진이 있은 후 야간 무도회가 열린다.

지방의 16개 유명 먹거리 축제

1. 사를라 Sarlat [도르도뉴 Dordogne 데파르트망]

1월 중순 송로버섯 축제 Fête de la truffe à Sarlat

페리고르 누아르 Périgord Noir 송로버섯 생산자그룹 Groupement des Producteurs de Truffes 과 사를라 시의 주도로 프랑스 중서부 도르도뉴 Dordogne 지방의 사를라라카네다 Sarlat-la-Canéda 에서 매년 열리는 축제. 페리고르 Périgord 지방의 검은 송로버섯을 부각시  키는 것이 축제의 목적이다. 많은 사람이 송로버섯을 이용한 이벤트와 시식, 송로버섯 채취 방법이나 요리법 강습 등을 즐기러 이 꿀 색깔의 도시로 찾아온다. 축제 기간 동안 열리는 시장에서는 신선한 '검은 다이아몬드 diamants noirs'를 맛볼 수 있고, 생산자들과도 교류할 수 있으며, 송로버섯을 모티브로 한 다양한 제품들을 구매할 수 있다.

---

* 날짜순
* 각 축제에 대한 보다 상세한 정보는 A-Z까지 개최 장소별로 정리한 책의 본문에서 만날 수 있다.

2. 사를라라카네다 Sarlat-la-Canéda

3월 초 페스투아 Fest'Oie

푸아그라 축제. 좋아하든 좋아하지 않든 푸아그라는 특히 프랑스 남서부 지방에서 요리의 일부를 이루고 있다. 도르도뉴 Dordogne 지방의 사를라라카네다 Sarlat-la-Canéda 에서는 3월 초에 시장, 요리 전시, 콘서트를 통해 이 음식을 경축하는 행사를 열고 있다. 피크는 대규모 인원이 함께하는 식사인데, 8백 명 정도가 참가한다. 푸아그라 외에도 전통적인 거위 요리, 페리고르 지방식으로 만든 거위 수프가 모두에게 제공된다.

3. 코트다르모르 Côtes-d'Armor 데파르트망

4월 중순 가리비 축제 Fête de la Coquille Saint-Jacques

아주 오래전부터 열리고 있는 이 해산물 축제는 브르타뉴 지방 항구 도시들에서 열리는 봄 행사 중 가장 유명하다. 4월 말, 가리비 수확 시즌이 되면 지역 어부들의 작업이 시작된다. 축제의 메인 행사는 배를 타고 나가 가리비를 채집하는 현장을 구경하는 것. 배에서 갓 내린 가리비를 포구에서 바로 굽거나 찐다. 가리비가 들어간 다양하고도 신선한 요리를 맛볼 수 있는 것은 두말할 나위가 없다. 그 밖에도 다이빙 강습, 콘퍼런스, 시가행진, 콘서트 등이 준비된다.

4. 파리

5월 중순 테이스트 오브 파리 Taste of Paris

프랑스 요리를 사랑하는 사람들은 그랑 팔레 Grand Palais 의 멋진 뜰에서 열리는 식도락 축제를 찾는다. 파리의 유명 셰프들이 준비한 요리 시연 및 시식 행사, 요리 강좌가 열린다. 트렌드를 선도하는 요리 장인들이 기억에 남을 미식 경험을 선사하는 이 축제에는 팝업 레스토랑들과 로랑-페리에Laurent-Perrier 샴페인을 즐길 수 있는

바도 설치된다. 최상의 프랑스 식료품을 구입할 수도 있다.

5. 캉브르메르Cambremer [칼바도스Calvados 데파르트망]

5월 초 캉브르메르 축제 Les Rencontres de Cambremer

만개한 사과나무로 둘러싸인 아름다운 캉브르메르Cambremer에서 5월 초에 열리는 축제로, 노르망디 지방의 최고 AOP/AOC 제품들을 만나볼 수 있다. 시식, 요리 강좌, 콘퍼런스, 셰프들의 시연 등 먹거리와 관련된 여러 행사가 마련되는데, 아이들도

술이 포함되지 않는 시식 행사에 참여하고 아틀리에를 즐길 수 있다. 또 다른 이벤트들로는 자전거 가이드 투어, 칼바도스Calvados 지방의 아름다운 시골 산책 등이 있다.

6. 로트렉Lautrec [타른Tarn 데파르트망]

8월 초 로트렉 핑크마늘축제 Lautrec Pink Garlic Festival

1966년에 프랑스에서 처음 '레드 라벨Label rouge'을 획득한 유일한 핑크빛 마늘은 로

트렉 마을의 특산물로, 유럽 전역에서 품질을 인정받고 있다. 마을 엮기나 껍질 벗기기 같은 경연대회도 열리며, 마을과 지역 특산물을 파는 시장, 음악 행사와 시가행진, 마을 수프 시식 행사도 곁들인다.

7. 부지그 Bouzigues [에로 Hérault 데파르트망]

8월 초 굴 장터 Foire aux Huitres

매년 2만 명 이상이 토 연못 Étang de Thau 에서 열리는 굴 축제를 찾는다. 정성스럽게 양식한 굴을 시식하고, 또 다른 지역 특산물들도 만나볼 수 있는 기회다. 민속 공연, 음악 행사, 거리 예술 및 불꽃놀이도 즐길 수 있다.

8. 크레앙스 Créances [망슈 Manche 데파르트망]

8월 초 홍당무 축제 Fête de la Carotte

권위 있는 레드 라벨을 보유한 노르망디 지방의 크레앙스 홍당무 carottes de Créances 는 프랑스 전역에서 유명하다. 매년 8월이면 식도락 체험, 음악 행사. 개러지 세일, 불꽃놀이 등으로 지역의 특산품인 이 뿌리채소를 홍보한다.

9. 디구앵 Digoin [손에루아르 Saône-et-Loire 데파르트망]

8월 초 달팽이 축제 Fête de l'Escargot

프랑스인들이 좋아하는 식재료인 달팽이를 찾아 나서는 여정. 손에루아르 Saône-et-Loire 지방의 시골 풍경 속에 묻힌 수수한 디구앵 마을은 달팽이에 관한 모든 것을 보여준다. 개러지 세일, 음악과 춤뿐만 아니라 거대한 큐브 속에서 익힌, 무게가 1,200kg에 달하는 10만 마리의 달팽이가 제공된다.

10. 라 클뤼자 La Clusaz [오트사부아 Haute-Savoie 데파르트망]
8월 중순 르블로숑과 수공예 축제 Fête du Reblochon et de l'Artisanat

타르티플레트 tartiflette 와 같은 알프스 지방 음식에 필히 들어가는 치즈인 르블로숑 reblochon 은 라 클뤼자에서 생산하는 가장 유명한 치즈 중 하나다. 축제는 치즈 제조 시범, 빵 제조, 마차 행진, 민속춤 공연 등을 포함하며, 무엇보다도 거대한 크기의 타르티플레트를 시식하는 행사가 유명하다.

11. 메스 Metz [모젤 Moselle 데파르트망]
8월 중순 메스 미라벨 축제 Fêtes de la Mirabelle à Metz

로렌 Lorraine 지방의 유명한 특산물인 서양자두 '미라벨'을 부각시키는 행사로, 대규모의 시장에서 생산업자들을 만나고 이 과일을 시식해볼 수 있다. 불꽃놀이, 시가행진, 콘서트, 대규모 피크닉, 미스 미라벨 선발대회 등이 함께 열린다.

12. 옹플뢰르 Honfleur [칼바도스 Calvados 데파르트망]
10월 중순 새우 축제 Fête de la Crevette

새우를 좋아하는 사람들은 노르망디 지방의 옹플뢰르 Honfleur 항구에서 매년 열리는

이 행사를 꼭 찾아야 한다. 새우를 비롯해 굴이나 직접 잡은 해산물을 파는 수산시장을 만날 수 있다. 바다를 주제로 한 이 축제에는 바닷가 오두막집을 무대로 삼은 공연, 공예품을 파는 부스, 어린이를 위한 해적 마을 등 즐길 거리가 많다.

13. 무르주 Mourjou [캉탈 Cantal 데파르트망]

10월 중하순 밤 시장 Foire de la Châtaigne

프랑스 중심에 자리한 무르주 마을은 밤나무로 둘러싸여 있는데, 1900년부터 이 고장의 가을 밤을 경축하고 있다. 프랑스 전역에서 찾아온 80명의 밤 생산업자들이 개최하는 시장이 유명하다. 방문객들은 요리 시연, 가이드가 동행하는 투어, 거리에서 벌어지는 이벤트를 즐길 수 있으며, 아이들을 위한 놀이도 다양하게 준비된다.

14. 아제르리도 Azay-le-Rideau [앵드르에루아르 Indre-et-Loire 데파르트망]

10월 말 사과 장터 Foire aux Pommes

아제르리도는 루아르 계곡의 도시이자 르네상스 시대의 성이 유명한 곳이다. 매년 열리는 사과 장터는 이 지역의 중요한 연중 행사 중 하나로, 사과로 만든 프랑스식 도넛 beignet를 비롯해 사과를 재료로 삼아 만들어 낼 수 있는 거의 모든 종류의 음식과 제품을 판매하는 부스가 설치된다. 시드르 제조법 시범, 음악 공연, 사과를 재료로 한 음식들을 맛보는 시식 행사들이 동시에 열린다.

15. 에스플레트 Espelette [피레네자틀랑티크 Pyrénées-Atlantiques 데파르트망]

10월 말 에스플레트 고추 축제 Fête du Piment d'Espelette

바스크 지방에서 수 세기 전부터 말린 빨간 고추를 생산하고 있는 이 전통마을에서는 수출품 1호를 기리는 축제를 1968년부터 개최하고 있다. 거대한 장에서는 서로 다른 여러 종류의 고추와 지역 특산물들을 구매할 수 있으며, 고추생산조합 Confrérie du Piment 은 순례 행진을 진행한다. 음악과 춤, 펠로타 pelote 경기 등 다양한 바스크 전통행사를 즐길 수 있다.

16. 보코냐노 Bocognano [코르스 Corse 레지옹]

12월 초 피에라 디 아 카스타냐 Fiera Di A Castagna

밤만큼 맛있고도 축제 분위기를 연출하는 겨울 먹거리는 별로 없다. 보코냐노에서 열리는 'Fiera di a Castagna'는 이 훌륭한 계절 먹거리를 맛보기에 더없이 이상적인 축제로 자리를 잡았다. 코르시카 섬에서 열리는 비슷한 행사 중 규모가 가장 크다. 밤 외에도 방문객들은 코르시카 치즈인 브로치우 brocciu 를 포함한 다양한 치즈, 케이크, 호두, 와인, 꿀과 맥주를 맛볼 수 있다. 라이브 음악과 공예품 시장이 흥취를 더해주는 축제다.

감사한 분들

*프랑스문화 3부작이 나오기까지 정말 많은 도움을 받았다. 일부는 나와 프랑스 여행을 함께하고, 몇몇 사람들은 소중한 자료를 구해주며, 또 일부 사람들은 약과 차를 보내주며 책의 출간을 독려했다. 어떤 의미에서 이 방대한 3부작은 그들에게 신세 진 바 크다. '프랑스문화 3부작'을 내가 기꺼이 집단창작물로 규정할 수 있는 이유가 바로 거기에 있다. 이들 모두는 나의 삶을 풍요롭게 만들어준 이들이기도 하다. 진심으로 감사드리며. 이름이 누락되어 섭섭한 분들도 있을 줄 안다. 너그러운 마음으로 이해해주시길.

강기서 공소미 곽현정 권재룡 권혁세 길서경 김광숙 김규성 김나윤 김대생 김동준 김리선 김미라 김민정 김상일 김석필 김세림 김승현 김영재 김예림 김은서 김재현 김정숙 김종미 김진아 김진영 김창주 김천옥 김필립 김해균 김현아 김효순 나혜경 남윤경 류진현 류희정 문호원 박귀상 박동열 박민정 박상후 박성빈 박찬민 박철홍 박홍식 배승한 서고우니 서광원 서귀선 서명조 송상의 송화섭 송희영 심정인 안상윤 양석모 양혁찬 양혜영 염수영 염아영 오수환 오윤정 오현금 유수빈 유수옥 유정동 유진우 유현정 윤지은 윤태수 윤혜신 이경식 이광봉 이기환 이다스리 이동국 이문은 이상정 이선수 이수현 이영미 이영석 이준성 이재봉 이진아 이창훈 이해정 이혜리 임동욱 임성현 임정훈 장경현 장소미 전세원 전수연 전윤경 전은석 정길화 정민구 정우진 정재도 정진국 정진이 정창수 조연성 지유미 최경림 최병태 최선웅 최소임 최윤성 최준영 최진곤 추성목 하혜경 한보라 허선행 허영재 홍소라 홍예나 홍정란 황상무 황인일 황진호
Anne Gonot-Bernard   Arnault Nouvel   Corine Nedelec
송석복지재단   포항영상문화포럼

색인/지명(abc순)

그랑테스트
Grand-Est

Alsace(알자스) 지방 *364, 548, 656, 657*
Bar-le-Duc(바르르튁) *342, 359*
Bussang(뷔상) *395*
Chalindrey(샬랭드레) *471*
Châlons-en-Champagne(샬롱앙샹파뉴) *474*
Chambley-Bussières(샹블레뷔시에르) *479*
Charleville-Mézières(샤를르빌메지에르) *47, 64, 463*
Château de Thillombois(티용부아 성) *781*
Château fort de Sedan(스당 성채) *502, 782, 824*
Colmar(콜마르) *242, 654, 656*
Dorlisheim(도를리사임) *139, 364*
Épernay(에페르네) *577, 781*
Épinal(에피날) *578*
Fumay(퓌메) *832*
Gérardmer(제라르메) *618, 780*
Grand-Est(그랑테스트) *76, 337, 480, 657, 778*
Lahaymeix(라에믹) *195*
Langres(랑그르) *69, 203, 471*
Longwy(롱위) *230*
Metz(메스) *69, 139, 311, 852*
Molsheim(몰사임) *315, 364*
Montier-en-Der(몽티에앙데르) *329*
Moselle(모젤) 지방 *32, 106, 311, 313, 479, 852*
Mulhouse(뮐루즈) *46, 337, 338, 579*
Munster(묑스테르) *333*
Neufchâteau(뇌샤토) *780*
Nancy(낭시) *104, 106, 778, 779*
Obernai(오베르네) *601*
Phalsbourg(팔스부르) *729*

Reims(렝스) *212, 213, 214, 215, 384*
Ribeauvillé(리보빌레) *262, 843*
Rouffach(루파크) *242, 262*
Saint-Dizier(생디지에) *425*
Sedan(스당) *43, 501, 503, 782, 824*
Sélestat(셀레스타) *242, 487*
Strasbourg(스트라스부르) *29, 363, 505, 506, 508, 614*
Thann(탄) *243, 684, 685*
Troyes(트루아) *698, 826*
Verdun(베르됭) *359, 634, 778, 781*
Villerupt(빌뤼프트) *18, 416*
Westhoffen(베스토펜) *363, 364*

노르망디
Normandie

Bayeux(바이외) *69, 121, 834*
Bellême(벨렘) *368*
Cabourg(카부르) *631*
Caen(캉) *570*
Cambremer(캉브르메르) *850*
Conches-en-Ouche(콩슈아누슈) *659*
Courseulles-sur-Mer(쿠르쇨쉬르메르) *665, 666*
Coutances(쿠탕스) *668*
Créances(크레앙스) *851*
Crèvecœur-en-Auge(크레브쾨르아노주) *837*
Deauville(도빌) *17, 140, 147, 152*
Dieppe(디에프) *168, 169, 170, 171, 172, 274*
Évreux(에브뢰) *572*
Fécamp(페캉) *172, 274, 744*
Gisors(지조르) *23, 825*
Grandcamp-Maisy(그랑캉메지) *93*
Granville(그랑빌) *91, 413, 732*
Hérouville-Saint-Clair(에루빌생클레르) *570*
Honfleur(옹플뢰르) *611, 852*

856

Le Mans(르망) 43, 248, 249, 785
Lieurey(리외레) 274
Merville-Franceville-Plage(메르빌프랑스빌플라주) 310
Mont-Saint-Michel(몽생미셸) 320, 785
Pont-Audemer(퐁토드메르) 274, 758
Pont-l'Évêque(퐁레베크) 755
Port-en-Bessin-Huppain(포르앙브생위팽) 750
Quettehou(케투) 647
Rouen(루앙) 29, 64, 237, 238, 239, 240, 241, 784, 823
Saint-Aubin-des-Bois(생토뱅데부아) 451
Saint-Sauveur-le-Vicomte(생소뵈르르비콩트) 839
Saint-Vaast-La-Hougue(생바라우그)
Vimoutiers(비무티에) 433

누벨아키텐
Nouvelle-Aquitaine

Agen(아젠) 537
Andernos-les-Bains(앙데르노스레뱅) 557
Angoulême(앙굴렘) 40, 549, 550, 552, 553, 555
Aramits(아라미) 513
Bassillac et Auberoche(바시약 에 오브로슈) 346
Bayonne(바이욘) 347, 348, 350
Bazas(바자스) 788
Belvès de Castillon(벨베스드카스티옹) 787
Bergerac(베르주라) 331, 361, 510
Biarritz(비아리츠) 18, 415, 789
Bordeaux(보르도) 29, 216, 371, 373, 375, 410, 742, 790, 791
Brive-la-Gaillarde(브리브라가이야르드) 64, 402
Château de Biron(비롱 성) 361, 413, 738
Châtelaillon-Plage(샤틀레용플라주) 470
Cognac(코냑) 384, 648, 649
Comberanche-et-Épeluche(콩브랑슈에에플뤼슈) 658
Confolens(콩폴랑스) 663
Dampierre-sur-Boutonne(담피에르쉬르부톤) 138
Dax(닥스) 137, 138, 289
Espelette(에스플레트) 576, 854
Excideuil(엑시되이유) 588
Gradignan(그라디냥) 89
Hasparren(아스파렝) 534
Haute-Garonne(오트가론) 571, 597, 692, 694
Hendaye(앙다이) 556, 557
La Bastide-Clairence(라 바스티드클레랑스) 188
Labastide-d'Armagnac(라바스티드다르마냑) 188
Langon(랑공) 201
La Rochelle(라로셸) 45, 179, 180, 181, 391, 470, 732
La Souterraine(라 수테렌) 786
Le Château-d'Oléron(르 샤토돌레롱) 253, 254
Le Vanneau-Irleau(르 바노이를로) 251
Libourne(리부른) 263
Limoges(리모주) 258
Marcillac-la-Croze(마르시약라크로즈) 296
Marmande(마르망드) 287, 288
Mauléon-Licharre(몰레옹리샤르) 314
Médoc(메독) 308, 446, 498
Ménigoute(메니구트) 307
Monflanquin(몽플랑캥) 840
Montaner(몽타네르) 835
Mont-de-Marsan(몽드마르상) 317, 498
Montignac-Lascaux(몽티냑라스코) 327
Niort(니오르) 127
Nontron(농트롱) 122
Nouvelle-Aquitaine(누벨아키텐) 317, 371, 403, 513, 740, 786
Pau(포) 747

Périgord(페리고르) 46, 327, 328, 346, 361, 419, 420, 588, 738, 739, 741, 742, 848
Périgueux(페리괴) 740, 742
Pessac(페삭) 373, 742
Felletin(펠르탱) 746
Pibrac(피브락) 332, 773
Poitiers(푸아티에) 112, 788
Royan(루아양) 179, 235
Saint-Émilion(생테밀리옹) 308, 444, 446
Saintes(생트) 451, 452
Saint-Jean-de-Luz(생장드뤼즈) 438
Saint-Léonard-de-Noblat(생레오나르드노블라) 427
Sanxay(상세) 421
Sarlat-la-Canéda(사를라라카네다) 419, 849
Soulac-sur-Mer(술락쉬르메르) 498
Soustons(수스통) 497
Tulle(튈) 695
Valléed'Ossau(오소 계곡)/Laruns(라룅) 606
Varaignes(바레뉴) 341

부르고뉴프랑슈콩테
Bourgogne-Franche-Comté

Arc-et-Senans(아르케스낭) 517
Audincourt(오댕쿠르) 589
Autun(오툉) 608, 792
Auxerre(오세르) 605
Beaune(본) 212, 382, 384, 385, 386
Belfort(벨포르) 33, 69, 369, 388, 518, 766
Besançon(브장송) 69, 388, 404, 766
Bourgogne-Franche-Comté(부르고뉴프랑슈콩테) 레지옹387
Chablis(샤블리) 468
Chalon-sur-Saône(샬롱쉬르손) 473
Château de Digoine(디구안 성) 830

Digoin(디구앵) 851
Dijon(디종) 29, 69, 173, 839
Dole(돌) 153
Fougerolles-Saint-Valbert(푸주롤생발베르) 763
Franche-Comté(프랑슈콩테) 지방29, 123, 153, 178,191, 320, 335, 365, 369, 382, 766
La Charité-sur-Loire(라 샤리테쉬르루아르) 191
Ladoix-Serrigny(라두아세리니) 178
Moirans-en-Montagne(무아랑앙몽타뉴) 334, 388, 766
Montbéliard(몽벨리아르) 320, 388, 766
Nuits-Saint-Georges(뉘생조르주) 123
Palinges(팔랭주) 830
Rogny-les-Sept-Écluses(로니레세테클뤼즈) 793
Saint-Fargeau(생파르조) 791
Semur-en-Auxois(스뮈르앙녹수아) 504,825
Vesoul(브줄) 18, 406
Vézelay(베즐레) 365
Vic-sous-Thil(빅수틸) 839

브르타뉴
Bretagne

Abbaye de Bon-Repos(봉르포 수도원) 794
Binic(비닉) 413
Bréal-sous-Montfort(브레알수몽포르) 399
Brest(브레스트) 111, 156, 158, 219, 278, 396, 397, 682
Brocéliande(브로셀리앙드) 837
Cancale(캉칼) 321, 645, 732
Carhaix(카레) 625, 731
Carnac(카르낙) 682, 795
Cléguérec(클레게렉) 674
Concarneau(콩카르노) 646, 660, 661
Dinan(디낭) 164, 165, 166, 167, 833, 834
Dinard(디나르) 163

Douarnenez(두아르느네) *156, 157, 158, 159, 731*
Gourin(구랭) *88*
Groix(그루아) *93*
Guingamp(갱강) *87*
La Gacilly(라 가실리) *175*
Lannion(라니옹) *177*
Locmariaquer(록마리아케르) *23, 229*
Locronan(로크로낭) *225*
Lorient(로리앙) *46, 217, 438, 682, 731*
Mahalon(마알롱) *300*
MenezHom(메네즈 옴) *306, 307*
Mesquer(메스케르) *312*
Paimpol(팽폴) *729, 730, 756*
Perros-Guirec(페로스기렉) *734*
Plougastel-Daoulas(플루가스텔다울라스) *773*
Plozévet(플로제베) *771*
Pont-Aven(퐁타벤) *646, 660, 756*
Pont-L'Abbé(퐁라베) *753*
Pont-Scorff(퐁스코르프) *756*
Presqu'île de Crozon(크로종 반도) *672*
Quiberon(키브롱) *229, 682*
Quimper(캠페르) *220, 646, 682*
Quimperlé(캠페를레) *647*
Redon(르동) *246*
Rennes(렌) *29, 208, 209, 210, 282, 399, 731*
Roscoff(로스코프) *222*
Saint-Brieuc(생브리외) *23, 434, 441*
Sainte-Anne-d'Auray(생탄도레) *443*
Saint-Jacut-les-Pins(생자퀴레팽) *437*
Saint-Malo(생말로) *166, 428*
Saint-Nolff(생놀프) *424*
Saint-Quay-Portrieux(생케포르트리외) *441*
Tréguier(트레기에) *696*
Vannes(반) *351, 352, 353, 424, 682*

상트르-발 드 루아르
Centre-Val de Loire

Amboise(앙부아즈) *233, 561, 562, 798*
Azay-le-Rideau(아제르리도) *234, 853*
Blois(블루아) *411, 412, 797*
Bonnu(보뉘) *370, 371, 669*
Bourges(부르주) *390, 391, 393, 799*
Chartres(샤르트르) *69, 462, 796*
Château de Chambord(샹보르 성) *233, 478*
Château royal d'Amboise(앙부아즈왕립성) *798*
Château royal de Blois(블루아왕립성) *797*
Chaumont-sur-Loire(쇼몽쉬르루아르) *42, 494*
Chédigny(셰디니) *489*
Cuzion(퀴지옹) *669*
Lamotte-Beuvron(라모트뵈브롱) *799*
Loir-et-Cher(루아르에셰르)/Indre-et-Loire(앵드르에루아르) 지방*31, 233, 412*
Montlouis-sur-Loire(몽루이쉬르루아르) *319*
Monts(몽) *315*
Richelieu(리슐리외)*264, 265*
Saint-Avertin(생타베르탱) *443*
Semblançay(상블랑세) *796*
Sully-sur-Loire(쉴리쉬르루아르) *500*
Tours(투르) *315, 319, 687, 796*
Vendôme(방돔) *358, 723*

오드프랑스
Hauts-de-France

Ailly-sur-Noye(아이이쉬르누아) *802*
Amiens(아미엥) *524, 525, 801*
Arleux(아를뢰) *524*
Arras(아라스) *69, 279, 513, 514, 515*
Aulnoye-Aymeries(올누아에므리) *610*
Beauvais(보베) *802*
Berck-sur-mer(베르크쉬르메르) *362, 363*

Calais(칼레) 32, 641
Carvin(카르뱅) 626
Cassel(카셀) 162, 632, 634
Château de Chantilly(샹티이 성) 803
Compiègne(콩피에뉴) 664, 665
Côte d'Opale(오팔 해안) 609
Département de l'Aisne(엔 데파르트망) 589
Douai(두에) 161
Dunkerque(됭케르크) 153, 154, 301, 633, 732
Le Crotoy(르 크로투아) 254
Licques(릭크) 275
Lille(릴) 29, 49, 161, 277, 278, 279, 280, 282, 283, 284, 689
Malo-les-Bains(말로레뱅) 153, 154, 301
Maroilles(마루알) 286
Mers-les-Bains(메르레뱅) 309
Roubaix(루베) 231, 232, 378
Saint-Laurent-Blangy(생로랑블랑지) 515, 800
Tourcoing(투르쿠앵) 284, 689
Villeneuve-d'Ascq(빌뇌브다스크) 417

오베르뉴론알프
Auvergne-Rhône-Alpes

Aix-les-Bains(엑스레뱅) 583, 584, 586
Albertville(알베르빌) 545, 760
Alpe d'Huez(알프뒤에즈) 548
Ambert(앙베르) 561
Ambronay(앙브로네) 562, 563
Andilly(앙디이) 559, 560, 826
Andrézieux-Bouthéon(앙드레지외부테옹) 558
Annecy(안시) 538, 542, 543, 544, 559, 777, 803
Annonay(아노네) 512
Antraigues-sur-Volane(앙트레그쉬르볼란) 568
Aurillac(오리악) 598, 737, 745
autour de Volvic(볼빅 일대) 387

Bourg-en-Bresse(부르캉브레스) 393, 563
Bourg-Saint-Maurice(부르생모리스) 389
Buis-les-Baronnies(뷔이레바로니) 394
Chambéry(샹베리) 476, 477, 584, 587
Chamonix(샤모니) 467
Charroux(샤루) 462
Clermont-Ferrand(클레르몽페랑) 674, 675, 676
Courchevel(쿠르슈벨) 667
Crémieu(크레미외) 846
Évian-les-Bains(에비앙레뱅) 573
Fontaine(퐁텐) 129, 651, 737, 757
Gannat(가나) 85
Gergovie(제르고비) 621, 622
Grenoble(그르노블) 96, 97, 98, 99, 101, 461, 757
Grignan(그리냥) 101, 617, 804
Haute-Loire(오트루아르) 데파르트망 32, 193, 255, 256, 609, 837, 841
Issoire(이수아르) 617
La Chaise-Dieu(라 셰즈디외) 193, 404
La Clusaz(라 클뤼자) 199, 852
La Côte-Saint-André(라 코트생탕드레) 197
La Plagne(라 플라뉴) 200
Le Bessat(르 브사) 253
Le Puy-en-Velay(르 퓌앙블레) 254, 805, 837, 841
Lussas(뤼사스) 243
Lyon(리옹) 29, 32, 266, 268, 269, 270, 271, 274, 827
Mont-Dore(몽도르) 316
Montélimar(몽텔리마르) 73, 322, 324
Moulins(물랭) 335, 560
Mourjou(무르주) 333, 853
Murat(뮈라) 336
Nyons(니옹) 127, 128
Pailherols(펠르롤) 745
Péreyres(페레이르) 733
Polignac(폴리냑) 609, 837

Portes du Soleil(포르트 뒤 솔레이유) 752
Roanne(로안) 223, 224, 435
Romans-sur-Isère(로망쉬르이제르) 221
Royat(루아야) 234
Saint-Chamond(생샤몽) 435
Saint-Flour(생플루르) 461
Saint-Genis-Pouilly(생주니푸이이) 440
Saint-Hilaire/Lumbin(생틸레르/룅뱅) 460
Saint-Jean-de-Maurienne(생장드모리엔) 439
Saugues(소그) 490
Souvigny(수비니) 496
Thiers(티에르) 166, 701
Thonon-les-Bains(토농레뱅) 686
Tournon-sur-Rhône(투르농쉬르론) 688
Valence(발랑스) 354
Valloire(발루아르) 357
Vichy(비시) 414
Vienne(비엔) 33, 258, 416, 435
Villefranche-sur-SaÔne(빌프랑슈쉬르손) 418

옥시타니
Occitanie

Abbaye de Fontfroide(퐁프루아드 수도원) 761
Aigues-Mortes(에그모르트) 841
Aimargues(에마르그) 571
Albi(알비) 326, 546,
Albi(알비) 외547
Anères(아네르) 511
Argelès-sur-Mer(아르줄레스쉬르메르) 516
Aubrac(오브락) 603, 604
Auch(오슈) 607
Aurignac(오리냑) 597
Bagnères-de-Bigorre(바녜르드비고르) 340
Beaucaire(보케르) 381, 382, 440
Béziers(베지에) 366

Bouzigues(부지그) 851
Bruniquel(브뤼니켈) 400
Cajarc(카자르) 637
Carcassonne(카르카손) 44, 627, 628, 808, 809, 831
Castres(카스트르) 546, 634, 635, 636
Céret(세레) 77, 481, 516, 765
Collioure(콜리우르) 652, 653
Condom(콩동) 658
Conques(콩크) 662
Cordes-sur-Ciel(코르드쉬르시엘) 650
Figeac(피작) 436, 445, 638, 774
Flagnac(플라냑) 807
Florac(플로락) 770
Foix(푸아) 762
Forteresse de Salses(살스 성채) 826
Fourques(푸르크) 289, 762
Gaillac(기이악) 87
Gavarnie(가바르니) 86
Jouels(주엘) 622
La Couvertoirade(라 쿠베르투아라드) 198
La Grande-Motte(라 그랑드모트) 176
Laguépie(라게피) 175
Lamalou-les-Bains(라말루레뱅) 185
Lautrec(로트렉) 228, 546, 850
Lectoure(렉투르) 207, 208
Le Grau-du-Roi(르 그로뒤루아) 245
Le Mas-d'Azil(르 마다질) 247
Limoux(리무) 212, 260, 760
Marciac(마르시악) 295, 332
Mazamet(마자메) 301
Mende(망드) 302, 332
Mirepoix(미르푸아) 339
Montauban(몽토방) 325, 326, 755, 783
Montpellier(몽펠리에) 176, 329, 330, 331, 483, 663

Narbonne(나르본) 104
Nîmes(님) 44, 81, 129, 131, 132, 135, 252, 811, 844
Perpignan(페르피냥) 516, 653, 734, 749, 765, 846
Peyrepertuse(페이르페르튀즈) 838
Pont du Gard(퐁 뒤 가르) 753, 807
Port-Barcarès(포르바르카레스) 748
Portiragnes(포르티라뉴) 752
Prades(프라드) 765, 766
Ramonville-Saint-Agne(라몽빌생타뉴) 187
Rennes-le-Château(렌르샤토) 212
Rodez(로데즈) 215, 242
Roquebrun(로크브룅) 227
Rouergue(루에르그) 241, 492
Saint-Céré(생세레) 436
Salses-le-Château(살스르샤토) 826
Sauveterre-de-Rouergue(소브테르드루에르그) 492
Sète(세트) 481, 482
Tarbes(타르브) 332, 511, 597, 683, 684
Toulouse(툴루즈) 29, 55, 134, 187, 233, 338, 340, 341, 537, 550, 597, 607, 635, 691, 693

일드프랑스
Île-de-France

Arpajon(아르파종) 518
Aubervillers(오베르빌리에) 601
Auvers-sur-Oise(오베르쉬르와즈) 302
Brie-Comte-Robert(브리콩트로베르) 847
Clamart(클라마르) 673
Colombes(콜롱브) 652
Créteil(크레테이유) 69, 669, 671, 704
Dourdan(두르당) 830
Fontainebleau(퐁텐블로) 757
Ivry-sur-Seine(이브리쉬르센) 616

Mantes-la-Jolie(망트라졸리) 306, 760
Massy(마시) 300
Meaux(모) 814
Paris(파리) 15, 29, 32, 41, 44, 48, 54, 63, 70, 281, 378, 401, 436, 509, 563, 585, 586, 619, 702, 705, 707, 708, 710, 711, 712, 720, 723, 724, 725, 726, 814, 815, 816, 849
Pontoise(퐁투아즈) 758
Provins(프로뱅) 43, 768, 812, 828, 834
Romainville(로맹빌) 222
Royaumont(루아요몽) 236
Rueil-Malmaison(뤼에이유말메종) 244
Saint-Cloud(생클루) 442, 813
Saint-Maur-des-Fossés(생모르데포세) 432
Seine-Saint-Denis(센생드니) 33, 485, 486, 601, 714
Vaux-le-Vicomte(보르비콩트) 375, 376
Versailles(베르사유) 48, 112, 359, 360, 677, 703, 711, 726, 800, 812
Vexin(벡생) 367

코르스
Corse

Ajaccio(아작시오) 29, 30, 535
Bastia(바스티아) 30, 344
Bocognano(보코냐노) 854
Calenzana(칼렌자나) 642
Calvi(칼비) 401
Lama(라마) 185, 232
Lecci(레치) 206
Patrimonio(파트리모니오) 728
Porto-Vecchio(포르토베키오) 750
Sartène(사르텐) 419

페이 드 라 루아르
Pays de la Loire

Aigrefeuille-sur-Maine(에그르푀이유쉬르멘) 569
Andard(앙다르) 556
Angers(앙제) 379, 404, 564, 566
Batz-sur-Mer(바츠쉬르메르) 351
Baugé-en-Anjou(보제아낭주) 379
Beauvoir-sur-mer(보부아르쉬르메르) 378
Brissac(브리삭) 404
Chalonnes-sur-Loire(살론쉬르루아르) 472
Châteaubriant(샤토브리앙) 469, 470
Cholet(숄레) 107, 495
Clisson(클리송) 352, 678
Doué-la-Fontaine(두에라퐁텐) 163
Fontenay-le-Comte(퐁트네르콩트) 107, 759, 760
Guérande(게랑드) 829
Île de Noirmoutier(누아르무티에 섬) 123
La Baule(라 볼) 190, 191
Laval(라발) 107, 189, 556,
Le Barcarès(르 바르카레스) 252, 481
Le Mans(르망) 43, 248, 249, 785
Les Epesses(레 제페스) 818, 819
Les Sables-d'Olonne(레 사블돌론) 204
Machecoul(마슈쿨) 835
Mamers(마메르스) 299
Nantes(낭트) 29, 106, 108, 110, 115, 167, 682
Notre-Dame-de-Monts(노트르담드몽) 121
Puy du Fou(퓌 뒤 푸) 45, 431, 777, 818
Saint-Nazaire(생나제르) 44, 107, 423
Saint-Malô-du-Bois(생말로뒤부아) 431
Saint-Gilles-Croix-de-Vie(생질크루아드비) 440
Saint-Étienne-de-Montluc(생테티엔드몽튁) 450
Saumur(소뮈르) 107, 491, 817
Thiré(티레) 700
Trans-sur-Erdre(트랑스쉬르에르드르) 817

Trélazé(트렐라제) 697

프로방스알프코트다쥐르
Provence-Alpes-Côte d'Azur

Abbaye du Thoronet(토로네 수도원) 686
Aix-en-Provence(엑상프로방스) 422, 579, 580, 582, 594
Antibes(앙티브) 568, 569
Arles(아를) 81, 519, 521, 522, 523, 736,
Aubagne(오바뉴) 291, 600
Avignon(아비뇽) 23, 45, 529, 530
Bandol(방돌) 357
Barcelonnette(바르셀로네트) 343
Barroux(바루) 341
Beaujeu(보죄) 381
Bormes-les-Mimosas(보름레미모자) 377
Camargue(카마르그) 79, 135, 455, 456, 519, 529, 629, 630, 683, 820
Cannes(칸) 200, 638, 639, 641
Carpentras(카르팡트라) 341, 629
Cassis(카시스) 637
Cavaillon(카바이용) 529, 630
Cavalaire-sur-Mer(카발레르쉬르메르) 631
Collobrières(콜로브리에르) 651
Digne-les-Bains(디뉴레뱅) 167
Gigondas(지공다스) 624
Grasse(그라스) 90, 402
Grimaud(그리모) 103, 603
Istres(이스트르) 617
Juan-les-Pins(쥐앙레팽) 623
La Ciotat(라 시오타) 194, 845
Lacoste(라코스트) 196
La Roque-d'Anthéron(라 로크당테롱) 183
La Seyne-sur-Mer(라 센쉬르메르) 192
La Tour-d'Aigues(라 투르데그) 199

색인 **863**

Le Lavandou(르 라방두) *247*

Les Arcs-sur-Argens(레 자르크쉬르아르장) *206*

L'Isle-sur-la-Sorgue(릴쉬르라소르그) *284*

Lourmarin(루르마랭) *230*

Mandelieu-la-Napoule(망들리외라나풀) *303*

Manosque(마노스크) *286, 294*

Marignane(마리냔) *298*

Marseille(마르세유) *29, 289, 291, 292*

Martigues(마르티그) *297*

Menton(망통) *304*

Mouans-Sartoux(무앙사르투) *334*

Nice(니스) *40, 124, 126, 228,*

Orange(오랑주) *44, 422, 510, 591, 595, 712, 820*

Pélissanne(펠리산) *746*

Pernes-les-Fontaines(페른레퐁텐) *737*

Provence(프로방스) 지방*767*

Richerenches(리슈랑슈) *263*

Sainte-Maxime(생트막심) *459*

Saintes-Maries-de-la-Mer(생트마리드라메르) *454*

Saint-Jean-Cap-Ferrat(생장캅페라) *439*

Saint-Rémy-de-Provence(생레미드프로방스) *23, 426*

Saint-Tropez(생트로페) *103, 452, 453, 454*

Sault(소) *489*

Sisteron(시스트롱) *509*

Tarascon(타라스콩) *162, 522, 683*

Toulon(툴롱) *193, 690*

Vaison-la-Romaine(베종라로멘) *341*

Valensole(발랑솔) *355*

Valréas(발레아스) *356*